U0846504

现行有效交通法规汇编

（2008）

海事分册

中华人民共和国交通运输部　编

人民交通出版社

内 容 提 要

本汇编主要收集了截止到2007年12月现行有效的海事法律和行政法规、海事规章及部分综合性常用规章,共102件。内容按下列分类顺序编排:海事法律和行政法规、海事规章(包括通航管理、船舶管理、防污染和危险货物管理、救助打捞、水上通信)、人事财务审计、交通法制、综合、附则。

图书在版编目(CIP)数据

现行有效交通法规汇编.2008.海事分册/中华人民共和国交通部编.—北京:人民交通出版社,2008.5

ISBN 978-7-114-07146-1

Ⅰ.现… Ⅱ.中… Ⅲ.①交通运输管理-法规-汇编-中国②海上运输-交通运输管理-法规-汇编-中国 Ⅳ.D922.149

中国版本图书馆CIP数据核字(2008)第061759号

书　　名:现行有效交通法规汇编(2008)　海事分册
著 作 者:中华人民共和国交通运输部
责任编辑:钱悦良
出版发行:人民交通出版社
地　　址:(100011)北京市朝阳区安定门外外馆斜街3号
网　　址:http://www.ccpress.com.cn
销售电话:(010)85285656,85285838,85285995
总 经 销:北京中交盛世书刊有限公司
经　　销:各地新华书店
印　　刷:北京市密东印刷有限公司
开　　本:850×1168　1/32
印　　张:25.625
字　　数:686千
版　　次:2008年6月第1版
印　　次:2008年6月第1次印刷
书　　号:ISBN 978-7-114-07146-1
印　　数:0001—2000册
定　　价:60.00元

编辑说明

一、本卷汇编是国家出版的海事专业性法律、法规、规章汇编正式版本。

二、本卷汇编收集了现行有效的海事法规、行政法规、规章，共102件。内容包括：全部现行有效海事方面的法律、行政法规；部分现行有效的海事方面的部颁规章。

三、本汇编的内容，按下列分类顺序编排：海事法律和行政法规、海事规章（包括通航管理、船舶管理、船员管理、防污染和危险货物管理、救助打捞、水上通信）、人事财务审计、交通法制、综合、附则。

中华人民共和国交通运输部

2008年4月

目 录

海事法律、行政法规

海事规章

通航管理

船舶管理

防污染、危险货物管理

救 助 打 捞

水上通信

人事财务审计

交 通 法 制

综 合

附　　则

海事法律、行政法规

中华人民共和国海上交通安全法

（中华人民共和国主席令（83）第7号 1983.09.02）

第一章 总 则

第一条 为加强海上交通管理，保障船舶、设施和人命财产的安全，维护国家权益，特制定本法。

第二条 本法适用于在中华人民共和国沿海水域航行、停泊和作业的一切船舶、设施和人员以及船舶、设施的所有人、经营人。

第三条 中华人民共和国港务监督机构，是对沿海水域的交通安全实施统一监督管理的主管机关。

第二章 船舶检验和登记

第四条 船舶和船上有关航行安全的重要设备必须具有船舶检验部门签发的有效技术证书。

第五条 船舶必须持有船舶国籍证书，或船舶登记证书 ，或船舶执照。

第三章 船舶、设施上的人员

第六条 船舶应当按照标准定额配备足以保证船舶安全的合格船员。

第七条 船长、轮机长、驾驶员、轮机员、无线电报务员话务员以及水上飞机、潜水器的相应人员，必须持有合格的职务证书。

其他船员必须经过相应的专业技术训练。

第八条 设施应当按照国家规定，配备掌握避碰、信号、通信、消防、救生等专业技能的人员。

第九条 船舶、设施上的人员必须遵守有关海上交通安全的规章制度和操作规程，保障船舶、设施航行、停泊和作业的安全。

第四章 航行、停泊和作业

第十条 船舶、设施航行、停泊和作业，必须遵守中华人民共和国的有关法律、行政法规和规章。

第十一条 外国籍非军用船舶，未经主管机关批准，不得进入中华人民共和国的内水和港口。但是，因人员病急、机件故障、遇难、避风等意外情况，未及获得批准，可以在进入的同时向主管机关紧急报告，并听从指挥。

外国籍军用船舶，未经中华人民共和国政府批准，不得进入中华人民共和国领海。

第十二条 国际航行船舶进出中华人民共和国港口，必须接受主管机关的检查。本国籍国内航行船舶进出港口，必须办理进出港签证。

第十三条 外国籍船舶进出中华人民共和国港口或者在港内航行、移泊以及靠离港外系泊点、装卸站等，必须由主管机关指派引航员引航。

第十四条 船舶进出港口或者通过交通管制区、通航密集区和航行条件受到限制的区域时，必须遵守中华人民共和国政府或主管机关公布的特别规定。

第十五条 除经主管机关特别许可外，禁止船舶进入或穿越禁航区。

第十六条 大型设施和移动式平台的海上拖带，必须经船舶检验部门进行拖航检验，并报主管机关核准。

第十七条 主管机关发现船舶的实际状况同证书所载不相符合时，有权责成其申请重新检验或者通知其所有人、经营人采取有效的安全措施。

第十八条 主管机关认为船舶对港口安全具有威胁时，有权禁止其进港或令其离港。

第十九条 船舶、设施有下列情况之一的，主管机关有权禁止其离港，或令其停航、改航、停止作业：

一、违反中华人民共和国有关的法律、行政法规或规章；

二、处于不适航或不适拖状态；

三、发生交通事故，手续未清；

四、未向主管机关或有关部门交付应承担的费用，也未提供适当的担保；

五、主管机关认为有其他妨害或者可能妨害海上交通安全的情况。

第五章 安全保障

第二十条 在沿海水域进行水上水下施工以及划定相应的安全作业区，必须报经主管机关核准公告。无关的船舶不得进入安全作业区。 施工单位不得擅自扩大安全作业区的范围。

在港区内使用岸线或者进行水上水下施工包括架空施工，还必须附图报经主管机关审核同意。

第二十一条 在沿海水域划定禁航区，必须经国务院或主管机关批准。但是，为军事需要划定禁航区，可以由国家军事主管部门批准。

禁航区由主管机关公布。

第二十二条 未经主管机关批准，不得在港区、锚地、航道、通航密集区以及主管机关公布的航路内设置、构筑设施或者进行其他有碍航行安全的活动。

对在上述区域内擅自设置，构筑的设施，主管机关有权责令其所有人限期搬迁或拆除。

第二十三条 禁止损坏助航标志和导航设施。损坏助航标志或导航设施的，应当立即向主管机关报告，并承担赔偿责任。

第二十四条 船舶、设施发现下列情况，应当迅速报告主管机关：

一、助航标志或导航设施变异、失常；

二、有妨碍航行安全的障碍物、漂流物；

三、其他有碍航行安全的异常情况。

第二十五条 航标周围不得建造或设置影响其工作效能的障碍物。航标和航道附近有碍航行安全的灯光，应当妥善遮蔽。

第二十六条 设施的搬迁、拆除，沉船沉物的打捞清除，水下工程的善后处理，都不得遗留有碍航行和作业安全的隐患。在未妥善处理前，其所有人或经营人必须负责设置规定的标志，并将碍航物的名称、形状、尺寸、位置和深度准确地报告主管机关。

第二十七条 港口码头、港外系泊点，装卸站和船闸，应当加强安全管理，保持良好状态。

第二十八条 主管机关根据海上交通安全的需要，确定、调整交通管制区和港口锚地。港外锚地的划定，由主管机关报上级机关批准后公告。

第二十九条 主管机关按照国家规定，负责统一发布航行警告和航行通告。

第三十条 为保障航行、停泊和作业的安全，有关部门应当保持通信联络畅通，保持助航标志、导航设施明显有效，及时提供海洋气象预报和必要的航海图书资料。

第三十一条 船舶、设施发生事故，对交通安全造成或者可能造成危害时，主管机关有权采取必要的强制性处置措施。

第六章 危险货物运输

第三十二条 船舶、设施储存、装卸、运输危险货物，必须具备安全可靠的设备和条件，遵守国家关于危险货物管理和运输的规定。

第三十三条 船舶装运危险货物，必须向主管机关办理申报手续，经批准后，方可进出港口或装卸。

第七章 海难救助

第三十四条 船舶、设施或飞机遇难时，除发出呼救信号外，还应当以最迅速的方式将出事时间、地点、受损情况、救助要求以及发生事故的原因，向主管机关报告。

第三十五条 遇难船舶、设施或飞机及其所有人、经营人应当采取一切有效措施组织自救。

第三十六条 事故现场附近的船舶，设施，收到求救信号或发现有人遭遇生命危险时，在不严重危及自身安全的情况下，应当尽力救助遇难人员，并迅速向主管机关报告现场情况和本船舶、设施的名称、呼号和位置。

第三十七条 发生碰撞事故的船舶、设施，应当互通名称、国籍和登记港，并尽一切可能救助遇难人员。在不严重危及自身安全的情况下，当事船舶不得擅自离开事故现场。

第三十八条 主管机关接到求救报告后，应当立即组织救助。有关单位和在事故现场附近的船舶、设施，必须听从主管机关的统一指挥。

第三十九条 外国派遣船舶或飞机进入中华人民共和国领海或领海上空搜寻救助遇难的船舶或人员，必须经主管机关批准。

第八章 打捞清除

第四十条 对影响安全航行、航道整治以及有潜在爆炸危险的沉没物、漂浮物，其所有人、经营人应当在主管机关限定的时间内打捞清除。否则，主管机关有权采取措施强制打捞清除，其全部费用由沉没物、漂浮物的所有人、经营人承担。

本条规定不影响沉没物、漂浮物的所有人、经营人向第三方索赔的权利。

第四十一条 未经主管机关批准,不得擅自打捞或拆除沿海水域内的沉船沉物。

第九章 交通事故的调查处理

第四十二条 船舶、设施发生交通事故,应当向主管部机关递交事故报告书和有关资料,并接受调查处理。

事故的当事人和有关人员,在接受主管机关调查时,必须如实提供现场情况和与事故有关的情节。

第四十三条 船舶、设施发生的交通事故,由主管机关查明原因,判明责任。

第十章 法律责任

第四十四条 对违反本法的,主管机关可视情节,给予下列一种或几种处罚:

一、警告;

二、扣留或吊销职务证书;

三、罚款。

第四十五条 当事人对主管机关给予的罚款、吊销职务证书处罚不服的,可以在接到处罚通知之日起 15 天内,向人民法院起诉;期满不起诉又不履行的,由主管机关申请人民法院强制执行。

第四十六条 因海上交通事故引起的民事纠纷,可以由主管机关调解处理,不愿意调解或调解不成的,当事人可以向人民法院起诉;涉外案件的当事人,还可以根据书面协议提交仲裁机构仲裁。

第四十七条 对违反本法构成犯罪的人员,由司法机关依法追究刑事责任。

第十一章 特别规定

第四十八条 国家渔政渔港监督管理机构,在以渔业为主的渔港水域内，行使本法规定的主管机关的职权，负责交通安全的监督管理，并负责沿海水域渔业船舶之间的交通事故的调查处理。具体实施办法由国务院另行规定。

第四十九条 海上军事管辖区和军用船舶、设施的内部管理，为军事目的进行水上水下作业的管理，以及公安部船舶的检查登记、人员配备、进出港签证，由国家有关主管部门依据本法另行规定。

第十二章 附 则

第五十条 本法下列用语的含义是：

“沿海水域”是指中华人民共和国沿海的港口、内水和领海以及国家管辖的一切其他海域。

“船舶”是指各类排水或非排水船、筏、水上飞机、潜水器和移动式平台。

“设施”是指水上水下各种固定或浮动建筑、装置和固定平台。

“作业”是指在沿海水域调查、勘探、开采、测量、建筑、疏浚、爆破、救助、打捞、拖带、捕捞、养殖、装卸、科学试验和其他水上水下施工。

第五十一条 国务院主管部门依据本法，制定实施细则，报国务院批准施行。

第五十二条 过去颁布的海上交通安全法规与本法相抵触的，以本法为准。

第五十三条 本法自1984年1月1日起施行。

中华人民共和国打捞沉船管理办法

（国务院批准，交通部公布　交通部交厅秘朱字
1957年173号　1957.10.11）

第一条　为保证航行安全，加强沉船的打捞和管理工作，制定本办法。

第二条　除军事舰艇和木帆船外，在中华人民共和国领海和内河的沉船，包括沉船本体、船上器物以及货物都适用本办法。

第三条　下列沉船应当进行打捞：

（一）妨碍船舶航行、航道整治或者工程建筑的沉船；

（二）有修复使用价值的沉船；

（三）虽无修复使用价值而有拆卸利用价值的沉船。

第四条　严重危害船舶安全航行的沉船，有关港（航）务主管机关有权立即进行打捞或者解体清除，但是所采取措施应即通知沉船所有人，如果沉船所有人不明或者无法通知时，应当在当地和中央报纸上公告。

第五条　妨碍船舶航行、航道整治或者工程建筑的沉船，有关港（航）务主管机关应当根据具体情况规定申请期限和打捞期限，通知或公告沉船所有人。沉船所有人必须在规定期限以内提出申请和进行打捞；否则，有关港（航）务主管机关可以进行打捞或者予以解体清除。

第六条　其他不属于第五条规定范围的沉船，沉船所有人应当自船舶沉没之日起1年以内提出打捞计划和完工期限，经有关港（航）务主管机关批准后进行打捞。

第七条　沉船所有人除遇有特殊情况向有关港（航）务主管机关申请延期并经核准外，在下列情况下即丧失各该沉船的所有权：

（一）妨碍船舶航行、航道整治或者工程建筑的沉船，在申请期限以内没有申请或者声明放弃；或者打捞期限届满，而没有完成打捞；

（二）其他不属于第五条规定范围的沉船自沉没之日起1年以内没有申请打捞；或者完工期限已经届满，而没有打捞。

第八条 有关港（航）务主管机关根据第四条规定所捞起的船体、船用器物、货物或者解体所得的钢材、机件等，在无法或者不易保管的情况下，可以作价处理。沉船所有人自船舶沉没之日起1年以内，可以申请发还捞起的原物或者处理原物所得的价款，过期如不申请即丧失其所有权。

沉船所有人在领回原物或者价款时，应当偿还有关打捞、保管和处理等费用。

第九条 打捞和解体清除沉船必须经过批准，批准权限如下：

（一）500总吨以上或者300匹指示马力以上的沉船由交通部批准；

（二）不满前项规定的沉船，由有关港（航）务主管机关批准，并由各该港（航）务主管机关依其行政系统分别报请交通部或者有关省人民委员会备案。

第十条 未经过批准，任何人都不得擅自打捞或拆除沉船。偶然捞获的沉没物资应当送当地港（航）务主管机关处理，由各该机关酌情给予奖励。

第十一条 有修复价值而不严重妨碍航行安全的沉船，不得解体。申请解体沉船必须提出该沉船确无修复价值的可靠勘测资料。解体打捞或者清除机动船舶，不得在水下破坏主副机、锅炉等物，应当尽量完整捞起，并经有关港（航）务主管机关鉴定后，才可以处理。

第十二条 全国各地沉船勘测工作，由交通部打捞专业机构负责进行，但是有关港（航）务主管机关因业务上的需要，也可以自行勘测。其他机关、企业、个人必须经有关港（航）务主管机关批准才可以进行沉船勘测工作，并应将勘测结果抄送原批准机关。

第十三条 本办法经国务院批准由交通部发布施行。

中华人民共和国非机动船舶海上安全航行暂行规则

（国务院批准，交通部、水产部发布
交海督于字(1958)186号　1958.04.19）

第一条　凡使用人力、风力、拖力的非机动船，在海上从事运输、捕鱼或者其他工作，都应当遵守本规则。

在港区内航行的时候，应当遵守各该港港章的规定。

第二条　非机动船在夜间航行、锚泊的时候，应当在容易被看见的地方，悬挂明亮的白光环照灯一盏。如果因为天气恶劣或者受设备的限制，不能固定悬挂白光环照灯，必须将灯点好放在手边，以备应用；在与他船接近的时候，应当及早显示灯光或者手电筒的白色闪光或者火光，以防碰撞。

非机动船已经设置红绿舷灯、尾灯或者使用合色灯的，仍应继续使用。

第三条　非机动渔船，在白昼捕鱼的时候，应当在容易被看见的地方，悬挂竹篮一只，当发现他船驶近的时候，应当用适当信号指示渔具延伸方向；使用流网的渔船，还要在流网延伸末端的浮子上，系小红旗一面；在夜间捕鱼的时候，应当在容易被看见的地方，悬挂明亮的白光环照灯一盏，当发现他船驶近的时候，向渔具延伸方向，显示另一白光。

第四条　非机动船在有雾、下雪、暴风雨或者其他任何视线不清楚的情况下，不论白昼或者夜间，都应当执行下列规定：

（一）在航行的时候，应当每隔约1分钟，连续发放雾号响声（如敲锣、敲梆、敲煤油桶、吹螺、吹雾角、吹喇叭等）约5秒钟；

（二）在锚泊的时候，如果听到来船雾号响声，应当有间隔地、急促地发放响声，以引起来船注意，直到驶过为止；

（三）在捕鱼的时候，也应当依照前两项的规定执行。

第五条 两艘帆船相互驶近，如有碰撞的危险，应当依照下列规定避让：

（一）顺风船应当避让逆风打抢、掉抢的船；

（二）左舷受风打抢的船，应当避让右舷受风打抢的船；

（三）两船都是顺风，而在不同的船舷受风的时候，左舷受风的船，应当避让右舷受风的船；

（四）两船都是顺风，而在同一船舷受风的时候，上风船应当避让下风船；

（五）船尾受风的船应当避让其他船舷受风的船。

第六条 在航行中的非机动船，应当避让用网、曳绳钓或者拖网进行捕鱼作业的非机动渔船。

第七条 非机动船应当避让下列的机动船：

（一）从事起捞、安放海底电线或者航行标志的机动船；

（二）从事测量或者水下工作的机动船；

（三）操纵失灵的机动船；

（四）用拖网捕鱼的机动船；

（五）被追越的机动船。

第八条 非机动船与机动船相互驶近，如有碰撞危险，机动船应当避让非机动船。

第九条 非机动船在海上遇难，需要他船或者岸上援救的时候，应当显示下列信号：

（一）用任何雾号器具连续不断发放响声；

（二）连续不断燃放火光；

（三）将衣服张开，挂上桅顶。

第十条 本规则经国务院批准后，由交通部、水产部联合发布施行。

外国籍非军用船舶通过琼州海峡管理规则

（国务院　国议字(1964)19号　1964.06.08）

第一条　根据《中华人民共和国政府关于领海的声明》，琼州海峡是中国的内海，一切外国籍军用船舶不得通过，一切外国籍非军用船舶如需通过，必须按照本规则的规定申请批准。

第二条　为便利对琼州海峡进行管理，设"中华人民共和国琼州海峡管理处"（以下简称琼州海峡管理处）。

本规则由琼州海峡管理处监督执行。

第三条　琼州海峡管理处对琼州海峡管理的区域（以下简称管理区）暂定如下：木栏头灯桩（约北纬20度09分37秒、东经110度41分）与生狗吼沙灯桩（约北纬20度26分、东经110度30分22秒）联线（简称东线）以西，溶尾角灯桩（约北纬20度13分30秒、东经109度55分30秒）与临高角灯桩（约北纬20度00分22秒、东经109度42分06秒）联线（简称西线）以东的水域。

第四条　外国籍非军用船舶如需通过琼州海峡，必须办理以下手续：

（一）在进入管理区48小时以前或在开出港启航以前，将船名、国籍、总吨、航速、船身颜色、烟囱标志以及何日、何时由何地开往何处等情况，详细电报琼州海峡管理处，请求过峡。

（二）接到批准过峡的通知后，应在进入管理区24小时以前或在开出港启航后2小时内，向琼州海峡管理处确报进入管理区的时间。

以上请求过峡和批准过峡等的来往电报，均由中国外轮代理公司海口分公司代转。

第五条　琼州海峡管理处对于已经批准通过海峡的外国籍非

军用船舶,认为必要时,可以临时通知禁止通过。

第六条 外国籍非军用船舶通过管理区的时间,一律以白天为限,均应在日出后进入管理区,日落前全部通过管理区。琼州海峡管理处根据申请过峡外国籍非军用船舶的航速,核准其进出海峡的具体时间。

第七条 外国籍非军用船舶进出琼州海峡一律走中水道,但经琼州海峡管理处特别许可的不在此限。

第八条 外国籍非军用船舶通过管理区时,应在下列规定的航区范围内航行:自东线距木栏头灯桩四海里处至西线距临高角灯桩四海里处联线以北,自东线距木栏头灯桩六海里处至排尾角灯桩正南四海里处继至西线距临高角灯桩十四海里处联线以南的水域。

第九条 外国籍非军用船舶通过琼州海峡,必须严格按照所报时间及规定的航区通行。在进入管理区和在管理区通行时,如见有从岸上或舰艇上发出的信号,应立即回答并无条件地执行信号要求。由于不遵守上述规定而发生的后果概由船方自行负责。

第十条 外国籍非军用船舶通过琼州海峡时,不得使用雷达。如在航行中遇浓雾、暴雨等视线恶劣的情况,需要使用雷达时,应向琼州海峡管理处提出报告,说明理由以及当时的船位、航速等,经批准后方准使用。如当时情况紧急,危及船舶航行安全时,可以一面申报一面使用,并在事后,将使用起讫时间和经过情况详细报告琼州海峡管理处备案。

第十一条 外国籍非军用船舶通过琼州海峡时,不准进行照相、测量以及其他违反中华人民共和国法令的行为。

第十二条 外国籍非军用船舶违反本规则,按下列规定处理:

(一)在未进入管理区之前,可以命令其停止进入管理区,由原路返航绕海南岛航行,或者俟其办妥过峡手续并经批准后,再行过峡。

(二)如果已经进入管理区,可以命令其停航并监送至海口港进行检查,根据检查情况给予处分。在处理后,视情况可以准其通过管理区,或令其退出管理区,直到押送其退出海峡。

中华人民共和国对外国籍船舶管理规则

（国务院批准，交通部公布　交港字[1979]1606号　1979.09.18）

总　则

第一条　为维护中华人民共和国的主权，维持港口和沿海水域的秩序，保证航行安全，防止水域污染，特制定本规则。

第二条　在中华人民共和国港口和沿海水域航行的外国籍船舶（以下简称船舶）应遵守本规则以及中华人民共和国一切有关法令、规章和规定。中华人民共和国政府设置在港口的港务监督认为有必要对船舶进行检查时，船舶应接受检查。

本规则所称沿海水域是指属于中华人民共和国的内水和领海以及国家规定的管辖水域。

第一章　进出港和航行

第三条　船长或船舶所有人应在船舶预定到达港口一星期之前，通过外轮代理公司填具规定的表报，向港务监督办理进口申请批准手续，并在到达港口之前24小时（航程不足24小时的，在驶离前一港口时），将预计到港时间，前、后吃水等情况通过外轮代理公司向港务监督报告。如预计到港时间有变化，应随时报告。船舶在航行途中，因遇险、发生故障、船员或旅客患急病等特殊情况，需临时进港或返航，应事先向港务监督报告。

第四条　船舶进出港口或在港内航行、移泊，必须由港务监督指派引航员引航。有关引航的具体事项，应按照中华人民共和国交通部颁发的《海港引航工作规定》办理。

第五条 船舶抵港后,应即呈报进口报告书及其他有关表报,同时交验船舶证书及有关文书,并接受检查。船舶出港前,应呈报出口报告书及其他有关表报,经检查发给出口许可证后,才可出口。

第六条 船舶上的武器、弹药,应在船舶抵港后由港务监督予以封存。无线电报发射机、无线电话发射机、火箭信号、火焰信号、信号枪,只有在危急情况下才可以使用,但在使用后必须向港务监督报告。

第七条 港内禁止射击、游泳、钓鱼、鸣放鞭炮或焰火以及其他危及港口安全秩序的行为。

第八条 船舶有下列情况之一者,港务监督有权在一定期间内禁止其出港或令其停航、改航、返航:

一、处于不适航状态;

二、违反中华人民共和国的法律或规章;

三、发生海损事故;

四、未缴付应承担的款项,又未提供适当担保者;

五、其他需要禁止航行的情况。

第九条 航行在中华人民共和国港口和沿海水域的船舶,不得进行危害中华人民共和国安全和权益的活动,并应遵守有关海峡、水道、航线和禁航区的规定。

第十条 船舶在港内不得以危及其他船舶和港口设施安全的速度航行。

第十一条 船舶附属的艇(筏),除了救生以外,不准在港内航行。

第十二条 船舶在港内航行、移泊时,船上的艇(筏)、吊货杆和舷梯等,不得伸出舷外。

第十三条 需要进入中华人民共和国对外轮开放的港口避风或临时停泊的船舶应向港务监督申请批准,申请内容包括:船名、呼号、国籍、船公司名称、出发港、目的港、船位、航速、吃水、船体颜色、烟囱颜色和标志,并应在指定的地点避风。

船舶如需在中华人民共和国对外轮开放的港口以外的地点避风或临时停泊,除办理上述申请批准手续外,还应遵守下列规定:

一、及时向就近的港务监督报告抛锚时间、位置和驶离时间;

二、遵守当地有关部门的规定,接受检查和询问,并听从指挥;

三、未经当地有关部门批准,船上人员不得登陆,不得装卸货物。

第二章 停 泊

第十四条 船舶在港内停泊,必须留有足以保证船舶安全操纵的船员值班,遇有台风警报等紧急情况,全体船员必须立即回船采取防范、应急等措施。

第十五条 船舶在船员、旅客和其他人员上下之处设置的舷梯必须稳固,并有栏杆或攀索,软梯必须牢固安全,夜间应有足够的照明。

第十六条 船舶需要活车时,必须注意尾部周围环境,在不危及其他船舶和港口设施安全的情况下才可进行。

第十七条 停泊在港内的船舶,其两舷可能影响其他船舶、码头或人员上下的出水口必须加盖覆罩。

第十八条 船舶的灯光不得影响其他船舶的航行安全,船上射向航道的强灯光,应予以遮蔽。

第十九条 船舶对装卸操作应提供良好的条件,装卸设备应具有合格证书,保持良好的技术状态。

第二十条 船舶进行下列事项,应事先向港务监督申请批准:

一、拆修锅炉、主机、锚机、舵机、电台;

二、试航、试车;

三、放艇(筏)进行救生演习;

四、烧焊(进船厂修理的除外),或者在甲板上明火作业;

五、悬挂彩灯。

第二十一条 船舶熏蒸,应采取严密的安全措施,并应悬挂港口规定的信号。

第二十二条 为了维护港口和船舶的安全,需要在港内的船舶移泊或提前、推迟开航,船舶应遵守港务监督的决定。

第三章 信号和通讯

第二十三条 船舶在中华人民共和国港口和沿海水域航行、停泊,白天应悬挂船籍国的国旗,进出港口和移泊应加挂船名呼号旗和港口规定的有关信号。

第二十四条 船舶在进出港口和锚泊时,应注意港口信号台的呼叫和信号,在使用视觉信号时,应遵守中华人民共和国沿海港口信号规定。沿海港口未曾规定的信号,应依照《国际信号规则》办理。

第二十五条 船舶在港内除因航行安全必须外,不得随意鸣放声号。需要试笛时,应事先向港务监督报告。

第二十六条 船舶在港内使用甚高频无线电话,应遵守中华人民共和国交通部颁发的《关于外轮使用甚高频无线电话暂行办法》。

第四章 危险货物

第二十七条 船舶装卸、载运危险货物,应悬挂规定的信号,遵守有关危险货物运输管理的规定,采取必要的安全措施,特别是性能相抵触的货物,不许混装,严禁爆炸物品与发火物、易燃物品装载于同一舱内。

第二十八条 船舶载运爆炸物品、剧毒物品、放射性物品、压缩气体和液化气体、氧化剂、自燃物品、遇水燃烧物品、易燃液体、易燃固体和酸性腐蚀物品等一级烈性危险货物,应详细列具品名、性质、包装数量和装载位置,并且附具危险货物性质说明书,在预定到达港口 3 天之前,通过外轮代理公司向港务监督申请办理签证，经许可后才可进港、起卸或者过境。出口船舶载运上述危险货物，应在开始装载的3天以前，申请办理签证，经许可后才可装运。

第二十九条 船舶申请签发装运出口危险货物安全装载证明书，应在开始装载3天之前向港务监督提出书面申请，写明危险货物的品名、性质、包装、数量、装载位置（并且附具货物装载图）、中途港和目的港等事项并在港务监督指定的泊位进行装载。

第五章 航道保护

第三十条 船舶航行应遵守航行规定，维护航行秩序，如船舶发生意外事故有沉没危险时，应立即向港务监督报告，并尽力采取有效措施，驶离航道，避免妨碍交通和危及其他船舶。如果船舶已经沉没，船方应及时在沉没地点设置临时信号标志。

第三十一条 对沉没在港口或沿海水域的船舶或其他物体的打捞，均按照《中华人民共和国打捞沉船、沉物管理办法》办理。港务监督可视具体情况，通知沉船沉物所有人限期打捞清除，或立即组织打捞或解体清除，全部责任和费用应由沉船沉物所有人承担。

第三十二条 船舶发现或捞获沉、浮物体，应报告或送交港务监督处理，由港务监督酌情给予奖励。

第三十三条 船舶在港内需要倾倒垃圾等废弃物，应显示港口规定的信号招用垃圾船（车）。

第三十四条 船舶应爱护航道设备和助航标志，如损坏了助航标志、港口建筑或其他设施，应立即向港务监督报告，并应负责恢复原状或偿付恢复原状所需费用。

第六章 防止污染

第三十五条 在中华人民共和国的港口和沿海水域，禁止船舶任意排放油类、油性混合物，以及其他有害的污染物质和废弃物。

第三十六条 船舶排放压舱水、洗舱水、舱底水,必须向港务监督申请批准。如果船舶来自有疫情的港口,应经过卫生检疫机关卫生处理。装运危险货物和其他有害污染物船舱的污水、洗舱水,应经有关卫生部门鉴定合格后,方可在指定地点排放。

第三十七条 凡油轮和使用燃油的船舶,应备有油类记录簿,并且按照记录簿各项规定及时如实记载。

第三十八条 如船舶在港口和沿海水域发生污染事故,应将经过情况分别记入油类记录簿和航海日志,并立即向港务监督报告,同时必须采取有效的措施防止扩散。如需采用化学剂处理,应提供化学成分说明书,向港务监督申请批准。

第三十九条 本章未列事项,按照中华人民共和国有关防止水域污染的规定办理。

第七章 消防和救助

第四十条 严禁在货舱以及易于引起船舶火警的场所吸烟和弄火。

第四十一条 船舶加油和油船装卸作业,应采取严密的防火安全措施。

第四十二条 船舶在港内进行烧焊等工程,应事先清理周围环境,采取严密防范措施,配备消防设备,并且在施工前后进行检查。对油舱及其邻近部位还必须卸完全部油料,清除残油,彻底通风,排除其内部易燃气体,并取得合格证明之后,才可以烧焊。

第四十三条 船舶失火或发生海难,应立即将出事地点和本船吨位、吃水、载货、受损和需要某种援助等情况报告港务监督。

第四十四条 港务监督在必要时,可动员和指挥在港内或沿海水域的船舶参加救助遇难船舶,在不影响本船安全的情况下,被动员的船舶有责任尽力救助。

第四十五条 港务监督或救助部门的负责人员到达现场,遇难船舶的船长应立即报告失事情况及已经采取的措施，提供救助必需的资料和方便，并且可以提出有关救助的建议。港务监督为维护安全秩序作出的决定，有关方面必须遵守。

第八章　海损事故

第四十六条　船舶发生海损事故，应尽速用电报或无线电话向港务监督报出扼要报告。在港区以外发出的海损事故，船长应在船舶进入第一港口48小时内，向港务监督递交海损事故报告书；在港区内发生的海损事故，船长应在24小时内向港务监督递交海损事故报告书。

第四十七条　船舶在中华人民共和国港口和沿海水域造成人命、财产损害事故时，应积极救助受害的船舶和人员，及时向港务监督报告，并接受调查和处理。如果肇事者见危不救，隐匿逃遁，将从严处理。

第四十八条　船舶发生船员死亡事故，应立即向港务监督报告。在港内由于船方或港方人员的过失，造成对方损害或伤亡事故等，应保留现场，双方都应及时向港务监督报告。如果发生纠纷，当事的任何一方，都可以向港务监督申请调查处理，涉及刑事范围的，由中华人民共和国司法机关处理。

第四十九条　本章未列事项，按照中华人民共和国交通部颁发的《海损事故调查和处理规则》办理。

第九章　违章处罚

第五十条　凡违反本规则以及中华人民共和国一切有关法令、规章和规定者，港务监督得按其性质、情节分别给予警告、罚款等处分。性质恶劣、情节严重者移交司法机关处理。

第五十一条　受处分者如果对所受处分不服，可以在接到通知的次日起15日之内，向中华人民共和国港务监督局提出申诉。

但在没有变更决定之前，原处分仍为有效。

第十章　附　　则

第五十二条　关于船舶避碰，本规则和中华人民共和国其他有关规定中未列事项，依照中华人民共和国施行的《国际海上避碰规则》办理。

第五十三条　本规则由中华人民共和国国务院批准施行，中华人民共和国交通部 1957 年 3 月 12 日颁发的《中华人民共和国对外国籍船舶进出港口管理办法》同时废止。

国境河流外国籍船舶管理办法

（国务院批准，1960 年 3 月 15 日交通部公布）

第一条 为了维护中华人民共和国主权，便利外国籍船舶进出我国同邻国互为边界的国境河流港口（以下简称国境河流港口）和我国同邻国相通的河流（以下简称同邻国相通河流），保障外国籍船舶航行安全，特制订本办法。

第二条 进出国境河流港口和同邻国相通河流的所有外国籍船舶，都应当遵守本办法。

第三条 在国境河流港口和同邻国相通河流的港口，设立中华人民共和国港务监督。

港务监督负责监督本办法和有关航务法令、规章的贯彻执行；审批外国籍船舶进出口的申请；对准予进出口的外国籍船舶实施强制引水，组织联合检查；监督进出口的外国籍船舶的技术状况并维持航行安全秩序；调查处理进出口的外国籍船舶的海损事故。

第四条 外国籍船舶，只有根据其所属国家政府同我国政府签订的有关商船通航协定，或者获得我国政府的许可，才可以进出国境河流港口和同邻国相通河流；每次进出口，还必须依照本办法第五条和第九条第二款的规定，报请港务监督批准。

第五条 外国籍船舶要求进入国境河流港口和同邻国相通河流，船长应当在船舶从出发港开航前，将船名、船队艘数、最大吃水、载货名称和数量、载客人数、预定到达国境河流港口和同邻国相通河流联合检查（引水）锚地的时间，通过其在港代理人，报请预定到达的国境河流港口或同邻国相通河流的第一港口的港务监督审批。外国籍船舶的出发港在国境河流预定到达港对岸的，可以简化手续，用港务监督规定的信号报请审批。

第六条　外国籍船舶进出国境河流港口和在同邻国相通河流航行,应当悬挂各项规定号帜,白昼还应当悬挂其所属国籍的国旗;在同邻国相通河流航行,还应当在前桅顶部悬挂中华人民共和国国旗。

第七条　外国籍船舶进出国境河流港口和同邻国相通河流,必须向港务监督申请引水员引航。外国籍船舶在港口停泊期间,非经引水员引航不得擅自移泊。如果国境河流港口因特殊情况未划定引水锚地,港务监督可以免除进出口外国籍船舶的引水申请。

第八条　外国籍船舶进入引水锚地,船长应将船上所有武器、弹药、无线电发报机、无线电话发射机、雷达、火箭信号、信号炮等的名称、数量向港务监督申报,并遵守下列规定:

(一)武器、弹药由港务监督予以封存;

(二)无线电发报机、无线电话发射机、雷达、火箭信号、信号炮等禁止使用。

船舶在遇险或发生意外事故时,可启用本条前款(二)项所列的物品,但启用后应立即向港务监督报告。

第九条　外国籍船舶进入引水锚地,船长应当填报港务监督规定的表报,呈验有关船舶文书,并接受港务监督和有关部门的联合检查。

外国籍船舶出口,船长应当通过其在港代理人报请港务监督审批,然后填报规定表报,接受联合检查,经港务监督发给出口许可证,始得出口。

第十条　外国籍船舶在同邻国相通河流内航行时,港务监督或其他有关检查机关可派员随船工作,船长应给予方便。

第十一条　外国籍船舶及其船员、旅客进入国境河流港口和同邻国相通河流,禁止下列行为:

(一)摄影、绘图;

(二)游泳、渔猎;

(三)测深;

(四)在港口抛掷或排出压仓物、煤渣、垃圾、污油、含油污水等。

第十二条 外国籍船舶,禁止在国境河流我方沿岸未经指定的地点和同邻国相通河流未经指定的地点停靠、锚泊、上下人员和装卸货物。在发生海损事故或遇有不可抗力情况时,可以例外,但船长应立即向港务监督或当地人民委员会报告。

第十三条 外国籍船舶在国境河流港口和同邻国相通河流发生海损事故时,船长应当迅速向港务监督提出海损事故报告书,听候港务监督进行调查处理。

第十四条 外国籍船舶有下列情况之一时,港务监督可以禁止其出航:

(一)失去适航状态;

(二)违反安全航行规定;

(三)未缴付港口费用;

(四)未缴付应缴的赔偿款项又未提出适当担保。

第十五条 外国籍船舶及其船员、旅客违反本办法和有关航务法令、规章的,港务监督应当根据情节,予以处理。

第十六条 外国籍船舶所属国家政府已经同我国政府签订有商船通航协定的,可以仍按协定执行;协定中未规定的,按照本办法执行。

第十七条 各有关省、自治区、直辖市人民委员会,可以根据本办法,结合当地具体情况,制订实施细则。

第十八条 本办法经国务院批准,由交通部发布施行。

中华人民共和国外国籍船舶航行长江水域管理规定(第三次修正)

(1997年5月26日国务院批准第三次修订 1997.08.01)

第一条 长江是中华人民共和国内河。为维护中华人民共和国主权,保障船舶安全,维持长江水域及其港口秩序,依据《中华人民共和国对外国籍船舶管理规则》,制定本规定。

第二条 在中华人民共和国长江水域及其港口航行、停泊的外国籍机动船、非机动船和其他水上运输工具(以下简称船舶),必须遵守本规定和中华人民共和国的一切有关法律、行政法规和规章。

第三条 本规定所称长江水域,是指浏河口下游的浏黑屋(北纬31°30′,东经121°18′)与崇明岛施翘河口下游的施信杆(北纬31°37′,东经121°22′)联线沿长江向上至长江中游的北岸窑咀(北纬29°29′,东经113°6′)与南岸七洲(北纬29°28′,东经113°6′)联线及洞庭湖口湘江的南岸七里山(北纬29°24′,东经113°7′)与北岸芦席洲(北纬29°25′,东经113°6′)联线之间的干线水域。

本规定所称港口,是指前款长江水域中对外国籍船舶开放的港口。

第四条 本规定由中华人民共和国港务监督负责实施,任何船舶都必须接受港务监督的监督管理。

第五条 船舶进入长江水域及其港口,必须经中华人民共和国港务监督批准。

经批准进入长江水域及其港口的船舶,应当接受卫生检疫和港务监督、边防检查、海关、动植物检疫等部门的检查,并办理有关手续。必要时,上述有关部门有权进行随船监督。

第六条 进入长江水域的船舶,不得经营沿长江各港口之间以及长江各港口与上海港之间的运输或者其他未经批准的业务。

第七条 进入长江港口的船舶,必须遵守下列规定:

(一)在预定经过上海港区1星期之前,委托有关港口外轮代理公司向所要到达的长江港口港务监督办理进口申请批准手续;

(二)在经过上海港区24小时之前(航程不足24小时的,在驶离前一港口时),将预计经过上海港区和到达长江港口的时间、船舶尺度、前后吃水及实际吃水线以上最大高度等情况,通过外轮代理公司向上海港和所要到达港港务监督报告;

(三)前款所报时间如有变化,应当随时报告。

第八条 船舶在长江水域及其港口航行或移泊,必须向中华人民共和国长江港口港务监督申请指派引航员引航;途经上海港水域必须向中华人民共和国上海港务监督申请指派引航员引航。

第九条 船舶抵港后,应即呈报进口报告书及其他有关表报,同时交验收船舶证书及有关文件,并接受检查。船舶出港前,应当通过外轮代理公司向港务监督预报开航时间、驶往港等情况,并办理出口手续,取得出口许可证后,方可出港。

第十条 船舶在长江水域及其港口航行、停泊,白天应当在前桅顶部悬挂中华人民共和国国旗,船尾悬挂船籍国国旗,有引航员在船时应当加挂"H"旗。进出港口或在港内移泊,应当加挂船名呼号旗和其他规定的信号。

第十一条 船舶在长江水域及其港口使用甚高频无线电话,按《中华人民共和国交通部关于外轮使用甚高频无线电话暂行办法》办理。

第十二条 船舶的无线电报、无线电话发射机,在长江水域期间只准与中华人民共和国江岸、海岸电台通讯;在港口期间只有在危急情况下才可以使用,并且使用后必须向港务监督报告。

船舶的火箭信号、火焰信号、信号枪,在长江水域及其港口期间,只有在危急情况下才可以使用,并且使用后必须向港务监督报告。

第十三条 船舶在长江水域及其港口航行、停泊时,禁止进行下列活动:

(一)对军事设施和军用船舶摄影、写生、录像和测绘;

(二)射击、游泳、钓鱼、鸣放鞭炮或焰火;

(三)其他危害中华人民共和国安全、权益或安全秩序的活动。

第十四条 船舶在长江水域航行,如遇恶劣气象、洪峰等特殊情况需要临时停泊,应当尽量靠航道一侧的边缘停泊,不得占用主航道,并应及时向就近港务监督报告抛锚时间、位置和驶离时间,未经当地公安部门批准,船上的人员不得登陆。

第十五条 船舶不得以危及其他船舶和两岸设施安全的速度航行。

第十六条 船舶在长江水域及其港口期间,有关航行、停泊和避让事宜,按照中华人民共和国交通部颁布的《内河避碰规则》执行。

第十七条 船舶使用信号应当遵守中华人民共和国交通部颁发的《内河避碰规则》和其他有关信号的规定;未作规定的依照有关国际信号规则办理。

第十八条 船舶在长江水域及其港口期间,不得任意排放和抛弃油类、油性混合物,以及其他污染物质和废弃物。

第十九条 本规定已列事项按照本规定执行;未列事项按照《中华人民共和国对外国籍船舶管理规定》及其他有关规定执行。

第二十条 本规定自发布之日起施行。

中华人民共和国防止船舶污染海域管理条例

（国发[1983]202号　1983.12.29）

第一章　总　则

第一条　为实施《中华人民共和国海洋环境保护法》，防止船舶污染海域，维护海域生态环境，特制定本条例。

第二条　本条例适用于在中华人民共和国管辖海域、海港内的一切中国籍船舶、外国籍船舶、及船舶所有人和其他个人。

第三条　防止船舶污染海域环境的主管机关，是中华人民共和国港务监督（以下简称港务监督）。

第二章　一般规定

第四条　在中华人民共和国管辖海域、海港内的一切船舶，不得违反《中华人民共和国海洋环境保护法》和本条例的规定排放油类、油性混合物、废弃物和其他有毒物质。

第五条　任何船舶不得向河口附近的港口淡水水域、海洋特别保护区和海上自然保护区排放油类、油性混合物、废弃物和其他有毒物质。

第六条　船舶发生油类、油性混合物和其他有毒害物质造成污染海域事故，应立即采取措施，控制和消除污染，并尽快向就近的港务监督交书面报告，接受调查处理。

第七条　船舶发生海损事故造成或者可能造成海洋环境重大污染损害的，港务监督有权强制采取避免或减少这种污染损害的措施，包括强制清除或强制拖航的措施。由此发生的一切费用，由肇事船方承担。

第八条 船舶在中华人民共和国管辖海域自己发生或发现其他船舶污染海域情事或违章行为的，应按《中华人民共和国海洋环境保护法》第三十六条、第三十七条规定办理。

第九条 船舶需要在港内进行洗舱作业，必须采取安全和防止污染海域措施，并事先向港务监督申请，经批准后，方可进行。

第十条 为保证油轮的安全引航、靠泊和防止海域污染，所有进港的空载油轮留存的压舱水不得少于该油轮载重量的四分之一。港务监督对于不按规定留足压舱水的油轮，要调查其压舱水的去向，并视情况进行处理。

第十一条 船舶在发生油污事故或违章排油后，不得擅自使用化学消油剂。如必须使用时，应事先用电话或书面向港务监督申请，说明消油剂的牌号、计划用量和使用地点，经批准后，方可使用。

第十二条 发生污染事故，或违章排污的船舶，其被处以罚款或需负担清除、赔偿等经济责任的船舶所有人或肇事人，必须在开航前办妥有关款项的财务担保或缴纳手续。

第十三条 航行国际航线、载运2000吨以上的散装货油的船舶，除执行本条例规定外，并适用于我国参加的《1969年国际油污损害民事责任公约》。

第三章 船舶防污文书及防污设备

第十四条 船舶防污文书：

(一)150总吨以上的油轮、400总吨以上的非油轮和载运2000吨以上的散装货油的船舶，必须分别备有《中华人民共和国海洋环境保护法》第二十八条规定的相应的船舶防污文书；

(二)船舶还应备齐港务监督要求的其他防污文书。

第十五条 对150总吨以上的油轮和400总吨以上的非油轮，防止油污染设备应符合上列要求：

（一）机舱污水和压载水分别使用不同的管系；

（二）设置污油储存舱；

（三）装设标准排放接头；

（四）装设油水分离设备或过滤系统，并满足在距最近陆地12海里以内排放含油污水时，经处理的油污水排放含油量不超过15毫克/升，在距最近陆地12海里以外排放污水时，经处理的油污水排放含油量不超过100毫克/升的要求；

（五）1万总吨以上的船舶，除满足本条上述各项规定外，还应装有排油监控装置；

（六）船舶装设的其他防污设备，应符合国家船舶防污结构与设备规范的有关规定。现有船舶防污设备达不到上述要求的，应在本条例实施后3年内达到规定的要求。

第十六条 不足150总吨的油轮和不足400总吨的非油轮，应设有专用容器，回收残油、废油。该容器应能将残油、废油排入港口接收设备，并应备有本例第十五条第（三）、（六）项规定的设备。

第四章 船舶油类作业及油污水的排放

第十七条 船舶进行油类作业，必须遵守上列规定：

（一）作业前，必须检查管路、阀门，作好准备工作，堵好甲板排水孔，关好有关通海阀；

（二）检查油类作业的有关设备，使其处于良好状态；

（三）对可能发生溢漏的地方，要设置集油容器；

（四）供油、受油双方商定的联系信号，以受方主为，双方均应切实执行；

（五）作业中，要有足够人员值班，当班人员要坚守岗位，严格执行操作规程，掌握作业进度，防止跑油、漏油；

（六）停止作业时，必须关好有关阀门；

（七）收解输油软管时，必须事先用盲板将软管封好，或采取

其他有效措施,防止软管存油倒流入海;

(八)油轮应将油类作业情况,准确地记入《油类记录簿》;非油轮应记入《轮机日志》或值班记录簿。

第十八条 船舶进行油类作业的过程中,如发生跑油、漏油事故,应及时采取清除措施,防止扩大油污染,同时向港务监督报告。查明原因后,应写出书面报告,并接受调查处理。

第十九条 船舶排放污染物,必须符合中华人民共和国《船舶污染物排放标准》。

到港船舶的压舱、洗舱等机舱含油污水,不得任意排放,应由港口油污水处理设施接收处理。港口无接收处理条件,船舶含油污水又确需排放时,应事先向港务监督提出书面报告,经批准后,按规定条件向指定区域排放。

第二十条 按本条例第十九条批准的船舶排放含油污水,必须分别符合以下各项规定:

(一)一般情况

1. 在批准的区域内;

2. 在航行中,瞬时排放率不大于60公升/海里;

3. 污水的含油量不大于15毫克/升;

4. 船上油水分离设备、过滤系统和排油监控装置,处于正常工作状态;

5. 在退潮时。

(二)150总吨以上的油轮和400总吨以上的非油轮机舱油污水的排放,除满足上述(一)项之1、2、4、5外,还应满足:

1. 距最近陆地12海里以外;

2. 污水含油量不大于100毫克/升。

(三)150总吨以上油轮的压舱水,洗舱水的排放,除满足上述(一)项之2、4外,还应满足:

1. 距最近陆地50海里以外;

2. 每压载航次排油总量,现有油轮不得超过装油总量的1/15000,新油轮不超过装油总量的1/30000。

第五章 船舶装运危险货物

第二十一条 船舶装运易燃、易爆、腐蚀、有毒害和放射性的危险货物,应采取必要的安全和防污染措施。应悬挂规定的信号,遵守中华人民共和国交通部《船舶装载危险货物监督管理规则》、《水路危险货物运输规则》和国际海事组织《国际海上危险货物运输规则》,防止发生事故造成危险货物散落和溢漏污染海域。

第二十二条 船舶在港内进行散装有毒害液态危险货物时,参照执行本条例第十七条的各项规定。

第二十三条 船舶在港口进行装卸有毒害、含腐蚀或放射性危险货物时,船方和作业单位都必须采取预防措施,防止货物落水。如发生事故,应采取紧急措施,进行打捞清除,并立即向港务监督报告,及时通告有关单位,采取措施,防止造成重大危害。

第六章 船舶其他污水

第二十四条 核动力船舶和装载放射性物质的船舶,必须遵守《中华人民共和国海洋环境保护法》第三十一条的规定。

第二十五条 来自有疫情港口船舶的压舱水,应申请卫生检疫部门进行卫生处理。

第二十六条 装运有毒害、含腐蚀性货物的船舶,排放含有该物质的洗舱水,必须符合以下各项:

(一)在批准的区域内;

(二)距最近陆地 12 海里以外,水深 25 米以上;

(三)在航行中,且船速不小于 7 节,非自航船,航速不小于四节;

(四)在退潮时;

(五)固体残余物不得排入海域,必须回收处理;

(六)将排放情况记入《航海日志》。

第七章 船舶垃圾

第二十七条 船舶垃圾不得任意倒入港区水域。装载有毒害货物,以及粉尘飞场的散装货物的船舶,不得任意在港内冲洗甲板和舱室,或以其他方式将残物排入港内。确需冲洗的,事先必须申请港务监督批准。

第二十八条 在港船舶,凡需清倒船舶垃圾的,应在船上显示海港规定的信号,招用垃圾清倒船(车)接收处理。并应做到:

(一)船舶生活垃圾的储集容器,必须有盖和不渗漏,并定期进行清倒;

(二)船舶的垫舱,扫舱物料和各种固体垃圾,应由港口船舶服务部门进行清倒,船方应事先向港口船舶服务部门提出申请,并提供清倒物的种类和数量;

(三)在船舶垃圾中,含有毒害或其他危险货物成分的,船方在申请清倒时,必须提供这些物质的品名、性质和数量,并严格与其他垃圾分开堆放。

第二十九条 来自有疫情港口的船舶垃圾,应申请卫生检疫部门进行卫生处理。

第三十条 船舶在海上处理垃圾,应符合以下规定:

(一)塑料制品不得投弃入海;

(二)船舶生活垃圾及食品废弃物,经过粉碎处理,粒径小于25 毫米的,可在距最近陆地 3 海里以外投弃;未经粉碎处理的,应在距最近陆地 12 海里以外投弃。

第八章 使用船舶倾倒废弃物

第三十一条 任何单位需使用船舶倾倒废弃物的,应向起运港的港务监督提交国家海洋局或其派出机构的批准文件,经核实后,方可办理船舶进出口签证。如发现实际装载的与所批准的内容不符,则不予办理签证。

第三十二条 船舶在执行倾倒废弃物任务时,船方要如实记录倾倒情况。返港后,船方应向当地港务监督作出书面报告。

第三十三条 外国籍船舶不得在中华人民共和国管辖海域内进行倾倒废弃物作业,包括弃置船舶和其他浮动工具。

第九章 水上、水下船舶修造打捞和拆船工程

第三十四条 船舶修造、打捞和拆船单位,均应备有足够的防止污染的器材和设备。水上、水下船舶施工,应采取预防措施,防止油类、油性混合物和其他废弃物污染海域。水上船舶施工的油污水,按本条例第十九条、第二十条规定办理。

第三十五条 在水上进行船舶修造作业的集中区域,应设置围油栏,防止散落水上的油类和油漆扩散,并应及时清理。修造过程中的工业垃圾及其他废弃物,由施工单位组织回收处理,不得投弃入海。

第三十六条 在水上进行拆船,拆除的物件不得投弃入海。船底和油柜不得在水上进行拆除,必须拖到岸上进行拆除作业,残油要回收处理。

第三十七条 船舶发生海损事故,或有可能沉没时,船员离船前,应尽可能地关闭所有油舱(柜)管系的阀门,堵塞油舱(柜)通气孔,防止溢油。并应在海事报告书中,说明存油的数量及通气孔的位置。

第三十八条 在进行水下船舶的打捞工程时,应采取措施防止油污扩大和新的污染发生。

第十章 船舶污染事故的损害赔偿

第三十九条 凡违反《中华人民共和国海洋环境保护法》和本条例,造成海洋环境污染损害的船舶,港务监督可以现令其支付

消除污染费，赔偿国家损失。当事人不服的，可按《中华人民共和国海洋环境保护法》第四十一条规定向人民法院起诉。

第四十条 凡由船舶造成海洋污染，受到污染损害的单位和个人，需要进行民事责任索赔的，按《中华人民共和国海洋环境保护法》第四十二条规定的处理程序处理。赔偿责任和赔偿金额纠纷，可由港务监督调解处理，当事人对处理不服的，可以向人民法院起诉；也可以直接向人民法院起诉。涉外案件还可以按仲裁程序解决。

第四十一条 凡受船舶污染损害要求赔偿的单位和个人，如果申请港务监督处理，应尽快向就近的港务监督提交污染损害索赔报告书。该报告书应包括以下内容：

（一）受船舶污染损害的时间、地点、范围、对象，以及当时的气象、水文情况；

（二）受污染损害（包括水产资源和各种器具）的损失清单，包括品名、数量、单价、计算方法，以及养殖或自然的情况；

（三）有关科研部门鉴定或公证机关对损害情况的签证；

（四）尽可能提供的受污染损害的原始单证，有关情况的照片，其他有关索赔的证明单据、材料。

第四十二条 参与清除船舶污染损害，需要索取清除污染费用的单位和个人，在清除污染工作结束后，应尽快向有关港务监督提交索取清除污染费用报告书，该报告书应包括：

（一）清除污染的时间、地点、日程记录或《航海日志》摘录；

（二）投入的人力、机具、船只、清除材料的数量、单价、计算方法；

（三）组织清除的管理费、交通费及其他有关费用；

（四）清除效果及情况报告；

（五）其他有关证据和证明材料。

第四十三条 船舶在中华人民共和国管辖的海域发生污染事故，应尽快向就近的港务监督报告，在船舶进入第一港口后，应立即向港务监督提交报告书，并接受调查处理。该报告书的内容应包括:船舶污染发生的时间、地点、范围、气象、水文情况,经过情况,抢救和清除措施,原因和损害,并应附送有关的材料。

第四十四条 船舶发生污染事故,船舶所有人要求免于承担赔偿责任的,应向港务监督提出报告。该报告应能证实污染损害是完全属于《中华人民共和国海洋环境保护法》第四十三条所列的情形之一,并经过及时采取合理措施仍不能避免对海洋环境造成污染损害的。

第四十五条 港务监督受理的因船舶污染而引起的赔偿责任和赔偿金额的纠纷,在调查了解的基础上,可进行调解或根据调查结果作出处理。

第十一章 处罚与奖励

第四十六条 凡由于船舶违反《中华人民共和国海洋环境保护法》和本条例,造成或可能造成对中华人民共和国管辖海域和海港水域污染损害的,港务监督视其情节的轻重和污染损害的程度,可以处以警告,或对船舶所有人处以罚款。

第四十七条 对船舶所有人的罚款,最高额为人民币10万元。但对下列情况之一者,罚款的最高额为人民币1000元:

(一)未经批准,擅自使用消油剂;

(二)未按规定配备《油类记录簿》;

(三)《油类记录簿》的记载非正规化,或记载伪造事实;

(四)阻挠港务监督检查。

对有直接责任的船员或其他个人,应予以教育,情节严重的也可罚款,但所罚款额最高不得超过本人月基本工资的20%。

第四十八条 船舶发生污染事故,或违章排污,经调查,证据确凿,不论其承认与否,同样按规定处理。

第四十九条 当事人对行政处罚决定不服的,按《中华人民共和国海洋环境保护法》第四十一条规定办理。

第五十条 对船舶发生污染事故,能主动检举、揭发,积极提供证据,或采取有效措施减少污染损害有突出成绩的个人,应给予表扬或奖励。

第五十一条 对肇事船舶或直接责任人员的罚款,全部列专款上缴国库。对本条例第五十条中有关人员的奖励金,由国家财政核拨。

第十二章 附 则

第五十二条 本条例中下列用语的含义是:

(一)"海港"是指沿海港口以及河流入海处附近,以靠泊海船为主的港口,包括该港区范围内的水域和通海航道。

(二)"船舶"是指一切类型的机动和非机动船只,但不包括海上石油勘探开发作业中的固定式和移动式平台。

(三)"油类"是指任何类型的油及其炼制品。

(四)"船舶垃圾"是指船舶在营运生产过程中,自身正常产生的船员生活垃圾,炉渣、垫、隔舱和扫舱物料,以及船上损耗报废的工索具和机器零件等。

(五)"现有船舶"系指1983年3月1日以前交船的船舶。

第五十三条 对外国籍船舶的管理,除执行本条例外,可实行与该船舶所属国对等原则的管理。

第五十四条 国家渔政渔港监督管理机构,在渔港水域内,行使本条例规定的主管机关的职权。

第五十五条 海港中的军事管辖区及军用船舶的内部防止污染管理,由军队环境保护部门依据《中华人民共和国海洋环境保护法》和本条例,另行具体规定。

第五十六条 本条例自发布之日起施行。

中华人民共和国防止拆船污染环境管理条例

（国发[1998]31号　1988.05.18）

第一条　为防止拆船污染环境，保护生态平衡，保障人本健康，促进拆船事业的发展，制定本条例。

第二条　本条例适用于在中华人民共和国管辖水域从事岸边和水上拆船活动的单位和个人。

第三条　本条例所称岸边拆船，指废船停靠拆船码头拆解；废船在船坞拆解；废船冲滩（不包括海难事故中的船舶冲滩）拆解。

本条例所称水上拆船，指对完全处于水上的废船进行拆解。

第四条　县级以上人民政府环境保护部门负责组织协调、监督检查拆船业的环境保护工作，并主管港区水域外的岸边拆船环境保护工作。

中华人民共和国港务监督（含港航监督，下同）主管水上拆船和综合港港区水域拆船的环境保护工作，并协助环境保护部门监督港区水域外的岸边拆船防止污染工作。

国家渔政渔港监督管理部门主管渔港水域拆船的环境保护工作，负责监督拆船活动对沿岸渔业水域的影响，发现污染损害事故后，会同环境保护部门调查处理。

军队环境保护部门主管军港水域拆船的环境保护工作。

国家海洋管理部门和重要江河的水资源保护机构，依据《中华人民共和国海洋环境保护法》和《中华人民共和国水污染防治法》确定的职责，协助以上各款所指主管部门监督拆船的防止污染工作。

县级以上人民政府的环境保护部门、中华人民共和国港务监督、国家渔政渔港监督管理部门和军队环境保护部门，在主管本条第一、第二、第三、第四款所确定水域的拆船环境保护工作时，简称“监督拆船污染的主管部门”。

第五条 地方人民政府应当根据需要和可能，结合本地区的特点、环境状况和技术条件，统筹规划、合理设置拆船厂。

在饮用水源地、海水淡化取水点、盐场、重要的渔业水域、海水浴场、风景名胜区以及其他需要特殊保护的区域，不得设置拆船厂。

第六条 设置拆船厂，必须编制环境影响报告书(表)。其内容包括:拆船厂的地理位置、周围环境状况、拆船规模和条件、拆船工艺、防污措施、预期防治效果等。大中型拆船厂的环境影响报告书(表)，报所在地的省级环境保护部门批准;小型拆船厂的环境影响报告书(表)，经所在地的县级环境保护部门审查，报上一级环境保护部门批准。未经批准者，不得设置拆船厂;拆船公司不得对其提供废船。

环境保护部门在批准环境影响报告书(表)前，应当征求各有关部门的意见。

第七条 监督拆船污染的主管部门有权对拆船单位的拆船活动进行检查，被检查单位必须如实反映情况，提供必要的资料。

监督拆船污染的主管部门有义务为被检查单位保守技术和业务秘密。

第八条 对严重污染环境的拆船单位，限期治理。

对拆船单位的限期治理，由监督拆船污染的主管部门提出意见，通过批准环境影响报告书(表)的环境保护部门，报同级人民政府决定。

第九条 拆船单位应当健全环境保护规章制度，认真组织实施。

第十条 拆船单位必须配备或设置防止拆船污染必需的拦油装置、废油接收设备、含油污水接收处理设施或者设备、废弃回收处置场等，并经批准环境影响报告书(表)的环境保护部门验收合格，发给验收合格证后，方可进船拆解。

第十一条 拆船单位在废船拆解前,必须清除易燃、易爆和有毒物质;关闭海底阀和封闭可能引起油污水外溢的管道。垃圾、残油、废油、油泥、含油污水和易燃易爆物品等废弃物必须送到岸上集中处理,并不得采用渗坑、渗井的处理方式。

废油船在拆解前,必须进行洗舱、排污、清舱、测爆等工作,经港务监督检查核准后,方可拆解。

第十二条 在水上进行拆船作业的拆船单位和个人,必须事先采取有效措施,严格防止溢出、散落水中的油类和其他漂浮物扩散。

在水上进行拆船作业,一旦出现溢出、散落水中的油类和其他漂浮物,必须及时收集处理。

第十三条 排入洗舱水、压舱水和舱底水,必须符合国家和地方规定的排放标准;排放未经处理的洗舱水、压舱水和舱底水,还必须经过监督拆船污染的主管部门批准。

监督拆船污染的主管部门接到拆船单位申请排放未经处理的洗舱水、压舱水和舱底水的报告后,应当抓紧办理,及时审批。

第十四条 拆下的船舶部件或者废弃物,不得投弃或者存放水中;带有污染物的船舶部件或者废弃物,严禁进入水体。未清洗干净的船底的油柜必须拖到岸上拆解。

拆船作业产生的电石渣及其废水,必须收集处理,不得流入水中。

船舶拆解完毕,拆船单位和个人应当及时清理拆船现场。

第十五条 发生拆船污染损害事故时,拆船单位或者个人必须立即采取消除或者控制污染的措施,并迅速报告监督拆船污染的主管部门。

污染损害事故发生后,拆船单位必须向监督拆船污染的主管部门提交《污染事故报告书》,报告污染发生的原因、经过、排污数量、采取的抢救措施、已造成和可能造成的污染损害后果等,并接受调查处理。

第十六条 拆船单位关闭或者搬迁后,必须及时清理原厂址遗留的污染物,并由监督拆船污染的主管部门检查验收。

第十七条 违反本条例规定,有下列情形之一的,监督拆船污染的主管部门除责令其限期纠正外,还可能根据不同情节,处以1万元以上10万元以下的罚款:

(一)未持有经批准的环境影响报告书(表),擅自设置拆船厂并进行拆船的;

(二)发生污染损害事故,不向监督拆船污染的主管部门报告也不采取消除或者控制污染措施的;

(三)废油船未经洗舱、排污、清舱和测爆即行拆解的;

(四)任意排放或者丢弃污染物造成严重污染的。

对未持有经批准的环境影响报告书(表),擅自在第五条和第二款所指的区域设置拆船厂并进行拆船的,除依据前款规定予以罚款外,按照分级管理的原则,由县级以上人民政府责令限期关闭或者搬迁。

第十八条 违反本条例规定,有下列情形之一的,监督拆船污染的主管部门除责令其限期纠正外,还可以根据不同情节,给予警告或者处以1万元以下的罚款:

(一)拒绝或者阻挠监督拆船污染的主管部门进行现场检查或者在被检查时弄虚作假的;

(二)未按规定要求配备和使用防污设施、设备和器材,造成环境污染的;

(三)发生污染损害事故,虽采取消除或者控制污染措施,但不向监督拆船污染的主管部门报告的;

(四)拆船单位关闭、搬迁后,原厂址的现场清理不合格的。

第十九条 罚款全部上缴国库。

拆船单位和个人在受到罚款后,并不免除其对本条例规定义务的履行,已造成污染危害的,必须及时排除危害。

第二十条 对经限期治理逾期未完成治理任务的拆船单位,可以根据其造成的危害后果,责令停业整顿或者关闭。

前款所指拆船单位的停业整顿或者关闭,由作出限期治理决定的人民政府决定。责令国务院有关部门直属的拆船单位停业整顿或者关闭,由国务院环境保护部门会同有关部门批准。

第二十一条 对造成污染损害后果负有责任的或者有第十八条第(一)项所指行为的拆船单位负责人和直接责任者,可以根据不同情节,由其所在单位或者上级主管机关给予行政处分。

第二十二条 当事人对行政处罚决定不服的,可以有收到处罚决定通知之日起15日内,向人民法院起诉;期满不起诉又不履行的,由作出处罚决定的主管部门申请人民法院强制执行。

第二十三条 因拆船污染直接遭受损害的单位或者个人,有权要求造成污染损害方赔偿损失。造成污染损害方有责任对直接遭受危害的单位或者个人赔偿损失。

赔偿责任和赔偿金额的纠纷,可以根据当事人的请求,由监督拆船污染的主管部门处理;当事人对处理决定不服的,可以向人民法院起诉。

当事人也可以直接向人民法院起诉。

第二十四条 凡直接遭受拆船污染损害,要求赔偿损失的单位和个人,应当提交《污染索赔报告书》。报告书应当包括以下内容:

(一)受拆船污染损害的时间、地点、范围、对象,以及当时的气象、水文条件;

(二)受拆船污染损害的损失清单,包括品名、数量、单价、计算方法等;

(三)有关监测部门的鉴定。

第二十五条 因不可抗拒的自然灾害,并经及时采取防范和抢救措施,仍然不能避免造成污染损害的,免予承担赔偿责任。

第二十六条 对检举、揭发拆船单位隐瞒不报或者谎报污染损害事故,以及积极采取措施制止或者减轻污染损害的单位和个人,给予表扬和奖励。

第二十七条 监督拆船污染的主管部门的工作人员现忽职

守、滥用职权、徇私舞弊的，由其所在单位或者上级主管机关给予行政处分；对国家和人民利益造成重大损失、构成犯罪的，依法追究刑事责任。

第二十八条 本条例自1988年6月1日起施行。

中华人民共和国海上交通事故调查处理条例

（国务院批准，交通部公布　交通部令第14号　1990.03.03）

第一章　总　则

第一条　为了加强海上交通安全管理，及时调查处理海上交通事故，根据《中华人民共和国海上交通安全法》的有关规定，制定本条例。

第二条　中华人民共和国港务监督机构是本条例的实施机关。

第三条　本条例适用于船舶、设施在中华人民共和国沿海水域内发生的海上交通事故。

以渔业为主的渔港水域内发生的海上交通事故和沿海水域内渔业船舶之间、军用船舶之间发生的海上交通事故的调查处理，国家法律、行政法规另有专门规定的，从其规定。

第四条　本条例所称海上交通事故是指船舶、设施发生的下列事故：

（一）碰撞、触碰或浪损；

（二）触礁或搁浅；

（三）火灾或爆炸；

（四）沉没；

（五）在航行中发生影响适航性能的机件或重要属具的损坏或灭失；

（六）其他引起财产损失和人身伤亡的海上交通事故。

第二章　报　告

第五条　船舶、设施发生海上交通事故，必须立即用甚高频电话、无线电报或其他有效手段向就近港口的港务监督报告。报告的内容应当包括：船舶或设施的名称、呼号、国籍、起讫港，船舶或设施的所有人或经营人名称，事故发生的时间、地点、海况以及船舶、设施的损害程度、救助要求等。

第六条　船舶、设施发生海上交通事故，除应按第五条规定立即提出扼要报告外，还必须按下列规定向港务监督提交《海上交通事故报告书》和必要的文书资料：

（一）船舶、设施在港区水域内发生海上交通事故，必须在事故发生后24小时内向当地港务监督提交。

（二）船舶、设施在港区水域以外的沿海水域发生海上交通事故，船舶必须在到达中华人民共和国的第一个港口后48小时内向港务监督提交；设施必须在事故发生后48小时内用电报向就近港口的港务监督报告《海上交通事故报告书》要求的内容。

（三）引航员在引领船舶的过程中发生海上交通事故，应当在返港后24小时内向当地港务监督提交《海上交通事故报告书》。

前款（一）、（二）项因特殊情况不能按规定时间提交《海上交通事故报告书》的，在征得港务监督同意后可予以适当延迟。

第七条　《海上交通事故报告书》应当如实写明下列情况：

（一）船舶、设施概况和主要性能数据；

（二）船舶、设施所有人或经营人的名称、地址；

（三）事故发生的时间和地点；

（四）事故发生时的气象和海况；

（五）事故发生的详细经过（碰撞事故应附相对运动示意图）；

（六）损害情况（附船舶、设施受损部位简图。难以在规定时间内查清的，应于检验后补报）；

（七）船舶、设施沉没的，其沉没概位；

（八）与事故有关的其他情况。

第八条 海上交通事故报告必须真实，不得隐瞒或捏造。

第九条 因海上交通事故致使船舶、设施发生损害，船长、设施负责人应申请中国当地或船舶第一到达港地的检验部门进行检验或鉴定，并应将检验报告副本送交港务监督备案。

前款检验、鉴定事项，港务监督可委托有关单位或部门进行，其费用由船舶、设施所有人或经营人承担。

船舶、设施发生火灾、爆炸等事故，船长、设施负责人必须申请公安消防监督机关鉴定，并将鉴定书副本送交港务监督备案。

第三章 调　查

第十条 在港区水域内发生的海上交通事故，由港区地的港务监督进行调查。

在港区水域外发生的海上交通事故，由就近港口的港务监督或船舶到达的中华人民共和国的第一个港口的港务监督进行调查。必要时，由中华人民共和国港务监督局指定的港务监督进行调查。

港务监督认为必要时，可以通知有关机关和社会组织参加事故调查。

第十一条 港务监督在接到事故报告后，应及时进行调查。调查应客观、全面，不受事故当事人提供材料的限制。根据调查工作的需要，港务监督有权：

（一）询问有关人员；

（二）要求被调查人员提供书面材料和证明；

（三）要求有关当事人提供航海日志、轮机日志、车钟记录、报务日志、航向记录、海图、船舶资料、航行设备仪器的性能以及其他必要的原始文书资料；

（四）检查船舶、设施及有关设备的证书、人员证书和核实事故发生前船舶的适航状态、设施的技术状态；

（五）检查船舶、设施及其货物的损害情况和人员伤亡情况；

（六）勘查事故现场，搜集有关物证。

港务监督在调查中，可以使用录音、照相、录像等设备，并可采取法律允许的其他调查手段。

第十二条 被调查人必须接受调查，如实陈述事故的有关情节，并提供真实的文书资料。

港务监督人员在执行调查任务时，应当向被调查人员出示证件。

第十三条 港务监督因调查海上交通事故的需要，可以令当事船舶驶抵指定地点接受调查。当事船舶在不危及自身安全的情况下，未经港务监督同意，不得离开指定地点。

第十四条 港务监督的海上交通事故调查材料，公安机关、国家安全机关、监察机关、检察机关、审判机关和海事仲裁委员会及法律规定的其他机关和人员因办案需要可以查阅、摘录或复制，审判机关确因开庭需要可以借用。

第四章 处 理

第十五条 港务监督应当根据对海上交通事故的调查，作出《海上交通事故调查报告书》，查明事故发生的原因，判明当事人的责任；构成重大事故的，通报当地检察机关。

第十六条 《海上交通事故调查报告书》应包括以下内容：

（一）船舶、设施的概况和主要数据；

（二）船舶、设施所有人或经营人的名称和地址；

（三）事故发生的时间、地点、过程、气象海况、损害情况等；

（四）事故发生的原因及依据；

（五）当事人各方的责任及依据；

（六）其他有关情况。

第十七条 对海上交通事故的发生负有责任的人员，港务监督可以根据其责任的性质和程度依法给予下列处罚：

（一）对中国籍船员、引航员或设施上的工作人员，可以给予警告、罚款或扣留、吊销职务证书；

（二）对外国籍船员或设施上的工作人员，可以给予警告、罚款或将其过失通报其所属国家的主管机关。

第十八条 对海上交通事故的发生负有责任的人员及船舶、设施的所有人或经营人，需要追究其行政责任的，由港务监督提交其主管机关或行政监察机关处理；构成犯罪的，由司法机关依法追究刑事责任。

第十九条 根据海上交通事故发生的原因，港务监督可责令有关船舶、设施的所有人、经营人限期加强对所属船舶、设施的安全管理。对拒不加强安全管理或在期限内达不到安全要求的，港务监督有权责令其停航、改航、停止作业，并可采取其他必要的强制性处置措施。

第五章 调 解

第二十条 对船舶、设施发生海上交通事故引进的民事侵权赔偿纠纷，当事人可以申请港务监督调解。

调解必须遵循自愿、公平的原则，不得强迫。

第二十一条 前条民事纠纷，凡已向海事法院起诉或申请海事仲裁机构仲裁的，当事人不得再申请港务监督调解。

第二十二条 调解由当事人各方在事故发生之日起30日内向负责该事故调查的港务监督提交书面申请。港务监督要求提供担保的，当事人应附经济赔偿担保证明文件。

第二十三条 经调解达成协议的，港务监督应制作调解书。调解书应当写明当事人的姓名或名称、住所、法定代表人或代理人的姓名及职务、纠纷的主要事实、当事人的责任、协议的内容、调解费的承担、调解协议履行的期限。调解书由当事人各方共同签字，并经港务监督盖印确认。调解书应交当事方各持一份，港务监督留存一份。

第二十四条　调解达成协议的，当事人各方应当自动履行。达成协议后当事人翻悔的或逾期不履行协议的，视为调解不成。

第二十五条　凡向港务监督申请调解的民事纠纷，当事人中途不愿调解的，应当向港务监督递交撤销调解的书面申请，并通知对方当事人。

第二十六条　港务监督自收到调解申请书之日起3个月内未能使当事人各方达成调解协议的，可以宣布调解不成。

第二十七条　不愿意调解或调解不成的，当事人可以向海事法院起诉或申请海事仲裁机构仲裁。

第二十八条　凡申请港务监督调解的，应向港务监督缴纳调解费。调解的收费标准，由交通部会同国家物价局、财政部制定。

经调解达成协议的，调解费用按当事人过失比例或约定的数额分摊；调解不成的，由当事人各方平均分摊。

第六章　罚　　则

第二十九条　违反本条例规定，有下列行为之一的，港务监督可视情节对有关当事人（自然人）处以警告或者200元以下罚款；对船舶所有人、经营人处以警告或者5000元以下罚款：

（一）未按规定的时间向港务监督报告事故或提交《海上交通事故报告书》或本条例第三十二条要求的判决书、裁决书、调解书的副本的；

（二）未按港务监督要求驶往指定地点，或在未出现危及船舶安全的情况下未经港务监督同意擅自驶离指定地点的；

（三）事故报告或《海上交通事故报告书》的内容不符合规定要求或不真实，影响调查工作进行或给有关部门造成损失的；

（四）违反第九条规定，影响事故调查的；

（五）拒绝接受调查或无理阻挠、干扰港务监督进行调查的；

（六）在受调查时故意隐瞒事实或提供虚假证明的。

前款第（五）、（六）项行为构成犯罪的，由司法机关依法追究刑事责任。

第三十条 对违反本条例规定，玩忽职守、滥用职权、营私舞弊、索贿受贿的港务监督人员，由行政监察机关或其所在单位给予行政处分；构成犯罪的，由司法机关依法追究刑事责任。

第三十一条 当事人对港务监督依据本条例给予的处罚不服的，可以依法向人民法院提起行政诉讼。

第七章 特别规定

第三十二条 中国籍船舶在中华人民共和国沿海水域以外发生的海上交通事故，其所有人或经营人应当向船籍港的港务监督报告，并于事故发生之日起60日内提交《海上交通事故报告书》。如果事故在国外诉讼、仲裁或调解，船舶所有人或经营人应在诉讼、仲裁或调解结束后60日内将判决书、裁决书或调解书的副本或影印件报船籍港的港务监督备案。

第三十三条 派往外国籍船舶任职的持有中华人民共和国船员职务证书的中国籍船员对海上交通事故的发生负有责任的，其派出单位应当在事故发生之日起60日内向签发该职务证书的港务监督提交《海上交通事故报告书》。

本条第一款和第三十二条的海上交通事故的调查处理，按本条例的有关规定办理。

第八章 附 则

第三十四条 对违反海上交通安全管理法规进行违章操作，虽未造成直接的交通事故，但构成重大潜在事故隐患的，港务监督可以依据本条例进行调查和处罚。

第三十五条 因海上交通事故产生的海洋环境污染，按照我国海洋环境保护的有关法律、法规处理。

第三十六条 本条例由交通部负责解释。

第三十七条 本条例自发布之日起施行。

关于外商参与打捞中国沿海水域沉船沉物管理办法

(中华人民共和国国务院令第102号　1992.07.12)

第一条　为加强对外商参与打捞中国沿海水域沉船沉物活动的管理,保障有关各方的合法权益,制定本办法。

第二条　本办法适用于外商参与打捞中国沿海水域具有商业价值的沉船沉物活动。

沉船沉物的所有人自行打捞或者聘请打捞机构打捞其在中国沿海水域的沉船沉物,不适用本办法。

第三条　本办法下列用语的定义:

(一)外商,是指外国的企业或者其他经济组织或者个人。

(二)沿海水域,是指中华人民共和国内海、领海和属于中华人民共和国管辖的其他海域。

(三)沉船沉物,是指沉没于中国沿海水域水面以下或者淤埋海底泥面以下的各类船舶和器物,包括沉船沉物的主体及其设备、所载的全部货物或者其他物品。

具有重要军事价值的沉没舰船和武器装备及被确认为文物的沉船沉物不在外商参与打捞的对象之列。

(四)打捞作业,是指根据共同打捞合同或者中外合作打捞企业合同,对沉船沉物进行的各种施工活动,包括扫测探摸、实施打捞及相关的活动。

(五)打捞作业者,是指具体实施打捞作业的单位或者个人。

第四条　中国政府依法保护参与打捞中国沿海水域沉船沉物的中外双方(以下简称参与打捞的中外双方)的应得收益和其他合法权益。

参与打捞的中外双方的一切活动必须遵守中华人民共和国的有关法律、法规和规章，接受中国政府有关主管部门的管理与监督。

第五条 中华人民共和国交通部主管有关外商参与打捞中国沿海水域沉船沉物的事宜。

第六条 外商参与打捞中国沿海水域沉船沉物，可以采取下列方式：

（一）与中方打捞人签订共同打捞合同，依照合同规定的双方权利和义务，实施打捞活动；

（二）与中方打捞人成立中外合作打捞企业，实施打捞活动。

第七条 中方打捞人为具有实施打捞作业资格的专业打捞机构，其资格由中华人民共和国交通部按照国家规定的专业打捞机构的条件予以审定。

第八条 共同打捞合同和中外合作打捞企业合同必须有明确的打捞标的。参与打捞的中外双方在打捞过程中发现的不属于合同标的的其他沉船沉物，不得擅自实施打捞。

第九条 中华人民共和国交通部负责统一组织与外商洽谈打捞中国沿海水域沉船沉物的事宜，确立打捞项目，并组织中方打捞人与外商依法签订共同打捞合同或者中外合作打捞企业合同。

第十条 外商与中方打捞人签订的共同打捞合同，应当符合《中华人民共和国涉外经济合同法》的有关规定，并报经中华人民共和国交通部批准。

外商与中方打捞人组成中外合作打捞企业的，应当按照《中华人民共和国中外合作经营企业法》的规定履行有关审批、登记手续。

第十一条 共同打捞合同和中外合作打捞企业合同报送审查批准机关审批时，必须提交中华人民共和国港务监督机构（以下简称港务监督）对打捞作业实施方案核准的有关文件；涉及渔港水域的，应当提交渔政渔港监督机关的有关核准文件；涉及海上军事禁区、军事管理区的，应当提交军事主管部门的有关核准文件。

审查批准机关应当自接到上述合同审批申请之日起45日内决定批准或者不批准。

第十二条 共同打捞合同批准后，外商应当自接到批准证书之日起30日内向中华人民共和国国家工商行政管理局申请营业登记，领取营业证；并应当在领取营业证之日起30日内向当地税务机关办理税务登记手续。

第十三条 外商参与在中华人民共和国内海或者领海内打捞沉船沉物，应当承担打捞作业期间的全部费用和经济风险。中方打捞人负责与有关部门的协调，办理必要的手续及打捞作业期间的监护。

外商参与在中华人民共和国内海、领海外属中华人民共和国管辖的其他海域内打捞沉船沉物，应当承担扫测探摸阶段的全部费用和经济风险。需要打捞的，由中外双方按照合同规定实施打捞。

第十四条 外商为履行共同打捞合同所需船舶、设备及劳务，在同等条件下应当优先向中方打捞人租用和雇佣。

第十五条 外商参与打捞中国沿海水域沉船沉物的捞获物（以下简称捞获物）应当按照下列方式处理：

（一）在中华人民共和国内海或者领海内捞获的沉船沉物，属中华人民共和国所有，外商根据共同打捞合同或者中外合作打捞企业合同的规定，从捞获物或者其折价中取得收益；

中方打捞人根据国家有关规定或者中外合作打捞企业合同的规定从捞获物或者其折价中取得收益。

（二）在中华人民共和国内海、领海外属中华人民共和国管辖的其他海域内捞获的沉船沉物，由参与打捞的中外双方按照合同规定的比例对捞获物或者其折价进行分成。

（三）捞获物中夹带有文物或者在打捞作业活动中发现文物的，应当立即报告当地文物行政管理部门，由文物行政管理部门按照中华人民共和国有关文物保护的法律、法规处理，并给有关人员适当的奖励。

第十六条 外商依法取得的捞获物可以按照国际市场价格由中国政府有关部门收购或者由外商依法纳税并办理海关手续后运往国外。

外商所得外汇收入或者其他收益,可以在纳税后依法汇往国外。

第十七条 打捞作业者在实施打捞作业前,应当按照《中华人民共和国海上交通安全法》的有关规定申请发布航行警告。

中华人民共和国交通部应当将打捞作业的起止时间、地理位置等情况通报国家海洋局等有关部门。

打捞作业者实施打捞作业时,必须在港务监督核准的作业区域内进行,并按照港务监督的要求报告有关活动情况。实施打捞作业不得使用危害海洋资源、海洋环境、海底设施、海上军事设施和其他损害中华人民共和国利益的方法。

第十八条 实施打捞作业应当自始至终有参与打捞的中外双方的有关人员参加,双方共同负责捞获物的登记和保管工作。

第十九条 所有捞获物应当在中国政府主管部门指定的地点接受有关部门的检查。

第二十条 违反本办法打捞中国沿海水域沉船沉物的,港务监督有权责令其停止打捞作业,并可给予警告、罚款的处罚,其中已给国家和他人造成损失的,应当承担赔偿责任。

罚款数额按照国家有关海上交通管理处罚的规定执行。

第二十一条 香港、澳门、台湾的企业、个人及其他经济组织参与打捞中国沿海水域的沉船沉物,参照本办法执行。

第二十二条 本办法由中华人民共和国交通部负责解释。

第二十三条 本办法自发布之日起施行。

中华人民共和国海上航行警告和航行通告管理规定

（国务院批准，交通部公布　交通部令44号公布　1993.01.11）

第一条　为了加强海上航行警告和航行通告的管理，保障船舶、设施的航行和作业安全，根据《中华人民共和国海上交通安全法》有关规定，制定本规定。

第二条　本规定适用于在中华人民共和国沿海水域从事影响或者可能影响海上交通安全的各种活动的船舶、设施和人员，以及负责发布海上航行警告、航行通告的有关单位和人员。

第三条　中华人民共和国港务监督机构（以下简称国家主管机关）主管全国海上航行警告和航行通告的统一发布工作。

沿海水域港务监督机构（以下简称区域主管机关）主管本管辖区域内海上航行警告和航行通告的统一发布工作。

沿海水域港务监督机构的管辖区域由国家主管机关确定。

第四条　海上航行警告由国家主管机关或者其授权的机关以无线电报或者无线电话的形式发布。

海上航行通告由国家主管机关或者区域主管机关以书面形式或者通过报纸、广播、电视等新闻媒介发布。

第五条　在中华人民共和国沿海水域从事下列活动，必须事先向所涉及的海区的区域主管机关申请发布海上航行警告、航行通告：

（一）改变航道、航槽；

（二）划定、改动或者撤销禁航区、抛泥区、水产养殖区、测速区、水上娱乐区；

（三）设置或者撤除公用罗经标、消磁场；

（四）打捞沉船、沉物；

（五）铺设、撤除、检修电缆和管道；

（六）设置、撤除系船浮筒及其他建筑物；

（七）设置、撤除用于海上勘探开发的设施和其安全区；

（八）从事扫海、疏浚、爆破、打桩、拔桩、起重、钻探等作业；

（九）进行使船舶航行能力受到限制的超长、超高、笨重拖带作业；

（十）进行有碍海上航行安全的海洋地质调查、勘探和水文测量；

（十一）进行其他影响海上航行和作业安全的活动。

军事单位划定、改动或者撤销军事禁航区、军事训练区，由国家主管机关或者区域主管机关发布海上航行警告、航行通告。

第六条 组织或者从事本规定第五条第一款所列各项活动的单位，应当在活动开始之日的7天前向该项活动所涉及海区的区域主管机关递交发布海上航行警告、航行通告的书面申请。但是，有特殊情况，经区域主管机关认定，需要立即发布海上航行警告、航行通告的除外。从事本规定第五条第一款第（九）项所列活动的，依照本规定第七条执行。

书面申请应当包括下列内容：

（一）活动起止日期和每日活动时间；

（二）活动内容和活动方式；

（三）参加活动的船舶、设施和单位的名称；

（四）活动区域；

（五）安全措施。

第七条 船舶从事本规定第五条第（九）项所列活动的，应当在启拖开始之日的3天前向启拖地所在海区的区域主管机关递交发布海上航行警告、航行通告的书面申请。

书面申请应当包括下列内容：

（一）拖船、被拖船或者被拖物的名称；

（二）启拖时间；

（三）启始位置、终到位置及主要转向点位置；

（四）拖带总长度；

（五）航速。

第八条 海上航行警告、航行通告发布后，申请人必须在国家主管机关或者区域主管机关核准的时间和区域内进行活动；需要变更活动时间或者改换活动区域的，应当依照本规定，重新申请发布海上航行警告、航行通告。

第九条 船舶、设施在海上发现下列情形，应当尽快向就近的区域主管机关报告：

（一）航海图书上未载明的浅滩、礁石；

（二）异常磁区或者海水变色；

（三）沉船、沉物、危险物、碍航漂流物；

（四）助航标志或者导航设施变异、失常；

（五）其他有碍海上航行安全的情形。

报告内容应当包括：发现时间、地点和被发现物的状况。

第十条 区域主管机关收到有碍海上航行安全的报告或者发布海上航行警告、航行通告的申请后，应当立即核实有关资料，根据实际需要和接收范围，决定发布海上航行警告、航行通告。

第十一条 区域主管机关对本管辖区域内的下列情形，应当发布海上航行警告、航行通告：

（一）设置、调整或者撤销锚地；

（二）设置或者撤销海难救助区、防污作业区、海上作业重大事故区；

（三）设置、变更或者撤销分道通航制；

（四）设置、撤除、改建、变更或者恢复助航标志和导航设施；

（五）其他有碍海上航行和作业安全的情形。

第十二条 国家主管机关或者区域主管机关在发布海上航行警告、航行通告以及收到本规定第九条规定的各项报告时，应当及时向海军航海保证部门提供有关资料并通报有关情况。

第十三条 海岸电台负责并按照规定的时间、频率和要求播发海上航行警告。播发的程序和办法由国务院交通主管部门另行制定。

第十四条 船舶、设施的有关人员必须按照规定抄收海岸电台播发的海上航行警告。

第十五条 有关单位收到海上航行通告后,必须采取有效手段,及时通知所属船舶、设施。

第十六条 对于执行本规定作出显著成绩的单位和个人,由国家主管机关或者区域主管机关给予奖励。

第十七条 违反本规定第五条第一款、第八条规定的,由国家主管机关或者区域主管机关责令其停止活动,并可以处2000元以下罚款。

第十八条 未依照本规定第六条、第七条规定的时间申请发布海上航行警告、航行通告的,国家主管机关或者区域主管机关可以给予警告,可以并处800元以下罚款。

第十九条 对违反本规定第十四条规定的责任人员,根据情节,国家主管机关或者区域主管机关可以给予警告、扣留职务证书或者吊销职务证书。

第二十条 违反本规定,造成海上交通事故的,除依法承担民事赔偿责任外,国家主管机关或者区域主管机关可以根据情节给予罚款、扣留职务证书或者吊销职务证书;构成犯罪的,依法追究刑事责任。

第二十一条 当事人对罚款、扣留职务证书或者吊销职务证书的处罚决定不服的,可以自接到处罚决定通知之日起15日内向中华人民共和国港务监督机构申请复议,也可以直接向人民法院提起诉讼;期满不申请复议也不提起诉讼又不履行的,作出处罚决定的主管机关可以申请人民法院强制执行。

第二十二条 在渔港水域内新建、改建、扩建各种设施或者进行其他施工作业,由渔政渔港监督管理机关根据本规定和国家其他有关规定发布海上航行通告。

第二十三条 军事单位涉及海上航行警告、航行通告事宜的管理办法，根据《中华人民共和国海上交通安全法》有关规定，另行制定。

第二十四条 本规定由交通部负责解释。

第二十五条 本规定自1993年2月1日起施行。

中华人民共和国船舶和海上设施检验条例

（中华人民共和国国务院令第109号　1993.02.14）

第一章　总　　则

第一条　为了保证船舶、海上设施和船运货物集装箱具备安全航行、安全作业的技术条件，保障人民生命财产的安全和防止水域环境污染，制定本条例。

第二条　本条例适用于：

（一）中华人民共和国登记或者将在中华人民共和国登记的船舶（以下简称中国籍船舶）；

（二）根据本条例或者国家有关规定申请检验的外国籍船舶；

（三）在中华人民共和国沿海水域内设置或者将在中华人民共和国沿海水域内设置的海上设施（以下简称海上设施）；

（四）在中华人民共和国登记的企业法人所拥有的船运货物集装箱（以下简称集装箱）。

第三条　中华人民共和国船舶检验局（以下简称船检局）是依照本条例规定实施各项检验工作的主管机构。

经国务院交通主管部门批准，船检局可以在主要港口和工业区设置船舶检验机构。

经国务院交通主管部门和省、自治区、直辖市人民政府批准，省、自治区、直辖市人民政府交通主管部门可以在所辖港口设置地方船舶检验机构。

第四条　中国船级社是社会团体性质的船舶检验机构，承办国内外船舶、海上设施和集装箱的入级检验、鉴证检验和公证检验业务；经船检局授权，可以代行法定检验。

第五条 实施本条例规定的各项检验，应当贯彻安全第一、质量第一的原则，鼓励新技术的开发和应用。

第二章 船舶检验

第六条 船舶检验分别由下列机构实施：

（一）船检局设置的船舶检验机构；

（二）省、自治区、直辖市人民政府交通主管部门设置的地方船舶检验机构；

（三）船检局委托、指定或者认可的检验机构。

前款所列机构，以下统称船舶检验机构。

第七条 中国籍船舶的所有人或者经营人，必须向船舶检验机构申请下列检验：

（一）建造或者改建船舶时，申请建造检验；

（二）营运中的船舶，申请定期检验；

（三）由外国籍船舶改为中国籍船舶的，申请初次检验。

第八条 中国籍船舶所使用的有关海上交通安全的和防止水域环境污染的重要设备、部件和材料，须经船舶检验机构按照有关规定检验。

第九条 中国籍船舶须由船舶检验机构测定总吨位和净吨位，核定载重线和乘客定额。

第十条 在中国沿海水域从事钻探、开发作业的外国籍钻井船、移动式平台的所有人或者经营人，必须向船检局设置或者指定的船舶检验机构申请下列检验：

（一）作业前检验；

（二）作业期间的定期检验。

第十一条 中国沿海水域内的移动式平台、浮船坞和其他大型设施进行拖带航行，起拖前必须向船检局设置的或者指定的船舶检验机构申请拖航检验。

第十二条 中国籍船舶有下列情形之一的，船舶所有人或者经营人必须向船舶检验机构申请临时检验：

（一）因发生事故，影响船舶适航性能的；

（二）改变船舶证书所限定的用途或者航区的；

（三）船舶检验机构签发的证书失效的；

（四）海上交通安全或者环境保护主管机关责成检验的。

在中国港口内的外国籍船舶，有前款（一）、（四）项所列情形之一的，必须向船检局设置或者指定的船舶检验机构申请临时检验。

第十三条 下列中国籍船舶，必须向中国船级社申请入级检验：

（一）从事国际航行的船舶；

（二）在海上航行的乘客定额100人以上的客船；

（三）载重量1000吨以上的油船；

（四）滚装船、液化气体运输船和散装化学品运输船；

（五）船舶所有人或者经营人要求入级的其他船舶。

第十四条 船舶经检验合格后，船舶检验机构应当按照规定签发相应的检验证书。

第三章 海上设施检验

第十五条 海上设施的所有人或者经营人，必须向船检局设置或者指定的船舶检验机构申请下列检验，但是本条例第三十一条规定的除外：

（一）建造或者改建海上设施时，申请建造检验；

（二）使用中的海上设施，申请定期检验；

（三）因发生事故影响海上设施安全性能的，申请临时检验；

（四）海上交通安全或者环境保护主管机关责成检验的，申请临时检验。

第十六条 海上设施经检验合格后，船舶检验机构应当按照规定签发相应的检验证书。

第四章　集装箱检验

第十七条　集装箱的所有人或者经营人，必须向船检局设置或者指定的船舶检验机构申请下列检验：

（一）制造集装箱时，申请制造检验；

（二）使用中的集装箱，申请定期检验。

第十八条　集装箱经检验合格后，船舶检验机构应当按照规定签发相应的检验证书。

第五章　检验管理

第十九条　船舶、海上设施、集装箱的检验制度和技术规范，除本条例第三十一条规定的外，由船检局制订，经国务院交通主管部门批准后公布施行。

第二十条　船舶检验机构的检验人员，必须具备相应的专业知识和检验技能，并经考核合格。

第二十一条　检验人员执行检验任务或者对事故进行技术分析调查时，有关单位应当提供必要的条件。

第二十二条　船舶检验机构实施检验，按照规定收取费用。收费办法由国务院交通主管部门会同国务院物价主管部门、国务院财政主管部门制定。

第二十三条　当事人对船舶检验机构的检验结论有异议的，可以向上一级检验机构申请复验；对复验结论仍有异议的，可以向船检局提出再复验，由船检局组织技术专家组进行检验、评议，作出最终结论。

第二十四条　任何单位和个人不得涂改、伪造检验证书，不得擅自更改船舶检验机构勘划的船舶载重线。

第二十五条　关于外国船舶检验机构在中国境内设置常驻代表机构或者派驻检验人员的管理办法，由国务院交通主管部门制定。

第六章　罚　　则

第二十六条　涂改检验证书、擅自更改船舶载重线或者以欺骗行为获取检验证书的，船检局或者其委托的检验机构有权撤销已签发的相应证书，并可以责令改正或者补办有关手续。

第二十七条　伪造船舶检验证书或者擅自更改船舶载重线的，由有关行政主管机关给予通报批评，并可以处以相当于相应的检验费1倍至5倍的罚款；构成犯罪的，由司法机关依法追究刑事责任。

第二十八条　船舶检验机构的检验人员滥用职权、徇私舞弊、玩忽职守、严重失职的，由所在单位或者上级机关给予行政处分或者撤销其检验资格；情节严重，构成犯罪的，由司法机关依法追究刑事责任。

第七章　附　　则

第二十九条　本条例下列用语的定义：

（一）船舶，是指各类排水或者非排水船、艇、水上飞机、潜水器和移动式平台。

（二）海上设施，是指水上水下各种固定或者浮动建筑、装置和固定平台。

（三）沿海水域，是指中华人民共和国沿海的港口、内水和领海以及国家管辖的一切其他海域。

第三十条　除从事国际航行的渔业辅助船舶依照本条例进行检验外，其他渔业船舶的检验，由国务院渔业主管部门另行规定。

第三十一条　海上设施中的海上石油天然气生产设施的检验，由国务院石油主管部门会同国务院交通主管部门另行规定。

第三十二条 下列船舶不适用本条例：

（一）军用舰艇、公安船艇和体育运动船艇；

（二）按照船舶登记规定，不需要登记的船舶。

第三十三条 本条例由交通部负责解释。

第三十四条 本条例自发布之日起施行。

中华人民共和国船舶登记条例

（中华人民共和国国务院令195号　1994.06.02）

第一章　总　　则

第一条　为了加强国家对船舶的监督管理，保障船舶登记有关各方的合法权益，制定本条例。

第二条　下列船舶应当依照本条例规定进行登记：

（一）在中华人民共和国境内有住所或者主要营业所的中国公民的船舶。

（二）依据中华人民共和国法律设立的主要营业所在中华人民共和国境内的企业法人的船舶。但是，在该法人的注册资本中有外商出资的，中方投资人的出资额不得低于50%。

（三）中华人民共和国政府公务船舶和事业法人的船舶。

（四）中华人民共和国港务监督机构认为应当登记的其他船舶。

军事船舶、渔业船舶和体育运动船艇的登记依照有关法规的规定办理。

第三条　船舶经依法登记，取得中华人民共和国国籍，方可悬挂中华人民共和国国旗航行；未经登记的，不得悬挂中华人民共和国国旗航行。

第四条　船舶不得具有双重国籍。凡在外国登记的船舶，未中止或者注销原登记国国籍的，不得取得中华人民共和国国籍。

第五条　船舶所有权的取得、转让和消灭，应当向船舶登记机关登记；未经登记的，不得对抗第三人。

船舶由二个以上的法人或者个人共有的，应当向船舶登记机关登记；未经登记的，不得对抗第三人。

第六条 船舶抵押权、光船租赁权的设定、转移和消灭，应当向船舶登记机关登记；未经登记的，不得对抗第三人。

第七条 中国籍船舶上的船员应当由中国公民担任；确需雇用外国籍船员的，应当报国务院交通主管部门批准。

中国籍船舶上应持适任证书的船员，必须持有相应的中华人民共和国船员适任证书。

第八条 中华人民共和国港务监督机构是船舶登记主管机关。

各港的港务监督机构是具体实施船舶登记的机关（以下简称船舶登记机关），其管辖范围由中华人民共和国港务监督机构确定。

第九条 船舶登记港为船籍港。

船舶登记港由船舶所有人依据其住所或者主要营业所所在地就近选择，但是不得选择二个或者二个以上的船舶登记港。

第十条 一艘船舶只准使用一个名称。

船名由船籍港船舶登记机关核定。船名不得与登记在先的船舶重名或者同音。

第十一条 船舶登记机关应当建立船舶登记簿。

船舶登记机关应当允许利害关系人查阅船舶登记簿。

第十二条 国家所有的船舶由国家授予具有法人资格的全民所有制企业经营管理的，本条例有关船舶所有人的规定适用于该法人。

第二章 船舶所有权登记

第十三条 船舶所有人申请船舶所有权登记，应当向船籍港船舶登记机关交验足以证明其合法身份的文件，并提供有关船舶技术资料和船舶所有权取得的证明文件的正本、副本。

就购买取得的船舶申请船舶所有权登记的，应当提供下列文件：

（一）购船发票或者船舶的买卖合同和交接文件；

（二）原船籍港船舶登记机关出具的船舶所有权登记注销证明书；

（三）未进行抵押的证明文件或者抵押权人同意被抵押船舶转让他人的文件。

就新造船舶申请船舶所有权登记的，应当提供船舶建造合同和交接文件。但是，就建造中的船舶申请船舶所有权登记的，仅需提供船舶建造合同；就自造自用船舶申请船舶所有权登记的，应当提供足以证明其所有权取得的文件。

就因继承、赠与、依法拍卖以及法院判决取得的船舶申请船舶所有权登记的，应当提供具有相应法律效力的船舶所有权取得的证明文件。

第十四条 船籍港船舶登记机关应当对船舶所有权登记申请进行审查核实；对符合本条例规定的，应当自收到申请之日起 7 日内向船舶所有人颁发船舶所有权登记证书，授予船舶登记号码，并在船舶登记簿中载明下列事项：

（一）船舶名称、船舶呼号；

（二）船籍港和登记号码、登记标志；

（三）船舶所有人的名称、地址及其法定代表人的姓名；

（四）船舶所有权的取得方式和取得日期；

（五）船舶所有权登记日期；

（六）船舶建造商名称、建造日期和建造地点；

（七）船舶价值、船体材料和船舶主要技术数据；

（八）船舶的曾用名、原船籍港以及原船舶登记的注销或者中止的日期；

（九）船舶为数人共有的，还应当载明船舶共有人的共有情况；

（十）船舶所有人不实际使用和控制船舶的，还应当载明光船承租人或者船舶经营人的名称、地址及其法定代表人的姓名；

（十一）船舶已设定抵押权的，还应当载明船舶抵押权的设定情况。

船舶登记机关对不符合本条例规定的，应当自收到申请之日起 7 日内书面通知船舶所有人。

第三章 船舶国籍

第十五条 船舶所有人申请船舶国籍，除应当交验依照本条例取得的船舶所有权登记证书外，还应当按照船舶航区相应交验下列文件：

（一）航行国际航线的船舶，船舶所有人应当根据船舶的种类交验法定的船舶检验机构签发的下列有效船舶技术证书：

1. 国际吨位丈量证书；
2. 国际船舶载重线证书；
3. 货船构造安全证书；
4. 货船设备安全证书；
5. 乘客定额证书；
6. 客船安全证书；
7. 货船无线电报安全证书；
8. 国际防止油污证书；
9. 船舶航行安全证书；
10. 其他有关技术证书。

（二）国内航行的船舶，船舶所有人应当根据船舶的种类交验法定的船舶检验机构签发的船舶检验证书簿和其他有效船舶技术证书。

从境外购买具有外国国籍的船舶，船舶所有人在申请船舶国籍时，还应当提供原船籍港船舶登记机关出具的注销原国籍的证明书或者将于重新登记时立即注销原国籍的证明书。

对经审查符合本条例规定的船舶，船籍港船舶登记机关予以核准并发给船舶国籍证书。

第十六条 依照本条例第十三条规定申请登记的船舶，经核准后，船舶登记机关发给船舶国籍证书。船舶国籍证书的有效期为5年。

第十七条 向境外出售新造的船舶，船舶所有人应当持船舶所有权取得的证明文件和有效船舶技术证书，到建造地船舶登记机关申请办理临时船舶国籍证书。

从境外购买新造的船舶，船舶所有人应当持船舶所有权取得的证明文件和有效船舶技术证书，到中华人民共和国驻外大使馆、领事馆申请办理临时船舶国籍证书。

境内异地建造船舶，需要办理临时船舶国籍证书的，船舶所有人应当持船舶建造合同和交接文件以及有效船舶技术证书，到建造地船舶登记机关申请办理临时船舶国籍证书。

在境外建造船舶，船舶所有人应当持船舶建造合同和交接文件以及有效船舶技术证书，到中华人民共和国驻外大使馆、领事馆申请办理临时船舶国籍证书。

以光船条件从境外租进船舶，光船承租人应当持光船租赁合同和原船籍港船舶登记机关出具的中止或者注销原国籍的证明书，或者将于重新登记时立即中止或者注销原国籍的证明书到船舶登记机关申请办理临时船舶国籍证书。

对经审查符合本条例规定的船舶，船舶登记机关或者中华人民共和国驻外大使馆、领事馆予以核准并发给临时船舶国籍证书。

第十八条 临时船舶国籍证书的有效期一般不超过1年。

以光船租赁条件从境外租进的船舶，临时船舶国籍证书的期限可以根据租期确定，但是最长不得超过2年。光船租赁合同期限超过2年的，承租人应当在证书有效期内，到船籍港船舶登记机关申请换发临时船舶国籍证书。

第十九条 临时船舶国籍证书和船舶国籍证书具有同等法律效力。

第四章　船舶抵押权登记

第二十条　对 20 总吨以上的船舶设定抵押权时，抵押权人和抵押人应当持下列文件到船籍港船舶登记机关申请办理船舶抵押权登记：

（一）双方签定的书面申请书；

（二）船舶所有权登记证书或者船舶建造合同；

（三）船舶抵押合同。

该船舶设定有其他抵押权的，还应当提供有关证明文件。

船舶共有人就共有船舶设定抵押权时，还应当提供 2/3 以上份额或者约定份额的共有人的同意证明文件。

第二十一条　对经审查符合本条例规定的，船籍港船舶登记机关应当自收到申请之日起 7 日内将有关抵押人、抵押权人和船舶抵押情况以及抵押登记日期载入船舶登记簿和船舶所有权登记证书，并向抵押权人核发船舶抵押权登记证书。

第二十二条　船舶抵押权登记，包括下列主要事项：

（一）抵押权人和抵押人的姓名或者名称、地址；

（二）被抵押船舶的名称、国籍，船舶所有权登记证书的颁发机关和号码；

（三）所担保的债权数额、利息率、受偿期限。

船舶登记机关应当允许公众查询船舶抵押权的登记状况。

第二十三条　船舶抵押权转移时，抵押权人和承转人应当持船舶抵押权转移合同到船籍港船舶登记机关申请办理抵押权转移登记。

对经审查符合本条例规定的，船籍港船舶登记机关应当将承转人作为抵押权人载入船舶登记簿和船舶所有权登记证书，并向承转人核发船舶抵押权登记证书，封存原船舶抵押权登记证书。

办理船舶抵押权转移前，抵押权人应当通知抵押人。

第二十四条　同一船舶设定二个以上抵押权的，船舶登记机关应当按照抵押权登记申请日期的先后顺序进行登记,并在船舶登记簿上载明登记日期。

登记申请日期为登记日期;同日申请的,登记日期应当相同。

第五章　光船租赁登记

第二十五条　有下列情形之一的,出租人、承租人应当办理光船租赁登记:

(一)中国籍船舶以光船条件出租给本国企业的;

(二)中国企业以光船条件租进外国籍船舶的;

(三)中国籍船舶以光船条件出租境外的。

第二十六条　船舶在境内出租时,出租人和承租人应当在船舶起租前,持船舶所有权登记证书、船舶国籍证书和光船租赁合同正本、副本,到船籍港船舶登记机关申请办理光船租赁登记。

对经审查符合本条例规定的,船籍港船舶登记机关应当将船舶租赁情况分别载入船舶所有权登记证书和船舶登记簿,并向出租人、承租人核发光船租赁登记证明书各一份。

第二十七条　船舶以光船条件出租境外时,出租人应当持本条例第二十六条规定的文件到船籍港船舶登记机关申请办理光船租赁登记。

对经审查符合本条例规定的,船籍港船舶登记机关应当依照本条例第四十二条规定中止或者注销其船舶国籍,并发给光船租赁登记证明书一式二份。

第二十八条　以光船条件从境外租进船舶,承租人应当比照本条例第九条规定确定船籍港,并在船舶起租前持下列文件,到船舶登记机关申请办理光船租赁登记:

(一)光船租赁合同正本、副本;

(二)法定的船舶检验机构签发的有效船舶技术证书;

(三)原船籍港船舶登记机关出具的中止或者注销船舶国籍证明书,或者将于重新登记时立即中止或者注销船舶国籍的证明书。

对经审查符合本条例规定的,船舶登记机关应当发给光船租赁登记证明书,并应当依照本条例第十七条的规定发给临时船舶国籍证书,在船舶登记簿上载明原登记国。

第二十九条 需要延长光船租赁期限的,出租人、承租人应当在光船租赁合同期满前15日,持光船租赁登记证明书和续租合同正本、副本,到船舶登记机关申请办理续租登记。

第三十条 在光船租赁期间,未经出租人书面同意,承租人不得申请光船转租登记。

第六章 船舶标志和公司旗

第三十一条 船舶应当具有下列标志:

(一)船首两舷和船尾标明船名;

(二)船尾船名下方标明船籍港;

(三)船名、船籍港下方标明汉语拼音;

(四)船首和船尾两舷标明吃水标尺;

(五)船舶中部两舷标明载重线。

受船型或者尺寸限制不能在前款规定的位置标明标志的船舶,应当在船上显著位置标明船名和船籍港。

第三十二条 船舶所有人设置船舶烟囱标志、公司旗,可以向船籍港船舶登记机关申请登记,并按照规定提供标准设计图纸。

第三十三条 同一公司的船舶只准使用一个船舶烟囱标志、公司旗。

船舶烟囱标志、公司旗由船籍港船舶登记机关审核。

船舶烟囱标志、公司旗不得与登记在先的船舶烟囱标志、公司旗相同或者相似。

第三十四条 船籍港船舶登记机关对经核准予以登记的船舶烟囱标志、公司旗应当予以公告。

业经登记的船舶烟囱标志、公司旗属登记申请人专用,其他船舶或者公司不得使用。

第七章 变更登记和注销登记

第三十五条 船舶登记项目发生变更时，船舶所有人应当持船舶登记的有关证明文件和变更证明文件，到船籍港船舶登记机关办理变更登记。

第三十六条 船舶变更船籍港时，船舶所有人应当持船舶国籍证书和变更证明文件，到原船籍港船舶登记机关申请办理船籍港变更登记。对经审查符合本条例规定的，原船籍港船舶登记机关应当在船舶国籍证书签证栏内注明，并将船舶有关登记档案转交新船籍港船舶登记机关，船舶所有人再到新船籍港船舶登记机关办理登记。

第三十七条 船舶共有情况发生变更时，船舶所有人应当持船舶所有权登记证书和有关船舶共有情况变更的证明文件，到船籍港船舶登记机关办理有关变更登记。

第三十八条 船舶抵押合同变更时，抵押权人和抵押人应当持船舶所有权登记证书、船舶抵押权登记证书和船舶抵押合同变更的证明文件，到船籍港船舶登记机关办理变更登记。

对经审查符合本条例规定的，船籍港船舶登记机关应当在船舶所有权登记证书和船舶抵押权登记证书以及船舶登记簿上注明船舶抵押合同的变更事项。

第三十九条 船舶所有权发生转移时，原船舶所有人应当持船舶所有权登记证书、船舶国籍证书和其他有关证明文件到船籍港船舶登记机关办理注销登记。

对经审查符合本条例规定的，船籍港船舶登记机关应当注销该船舶在船舶登记簿上的所有权登记以及与之相关的登记，收回有关登记证书，并向船舶所有人出具相应的船舶登记注销证明书。向境外出售的船舶，船舶登记机关可以根据具体情况出具注销国籍的证明书或者将于重新登记时立即注销国籍的证明书。

第四十条 船舶灭失(含船舶拆解、船舶沉没)和船舶失踪,船舶所有人应当自船舶灭失(含船舶拆解、船舶沉没)或者船舶失踪之日起3个月内持船舶所有权登记证书、船舶国籍证书和有关船舶灭失(含船舶拆解、船舶沉没)、船舶失踪的证明文件,到船籍港船舶登记机关办理注销登记。经审查核实,船籍港船舶登记机关应当注销该船舶在船舶登记簿上的登记,收回有关登记证书,并向船舶所有人出具船舶登记注销证明书。

第四十一条 船舶抵押合同解除,抵押权人和抵押人应当持船舶所有权登记证书、船舶抵押权登记证书和经抵押权人签字的解除抵押合同的文件,到船籍港船舶登记机关办理注销登记。对经审查符合本条例规定的,船籍港船舶登记机关应当注销其在船舶所有权登记证书和船舶登记簿上的抵押登记的记录。

第四十二条 以光船条件出租到境外的船舶,出租人除依照本条例第二十七条规定办理光船租赁登记外,还应当办理船舶国籍的中止或者注销登记。船籍港船舶登记机关应当封存原船舶国籍证书,发给中止或者注销船舶国籍证明书。特殊情况下,船籍港船舶登记机关可以发给将于重新登记时立即中止或者注销船舶国籍的证明书。

第四十三条 光船租赁合同期满或者光船租赁关系终止,出租人应当自光船租赁合同期满或者光船租赁关系终止之日起15日内,持船舶所有权登记证书、光船租赁合同或者终止光船租赁关系的证明文件,到船籍港船舶登记机关办理光船租赁注销登记。

以光船条件出租到境外的船舶,出租人还应当提供承租人所在地船舶登记机关出具的注销船舶国籍证明书或者将于重新登记时立即注销船舶国籍的证明书。

经核准后,船籍港船舶登记机关应当注销其在船舶所有权登记证书和船舶登记簿上的光船租赁登记的记录,并发还原船舶国籍证书。

第四十四条 以光船条件租进的船舶,承租人应当自光船租赁合同期满或者光船租赁关系终止之日起15日内,持光船租赁合同、终止光船租赁关系的证明文件，到船籍港船舶登记机关办理注销登记。

以光船条件从境外租进的船舶，还应当提供临时船舶国籍证书。

经核准后，船籍港船舶登记机关应当注销其在船舶登记簿上的光船租赁登记，收回临时船舶国籍证书，并出具光船租赁登记注销证明书和临时船舶国籍注销证明书。

第八章 船舶所有权登记证书、船舶国籍证书的换发和补发

第四十五条 船舶国籍证书有效期届满前1年内，船舶所有人应当持船舶国籍证书和有效船舶技术证书，到船籍港船舶登记机关办理证书换发手续。

第四十六条 船舶所有权登记证书、船舶国籍证书污损不能使用的，持证人应当向船籍港船舶登记机关申请换发。

第四十七条 船舶所有权登记证书、船舶国籍证书遗失的，持证人应当书面叙明理由，附具有关证明文件，向船籍港船舶登记机关申请补发。

船籍港船舶登记机关应当在当地报纸上公告声明原证书作废。

第四十八条 船舶所有人在境外发现船舶国籍证书遗失或者污损时，应当向中华人民共和国驻外大使馆、领事馆申请办理临时船舶国籍证书，但是必须在抵达本国第一个港口后及时向船籍港船舶登记机关申请换发船舶国籍证书。

第九章 法律责任

第四十九条 假冒中华人民共和国国籍，悬挂中华人民共和国国旗航行的，由船舶登记机关依法没收该船舶。

中国籍船舶假冒外国国籍，悬挂外国国旗航行的，适用前款规定。

第五十条 隐瞒在境内或者境外的登记事实，造成双重国籍的，由船籍港船舶登记机关吊销其船舶国籍证书，并视情节处以下列罚款：

（一）500 总吨以下的船舶，处 2000 元以上、10000 元以下的罚款；

（二）501 总吨以上、10000 总吨以下的船舶，处以 10000 元以上、50000 元以下的罚款；

（三）10001 总吨以上的船舶，处以 50000 元以上、200000 元以下的罚款。

第五十一条 违反本条例规定，有下列情形之一的，船籍港船舶登记机关可以视情节给予警告、根据船舶吨位处以本条例第五十条规定的罚款数额的 50% 直至没收船舶登记证书：

（一）在办理登记手续时隐瞒真实情况、弄虚作假的；

（二）隐瞒登记事实，造成重复登记的；

（三）伪造、涂改船舶登记证书的。

第五十二条 不按照规定办理变更或者注销登记的，或者使用过期的船舶国籍证书或者临时船舶国籍证书的，由船籍港船舶登记机关责令其补办有关登记手续；情节严重的，可以根据船舶吨位处以本条例第五十条规定的罚款数额的 10%。

第五十三条 违反本条例规定，擅自雇用外国籍船员或者使用他人业经登记的船舶烟囱标志、公司旗的，由船籍港船舶登记机关责令其改正；拒不改正的，可以根据船舶吨位处以本条例第五十条规定的罚款数额的 10%；情节严重的，并可以吊销其船舶国籍证书或者临时船舶国籍证书。

第五十四条 船舶登记机关的工作人员滥用职权、徇私舞弊、玩忽职守、严重失职的，由所在单位或者上级机关给予行政处分；构成犯罪的，依法追究刑事责任。

第五十五条 当事人对船舶登记机关的具体行政行为不服

的,可以依照国家有关法律、行政法规的规定申请复议或者提起行政诉讼。

第十章　附　　则

第五十六条　本条例下列用语的含义是:

(一)"船舶"系指各类机动、非机动船舶以及其他水上移动装置,但是船舶上装备的救生艇筏和长度小于5米的艇筏除外。

(二)"渔业船舶"系指从事渔业生产的船舶以及属于水产系统为渔业生产服务的船舶。

(三)"公务船舶"系指用于政府行政管理目的的船舶。

第五十七条　除公务船舶外,船舶登记机关按照规定收取船舶登记费。船舶登记费的收费标准和管理办法,由国务院财政部门、物价行政主管部门会同国务院交通行政主管部门制定。

第五十八条　船舶登记簿、船舶国籍证书、临时船舶国籍证书、船舶所有权登记证书、船舶抵押权登记证书、光船租赁登记证明书、申请书以及其他证明书的格式,由中华人民共和国港务监督机构统一制定。

第五十九条　本条例自1995年1月1日起施行。

国际航行船舶进出中华人民共和国口岸检查办法

（中华人民共和国国务院令第175号　1995.03.21）

第一条　为了加强对国际航行船舶进出中华人民共和国口岸的管理，便利船舶进出口岸，提高口岸效能，制定本办法。

第二条　进出中华人民共和国口岸的国际航行船舶（以下简称船舶）及其所载船员、旅客、货物和其他物品，由本办法第三条规定的机关依照本办法实施检查；但是，法律另有特别规定的，或者国务院另有特别规定的，从其规定。

第三条　中华人民共和国港务监督机构（以下简称港务监督机构）、中华人民共和国海关（以下简称海关）、中华人民共和国边防检查机关（以下简称边防检查机关）、中华人民共和国国境卫生检疫机关（以下简称卫生检疫机关）和中华人民共和国动植物检疫机关（以下简称动植物检疫机关）是负责对船舶进出中华人民共和国口岸实施检查的机关（以下统称检查机关）。

第四条　检查机关依照有关法律、行政法规的规定实施检查并对违法行为进行处理。

港务监督机构负责召集有其他检查机关参加的船舶进出口岸检查联席会议，研究、解决船舶进出口岸检查的有关问题。

第五条　船舶进出中华人民共和国口岸，由船方或其代理人依照本办法有关规定办理进出口岸手续。除本办法第十条第二款、第十一条规定的情形或者其他特殊情形外，检查机关不登船检查。

船方或其代理人办理船舶进出口岸手续时，应当按照检查机关的有关规定准确填写报表，并如实提供有关证件、资料。

第六条 船方或其代理人应当在船舶预计抵达口岸7日前(航程不足7日的,在驶离上一口岸时),填写《国际航行船舶进口岸申请书》,报请抵达口岸的港务监督机构审批。

拟进入长江水域的船舶,船方或其代理人应当在船舶预计经上海港区7日前(航程不足7日的,在驶离上一口岸时),填写《国际航行船舶进口岸申请书》,报请抵达口岸的港务监督机构审批。

第七条 船方或其代理人应当在船舶预计抵达口岸24小时前(航程不足24小时的,在驶离上一口岸时),将抵达时间、停泊地点、靠泊移泊计划及船员、旅客的有关情况报告检查机关。

第八条 船方或其代理人在船舶抵达口岸前未办妥进口岸手续的,须在船舶抵达口岸24小时内到检查机关办理进口岸手续。

船舶在口岸停泊时间不足24小时的,经检查机关同意,船方或其代理人在办理进口岸手续时,可以同时办理出口岸手续。

第九条 船方或其代理人在船舶抵达口岸前已经办妥进口岸手续的,船舶抵达后即可上下人员、装卸货物和其他物品。

船方或其代理人在船舶抵达口岸前未办妥进口岸手续的,船舶抵达后,除检查机关办理进口岸检查手续的工作人员和引航员外,其他人员不得上下船舶、不得装卸货物和其他物品;船舶进出的上一口岸是中华人民共和国口岸的,船舶抵达后即可上下人员、装卸货物和其他物品,但是应当立即办理进口岸手续。

第十条 卫生检疫机关对船舶实施电讯检疫。持有卫生证书的船舶,其船方或其代理人可以向卫生检疫机关申请电讯检疫。

对来自疫区的船舶,载有检疫传染病染疫人、疑似检疫传染病染疫人、非意外伤害而死亡且死因不明尸体的船舶,未持有卫生证书或者证书过期或者卫生状况不符合要求的船舶,卫生检疫机关应当在锚地实施检疫。

第十一条 动植物检疫机关对来自动植物疫区的船舶和船舶装载的动植物、动植物产品及其他检疫物,可以在锚地实施检疫。

第十二条 船方或其代理人应当在船舶驶离口岸前4小时内(船舶在口岸停泊时间不足4小时的,在抵达口岸时),到检查机关办理必要的出口岸手续。有关检查机关应当在《船舶出口岸手续联系单》上签注；船方或其代理人持《船舶出口岸手续联系单》和港务监督机构要求的其他证件、资料，到港务监督机构申请领取出口岸许可证。

第十三条 船舶领取出口岸许可证后，情况发生变化或者24小时内未能驶离口岸的，船方或其代理人应当报告港务监督机构，由港务监督机构商其他检查机关决定是否重新办理出口岸手续。

第十四条 定航线、定船员并在24小时内往返一个或者一个以上航次的船舶，船方或其代理人可以向港务监督机构书面申请办理定期进出口岸手续。受理申请的港务监督机构商其他检查机关审查批准后，签发有效期不超过7天的定期出口岸许可证，在许可证有效期内对该船舶免办进口岸手续。

第十五条 检查机关及其工作人员必须秉公执法，恪尽职守，及时实施检查和办理船舶进出口岸的申请。

第十六条 本办法下列用语的含义：

（一）国际航行船舶，是指进出中华人民共和国口岸的外国籍船舶和航行国际航线的中华人民共和国国籍船舶。

（二）口岸，是指国家批准可以进出国际航行船舶的港口。

（三）船方，是指船舶所有人或者经营人。

第十七条 本办法自发布之日起施行。经国务院批准，1961年10月24日由交通部、对外贸易部、公安部、卫生部发布的《进出口船舶联合检查通则》同时废止。

中华人民共和国航标条例

（中华人民共和国国务院令第 187 号　1995. 12. 03）

第一条　为了加强对航标的管理和保护，保证航标处于良好的使用状态，保障船舶航行安全，制定本条例。

第二条　本条例适用于在中华人民共和国的领域及管辖的其他海域设置的航标。

本条例所称航标，是指供船舶定位、导航或者用于其他专用目的的助航设施，包括视觉航标、无线电导航设施和音响航标。

第三条　国务院交通行政主管部门负责管理和保护除军用航标和渔业航标以外的航标。国务院交通行政主管部门设立的流域航道管理机构、海区港务监督机构和县级以上地方人民政府交通行政主管部门，负责管理和保护本辖区内军用航标和渔业航标以外的航标。交通行政主管部门和国务院交通行政主管部门设立的流域航道管理机构、海区港务监督机构统称航标管理机关。

军队的航标管理机构、渔政渔港监督管理机构，在军用航标、渔业航标的管理和保护方面分别行使航标管理机关的职权。

第四条　航标的管理和保护，实行统一管理、分级负责和专业保护与群众保护相结合的原则。

第五条　任何单位和个人都有保护航标的义务。

禁止一切危害航标安全和损害航标工作效能的行为。

对于危害航标安全或者损害航标工作效能的行为，任何单位和个人都有权制止、检举和控告。

第六条　航标由航标管理机关统一设置；但是，本条第二款规定的航标除外。

专业单位可以自行设置自用的专用航标。专用航标的设置、撤除、位置移动和其他状况改变,应当经航标管理机关同意。

第七条 航标管理机关和专业单位设置航标,应当符合国家有关规定和技术标准。

第八条 航标管理机关设置、撤除航标或者移动航标位置以及改变航标的其他状况时,应当及时通报有关部门。

第九条 航标管理机关和专业单位分别负责各自设置的航标的维护保养,保证航标处于良好的使用状态。

第十条 任何单位或者个人发现航标损坏、失常、移位或者漂失时,应当立即向航标管理机关报告。

第十一条 任何单位和个人不得在航标附近设置可能被误认为航标或者影响航标工作效能的灯光或者音响装置。

第十二条 因施工作业需要搬迁、拆除航标的,应当征得航标管理机关同意,在采取替补措施后方可搬迁、拆除。搬迁、拆除航标所需的费用,由施工作业单位或者个人承担。

第十三条 在视觉航标的通视方向或者无线电导航设施的发射方向,不得构筑影响航标正常工作效能的建筑物、构筑物,不得种植影响航标正常工作效能的植物。

第十四条 船舶航行时,应当与航标保持适当距离,不得触碰航标。

船舶触碰航标,应当立即向航标管理机关报告。

第十五条 禁止下列危害航标的行为:

(一)盗窃、哄抢或者以其他方式非法侵占航标、航标器材;

(二)非法移动、攀登或者涂抹航标;

(三)向航标射击或者投掷物品;

(四)在航标上攀架物品,拴系牲畜、船只、渔业捕捞器具、爆炸物品等;

(五)损坏航标的其他行为。

第十六条 禁止破坏航标辅助设施的行为。

前款所称航标辅助设施,是指为航标及其管理人员提供能源、水和其他所需物资而设置的各类设施，包括航标场地、直升机平台、登陆点、码头、趸船、水塔、储水池、水井、油(水)泵房、电力设施、业务用房以及专用道路、仓库等。

第十七条 禁止下列影响航标工作效能的行为:

(一)在航标周围20米内或者在埋有航标地下管道、线路的地面钻孔、挖坑、采掘土石、堆放物品或者进行明火作业;

(二)在航标周围150米内进行爆破作业;

(三)在航标周围500米内烧荒;

(四)在无线电导航设施附近设置、使用影响导航设施工作效能的高频电磁辐射装置、设备;

(五)在航标架空线路上附挂其他电力、通信线路;

(六)在航标周围抛锚、拖锚、捕鱼或者养殖水生物;

(七)影响航标工作效能的其他行为。

第十八条 对有下列行为之一的单位和个人，由航标管理机关给予奖励:

(一)检举、控告危害航标的行为，对破案有功的;

(二)及时制止危害航标的行为，防止事故发生或者减少损失的;

(三)捞获水上漂流航标，主动送交航标管理机关的。

第十九条 违反本条例第六条第二款的规定，擅自设置、撤除、移动专用航标或者改变专用航标的其他状况的，由航标管理机关责令限期拆除、重新设置、调整专用航标。

第二十条 有下列行为之一的，由航标管理机关责令限期改正或者采取相应的补救措施:

(一)违反本条例第十一条的规定，在航标附近设置灯光或者音响装置的;

(二)违反本条例第十三条的规定，构筑建筑物、构筑物或者种植植物的。

第二十一条 船舶违反本条例第十四条第二款的规定，触碰航标不报告的，航标管理机关可以根据情节处以2万元以下的罚款； 造成损失的，应当依法赔偿。

第二十二条 违反本条例第十五条、第十六条、第十七条的规定，危害航标及其辅助设施或者影响航标工作效能的，由航标管理机关责令其限期改正，给予警告，可以并处2000元以下的罚款；造成损失的，应当依法赔偿。

第二十三条 违反本条例，危害军用航标及其辅助设施或者影响军用航标工作效能，应当处以罚款的，由军队的航标管理机构移交航标管理机关处罚。

第二十四条 违反本条例规定，构成违反治安管理行为的，由公安机关依照《中华人民共和国治安管理处罚条例》予以处罚；构成犯罪的，依法追究刑事责任。

第二十五条 本条例自发布之日起施行。

中华人民共和国内河交通安全管理条例

（中华人民共和国国务院令355号修正　2002.06.28）

第一章　总　　则

第一条　为了加强内河交通安全管理，维护内河交通秩序，保障人民群众生命、财产安全，制定本条例。

第二条　在中华人民共和国内河通航水域从事航行、停泊和作业以及与内河交通安全有关的活动，必须遵守本条例。

第三条　内河交通安全管理遵循安全第一、预防为主、方便群众、依法管理的原则，保障内河交通安全、有序、畅通。

第四条　国务院交通主管部门主管全国内河交通安全管理工作。国家海事管理机构在国务院交通主管部门的领导下，负责全国内河交通安全监督管理工作。

国务院交通主管部门在中央管理水域设立的海事管理机构和省、自治区、直辖市人民政府在中央管理水域以外的其他水域设立的海事管理机构（以下统称海事管理机构）依据各自的职责权限，对所辖内河通航水域实施水上交通安全监督管理。

第五条　县级以上地方各级人民政府应当加强本行政区域内的内河交通安全管理工作，建立、健全内河交通安全管理责任制。

乡（镇）人民政府对本行政区域内的内河交通安全管理履行下列职责：

（一）建立、健全行政村和船主的船舶安全责任制；

（二）落实渡口船舶、船员、旅客定额的安全管理责任制；

（三）落实船舶水上交通安全管理的专门人员；

（四）督促船舶所有人、经营人和船员遵守有关内河交通安全的法律、法规和规章。

第二章　船舶、浮动设施和船员

第六条　船舶具备下列条件，方可航行：

（一）经海事管理机构认可的船舶检验机构依法检验并持有合格的船舶检验证书；

（二）经海事管理机构依法登记并持有船舶登记证书；

（三）配备符合国务院交通主管部门规定的船员；

（四）配备必要的航行资料。

第七条　浮动设施具备下列条件，方可从事有关活动：

（一）经海事管理机构认可的船舶检验机构依法检验并持有合格的检验证书；

（二）经海事管理机构依法登记并持有登记证书；

（三）配备符合国务院交通主管部门规定的掌握水上交通安全技能的船员。

第八条　船舶、浮动设施应当保持适于安全航行、停泊或者从事有关活动的状态。

船舶、浮动设施的配载和系固应当符合国家安全技术规范。

第九条　船员经水上交通安全专业培训，其中客船和载运危险货物船舶的船员还应当经相应的特殊培训，并经海事管理机构考试合格，取得相应的适任证书或者其他适任证件，方可担任船员职务。严禁未取得适任证书或者其他适任证件的船员上岗。

船员应当遵守职业道德，提高业务素质，严格依法履行职责。

第十条　船舶、浮动设施的所有人或者经营人，应当加强对船舶、浮动设施的安全管理，建立、健全相应的交通安全管理制度，并对船舶、浮动设施的交通安全负责；不得聘用无适任证书或者其他适任证件的人员担任船员；不得指使、强令船员违章操作。

第十一条　船舶、浮动设施的所有人或者经营人，应当根据船舶、浮动设施的技术性能、船员状况、水域和水文气象条件，合理调度船舶或者使用浮动设施。

第十二条 按照国家规定必须取得船舶污染损害责任、沉船打捞责任的保险文书或者财务保证书的船舶，其所有人或者经营人必须取得相应的保险文书或者财务担保证明，并随船携带其副本。

第十三条 禁止伪造、变造、买卖、租借、冒用船舶检验证书、船舶登记证书、船员适任证书或者其他适任证件。

第三章 航行、停泊和作业

第十四条 船舶在内河航行，应当悬挂国旗，标明船名、船籍港、载重线。

按照国家规定应当报废的船舶、浮动设施，不得航行或者作业。

第十五条 船舶在内河航行，应当保持瞭望，注意观察，并采用安全航速航行。船舶安全航速应当根据能见度、通航密度、船舶操纵性能和风、浪、水流、航路状况以及周围环境等主要因素决定。使用雷达的船舶，还应当考虑雷达设备的特性、效率和局限性。

船舶在限制航速的区域和汛期高水位期间，应当按照海事管理机构规定的航速航行。

第十六条 船舶在内河航行时，上行船舶应当沿缓流或者航路一侧航行，下行船舶应当沿主流或者航路中间航行；在潮流河段、湖泊、水库、平流区域，应当尽可能沿本船右舷一侧航路航行。

第十七条 船舶在内河航行时，应当谨慎驾驶，保障安全；对来船动态不明、声号不统一或者遇有紧迫情况时，应当减速、停车或者倒车，防止碰撞。

船舶相遇，各方应当注意避让。按照船舶航行规则应当让路的船舶，必须主动避让被让路船舶；被让路船舶应当注意让路船舶的行动，并适时采取措施，协助避让。

船舶避让时，各方避让意图经统一后，任何一方不得擅自改变避让行动。

船舶航行、避让和信号显示的具体规则,由国务院交通主管部门制定。

第十八条 船舶进出内河港口,应当向海事管理机构办理船舶进出港签证手续。

第十九条 下列船舶在内河航行,应当向引航机构申请引航:

(一)外国籍船舶;

(二)1000 总吨以上的海上机动船舶,但船长驾驶同一类型的海上机动船舶在同一内河通航水域航行与上一航次间隔 2 个月以内的除外;

(三)通航条件受限制的船舶;

(四)国务院交通主管部门规定应当申请引航的客船、载运危险货物的船舶。

第二十条 船舶进出港口和通过交通管制区、通航密集区或者航行条件受限制的区域,应当遵守海事管理机构发布的有关通航规定。

任何船舶不得擅自进入或者穿越海事管理机构公布的禁航区。(未完待续)

第二十一条 从事货物或者旅客运输的船舶,必须符合船舶强度、稳性、吃水、消防和救生等安全技术要求和国务院交通主管部门规定的载货或者载客条件。

任何船舶不得超载运输货物或者旅客。

第二十二条 船舶在内河通航水域载运或者拖带超重、超长、超高、超宽、半潜的物体,必须在装船或者拖带前 24 小时报海事管理机构核定拟航行的航路、时间,并采取必要的安全措施,保障船舶载运或者拖带安全。船舶需要护航的,应当向海事管理机构申请护航。

第二十三条 遇有下列情形之一时,海事管理机构可以根据情况采取限时航行、单航、封航等临时性限制、疏导交通的措施,并予公告:

（一）恶劣天气；

（二）大范围水上施工作业；

（三）影响航行的水上交通事故；

（四）水上大型群众性活动或者体育比赛；

（五）对航行安全影响较大的其他情形。

第二十四条 船舶应当在码头、泊位或者依法公布的锚地、停泊区、作业区停泊；遇有紧急情况，需要在其他水域停泊的，应当向海事管理机构报告。

船舶停泊，应当按照规定显示信号，不得妨碍或者危及其他船舶航行、停泊或者作业的安全。

船舶停泊，应当留有足以保证船舶安全的船员值班。

第二十五条 在内河通航水域或者岸线上进行下列可能影响通航安全的作业或者活动的，应当在进行作业或者活动前报海事管理机构批准：

（一）勘探、采掘、爆破；

（二）构筑、设置、维修、拆除水上水下构筑物或者设施；

（三）架设桥梁、索道；

（四）铺设、检修、拆除水上水下电缆或者管道；

（五）设置系船浮筒、浮趸、缆桩等设施；

（六）航道建设，航道、码头前沿水域疏浚；

（七）举行大型群众性活动、体育比赛。

进行前款所列作业或者活动，需要进行可行性研究的，在进行可行性研究时应当征求海事管理机构的意见；依照法律、行政法规的规定，需经其他有关部门审批的，还应当依法办理有关审批手续。

第二十六条 海事管理机构审批本条例第二十五条规定的作业或者活动，应当自收到申请之日起30日内作出批准或者不批准的决定，并书面通知申请人。

遇有紧急情况，需要对航道进行修复或者对航道、码头前沿水域进行疏浚的，作业人可以边申请边施工。

第二十七条　航道内不得养殖、种植植物、水生物和设置永久性固定设施。

划定航道,涉及水产养殖区的,航道主管部门应当征求渔业行政主管部门的意见;设置水产养殖区,涉及航道的,渔业行政主管部门应当征求航道主管部门和海事管理机构的意见。

第二十八条　在内河通航水域进行下列可能影响通航安全的作业,应当在进行作业前向海事管理机构备案:

(一)气象观测、测量、地质调查;

(二)航道日常养护;

(三)大面积清除水面垃圾;

(四)可能影响内河通航水域交通安全的其他行为。

第二十九条　进行本条例第二十五条、第二十八条规定的作业或者活动时,应当在作业或者活动区域设置标志和显示信号,并按照海事管理机构的规定,采取相应的安全措施,保障通航安全。

前款作业或者活动完成后,不得遗留任何妨碍航行的物体。

第四章　危险货物监管

第三十条　从事危险货物装卸的码头、泊位,必须符合国家有关安全规范要求,并征求海事管理机构的意见,经验收合格后,方可投入使用。

禁止在内河运输法律、行政法规以及国务院交通主管部门规定禁止运输的危险货物。

第三十一条　载运危险货物的船舶,必须持有经海事管理机构认可的船舶检验机构依法检验并颁发的危险货物适装证书,并按照国家有关危险货物运输的规定和安全技术规范进行配载和运输。

第三十二条　船舶装卸、过驳危险货物或者载运危险货物进出港口,应当将危险货物的名称、特性、包装、装卸或者过驳的时间、地点以及进出港时间等事项,事先报告海事管理机构和港口管理机构，经其同意后，方可进行装卸、过驳作业或者进出港口；但是，定船、定线、定货的船舶可以定期报告。

第三十三条 载运危险货物的船舶，在航行、装卸或者停泊时，应当按照规定显示信号；其他船舶应当避让。

第三十四条 从事危险货物装卸的码头、泊位和载运危险货物的船舶，必须编制危险货物事故应急预案，并配备相应的应急救援设备和器材。

第五章　渡口管理

第三十五条 设置或者撤销渡口，应当经渡口所在地的县级人民政府审批；县级人民政府审批前，应当征求当地海事管理机构的意见。

第三十六条 渡口的设置应当具备下列条件：

（一）选址应当在水流平缓、水深足够、坡岸稳定、视野开阔、适宜船舶停靠的地点，并远离危险物品生产、堆放场所；

（二）具备货物装卸、旅客上下的安全设施；

（三）配备必要的救生设备和专门管理人员。

第三十七条 渡口经营者应当在渡口设置明显的标志，维护渡运秩序，保障渡运安全。

渡口所在地县级人民政府应当建立、健全渡口安全管理责任制，指定有关部门负责对渡口和渡运安全实施监督检查。

第三十八条 渡口工作人员应当经培训、考试合格，并取得渡口所在地县级人民政府指定的部门颁发的合格证书。

渡口船舶应当持有合格的船舶检验证书和船舶登记证书。

第三十九条 渡口载客船舶应当有符合国家规定的识别标志，并在明显位置标明载客定额、安全注意事项。

渡口船舶应当按照渡口所在地的县级人民政府核定的路线渡运，并不得超载；渡运时，应当注意避让过往船舶，不得抢航或者强行横越。

遇有洪水或者大风、大雾、大雪等恶劣天气，渡口应当停止渡运。

第六章 通航保障

第四十条 内河通航水域的航道、航标和其他标志的规划、建设、设置、维护，应当符合国家规定的通航安全要求。

第四十一条 内河航道发生变迁，水深、宽度发生变化，或者航标发生位移、损坏、灭失，影响通航安全的，航道、航标主管部门必须及时采取措施，使航道、航标保持正常状态。

第四十二条 内河通航水域内可能影响航行安全的沉没物、漂流物、搁浅物，其所有人和经营人，必须按照国家有关规定设置标志，向海事管理机构报告，并在海事管理机构限定的时间内打捞清除；没有所有人或者经营人的，由海事管理机构打捞清除或者采取其他相应措施，保障通航安全。

第四十三条 在内河通航水域中拖放竹、木等物体，应当在拖放前 24 小时报经海事管理机构同意，按照核定的时间、路线拖放，并采取必要的安全措施，保障拖放安全。

第四十四条 任何单位和个人发现下列情况，应当迅速向海事管理机构报告：

（一）航道变迁，航道水深、宽度发生变化；

（二）妨碍通航安全的物体；

（三）航标发生位移、损坏、灭失；

（四）妨碍通航安全的其他情况。

海事管理机构接到报告后，应当根据情况发布航行通告或者航行警告，并通知航道、航标主管部门。

第四十五条 海事管理机构划定或者调整禁航区、交通管制区、港区外锚地、停泊区和安全作业区，以及对进行本条例第二十五条、第二十八条规定的作业或者活动，需要发布航行通告、航行警告的，应当及时发布。

第七章　救　　助

第四十六条　船舶、浮动设施遇险，应当采取一切有效措施进行自救。

船舶、浮动设施发生碰撞等事故，任何一方应当在不危及自身安全的情况下，积极救助遇险的他方，不得逃逸。

船舶、浮动设施遇险，必须迅速将遇险的时间、地点、遇险状况、遇险原因、救助要求，向遇险地海事管理机构以及船舶、浮动设施所有人、经营人报告。

第四十七条　船员、浮动设施上的工作人员或者其他人员发现其他船舶、浮动设施遇险，或者收到求救信号后，必须尽力救助遇险人员，并将有关情况及时向遇险地海事管理机构报告。

第四十八条　海事管理机构收到船舶、浮动设施遇险求救信号或者报告后，必须立即组织力量救助遇险人员，同时向遇险地县级以上地方人民政府和上级海事管理机构报告。

遇险地县级以上地方人民政府收到海事管理机构的报告后，应当对救助工作进行领导和协调，动员各方力量积极参与救助。

第四十九条　船舶、浮动设施遇险时，有关部门和人员必须积极协助海事管理机构做好救助工作。

遇险现场和附近的船舶、人员，必须服从海事管理机构的统一调度和指挥。

第八章　事故调查处理

第五十条　船舶、浮动设施发生交通事故，其所有人或者经营人必须立即向交通事故发生地海事管理机构报告，并做好现场保护工作。

第五十一条　海事管理机构接到内河交通事故报告后，必须立即派员前往现场，进行调查和取证。

海事管理机构进行内河交通事故调查和取证，应当全面、客观、公正。

第五十二条 接受海事管理机构调查、取证的有关人员，应当如实提供有关情况和证据，不得谎报或者隐匿、毁灭证据。

第五十三条 海事管理机构应当在内河交通事故调查、取证结束后30日内，依据调查事实和证据作出调查结论，并书面告知内河交通事故当事人。

第五十四条 海事管理机构在调查处理内河交通事故过程中，应当采取有效措施，保证航路畅通，防止发生其他事故。

第五十五条 地方人民政府应当依照国家有关规定积极做好内河交通事故的善后工作。

第五十六条 特大内河交通事故的报告、调查和处理，按照国务院有关规定执行。

第九章 监督检查

第五十七条 在旅游、交通运输繁忙的湖泊、水库，在气候恶劣的季节，在法定或者传统节日、重大集会、集市、农忙、学生放学放假等交通高峰期间，县级以上地方各级人民政府应当加强对维护内河交通安全的组织、协调工作。

第五十八条 海事管理机构必须建立、健全内河交通安全监督检查制度，并组织落实。

第五十九条 海事管理机构必须依法履行职责，加强对船舶、浮动设施、船员和通航安全环境的监督检查。发现内河交通安全隐患时，应当责令有关单位和个人立即消除或者限期消除；有关单位和个人不立即消除或者逾期不消除的，海事管理机构必须采取责令其临时停航、停止作业，禁止进港、离港等强制性措施。

第六十条 对内河交通密集区域、多发事故水域以及货物装卸、乘客上下比较集中的港口，对客渡船、滚装客船、高速客轮、旅游船和载运危险货物的船舶，海事管理机构必须加强安全巡查。

第六十一条 海事管理机构依照本条例实施监督检查时，可以根据情况对违反本条例有关规定的船舶，采取责令临时停航、驶向指定地点，禁止进港、离港，强制卸载、拆除动力装置、暂扣船舶等保障通航安全的措施。

第六十二条 海事管理机构的工作人员依法在内河通航水域对船舶、浮动设施进行内河交通安全监督检查，任何单位和个人不得拒绝或者阻挠。

有关单位或者个人应当接受海事管理机构依法实施的安全监督检查，并为其提供方便。

海事管理机构的工作人员依照本条例实施监督检查时，应当出示执法证件，表明身份。

第十章 法律责任

第六十三条 违反本条例的规定，应当报废的船舶、浮动设施在内河航行或者作业的，由海事管理机构责令停航或者停止作业，并对船舶、浮动设施予以没收。

第六十四条 违反本条例的规定，船舶、浮动设施未持有合格的检验证书、登记证书或者船舶未持有必要的航行资料，擅自航行或者作业的，由海事管理机构责令停止航行或者作业；拒不停止的，暂扣船舶、浮动设施；情节严重的，予以没收。

第六十五条 违反本条例的规定，船舶未按照国务院交通主管部门的规定配备船员擅自航行，或者浮动设施未按照国务院交通主管部门的规定配备掌握水上交通安全技能的船员擅自作业的，由海事管理机构责令限期改正，对船舶、浮动设施所有人或者经营人处1万元以上10万元以下的罚款；逾期不改正的，责令停航或者停止作业。

第六十六条 违反本条例的规定，未经考试合格并取得适任证书或者其他适任证件的人员擅自从事船舶航行的，由海事管理机构责令其立即离岗，对直接责任人员处2000元以上2万元以下的罚款,并对聘用单位处1万元以上10万元以下的罚款。

第六十七条 违反本条例的规定,按照国家规定必须取得船舶污染损害责任、沉船打捞责任的保险文书或者财务保证书的船舶的所有人或者经营人,未取得船舶污染损害责任、沉船打捞责任保险文书或者财务担保证明的,由海事管理机构责令限期改正;逾期不改正的,责令停航,并处1万元以上10万元以下的罚款。

第六十八条 违反本条例的规定,船舶在内河航行时,有下列情形之一的,由海事管理机构责令改正,处5000元以上5万元以下的罚款;情节严重的,禁止船舶进出港口或者责令停航,并可以对责任船员给予暂扣适任证书或者其他适任证件3个月至6个月的处罚:

(一)未按照规定悬挂国旗,标明船名、船籍港、载重线的;

(二)未向海事管理机构办理船舶进出港签证手续的;

(三)未按照规定申请引航的;

(四)擅自进出内河港口,强行通过交通管制区、通航密集区、航行条件受限制区域或者禁航区的;

(五)载运或者拖带超重、超长、超高、超宽、半潜的物体,未申请或者未按照核定的航路、时间航行的。

第六十九条 违反本条例的规定,船舶未在码头、泊位或者依法公布的锚地、停泊区、作业区停泊的,由海事管理机构责令改正;拒不改正的,予以强行拖离,因拖离发生的费用由船舶所有人或者经营人承担。

第七十条 违反本条例的规定,在内河通航水域或者岸线上进行有关作业或者活动未经批准或者备案,或者未设置标志、显示信号的,由海事管理机构责令改正,处5000元以上5万元以下的罚款。

第七十一条 违反本条例的规定,从事危险货物作业,有下列情形之一的,由海事管理机构责令停止作业或者航行,对负有责任的主管人员或者其他直接责任人员处2万元以上10万元以下的罚款;属于船员的,并给予暂扣适任证书或者其他适任证件6个月以上直至吊销适任证书或者其他适任证件的处罚：

（一）从事危险货物运输的船舶，未编制危险货物事故应急预案或者未配备相应的应急救援设备和器材的；

（二）船舶装卸、过驳危险货物或者载运危险货物进出港口未经海事管理机构、港口管理机构同意的。

未持有危险货物适装证书擅自载运危险货物或者未按照安全技术规范进行配载和运输的，依照《危险化学品安全管理条例》的规定处罚。

第七十二条　违反本条例的规定，未经批准擅自设置或者撤销渡口的，由渡口所在地县级人民政府指定的部门责令限期改正；逾期不改正的，予以强制拆除或者恢复，因强制拆除或者恢复发生的费用分别由设置人、撤销人承担。

第七十三条　违反本条例的规定，渡口船舶未标明识别标志、载客定额、安全注意事项的，由渡口所在地县级人民政府指定的部门责令改正，处2000元以上1万元以下的罚款；逾期不改正的，责令停航。

第七十四条　违反本条例的规定，在内河通航水域的航道内养殖、种植植物、水生物或者设置永久性固定设施的，由海事管理机构责令限期改正；逾期不改正的，予以强制清除，因清除发生的费用由其所有人或者经营人承担。

第七十五条　违反本条例的规定，内河通航水域中的沉没物、漂流物、搁浅物的所有人或者经营人，未按照国家有关规定设置标志或者未在规定的时间内打捞清除的，由海事管理机构责令限期改正；逾期不改正的，海事管理机构强制设置标志或者组织打捞清除；需要立即组织打捞清除的，海事管理机构应当及时组织打捞清除。海事管理机构因设置标志或者打捞清除发生的费用，由沉没物、漂流物、搁浅物的所有人或者经营人承担。

第七十六条　违反本条例的规定，船舶、浮动设施遇险后未履行报告义务或者不积极施救的，由海事管理机构给予警告，并可以对责任船员给予暂扣适任证书或者其他适任证件3个月至6个月直至吊销适任证书或者其他适任证件的处罚。

第七十七条 违反本条例的规定,船舶、浮动设施发生内河交通事故的,除依法承担相应的法律责任外,由海事管理机构根据调查结论,对责任船员给予暂扣适任证书或者其他适任证件6个月以上直至吊销适任证书或者其他适任证件的处罚。

第七十八条 违反本条例的规定,遇险现场和附近的船舶、船员不服从海事管理机构的统一调度和指挥的,由海事管理机构给予警告,并可以对责任船员给予暂扣适任证书或者其他适任证件3个月至6个月直至吊销适任证书或者其他适任证件的处罚。

第七十九条 违反本条例的规定,伪造、变造、买卖、转借、冒用船舶检验证书、船舶登记证书、船员适任证书或者其他适任证件的,由海事管理机构没收有关的证书或者证件;有违法所得的,没收违法所得,并处违法所得2倍以上5倍以下的罚款;没有违法所得或者违法所得不足2万元的,处1万元以上5万元以下的罚款;触犯刑律的,依照刑法关于伪造、变造、买卖国家机关公文、证件罪或者其他罪的规定,依法追究刑事责任。

第八十条 违反本条例的规定,船舶、浮动设施的所有人或者经营人指使、强令船员违章操作的,由海事管理机构给予警告,处1万元以上5万元以下的罚款,并可以责令停航或者停止作业;造成重大伤亡事故或者严重后果的,依照刑法关于重大责任事故罪或者其他罪的规定,依法追究刑事责任。

第八十一条 违反本条例的规定,船舶在内河航行、停泊或者作业,不遵守航行、避让和信号显示规则的,由海事管理机构责令改正,处1000元以上1万元以下的罚款;情节严重的,对责任船员给予暂扣适任证书或者其他适任证件3个月至6个月直至吊销适任证书或者其他适任证件的处罚;造成重大内河交通事故的,依照刑法关于交通肇事罪或者其他罪的规定,依法追究刑事责任。

第八十二条 违反本条例的规定,船舶不具备安全技术条件从事货物、旅客运输,或者超载运输货物、旅客的,由海事管理机构责令改正,处2万元以上10万元以下的罚款,可以对责任船员给予暂扣适任证书或者其他适任证件6个月以上直至吊销适任证书或者其他适任证件的处罚，并对超载运输的船舶强制卸载，因卸载而发生的卸货费、存货费、旅客安置费和船舶监管费由船舶所有人或者经营人承担；发生重大伤亡事故或者造成其他严重后果的，依照刑法关于重大劳动安全事故罪或者其他罪的规定，依法追究刑事责任。

第八十三条 违反本条例的规定，船舶、浮动设施发生内河交通事故后逃逸的，由海事管理机构对责任船员给予吊销适任证书或者其他适任证件的处罚；证书或者证件吊销后，5年内不得重新从业；触犯刑律的，依照刑法关于交通肇事罪或者其他罪的规定，依法追究刑事责任。

第八十四条 违反本条例的规定，阻碍、妨碍内河交通事故调查取证，或者谎报、隐匿、毁灭证据的，由海事管理机构给予警告，并对直接责任人员处1000元以上1万元以下的罚款；属于船员的，并给予暂扣适任证书或者其他适任证件12个月以上直至吊销适任证书或者其他适任证件的处罚；以暴力、威胁方法阻碍内河交通事故调查取证的，依照刑法关于妨害公务罪的规定，依法追究刑事责任。

第八十五条 违反本条例的规定，海事管理机构不依据法定的安全条件进行审批、许可的，对负有责任的主管人员和其他直接责任人员根据不同情节，给予降级或者撤职的行政处分；造成重大内河交通事故或者致使公共财产、国家和人民利益遭受重大损失的，依照刑法关于滥用职权罪、玩忽职守罪或者其他罪的规定，依法追究刑事责任。

第八十六条 违反本条例的规定，海事管理机构对审批、许可的安全事项不实施监督检查的，对负有责任的主管人员和其他直接责任人员根据不同情节，给予记大过、降级或者撤职的行政处分；造成重大内河交通事故或者致使公共财产、国家和人民利益遭受重大损失的，依照刑法关于滥用职权罪、玩忽职守罪或者其他罪的规定，依法追究刑事责任。

第八十七条 违反本条例的规定，海事管理机构发现船舶、浮动设施不再具备安全航行、停泊、作业条件而不及时撤销批准或者许可并予以处理的，对负有责任的主管人员和其他直接责任人员根据不同情节，给予记大过、降级或者撤职的行政处分；造成重大内河交通事故或者致使公共财产、国家和人民利益遭受重大损失的，依照刑法关于滥用职权罪、玩忽职守罪或者其他罪的规定，依法追究刑事责任。

第八十八条 违反本条例的规定，海事管理机构对未经审批、许可擅自从事旅客、危险货物运输的船舶不实施监督检查，或者发现内河交通安全隐患不及时依法处理，或者对违法行为不依法予以处罚的，对负有责任的主管人员和其他直接责任人员根据不同情节，给予降级或者撤职的行政处分；造成重大内河交通事故或者致使公共财产、国家和人民利益遭受重大损失的，依照刑法关于滥用职权罪、玩忽职守罪或者其他罪的规定，依法追究刑事责任。

第八十九条 违反本条例的规定，渡口所在地县级人民政府指定的部门，有下列情形之一的，根据不同情节，对负有责任的主管人员和其他直接责任人员，给予降级或者撤职的行政处分；造成重大内河交通事故或者致使公共财产、国家和人民利益遭受重大损失的，依照刑法关于滥用职权罪、玩忽职守罪或者其他罪的规定，依法追究刑事责任：

（一）对县级人民政府批准的渡口不依法实施监督检查的；

（二）对未经县级人民政府批准擅自设立的渡口不予以查处的；

（三）对渡船超载、人与大牲畜混载、人与爆炸品、压缩气体和液化气体、易燃液体、易燃固体、自燃物品和遇湿易燃物品、氧化剂和有机过氧化物、有毒品和腐蚀品等危险品混载以及其他危及安全的行为不及时纠正并依法处理的。

第九十条 违反本条例的规定，触犯《中华人民共和国治安管理处罚条例》，构成违反治安管理行为的，由公安机关给予治安管理处罚。

第十一章　附　则

第九十一条　本条例下列用语的含义：

（一）内河通航水域，是指由海事管理机构认定的可供船舶航行的江、河、湖泊、水库、运河等水域。

（二）船舶，是指各类排水或者非排水的船、艇、筏、水上飞行器、潜水器、移动式平台以及其他水上移动装置。

（三）浮动设施，是指采用缆绳或者锚链等非刚性固定方式系固并漂浮或者潜于水中的建筑、装置。

（四）交通事故，是指船舶、浮动设施在内河通航水域发生的碰撞、触碰、触礁、浪损、搁浅、火灾、爆炸、沉没等引起人身伤亡和财产损失的事件。

第九十二条　军事船舶在内河通航水域航行，应当遵守内河航行、避让和信号显示规则。军事船舶的检验、登记和船员的考试、发证等管理办法，按照国家有关规定执行。

第九十三条　渔船的检验、登记以及进出渔港签证，渔船船员的考试、发证，渔船之间交通事故的调查处理，以及渔港水域内渔船的交通安全管理办法，由国务院渔业行政主管部门依据本条例另行规定。

第九十四条　城市园林水域水上交通安全管理的具体办法，由省、自治区、直辖市人民政府制定；但是，有关船舶检验、登记和船员管理，依照国家有关规定执行。

第九十五条　本条例自 2002 年 8 月 1 日起施行。1986 年 12 月 16 日国务院发布的《中华人民共和国内河交通安全管理条例》同时废止。

中华人民共和国船员条例

（国务院令第494号　2007.04.14）

第一章　总　　则

第一条　为了加强船员管理，提高船员素质，维护船员的合法权益，保障水上交通安全，保护水域环境，制定本条例。

第二条　中华人民共和国境内的船员注册、任职、培训、职业保障以及提供船员服务等活动，适用本条例。

第三条　国务院交通主管部门主管全国船员管理工作。

国家海事管理机构依照本条例负责统一实施船员管理工作。

负责管理中央管辖水域的海事管理机构和负责管理其他水域的地方海事管理机构（以下统称海事管理机构），依照各自职责具体负责船员管理工作。

第二章　船员注册和任职资格

第四条　本条例所称船员，是指依照本条例的规定经船员注册取得船员服务簿的人员，包括船长、高级船员、普通船员。

本条例所称船长，是指依照本条例的规定取得船长任职资格，负责管理和指挥船舶的人员。

本条例所称高级船员，是指依照本条例的规定取得相应任职资格的大副、二副、三副、轮机长、大管轮、二管轮、三管轮、通信人员以及其他在船舶上任职的高级技术或者管理人员。

本条例所称普通船员，是指除船长、高级船员外的其他船员。

第五条　申请船员注册，应当具备下列条件：

（一）年满 18 周岁（在船实习、见习人员年满 16 周岁）但不超过 60 周岁；

（二）符合船员健康要求；

（三）经过船员基本安全培训，并经海事管理机构考试合格。

申请注册国际航行船舶船员的，还应当通过船员专业外语考试。

第六条 申请船员注册，可以由申请人或者其代理人向任何海事管理机构提出书面申请，并附送申请人符合本条例第五条规定条件的证明材料。

海事管理机构应当自受理船员注册申请之日起 10 日内作出注册或者不予注册的决定。对符合本条例第五条规定条件的，应当给予注册，发给船员服务簿，但是申请人被依法吊销船员服务簿未满 5 年的，不予注册。

第七条 船员服务簿是船员的职业身份证件，应当载明船员的姓名、住所、联系人、联系方式以及其他有关事项。

船员服务簿记载的事项发生变更的，船员应当向海事管理机构办理变更手续。

第八条 船员有下列情形之一的，海事管理机构应当注销船员注册，并予以公告：

（一）死亡或者被宣告失踪的；

（二）丧失民事行为能力的；

（三）被依法吊销船员服务簿的；

（四）本人申请注销注册的。

第九条 参加航行和轮机值班的船员，应当依照本条例的规定取得相应的船员适任证书。

申请船员适任证书，应当具备下列条件：

（一）已经取得船员服务簿；

（二）符合船员任职岗位健康要求；

（三）经过相应的船员适任培训、特殊培训；

（四）具备相应的船员任职资历，并且任职表现和安全记录良好。

第十条　申请船员适任证书，应当向海事管理机构提出书面申请，并附送申请人符合本条例第九条规定条件的证明材料。对符合规定条件并通过国家海事管理机构组织的船员任职考试的，海事管理机构应当发给相应的船员适任证书。

第十一条　船员适任证书应当注明船员适任的航区（线）、船舶类别和等级、职务以及有效期限等事项。

船员适任证书的有效期不超过5年。

第十二条　中国籍船舶的船长和高级船员应当由中国籍船员担任；确需外国籍船员担任高级船员的，应当报国家海事管理机构批准。

第十三条　中国籍船舶在境外遇有不可抗力或者其他特殊情况，无法满足船舶最低安全配员要求，需要由本船下一级船员临时担任上一级职务时，应当向海事管理机构提出申请。海事管理机构根据拟担任上一级船员职务船员的任职资历、任职表现和安全记录，签发相应的批准文书。

第十四条　曾经在军用船舶、渔业船舶上工作的人员，或者持有其他国家、地区船员适任证书的船员，依照本条例的规定申请船员适任证书的，海事管理机构可以免除船员培训和考试的相应内容。具体办法由国务院交通主管部门另行规定。

第十五条　以海员身份出入国境和在国外船舶上从事工作的中国籍船员，应当向国家海事管理机构指定的海事管理机构申请中华人民共和国海员证。

申请中华人民共和国海员证，应当符合下列条件：

（一）是中华人民共和国公民；

（二）持有国际航行船舶船员适任证书或者有确定的船员出境任务；

（三）无法律、行政法规规定禁止出境的情形。

第十六条　海事管理机构应当自受理申请之日起7日内作出批准或者不予批准的决定。予以批准的，发给中华人民共和国海员证;不予批准的,应当书面通知申请人并说明理由。

第十七条 中华人民共和国海员证是中国籍船员在境外执行任务时表明其中华人民共和国公民身份的证件。中华人民共和国海员证遗失、被盗或者损毁的,应当向海事管理机构申请补发。船员在境外的,应当向中华人民共和国驻外使馆、领馆申请补发。

中华人民共和国海员证的有效期不超过5年。

第十八条 持有中华人民共和国海员证的船员,在其他国家、地区享有按照当地法律、有关国际条约以及中华人民共和国与有关国家签订的海运或者航运协定规定的权利和通行便利。

第十九条 在中国籍船舶上工作的外国籍船员,应当依照法律、行政法规和国家其他有关规定取得就业许可,并持有国务院交通主管部门规定的相应证书和其所属国政府签发的相关身份证件。

在中华人民共和国管辖水域航行、停泊、作业的外国籍船舶上任职的外国籍船员,应当持有中华人民共和国缔结或者加入的国际条约规定的相应证书和其所属国政府签发的相关身份证件。

第三章 船员职责

第二十条 船员在船工作期间,应当符合下列要求:

(一)携带本条例规定的有效证件;

(二)掌握船舶的适航状况和航线的通航保障情况,以及有关航区气象、海况等必要的信息;

(三)遵守船舶的管理制度和值班规定,按照水上交通安全和防治船舶污染的操作规则操纵、控制和管理船舶,如实填写有关船舶法定文书,不得隐匿、篡改或者销毁有关船舶法定证书、文书;

(四)参加船舶应急训练、演习,按照船舶应急部署的要求,落实各项应急预防措施;

(五)遵守船舶报告制度,发现或者发生险情、事故、保安事件或者影响航行安全的情况,应当及时报告;

（六）在不严重危及自身安全的情况下，尽力救助遇险人员；

（七）不得利用船舶私载旅客、货物，不得携带违禁物品。

第二十一条 船长在其职权范围内发布的命令，船舶上所有人员必须执行。

高级船员应当组织下属船员执行船长命令，督促下属船员履行职责。

第二十二条 船长管理和指挥船舶时，应当符合下列要求：

（一）保证船舶和船员携带符合法定要求的证书、文书以及有关航行资料；

（二）制定船舶应急计划并保证其有效实施；

（三）保证船舶和船员在开航时处于适航、适任状态，按照规定保障船舶的最低安全配员，保证船舶的正常值班；

（四）执行海事管理机构有关水上交通安全和防治船舶污染的指令，船舶发生水上交通事故或者污染事故的，向海事管理机构提交事故报告；

（五）对本船船员进行日常训练和考核，在本船船员的船员服务簿内如实记载船员的服务资历和任职表现；

（六）船舶进港、出港、靠泊、离泊，通过交通密集区、危险航区等区域，或者遇有恶劣天气和海况，或者发生水上交通事故、船舶污染事故、船舶保安事件以及其他紧急情况时，应当在驾驶台值班，必要时应当直接指挥船舶；

（七）保障船舶上人员和临时上船人员的安全；

（八）船舶发生事故，危及船舶上人员和财产安全时，应当组织船员和船舶上其他人员尽力施救；

（九）弃船时，应当采取一切措施，首先组织旅客安全离船，然后安排船员离船，船长应当最后离船，在离船前，船长应当指挥船员尽力抢救航海日志、机舱日志、油类记录簿、无线电台日志、本航次使用过的航行图和文件，以及贵重物品、邮件和现金。

第二十三条 船长、高级船员在航次中，不得擅自辞职、离职或者中止职务。

第二十四条 船长在保障水上人身与财产安全、船舶保安、防治船舶污染水域方面，具有独立决定权，并负有最终责任。

船长为履行职责，可以行使下列权力：

（一）决定船舶的航次计划，对不具备船舶安全航行条件的，可以拒绝开航或者续航；

（二）对船员用人单位或者船舶所有人下达的违法指令，或者可能危及有关人员、财产和船舶安全或者可能造成水域环境污染的指令，可以拒绝执行；

（三）发现引航员的操纵指令可能对船舶航行安全构成威胁或者可能造成水域环境污染时，应当及时纠正、制止，必要时可以要求更换引航员；

（四）当船舶遇险并严重危及船舶上人员的生命安全时，船长可以决定撤离船舶；

（五）在船舶的沉没、毁灭不可避免的情况下，船长可以决定弃船，但是，除紧急情况外，应当报经船舶所有人同意；

（六）对不称职的船员，可以责令其离岗。

船舶在海上航行时，船长为保障船舶上人员和船舶的安全，可以依照法律的规定对在船舶上进行违法、犯罪活动的人采取禁闭或者其他必要措施。

第四章 船员职业保障

第二十五条 船员用人单位和船员应当按照国家有关规定参加工伤保险、医疗保险、养老保险、失业保险以及其他社会保险，并依法按时足额缴纳各项保险费用。

船员用人单位应当为在驶往或者驶经战区、疫区或者运输有毒、有害物质的船舶上工作的船员，办理专门的人身、健康保险，并提供相应的防护措施。

第二十六条 船舶上船员生活和工作的场所，应当符合国家船舶检验规范中有关船员生活环境、作业安全和防护的要求。

船员用人单位应当为船员提供必要的生活用品、防护用品、医疗用品,建立船员健康档案,并为船员定期进行健康检查,防治职业疾病。

船员在船工作期间患病或者受伤的,船员用人单位应当及时给予救治;船员失踪或者死亡的,船员用人单位应当及时做好相应的善后工作。

第二十七条 船员用人单位应当依照有关劳动合同的法律、法规和中华人民共和国缔结或者加入的有关船员劳动与社会保障国际条约的规定,与船员订立劳动合同。

船员用人单位不得招用未取得本条例规定证件的人员上船工作。

第二十八条 船员工会组织应当加强对船员合法权益的保护,指导、帮助船员与船员用人单位订立劳动合同。

第二十九条 船员用人单位应当根据船员职业的风险性、艰苦性、流动性等因素,向船员支付合理的工资,并按时足额发放给船员。任何单位和个人不得克扣船员的工资。

船员用人单位应当向在劳动合同有效期内的待派船员,支付不低于船员用人单位所在地人民政府公布的最低工资。

第三十条 船员在船工作时间应当符合国务院交通主管部门规定的标准,不得疲劳值班。

船员除享有国家法定节假日的假期外,还享有在船舶上每工作 2 个月不少于 5 日的年休假。

船员用人单位应当在船员年休假期间,向其支付不低于该船员在船工作期间平均工资的报酬。

第三十一条 船员在船工作期间,有下列情形之一的,可以要求遣返:

(一)船员的劳动合同终止或者依法解除的;

(二)船员不具备履行船上岗位职责能力的;

(三)船舶灭失的;

(四)未经船员同意,船舶驶往战区、疫区的;

（五）由于破产、变卖船舶、改变船舶登记或者其他原因，船员用人单位、船舶所有人不能继续履行对船员的法定或者约定义务的。

第三十二条 船员可以从下列地点中选择遣返地点：

（一）船员接受招用的地点或者上船任职的地点；

（二）船员的居住地、户籍所在地或者船籍登记国；

（三）船员与船员用人单位或者船舶所有人约定的地点。

第三十三条 船员的遣返费用由船员用人单位支付。遣返费用包括船员乘坐交通工具的费用、旅途中合理的食宿及医疗费用和 30 公斤行李的运输费用。

第三十四条 船员的遣返权利受到侵害的，船员当时所在地民政部门或者中华人民共和国驻境外领事机构，应当向船员提供援助；必要时，可以直接安排船员遣返。民政部门或者中华人民共和国驻境外领事机构为船员遣返所垫付的费用，船员用人单位应当及时返还。

第五章　船员培训和船员服务

第三十五条 申请在船舶上工作的船员，应当按照国务院交通主管部门的规定，完成相应的船员基本安全培训、船员适任培训。

在危险品船、客船等特殊船舶上工作的船员，还应当完成相应的特殊培训。

第三十六条 依法设立的培训机构从事船员培训，应当符合下列条件：

（一）有符合船员培训要求的场地、设施和设备；

（二）有与船员培训相适应的教学人员、管理人员；

（三）有健全的船员培训管理制度、安全防护制度；

（四）有符合国务院交通主管部门规定的船员培训质量控制体系。

第三十七条 依法设立的培训机构从事船员培训业务，应当向国家海事管理机构提出申请，并附送符合本条例第三十六条规定条件的证明材料。

国家海事管理机构应当自受理申请之日起30日内，作出批准或者不予批准的决定。予以批准的，发给船员培训许可证；不予批准的，书面通知申请人并说明理由。

第三十八条 从事船员培训业务的机构，应当按照国务院交通主管部门规定的船员培训大纲和水上交通安全、防治船舶污染、船舶保安等要求，在核定的范围内开展船员培训，确保船员培训质量。

第三十九条 从事代理船员办理申请培训、考试、申领证书（包括外国船员证书）等有关手续，代理船员用人单位管理船员事务，提供船舶配员等船员服务业务的机构，应当符合下列条件：

（一）在中华人民共和国境内依法设立的法人；

（二）有2名以上具有高级船员任职资历的管理人员；

（三）有符合国务院交通主管部门规定的船员服务管理制度；

（四）具有与所从事业务相适应的服务能力。

第四十条 从事船员服务业务的机构（以下简称船员服务机构），应当向海事管理机构提交书面申请，并附送符合本条例第三十九条规定条件的证明材料。

海事管理机构应当自受理申请之日起30日内作出批准或者不予批准的决定。予以批准的，发给相应的批准文件；不予批准的，书面通知申请人并说明理由。

第四十一条 船员服务机构应当建立船员档案，加强船舶配员管理，掌握船员的培训、任职资历、安全记录、健康状况等情况，并将上述情况定期报海事管理机构备案。

船员用人单位直接招用船员的，应当遵守前款的规定。

第四十二条 船员服务机构应当向社会公布服务项目和收费标准。

第四十三条 船员服务机构为船员提供服务，应当诚实守信，不得提供虚假信息,不得损害船员的合法权益。

第四十四条 船员服务机构为船员用人单位提供船舶配员服务,应当督促船员用人单位与船员依法订立劳动合同。船员用人单位未与船员依法订立劳动合同的,船员服务机构应当终止向船员用人单位提供船员服务。

船员服务机构为船员用人单位提供的船员失踪或者死亡的,船员服务机构应当配合船员用人单位做好善后工作。

第六章 监督检查

第四十五条 海事管理机构应当建立健全船员管理的监督检查制度,重点加强对船员注册、任职资格、履行职责、安全记录,船员培训机构培训质量,船员服务机构诚实守信以及船员用人单位保护船员合法权益等情况的监督检查,督促船员用人单位、船舶所有人以及相关的机构建立健全船员在船舶上的人身安全、卫生、健康和劳动安全保障制度,落实相应的保障措施。

第四十六条 海事管理机构对船员实施监督检查时,应当查验船员必须携带的证件的有效性,检查船员履行职责的情况,必要时可以进行现场考核。

第四十七条 依照本条例的规定,取得船员服务簿、船员适任证书、中华人民共和国海员证的船员以及取得从事船员培训业务许可、船员服务业务许可的机构,不再具备规定条件的,由海事管理机构责令限期改正;拒不改正或者无法改正的,海事管理机构应当撤销相应的行政许可决定,并依法办理有关行政许可的注销手续。

第四十八条 海事管理机构对有违反水上交通安全和防治船舶污染水域法律、行政法规行为的船员,除依法给予行政处罚外,实行累计记分制度。海事管理机构对累计记分达到规定分值的船员,应当扣留船员适任证书,责令其参加水上交通安全、防治船舶污染等有关法律、行政法规的培训并进行相应的考试;考试合格的，发还其船员适任证书。

第四十九条 船舶违反本条例和有关法律、行政法规规定的，海事管理机构应当责令限期改正；在规定期限内未能改正的，海事管理机构可以禁止船舶离港或者限制船舶航行、停泊、作业。

第五十条 海事管理机构实施监督检查时，应当有2名以上执法人员参加，并出示有效的执法证件。

海事管理机构实施监督检查，可以询问当事人，向有关单位或者个人了解情况，查阅、复制有关资料，并保守被调查单位或者个人的商业秘密。

接受海事管理机构监督检查的有关单位或者个人，应当如实提供有关资料或者情况。

第五十一条 海事管理机构应当公开管理事项、办事程序、举报电话号码、通信地址、电子邮件信箱等信息，自觉接受社会的监督。

第五十二条 劳动保障行政部门应当加强对船员用人单位遵守劳动和社会保障的法律、法规和国家其他有关规定情况的监督检查。

第七章 法律责任

第五十三条 违反本条例的规定，以欺骗、贿赂等不正当手段取得船员服务簿、船员适任证书、船员培训合格证书、中华人民共和国海员证的，由海事管理机构吊销有关证件，并处2000元以上2万元以下罚款。

第五十四条 违反本条例的规定，伪造、变造或者买卖船员服务簿、船员适任证书、船员培训合格证书、中华人民共和国海员证的，由海事管理机构收缴有关证件，处2万元以上10万元以下罚款，有违法所得的，还应当没收违法所得。

第五十五条 违反本条例的规定，船员服务簿记载的事项发生变更，船员未办理变更手续的，由海事管理机构责令改正，可以处1000元以下罚款。

第五十六条 违反本条例的规定，船员在船工作期间未携带本条例规定的有效证件的，由海事管理机构责令改正，可以处2000元以下罚款。

第五十七条 违反本条例的规定，船员有下列情形之一的，由海事管理机构处1000元以上1万元以下罚款；情节严重的，并给予暂扣船员服务簿、船员适任证书6个月以上2年以下直至吊销船员服务簿、船员适任证书的处罚：

（一）未遵守值班规定擅自离开工作岗位的；

（二）未按照水上交通安全和防治船舶污染操作规则操纵、控制和管理船舶的；

（三）发现或者发生险情、事故、保安事件或者影响航行安全的情况未及时报告的；

（四）未如实填写或者记载有关船舶法定文书的；

（五）隐匿、篡改或者销毁有关船舶法定证书、文书的；

（六）不依法履行救助义务或者肇事逃逸的；

（七）利用船舶私载旅客、货物或者携带违禁物品的。

第五十八条 违反本条例的规定，船长有下列情形之一的，由海事管理机构处2000元以上2万元以下罚款；情节严重的，并给予暂扣船员适任证书6个月以上2年以下直至吊销船员适任证书的处罚：

（一）未保证船舶和船员携带符合法定要求的证书、文书以及有关航行资料的；

（二）未保证船舶和船员在开航时处于适航、适任状态，或者未按照规定保障船舶的最低安全配员，或者未保证船舶的正常值班的；

（三）未在船员服务簿内如实记载船员的服务资历和任职表现的；

（四）船舶进港、出港、靠泊、离泊，通过交通密集区、危险航区等区域，或者遇有恶劣天气和海况，或者发生水上交通事故、船舶

污染事故、船舶保安事件以及其他紧急情况时,未在驾驶台值班的;

(五)在弃船或者撤离船舶时未最后离船的。

第五十九条 船员适任证书被吊销的,自被吊销之日起2年内,不得申请船员适任证书。

第六十条 违反本条例的规定,船员用人单位、船舶所有人有下列行为之一的,由海事管理机构责令改正,处3万元以上15万元以下罚款:

(一)招用未依照本条例规定取得相应有效证件的人员上船工作的;

(二)中国籍船舶擅自招用外国籍船员担任船长或者高级船员的;

(三)船员在船舶上生活和工作的场所不符合国家船舶检验规范中有关船员生活环境、作业安全和防护要求的;

(四)不履行遣返义务的;

(五)船员在船工作期间患病或者受伤,未及时给予救治的。

第六十一条 违反本条例的规定,未取得船员培训许可证擅自从事船员培训的,由海事管理机构责令改正,处5万元以上25万元以下罚款,有违法所得的,还应当没收违法所得。

第六十二条 违反本条例的规定,船员培训机构不按照国务院交通主管部门规定的培训大纲和水上交通安全、防治船舶污染等要求,进行培训的,由海事管理机构责令改正,可以处2万元以上10万元以下罚款;情节严重的,给予暂扣船员培训许可证6个月以上2年以下直至吊销船员培训许可证的处罚。

第六十三条 违反本条例的规定,未经批准擅自从事船员服务的,由海事管理机构责令改正,处5万元以上25万元以下罚款,有违法所得的,还应当没收违法所得。

第六十四条 违反本条例的规定,船员服务机构和船员用人单位未将其招用或者管理的船员的有关情况定期报海事管理机构备案的,由海事管理机构责令改正,处5000元以上2万元以下罚款。

第六十五条 违反本条例的规定，船员服务机构在提供船员服务时，提供虚假信息，欺诈船员的，由海事管理机构责令改正，处3万元以上15万元以下罚款；情节严重的，并给予暂停船员服务6个月以上2年以下直至吊销船员服务许可的处罚。

第六十六条 违反本条例的规定，船员服务机构在船员用人单位未与船员订立劳动合同的情况下，向船员用人单位提供船员的，由海事管理机构责令改正，处5万元以上25万元以下罚款；情节严重的，给予暂停船员服务6个月以上2年以下直至吊销船员服务许可的处罚。

第六十七条 海事管理机构工作人员有下列情形之一的，依法给予处分：

（一）违反规定签发船员服务簿、船员适任证书、中华人民共和国海员证，或者违反规定批准船员培训机构、船员服务机构从事相关活动的；

（二）不依法履行监督检查职责的；

（三）不依法实施行政强制或者行政处罚的；

（四）滥用职权、玩忽职守的其他行为。

第六十八条 违反本条例的规定，情节严重，构成犯罪的，依法追究刑事责任。

第八章　附　则

第六十九条 申请参加取得船员服务簿、船员适任证书考试，应当按照国家有关规定交纳考试费用。

第七十条 引航员的注册、培训和任职资格依照本条例有关船员注册、培训和任职资格的规定执行。具体办法由国务院交通主管部门制定。

第七十一条 军用船舶船员的管理，按照国家和军队有关规定执行。

渔业船员的管理由国务院渔业行政主管部门负责，具体管理办法由国务院渔业行政主管部门参照本条例另行规定。

第七十二条 除本条例对船员用人单位及船员的劳动和社会保障有特别规定外，船员用人单位及船员应当执行有关劳动和社会保障的法律、行政法规以及国家有关规定。

船员专业技术职称的取得和专业技术职务的聘任工作，按照国家有关规定实施。

第七十三条 本条例自2007年9月1日起施行。

海事规章
通航管理

交通部海区雷达应答器管理办法(试行)

(交通部　(88)交水监字345号　1988.09.23)

第一章　总　　则

第一条　为加强对海区雷达应答器(以下称应答器)的管理,便利航海人员使用,保证航行安全,特制定本办法。

第二条　本办法适用于交通部门在我国沿海设置的各类应答器。

第三条　各海区航标管理部门是海区应答器的管理机关。

第四条　海区应答器的设置,应按交通部的统一规划、分别轻重缓急、逐步实施。

第二章　安　　装

第五条　选择应答器的安装地点,应考虑船舶航行的需要和应答器的有关参数以及航道和周围的环境情况。

第六条　应答器应垂直安装,安装高度应保证其地理射程与设计的作用范围相符、并以作用方向上无遮蔽物为原则。

第七条　安装在灯船、浮标上的应答器,应符合以下各项要求:

1. 适应灯船、浮标摇动的影响;
2. 具有旁瓣抑制功能;
3. 功耗低;
4. 天线波束垂直张角大。

第八条　应答器在安装、运输过程中应避免振动。

第三章　识别编码

第九条　应答器的识别编码以"划"(—)开始;相邻应答器的识别编码应有明显区别,以便于识别。

第十条　标示新危险物的应答器的识别编码为莫尔斯码"D"(—··)。

第四章　稳压设备

第十一条　应答器的供电部分,应配有稳压设备,其额定功率应大于应答器要求的50%以上;输出电压应稳定在应答器要求的标准值上,且波动应小于5%。

在应答器稳压设备的输入、输出端,均应接电压、电流表。

第十二条　有人看守的应答器的稳压设备,应有整机替换设备。

第五章　管理与维护

第十三条　应答器的管理人员应掌握应答器的基本工作原理,并熟悉以下各项内容:

1. 电源和稳压设备的管理及使用要求;

2. 应答器在不同工作状态时,各电压、电流表的有效指示范围;

3. 应答器工作的有关技术参数及要求;

4. 各项业务报表的填写。

第十四条　有人看守的应答器,应每天检测一次其工作状况;无人看守的应答器,每月检测应不少于一次,或按巡检周期进行。有特殊困难的,管理机关可做出特殊规定。每次检测均应填写《雷达应答器工作状况记录表》(见附件一)。

《雷达应答器工作状况记录表》一式三份。于每月底分别报主管处、区各一份，一份留存。

第十五条 在检测时，若无雷达询问，不能同时逐项测读时、应在二十四小时内的其他时间补测。

第十六条 管理机关应每月两次安排巡检，用船用雷达从距应答器1~5海里的范围开始，至应答器规定的最大作用距离止，对应答器进行扫描检测。搜寻到信号后的扫描时间不应少于5分钟，并填写《雷达应答器工作情况巡检记录表》(见附件二)。

第十七条 管理机关所属船舶凡装有雷达、并具备条件的，在出海执行其他任务时，应对途经的应答器进行观测，并填写《雷达应答器工作情况巡检记录表》。

各船所填写的《雷达应答器工作情况巡检记录表》在回港后应即报送管理机关。

第十八条 管理机关应于每季度末将本辖区内应答器的工作情况汇总，填写《海区雷达应答器工作状况季报表》(见附件三)报部。

第十九条 当应答器的电源输出电压表的读数接近稳压设备所允许的工作下限时，应更换或调整电源。

第二十条 当应答器工作不正常时，应及时检修或更换，但应答器管理人员未经管理机关批准不得开启机壳(包括天线罩)。

第二十一条 应答器发生故障时，应断开电源，填写《雷达应答器故障记录表》(见附件四)。

第二十二条 管理机关应注意收集航运部门对应答器工作情况的反映，逐步改善管理，以提高应答器的工作质量。

第六章 航海通告

第二十三条 新设应答器，在工作前，管理机关应按规定发布航海通告，并报部备查，通告内容应包括：

1. 应答器安装地点(包括经、纬度)；

2. 应答器开始工作时间；

3. 应答器工作频段；

4. 应答器识别编码。

第二十四条 当应答器工作状况改变或因工作失常必须停止工作时，管理机关应按规定发布航海通告和航行警告，同时报部备查。

第二十五条 本办法自发布之日起施行。

中国籍小型船舶航行香港、澳门地区安全监督管理规定

（交通部令1990年第25号公布，交安监发[1996]1号修改 1990.09.24）

第一条 为了加强对航行香港、澳门地区中国籍小型船舶（以下简称船舶）的监督管理，保障船舶、旅客、船员和货物的安全，依据《中华人民共和国海上交通安全法》、《中华人民共和国内河交通安全管理条例》，制定本规定。

第二条 本规定适用于航行香港、澳门地区的下列中国籍船舶：

（一）500总吨以下机动船舶；

（二）各种非机动运输船舶。

第三条 船舶从事内地至香港、澳门地区的运输，必须经交通部或交通部授权的省、自治区交通厅批准。

第四条 船舶航行与停泊必须遵守国家有关水上交通安全和环境保护的规定。在香港、澳门期间还应遵守香港、澳门地区的有关法律。

第五条 航行香港、澳门地区的船舶，其技术条件必须满足中华人民共和国船舶检验局的有关规范，且应持有符合中华人民共和国船舶检验局规定的有效船舶证书。

第六条 航行香港、澳门地区的海船和300总吨以上的内河船舶，应配备无线电台。

第七条 航行香港、澳门地区50总吨以上的机动船舶，应持有中英文对照的《中华人民共和国船舶国籍证书》，非机动船舶及50总吨以下的机动船舶，应持有《中华人民共和国船舶执照》。

船舶航行必须悬挂中华人民共和国国旗。

第八条 船舶所有人、经营人应为每一船舶配备足以保障船舶安全的合格船员。

船长、轮机长、驾驶员(正、副驾长)、轮机员(正、副司机)、报(话)务员、电机员必须通过交通部授权的港务监督(含港航监督,下同)组织的考试,持有该机构签发的与所服务船舶种类、等级及职务相符的适任证书。

所有船员均应持有港务监督签发的《船员服务簿》。

第九条 持有B类海船船员适任证书的船员和持有由广东、广西、福建、海南等地港务监督签发的C类海船船员适任证书的船员以及持有珠江水系内河船舶船员适任证书的船员,必须通过原发证机关加试"港澳港口规章",并由该机关在适任证书上签注"适用港澳航线"后,方可上船任职。

持有上款所述内河船舶船员适任证书的船员,还须同时加考海上航行的必备知识。

海船船员必须完成"船舶消防"、"救生艇、筏操纵"、"海上求生"、"海上急救"专业训练,并持有港务监督签发的《中华人民共和国海员专业训练合格证》。

第十条 船舶应备有港务监督颁发的《船舶安全检查记录簿》或《内河船舶安全检查记录簿》,并接受港务监督的安全检查。

第十一条 船舶预计进出口时间确定后,应提前向港务监督报告,并由港务监督通知各检查单位实施检查。

第十二条 船舶由内地航行香港、澳门地区,在始发港进行了出口检查的,由始发港港务监督直接签发《中华人民共和国国际航行船舶出口许可证》;在始发港没有进行全部出口检查的,始发港港务监督应予以签证,船舶经大铲时再进行有关出口检查,由大铲港务监督签发《中华人民共和国国际航行船舶出口许可证》。

第十三条 由香港、澳门地区进口的船舶,进口第一港为对外开放港口的,可直接驶往该港办理进口手续;进口第一港为非对外开放港口的,船舶经大铲时应办理进口手续,并由大铲港务监督办理大铲至下一港的签证。

第十四条 已取得《中华人民共和国国际航行船舶出口许可证》的船舶，仍应由港务监督在《船舶航行签证簿》上进行出口签证；由香港、澳门地区进口的船舶，办理进口手续时收回香港、澳门地区签发的出口许可证，并办理进口签证。

第十五条 船舶在香港水域发生海上交通事故、污染事故后，除应在当地采取一切可能的措施，防止损失扩大并接受香港有关机构的调查外，还应在进口后及时向船籍港港务监督报告。

第十六条 对违反本规定的船舶及个人，港务监督可根据情节轻重给予下列处罚：

（一）警告；

（二）扣留或吊销适任证书；

（三）罚款。

处予罚款的，罚款数额对当事单位不得超过人民币 3000 元，对责任者个人不得超过人民币 500 元。

第十七条 违反本规定情节严重构成犯罪的，由司法机关依法追究刑事责任。

第十八条 航行香港、澳门地区的渔业船舶，除应遵守渔业主管部门的有关规定外，均需按照本规定的要求办理进出口手续。

第十九条 本规定由中华人民共和国交通部负责解释。

第二十条 本规定自 1991 年 1 月 1 日起施行。1982 年交通部发布的《中华人民共和国对航行港澳地区小型船舶安全监督暂行规定》同时废止。

客渡轮专用信号标志管理规定

（交通部令1990年第26号　1990.09.24）

第一条　为加强城乡客渡轮的安全管理，便于对客渡轮的识别和安全避让，制定本规定。

第二条　本规定适用于在中华人民共和国江河、湖泊、水库以及沿海海峡两岸或岛屿间横越航道的专门从事公共交通运输的下列客渡轮：

（一）在沿海海峡两岸或岛屿间航行，且单程航行时间不超过2小时，或单程航行距离不超过30海里的客渡轮（限在三类航区内）；

（二）在长江干线航行，且单程航行时间不超过2小时，或单程航行距离不超过20公里的客渡轮；

（三）在其他内河通航水域航行，且单程航行时间不超过20分钟的客渡轮。

水翼船、气垫船和航行于港澳地区及国境河流、湖泊的客渡轮，不适用本规定。

第三条　客渡轮采用规定的专用信号标志，必须先经主管当地水域的港务监督（含港航监督，下同）机关批准，未经批准不得采用。

对难以确定是否执行本规定的客渡轮，应由主管当地水域的港务监督机关，根据本规定的原则和当地实际情况予以确定。

第四条　船舶长度为12米以上的客渡轮，应按附表的要求在船体表面显示专用色度。客渡轮的专用色度为桔黄色与白色相间的色带。

第五条　船舶长度为12米以上的客渡轮，白天航行时应在桅

杆横桁的一侧,悬挂首尾向桔黄色双箭头号型一个。号型应符合下列要求:

(一)船舶长度为12米以上未满20米的客渡轮,号型主体长1米,宽0.2米,箭头为边长0.3米的等边三角形(见附图1)。

(二)船舶长度为20米以上的客渡轮,号型主体长1.5米,宽0.2米,箭头为边长0.3米的等边三角形(见附图1)。

第六条 船舶长度为12米以上的客渡轮夜间航行时,应在桅杆横桁的两端显示绿色环照灯各一盏。绿色环照灯照距应分别符合《1972年国际海上避碰规则》或《内河避碰规则》对环照灯的规定。

第七条 船舶长度为12米以上的客渡轮,在能见度不良的水域航行时,应鸣放客渡轮的特定声号,以代替《1972年国际海上避碰规则》或《内河避碰规则》规定的雾中航行声号。客渡轮的特定声号是"二短一长"的笛声,其含义是"我是客渡轮"。沿海客渡轮每隔2分钟鸣放一次;内河客渡轮每隔1分钟鸣放一次。

客渡轮的号笛听距,应分别符合《1972年国际海上避碰规则》或《内河避碰规则》的规定。

第八条 船舶长度为20米以上的客渡轮,须在烟囱两侧或醒目处设置标志图形。船舶长度为12米以上未满20米的客渡轮是否设置标志图形,由主管当地水域的港务监督机关根据具体情况确定。

标志图形采用国家标准GB 5845.8—86中的轮渡标志,图形中L、D、C是"轮渡船"汉语拼音的缩写字母。

第九条 船舶长度未满20米的客渡轮,白天航行时应在船首或易见处悬挂标志旗。标志旗的底色为桔黄色,中央为标志图形。

标志旗应符合下列要求:

(一)船舶长度未满12米的客渡轮,标志旗长500毫米,宽350毫米。

(二)船舶长度为12米以上未满20米的客渡轮,标志旗长700毫米,宽600毫米。

标志旗的图形规格、颜色应符合附图 2 的要求。

第十条 客渡轮除应按本规定显示专用色度、号灯、号型、标志图形、标志旗和按本规定第七条鸣放声号外，还应遵守《1972 年国际海上避碰规则》或《内河避碰规则》中的其他信号规定。

第十一条 客渡轮航行与避让应严格遵守《1972 年国际海上避碰规则》或《内河避碰规则》以及其他有关法规规定，不因本规定而获得任何航行特权。

第十二条 使用本规定的专用色度、号型、号灯、标志图形和标志旗时，还必须经当地船检部门的专门检验，检验合格，并在船舶证书上注明后，方可投入运行。

第十三条 客渡轮临时改作其他用途时，不得使用本规定的专用号型、号灯、声号和标志旗。客渡轮长期改作其他用途，还不得使用本规定的专用色度和标志图形。

第十四条 本规定所称桔黄色是指国家标准 GB3181—82《漆膜颜色标准样本》中 YR04 标准编号的颜色。

第十五条 本规定所称“以上”包括本数。

第十六条 本规定由中华人民共和国交通部负责解释。

第十七条 本规定自 1991 年 7 月 1 日起实行。

中华人民共和国内河避碰规则

（交通部令1991年第30号　2003年修订　1991.04.28）

第一章　总　　则

第一条　宗旨

为维护水上交通秩序，防止碰撞事故，保障人民生命、财产的安全，制定本规则。

第二条　适用范围

在中华人民共和国境内江河、湖泊、水库、运河等通航水域及其港口航行、停泊和作业的一切船舶、排筏均应当遵守本规则。

船舶、排筏在国境河流、湖泊航行、停泊和作业，按照中国政府同相邻国家政府签有的协议或者协定执行。

船舶、排筏在与中俄国境河流相通的水域航行、停泊和作业不适用本规则。

第三条　责任

船舶、排筏及其所有人、经营人以及船员应当对遵守本规则的疏忽而产生的后果以及对船员通常做法所要求的或者当时特殊情况要求的任何戒备上的疏忽而产生的后果负责。

不论由于何种原因，两船已逼近或者已处于紧迫局面时，任何一船都应当果断地采取最有助于避碰的行动，包括在紧迫危险时而背离本规则，以挽救危局。

不论由于何种原因，在长江干线航行的客渡船都必须避让顺航道行驶的船舶。

第四条　特别规定

本规则授权各省、自治区直辖市海事机构，长江、黑龙江海事局及辖区内有内河的沿海海事机构根据辖区具体情况，制定包括分道通航等有关交通管制在内的特别规定，报交通部批准后生效。

第五条　定义

本规则下列用语的含义是：

（一）"船舶"是指各种船艇、移动式平台、水上飞机和其他水上运输工具，但不包括排筏。

（二）"机动船"是指用机器推动的船舶。

（三）"非自航船"是指驳船、囤船等本身没有动力推动的船舶。

（四）"帆船"是指任何正在驶帆的船舶，包括装有推进器而不在使用者。

（五）"拖船"是指从事吊拖或者顶推（包括旁拖）的任何机动船。

（六）"船队"是指由拖船和被吊拖、顶推的船舶、排筏或者其他物体编成的组合体。

（七）"快速船"是指静水时速为35公里以上的船舶。

（八）"限于吃水的海船"是指由于船舶吃水与航道水深的关系，致使其操纵、避让能力受到限制的船舶。限于吃水的海船的实际吃水在长江定为7米以上，珠江定为4米以上。

（九）"在航"是指船舶、排筏不在锚泊、系靠或者搁浅。

（十）"船舶长度"是指船舶的总长度。

（十一）"航路"是指船舶根据河流客观规律或者有关规定，在航道中所选择的航行路线。

（十二）"顺航道行驶"是指船舶顺着航道方向行驶，包括顺着直航道和弯曲航道行驶。

（十三）"横越"是指船舶由航道一侧横向或者接近横向驶向另一侧，或者横向驶过顺航道行驶船舶的船首方向。

（十四）"对驶相遇"是指顺航道行驶的两船来往相遇，包括对遇或者接近对遇、互从左舷或者右舷相遇、在弯曲航道相遇，但不包括两横越船相遇。

（十五）"能见度不良"是指由于雾、霾、下雪、暴风雨、沙暴等原因而使能见度受到限制的情况。

（十六）"'感潮河段'是指沿海各省、自治区、直辖市海事机构及长江海事局划定的受潮汐影响明显的河段。

（十七）"干、支流交汇水域"是指不与本河（干流）同出一源的支流与本河的汇合处。

（十八）"叉河口"是指与本河同出一源的叉河道与本河的分合处。

（十九）"平流区域"是指水流较平缓的运河及水网地带。

（二十）"渡船"是指内河Ⅰ级航道内，单程航行时间不超过2小时，或单程航行距离不超过20公里，其他内河通航水域单程航行时间不超过20分钟的用于客渡、车渡、车客渡的船舶。

第二章　航行和避让

第一节　行动通则

第六条　瞭望

船舶应当随时用视觉、听觉以及一切有效手段保持正规的瞭望，随时注意周围环境和来船动态，以便对局面和碰撞危险作出充分的估计。

第七条　安全航速

船舶在任何时候均应当以安全航速行驶，以便能够采取有效的避让行动，防止碰撞。

船舶决定安全航速时，应当考虑能见度、通航密度、船舶操纵性能、风、浪、流及航道情况和周围环境等主要因素；使用雷达的船舶，还应当考虑雷达设备的特性、效率和局限性。

机动船经过要求减速的船舶、排筏、地段和船舶装卸区、停泊区、鱼苗养殖区、渡口、施工水域等易引起浪损的水域，应当及早控制航速，并尽可能保持较开距离驶过，以避免浪损。

由于本身防浪能力或者防浪措施存在缺陷的，不能因本条第三款规定而免除责任。

第八条 航行原则

机动船航行时，上行船应当沿缓流或者航道一侧行驶，下行船应当沿主流或者航道中间行驶。但在潮流河段、湖泊、水库、平流区域，任何船舶应当尽可能沿本船右舷一侧航道行驶。

设有分道通航、船舶定线制的水域，必须按照有关规定航行和避让。两船对遇或者接近对遇应当互以左舷会船。

没有分道通航、船舶定线制的水域，必须按照有关规定航行和避让。两船对遇或者接近对遇应当互以左舷会船。

第九条 避让原则

船舶在航行中要保持高度警惕，当对来船动态不明产生怀疑，或者声号不统一时，应当立即减速、停车，必要时倒车，防止碰撞。采取任何防止碰撞的行动，应当明确、有效、及早进行，并运用良好驾驶技术，直至驶过让清为止。

船舶在避让过程中，让路船应当主动避让被让路船；被让路船也应当注意让路船的行动，并按当时情况采取行动协助避让。

设有分道通航、船舶定线制的水域，必须按照有关规定航行和避让。两船对遇或者接近对遇应当互以左舷会船。

在任何情况下，在长江干线航行的客渡船都必须避让顺航道或河道行驶的船舶。

两机动船相遇，双方避让意图经声号统一后，避让行动不得改变。

第二节 机动船相遇，存在碰撞危险时的避让行动

第十条 机动船对驶相遇

两机动船对驶相遇时，除本节另有规定外：

（一）上行船应当避让下行船，但在潮流河段，逆流船应当避让顺流船；在湖泊、水库、平流区域，两船中一船为单船，而另一船为船队时，则单船应当避让船队。

（二）在潮流河段、湖泊、水库、平流区域，两船对遇或者接近

对遇，除特殊情况外，应当互以左舷会船。

（三）机动船驶近弯曲航段、不能会船的狭窄航段，应当按规定鸣放声号，夜间也可以用探照灯向上空照射以引起他船注意。遇到来船时，按本条（一）、（二）项规定避让，必要时上行船（潮流河段的逆流船）还应当在弯曲航段或者不能会船的狭窄航段下方等候下行船（潮流河段的顺流船）驶过。

第十一条 机动船追越 一机动船正从另一机动船正横后大于22.5度的某一方向赶上、超过该船，可能构成碰撞危险时，应当认定为追越，并应当遵守下列规定：

（一）在狭窄、弯曲、滩险航段、桥梁水域和船闸引航道禁止追越或者并列行驶。

（二）在可以追越的航道中，追越船必须按规定鸣放声号，并取得前船同意后，方可以追越。

（三）在追越过程中，追越船应当避让被追越船，不得和被追越船过于逼近，禁止拦阻被追越船的船头。

（四）被追越船听到追越船要求追越的声号后，应当按规定回答声号，表示是否同意追越。在航道情况和周围环境允许时，被追越船应当同意追越船追越，并应当尽可能采取让出一部分航道和减速等协助避让的行动。

第十二条 机动船在横越前应当注意航道情况和周围环境，在确认无碍他船行驶时，按照规定鸣放声号后，方可横越。除本节另有规定外，机动船横越和交叉相遇时，应当按下列规定避让：

（一）横越船都必须避让顺航道或河道行驶的船，并不得在顺航道行驶的船前方突然和强行横越。

（二）同流向的两横越船交叉相遇，有他船在本船右舷者，应当给他船让路。

（三）不同流向的两横越船相遇，上行船应当避让下行船，但在潮流河段逆流船应当避让顺流船。

（四）在平流区域两横越船相遇，上行船应当避让下行船；同为上行或者下行横越船时，有他船在本船右舷者，应当给他船让路。

（五）在湖泊、水库两船交叉相遇，有他船在本船右舷者，应当给他船让路。

第十三条 机动船尾随行驶

机动船尾随行驶时，后船应当与前船保持适当距离，以便前船突然发生意外时，能有充分的余地采取避免碰撞的措施。

第十四条 在长江干线航行的客渡船与其他顺航道或河道行驶的机动船相遇，客渡船都必须避让顺航道或河道行驶的船舶，并不得与顺航道或河道行驶的船舶抢航、强行追越或者强行横越或掉头。两渡船相遇时，应当按本节各条规定避让。

第十五条 机动船在干、支流交汇水域相遇

机动船驶经支流河口，在不违背第八条规定的情况下，应当尽可能地绕开行驶。除在平流区域外，两机动船在干、支流交汇水域相遇时，应当按下列规定避让：

（一）从干流驶进支流的船，应当避让从支流驶出的船。

（二）干流船同从支流驶出的船同一流向行驶，干流船应当避让从支流驶出的船。

（三）干流船同从支流驶出的船不同流向行驶，上行船应当避让下行船，但在潮流河段逆流船应当避让顺流船。

两机动船在平流区域进出干、支流交汇水域相遇时，有他船在本船右舷者，应当给他船让路。

第十六条 机动船在叉河口相遇

两机动船在叉河口相遇，同一流向行驶时，有他船在本船右舷者，应当给他船让船；不同流向行驶时，上行船应当避让下行船，但在潮流河段逆流船应当避让顺流船。

第十七条 机动船与在航施工的工程船相遇

不论本节有何规定，机动船与在航施工的工程船相遇，机动船应当避让在航施工的工程船。

第十八条 限于吃水的海船相遇

在长江干线航行的客渡船都必须避让限于吃水的船舶。

限于吃水的船舶遇有来船时，应当及早发出会船声号。除第十六条外，不论本节有何规定，来船都必须避让限于吃水的船舶并为其让出深水航道。两艘限于吃水的船舶相遇时，应当按本节各条规定避让。

第十九条 快速船相遇快速船在航时，应当宽裕地让清所有船舶。两快速船相遇时，应当按本节各条规定避让。

第二十条 机动船掉头

机动船或者船队在掉头前，应当注意航道情况和周围环境，在无碍他船行驶时，按规定鸣放声号后，方可以掉头。

人力船、帆船除按当地主管部门规定的航线航行外，不得占用机动船航道或航路。

第三节 机动船、人力船、帆船、排筏相遇，存在碰撞危险时的避让行动

第二十一条 机动船与人力船、帆船、排筏相遇

除快速船外，机动船与人力船、帆船、排筏相遇时，船舶、排筏均应当遵守下列规定：

（一）机动船发现人力船、帆船有碍本船航行时，应当鸣放引起注意和表示本船动向的声号。人力船、帆船听到声号或者见到机动船驶来时，应当迅速离开机动船航路或者尽量靠边行驶。机动船发现与人力船、帆船距离逼近，情况紧急时，也应当采取避让行动。

（二）人力船、帆船除按当地主管部门规定的航线航行外，不得占用机动船航道或航路。

（三）人力船、帆船不得抢越机动船船头或者在航道上停桨流放，不得驶进机动船刚刚驶过的余浪中去，不得在狭窄、弯曲、滩险航段、桥梁水域和船闸引航道妨碍机动船安全行驶。

（四）人工流放的排筏见到机动船驶来，应当及早调顺排身，以便于机动船避让。

第二十二条 帆船、人力船、排筏相遇

帆船、人力船、排筏相遇，按下列规定避让：

（一）两帆船相遇，顺风船应当避让抢风船；两船都是顺风船或者抢风船，左舷受风船应当避让右舷受风船；两船同舷受风，上风船应当避让下风船。

（二）帆船应当避让人力船。

（三）帆船、人力船都应当避让人工流放的排筏。

第四节　船舶在能见度不良时的行动及其他

第二十三条　船舶在能见度不良时的行动

船舶在能见度不良的情况下航行，应当以适合当时环境和情况的安全航速行驶，加强瞭望，并按规定发出声响信号。

装有雷达设备的船舶测到他船时，应当判定是否存在着碰撞危险。若是如此，应当及早地与对方联系并采取协调一致的避让行动。

除已判定不存在碰撞危险外，每一船舶当听到他船雾号不能避免紧迫局面时，应当将航速减到能维持其航向操纵的最低速度。无论如何，每一船舶都应当极其谨慎地驾驶，直到碰撞危险过去为止，必要时应当及早选择安全地点锚泊。

第二十四条　靠泊、离泊

机动船靠、离泊位前，应当注意航道情况和周围环境，在无碍他船行驶时，按规定鸣放声号后，方可以行动。正在上述水域附近行驶的船舶，听到声号后，应当绕开行驶或者减速等候，不得抢档。

第二十五条　停泊

船舶、排筏在锚地锚泊不得超出锚地范围。系靠不得超出规定的尺度。停泊不得遮蔽助航标志、信号。

船舶、排筏禁止在狭窄、弯曲航道或者其他有碍他船航行的水域锚泊、系靠。

除因工作需要外，过往船舶不得在锚地穿行。

第二十六条　渔船捕鱼

渔船捕鱼时，不得阻碍其他船舶航行，在航道上不得设置固定渔具。

第二十七条　失去控制的船舶

失去控制的机动船、非自航船应当及早选择安全地点锚泊，严禁非自航船舶自行流放。

第三章　号灯和号型

第二十八条　一般规定

有关号灯的名条规定从日落到日出期间都应当遵守。在白天能见度不良的情况下也可以显示有关号灯。在显示呈灯的时间内，凡是可能与规定号灯相混淆或者减弱其显示性能的灯光，均不得显示。

有关号型的各条规定，在白天都应当遵守。

号灯、号型均应当显示在最易见处，并符合本规则附录一的技术要求。除本规则另有规定外，几个号灯、号型组成一组时，均应当垂直显示。

第二十九条　在航的机动船

除本章另有规定外，机动船单船在航时，应当显示白光桅灯一盏、红、绿光舷灯各一盏，白光尾灯一盏。船舶长度为 50 米以上的机动船，还应当在后桅显示另一盏白光灯；除快速船外，船舶长度小于 12 米的机动船，条件不具备时，可以显示白光环照灯一盏和红、绿光并合灯一盏，也可以显示红、白、绿光三色灯一盏，以代替上述规定的号灯。

下列船舶在航时，除显示前款规定的号灯外，还应当：

（一）快速船白天和夜间均显示黄闪光灯一盏。

（二）限于吃水的海船夜间显示红光环照灯三盏，白天悬挂圆柱形号型一个。

（三）横江渡船夜间在桅杆的横桁两端显示绿光环照灯各一盏，白天在桅杆横桁的一侧悬挂双箭头号型一个。

第三十条　在航的船队

在航的船队分别按下列规定显示号灯：

（一）拖船除显示舷灯、尾灯外，还应当按拖带形式显示：

1. 吊拖或者吊拖又顶推船舶时，显示白光桅灯两盏。

2. 顶推船舶、排筏时，显示白光桅灯三盏。拖船显示上述号灯有困难时，可以改在船队中最适宜的船舶上显示。

3. 吊拖排筏时，显示白、绿、白光桅灯各一盏。

4. 吊拖船舶、排筏的拖船，为便于被吊拖船舶或者排筏操舵，也可以在烟囱或者桅的后面，高于尾灯的位置显示另一盏白光灯，但灯光不得在正横以前显露。

（二）两艘以上拖船共同拖顶组成一个船队时，应当按拖带形式显示：

1. 共同顶推船舶、排筏时，应当在一艘拖船上显示顶推船队的号灯，其余拖船只显示被顶推船号灯。

2. 前后吊拖船舶、排筏或者采用又吊拖又顶推的混合队形时，最前面一艘拖船显示吊拖号灯，后面的拖船只显示被拖船的号灯。

（三）被吊拖、顶推的船舶或者排筏在航时，应当显示下列号灯：

1. 被吊拖、顶推的船舶应当显示红、绿光舷灯。被编组为多排数列式队形时，应当在最左边的一列船舶只显示红光舷灯，在最右边的一列船舶只显示绿光舷灯。顶推船队中最前一艘船的船首，应当显示白光船首灯一盏，其灯光不得在正横后显露。被顶推船的船尾超过拖船船尾时，还应当显示白光尾灯。吊拖船队中最后一排船应当显示白光尾灯。

2. 船舶长度未满 30 米的船舶被吊拖为单排一列式时，每艘船可以显示白光环照灯一盏以代替红、绿光舷灯。

3. 人力船、帆船、物体在被吊拖、顶推时，应当显示白光环照灯一盏，被顶推时灯光不得在正横后显露。当编组为多排数列式时，则在左、右最外一列显示。

4. 排筏被吊拖时，应当在排筏四角高出排面至少 1 米处显示白光环照灯各一盏；被顶推时，在排首两角高出排面至少 1 米处显示白光环照灯各一盏，其灯光不得在正横后显露。

第三十一条 在航的人力船、帆船、排筏人力船、帆船在航时,应当在船尾最易见处显示白光环照灯一盏。帆船遇见机动船驶来时,应当及早在船头显示另一盏白光环照灯或者白光手电筒,直到机动船驶过为止。

人力船、帆船由于操作上的困难,确实不能按照机动船要求方向避让时,夜间应当用白光灯或者白光手电筒,白天用白色信号旗左右横摇。

排筏流放时,应当在前后高出排面至少 1 米处显示白光环照灯各一盏。

第三十二条　工程船

工程船未进入工地或者已撤出工地时,应当显示一般船舶规定的信号,进入工地时,应当显示下列号灯、号型:

(一)工程船在工地其位置固定时,夜间显示环照灯三盏,其连线构成尖端向上的等边三角形,三角形顶端为红光环照灯,底边两端,通航的一侧为白光环照灯,不通航的一侧为红光环照灯。白天在桅杆横桁两端各悬挂号型一个,通航的一侧为圆球,不通航的一侧为十字号型。

(二)自航工程船在航施工时,除显示机动船在航号灯外,夜间显示红、白、红光环照灯各一盏,白天悬挂圆球、菱形、圆球号型各一个。被拖船拖带的工程船在航施工时,除按第二十九条规定显示号灯外,还应当显示与自航工程船在航施工时相同的号灯、号型。

(三)工程船所伸出的排泥管,应当在管头和管尾并每隔 50 米距离,显示白光环照灯一盏。

船舶有潜水员在水下作业时,夜间应当显示红光环照灯一盏,白天悬挂"A"字信号旗一面。

第三十三条　掉头

长度为 30 米以上的机动船或者船队,在掉头前 5 分钟,夜间应当显示红、白光环照灯各一盏,白天悬挂上为圆球一个,下为回答旗一面的信号,掉头完毕后熄灭或者落下。

第三十四条　停泊

船舶、排筏停泊时,分别按下列规定显示信号:

(一)机动船、非自航船停泊时,夜间显示白光环照灯一盏;船舶长度为50米以上的,应当在前部和尾部各显示白光环照灯一盏,前灯高于后灯。白天锚泊时均悬挂圆球一个。

(二)人力船、帆船停泊时,夜间显示白光环照灯一盏。排筏停泊时,夜间在靠航道一侧,前部和后部各显示白光环照灯一盏。

(三)停泊的船舶、排筏向外伸出有碍其他船舶行驶的缆索、锚、锚链或者其他类似的物体时,应当在伸出的方向,夜间显示红光环照灯一盏,白天悬挂红色号旗一面。

第三十五条 搁浅

搁浅的机动船、非自航船夜间除显示停泊号灯外,还应当显示红光环照灯两盏,白天悬挂圆球三个。

第三十六条 装运危险货物

装运易爆、易燃、剧毒、放射性危险货物的船舶在停泊、装卸及航行中,除显示为一般船舶规定的信号外,夜间还应当在桅杆的横桁上显示红光环照灯一盏,白天悬挂“B”字信号旗一面。

第三十七条 要求减速

要求减速的船舶、排筏或者地段,应当在桅杆横桁处或者地段上、下两端,夜间显示绿、红光环照灯各一盏,白天悬挂“RY”信号旗一组。

重载人力船、帆船要求机动船减速,夜间用白光灯或者白光手电筒,白天用白色号旗,在空中上下挥动。

第三十八条 渔船

渔船不捕鱼时,显示为一般船舶规定的信号。捕鱼时应当显示下列号灯、号型:

(一)机动船在捕鱼时,夜间除显示机动船在航或者锚泊的号灯外,还应当显示绿、白光环照灯各一盏。白天悬挂尖端相对的两个圆锥体所组成的号型。

(二)人力船、帆船捕鱼时,不论在航或者停泊,夜间均应当显示白光环照灯一盏,白天悬挂篮子一个。

（三）渔船有外伸渔具时，应当在渔具伸出方向，夜间显示白光环照灯一盏，白天悬挂三角红旗一面。

第三十九条 失去控制的船舶

失去控制的机动船、非自航船锚泊前，夜间除显示舷灯和尾灯外，还应当显示红光环照灯两盏，白天悬挂圆球两个。

第四十条 船舶眠桅

船舶通过桥梁，架空设施需要眠桅不能按规定显示桅灯时，应当在两舷灯光源连线中点上方不受遮挡处显示白光环照灯一盏，代替桅灯。通过后立即恢复原状。

第四十一条 监督艇和航标艇

监督艇执行公务时，夜间应当显示舷灯、尾灯和红闪光旋转灯一盏。

航标艇在航时，夜间应当显示舷灯、尾灯和绿光环照灯两盏；停泊时显示绿光环照灯两盏。

第四章 声响信号

第四十二条 声响信号设备

机动船应当配备号笛一个、号钟一只。非自航船、人力船、帆船和排筏应当配备号钟或者其他有效响器一只。

号笛、号钟应当符合本规则附录二的技术要求。

第四十三条 声号的含义

机动船为表示本船的意图、行动或者需要其他船舶、排筏注意时，应当根据本规则各条规定使用号笛发出下列声号：

（一）一短声——我正在向右转向；当和其他船舶对驶相遇时，表示“要求从我左舷会船”。

（二）两短声——我正在向左转向；当和其他船舶对驶相遇时，表示“要求从我右舷会船”。

（三）三短声——我正在倒车或者有后退倾向。

（四）四短声——不同意你的要求。

（五）五短声——怀疑对方是否已经采取充分避让行动，并警告对方注意。

（六）一长声——表示“我将要离泊”、“我将要横越”，以及要求来船或者附近船舶注意。

（七）两长声——我要靠泊或者我要求通过船闸。

（八）三长声——有人落水。

（九）一长一短声——掉头时，“表示我向右掉头”；进出干、支流或者叉河口时，表示“我将要或者正在向右转弯”。

（十）一长两短声——掉头时，表示“我向左掉头”；进出干、支流或者叉河口时，表示“我将要或者正在向左转弯”。

（十一）一长三短声——拖船通知被拖船舶、排筏注意。

（十二）两长一短声——追越船要求从前船右舷通过。

（十三）两长两短声——追越船要求从前船左舷通过。

（十四）一长一短一长声——我希望和你联系。

（十五）一长一短一长一短声——同意你的要求。

（十六）一长两短一长声——要求来船同意我通过。

（十七）一短一长一短声——要求他船减速或者停车。

（十八）一短一长声——我已减速或者停车。

（十九）两短一长声——能见度不良时，表示“我是客渡船。”

前款中“短声”是指历时约1秒钟的笛声“长声”是指历时4到6秒钟的笛声。一组声号内各笛声的间隔时间约为1秒钟，组与组声号的间隔时间约为6秒钟。

第四十四条 船舶相遇时声号的应用

船舶相遇时，应当按下列规定使用声号：

（一）两机动船对驶相遇，下行船（潮流河段的顺流船）应当在相距1千米以上处谨慎考虑航道情况和周围环境，及早鸣放会船声号；上行船（潮流河段的逆流船）听到声号后，如无特殊情况，应当立即回答相应的会船声号。在鸣放会船声号的同时，夜间还应当配合使用红、绿闪光灯，白天也可以配合使用白色号旗。鸣放声号一短声时，夜间连续显示红闪光灯，白天在左舷挥动白色号旗，表示要求来船从我左舷会过；鸣放声号两短声时，夜间连续显示绿闪光灯，白天在右舷挥动白色号旗，表示要求来船从我右舷会过。

（二）机动船发现人力船、帆船有碍本船航行，要求其让路时，应当鸣放声号一长声以引起注意，并鸣放一短声或者两短声表示本船动向。

（三）机动船驶经支流河口或者叉河口前，应当鸣放声号一长声以引起注意；进出干、支流或者叉河口前，向右转弯应当鸣放声号一长一短声，向左转弯应当鸣放声号一长两短声。

（四）机动船与在航施工的工程船对驶相遇，机动船应当在相距 1 千米以上处鸣放声号一长声，待工程船发出会船声号后，机动船方可以回答相应的会船声号，并谨慎通过。

第四十五条　能见度不良时的声响信号

船舶、排筏在能见度不良的情况下航行、停泊，应当按下列规定发出声响信号：

（一）在航的机动船应当每隔约 1 分钟鸣放声号一长声。在航的人力船、帆船、排筏应当每隔约 1 分钟急敲号钟或者其他有效响器约 5 秒钟。

（二）锚泊的机动船、非自航船、排筏应当每隔约 1 分钟急敲号钟或者其他有效响器约 5 秒钟。锚泊的人力船、帆船在听到来船声号后，应当不间断地急敲号钟或者其他有效响器，直到判定来船已对本船无碍时为止。

第四十六条　甚高频无线电话

配有甚高频无线电话的船舶在航时，应当在规定的频道上正常守听，并按下列规定进行通话：

（一）一般先由被让路船呼叫，通话时用语应当简短、明确。

（二）一船发出呼叫后，未闻回答，应当认为另一船未设有无线电话设备。

（三）两船的避让意图经通话商定一致后，仍应当按本规则规定鸣放声号。

（四）船舶驶近弯曲、狭窄航段以及在能见度不良的情况下航行,应当用无线电话周期性地通报本船船位和动态。

第五章　附　则

第四十七条　附录

本规则的三个附录是本规则的组成部分,与本规则条文具有同等效力。

本规则中所称的“以上”、“大于”,包括本数;所称的“未满”、“小于”,不包括本数。

第四十八条　解释机关

本规则的解释权属于中华人民共和国交通部。

第四十九条　生效

本规则自 1992 年 1 月 1 日零时起生效,交通部 1979 年颁布的《内河避碰规则》同时废止。

附录一

号灯和号型的技术要求

(一)号灯:

1.“桅灯”是指安置在船舶的桅杆上方或者首尾中心线上方的号灯,在225度的水平弧内显示不间断的灯光,其装置要使灯光从船舶的正前方到第一舷正横后22.5度内显示。

在后桅装设另一盏桅灯时,后灯高于前灯的垂向距离至少为3米,水平距离不小于船舶长度的一半。

2.“舷灯”是指安置在船舶最高甲板左右两侧的左舷的红光灯和右舷的绿光灯,各自在112.5度的水平弧内显示不间断的灯光,其装置要使灯光从船舶的正前方到各自一舷的正横后22.5度内分别显示。

舷灯遮板向灯面,应当涂以无光黑漆。遮板的高度至少等于灯高。

船舶长度为80米以上的驳船,应当在船首、尾部分别设置红、绿光舷灯。

3.“尾灯”是指安置在船尾正中的白光灯,在135度的水平弧内显示不间断的灯光,其装置要使灯光从船舶的正后方到第一舷67.5度内显示。尾灯的高度应当尽可能与舷灯保持水平,但不得高出舷灯。

4.“船首灯”是指安置在被顶推驳船首的一盏白光灯,在180度的水平弧内显示不间断的灯光,其装置要使灯光从船舶的正前方到每一舷90度内显示,但不得高于舷灯。

5.“环照灯”是指在360度的水平弧内显示不间断灯光的号灯。

6.“红闪光灯”、“绿闪光灯”是指安置在舷灯上方左红、右绿的闪光环照灯,其频率为每分钟50至70闪次。

船舶长度小于12米的机动船也可以用红、绿光手电筒代替红、绿闪光灯,但应当保持灯光明亮,颜色清晰分明。

7.“黄闪光灯”是指安置在快速船桅杆上的黄闪光环照灯，其频率为每分钟50至70闪次。

8.“红、绿光并合灯”是指安装在桅灯的位置，分别从船舶的正前方到左舷正横后22.5度内显示红光，到右舷正横后22.5度内显示绿光的一盏并合灯。

9.“红、白、绿光三色灯”是指安装在桅灯的位置，从船舶的正前方到左舷正横后22.5度内显示红光，到右舷正横后22.5度内显示绿光，从船舶的正后方到每舷67.5度内显示白光的并合灯。

10.“能见距离”是指在大气透射率为0.8的黑夜，用正常目力能见到的规定的号灯距离。

11.号灯的能见距离、桅灯垂直间距和舷灯遮板长度的技术要求见表一。

（二）操纵号灯：

1.有条件的船舶可以装置操纵号灯，以补充本规则第四十三条（一）项所规定的声号，操纵号灯的每闪历时应当尽可能与声号鸣放的历时时间同步，其表示的意义与相应的声号意义相同。

2.操纵号灯应当安置在一盏或者多盏桅灯的同一首尾垂直面上，并不低于前桅灯的位置。

3.操纵号灯是一盏白光环照灯，其能见距离至少为4千米。

（三）船舶长度小于12米的机动船夜间航行必须备有能够使用的发电设备和蓄电池，以保证号灯的能见距离。

（四）号型、号旗：

1.除另有规定外，号型均为黑色。

2.号型间的垂直距离不得小于1.5米，但船舶长度未满30米的船舶，其号型间距可相应减小。

3.横江渡船号型的箭头为等边三角形。

4.红色、白色旗的规格是宽0.6米，高0.4米。

5.本规则所用信号旗和回答旗，均应当符合《1969年国际信号规则》的规定。

6.号型的技术要求见表二。

附录二

声响信号设备的技术要求

（一）号笛应当能够发出符合本规则要求的声号。船舶长度为30米以上的船舶，可听距离不小于2千米，船舶长度未满30米的船舶，可听距离不小于1千米。

（二）号笛应当安置在船上尽可能高的地方，使声音尽可能少受障碍物阻挡，特别在前方方向上或者特定方向上。

（三）号钟或者其他具有类似音响特性的器具所发出的声压级，在距它1千米处，应当不小于110分贝。

（四）号钟应当用抗蚀材料制成，并能发出清晰的音响。船舶长度为30米以上的船舶，号钟口的直径应当不小于300毫米，船舶长度未满30米的船舶，应当不小于200毫米。钟锤的重量应当不小于号钟重量的3%。

附录三

遇 险 信 号

(一)船舶遇险需要其他船舶救助时,应当同时或者分别使用下列信号:

1. 用号笛、号钟或者其他任何有效响器连续发出急促短声;

2. 用无线电报或者其他通信方法发出莫尔斯码组···———···(SOS)的信号;

3. 用无线电话发出"求救"或者"梅代"(MAYDAY)语音的信号;

4. 在船上燃放火焰;

5. 人力船、帆船遇险时白天摇红色号旗,夜间摇红光灯或者红光手电筒。

(二)任何船舶如见他船遇险,也可以代发上述求救信号,但应当说明遇险船舶的船名、位置。

(三)除船舶遇险需要救助外,可能与上述信号有混淆的其他信号,都禁止使用。

长江干线水上安全管理若干办法

（交通部　(91)交安监字781号　1991.11.23）

为加强长江干线水上交通安全管理和技术监督，保障国家财产和人民生命安全，根据《中华人民共和国内河交通安全管理条例》的有关规定，结合长江干线实际，制定本办法。本办法由港航监督局及其分支管理机构统一监督实施，涉及沿江各港航监督机关之间的业务分工，按照交通部有关规定执行。

第一部分　船队队型和拖带量

一、航行长江干线的船队每0.735千瓦（每马力）拖带量应符合下列规定：

（一）武汉以下水域，上行时不超过6吨，下行时不超过9吨；

（二）武汉至宜昌水域，上行时不超过5吨，下行时不超过8吨；

（三）宜昌以上水域，上行时不超过2吨，下行时不超过3.5吨。

二、各船舶单位根据上述规定，制定本单位各种船队的拖带量标准时，应考虑以下因素：

（一）航区等级、水位、航道尺度；

（二）船闸、桥梁桥孔的通航尺度；

（三）船型、吨位及主机功率等。

三、各单位的制定船队拖带量标准时，应书面提出技术论证报告及有关数据，按船籍港报经长江港航监督局和沿长江各省港航监督机关备案。

四、拖带航行及船队队型的限制：

（一）禁止下列船舶拖带航行：

1. 宜昌以上水域航行的主机功率不满 73.5 千瓦（100 马力）的船舶；

2. 宜昌以下水域航行的主机功率不满 36.75 千瓦（50 马力）的船舶；

3. 干线水域的挂桨机船。

（二）在川江控制河段航行的船舶，不得采用吊拖编队方式。

第二部分 航速和载重吨

五、船舶量低航速的限制：

（一）上行时，航速每小时不得低于 4 公里。

（二）下行时，江阴以下水域每小时不低于 8 公里；江阴至宜昌水域，当汉口水位 4 米以下时，每小时不低于 8 公里；汉口水位 4 米以上时，每小时不低于 12 公里，宜昌以上水域，当重庆羊角滩水位 2 米以下时，每小时不低于 8 公里，重庆羊角滩水位 2 米至 7 米时，每小时不低于 12 公里，重庆羊角滩水位 7 米以上时，每小时不低于 14 公里。

六、船舶航经港区、船舶密集区以及其他需要减速的水域应当减速，并对船舶通过水域时的最高航速（除高速船艇外）作以下限制：

洪水期：宜昌至重庆下行每小时不得超过 38 公里，上行每小时不得超过 20 公里；宜昌至汉口下行每小时不得超过 30 公里，上行每小时不得超过 22 公里；汉口江阴下行每小时不得超过 30 公里，上行每小时不得超过 22 公里。

枯水期：宜昌至重庆下行每小时不得超过 35 公里，上行每小时不得超过 20 公里；宜昌至汉口下行每小时不得超过 30 公里，上行每小时不得超过 22 公里；汉口至汉阳下行每小时不得超过 28 公里；上行每小时不得超过 23 公里。

七、小型运输船舶载重吨位的限制:

(一)现有船舶:

江阴以下水域,最小为20吨;

江阴至宜昌水域,最小为15吨;

宜昌以上水域,最小为5吨。

(二)沿江各地新建造航行长江干线各航段的小型船舶:

江阴以下水域,最小为30吨;

江阴到宜昌水域,最小为20吨;

宜昌以上水域,最小为10吨。

第三部分 能见度不良时的航行

八、船舶(不含渡船)能见度不良时的航行限制:

(一)在宜昌以上水域,两岸线不清时,上行看不到两个浮标,下行看不到三个浮标,均不得航行;

(二)在宜昌至武汉水域,视距不足1000米时不得航行,视距不足1500米时不得顺流航行;

(三)在武汉以上水域,视距不足1500米时不得航行。

九、船舶在航行中遇雾、雪等能见度不良情况时,船长或渡工应根据视线所及距离、周围船舶密度及安全避让等因素,采取慢车减速或选择安全地锚泊,不准冒险航行。

配有雷达等助航设备的船舶,在安全确有把握的前提下,方可慢速行驶,严禁快车航行。在雾航中必须连续观察雷达信号,开启甚高频无线电话守听,正确判断周围情况的变化,随时采取紧急应变措施,确保航行安全。

对不具备有效助航设备的船舶或船队,禁止雾中航行;在航行中突然遇雾时,应按规定鸣放声号(或急敲号钟和有效响器)并减速或及早选择安全地点停泊,不允许熄火停机和流淌。

十、船舶在多雾季节应预先根据本船预定航区内的水流、航道特点等客观因素和本船的航行性能,制订防雾及航行安全避让操作措施；避免在能见度不良的情况下驶经大桥、船闸、控制河段、通航密集区及弯曲狭窄浅险航段。

第四部分　渡口和渡运

十一、城镇渡口的设置、修建、改造或迁址，由渡口所有人或经营人提出申请，经上级主管部门同意后，由当地人民政府或政府指定的主管机关批准；县以上乡镇渡口的设置、修建、改造或迁址，经乡镇政府同意后，报县或县级以上人民政府批准。跨越行政区域的渡口，由地方政府和有关部门联系审批或按协议明确审批机关。

渡口设置、改造或迁址必须进行必要的论证，需要使用岸线、水域时，必须报经长江港航监督机关核准，在勘划的岸线、水域范围内按照规定的构筑设施和施工作业。严禁在桥区、船闸引航道、危险品锚泊区及为交通管制划定的禁区设置渡口或进行渡运。

十二、沿江各地有关管理部门应当充分依靠当地人民政府，根据渡口规模、形式和渡运量设置或指定专门管理机构，配备必要的管理人员、加强渡口、渡船安全管理。

渡口、渡船所有人、经营人（包括船员或渡工）必须遵守有关交通安全管理规定，并对所辖渡口、渡船的安全负责。

港航监督部门应做好对渡口、渡船安全管理的监督指导。

十三、渡口应严格遵守国务院颁发的《渡口守则》。渡口两岸要设置标牌，标明渡口名称、航线及客货装载定额。

渡口和渡船必须配备安全可靠的系泊设备及方便乘客上下的安全设施，夜间渡运时，应有良好的照明设施。

十四、渡船必须经船检部门检验和港航监督机关注册登记。不取得船舶检验和登记证书（或执照）不准渡运。

新建客渡船不得采用挂桨机作为主机；现有挂桨机客渡船，各省应根据实际情况，限期改建为座舱机。

乘客额定30人以上的渡船，必须由国营、集体单位负责经营和管理或由乡（镇）政府负责组织，比照乡镇企业实施管理。

渡船必须在当地保险公司办理船舶旅客意外伤害保险以及第三者责任保险。未参加上述保类种险不得参加渡运。

十五、渡船船员或渡工必须经业务技术培训,经港航监督机关考试(或考核)合格后才能上岗任职。

十六、沿江县、乡(镇)人民政府应按国务院(1987)98 号文件,教育乡镇渡船船员和村民严格遵守水上交通安全管理规定,严格制止超载运输。港航监督机关应严格对超载船舶检查和处理。

十七、港口、渡船应建立健全安全责任制、制止并严格执行值班、交接班、驾驶台纪律及维修保养等各基安全规章制度。

渡船必须按规定的航线定点经营,不准私自沿途停靠揽客;不准人畜混装和装运危险货物;牛、马等大牲畜的水上运输,必须指定专人负责或安排专船、专次渡运。

十八、渡船应严格按照长江港航监督局公布的渡运过江路线横越长江,随意变更线路作违章处理,并承担由此造成的后果。

十九、渡船在航行中应认真瞭望、谨慎操作、安全会让、文明礼让,不得抢航、抢槽、抢档和强行横越。当山洪暴发、水位陡涨、大风等恶劣天气危及渡运安全以及山区河流到达禁航水位时,必须停止渡运,严禁冒险航行。

二十、江阴以上能见距离不足 1000 米、江阴以下能见距离不足 1500 米时,横江渡船不准开航。

二十一、遇节假日、庙会和集市活动等渡运高峰期,渡口管理部门、所有人和经营人的应精心组织,合理安排渡船,加强力量维护好渡运现场秩序。必要进应提请当地政府加派交通管理、公安人员到现场协助,共同维护渡运秩序。

二十二、船舶航经客渡船过江线路时,要注意瞭望,掌握客渡船的动态,提前作好准备,按《内河避碰规则》及时采取避让措施。

第五部分　水上水下施工作业

二十三、凡在长江干线修筑桥坝,架设电缆、索道、敷设水底电缆、管道，进行爆破测量，修建码头、泊位，组织挖砂、采石等资源开采，水上水下施工作业单位必须按照长江港航监督机关颁发的有关水域并核发《水上水下施工作业许可证》，方可在批准的水域进行施工作业，必要时，长江港航监督机关可对砂石等资源开采作业水域实施交通管制。

二十四、凡在长江干线水域进行捕捞作业，必须遵守长江港航监督机关颁发的有关交通安全管理规定，服从长江港航监督机关的监督管理的安全检查。不得侵占主航道，不得妨碍水上交通和影响航行安全。

二十五、凡未按长江港航监督机关核准的水域范围、作业方式和期限作业者，均以违章作业论处，均成碍航的，应即撤除。对于影响交通、导致通航受阻或发生事故的，除给予当事人处罚，还要追究其所有人、经营人及领导者的责任。

第六部分　所有人、经营人及有关部门的管理责任

二十六、港口部门装卸作业必须遵守安全操作规程，使船舶均衡受载，防止因超高、超宽危及船舶航行安全；发现船舶不具备装载技术条件或超过船检部门核定的客货装载定额时，应拒绝装船。

二十七、船舶检验部门和验船人员必须严格执行上级机关颁发的规范、规程和有关技术标准，严格检验程序；不得擅自扩大装载定额，任意变更航区和降低技术标准。切实把好船舶技术条件关，确保船舶保持良好的航运性能。不符合要求的船舶，坚决不予发证。

二十八、港航监督机关和港航监督人员必须忠于职守，奉公廉洁，严格履行职责。加强责任心和责任制；按照规定严格进行船舶安全检查。要做到严格管理，严格把关，依法行政，模范执法。

二十九、航道部门应确保航道设标水深和维护尺度。保证各种航道标志处于正常状态。遇水位变化，应及时调整标志；发现灯

标流失、损坏应及时发现航道通告并尽快恢复。

三十、船舶所有人、经营人必须加强企业内部安全管理，建立健全安全机构和各项安全责任制，加强船舶日常维修保养，保证船舶具备良好的技术条件和随时处于适航状态。

船舶所有人，经营人应切实加强船员管理，严格执行“航行值班人员和配备标准”等各项安全管理制度。有针对性的经常组织安全知识教育和各项安全活动，提高船员遵章守纪的自觉性。

三十一、对于疏于管理和渎职造成后果者要严肃处理，给国家和人民生命财产造成严重损失的，应视情节追究法律责任。

海区航标动态通报管理办法

（交通部　交安监发[1995]1180号　1995.12.13）

第一条　为了加强海区航标动态通报程序化、规范化管理，使船舶及时了解海区航标动态，保障船舶航行安全，依据有关法律、法规，制定本办法。

第二条　本办法适用于中华人民共和国沿海水域及相关陆域设置的航标，及其所有人、管理人及有关单位和个人。

本办法所称航标包括视觉、音响、无线电航标。

本办法不适用于军用航标和渔业航标。

第三条　交通部安全监督部门是全国海区航标动态通报的主管机关。

天津、上海、广州海上安全监督局分别负责北海、东海、南海海区航标动态通报管理工作。

上款北海海区指辽宁、河北、山东省及天津市沿海水域；东海海区指江苏、浙江、福建省及上海市沿海水域；南海海区指广东、南海省及广西壮族自治区沿海水域。

第四条　出现下列情况应发布航标动态：

（一）航标损坏，灯光熄灭，灯质失常，水中标志移位、漂失，音响、无线电航标故障以及紧急设标等临时发生的变动情况。

（二）航标设置、撤除、调整位置、改变特征（形状、颜色、灯质、灯高、射程、音响周期、电信号）、停机保养、恢复等预先有计划的变动情况。

上款第一条所列明的，是第一类航标动态；上款第二条所列明的，是第二类航标动态。

第五条　交通部及各省、自治区、直辖市交通行政主管部门设置的航标管理部门对辖区内的航标动态按下列程序通报；

第一类航标动态通报当地航行警告发布部门，分别抄报天津、上海、广州海上安全监督局备案。

第二类航标动态分别报告天津、上海、广州海上安全监督局，通报当地航行警告发布部门。

第六条 专用航标的航标动态由其管理人报告当地有关航标管理部门，当地航标管理部门审核后按本办法第五条规定的程序通报。

第七条 天津、上海、广州海上安全监督局在收到第二类航标动态后应立即进行审核，及时通报中国航海图书出版社，抄送有关部门。

天津、上海、广州海上安全监督局应及时校核有关部门刊发的航海通告、航行警告，发现有误及时通知有关部门更正。

第八条 发现航标损坏、失常、移位、漂失的单位和个人应当及时向当地有关航标管理部门报告。

第九条 第一类航标动态，预计在30天内不能恢复正常的，应申请发布第二类航标动态。第二类航标动态，应在航标变动前不少于20天申请发布航标动态。天津、上海、广州海上安全监督局认为必要时，可在发布第一类航标动态的同时发布第二类航标动态。

第十条 航标动态通报按附表统一格式通报。航标动态数据的填写应符合有关规定。

航标动态应采用传真方式及时传递，原件邮寄存档。

第十一条 提供和播发航标动态信息，不得收费。

第十二条 对准确、及时提供航标动态信息的单位和个人，航标管理部门可视情况给予表彰或奖励。

第十三条 对违反本办法的单位和个人，主管机关可视情节，追究责任。

第十四条 本办法由交通部负责解释。

第十五条 本办法自1995年12月13日起施行，交通部1985年2月14日发布的《海区航标动态通报办法》同时废止。

液货船水上过驳作业安全监督管理规定

（交通部　交安监发[1996]330号　1996.04.16）

第一条　为加强液货船水上过驳作业安全管理，保障水上人命、财产安全，防止船舶污染水域，依据《中华人民共和国海上交通安全法》、《中华人民共和国内河交通安全管理条例》及其他有关规定，制定本规定。

第二条　本规定适用于在中华人民共和国管辖水域内从事散装液体货物过驳作业的船舶以及有关单位和人员。

本规定所称的中华人民共和国管辖水域，是指中华人民共和国的江河、湖泊、水库、运河等内河水域，以及沿海的港口、内水、领海和国家管辖的其他一切海域。

未经交通部批准，外国籍船舶不得在我国非对外开放水域或港口进行过驳作业。

第三条　中华人民共和国各级港务（航）监督机构（以下简称主管机关）对在中华人民共和国管辖的水域进行水上过驳作业的安全和防止船舶污染水域实施监督管理。

第四条　本规定所称的水上过驳作业包括一般船舶过驳作业和水上储库过驳作业。一般船舶过驳作业是指临时减、加载过驳和应急情况的过驳作业；水上储库过驳作业是指卸载船或装载船具有储库性质，作业点相对固定或者其他时间较长的过驳作业。

液化气船、散化船的过驳作业均应遵守水上储库过驳作业的有关规定。

第五条　本规定所称的过驳作业船舶包括参加过驳作业的卸载船和装载船。卸载船是指一艘由本船将液货输送到另一艘船的船舶；装载船是指从另一艘船舶受载液货的船舶。

第六条 当地有能接靠拟装卸液货船的公用专业液货码头设施的,不应进行水上过驳作业。

第七条 除救助人命和保护环境等紧急情况外,禁止进行《1973 年国际防止船舶造成污染公约及其 1978 年议定书》中所定义的 A、B 类有毒液体物质的过驳作业。

第八条 过驳作业经营人需进行水上过驳作业,应向对拟进行过驳作业水域有管辖权的主管机关提出书面申请,取得过驳作业安全许可证后,方可进行作业。

第九条 过驳作业经营人在申请每一次水上过驳作业时,应将为保证过驳作业安全而制定的过驳方案、管理制度、作业程序、应急措施和拟配备的监护、应急和防污染能力呈报主管机关审批。所拟定的作业程序和管理制度应充分考虑到船舶所载货物的安全性与污染危害性。

第十条 水上储库过驳作业经营人在申请过驳作业的同时,应申请过驳作业的作业点并提供以下资料:

(一)作业点水域概况和环境状况的调查与说明材料;

(二)拟进行过驳作业船舶(卸、装载船舶)的有关资料;

(三)靠、离、系泊方案,限制作业的条件和配备有关设备、器材和辅助船舶;

(四)过驳作业点的范围及坐标,拟设置助航标志的方案;

(五)主管机关要求提供的其他资料。

第十一条 主管机关应对过驳作业申请人所提供的材料是否齐全和真实性进行审查。

主管机关在审批过程中,可邀请有关专家对过驳作业经营人提出的方案进行技术评议。

第十二条 经主管机关审查,过驳作业申请人提供的材料不符合要求的,主管机关应自收到过驳作业申请人所提供的全部材料之日起 7 日发出补正通知。过驳作业申请人应自收到主管机关发出的补正通知之日起 10 日内,将补正的材料提供给主管机关。逾期不提供补正材料的,视为放弃申请。

申请人在法定的期限内补正材料并符合要求的，主管机关按本规定第十三条的规定办理。

第十三条 对于一般船舶过驳作业申请，经审查符合本规定相应要求的，主管机关应自收到要求的全部材料之日起7日内作出批准或不批准的决定。对于批准的，签发一般船舶过驳作业许可证。

对于水上储库过驳作业申请，经审查符合本规定相应要求的，主管机关应自收到要求的全部材料之日起20日内作出初步审查决定，符合条件的，由主管机关将申请材料和初步审查材料报中华人民共和国港务监督局审批。经审批后，由主管机关签发水上储库过驳作业许可证。

第十四条 一般船舶过驳作业许可证仅对当次过驳作业有效。当次过驳作业完成后仍需作业的，过驳作业申请人按上述规定的程序重新办理。

水上储库过驳作业许可证的有效期视作业时间确定，但最长不超过一年。期满后确需作业的，按本规定规定的程序办理。

第十五条 过驳作业水域应选择底质好，有遮蔽，风、涌浪小，水、潮流平缓，水深适宜，利于锚泊和靠、离泊，能满足安全和环保要求的水域。

第十六条 过驳作业经营人应对水上储库过驳作业点的水域进行水深扫测，设置必要的助航标志，以保障船舶航行及作业的安全。

第十七条 水上储库的靠泊设备应能满足拟靠泊船舶的安全靠泊各项要求，应规定出只能接受安全靠泊的船舶类型和尺度。

第十八条 过驳作业经营人和过驳作业船舶应向从事货物操作和装卸作业的人员提供必要的防护器具和安全设备。船舶应配备与所过驳货物相应的急救药品和设备。

第十九条 过驳作业经营人派出的参加货物操作和装卸作业的人员必须经过相应的专业培训。参加过驳作业人员应能使用相互理解的语言或操作词汇进行通信和联络；否则，应配备翻译人员。

第二十条 过驳作业经营人对过驳作业的安全和防污染负有

完全责任。经营人必须有健全的安全、防污管理机制，应有一个由熟悉所过驳货物特性和海上防污染、船舶安全及过驳作业安全的管理人员组成的组织机构，负责过驳作业的日常安全、防污染和对突发事故的反应等工作。

第二十一条 过驳作业经营人与参加过驳作业船舶必须建立起应急反应体系，该体系应保持24小时运作。该体系的反应中心及参加作业的船舶应完全了解反应中心及船舶值班人员的名单、通信电话、频道等。过驳作业经营人应将值班人员的名单及通信电话、频道等向主管机关报备。

第二十二条 过驳作业经营人应根据不同的货物性质，按主管机关的要求配备适合于过驳作业要求的辅助船舶，在现场实施监护或在指定地点待命。

从事具有污染危害货物的过驳作业，过驳作业经营人应在作业点配备预防和消除所过驳货物造成污染的设备或材料。

第二十三条 过驳作业船舶应事先根据过驳作业水域特点，船舶尺度和船舶之间的干舷差等，制定靠、离、系泊方案，提出安全靠、离泊的气象条件要求，配备足以保证作业安全的设备、器材和辅助船舶。

配备的靠泊碰垫、系缆的规格、数量应能满足系泊的要求；协助进行靠、离泊作业拖轮的数量、功率和操纵性能应能满足安全靠、离泊的要求。

第二十四条 过驳作业船舶应事先根据拟过驳货物的特性和船舶货物系统的特点，制定过驳作业方案，操作程序、气象条件限制和应急措施，明确参加作业各方的责任；制定和实施过驳作业安全检查表和船长协议书制度，并接受主管机关的检查。

第二十五条 出现下列情况，禁止过驳作业：

（一）恶劣天气；

（二）有可能影响船舶和作业安全的检修；

（三）货物系统发生故障；

（四）有不符合作业方案的情况；

（五）其他影响作业安全的情况。

第二十六条 在我国沿海水域和港口参加过驳作业的外国籍船舶的船龄一般不应超过15年，超过15年的，应事先将有关船舶的技术资料呈报对作业点水域有管辖权的主管机关，由其审核并提出审核意见的报中华人民共和国港务监督局审批，经批准后，才能从事过驳作业。

超过20年船龄的外国籍液货船不得进入中国水域从事过驳作业。

第二十七条 参加过驳作业船舶必须持有有效的《油污损害民事责任保险或其他财物保证证书》，或其他相应证书，被用做海上储库的船舶还应购买船东责任保障与赔偿责任险。

第二十八条 过驳货物如属危险货物，过驳作业船舶应按船舶装载危险货物进出港的申报要求向主管机关办理申报手续。

第二十九条 过驳作业在港口固定锚地和浮筒以外地点进行的，应由主管机关按规定发布航行警告或航行通告。

第三十条 在过驳作业中发生事故，过驳作业船舶和过驳作业经营人应采取一切有效的措施和方法避免或减少事故对人员、环境、财产造成损害，立即用一切可用的通信手段向主管机关报告；过驳作业船舶和过驳作业经营人应在事故发生后24小时内向主管机关提交书面报告，接受主管机关的调查处理。

第三十一条 主管机关依据有关国际公约、规则和国家有关法律、行政法规与规章的规定，对海上过驳作业活动进行监督管理。必要时可派员到现场监督检查，过驳作业经营人应提供方便。

第三十二条 对违反本规定从事过驳作业的，视情节轻重，由主管机关给予警告、罚款或责令其停业整顿的行政处罚。

第三十三条 主管机关工作人员违反规定，滥用职权、玩忽职守，给国家造成损失的，由所在单位或者上级主管机关给予行政处分；构成犯罪的，依法追究其刑事责任。

第三十四条 本规定由交通部负责解释。

第三十五条 本规定自1996年5月1日起施行。

附件

水上储库过驳作业许可证

编号：

经审核水上储库过驳作业点符合交通部《液货船水上过驳作业安全监督管理规定》的有关要求，准许进行水上过驳作业。

过驳作业经营人：

过驳点位置：

过驳货物名称：

有效期：

发证机关：港务监督

发证日期：　　　年　　月　　日

海区航标设置管理办法

（交通部令1996年第12号　1996.12.25）

第一条　为了加强海区航标设置管理，根据《中华人民共和国航标条例》，制定本办法。

第二条　本办法适用于在中华人民共和国沿海水域以及相关陆域航标设置的管理及其相关的活动。

军用航标和渔业航标设置除外。

第三条　本办法所称航标设置包括航标新设、撤除、位置移动和其他状况改变。

第四条　航标设置应当符合国家和交通部颁布的有关规定和技术标准。

第五条　交通部是全国海区航标设置管理的主管机关，并负责第一类航标设置的规划和审批工作。

天津、上海、广州、海南海（水）上安全监督局是海区航标管理机关，分别负责北方、东海、南海和海南海区第一类航标设置的审查和第二类航标设置的规划和审批工作。

交通部在沿海设立的海上安全监督局和县级以上地方人民政府交通行政主管部门是辖区航标管理机关，按各自分工负责辖区内第二类航标设置的管理工作。

本条所称北方海区指辽宁、河北、山东省及天津市沿海水域；东海海区指江苏、浙江、福建省及上海市沿海水域；南海海区指广东省及广西壮族自治区沿海水域；海南海区指海南省沿海水域。

第六条　本办法所称的第一类航标设置是指灯塔和无线电导航台、无线电指向标、DGPS台等无线电航标的设置；第二类航标设置是指灯桩（包括导标）、立标、灯浮标、浮标、灯船、雾号、雷达信标等航标的设置。

第七条 辖区航标管理机关设置航标,应向海区航标管理机关提交航标设置书面申请;专业单位设置航标,应当向辖区航标管理机关提交航标设置书面申请。

航标管理机关根据航行安全的需要可责令专业单位设置航标。

第八条 航标设置书面申请应当在航标设置前60日提交,并附有航标设计图纸资料一式二份。

第九条 航标设置书面申请应当包括设置航标的名称、种类、用途、作用距离、灯质、设标地水(陆)域名称、标位地理坐标(北京坐标)、预定工期、使用期限,并附有最新的不小于1:10000的大比例尺测量图纸以及占用水(陆)域批文或证件;设置于新开港口、航道的,应附有完整的航标配布图。

第十条 航标设计工作应当由按照国家规定取得航标设计资格、并持有相应证书的单位承担。

第十一条 辖区航标管理机关申请设置航标,海区航标管理机关应当自收到申请材料之日起,根据国家和交通部颁布的有关规定和技术标准进行审查,属于第二类航标设置的,由海区航标管理机关审批,并于20日内将书面审批意见下达给辖区航标管理机关;属于第一类航标设置的,由海区航标管理机关审查,并于20日内做出书面审查意见,报交通部审批;交通部应在20日内将书面审批意见下达给海区航标管理机关,海区航标管理机关应及时通知辖区航标管理机关。

专业单位申请设置航标,辖区航标管理机关自收到申请材料之日起,根据国家和交通部颁布的有关规定和技术标准进行审查,并于20日内做出书面审查意见,报海区航标管理机关审批;海区航标管理机关应在20日内将书面审批意见下达给辖区航标管理机关,辖区航标管理机关应及时通知专业单位。

第十二条 航标设置单位应当在预定工期内完成航标设置。逾期未能设置或者未能完成设置的,应重新提交书面申请。

第十三条　航标设置单位完成航标设置后，应当由批准设置航标的航标管理机关对航标工作效能进行验收，验收合格的，方可正式投入使用。

第十四条　航标投入使用后，应当遵守使用期限，到期自行撤除。需延长使用期限的，应当于截止日期前30日提交书面延期申请。

第十五条　因紧急情况需设置航标的，专业单位可在设置航标同时报辖区航标管理机关。设置的航标不符合国家和交通部颁布的有关规定和技术标准的，辖区航标管理机关应当及时责令专业单位予以重新设置或者调整；设置的航标使用期限超过30日的，专业单位应当按本办法有关规定及时补办航标设置书面申请。

第十六条　专业单位应接受辖区航标管理机关对所设置航标的监督检查。

第十七条　航标设置应当按《海区航标动态通报管理办法》及时发布航标动态通告。

第十八条　对违反本办法设置的航标，航标管理机关有权责令航标设置单位限期补办书面申请或者撤除、重新设置、调整所设置的航标。

第十九条　航标管理机关及其工作人员应当严格依法行政，凡滥用职权、营私舞弊、弄虚作假、收受贿赂者，由上级机关或者航标管理机关给予行政处分，构成犯罪的，依法追究刑事责任。

第二十条　本办法由交通部负责解释。

第二十一条　本办法自1997年3月1日起施行。

中华人民共和国船舶交通管理系统安全监督管理规则

（交通部令1997年第8号　1997.09.15）

第一章　总　则

第一条　为加强船舶交通管理，保障船舶交通安全，提高船舶交通效率，保护水域环境，根据《中华人民共和国海上交通安全法》、《中华人民共和国内河交通安全管理条例》等有关法律、法规，制定本规则。

第二条　本规则适用于在中华人民共和国沿海及内河设有船舶交通管理系统（以下称VTS系统）的区域内航行、停泊和作业的船舶、设施（以下简称船舶）及其所有人、经营人和代理人。

第三条　中华人民共和国港务监督机构是全国船舶交通管理系统安全监督管理的主管机关（以下简称主管机关）。

主管机关设置的船舶交通管理中心（以下称VTS中心）是依据本规则负责具体实施船舶交通管理的运行中心。

第二章　船舶报告

第四条　船舶在VTS区域内航行、停泊和作业时，必须按主管机关颁发的《VTS用户指南》所明确的报告程序和内容，通过甚高频无线电话或其他有效手段向VTS中心进行船舶动态报告。

第五条　船舶在VTS区域内发生交通事故、污染事故或其他紧急情况时，应通过甚高频无线电话或其他一切有效手段立即向VTS中心报告。

第六条 船舶发现助航标志异常、有碍航行安全的障碍物、漂流物或其他妨碍航行安全的异常情况时,应迅速向 VTS 中心报告。

第七条 船舶与 VTS 中心在甚高频无线电话中所使用的语言应为汉语普通话或英语。

第三章 船舶交通管理

第八条 除应遵守《中华人民共和国内河避碰规则》外,还应遵守交通部和主管机关颁布的有关航行、避让的特别规定。

第九条 船舶在 VTS 区域内航行时,应用安全航速行驶,并应遵守交通部和主管机关的限速规定。

第十条 船舶在 VTS 区域内应按规定锚泊,并应遵守锚泊秩序。

第十一条 任何船舶不得在航道、港池和其他禁锚区锚泊,紧急情况下锚泊必须立即报告 VTS 中心。

第十二条 船舶在锚地并靠或过驳必须符合交通部和主管机关的有关规定,并应及时通报 VTS 中心。

第十三条 VTS 中心根据交通流量和通航环境情况及港口船舶动态计划实施交通组织。VTS 中心有权根据交通组织的实际情况对航行计划予以调整、变更。

第十四条 船舶在 VTS 区域内航行、停泊和作业时,应在规定的甚高频通讯频道上正常守听,并应接受 VTS 中心的询问。

第十五条 在 VTS 区域内航行的船舶和船队的队形及尺度等技术参数均应符合交通部和主管机关的有关规定。

第四章 船舶交通服务

第十六条 各 VTS 中心根据其现有功能应为船舶提供相应服务。

第十七条 应船舶请求,VTS 中心可向其提供他船动态、助航标志、水文气象、航行警(通)告和其他有关信息服务。

VTS 中心可在固定的时间或其他时间播发上款规定的信息。

第十八条 应船舶请求,VTS 中心可为船舶在航行困难或气象恶劣环境下,或船舶一旦出现了故障或损坏时,提供助航服务。

船舶不再需要助航时,应及时报告 VTS 中心。

第十九条 为避免紧迫局面的发生,VTS 中心可向船舶提出建议、劝告或发出警告。

第二十条 VTS 中心认为必要的时候或应船舶或其所有人、经营人、代理人的请求,可为其传递打捞或清除污染等信息和协调救助行动。

第二十一条 应船舶或其所有人、经营人、代理人的请求,有条件的 VTS 中心还可为其提供本规则第四章规定以外的服务。

第五章 法律责任

第二十二条 对违反本规则的,主管机关依据有关法律、法规和交通部颁布的有关规章给予处罚。

第二十三条 本规则的实施,在任何情况下都不免除船长对本船安全航行的责任,也不妨碍引航员和船长之间的职责关系。

第二十四条 为避免危及人命财产或环境安全的紧急情况发生,船长和引航员在背离本规则有关条款时,应立即报告 VTS 中心。

第六章 附 则

第二十五条 本规则下列用语的含义:

"船舶"是指按有关国际公约和国内规范规定应配备通信设备及主管机关要求加入 VTS 系统的船舶。

"VTS 系统"是指为保障船舶交通安全,提高交通效率,保护水域环境，由主管机关设置的对船舶实施交通管制并提供咨询服务的系统。

“VTS 区域”是指由主管机关划定并公布的，VTS 系统可以实施有效管理的区域。

“VTS 用户指南”是指由设置 VTS 系统的主管机关，根据本规则制定颁发的便于船舶加入和使用 VTS 系统的指导性文件。

“船舶动态报告”是指船舶在某一 VTS 区域内，按照主管机关的规定通过甚高频无线电话或其他有效手段向 VTS 中心进行有关航行动态的报告。

第二十六条 凡设置 VTS 系统的主管机关根据本规则制定本 VTS 系统的船舶交通管理细则，报备中华人民共和国港务监督局。

第二十七条 本规则由中华人民共和国交通部负责解释。

第二十八条 本规则自 1998 年 1 月 1 日起施行。

中华人民共和国水上水下施工作业通航安全管理规定

（交通部令1999年第4号 1999.10.08）

第一章 总 则

第一条 为维护水上交通秩序，保障船舶、排筏航行、停泊和作业的安全，保护水域环境，依据《中华人民共和国海上交通安全法》、《中华人民共和国内河交通安全管理条例》及其他有关规定，制定本规定。

第二条 公民、法人或者其他组织在中华人民共和国沿海和内河水域进行下列涉及通航安全的水上水下施工作业（以下简称施工作业），适用本规定：

（一）设置、拆除水上水下设施；

（二）修建码头、船坞、船台、闸坝，构筑各类堤岸或人工岛；

（三）架设桥梁、索道，构筑水下隧道；

（四）打捞沉船、沉物；

（五）铺设、撤除、检修水上水下电缆或管道；

（六）设置用于捕捞、养殖的固定网具设施；

（七）设置系船浮筒、浮趸、竹水排筏系缆桩以及类似的设施；

（八）进行影响水上安全的海洋及气象观测、水文测量、地质调查、科学研究等活动；

（九）清除水面垃圾；

（十）扫海、疏浚、爆破、打桩、拔桩、填埋、挖砂、淘金、采石、抛泥砂石；

（十一）救助遇难船舶，或紧急清除水面污染物、水下污染源；

（十二）其他影响通航水域交通安全或对通航环境产生影响的施工作业通航安全监督管理工作。

第三条 中华人民共和国港务监督局（以下简称港监局）主管全国施工作业通航安全监督管理工作。各级港务（港航）监督机构（以下简称港监）具体负责其管辖水域内的施工作业通航安全监督管理工作。

第二章 资格和申请

第四条 建设者或施工者（以下统称施工作业者）从事本规定第二条规定的施工作业，应在规定的期限内向施工作业所在地的港监提出施工作业通航安全审核申请（以下简称申请），接受港监的审核。涉及多类型、多科目施工作业的建设工程或涉及多个施工作业者的工程，可由对工程总负责的施工作业者统一向港监提出书面申请，也可由具体从事某一类型和某一科目的施工作业者涉及本类型和本科目的施工作业分别向港监提出书面申请。

第五条 申请从事本规定第二条第（一）至（五）项施工作业的施工作业者应于拟开始次日20天前向港监提出书面申请。申请从事本规定第二条第（六）至第（十）、第（十二）项施工作业的施工作业者应于拟开始施工作业次日15天前向港监提出书面申请。除第二条第（十一）项规定外，从事涉及本规定第二条中其他各项的突击性或临时、零星施工作业，其书面申请可与发布航行警告、航行通告的申请一并提出。

第六条 从事项规则第二条第（十一）项施工作业的施工作业者，应于开始施工作业之时24小时以内向港监提出口头申请。按本条规定进行口头申请的，应在口头申请中将下列有关情况报告港监：

（一）遇险船舶、设施的情况；

（二）水域污染和清除的情况；

（三）施工作业船舶名称和施工作业方式；

（四）施工作业的地点和起止时间。

第七条 施工作业者提出书面申请时，就填写《水上水下施工作业安全审核申请书》（以下简称《申请书》）（见附件一），并提供以下有关资料：

（一）有关主管部门对该项目批准的文件；

（二）与通航安全有关的技术资料及施工作业图纸；

（三）安全及防污染措施计划书；

（四）与施工作业有关的合作或协议书；

（五）施工作业者的资质认证文书；

（六）施工作业船舶的船舶证书和船员适任证书；

（七）施工作业者是法人的，还应提供其法人资格证明文书或法人委托语文书；

（八）法律、行政法规、规章规定的其他有关资料。

第八条 涉及构筑水上水下固定、永久性建筑物的施工作业项目，其工程可行性研究和初步设计阶段的评审活动应有港监部门参加。施工作业项目经港监部门审查，符合通航安全要求后，施工作业者方可按本规定第五条规定办理书面申请手续。在长江、珠江、黑龙江干线及沿海水域、进出港航道、习惯航线上进行架设、构筑桥梁、索道、隧道等大型固定性、永久性设施；在港外建立过驳、装卸站点；扩展港区范围，建立新港区、建设新锚地；设定永久性禁航区等相关施工作业，事前须报港监局参加，经审核符合通行性研究和初步设计阶段的评审活动应有港监局参加，经审核符合通航安全要求或未符合通航安全要求的情况得到改正后，方可办理施工作业书面申请手续。

第九条 施工作业水域涉及两个和两个以上港监时，施工作业者的申请应向其共同的一上级港监机关提出，或向港监局指定的港监提出。

第三章 许 可 证

第十条 港监自收到本规定第五条第一、二款所述的书面申请后，应自收到书面申请次日起至申请的拟开始施工作业次日7日前，作出施工作业是否符合通航安全的决定。符合的，应在上述期限内核发《水上水下施工作业许可证》（以下简称《许可证》）（见附件二）；不符合的，应在上述期限内通知施工作业申请者做相应修改。港监自收到本规定第五条第三款所述的书面申请后，应审核其是否符合通航安全的要求。符合的，在核发《许可证》的同时准予办理发布航行警告、航行通告的相关手续。为符合通航安全要求的，应要求施工作业申请者做相应修改。适用本规定第六条的施工作业，可免办《许可证》。施工作业完成后，施工作业者应于24小时内将施工作业完成情况报告当地港监。

第十一条 《许可证》的有效期由港监根据施工作业期限及水域环境的特点确定。《许可证》的有效期最长不得超过五年。

（一）期满不能结束施工作业时，持证人可于《许可证》有效期期满之日7日前到港监办理延期使用手续，由港监在原证上签注延期期限并加盖《施工作业审核专用章》（以下简称《专用章》（见附件三）后方能继续使用；

（二）港监准于办理延期使用手续的次数和延期天数由港监根据施工作业的实际确定；

（三）对于施工作业期超过两年的施工作业者，其《许可证》每满一年应接受港监审核一次，施工作业状况符合港监通航安全和防污染要求的，由港监在原证上签注审核日期加盖《专用章》后方能继续使用。

第十二条 施工作业者取得《许可证》后，如作业项目、地点、范围或实施施工作业的单位等发生变更，原申请者须重新申请，领取新的《许可证》，原《许可证》交发证机关注销。

第四章 监督管理

第十三条 施工作业水域的通航安全由受理该施工作业申请并核发《许可证》的港监实施监督管理。

第十四条 未按照本规定取得有效《许可证》的，或未获得港监许可的，不得擅自施工作业。

第十五条 施工作业者应按港监确定的安全要求和防污染措施进行作业，并接受港监的监督检查。

第十六条 专门从事水文测量、航道建设和沿海航道养护的施工作业者，应按季将测量、建设、养护工程以及施工船舶的安排计划，书面报送港监备案。内河航道养护的施工作业，由航道管理部门根据航道维护计划和航道变化情况组织实施，并采取相关安全措施，不适用本规定有关申请和许可证等制度。

第十七条 实施施工作业的船舶、排筏、设施须按有关规定在明显处昼夜显示规定的号灯、号型。施工作业者在施工作业期间应按港监确定的安全要求，设置必须的安全作业区或警戒区，设置有关标志或配备警戒船。在现场作业船舶或警戒船上配备有效的通信设备，施工笔业期间指派专人警戒，并在指定的频道上守听。施工作业者设置警示标志或配备警戒船进行现场巡逻的费用由施工作业者承担。

第十八条 施工作业者进行施工作业前，应按有关规定向港监发布航行警告、航行通告。

第十九条 施工作业者有责任清除其遗留在施工作业水域的碍航物体。

第二十条 严禁施工作业者随意倾倒废弃物。

第二十一条 划定与施工作业相关的安全作业区必须报经港监局或当地港监核准、公告；与施工作业无关的船舶、排筏、设施不得进入施工作业安全作业区。施工作业者不得擅自扩大施工作业安全作业区的范围。

第二十二条 施工作业结束后，除第二条（第十一项）施工作业外，施工作业者应及时向港监理提交涉及通航安全的竣工报告。工程中有关涉及通航安全的部分经统一组织竣工验收合格后，方可投入使用。

第五章　法律责任

第二十三条　有下列行为或情况之一的，责令正在进行施工作业的船舶、排筏和施工作业设施立即停止施工作业：

（一）应书面申请《许可证》而未取得，擅自进行施工作业的；

（二）所持《许可证》已失效，仍然进行施工作业的；

（三）未按《许可证》要求进行施工作业的；

（四）未按规定采取安全和防污染措施进行施工作业的；

（五）未按有关规定申请发布航行警告、航行通告即行施工作业的；

（六）施工作业与航行警告、航行通告中公告的内容不符的；

（七）未按本规定第十六条的规定报备季度作业计划的；

（八）施工作业水域内发生水上交通事故，危及周围人命、财产安全的；

（九）施工作业水域附近发生或将发生重大事件，港监认为有必要暂停施工作业的。

第二十四条　未按本规定取得《许可证》，擅自构筑、设置水上水下建筑物或设施的，除可按《中华人民共和国水上安全监督行政处罚规定》进行处罚外，责令构筑、设置者限期搬迁或拆除。

第二十五条　违反本规定第十九条规定，不清除遗留施工作业水域的碍航物体的，可责令其限期清除；在限定的期限内不清除的，港监可强制清除，有关费用由施工作业者承担。

第二十六条　违反本规定第二十条规定的，责令其立即改正，并处以 30000 元以下的罚款。

第二十七条　违反本规定第二十二条规定，未申请验收即擅自投入使用的，责令其按规定申请验收，并可对其处以 1000 元至 30000 元人民币的罚款。工程存在着危害通航安全的缺陷，限期改正而不加以纠正，擅自投入使用的，港监可按《中华人民共和国水上安全监督行政处罚规定》的有关规定以处罚。

第六章　附　　则

第二十八条　《许可证》由港监局统一制作。《申请书》、《专用章》由港监局统一制式。

第二十九条　本规定由中华人民共和国交通部负责解释。

第三十条　本规定自2000年1月1日起施行。

水上交通事故统计办法

（交通部令2002年第5号　2002.08.26）

第一条　为有效地组织水上交通事故统计工作，保障水上交通事故统计资料准确、及时，提高水上交通安全管理水平，依据《中华人民共和国统计法》、《中华人民共和国海上交通安全法》和《中华人民共和国内河交通安全管理条例》，制定本办法。

第二条　本办法适用于中华人民共和国沿海水域和内河通航水域发生的水上交通事故及中国籍船舶在境外水域发生的水上交通事故的统计。

第三条　交通部依法主管全国水上交通事故的统计管理工作。

县级以上地方人民政府交通主管部门依法主管本行政区域内单位和个人所属船舶发生的水上交通事故的统计工作。

交通部直属海事局及省、自治区、直辖市所属地方海事管理机构（以下称海事管理机构），依照职责分工，负责所辖区内发生的水上交通事故的统计工作。

中央直属航运企业负责本单位船舶发生的水上交通事故的统计工作。

第四条　县级以上地方人民政府交通主管部门、海事管理机构及航运企业应当遵守统计法律、行政法规和本办法，健全和落实水上交通事故统计工作责任制度，如实提供水上交通事故统计资料，准确、及时地完成水上交通事故统计工作。

第五条　船舶发生下列事故，都属于水上交通事故统计范围：

（一）碰撞事故；

（二）搁浅事故；

（三）触礁事故；

（四）触损事故；

（五）浪损事故；

（六）火灾、爆炸事故；

（七）风灾事故；

（八）自沉事故；

（九）其他引起人员伤亡、直接经济损失的水上交通事故。

第六条　水上交通事故按照人员伤亡和直接经济损失情况，分为以下等级：

（一）小事故；

（二）一般事故；

（三）大事故；

（四）重大事故；

（五）特大事故。

统计水上交通事故，应当按照前款规定的水上交通事故分级及本办法所附《水上交通事故分级标准表》规定的具体分级标准进行。但特大水上交通事故的统计，按照国务院有关规定执行。

第七条　统计水上交通事故，应当符合以下基本计算方法：

（一）受伤人数参照国家有关人体伤害鉴定标准确定；

（二）死亡、失踪人数按事故发生后7日内的死亡失踪伤亡人数进行统计；

（三）船舶沉没或者全损按发生沉没或者全损的船舶进行统计；

（四）直接经济损失按水上交通事故对船舶和其他财产造成的直接损失进行统计，包括船舶救助费、打捞费、事故调查处理费、清污费、货损、修理费、检（查勘）验费等。

第八条　两艘以上船舶之间发生撞击造成损害，按碰撞事故统计，其具体计算方法如下：

（一）事故件数统计为一件；每艘当事船舶的事故件数按照占本次事故当事船舶总数的比例进行统计；

（二）伤亡人数、沉船艘数、直接经济损失按发生伤亡、沉船及受损失的船舶方进行统计；

（三）事故等级按照所有当事船舶的人员伤亡或者直接经济损失确定；按直接经济损失确定事故等级的，以当事船舶中较大船舶方的分级标准确定。

船舶发生碰撞事故，一方当事船舶逃逸，事故件数按照另一方单方事故进行统计，事故等级暂按另一方船舶的人员伤亡或者直接经济损失确定。找到逃逸船舶，事故件数应当重新计算；事故等级有变化的，应当予以更正。

第九条 船舶搁置在浅滩上，造成停航或者损害，按搁浅事故统计，其事故等级按照以下规定确定：

（一）停航在 24 小时以上 7 日以内，确定为“一般事故”；

（二）停航在 7 日以上 30 日以内，确定为“大事故”；

（三）停航在 30 日以上，确定为“重大事故”；

（四）直接经济损失在“一般事故”等级标准以上的，按照直接经济损失和停航时间中事故等级较高的确定。

第十条 船舶触碰礁石，或者搁置在礁石上，造成损害，按触礁事故统计。其中触礁事故的等级参照搁浅事故等级的计算方法确定。

第十一条 船舶触碰岸壁、码头、航标、桥墩、浮动设施、钻井平台等水上水下建筑物或者沉船、沉物、木桩、鱼栅等碍航物并造成损害，按触损事故统计，船舶本身和岸壁、码头、航标、桥墩、钻井平台、浮动设施等水上水下建筑物的损失，都应当列入触损事故的直接经济损失。

第十二条 船舶因其他船舶兴波冲击造成损害，按浪损事故统计，其计算方法参照船舶碰撞事故计算方法进行。

第十三条 船舶因自然或人为因素致使船舶失火或爆炸造成损害，按火灾、爆炸事故统计，但船舶在厂修时发生的火灾、爆炸事故除外。

第十四条 船舶遭受较强风暴袭击造成损失，按风灾事故统计，一艘船舶计为一件事故。

第十五条 船舶因超载、积载或装载不当、操作不当、船体漏水等原因或者不明原因造成船舶沉没、倾覆、全损，按自沉事故统计，但其他事故造成的船舶沉没除外。

第十六条 船舶因外来原因使舱内进水、失去浮力，导致货舱或驳船的甲板、机动船最高一层连续甲板浸没二分之一以上，按沉没统计。

船舶因外来原因造成严重损害，推定为船舶全损的，也按沉船统计。

5 米以下的船舶发生沉没或者推定全损，不计入沉船或全损艘数和吨位。

第十七条 船舶因发生交通事故需要在国外进行修理的，实际修船费用按照中国人民银行公布的同期人民币与外汇比价折合人民币计算。

第十八条 由于船舶机务事故导致的水上交通事故，应当作为水上交通事故统计。

船舶污染事故（非因交通事故引起）、船员工伤、船员或旅客失足落水以及船员、旅客自杀或他杀事故不作为水上交通事故统计。

第十九条 水上交通事故应当按月度、年度进行统计，并按下列时间报送：

（一）月度统计期为上月 26 日至本月 25 日，于次月 5 日前上报；

（二）年度统计期为上年 12 月 26 日至本年 12 月 25 日，于次年 1 月 20 日前上报。

第二十条 在统计期内发生的水上交通事故，均按本办法进行统计。

在统计期内发生但尚未调查处理完毕的水上交通事故，统计时难以确定直接经济损失的，先按估计值填写，待水上交通事故调查处理完毕后再予以更正，并将经济损失统计在发生年内。

第二十一条 海事管理机构对所辖区内发生的“一般事故”等级以上的水上交通事故,应当分别不同情况填写《运输船舶水上交通事故统计表》、《非运输船舶水上交通事故统计表》,逐级上报交通部海事局。

第二十二条 省、自治区、直辖市人民政府交通主管部门对本行政区域内的单位和个人所属船舶发生的“一般事故”等级以上的水上交通事故,应当分别不同情况填写《运输船舶水上交通事故统计表》(本省)、《非运输船舶水上交通事故统计表》(本省),报送交通部海事局。

第二十三条 中央直属航运企业对本单位船舶发生“一般事故”等级以上的水上交通事故,应当填写《运输船舶水上交通事故统计表》(本单位),报送交通部海事局。

第二十四条 水上交通小事故由有关海事管理机构,省、自治区、直辖市人民政府交通主管部门及航运企业进行统计。

第二十五条 船舶发生水上交通事故后,当事船舶所属单位或者主管部门应当按照有关规定及时报告。

中国籍船舶在中国沿海水域和内河通航水域以外发生水上交通事故,当事船舶所属单位应当在5日内向船籍港海事管理机构报告。船籍港海事管理机构得到报告后,应当尽快向当事船舶所属单位所在地的省、自治区、直辖市人民政府交通主管部门通报。

第二十六条 水上交通事故统计资料,由交通部和县级以上地方人民政府交通主管部门依照《中华人民共和国统计法》和国家其他有关规定公布。

第二十七条 交通主管部门、海事管理机构的工作人员违反本办法,虚报、瞒报、伪造、拒报、屡次迟报水上交通事故统计资料,根据情节轻重,依法给予行政处分。

第二十八条 本办法及本办法附件下列用语的含义是:

(一)“沿海水域”,与《中华人民共和国海上交通安全法》中使用的同一用语的含义相同。

(二)“内河通航水域”,与《中华人民共和国内河交通安全管理条例》中使用的同一用语的含义相同。

（三）“船舶”，指各种排水或非排水船、艇、筏、水上飞行器、潜水器和水上移动装置。

（四）“乡镇运输船”，指县级交通主管部门或者县、乡（镇）人民政府审批或者管理，主要在本县（市、区）行政区域内以及相邻县（市、区）之间水域内航行的从事货物和客渡运输的船舶。

（五）“非运输船舶”，指水路运输船舶以外的船舶，包括未取得水路运输许可证或船舶检验证书、船舶登记证书而从事水路运输的船舶、渔船、农用船、自用船，以及科研船、体育运动船、公务船等其他船舶。

（六）“中央直属航运企业”，指由国务院国家大型企业工作委员会管理的国有航运企业。拥有船舶的国务院直属的事业单位或者国务院部委直属的事业单位，视为“中央直属航运企业”。

第二十九条 本办法自 2002 年 10 月 1 日起施行。1990 年 6 月 16 日交通部第 16 号令发布的《船舶交通事故统计规则》同时废止。

附件

水上交通事故分级标准表

	重大事故	大事故	一般事故	小事故
3000 总吨以上或主机功率 3000 千瓦以上的船舶	死亡 3 人以上;或直接经济损失 500 万元以上	死亡 1 ~ 2 人;或直接经济损失 500 万元以下,300 万元以上	人员有重伤;或直接经济损失 300 万元以下,50 万元以上	没有达到一般事故等级以上的事故
500 总吨以上、3000 总吨以下或主机功率 1500 千瓦以上、3000 千瓦以下的船舶	死亡 3 人以上;或直接经济损失 300 万元以上	死亡 1 ~ 2 人;或直接经济损失 300 万元以下,50 万元以上	人员有重伤;或直接经济损失 50 万元以下,20 万元以上	没有达到一般事故等级以上的事故
500 总吨以下或主机功率 1500 千瓦以下的船舶	死亡 3 人以上;或直接经济损失 50 万元以上	死亡 1 ~ 2 人;或直接经济损失 50 万元以下,20 万元以上	人员有重伤;或直接经济损失 20 万元以下,10 万以上	没有达到一般事故等级以上的事故

注:1. 凡符合表内标准之一的即达到相应的事故等级。

2. 本规则及本表中的“以上”包含本数或本级;“以下”不包含本数或本级。

长江三峡水利枢纽水上交通管制区域通航安全管理办法

（交通部令 2003 年第 6 号　2003.05.16）

第一章　总　　则

第一条　为保障长江三峡水利枢纽通航安全，防止船舶污染水域，依据《中华人民共和国内河交通安全管理条例》，制定本办法。

第二条　在长江三峡水利枢纽水上交通管制区域从事航行、停泊、作业以及与该区域水上交通安全有关的活动，适用本办法。

第三条　交通部三峡海事管理机构（以下简称“三峡海事管理机构”）统一负责长江三峡水利枢纽水上交通管制区域的水上交通安全监督管理。

第四条　本办法所称长江三峡水利枢纽水上交通管制区域（以下简称“交通管制区域”）是指长江乐天溪至曲溪（长江上游航道里程 37.0 公里至 57.5 公里）水域。

交通管制区域内划分禁航区和交通管制区。

（一）禁航区分上游禁航区和下游禁航区。

（二）交通管制区分上游交通管制区和下游交通管制区。

第二章　船舶航行、停泊与作业

第五条　除经三峡海事管理机构核准的三峡工程施工及维护船舶、抢险及清污船舶和公务船舶外，禁止其他船舶进入禁航区。

需进入禁航区的三峡工程施工及维护船舶应当提前 7 天将施

工船名、作业计划、安全措施、作业时间等情况书面报三峡海事管理机构。

需进入禁航区的抢险及清污船舶和公务船舶应当及时将船名、进入禁航区的目的、安全措施、进入和离开禁航区时间等情况报海事管理机构。

第六条 船舶进入交通管制区时应当向三峡海事管理机构报告船名、船舶种类、船舶尺度、载货性质、进入交通管制区的时间和目的等情况。船舶进入交通管制区后应当听从三峡海事管理机构的指挥。

第七条 船舶在交通管制区内应当采用安全航速航行,并由船长、轮机长指挥或者值班。

第八条 禁止船舶在交通管制区域内试航、测速、校正罗经差等行为。

第九条 禁止处于不适航状态的船舶进入交通管制区。禁止超过船闸闸室有效尺度的船舶过坝。

吃水受限制的船舶或者操纵能力受限制的船舶应当提前72小时通知海事管理机构,在充分论证、采取了足够有效的安全措施后,经三峡海事管理机构同意,方可安排进入交通管制区。

第十条 船舶进出船闸和升船机及其引航道应当符合下列要求:

(一)进入船闸前应当检查船况,避免突发性故障影响船闸运行;

(二)应当各自靠本船右舷一侧航道行驶;

(三)禁止船舶在引航道内追越和并列行驶;

(四)船舶在引航道内对驶相遇时,上行船舶应当主动避让下行船舶;

(五)船舶进出闸室的航速不得超过1.0米/秒;船舶进升船机承船厢航速不得超过0.7米/秒,出升船机承船厢航速不得超过0.5米/秒;

(六)严禁将浮式系缆桩等闸内专用设施用于船舶牵引、制动等其他用途；

（七）禁止过闸船舶的船员、乘客翻越上岸。

第十一条 交通管制区内的渡船应当符合下列要求：

（一）按县级人民政府核定的路线渡运；

（二）在渡口附近穿越交通管制区，并避免与顺航道航行的船舶流向成相反方向航行；

（三）注意避让交通管制区内直航的船舶，不得抢航或者强行横越。

第十二条 禁止船舶在锚地以外的水域锚泊或者抵坡停泊。

锚泊驳船的所有人、经营人应当按规定落实护航拖轮，并定期检查驳船的锚泊情况。

第十三条 船舶并靠码头的总宽度不得超过50米。船舶靠泊时不得超过码头设计负荷能力。

第十四条 禁止在航行、锚泊的船舶间相互过客、转载。

第十五条 未经许可，在禁航区内，禁止构筑、设置除三峡水利枢纽及其附属设施以外的任何水上水下设施。

第十六条 在交通管制区内，涉及水上交通安全的水上水下施工作业应当按《中华人民共和国内河交通安全管理条例》和《水上水下施工作业通航安全管理规定》实施。

第十七条 救助遇险船舶或者紧急清除水面污染、水下污染源作业，应当及时向三峡海事管理机构报告，并采取相应的安全措施，保障船舶通航安全。

第十八条 因枢纽运行需要禁航时，枢纽运行单位应当提前48小时通知三峡海事管理机构，由三峡海事管理机构提前36小时发布航行通告或者航行警告。禁航时间超过4小时少于16小时的，由三峡海事管理机构报长江海事管理机构备案，禁航时间超过16小时的，由三峡海事管理机构报交通部备案。

第十九条 在交通管制区内发生下列情况需要禁航的，由三峡海事管理机构、长江海事管理机构、交通部按权限审核作出决定，由三峡海事管理机构发布航行通告或者航行警告：

(一)因施工作业需禁航不超过4小时的,由三峡海事管理机构审核决定;4小时以上至16小时的,由三峡海事管理机构报长江海事管理机构审核决定;16小时以上的,报交通部审核决定;

(二)突发事故或者其他危及通航安全需临时禁航时,三峡海事管理机构应当立即组织实施禁航,并报长江海事管理机构备案,超过16小时的,报交通部备案。

第三章 危险货物监督和水域防污染管理

第二十条 交通管制区内不得设置危险品码头、危险品锚地。

第二十一条 船舶在交通管制区内从事燃料供应,应当符合国家的有关规定,并报三峡海事管理机构核准。

船舶供受油时必须严格遵守国家有关船舶供受油规定和操作规程。

第二十二条 载运危险货物的过坝船舶应当符合船舶载运危险货物的有关规定,并持有相应的有效证书和证明文件及单证。

第二十三条 禁止装运民用爆炸品的船舶过坝;装运其他一级危险货物的船舶过坝,应当按有关规定向三峡海事管理机构申报,经查验后,专闸通过。

第二十四条 禁止在交通管制区内建设造(修)船厂、拆船厂。

第二十五条 船舶和有关单位不得违反规定向水体投弃垃圾、排放污染物和有害物质,或者从事任何可能造成水域污染的其他作业。

第二十六条 交通管制区内的船舶应当配备足够的船舶油污水、垃圾及其他船舶污染物接收设施。

第二十七条 船闸运行部门、港口经营人应当编制防污应急预案,报海事管理机构备案。

第四章 安全保障

第二十八条 三峡水利枢纽转换运行水位(坝前水位蓄至正常高水位或者降至各限制水位)、泄洪冲砂时,枢纽主管单位必须提前48小时向三峡海事管理机构通报。

三峡水利枢纽运行时,如遇特殊情况引起水位骤变,应当立即通知三峡海事管理机构。

第二十九条 禁航区、交通管制区、锚地、横驶区应当按规范设置明显的警示标志。

第三十条 防淤隔流堤上应当在不同水位期按规范设置助航标志。

第三十一条 禁止在交通管制区域内进行养殖、种植植物、水生物以及捕捞、炸鱼等活动。

禁航区和引航道内禁止游泳。

第三十二条 船舶在交通管制区域进行水上无线电通信应当遵守有关规定,并按规定的频率进行通信联络。

第三十三条 船闸闸室上、下两端均应当设红、黄、绿号灯各一盏。船舶应当按下列信号进出船闸:

(一)红光灯表示停止进(出)闸;

(二)黄光灯表示准备进(出)闸;

(三)绿光灯表示允许进(出)闸。

升船机应当按照有关规定显示信号。

第三十四条 通过船闸的船舶,在进入交通管制区前应当显示过闸信号,进闸后解除信号。船舶通过船闸白天显示"T"字信号旗一面,夜间显示白闪光灯一盏。

第五章 法律责任

第三十五条 违反本办法规定,船舶有下列行为之一的,由三

峡海事管理机构责令改正,并可处1000元以上1万元以下的罚款:

(一)船舶未按规定相互过客、转载的;

(二)船舶抵坡装卸货物或者上下旅客的;

(三)船舶将浮式系缆桩等闸内专用设施用于船舶牵引、制动等其他用途的。

第三十六条 船舶未经核准擅自从事船舶燃料供应过驳的,由三峡海事管理机构责令改正,并处1万元以上3万元以下的罚款。

第三十七条 海事管理机构工作人员滥用职权、徇私舞弊、玩忽职守,由所在单位或者其上级机关依照国家有关规定给予行政处分;构成犯罪的,依法追究刑事责任。

第六章 附 则

第三十八条 本办法中下列用语的含义是:

(一)"引航道"是指引导船舶通过枢纽通航建筑物的航行通道;

(二)"隔流堤"是把航道与长江主流隔开、防止枢纽泄洪时水流流速及波浪对船舶航行的影响并减少航道泥沙淤积,形成独立的人工静水航道的水工建筑物;

(三)"上游禁航区"是指上游禁航线至大坝之间的水域;

(四)"下游禁航区"是指下游禁航线至大坝之间的水域;

(五)"上游交通管制区"是指在长江上游航道里程57.5公里(曲溪)处作与水流方向的垂直线至上游禁航线之间的水域;

(六)"下游交通管制区"是指在长江上游航道里程37.0公里(乐天溪)处作与水流方向的垂直线至下游禁航线之间的水域;

(七)"上游禁航线"是指三峡水利枢纽上游距大坝轴线2600米(长江上游航道里程49.1公里)处作与大坝轴线的平行线(左岸一侧至上游引航道右边线,右岸一侧至175米水位水边线);

(八)“下游禁航线”是指在长江上游航道里程 42.1 公里(西陵长江大桥)处作与水流方向的垂直线(左岸一侧至下游隔流堤,右岸一侧至最高洪水位线)。

第三十九条 本办法由交通部负责解释。

第四十条 本办法自 2003 年 6 月 15 日起施行。

沿海航标管理办法

（交通部令2003年第7号 2003.07.10）

第一章 总 则

第一条 为加强沿海航标管理，保持沿海航标处于正常使用状态，保障海上交通安全，根据《中华人民共和国海上交通安全法》、《中华人民共和国航标条例》，制定本办法。

第二条 本办法适用于中华人民共和国境内沿海水域、被海港覆盖的通海河口以及用于为保障海上船舶航行安全设置航标的相关陆域的航标管理活动，但军用航标和渔业航标除外。

本办法下列用语的含义是：

（一）"航标"，与《中华人民共和国航标条例》中使用的同一用语含义相同，即指供船舶定位、导航或者用于其他专用目的的助航设施，包括视觉航标、无线电导航设施和音响航标。

（二）公用航标，是指在沿海为各类海上船舶提供助航、导航服务而设置的航标。

（三）专用航标，是指在沿海专用航道、锚地和作业区以及相关陆域，为特定船舶提供助航、导航服务或者保护特定设施等而设置的航标。

第三条 交通部主管全国沿海航标工作。

交通部海事局按照本办法规定的职责负责沿海航标的有关管理工作。

交通部直属海事管理机构和县级以上地方人民政府交通主管部门，根据各自的职责和有关法律、行政法规的授权以及本办法的规定，具体负责本辖区范围内的沿海航标管理工作。

交通部海事局、交通部直属海事管理机构和县级以上地方人民政府交通主管部门，统称沿海航标管理机构。

第二章　航标规划

第四条　编制沿海水域航标总体规划，应当遵循便利航行、确保安全、统筹兼顾、科学布局的原则。

编制沿海水域航标总体规划，应当与港口、航道发展规划和航运发展规划及其他有关发展规划相协调。

第五条　交通部海事局负责组织编制全国沿海航标总体规划，报交通部批准。

沿海航标管理机构负责本辖区范围内的沿海航标总体规划，报交通部海事局批准。

辖区沿海航标总体规划应当符合全国沿海航标总体规定的要求。

第六条　沿海航标管理机构可以根据海上交通发展的需要，对沿海航标总体规划进行局部调整，报交通部海事局备案；但对沿海航标总体规划作重大变更的，应当报交通部海事局批准。

第三章　航标配布

第七条　配布沿海航标，应当符合国家有关技术标准。

配布沿海航标的类别，应适应沿海通航条件及航行需要，并通过技术经济论证确定。

第八条　配布沿海航标，应当编制沿海航标配布图和沿海航标配布方案，并报上级沿海航标管理机构审批。

第九条　沿海航标管理机构可以根据海上交通发展的需要，对沿海航标配布方案进行局部调整，报交通部海事局备案；但对沿海航标配布方案作重大变更的，应当报交通部海事局批准。

第十条　设置沿海航标，应当以经依法批准的沿海航标配布图和沿海航标配布方案为依据，做到标位准确、安装牢固，效能可靠。

第十一条 海峡进出口段及通海河口段的航标配布，应注意连贯、衔接，明确航道的方向与界限，不得与其他标识相混淆。

第十二条 设置沿海航标，应当按照国家有关规定向沿海航标管理机构提出申请，取得沿海航标管理机构的同意。

第十三条 港口、航道、桥梁以及沿海其他建设工程涉及沿海航标建设的，在履行基本建设程序审查批准过程中，沿海航标管理机构参加沿海航标设计方案的审查确定工作。

本条前款规定的沿海建设工程涉及有关沿海航标建设的费用，应当列入主体工程建设项目经费总概算，并与该项主体建设项目同时投入使用。

第十四条 承揽沿海航标建设工程项目的可行性研究、勘察设计、施工和监理的单位，应当具备国家规定的相关资质。

第十五条 沿海航标建设工程项目竣工后，应当经沿海航标管理机构对航标效能进行验收；验收合格的，方可投入使用。

第四章 航标维护

第十六条 负责沿海航标维护的单位，应当建立沿海航标维护质量保证体系，健全、落实沿海航标维护管理制度，加强对沿海航标的维护，保证其处于正常使用状态。

第十七条 配布沿海航标，应当选用符合国家标准的航标设备，并配备足够的备用航标设备。

第十八条 任何单位和个人发现沿海航标发生位移、漂失或者效能失常，应当及时向沿海航标管理机构报告。

第十九条 沿海出现影响沿海航行安全的沉没物、漂浮物、搁浅物，其所有人或者使用人、管理人应当及时向沿海航标管理机构报告，并按沿海航标管理机构的要求设置航标；不能按沿海航标管理机构的要求设置航标的，可以委托沿海航标维护单位设置航标，并承担有关费用。

船舶、设施所有人或者使用人以及沿海航标维护单位,发现沿海出现沉没物、漂浮物、搁浅物,应当及时向沿海航标管理机构报告。

需要打捞清除沿海沉没物、漂浮物、搁浅物的,应当遵守国家有关规定。

第二十条 发生下列情况,应当报沿海航标管理机构备案:

(一)沿海航标的维护单位发生变更;

(二)沿海航标的管理单位发生变更;

(三)公用航标改为专用航标;

(四)专用航标改为公用航标。

第二十一条 沿海航标的设置、失常、拆除、恢复或者发生其他较大变化,应当按国家有关规定发布航标动态通告。

第五章 航标保护

第二十二条 任何单位或个人不得侵占、破坏沿海航标。

第二十三条 在沿海航标保护范围内,不得进行下列影响沿海航标效能的行为:

(一)种植植物;

(二)设置灯具或者音响装置;

(三)设置非航标标志;

(四)堆放物件;

(五)修建建筑物、构筑物;

(六)《航标条例》禁止的其他行为。

第二十四条 因施工需要移动或者拆除沿海航标,应当经沿海航标管理机构同意。

第二十五条 禁止下列危害沿海航标的行为:

(一)非法侵占、损坏沿海航标设施;

(二)非法移动、拆除沿海航标;

（三）非法改变沿海航标效能；

（四）在沿海航标设施上攀架物品；

（五）在沿海航标设施上拴系船舶、牲畜、渔具；

（六）其他损坏沿海航标的行为。

第二十六条 船舶、设施触碰沿海航标，船舶、设施所有人或使用人应当立即向沿海航标管理机构报告。

第六章 专用航标

第二十七条 在沿海设置、拆除、更改专用航标，应当报经沿海航标管理机构同意。

第二十八条 沿海专用航标由其所有人或者使用人维护。委托他人维护的，应当签订书面合同，并向维护人提供有关技术资料，承担有关费用。

第二十九条 沿海专用航标的设置、维护应当符合国家有关技术标准，并接受沿海航标管理机构的业务指导和监督。

第三十条 沿海专用航标有下列情况之一的，沿海航标管理机构应当责令其所有人或使用人拆除、变更或者恢复：

（一）未经批准，擅自设置、拆除或者改变沿海航标的；

（二）沿海航标选位、效能不符合国家有关技术标准要求的；

（三）与相邻沿海航标的形状、颜色、光亮等相混淆，可能引起误认的。

第七章 监督检查与处罚

第三十一条 沿海航标管理机构应当建立健全沿海水域航标监督检查制度，并组织落实。

第三十二条 沿海航标管理机构应当依法履行职责，对发现的航标隐患，应当责令有关单位和个人立即消除或者限期消除。

第三十三条 沿海航标管理机构的工作人员依法在沿海水域

进行航标监督检查，任何单位和个人不得拒绝或者阻挠。

有关单位或者个人应当接受沿海航标管理机构依法实施的航标监督检查，并为其提供方便。

第三十四条 沿海航标管理机构的工作人员依照本办法实施沿海航标监督检查时，应当出示合法证件，表明身份。

第三十五条 违反本办法，按照有关法律、行政法规和交通部公布的海事行政处罚规定给予行政处罚。

第八章 附 则

第三十六条 本办法由交通部负责解释。

第三十七条 本办法自 2003 年 9 月 1 日起施行。交通部 1982 年 8 月 23 日发布的《海区航标管理工作的若干规定》同时废止。

中华人民共和国内河交通事故调查处理规定

（交通部令2006年第12号　2006.12.04）

第一章　总　　则

第一条　为加强内河交通安全管理，规范内河交通事故调查处理行为，根据《中华人民共和国内河交通安全管理条例》，制定本规定。

第二条　本规定适用于船舶、浮动设施在中华人民共和国内河通航水域内发生的交通事故的调查处理。但是渔船之间、军事船舶之间发生的交通事故以及渔船、军事船舶单方交通事故的调查处理不适用本规定。

第三条　本规定所称内河交通事故是指船舶、浮动设施在内河通航水域内航行、停泊、作业过程中发生的下列事件：

（一）碰撞、触碰或者浪损；

（二）触礁或者搁浅；

（三）火灾或者爆炸；

（四）沉没（包括自沉）；

（五）影响适航性能的机件或者重要属具的损坏或者灭失；

（六）其他引起财产损失或者人身伤亡的交通事件。

第四条　内河交通事故的调查处理由各级海事管理机构负责实施。

第五条　内河交通事故按照人员伤亡和直接经济损失情况，分为小事故、一般事故、大事故、重大事故和特大事故。小事故、一般事故、大事故、重大事故的具体标准按照交通部颁布的《水上交通事故统计办法》的有关规定执行。

第六条 内河交通事故的调查处理,应当遵守相关法律、行政法规的规定。特大事故的具体标准和调查处理按照国务院有关规定执行。

第二章 报 告

第七条 船舶、浮动设施发生内河交通事故,必须立即采取一切有效手段向事故发生地的海事管理机构报告。报告的主要内容包括:船舶、浮动设施的名称,事故发生的时间和地点,事故发生时水域的水文、气象、通航环境情况,船舶、浮动设施的损害情况,船员、旅客的伤亡情况,水域环境的污染情况以及事故简要经过等内容。

海事管理机构接到事故报告后,应当做好记录。接到事故报告的海事管理机构不是事故发生地的,应当及时通知事故发生地的海事管理机构,并告知当事人。

第八条 船舶、浮动设施发生内河交通事故,除应当按第七条规定进行报告外,还必须在事故发生后24小时内向事故发生地的海事管理机构提交《内河交通事故报告书》和必要的证书、文书资料。

引航员在引领船舶的过程中发生内河交通事故的,引航员也必须按前款规定提交有关材料。

特殊情况下,不能按上述规定的时间提交材料的,经海事管理机构同意,可以适当延迟。

第九条 《内河交通事故报告书》应当包括下列内容:

(一)船舶、浮动设施概况(包括其名称、主要技术数据、证书、船员及所载旅客、货物等);

(二)船舶、浮动设施所属公司情况(包括其所有人、经营人或者管理人的名称、地址、联系电话等);

(三)事故发生的时间和地点;

(四)事故发生时水域的水文、气象、通航环境情况;

（五）船舶、浮动设施的损害情况；

（六）船员、旅客的伤亡情况；

（七）水域环境的污染情况；

（八）事故发生的详细经过（碰撞事故应当附相对运动示意图）；

（九）船舶、浮动设施沉没的，其沉没概位；

（十）与事故有关的其他情况。

第十条《内河交通事故报告书》内容必须真实，不得隐瞒事实或者提供虚假情况。

第三章 管　　辖

第十一条 内河交通事故由事故发生地的海事管理机构负责调查处理。

船舶、浮动设施发生事故后驶往事故发生地以外水域的，该水域海事管理机构应当协助事故发生地海事管理机构进行调查处理。

不影响船舶适航性能的小事故，经事故发生地的海事管理机构同意，可由船舶第一到达地的海事管理机构进行调查处理。

第十二条 内河交通事故管辖权限不明的，由最先接到事故报告的海事管理机构负责调查处理，并在管辖权限确定后向有管辖权的海事管理机构移送，同时通知当事人。

第十三条 对内河交通事故管辖权有争议的，由各方共同的上级海事管理机构指定管辖。

第十四条 一次死亡和失踪10人及以上的内河交通事故由中华人民共和国海事局负责组织调查处理。其他内河交通事故的调查权限由各直属海事管理机构或者省级地方海事管理机构确定，报中华人民共和国海事局备案。

根据调查的需要，上级海事管理机构可以直接调查处理由下级海事管理机构管辖的事故。

第四章 调 查

第十五条 船舶、浮动设施发生内河交通事故，有关船舶、浮动设施、单位和人员必须严格保护事故现场。除因抢险等紧急原因外，未经海事管理机构调查人员的现场勘查，任何人不得移动现场物件。

第十六条 海事管理机构接到内河交通事故报告后，应当立即派员前往现场调查、取证，并对事故进行审查，认为确属内河交通事故的，应当立案。

对于经审查尚不能确定是否属于内河交通事故的，海事管理机构应当先予立案调查。经调查确认不属于内河交通事故的，应当予以撤销。

第十七条 调查人员执行调查任务时，应当出示证明其身份的行政执法证件。

执行调查任务的人员不得少于两人。

第十八条 海事管理机构进行调查和取证，应当全面、客观、公正。

当事人有权依法申请与本次交通事故有利害关系或者有其他关系、可能影响事故调查处理客观、公正的调查人员回避。

第十九条 发生内河交通事故的船舶、浮动设施及相关单位和人员应当接受和配合海事管理机构的调查、取证。有关人员应当如实陈述事故的有关情况和提供有关证据，不得谎报情况或者隐匿、毁灭证据。

其他知道事故情况的人也应当主动向海事管理机构提供有关情况和证据。

调查和取证工作需要其他海事管理机构协助、配合的，有关海事管理机构应当予以协助、配合。

第二十条 根据事故调查的需要，海事管理机构可以责令事故所涉及的船舶到指定地点接受调查。当事船舶在不危及自身安全的情况下,未经海事管理机构批准,不得驶离指定地点。

海事管理机构应当尽量避免对船舶造成不适当延误。船舶到指定地点接受调查的期限自船舶到达指定地点后起算,不得超过72小时;因特殊情况,期限届满不能结束调查的,经上一级海事管理机构批准可以适当延期,但延期不得超过72小时。

第二十一条 根据调查工作的需要,海事管理机构可以行使下列权力:

(一)勘查事故现场,搜集有关证据;

(二)询问当事人及其他有关人员并要求其提供书面材料和证明;

(三)要求当事人提供各种原始文书、航行资料、技术资料或者其影印件;

(四)检查船舶、浮动设施及有关设备、人员的证书,核实事故发生前船舶的适航状况、浮动设施及有关设备的技术状态、船舶的配员情况以及船员的适任状况等;

(五)扣留或者封存事故当事船舶、浮动设施、有关设备以及人员的各类证书、文书、日志、记录簿等,但要在航行(海)日志上注明,并向当事方出具注有明确收存日期的收存清单;

(六)核查事故所导致的财产损失和人身伤亡情况。

海事管理机构在进行调查取证时,可以采用录音、录像、照相等法律、法规允许的调查手段。

第二十二条 调查人员勘查事故现场,应当制作现场勘查笔录。

勘查笔录制作完毕,应当由当事人在勘查笔录上签名。

当事人不在现场或者无能力签名的,应当由见证人签名。

无见证人或者当事人、见证人拒绝签名的,调查人员应当在勘查笔录上注明。

第二十三条 调查人员进行询问调查时,应当如实记录询问人的问话和被询问人的陈述。询问笔录上所列项目,应当按规定填写齐全。

询问笔录制作完毕，应当由被询问人核对或者向其宣读，如记录有差错或者遗漏，应当允许被询问人更正或者补充。

询问笔录经被询问人核对无误后，应当由其签名，拒绝签名的，调查人员应当在询问笔录上注明。

调查人员、翻译人员应当在询问笔录上签名。

第二十四条 调查人员进行询问调查，有权禁止他人旁听。

第二十五条 海事管理机构根据调查工作需要，可依法对事故当事船舶、浮动设施及有关设备进行检验、鉴定或者对有关人员进行测试，并取得书面检验、鉴定或者测试报告作为调查取得的证据。

对事故当事船舶、浮动设施及有关设备进行过检验或者鉴定的人员，不得在本次事故中作为检验、鉴定人员予以聘用。

第二十六条 有关单位、人员对事故所导致的财产损失应当如实向海事管理机构备案登记。

海事管理机构认为损失结果可能失实的，可以聘请有关专业机构进行认定。

第二十七条 海事管理机构应当在立案之日起3个月内完成事故调查、取证；期限届满不能完成的，经上一级海事管理机构批准可以延长3个月。事故调查必须经过沉船、沉物打捞、探摸，或者需要等待有关当事人员核实情况的，应当从有关工作完成之日起3个月内完成事故调查、取证。

第二十八条 事故调查、取证结束，应当通知当事人，并及时返还或者启封所扣留、封存的各类证书、文书、日志、记录簿等。

第二十九条 事故调查、取证结束后，海事管理机构应当制作《内河交通事故调查报告》。

《内河交通事故调查报告》应当包括下列内容：

（一）船舶、浮动设施概况（包括其名称、主要技术数据、证书、船员及所载旅客、货物等）；

（二）船舶、浮动设施所属公司情况（包括其所有人、经营人或者管理人的名称、地址等）；

（三）事故发生的时间和地点；

（四）事故发生时水域的水文、气象、通航环境情况；

（五）事故搜救情况；

（六）事故损失情况；

（七）事故经过；

（八）事故原因分析；

（九）事故当事人责任认定；

（十）安全管理建议；

（十一）其他有关情况。

经海事管理机构认定的案情简单、事实清楚、因果关系明确的小事故，海事管理机构可以简化调查程序。简化调查程序的具体规定由中华人民共和国海事局另行制定。

第三十条 为使有关各方吸取事故教训，避免类似事故的再次发生，海事管理机构应当依照规定的程序将查明的事故情况和原因向社会公开。

第三十一条 任何与事故有关的新证据被提出或者发现时，海事管理机构应当予以充分评估。该证据可能对事故原因和结论产生实质性影响的，应当对事故进行重新调查。

上级海事管理机构有权对原因不清、责任不明的已结案事故要求原调查的海事管理机构重新调查。重新调查适用本章规定的有关程序。

第三十二条 任何单位和个人不得干涉、阻挠海事管理机构依法对内河交通事故进行调查。

第五章　处　理

第三十三条 海事管理机构应当在内河交通事故调查、取证结束后30日内作出《事故调查结论》，并书面告知当事船舶、浮动设施的所有人或者经营人。

第三十四条 《事故调查结论》应当包括以下内容：

（一）事故概况（包括事故简要经过、损失情况等）；

（二）事故原因（事实与分析）；

（三）事故当事人责任认定；

（四）安全管理建议；

（五）其他有关情况。

第三十五条 对内河交通事故发生负有责任的单位和人员，有关主管机关应当依据有关法律、法规和规章给予行政处罚。涉嫌构成犯罪的，移送司法机关处理。

行政处罚涉及外国籍船员的，应当将其违法行为通报外国有关主管机关。

第三十六条 根据内河交通事故发生的原因，海事管理机构可责令有关船舶、浮动设施的所有人、经营人或者管理人对其所属船舶、浮动设施加强安全管理。有关船舶、浮动设施的所有人、经营人或者管理人应当积极配合，认真落实。对拒不加强管理或者在期限内达不到安全要求的，海事管理机构有权采取责令其停航、停止作业等强制措施。

第三十七条 海事管理机构工作人员违反本规定，玩忽职守、滥用职权、徇私舞弊的，由其所在单位依法给予行政处分；构成犯罪的，由司法机关依法追究刑事责任。

第六章　附　　则

第三十八条 因内河交通事故造成水域环境污染事故的，对水域环境污染事故的调查、处理按照我国有关环境保护的法律、法规和有关规定执行。

第三十九条 本规定自 2007 年 1 月 1 日起施行。交通部 1993 年 3 月 24 日发布的《中华人民共和国内河交通事故调查处理规则》（交通部令 1993 年第 1 号）同时废止。

船舶管理

关于海运生铁、金属块锭、煤炭、散盐、矿石、砂、粉等散装货物装舱标准和船舶、港口责任划分的暂行规定

（交通部 （84）交海字711号 1984.04.18）

第一条 整舱生铁装舱，必须做到舱内装平，两舷和前后应均衡受载，不得出现斜坡或小山头。舱口围垂直线以内（即舱口部位下同）基本铺平，货物面的最低点与最高点的高度差，不得超过1米。

零星小票生铁，按船舶提出的积载技术要求装舱，四周应有足够的货物塞满，使中间装载的生铁无移滑可能。

装舱过程中，船舶横倾一般不得超过3°。港口装卸交接班时，船舶横倾一般不得超过1.5°。底舱装货完毕，必须保证船舶无横倾。

设有二层舱的船舶，二层舱内原则上不配装生铁，必须配装时，船舶要备有防滑的必要设备，船舶和港口要共同采取措施，以避免船舶遇风浪发生货物移动，没有防滑设备航行安全没有保证，港口可以拒装。

第二条 金属块锭装舱，必须注意积载安全。货物之间要靠紧铺满、装平、左右、前后，不留空档，不得孤独码垛或留有空隙，以防止松动、滑移、倒塌。

第三条 煤炭装舱，舱口围垂直线以内要基本装平，货物面的最低点与最高点的高度差不得超过1米。设有二层舱的船舶，必须装满。二层舱的舱口围垂直线以内要基本装平。凡装半载或不能装满载的船舱，装货完毕，港口应予平舱。

第四条 散盐半舱，舱口围垂直线以内要基本装平，货物面的

最低点与最高点的高度差,不得超过1米。设有二层舱的船舶,底舱两舷及前后,盐堆高度不得低于底舱高度的70%。既要考虑到船舶的航行稳性安全,又要便于港口进行平舱作业。二层舱的舱口围垂直线以内基本装平。

第五条 矿石、砂、粉装舱,舱口围垂直线以内要基本装平,设有二层舱的船舶,底舱两舷及前后,货堆高度不得低底舱高度的50%~60%。二层舱在舱口围垂直线以内要基本装平。

第六条 设有二层舱的船舶装载煤炭、散盐、矿石、砂、矿粉等货时,船舶应在底舱两舷及前后隔舱板上划出明显的满载或半载时的高度标志线,便以港口按规定标准装舱。

第七条 煤炭、散盐、砂石、矿粉等货装舱时,港口应做到按船舱划定的高度标志线均衡受载,货面平正。

第八条 煤炭、散盐、砂石、矿粉等,港口在装舱过程中,船舶横倾一般不得超过3°。交接班时,船舶应基本上处于无横倾状态。全船装货结束。船舶必须处于无横倾状态。

第九条 煤炭、散盐、砂石、矿粉等装设有二层舱的船舶时,配载要注意上下舱的重量分配,达到船舶的稳性要求。防止发生二层舱的货流向下层舱,造成船舶可能发生的大角度倾斜的危险。

第十条 船舶靠泊装卸货物中途,因故需要移泊时,应使船舶处于无横倾状态。

第十一条 船舶到港卸货时,应注意均衡卸载。卸货作业中,船舶横倾一般不应超过3°。

第十二条 船舶和港口的相互权限与责任划分。

(1)首先船舶和港口要在确保安全生产的前提下,加强联系,密切配合,搞好社会主义协作。

(2)有关货物装舱,有装舱标准的,按装舱标准作业。没有装舱标准的,参照本规定按船舶意见装舱。

(3)有关货源组织集中,以港口安排为主;有关货物配载及装舱技术要求,以船舶意见为主。

(4)装舱作业中,船舶应按规定派专人监舱并进行技术指导,港口如不按船舶要求积载,船舶应随时提出纠正。如船港双方发生争执或意见不一致时,双方要及时向各自上级部门汇报解决。确难一致时,由当地港监部门或报部海洋运输局解决,并做好记录。

(5)船舶按规定在装船前或装船作业中向港口提出装舱技术要求,港口不按船舶要求积载,而造成船体货物受损或影响船舶安全时,发生问题,由港口承担责任。

船舶没有及时向港口提出装舱技术要求或不坚持正确要求,发生问题,由船舶承担责任。

造成经济损失时,由责任方承担经济责任,情节和损失严重的,还要追究其行政责任,直至依法追究责任方的法律责任。

(6)货物装舱,实行班班验收制度。全船装货结束,船港双方办理装舱交接验收,并在交接验收单上签字。

第十三条 本《暂行规定》的解释权和修改权属交通部。

防止舱、室作业环境中缺氧窒息事故的暂行规定(试行)

(交通部　(86)交劳字62号　1986.01.29)

1　总　　则

1.1　根据中华人民共和国宪法第四十二条关于"加强劳动保护、改善劳动条件"和《中华人民共和国海上交通安全法》的有关规定,为防止舱、室作业环境中缺氧窒息以致死亡事故的发生,特制定本规定。

1.2　本规定适用于在中华人民共和国沿海及内河开放港口进行舱、室作业的一切中外船舶。对于未开放的港口和在狭窄空间,罐体容器。密闭仓启、坑、井场合的作业,也应参照执行。

1.3　港口的港务监督部门为本规定监督执行的主管机关,卫生防疫部门负责监测,安技部门负责监察。执行单位为港口企业和船方。

1.4　对于违犯本规定的责任方,依照《中华人民共和国海上交通安全法》进行制裁。

2　通　　风

2.1　舱室作业前,应由船方进行机械通风或开舱自然通风。通风后应达到本规定3.1.1项的要求。

2.2　对不能在作业前开舱或多层次封舱的舱室,应在作业过程中分次通风。

2.3　港区应设置移动式机械通风设备,以备船方申请使用。

3 监　　测

3.1　根据《中华人民共和国海上交通安全法》的有关规定，舱、室作业前，船方应对舱、室进行监测，为安全作业提供保证。

3.1.1　作业环境的氧气含量应不低于18%，二氧化碳含量应不高于2%，始能作业。

3.2　船方无力监测时，必须申请港方进行监测，并交纳监测费用。

3.3　舱室监测时，入舱、室采样，监测人员必须配戴隔绝式呼吸器。

4 监护与救护

4.1　港口必须配备一定数量的隔绝式呼吸器，并经常保持其性能完好。

4.1.1　隔绝式呼吸器必须置于应急使用位置，以保证在一旦发生人员窒息的情况下，能迅速从舱、室内抢救出窒息人员。

4.1.2　在舱室作业环境中禁止使用过滤式防毒面具。

4.1.3　严禁不配戴隔绝式呼吸器盲目进入舱、室救人。

4.2　舱、室作业时，舱、室外应留人观察，不应在无人观察的情况下，进人舱、室作业。

4.2.1　在作业过程中，发现危及作业人员安全的情况，主管机关有权采取适当措施。

5 附　　则

5.1　本规定的解释权属中华人民共和国交通部。

5.2　各单位根据本规定制定实施细则。

5.3　本规定自1986年6月1日起试行。

船舶升挂国旗管理办法

（交通部令1991年第32号　1991.10.10）

第一条　根据《中华人民共和国国旗法》第四条二款和第十一条一款的规定，制定本办法。

第二条　本办法适用于中国籍民用船舶（以下简称中国籍船舶）以及进入中华人民共和国内水、港口、锚地的外国籍船舶（以下简称外国籍船舶）。

第三条　交通部授权港务监督机构（含港航监督机构，下同）对船舶升挂和使用中华人民共和国国旗（以下简称中国国旗）实施监督管理。

第四条　依照中华人民共和国有关船舶登记法规办理船舶登记，取得了中华人民共和国国籍的船舶，方可将中国国旗作为船旗国国旗悬挂。

第五条　除本办法第八条规定的情况外，下列中国籍船舶应当每日悬挂中国国旗：

（一）50总吨及以上的船舶；

（二）航行在中国领水以外水域和香港、澳门地区的船舶；

（三）公务船舶。

第六条　进入中华人民共和国内水、港口、锚地的外国籍船舶，应当每日悬挂中国国旗。

第七条　船舶应按其长度悬挂下列尺度的中国国旗：

（一）150米及以上的船舶，应悬挂甲种或乙种或丙种中国国旗；

（二）50米及以上不足150米的船舶，应悬挂丙种或丁种中国国旗；

（三）20 米及以上不足 50 米的船舶，应悬挂丁种或戊种中国国旗；

（四）不足 20 米的船舶应悬挂戊种中国国旗。

外国籍船舶悬挂的中国国旗尺度，一般应不小于其悬挂的船旗国国旗的尺度。

第八条 船舶悬挂中国国旗应当早晨升起，傍晚降下。但遇有恶劣天气时，可以不升挂中国国旗。

第九条 船舶悬挂的中国国旗应当整洁，不得破损、污损、褪色或者不合规格，不得倒挂。

第十条 中国籍船舶应将中国国旗悬挂于船尾旗杆上。船尾没有旗杆的，应悬挂于驾驶台信号杆顶部或右横桁。

外国籍船舶悬挂中国国旗，应悬挂于前桅或驾驶台信号杆顶部或右横桁。

中国国旗与其他旗帜同时悬挂于驾驶台信号杆右横桁时，中国国旗应悬挂于最外侧。

第十一条 中国籍船舶在航行中与军舰相遇，需要时可以使用中国国旗表示礼仪。

第十二条 船舶取得中华人民共和国国籍后，第一次升挂中国国旗时，可以举行升旗仪式。

第十三条 遇有《中华人民共和国国旗法》第十四条规定的情形时，港务监督机构应通知或通过船舶代理人、所有人通知船舶下半旗。

除前款规定的情况外，船舶非经批准不得将中国国旗下半旗。

第十四条 外国籍船舶根据船旗国的规定需将船旗国国旗下半旗的，应向港务监督机构报告。

第十五条 中国籍船舶改变国籍，在最后一次降中国国旗时，可以举行降旗仪式。降旗仪式可参照升旗仪式进行。降旗仪式后，船长或船舶其他负责人应将中国国旗妥善保管，送交船舶所有人。

船舶遇难必须弃船时，船长或船舶其他负责人应指定专人降下中国国旗，并携带离船，送交船舶所有人。

第十六条 外国国家领导人乘坐、参观中国籍船舶，或我国国家领导人利用中国籍船舶举行欢迎外国国家领导人的仪式，需要悬挂两国以上国旗的，按照有关涉外悬挂和使用国旗的规定办理。

第十七条 对违反《中华人民共和国国旗法》和本规定的船舶和船员，港务监督机构应令其立即纠正，并可根据情节，按照《中华人民共和国国旗法》和我国其他有关规定予以处罚。

外国籍船舶拒绝按港务监督机构的要求纠正的，港务监督机构可令其驶离中华人民共和国内水、港口、锚地。

第十八条 本办法由交通部负责解释。

第十九条 本办法自1991年10月1日起施行。

外国船舶检验机构在中国设立常驻代表机构管理办法

（交通部令1992年第33号 1992.03.28）

第一条 为加强对外国船舶检验机构在中国设立常驻代表机构的管理，根据《中华人民共和国国务院关于管理外国企业常驻代表机构的暂行规定》，结合船舶检验行业的具体情况，制定本办法。

第二条 外国船舶检验机构因工作需要在中国设立常驻代表机构，应向中华人民共和国船舶检验局（以下简称船检局）提出申请。经船检局审核后，报中华人民共和国交通部（以下简称交通部）批准。

第三条 申请在中国设立常驻代表机构，应提交用中文或英文书写的下列证件和材料：

（一）由该机构的董事长或总经理签署的申请书及机构情况介绍。申请书内容应包括常驻代表机构的名称、负责人员、业务范围、驻在期限和驻在地点等；

（二）由该机构所在国家或地区的有关当局出具的开业合法证书或营业证书副本，该副本应经出具当局认证或经公证机关公证；

（三）由同该机构有业务往来的金融机构出具的、经公证机关公证的资本信用证明书；

（四）该机构委任常驻代表机构人员的授权书，并附其简历和照片（二张）。

第四条 外国政府船舶检验机构申请在中国设立常驻代表机构，应由其政府部门同中国政府部门商定。

第五条 交通部批准设立常驻代表机构的申请后，发给批准证书。外国船舶检验机构应在批准之日起30天内，持批准证书到驻在地的省、自治区、直辖市工商行政管理机关和公安机关力理登记和居留手续。逾期不办理手续，该批准证书即自行失效。

第六条 外国船舶检验机构在中国设立常驻代表机构的批准驻在期限最长为3年。期满后如需延期，须在期满之日30天前，向船检局提交由原申请机构董事长或总经理签署的延长驻在期限的申请书。经交通部批准后，发给延期批准证书。每次延长期限不超过3年。

第七条 外国船舶检验机构要求变更其常驻代表机构的名称、业务范围、驻在地点，应向船检局提交由其董事长或总经理签署的申请书。经交通部批准后，发给变更批准证书。常驻代表机构应自批准之日起30天内，持批准证书到有关机关办理必要的变更手续。如要求变更其常驻代表机构的代表，应出具对新任代表的授权书，并附其简历和照片(二张)。

第八条 常驻代表机构的代表人数视其业务需要审定。

常驻代表机构如雇用中国公民，应委托当地外事服务单位或中国政府指定的其他单位办理。常驻代表机构应将其雇用中国公民的情况及变化情况报送船检局备案。

第九条 常驻代表机构及其人员应在批准证书核定的业务范围内开展其业务活动，遵守中国的有关法律、法规和规章，接受有关机关的监督管理。常驻代表机构及其人员所从事的正当业务活动，受中华人民共和国法律保护。

第十条 常驻代表机构应于每年1月31日前，向交通部报送上年度的业务工作报告。

第十一条 常驻代表机构驻在期满或提前终止业务活动时，应于终止业务活动的三十天前，以书面形式向交通部报告。

第十二条 未经批准，外国船舶检验机构不得在中国境内设立常驻代表机构，不得在中国境内从事任何常驻代表机构的业务活动。

第十三条 未在中国设立常驻代表机构的外国船舶检验机构,如需派驻常驻代表或验船师,应向船检局申请,经批准后方可办理有关手续。

第十四条 对违反本办法的,可视情节给予警告、罚款的处罚,情节严重的可撤销批准书。

第十五条 本办法由交通部负责解释。

第十六条 本办法自 1992 年 4 月 15 日起施行。

内河船舶轮机日志记载规则

（交通部令1992年第41号　1992.09.02）

第一章　总　　则

第一条　为加强内河船舶管理，统一内河船舶的《轮机日志》及其记载要求，制定本规则。

第二条　本规则适用于中华人民共和国内河机动船舶。但是军事船舶、公安船舶、渔船和体育运动船艇不适用本规则。

第三条　船舶必须持有统一格式的《轮机日志》（见附录一）。

第四条　轮机日志是反映船舶机电设备运行和轮机管理工作的原始记录，是船舶法定文件之一，必须妥善保管。船长命令弃船时，《轮机日志》应由轮机长（或轮机员）携带离船。

第五条　轮机日志的记载必须真实，不得弄虚作假、隐瞒重要事实、故意涂改内容。

第六条　港航监督机构是对本规则的执行实施监督管理的主管机关。

第二章　记 载 规 定

第七条　轮机日志应依时间顺序逐页连续记载，不得间断，不得遗漏，不得撕毁或增补。

第八条　轮机日志应使用不褪色的蓝色或黑色墨水填写。填写时数字和文字要准确，字体端正清楚。

如果记错，应当将错写字句标以括号并划一横线（被删字句仍应清晰可见），然后在括号后面或上方重写，并签字。

第九条 计量单位,一律采用国家法定计量单位。

第十条 轮机长全面负责监督审查轮机日志的记载及其保管。

轮机长必须每日定时认真查阅轮机日志的记载情况,对各栏目内的内容进行审核,确认无误后签字。

轮机长离任时,应由离任轮机长和新任轮机长在轮机日志上签字。

第十一条 轮机日志内页所列船舶主要资料和轮机部人员姓名表经轮机长审定后由大管轮负责填写。

第十二条 记录数据的精度应按该仪表的精度等级记载。

第十三条 轮机日志至少应每2小时记载1次。

航行中,由值班轮机员负责填写并签字;停泊中,由值班人员负责填写并签字。

第三章 记载内容

第十四条 轮机日志记录表格按右、左两台主机编制。如系一台主机,其参数一律在右主机栏内记载。

第十五条 值班记事栏应记载在值班时间内的下列内容:

(一)船长、轮机长的命令,值班驾驶员的通知;

(二)主机启动、停止的时间,正常运行时的转速;

(三)船舶靠离码头、进出港区、航行于危险航区及进行编解队作业的时间、地点和必须记载的车钟令;

(四)柴油发电机组、辅助锅炉及其他重要机电设备的启用、停止时间;

(五)驳油、驳水情况,燃油舱(柜)转换情况及轻重燃油转换的时间;

(六)机电设备发生故障及恢复正常的时间;

(七)其他需要记载的事项。

第十六条 燃、润料耗、存量,由三管轮(不设三管轮的船舶由二管轮或由轮机长指定的专人）负责计算并记载。计算燃、润料耗、存量，不得使用估算数字或定额数字，必须按实际耗、存量严格填写。

第十七条 主机、柴油发电机组的运行时间，分别由大管轮、二管轮每日进行统计并记载。其他在轮机日志中有记载要求的设备的使用时间，在每航次终结后或适当时间，分别由主管人统计并记载。

第十八条 大事记栏由轮机长或大管轮负责填写，应当记载下列内容：

（一）船舶的重要活动（如船舶检验、签证、进厂修理、试航、各种应变演习等）；

（二）每日的检修工作；

（三）燃、润料加装、调驳的时间、地点、品种及数量；

（四）船舶防污染设备的使用情况，污油水的排放时间、地点；

（五）机电设备发生故障的原因及其处理经过；

（六）船舶应急设备的检查、试验情况；

（七）船舶固定消防系统的检查、试验情况；

（八）船舶重要设备的检修及进行明火作业的部位、审批情况；

（九）船舶重要设备的更换情况及主要技术数据；

（十）船舶交通事故、机损事故发生的时间、地点、主要经过及其处理情况；

（十一）轮机部人员的重大人事变动；

（十二）其他需要记载的重要事项。

第十九条 船舶停航或进厂修理期间，仍应继续填写轮机日志。船舶可根据实际情况由轮机长或大管轮负责将每日的工作情况，主要设备的修理以及需要记载的其他事项，记入轮机日志。

对于仍在使用的机电设备，则必须按规定填写轮机日志。

第二十条 长期停航或封存的船舶，可根据实际情况，由值班人员负责轮机日志的记载和保管。

对于仍在使用的机电设备,则必须按规定填写轮机日志。

第二十一条 自动化无人机舱船舶,其轮机日志的记载,可参照本规则的有关条款执行。

第四章 附 则

第二十二条 《轮机日志》分类适用范围规定如下:

(一)HJ—I(河船一类轮机日志):适用于主推动力装置功率441千瓦及441千瓦以上的船舶;

(二)HJ—II(河船二类轮机日志):适用于主推动力装置功率36.8千瓦至未满441千瓦的船舶;

(三)船舶主推动力装置功率未满36.8千瓦的船舶,适用河船三类航行日志HC—III。其记载内容可以从简,但必须能正确反映船舶的安全情况和运行情况。

船舶也可使用高于规定类别的《轮机日志》。

第二十三条 主推动力装置功率在36.8千瓦及以上的船舶,另设有专用的《车钟记录本》(见附录二),用以记载主机转速的大小变化及时间。此记录本应视为轮机日志的一个组成部分,其内容的记载亦适用本规则的有关条款。主机设有遥控装置的船舶,当主机由机舱控制时,值班轮机员应及时记载车钟记录;当主机受驾驶台遥控时,则只按本规则第十五条(三)款的要求记载。

第二十四条 渡轮以及非从事运用的机动船舶轮机日志的格式及记载内容,各省、自治区、直辖市港航监督机构或交通部直属港航监督机构可予以适当简化。

第二十五条 《轮机日志》用完后应在本船妥善保存,保存期限为3年。

第二十六条 本规则由交通部负责解释。

第二十七条 本规则自1993年1月1日起施行。

附录一

《内河船舶轮机日志》格式

一、HJ—I 类型

1. 左翻页式大红色封面硬皮本，规格尺寸为 390 毫米（横）×270 毫米（纵）。

2. 封面，上部中央印有“内河船舶”和“轮机日志”字样，各占一行；中部有船名空行和“第　册”各占一行；靠底部印有“中华人民共和国××港务监督局监制”字样，占一行，见式样图一。

3. 封面，印有常用法定计量单位表，见式样图二。

4. 内页第一张正面（扉页第 1 页），右上角印有“格式 HJ－I”字样；上部印有一行字“内河船舶轮机日志”；中部印有四行字，分别为“船名”、“船舶所有人”、“船舶经营人”和“船籍港”，每行后面均留有一横线空格；下部靠底印有一行“使用日期自　年　月　日至　年　月　日”，年月日各字前留有适当间隔，见式样图三。

5. 内页第一张背面（扉页第 2 页），印有船舶主要技术资料表，见式样图四。

6. 内页第二张正面（扉页第 3 页），印有轮机部人员姓名表，共有四个栏目，分别为姓名、职务、到船任职时间、离船解职时间，见式样图五。

7. 内页第二张背面与第三张正面以对开左右页形式组成日志记录正页的第 1 页，以后依次为第 2 页、第 3 页……。页码印在右页右上角，每册 200 页。左页格式见式样图六，右页格式见式样图七。

二、HJ—II 类型

1. 左翻页式大红色封面硬皮本，规格尺寸为 190 毫米（横）×260 毫米（纵）。

2. 封里，字样同 HJ—I 类型，见式样图八。

3. 封里，内容同 HJ—I 类型，见式样图九。

4. 扉页第 1 页，除右上角为“格式 HJ—II”字样外，其他字样同 HJ—I 类型，见式样图十。

5. 扉页第 2 页，印有船舶主要资料表，见式样图十一。

6. 扉页第 3 页，内容同 HJ—I 类型，见式样图十二。

7. 内页第二张背面与第三张正面以对开左右页形式组成日志记录正页的第 1 页，以后依次为第 2 页、第 3 页……。页码印在右页右上角，每册 200 页。左页格式见式样图十三，右页格式见式样图十四。

附录二

《车钟记录本》格式

1. 左翻页式乳白色封面硬皮本，规格尺寸为 95 毫米（横）× 260 毫米（纵）。

2. 封面，上部中央印有“内河船舶”和“车钟记录本”字样，各占一行；中部有船名空格和“第　册”各占一行；靠底部印有“中华人民共和国 ××港务监督局监制”字样，占一行，见式样图十五。

3. 封里，印有填写注意事项，见式样图十六。

4. 内页第一张正面（扉页第 1 页），上部印有“内河船舶”和“车钟记录本”字样，各占一行；中部印有四行字，分别为“船名”、“船舶所有人”、“船舶经营人”和“船籍港”，每行后面均留有一横线空格；下部靠底印有一行“使用日期自　年　月　日至　年　月　日”，年月日各字前留有适当间隔，见式样图十七。

5. 内页第一张背面（扉页第 2 页），印有车钟记录符号、见式样图十八。

6. 内页第二张起为记录正页，页码正面印在右下角，背面印在左下角，每册共 400 页，见式样图十九。

客船治安管理规定

（交通部、公安部令1992年第43号　1992.12.14）

第一条　为了加强客船治安管理，维护客船治安秩序，保障客船航行和旅客安全，依据《中华人民共和国治安管理处罚条例》及有关法规，制定本规定。

第二条　本规定适用于在中华人民共和国境内从事旅客运输的船舶。

第三条　本规定由交通航运公安机关负责实施。

第四条　客船乘务民警队是交通航运公安机关的派出机构，依照国家法律维护客船治安秩序。任何人不得拒绝和阻碍乘务民警执行公务。

第五条　客船负责人应当组织船员与乘务民警队共同维护船舶治安秩序，保障客船航行安全。

第六条　客船乘务民警应当向旅客进行安全旅行的宣传教育，对有违法犯罪嫌疑或携带违禁物品嫌疑人员的行李物品，可以进行检查。

第七条　客船开办电影、录像放映、音乐茶座、舞会等营业性公共娱乐项目，必须经主管的交通航运公安机关同意，并由客船按照有关规定制定管理办法，组织专人管理。乘务民警队应当协助维护公共秩序。

第八条　乘坐客船的旅客，必须遵守客船治安管理规定和公共秩序，服从乘务民警的管理，并有责任协助乘务民警维护客船的治安秩序。

第九条　乘坐客船须持有效船票，对号进入舱位。不得无票或越级、越港乘船。

第十条 乘船旅客不得进入驾驶台、电报房、机舱等工作区以及船员生活区,以维护船舶的正常工作秩序,保证航行安全。

第十一条 乘船旅客在旅途中应当妥善保管随身携带的现金、财物、文件等行李物品,防止遗失、被盗及其他意外事故的发生。

第十二条 旅客在舱位、餐厅、阅览室、小卖部等场所休息或活动时,不得有妨害公共安全和治安秩序的行为。

第十三条 严禁旅客携带下列物品上船:

(一)炸药、雷管、导火索、鞭炮、汽油、香蕉水、赛璐珞和其他易燃、易爆物品,以及剧毒、腐蚀、放射性危险物品;

(二)匕首、三棱刀、弹簧刀和其他管制刀具;

(三)反动、迷信、淫秽书刊、画报、音像制品和其他淫秽物品;

(四)违反规定携带的枪支、弹药及警械。

对符合管理规定携带的枪支、弹药及警械,必要时,乘务民警队可以临时集中保管,离船时发还。

(五)其他违禁物品或客运规定不准携带的物品。

第十四条 禁止各类商贩上船叫卖、乱设摊点。

第十五条 对违反本规定的,可以处以警告或者200元以下的罚款;构成违反治安管理行为的,依据《中华人民共和国治安管理处罚条例》予以处罚;构成犯罪的,依法追究刑事责任。

第十六条 客船乘务民警队对违反本规定的,可以实施警告或50元以下的罚款的处罚;超过50元罚款或者拘留处罚的,由交通航运公安局(分局)或船籍单位所在地公安机关裁决。

第十七条 乘务民警要严格依法办事,文明执勤,不准滥用职权。

第十八条 当事人对处罚不服的,可以依法向上一级主管机关申请复议。

第十九条 本规定由交通部、公安部负责解释。

第二十条 本规定自发布之日起实施。

出国(境)船舶安全保卫工作规定

(交通部　交公安发[1994]691号　1994.07.19)

一、总　　则

(一)为加强出国(境)船舶安全保卫工作,根据国家有关法律、法规制定本规定。

(二)出国(境)船舶安全保卫工作,实行"谁主管谁负责"的原则,贯彻预防为主,确保安全的方针。

(三)出国(境)船舶的安全保卫工作,是船舶管理和政治工作的组成部分。

(四)出国(境)船舶的主管单位和船长、政委负责本规定的实施。

公安、保卫部门对本规定的贯彻实施,负有检查和指导的责任。

二、任　　务

(五)出国(境)船舶安全保卫工作的主要任务是:防范国内外敌对势力和刑事犯罪分子的破坏活动,预防灾害事故,保障船舶、货物和旅客生活财产的安全。

1. 对船员进行法制、安全保卫和保守国家机密的宣传教育。

2. 组织领导船舶治安保卫委员会的工作。

3. 以防劫船、爆炸等暴力犯罪活动为重点,做好防特、防火、防盗、防走私、防贩毒、防灾害事故和反特、反策反、反情报、反渗透、反偷渡外逃的工作。

4. 对发案现场进行保护，协助进行调查取证工作。

5. 做好首长、外宾登轮的安全保卫工作。

三、措　施

（六）建立安全保卫工作责任制，并与生产责任制、经济责任制紧密结合，形成船舶、部门、船员三级责任制，明确职责，责任到人。

（七）根据航次任务、航线和所到达的国（境）外港口的情况，提出和落实航次安全保卫措施。

（八）制定和落实防劫船方案，常备不懈，随时做好应付突发事件的准备。

（九）建立和落实离港安全检查制度，按照部门责任，分区包干，以防隐患。

（十）船舶靠港期间，要坚持梯口值班，加强巡逻检查，发现问题及时报告，妥善处理。

（十一）船舶航行在复杂航区、海盗出没的水域时，必须组织船员值班守候，保证船舶安全。

（十二）对驾驶台、电台、机舱等要害部位，要重点保卫，有关人员要严格执行安全保卫责任制。

（十三）认真执行船舶消防安全法规及易燃、易爆、放射源等危险品的安全管理和安全作业规定，保证安全。发生火灾、爆炸事故，全船必须听从船长、政委的指挥，采取施救措施，维护旅客生命财产和船舶安全。

（十四）船舶在国（境）外港口，应严格执行船员集体下地制度，遵守外事和保密工作纪律，积极预防各种违法违纪事件发生。

（十五）严格管理船舶配备的戒具。

（十六）对船员中发生的纠纷，要及时教育疏导，消除隔阂，防止内部矛盾激化。

（十七）船长、政委有权对危害船舶安全的人员采取强制措施，并及时报告上级领导机关。

（十八）船抵国内港口，船舶领导应主动与港口公安机关取得联系，互通情报，密切配合，实行港船联防。

四、奖　　惩

（十九）对认真执行本规定，安全保卫工作成绩显著的船舶和个人，主管部门应给予表彰奖励。

（二十）对违反本规定，造成损失者，主管部门应给予处分；对触犯刑律构成犯罪的，应依法追究刑事责任。

运输船舶消防管理规定

（交通部　交公安发[1995]137号　1995.02.23）

第一章　总　　则

第一条　为了保障运输船舶的安全，根据《中华人民共和国消防条例》及其实施细则和国家有关法规，制定本规定。

第二条　船舶消防工作贯彻“预防为主，防消结合”的方针，坚持“谁主管谁负责”的原则。

第三条　本规定适用于中华人民共和国一切民用钢质运输船舶（以下简称船舶）以及与船舶消防有关的个人和单位。

运输船舶，是指从事客、货运输的机动船、驳船和拖带驳船的推、拖轮。

第四条　本规定由船舶及航运单位贯彻实施，交通港航公安机关和港务监督部门负责监督。

第二章　船舶火灾预防

第五条　船舶设计、建造要符合有关国际公约和我国船舶建造规范的消防规定，并经船舶检验部门审核、检验。

船舶建造部门必须按批准的消防设计施工。凡需变更设计的，须经审核部门同意。

第六条　船舶探火、报警及固定灭火系统必须保证完好适用。

船舶的消防器材要在指定位置存放，确定专人负责维护、保养。

船舶要按规定配备消防员装备品。

第七条 船舶机舱操作要严格执行各项安全规定,供油系统必须完好,高温管系不得裸露,及时清除可燃杂物。

第八条 船舶自用的危险物品要集中存放于专门的物料间。氧气和乙炔气瓶要分开存放,保持安全距离。

第九条 船舶载运化学危险物品必须执行《化学危险物品安全管理条例》、《国际海运危险货物规则》和交通部门关于船舶载运危险货物的有关规定。

船舶装卸《国际海运危险货物规则》中的爆炸品(第1类)、压缩、液化或加压溶解气体(第2类)、闪点低于61℃的易燃液体(第3类)、易燃固体(第4.1类)、易自燃物质(第4.2类)、遇水放出易燃气体的物质(第4.3类)、氧化物质(第5.1类)、有机过氧化物(第5.2类),须接受港口公安消防监督机构消防监护。

第十条 油船要严格执行有关安全规定和安全技术操作规程,并符合以下规定:

(一)要有防止静电产生、积聚和放电的措施;

(二)避雷装置完好,接地电阻要在规定的范围内;

(三)货油舱呼吸阀、阻火器要保持正常技术完好状态;

(四)惰性气体装置要保护完好。

第十一条 客船防火要符合以下规定:

(一)要制定发生火灾时疏散旅客的应急方案,并定期演练;

(二)不得搭载易燃易爆危险货物(《国际海运危险货物规则》及有关规定允许和港务监督部门批准的除外);

(三)严禁旅客携带和在行李中夹带易燃易爆危险物品;

(四)要实行防火值班巡视制度,并加强对旅客的防火宣传教育;

(五)旅客用过的卧具经检查后,确认无火种方可放入卧具间。

第十二条 客滚船防火要执行客船防火的有关规定,并要符合以下规定:

(一)严禁上船车辆在燃油箱外夹带燃料;

（二）严禁装载易燃易爆危险物品、毒害品的车辆上船；

（三）上船车辆要保护良好车况，燃油箱不渗漏，制动有效；

（四）车辆上船后要采取绑、扎等固定措施；

（五）航行中汽车舱实行封闭管理，无关人员不得进入，舱内禁止吸烟。

第十三条 船舶装运易自燃货物，在航行途中要定时检测舱内温度，发现异常及时采取措施。不得装运已发生自燃的货物。

第十四条 船舶进厂修理必须执行交通部、公安部、中船总公司制定的《船舶修理防火防爆管理规定》。

第十五条 船舶严禁随意使用电热器具。必须使用的，需经消防监督机构或船舶所属单位批准，并在指定处所、有专人看管的情况下使用。

船舶不得随意接拉电源线。

第十六条 船舶明火作业要执行国家标准《海洋营运船舶明火作业安全技术要求》和有关安全操作规程，并符合以下规定：

（一）船舶明火作业实行审批制度。

船舶在港口停泊时明火作业由港务监督部门审批，向公安消防监督机构备案；

明火作业审批人员应具备防火防爆专业知识。审批前，审批人员要对作业现场进行检查，确认落实各项安全措施，符合安全作业条件，方可批准作业；

（二）明火作业操作人员必须持证上岗；

（三）船方不得擅自扩大明火作业范围，超过作业时限；

（四）明火作业完毕，作业人员要清理检查现场，不得留有火种。

第十七条 船舶应在货（油）舱、机舱等禁烟处所设立明显禁烟标志，并制定火源管理制度。

第十八条 船员必须经过消防业务知识和基本技能培训并取得港务监督部门颁发的《船舶消防》培训证书。

第十九条 船舶所属单位的法定代表人为本单位防火负责

人，实行逐级防火责任制。防火负责人的主要职责是：

（一）贯彻执行政府和有关部门颁发的消防法令和规章制度；

（二）组织制定防火安全制度，组织实施逐级防火责任制和岗位防火责任制；

（三）对船员职工进行消防安全知识教育和培训；

（四）组织防火安全检查，负责整改火险隐患，改善消防安全条件；

（五）领导专职或义务消防组织；

（六）组织制定重点船舶、重点部位的灭火方案，督促检查演练情况；

（七）负责消防安全奖惩事宜。

第二十条 船长为船舶防火责任人，其主要职责是：

（一）贯彻执行国家消防法规和各其消防管理规定；

（二）落实船舶岗位防火责任制；

（三）认真执行各项防火制度和安全操作规程；

（四）对船员进行消防知识教育；

（五）进行防火安全检查，消除火险隐患；

（六）领导专、兼职防火员；

（七）制定船舶灭火应急方案，定期组织演练并认真作好记载；

（八）带领船员扑救火灾，保护火灾现场，协助调查火灾原因。

第二十一条 大型油船、旅游船、客滚船、航行国际航线客船等船舶，应设立1至3名专职或兼职防火员。防火员在船舶防火负责人领导下做好本船防火安全工作。

第二十二条 预防船舶火灾是船员和乘船旅客应尽的义务。船员和旅客应负责所在岗位和舱室的防火安全。对违反消防安全的行为有权劝阻、制止和向有关部门报告。

第三章 船舶火灾扑救

第二十三条 任何人发现船舶火情，必须立即报警，并迅速进行扑救。

第二十四条 船舶要制定消防应急部署和灭火预案，并定期演练。

第二十五条 船舶在航行中发生火灾，船长负责组织全体船员施救，并及时向就近的港务监督部门和上级部门报告，保持通讯畅通。

第二十六条 船员在火灾警报发出后，应按应急部署在2分钟内到达指定位置；机舱应确保警报发出后5分钟内启动消防泵。

第二十七条 船长在组织指挥扑救火灾中要采取正确、有效的施救措施，避免不必要的人身伤亡。在火情不明时，不得盲目打开起火处所的门、窗或舱盖。

第二十八条 客船发生火灾，应首先疏散旅客，保证旅客生命安全。

第二十九条 船舶在港口靠泊或锚泊时发生火灾，要及时向公安消防队或港务监督部门报警。在消防队未到达前应积极自救。

船舶火灾由港务监督部门负责总体指挥，公安消防队负责灭火指挥。公安消防队到达火场后，船方应提供船舶及火场情况，并积极协助灭火。

第三十条 船舶要配合公安消防监督机构调查火灾原因，保护火灾现场，反映真实情况。

第四章 奖励和惩罚

第三十一条 在船舶消防工作中，凡具备下列条件之一的单位、船舶和个人，应给予表彰、奖励：

（一）认真执行本规定和消防规章制度，积极整改火险隐患成绩显著，一年内未发生火灾、爆炸事故的；

（二）能及时发现和消除重大火险隐患，避免火灾、爆炸事故发生的；

（三）在危急时刻，防止了火灾、爆炸事故的发生，或发生火灾后能及时报警、扑救，减少损失的；

（四）在扑救火灾中，能积极抢救国家和人民生命财产，成绩显著的；

（五）能及时提供和反映情况，对查明起火原因有贡献的；

（六）在消防安全设施、技术装备上有重大革新和发明创造，成效显著的。

第三十二条 消防奖励经费从安全奖励基金中开支。

第三十三条 对违反本规定的单位、船舶和个人，根据《中华人民共和国治安管理处罚条例》和有关规定，给予处罚；构成犯罪的移送司法机关依法处理。

第三十四条 有下列行为之一的，由公安机关和港务监督部门依法给予处罚，本单位或上级部门要给予行政处分或经济处罚：

（一）擅离职守或失职、违章作业造成火灾尚不够刑事处罚的；过失引起火灾，尚未造成严重损失的；

（二）故意隐匿灾情或提供假情况的；

（三）未经批准擅自安装、使用电热器具、乱接乱拉电线、电插头及插座的；

（四）在禁烟场所违章吸烟的；违章进行明火作业的；明火作业审批不当的；

（五）指使或强令他人违反消防安全规定冒险作业，尚未造成后果的；特殊工种无证上岗的；

（六）不按规定配备灭火器材，药剂过期不及时更换，使用未经船舶检验部门或消防监督机构认可的消防产品的；

（七）擅自改动船舶消防设施或有意损坏消防器材的；

（八）防火负责人不履行职责，日常防火管理不严，不按要求进行消防演习的；

（九）重大火险隐患，经公安消防监督机构通知逾期仍不加整改的；

（十）未经公安消防监督机构允许擅自清理火灾现场的。

第五章　附　则

第三十五条　航运单位可根据本规定,结合实际制订实施细则。

第三十六条　本规定由交通部负责解释。

第三十七条　本规定自1995年5月1日起施行。1978年5月12日交通部发布试行的《船舶安全防火暂行规定》同时废止。

在中华人民共和国沿海水域作业的外国籍钻井船、移动式平台检验规定

（交通部令1995年第3号　1995.08.25）

第一条　为了保证海上船舶、海上设施具备安全航行、作业的技术条件，保障人民生命财产安全，防止沿海水域环境污染，维护国家权益，根据《中华人民共和国船舶和海上设施检验条例》（以下简称《船检条例》）和其他有关法律、法规的规定，制定本规定。

第二条　中华人民共和国船舶检验局（以下简称船检局）是依照《船检条例》及本规定实施各项检验工作的主管机关。

在中华人民共和国沿海水域作业的外国籍钻井船、移动式平台（以下简称外国籍钻井船、移动式平台）的各项检验工作由船检局设置或指定的船舶检验机构（以下简称船舶检验机构）实施。

外国籍钻井船，指悬挂外国国旗，具有单体或多体结构的船型或驳船型排水船体，在漂浮状态下从事钻井作业的船舶。

外国籍移动式平台，指悬挂外国国旗，为勘探或开发海床下的资源，从事钻井、开发作业或为此服务的移动式海上结构物。

第三条　外国籍钻井船、移动式平台应持有有效的法定证书、入级证书和根据本规定取得的《检验合格证书》。

法定证书，指根据中国法律、法规和中国政府参加的有关国际公约的规定，外国籍钻井船、移动式平台必须具备的安全证书、防污染证书、吨位证书、载重线证书、起重设备证书等。

第四条　外国籍钻井船、移动式平台在开始作业之日10天以前，其所有人、经营人或其委托的代理人应向就近的船舶检验机构申请作业前检验，经检验合格并取得《检验合格证书》后，方可进

行作业。

外国籍钻井船、移动式平台的作业期限超过一年的，其所有人、经营人或其委托的代理人应在《检验合格证书》签发之日起一年期限到期之日10天以前，向就近的船舶检验机构申请作业期间的定期检验。经检验合格并签署后，《检验合格证书》继续有效。

定期检验每年进行一次。

《检验合格证书》的有效期限根据作业时间或法定证书、入级证书的有效期确定。

第五条 外国籍钻井船、移动式平台的所有人、经营人申请作业前检验和作业期间的定期检验，应提交书面申请并附上相应的法定证书、入级证书复印件。

书面申请的内容应包括外国籍钻井船或移动式平台的名称、呼号、登记港、船级，进入中国沿海水域或到达作业位置的日期、作业期限，申请人名称、地址、传真、电话以及拟安排检验的时间、地点。

第六条 申请人应事先做好交验的各项准备工作，并为检验提供必要的工作条件，包括提供海上交通工具等。

第七条 船舶检验机构根据船检局公布的《海上移动平台安全规则》（以下简称《安全规则》）所确定的检验项目，进行作业前检验或作业期间的定期检验。

申请人应根据检验项目要求，向船舶检验机构提供相应的资料。

第八条 船舶检验机构发现外国籍钻井船、移动式平台的技术条件不符合《安全规则》并确认不能颁发《检验合格证书》时，应向中国政府有关部门报告。申请人作出必要的改进，满足船舶检验机构要求的，按本规定第五条重新申请相应的检验。

第九条 对外国籍钻井船、移动式平台经作业前检验合格的，由执行检验的船舶检验机构签发《检验合格证书》；经作业期间的定期检验合格的，由执行检验的船舶检验机构在原《检验合格证书》上签注。

第十条 外国籍钻井船、移动式平台出现下列情况,《检验合格证书》失效,其所有人、经营人或代理人应按本规定向船舶检验机构重新申请作业前检验:

(一)法定证书和入级证书过期的;

(二)发生影响法定证书和入级证书效力的重大事故的。

第十一条 外国籍钻井船、移动式平台离开中国沿海水域后,《检验合格证书》自行失效。

第十二条 外国籍钻井船、移动式平台在中国沿海水域进行拖带航行,应按照《船检条例》及其他有关规定向船舶检验机构申请拖航检验。

第十三条 船舶检验机构实施检验,按照国家有关规定收取费用。

第十四条 对未持有《检验合格证书》或持失效的《检验合格证书》作业的外国籍钻井船、移动式平台,由中华人民共和国港务监督机构根据国家的有关规定予以处罚。

第十五条 本规定由中华人民共和国交通部负责解释。

第十六条 本规定自 1995 年 10 月 1 日起施行。

中华人民共和国船舶安全检查规则(1997)

(交通部令1997年第15号　1997.11.05)

第一章　总　则

第一条　为加强对船舶技术设备状况和人员配备及适任状况的监督检查,保障水上人命财产的安全,防止污染水域,根据《中华人民共和国海上交通安全法》、《中华人民共和国海洋环境保护法》、《中华人民共和国水污染防治法》、《中华人民共和国内河交通安全管理条例》和我国加入的有关国际公约的规定,制定本规则。

第二条　本规则适用于中国籍200总吨或750千瓦以上的海船、50总吨或36.8千瓦以上内河船舶和进出中华人民共和国港口(包括海上系泊点)的一切外国籍船舶。

本规则不适用于从事营业性运输以外的军事船舶、公安船舶、渔业船舶和体育运动船艇,但法律、行政法规另有规定的除外。

第三条　中华人民共和国港务监督局统一管理全国的船舶安全检查工作。各港务(航)监督负责进出本港的中国籍船舶实施安全检查。

对外国籍船舶的安全检查,由中华人民共和国港务监督局批准的港务监督实施。

第四条　适用本规则的中国籍船舶必须配有《船舶安全检查记录簿》,并应在办理船舶进出口岸手续或进出港签证时出示。《船舶安全检查记录簿》用完应在船上保存一年。《船舶安全检查记录簿》由港务(航)监督机关核发。

外国籍船舶,应在办理进港查验手续时出示《亚太地区港口国监督检查报告》。

第二章　检　　查

第五条　对船舶的安全检查，于船舶在港口停泊或作业期间进行。禁止对在航船舶进行安全检查，但法律、行政法规另有规定的除外。

第六条　对中国籍船舶的安全检查，以我国有关法律、法规、规章、技术规范和我国认可的有关国际公约为依据；对外国籍船舶的安全检查，以我国有关法律、法规和我国加入的有关国际公约以及《亚太地区港口监督谅解备忘录》为依据。

第七条　对船舶安全检查的内容包括：

（一）船舶证书及有关文件、资料；（二）船员及其配备；（三）救生设备；（四）消防设备；（五）事故预防；（六）一般安全设施；（七）报警设施；（八）货物积载及其装卸设备；（九）载重线要求；（十）系泊设施；（十一）推进和辅助机械；（十二）航行设备；（十三）无线电设备；（十四）防污染设备；（十五）液货装载设施；（十六）船员对与其岗位职责相关的设施、设备的实际操作能力。

第八条　检查人员进行船舶安全检查时，应向船方出示检查工作证件。船长（驾长）应如实报告船舶的安全状况，并指派有关船员陪同检查。陪同检查的船员应按检查人员的要求，调试和操纵有关设备，回答有关问题。

第九条　对中国籍船舶进行安全检查后，检查人员应在《船舶安全检查记录簿》内填写船舶安全检查记录，并签发《船舶安全检查通知书》，注明所查项目、发现的缺陷及处理意见，签名并加盖船舶安全检查专用章。

《船舶安全检查通知书》一式三份，一份留在《船舶安全检查记录簿》内，一份寄船舶所有人或经营人，一份由港务（航）监督存查。

第十条　对外国籍船舶进行安全检查后，检查人员应签发《亚太地区港口国监督检查报告》，签名并加盖船舶安全检查专用章。

《亚太地区港口国监督检查报告》一式两份，一份交船长，一份由港务监督存查并视情况将其副本送交船旗国主管当局和国际海事组织。

第十一条 经港务(航)监督安全检查的中国籍船舶和经《亚太地区港口国监督谅解备忘录》成员海事当局检查的外国籍船舶,一般6个月内不再检查。但下列船舶不受6个月的限制:

(一)国际航行的客船、滚装船、散货船以及油船、液化气船、散装化学品船;(二)新发现存在若干缺陷的;(三)发生重大水上交通事故的;(四)被举报低于标准要求的;(五)中华人民共和国港务监督局指定需要检查的。

第三章 处 理

第十二条 船舶必须按照《船舶安全检查通知书》或《亚太地区港口国监督检查报告》的要求,对存在的缺陷予以纠正和改善,并申请复查。

第十三条 检查人员要求船舶在指定港口纠正缺陷的,船舶在离开指定港口前应当纠正。指定港口为中国港口的,船舶应在离港前申请复查、指定港口为外国港口的,中国籍船舶应在抵达中国第一港口时申请复查。

第十四条 船舶存在的缺陷危及船舶、船员及旅客和水上交通安全或者可能造成水域严重污染的,按照中华人民共和国港务监督局规定的程序报经批准后,执行检查的港务(航)监督签发《禁止离港通知书》,禁止船舶离港。

第十五条 被禁止离港的船舶在纠正缺陷后,经执行检查的港务(航)监督复查合格,报经原批准禁止离港的机关同意,签发《解除禁止离港通知书》。

第四章 法律责任

第十六条 有下列行为之一的,港务(航)监督对违法船舶处以750元至1万元罚款,对违法人员处以20元至1000元罚款。

(一)拒绝或阻挠安全检查;

(二)弄虚作假欺骗检查人员;

(三)涂改或故意损毁《船舶安全检查记录簿》或《亚太地区港口国监督检查报告》;

(四)未按《船舶安全检查通知书》或《亚太地区港口国监督检查报告》的处理意见纠正缺陷;

(五)未按要求申请复查。

第十七条 中国籍船舶未按规定配备《船舶安全检查记录簿》的,港务(航)监督对违法船舶处以1000元罚款,并责成限期改正。

第十八条 各港务(航)监督及检查人员,应当严格按照本规则的规定认真实施检查。对玩忽职守、滥用职权者,由上一级机关给予行政处分。

第十九条 检查人员应当运用良好的专业知识对船舶存在的缺陷作出判断并进行处理,避免对船舶造成不适当延误。

船方认为作出禁止船舶离港处理不适当的,可以向上级港务(航)监督机关申请行政复议,或向有管辖权的法院提起诉讼。

第五章 附 则

第二十条 船舶因存在缺陷按要求需在纠正后申请复查的,应按规定交纳复查费用并负担相应的交通费用。

第二十一条 中国籍200总吨或750千瓦以下海船、50总吨或36.8千瓦以下内河船舶的安全检查办法,由中华人民共和国港务监督局另行规定。

第二十二条 船舶安全检查所使用的记录簿、报告书及通知书等文书,由中华人民共和国港务监督局统一印制。

第二十三条 本规则由中华人民共和国交通部负责解释。

第二十四条 本规则自1998年3月1日起施行。

海上滚装船舶安全监督管理规定

（交通部令2002年第1号　2002.05.30）

第一章　总　　则

第一条　为了加强海上滚装船舶安全监督管理，保障海上人命和财产安全，根据有关法律和行政法规，制定本规定。

第二条　本规定适用于中华人民共和国管辖海域内滚装船舶（以下简称“滚装船舶”）的安全监督管理活动。

第三条　本规定下列用语的含义是：

（一）“滚装船舶”，是指具有滚装装货处所或者装车处所的船舶，包括滚装客船和滚装货船。

（二）“滚装客船”，是指具有乘客定额证书且核定乘客定额（包括车辆驾驶员）12人以上的滚装船舶。

（三）“滚装货船”，是指滚装客船以外的且核定乘客定额（包括车辆驾驶员）11人以下的其他滚装船舶。

（四）“装货处所”，是指滚装船舶内可供滚装方式装载货物的处所，以及通往该处所的围壁通道。

（五）“装车处所”，是指滚装船舶的有隔离舱壁的甲板以上或者甲板以下用作装载机动车、非机动车并可以让车辆进出的围蔽处所。

第四条　各级海事管理机构依据有关法律、行政法规和本规定具体负责滚装船舶安全监督管理工作。

第二章　滚装船舶运输经营人

第五条　从事滚装船舶运输的经营人（以下简称“滚装船舶

经营人”)及其他从业人员,应当根据国家有关规定,取得相应的从业资质。

第六条 滚装客船经营人应当加强对滚装船舶的安全管理,根据国家有关规定建立和不断完善安全管理体系,并经海事管理机构审核认可,取得安全管理体系符合证明。

第七条 滚装船舶经营人应当综合考虑滚装船舶的技术状况、航区自然环境、航行时间和航线特点等因素,提出滚装船舶安全开航限制条件,申请国家海事管理机构认可的船舶检验机构核准,并报船籍港、船舶服务航线的始发港和目的港海事管理机构备案。

滚装船舶经营人应当严格执行滚装船舶安全开航限制条件,合理调度和使用滚装船舶。

第八条 滚装船舶经营人应当综合考虑滚装船舶车辆舱的承载能力、系固能力,确定承运车辆的最大重量和尺度,以及可以承运的车载货物品种,并报国家海事管理机构认可的船舶检验机构核定。

第九条 滚装船舶经营人应当制定滚装船舶系固手册,明确滚装船舶系固的具体方案和要求,并报滚装船舶经营人所在地、船籍港所在地的海事管理机构和港口主管部门备案。

第十条 滚装船舶经营人应当制定滚装船舶艏部、艉部及侧面水密门安全操作程序,并指定专人负责滚装船舶艏部、艉部及侧面水密门的开启和关闭。

第十一条 滚装船舶经营人应当在经营滚装船舶的公共场所用明显标志标明消防、救生演示图,滚装船舶应急通道及有关应急措施,并为滚装船舶配备适量的消防、救生手册,供司机、旅客阅览。

第十二条 滚装船舶经营人应当制定航行、停泊和作业巡检制度,明确巡检范围、巡检程序、安全隐患报告程序和处理应急情况措施以及巡检人员的岗位责任。

第十三条 滚装船舶经营人应当定期组织滚装船舶进行应急演习。其中滚装客船每月不得少于2次,滚装货船每月不得少于1次。

第十四条 滚装船舶经营人应当根据国家有关规定,配备足够的并持有有效适任证书或者证件的船员,不得使用不合格的船员。

第十五条 滚装船舶经营人应当加强对船员的技术培训和安全教育,不得指使、强令船员违规作业。

第十六条 滚装船舶经营人应当确保船长在滚装船舶安全与防污染方面有独立决策的权力。

第三章 滚装船舶、船员

第十七条 滚装客船应当持有安全管理证书和本规定第六条规定的安全管理体系符合证明副本,并配备航行数据记录仪。

滚装船舶应当按照《船舶与海上设施法定检验技术规则》、《船舶消防管理和检验技术要求》等有关技术标准,配备足够的消防设备和救生设备。

第十八条 滚装船舶应当经常检查、维护和保养船舶疏排水系统、电路系统、应急系统、救生系统和消防系统等,确保其处于良好的技术状态。

第十九条 滚装船舶应当对装车处所进行有效通风和通风控制,并根据具体情况对特种处所规定每小时换气次数。

第二十条 滚装船舶的装车处所应当用明显标志标明车辆装载位置,并对车辆装载位置进行编号。

滚装船舶应当严格控制货载分布,保持装载平衡。

第二十一条 滚装船舶不得承运不具备安全运输条件的车辆。滚装船舶积载车辆应当符合船舶检验机构核定的车辆舱的承载能力、装载尺度,并按滚装船舶系固手册系固车辆。

滚装船舶进行水路滚装运输,吃水不得超过核定的载重线。

第二十二条 滚装船舶装载车辆,应当指定专人对车辆装载的安全状况进行检查,填写《滚装船舶车辆安全装载记录》(见附件一),并随船保留,以备查验。

第二十三条 滚装船舶不得承运下列货物:

(一)不符合国家有关规定的货物;

(二)不符合滚装船舶经营人制定的车辆积载和系固手册的

货物。

第二十四条 滚装船舶载运危险货物或者装载危险货物的车辆，应当按照有关规定向海事管理机构等部门申报。

禁止滚装客船载运任何危险货物。

第二十五条 滚装客船应当在明显位置标明乘客定额和客舱处所。

严禁滚装客船超额出售客票。

禁止在滚装船舶的船员起居处、车辆舱、安全通道及其他非客舱处所载运旅客。

第二十六条 滚装船舶开航前，应当按照《海上运输船舶安全开航技术要求》和滚装船舶艏部、艉部及侧面水密门安全操作程序，对所装载的旅客、货物、车辆情况及滚装船舶的安全设备、艏部、艉部、侧面水密门等情况进行全面检查，并如实记录。

滚装船舶按本条前款规定完成检查并确认符合有关安全要求时，由船长签署《船长开航前声明》（见附件二），并在办理出港签证时将《船长开航前声明》与《滚装船舶车辆安全装载记录》一起交海事管理机构备案。

第二十七条 滚装船舶开航后，应当立即向司机、旅客说明消防、救生手册所处位置和滚装船舶应急通道及有关应急措施。

滚装船舶在航行中应当加强巡检。如发现安全隐患，应当及时采取有效措施予以消除；不能及时消除的，应当向滚装船舶经营人报告。必要时，还应当向海事管理机构报告。

第二十八条 遇有不符合滚装船舶安全开航限制条件的大风、大浪等恶劣天气和海况，滚装船舶不得开航。

滚装船舶在航行中遭遇大风浪等恶劣气候和海况时，应当谨慎操纵和作业，加强巡查，加固货物、车辆，防止货物、车辆位移或者碰撞，并及时向滚装船舶经营人和海事管理机构报告有关情况。

第二十九条 滚装客船的船员应当按照《中华人民共和国客船、滚装客船船员特殊培训、考试和发证办法》及其他有关规定，经过相应的专门培训，并经海事管理机构考试合格，取得相应的适任证书或者证件的签注后，方可上船任职。滚装客船的高级船员还应当符合下列相应条件：

（一）滚装客船的船长、大副，具备在相应等级的滚装船舶实际担任船长、大副不少于12个月，或者在相应等级的海船实际担任船长、大副不少于24个月。

（二）滚装客船的轮机长、轮机员和其他驾驶员，具备在相应等级的海船实际担任相应职务不少于12个月。

第三十条 滚装船舶的船员，应当熟悉滚装船舶安全管理体系，掌握相关的安全操作程序。

滚装船舶的船员，应当熟悉滚装船舶的救生和消防设备配备情况和使用方法，熟悉滚装船舶应急反应程序和应急措施。

滚装船舶的船员值班，应当严格遵守《中华人民共和国海船船员值班规则》。

第四章 滚装船舶检验

第三十一条 建造或者改建滚装船舶，应当遵守国家有关规定，并向国家海事管理机构认可的船舶检验机构申请建造检验。

第三十二条 购买外国籍滚装船舶或者以光船租赁条件租赁外国籍滚装船舶改为中国籍滚装船舶从事滚装运输，应当符合国家有关规定和交通部关于老旧船舶的管理规定，并向国家海事管理机构认可的船舶检验机构申请初次检验。

第三十三条 滚装船舶投入使用后，应当按照国家有关规定向国家海事管理机构认可的船舶检验机构申请定期检验。

第三十四条 滚装船舶达到国家规定的特别定期检验的船

龄,继续从事滚装运输的,应当向国家海事管理机构认可的船舶检验机构申请特别定期检验。

第三十五条 滚装船舶有下列情形之一的,应当及时申请临时检验:

(一)发生水上交通事故,影响适航性能的;

(二)改变船舶检验证书所限定的用途或航区的;

(三)原有船舶检验证书失效的;

(四)涉及船舶安全的修理或者改装;

(五)法律、行政法规和交通部规章规定的其他情形。

海事管理机构发现滚装船舶技术状况可能影响海上交通安全,应当责成滚装船舶所有人或者经营人向国家海事管理机构认可的船舶检验机构申请临时检验。

第三十六条 滚装船舶使用的有关海上交通安全的重要设备、部件和材料,应当向国家海事管理机构认可的船舶检验机构申请检验。

第三十七条 船舶检验机构实施滚装船舶有关检验时,应当注重对下列事项予以测定或者核定:

(一)滚装船舶船艏、船艉和侧面水密门的性能;

(二)滚装船舶车辆舱的承载能力,包括最大重量和尺度;

(三)滚装船舶装车处所、客舱等重要部位的消防系统和电路系统;

(四)滚装船舶系索、地铃、天铃及其他系固附属设备的最大系固负荷;

(五)滚装船舶车辆和货物系固手册;

(六)滚装船舶安全开航限制条件;

(七)滚装船舶救生系统和应急系统;

(八)法律、行政法规和交通部规章规定的其他应当重点检验的事项。

第三十八条 滚装船舶经检验合格后,由船舶检验机构签发相应的船舶检验证书。

未按规定申请检验或者经检验不合格的滚装船舶，不得继续从事滚装运输。

第三十九条 禁止使用已经报废的滚装船舶从事滚装旅客、货物运输。

第五章 车辆、货物和乘客

第四十条 车辆搭乘滚装船舶，应当出示车辆行驶证和驾驶证，并填写滚装船舶车辆安全装载记录，如实申报车辆及其装载货物的名称、性质、重量和体积等情况。

第四十一条 搭乘滚装船舶的车辆，应当处于良好技术状态。

制动、转向系统不良或者有其他影响安全行驶故障的车辆不得搭乘滚装船舶。

第四十二条 搭乘滚装船舶的车辆，应当对所载货物绑扎牢固，适合水路滚装运输。

装载危险货物的车辆不得与客车搭乘同一艘滚装船舶。

第四十三条 搭乘滚装船舶的车辆，应当按指定的区域、类型和抵达港口先后次序排队停放，等候装船。

第四十四条 车辆驶上或者驶离船舶时，应当听从港口管理人员、滚装船舶船员的指挥，采用安全速度按顺序行驶。

车辆进入船舱指定的车位后，司机应当关闭发动机，使车辆处于制动状态。

第四十五条 客车搭乘滚装客船，应当让乘客先下车后，方可驶上滚装客船。

滚装客船到达目的港，应当让乘客先下滚装客船，待客车驶离滚装客船后，乘客方可上车。

第四十六条 滚装船舶在航行中，司机和旅客不得留在车内，也不得在装货处所和装车处所走动、停留。

第六章 监督检查

第四十七条 海事管理机构应当依法履行职责，加强对滚装船舶安全的日常监督检查和定期监督检查。

海事管理机构应当按照有关规定到港口现场办理滚装客船的出港签证。

海事管理机构在办理滚装货船的出港签证时，应当登轮检查搭载的乘客（包括车辆驾驶员）数量，使其不超过11人。

第四十八条 滚装船舶有下列情形之一的，海事管理机构应当责令滚装船舶立即纠正或者限期纠正；开航前仍未纠正影响航行安全的，海事管理机构不得为其办理出港签证手续：

（一）不符合安全适航条件；

（二）船员不符合本规定第三章的有关要求；

（三）滚装货船载客不符合要求的；

（四）没有按照安全管理体系进行有效运转；

（五）未按《海船船员值班规则》实施值班；

（六）法律、行政法规和交通部规章规定的其他不得办理出港签证的情形。

第四十九条 海事管理机构对滚装船舶安全情况实施定期监督检查，至少每3个月进行一次。

第五十条 海事管理机构对滚装船舶实施定期监督检查，应当进入滚装船舶和经营场所，重点检查以下内容：

（一）滚装船舶重要安全设备的技术状态；

（二）滚装船舶配员情况；

（三）滚装船舶装载情况；

（四）滚装船舶经营人及其船舶安全管理体系运转情况；

（五）滚装船舶安全应急措施；

（六）滚装船舶船长、船员的应急应变能力。

第五十一条 海事管理机构发现滚装船舶有安全隐患，应当责令滚装船舶经营人立即消除或者限期消除;不立即消除或者逾期不消除的,应当依法采取责令临时停航、改航、禁止离港等强制性措施。

海事管理机构发现滚装船舶船长、船员的任职资格和安全操作技能不符合国家有关规定,应当责令滚装船舶经营人调换船长、船员。

第五十二条 县级以上人民政府交通主管部门对滚装船舶旅客售票情况和车辆办理情况等进行检查,不符合国家有关规定的,应当责令其改正。

第五十三条 海事管理机构和县级以上人民政府交通主管部门依法对滚装船舶监督检查和安全管理,任何单位和个人不得拒绝、阻挠或者隐瞒有关情况。

第七章 罚 则

第五十四条 违反本规定有关海上交通安全管理的规定,由海事管理机构按照有关法律、行政法规和交通部规章给予行政处罚。

第五十五条 违反本规定,超额出售客票的,由交通主管部门处以3万元以下的罚款。

第五十六条 违反本规定,车辆搭乘滚装船舶不按规定办理有关手续,或者采取欺骗方式使不适于滚装船舶装载的车辆、货物搭乘滚装船舶,或者不听从港口管理人员指挥的,由交通主管部门处以3万元以下的罚款。

第五十七条 海事管理机构、交通主管部门的工作人员滥用职权、徇私舞弊、玩忽职守等严重失职的,由所在单位或者上级机关给予行政处分;构成犯罪的,依法追究刑事责任。

第八章 附 则

第五十八条 本规定自2002年7月1日起施行。

中华人民共和国船舶最低安全配员规则

（交通部令2004年第7号　2004.06.30）

第一章　总　则

第一条　为确保船舶的船员配备，足以保证船舶安全航行、停泊和作业，防治船舶污染环境，依据《中华人民共和国海上交通安全法》、《中华人民共和国内河交通安全管理条例》和中华人民共和国缔结或者参加的有关国际条约，制定本规则。

第二条　中华人民共和国国籍的机动船舶的船员配备和管理，适用本规则。

本规则对外国籍船舶作出规定的，从其规定。

军用船舶、渔船、体育运动船艇以及非营业的游艇，不适用本规则。

第三条　中华人民共和国海事局是船舶安全配员管理的主管机关。各级海事管理机构依照职责负责本辖区内的船舶安全配员的监督管理工作。

第四条　本规则所要求的船舶安全配员标准是船舶配备船员的最低要求。

第五条　船舶所有人（或者其船舶经营人、船舶管理人，下同）应当按照本规则的要求，为所属船舶配备合格的船员，但是并不免除船舶所有人为保证船舶安全航行和作业增加必要船员的责任。

第二章　最低安全配员原则

第六条　确定船舶最低安全配员标准应综合考虑船舶的种

类、吨位、技术状况、主推进动力装置功率、航区、航程、航行时间、通航环境和船员值班、休息制度等因素。

第七条 船舶在航行期间，应配备不低于按本规则附录一、附录二、附录三所确定的船员构成及数量。高速客船的船员最低安全配备应符合交通部颁布的《高速客船安全管理规则》(交通部令1996年第13号)的要求。

第八条 本规则附录一、附录二、附录三列明的减免规定是根据各类船舶在一般情况下制定的，海事管理机构在核定具体船舶的最低安全配员数额时，如认为配员减免后无法保证船舶安全时，可不予减免或者不予足额减免。

第九条 船舶所有人可以根据需要增配船员，但船上总人数不得超过经中华人民共和国海事局认可的船舶检验机构核定的救生设备定员标准。

第三章 最低安全配员管理

第十条 中国籍船舶应当按照本规则的规定，持有海事管理机构颁发的《船舶最低安全配员证书》。

在中华人民共和国内水、领海及管辖海域的外国籍船舶，应当按照中华人民共和国缔结或者参加的有关国际条约的规定，持有其船旗国政府主管机关签发的《船舶最低安全配员证书》或者等效文件。

第十一条 船舶所有人应当在申请船舶国籍登记时，按照本规则的规定，对其船舶的最低安全配员如何适用本规则附录相应标准予以陈述，并可以包括对减免配员的特殊说明。

海事管理机构应当在依法对船舶国籍登记进行审核时，核定船舶的最低安全配员，并在核发船舶国籍证书时，向当事船舶配发《船舶最低安全配员证书》。

第十二条 在境外建造或者购买并交接的船舶，船舶所有人应持船舶买卖合同或者建造合同及交接文件、船舶技术和其他相关资料的副本(复印件)到所辖的海事管理机构办理《船舶最低安全配员证书》。

第十三条 海事管理机构核定船舶最低安全配员时,除查验有关船舶证书、文书外,可以就本规则第六条所述的要素对船舶的实际状况进行现场核查。

第十四条 船舶在航行、停泊、作业时,必须将《船舶最低安全配员证书》妥善存放在船备查。

船舶不得使用涂改、伪造以及采用非法途径或者舞弊手段取得的《船舶最低安全配员证书》。

第十五条 船舶所有人应当按照本规则的规定和《船舶最低安全配员证书》载明的船员配备要求,为船舶配备合格的船员。

第十六条 船舶所有人应当在《船舶最低安全配员证书》有效期截止前1年以内,或者在船舶国籍证书重新核发或者相关内容发生变化时,凭原证书到船籍港的海事管理机构办理换发证书手续。

第十七条 证书污损不能辨认的,视为无效,船舶所有人应当向所辖的海事管理机构申请换发。证书遗失的,船舶所有人应当书面说明理由,附具有关证明文件,到船籍港的海事管理机构办理补发证书手续。

换发或者补发的《船舶最低安全配员证书》的有效期,不超过原发的《船舶最低安全配员证书》的有效期。

第十八条 船舶状况发生变化需改变证书所载内容时,船舶所有人应当到船籍港的海事管理机构重新办理《船舶最低安全配员证书》。

第十九条 在特殊情况下,船舶需要在船籍港以外换发或者补发《船舶最低安全配员证书》,经船籍港海事管理机构同意,船舶当时所在港口的海事管理机构可以按照本规定予以办理并通报船籍港海事管理机构。

第四章 监督检查

第二十条 中国籍、外国籍船舶在办理进、出港口或者口岸手续时,应当交验《船舶最低安全配员证书》。

第二十一条 中国籍、外国籍船舶在停泊期间,均应配备足够的掌握相应安全知识并具有熟练操作能力能够保持对船舶及设备进行安全操纵的船员。

无论何时,500 总吨及以上(或者 750 千瓦及以上)海船、600 总吨及以上(或者 441 千瓦及以上)内河船舶的船长和大副,轮机长和大管轮不得同时离船。

第二十二条 船舶未持有《船舶最低安全配员证书》或者实际配员低于《船舶最低安全配员证书》要求的,对中国籍船舶,海事管理机构应当禁止其离港直至船舶满足本规则要求;对外国籍船舶,海事管理机构应当禁止其离港,直至船舶按照《船舶最低安全配员证书》的要求配齐人员,或者向海事管理机构提交由其船旗国主管当局对其实际配员作出的书面认可。

第二十三条 对违反本规则的船舶和人员,依法应当给予行政处罚的,由海事管理机构依据有关法律、行政法规和规章的规定给予相应的处罚。

第二十四条 海事管理机构的工作人员滥用职权、徇私舞弊、玩忽职守的,由所在单位或者上级机关给予行政处分;构成犯罪的,依法追究刑事责任。

第五章 附 则

第二十五条 《船舶最低安全配员证书》由中华人民共和国海事局统一印制。

《船舶最低安全配员证书》的编号应与船舶国籍证书的编号一致。《船舶最低安全配员证书》有效期的截止日期与船舶国籍证书有效期的截止日期相同。

第二十六条 本规则附录一、附录二、附录三的内容,可由中华人民共和国海事局根据有关法律、行政法规和相关国际公约进行修改。

第二十七条 本规则自 2004 年 8 月 1 日起施行。

附录一

海船、轮机部和客运部最低安全配员表

<table>
<tr><th colspan="5">甲　板　部</th></tr>
<tr><th colspan="2">船舶种类、航区、吨位或功率</th><th>一般规定</th><th>附加规定</th></tr>
<tr><td rowspan="4">一般船舶</td><td>3000GT 及以上</td><td>船长、大副、二副、三副各 1 人，值班水手 3 人</td><td>航程不超过 300 海里或连续航行时间不超过 36 小时，可减免三副和值班水手各 1 人</td></tr>
<tr><td>500GT 及以上至未满 3000GT</td><td>船长、大副、二副各 1 人，值班水手 3 人</td><td>连续航行时间不超过 36 小时，可减免值班水手 1 人；连续航行时间不超过 8 小时，可再减免二副 1 人</td></tr>
<tr><td>100GT 及以上至未满 500GT</td><td>船长、三副各 1 人，值班水手 2 人</td><td>连续航行时间超过 36 小时，须增加驾驶员 1 人</td></tr>
<tr><td>未满 100GT</td><td>驾驶员（国际航行船舶为船长）1 人，值班水手 1 人</td><td>限白天航行且连续航行时间不超过 8 小时。夜间航行或连续航行时间超过 8 小时，须增加驾驶员 1 人</td></tr>
<tr><td rowspan="3">客船</td><td>500GT 及以上</td><td>（1）船长、大副、二副、三副各 1 人，值班水手 3 人。
（2）配有与救生艇数量相等的持有救生艇员证书的人员（不包括船长和大副）</td><td>连续航行时间不超过 8 小时，可减免三副和值班水手各 1 人</td></tr>
<tr><td>100GT 及以上至未满 500GT</td><td>（1）船长、三副 1 人，值班水手 2 人。
（2）同上</td><td>连续航行时间超过 8 小时，须增加二副 1 人</td></tr>
<tr><td>未满 100GT</td><td>（1）船长 1 人，值班水手 1 人。
（2）同上</td><td>限白天航行且连续航行时间不超过 2 小时。连续航行时间超过 2 小时，须增加二副 1 人</td></tr>
</table>

续上表

船舶种类、航区、吨位或功率			一般规定	附加规定
拖轮	海上	3000kW 及以上	船长、大副、二副、三副各 1 人,值班水手 3 人	连续航行时间不超过 36 小时,可减免二副、值班水手各 1 人;连续航行时间不超过 8 小时,可再减免三副 1 人
		3000kW 以下	船长、三副各 1 人,值班水手 2 人	连续航行时间超过 8 小时,须增加二副 1 人
	港内	750kW 及以上	船长、驾驶员各 1 人,值班水手 2 人	
		未满 750kW	驾驶员 1 人,值班水手 1 人	
轮机部				
	航区和功率		一般规定	附加规定
所有船舶	海上	3000kW 及以上	轮机长、大管轮、二管轮、三管轮各 1 人,值班机工 3 人	(1)连续航行时间不超过 36 小时,可减免三管轮和值班机工各 1 人。 (2)AUT-0 自动化机舱可减免二管轮、三管轮和值班机工 2 人。 (3)AUT-1 自动化机舱可减免三管轮和值班机工 2 人。 (4)BRC 半自动化机舱可减免值班机工 2 人
		750kW 及以上至未满 3000kW	轮机长、大管轮各 1 人、值班机工 2 人	连续航行时间超过 16 小时,须增加轮机员 1 人和值班机工 1 人(自动化机舱及 BRC 半自动化机舱除外)
		220kW 及以上至未满 750kW	轮机长、轮机员各 1 人,值班机工 2 人	连续航行时间超过 36 小时,须增加二管轮 1 人(自动化机舱及 BRC 半自动化机舱除外)
		未满 220kW	轮机长,值班机工各 1 人(机驾合一的免)	连续航行时间超过 4 小时,须增加轮机员 1 人(机驾合一的免)

续上表

<table>
<tr><th colspan="2">船舶种类、航区、吨位或功率</th><th>一般规定</th><th>附加规定</th></tr>
<tr><td>所有船舶</td><td>港内</td><td>三管轮 1 人，值班机工 1 人</td><td></td></tr>
<tr><td colspan="4">客 运 部</td></tr>
<tr><td colspan="2">客船</td><td colspan="2">按船舶载客定额，每 50 名乘客配客运部人员 1 名；航程不超过 40 海里或航行时间不超过 4 小时的，可按每 100 名乘客配客运部人员 1 名；航程不超过 10 海里或航行时间不超过 1 小时的，可按每 150 名乘客配客运部人员 1 名；航程不超过 5 海里或航行时间不超过 0.5 小时的，可按每 200 名乘客配客运部人员 1 名</td></tr>
</table>

注：1. 值班水手、值班机工均为持有值班水手、值班机工适任证书者；

2. 客运部人员包括乘警、船医、厨工及旅客服务员；

3. 国际航行船舶的机舱自动化程度按其轮机入级证书载明情况为准；国内航行船舶的机舱自动化程度按照船舶检验证书簿载明情况为准，主推进装置驾驶室遥控的可按半自动化机舱进行减免。

4. 轮机部可按航行时间减免，或按机舱自动化程度减免，但不应按航行时间和机舱自动化程度同时减免；

5. 核定乘客人数 12 人及以上的特种用途船舶，按客船要求核定配员。

6. 废钢船需航行时按其检验时的船舶种类及相关参数核定配员，不适用减免规定；

7. 船舶在中途港或海上作业点停留时间不超过 4 小时的，计入连续航行时间。

附录二

海船无线电人员最低安全配员表

海区	GMDSS 设备	
A1	兼职 GMDSS 限用操作员 1 人	
A2	专职 GMDSS 通用操作员 1 人或兼职 GMDSS 通用操作员 2 人	
A3 和 A4	双套	专职 GMDSS 通用操作员 1 人或兼职 GMDSS 通用操作员 2 人
	单套	专职 GMDSS 无线电电子员 1 人

注:1. A1、A2、A3 和 A4 海区是指 1974 年国际海上人命安全公约 1988 年修正案所界定的区域。

2. 经船检部门批准暂未配备 GMDSS 设备的,可暂不配备 GMDSS 操作员。

3. 船舶在未设有 GMDSS 岸上设施的水域航行,经该水域辖区的海事管理机构报主管机关批准后,可暂免予配备 GMDSS 操作员。

4. 500GT 以下船舶(仅航行在 A2 海区)可配兼职 GMDSS 通用操作员 1 人;300GT 及以下船舶免配 GMDSS 操作员。

附录三

内河船舶甲板部、轮机部和客运部最低安全配员表

船舶等级		1600 总吨及以上或 1500 千瓦及以上	600 总吨及以上至未满 1600 总吨或 441 千瓦及以上至未满 1500 千瓦	200 总吨及以上至未满 600 总吨或 147 千瓦及以上至未满 441 千瓦	200 总吨或 147 千瓦以下
甲板部					
一般船舶	一般规定	船长 1 人 大副、二副、三副各 1 人 水手 3 人	船长、大副、二副各 1 人 水手 2 人	船长 1 人 驾驶员 1 人 水手 1 人	驾驶员 1 人(机驾合一的,为驾机员 1 人)
	附加规定	(1)连续航行时间不超过 16 小时的可减免驾驶员和水手各 1 人 (2)连续航行时间不超过 8 小时,可再减免驾驶员 1 人	连续航行时间不超过 16 小时的可减免驾驶员 1 人	连续航行时间不超过 6 小时的,可减免驾驶员 1 人	连续航行时间超过 6 小时的,须增加驾驶员 1 人(机驾合一的,为驾机员 1 人)
客船	一般规定	船长、大副各 1 人、二副 2 人(JJ 航段配船长 1 人、大副 3 人) 水手 3 人	船长、大副、二副各 1 人(JJ 航段配船长 1 人、大副 2 人) 水手 2 人	船长 1 人、驾驶员 2 人,水手 1 人	驾驶员 1 人(机驾合一的,为驾机员 1 人),水手 1 人

续上表

<table>
<tr><td colspan="2">船舶等级</td><td>1600 总吨及以上或 1500 千瓦及以上</td><td>600 总吨及以上至未满 1600 总吨或 441 千瓦及以上至未满 1500 千瓦</td><td>200 总吨及以上至未满 600 总吨或 147 千瓦及以上至未满 441 千瓦</td><td>200 总吨或 147 千瓦以下</td></tr>
<tr><td>一般规定</td><td>附加规定</td><td>(1)连续航行时间不超过 8 小时的可减免驾驶员和水手各 1 人
(2)连续航行时间不超过 4 小时,可再减免驾驶员 1 人</td><td>连续航行时间不超过 8 小时的可减免驾驶员 1 人</td><td>同左</td><td>连续航行时间超过 4 小时的,须增加驾驶员 1 人(机驾合一的,为驾机员 1 人)</td></tr>
<tr><td colspan="6">轮 机 部</td></tr>
<tr><td rowspan="2">所有船舶</td><td>一般规定</td><td>轮机长、大管轮、二管轮、三管轮各 1 人
机工 3 人</td><td>轮机长 1 人
轮机员 2 人
机工 2 人</td><td>轮机长 1 人
轮机员 1 人
机工 1 人</td><td>轮机员 1 人(机驾合一的,为机工 1 人)</td></tr>
<tr><td>附加规定</td><td>(1)连续航行时间不超过 16 小时的可减免轮机员和机工各 1 人
(2)连续航行时间不超过 8 小时可再减免轮机员 1 人
(3)自动化机舱可减免轮机员 2 人、机工 3 人</td><td>(1)连续航行时间不超过 16 小时的可减免轮机员和机工各 1 人
(2)自动化机舱可减免轮机员 1 人、机工 2 人</td><td>(1)连续航行时间不超过 8 小时的可减免机工 1 人
(2)驾机合一的可减免轮机员 1 人</td><td>连续航行时间超过 4 小时的,须增加轮机员 1 人(驾机合一的免)</td></tr>
</table>

续上表

船舶等级	1600 总吨及以上或 1500 千瓦及以上	600 总吨及以上至未满 1600 总吨或 441 千瓦及以上至未满 1500 千瓦	200 总吨及以上至未满 600 总吨或 147 千瓦及以上至未满 441 千瓦	200 总吨或 147 千瓦以下
客运部				
客船	按船舶载客定额,每 50 名乘客配客运部人员 1 名;航程不超过 80 公里或航行时间不超过 4 小时的,可按每 100 名乘客配客运部人员 1 名;航程不超过 20 公里或航行时间不超过 1 小时的,可按每 150 名乘客配客运部人员 1 名;航程不超过 10 公里或航行时间不超过 0.5 小时的,可按每 200 名乘客配客运部人员 1 名			

注:1. 驾驶员可由船长、大副、二副、三副担任。

2. 轮机员可由轮机长、大管轮、二管轮、三管轮担任。
3. 200 总吨及以上至未满 600 总吨或 147 千瓦及以上至未满 441 千瓦的港内作业船舶或航行时间不超过 30 分钟的,对江渡船可配备驾驶员、轮机员各 1 人、水手 2 人、机工 1 人。
4. 轮机部可按航行时间减免,或按机舱自动化程度减免,但不应按航行时间和机舱自动化程度同时减免。
5. 没有核定总吨的船舶参照载重吨与总吨的比例掌握。拖轮按主推进动力装置功率确定等级。
6. 核定乘客人数 12 人及以上的特种用途船舶,按客船要求核定配员。
7. 废钢船需航行时按其检验时的船舶种类及相关参数核定配员,不适用减免规定。
8. 船舶在中途港或海上作业点停留时间不超过 2 小时的,计入连续航行时间。

中华人民共和国高速客船安全管理规则

（交通部令 2006 年第 4 号　2006.02.24）

第一章　总　　则

第一条　为加强对高速客船的安全监督管理，维护水上交通秩序，保障人命财产安全，依据《中华人民共和国海上交通安全法》、《中华人民共和国内河交通安全管理条例》等有关法律和行政法规，制定本规则。

第二条　本规则适用于在中华人民共和国通航水域航行、停泊和从事相关活动的高速客船及船舶所有人、经营人和相关人员。

第三条　中华人民共和国海事局是实施本规则的主管机关。各海事管理机构负责在本辖区内实施本规则。

第二章　船　　公　　司

第四条　经营高速客船的船公司应满足《国内船舶运输经营资质管理规定》的要求，取得相应的经营资质。

第五条　船公司从境外购置或光租的二手外国籍高速客船应满足《老旧运输船舶管理规定》的要求。

第六条　船公司在高速客船开始营运前，应以手册形式编制下列资料和指南：

（一）航线运行手册；

（二）船舶操作手册；

（三）船舶维修及保养手册；

（四）培训手册。

上述各项手册所应包含的内容由主管机关确定。

第七条 经营高速客船的船公司应当建立适合高速客船营运特点的安全管理制度，包括为防止船员疲劳的船员休息制度。

第三章 船 舶

第八条 高速客船须经船舶检验合格，并办理船舶登记手续，持有有效的船舶证书。

第九条 高速客船投入营运前，应向主要营运地的海事管理机构申请办理《高速客船操作安全证书》。

申请办理《高速客船操作安全证书》，应提交下列资料：

（一）船舶检验证书；

（二）船舶所有权证书和船舶国籍证书；

（三）船员适任证书和特殊培训合格证；

（四）航线运行手册；

（五）船舶操作手册；

（六）船舶维修及保养手册；

（七）培训手册；

（八）法律、法规规定的其他资料。

海事管理机构对经审核符合要求的，予以签发《高速客船操作安全证书》。高速客船取得该证书后方可投入营运。

高速客船应随船携带最新的适合于本船的航线运行手册、船舶操作手册、船舶维修及保养手册和培训手册。

第十条 高速客船必须按规定要求配备号灯、号型、声响信号、无线电通信设备、消防设备、救生设备和应急设备等。高速客船上所有的设备和设施均应处于完好备用状态。

第四章 船 员

第十一条 在高速客船任职的船员应符合下列要求：

（一）经主管机关认可的基本安全培训并取得培训合格证，其中船长、驾驶员、轮机长、轮机员以及被指定为负有安全操作和旅客安全职责的普通船员还必须通过主管机关认可的特殊培训并取得特殊培训合格证。

（二）船长、驾驶员、轮机长、轮机员按规定持有相应的职务适任证书。

（三）取得高速客船船员职务适任证书者，在正式任职前见习航行时间不少于10小时和20个单航次。

（四）男性船长、驾驶员的年龄不超过60周岁，女性船长、驾驶员的年龄不超过55周岁。

在非高速客船上任职的船员申请高速客船船长、大副、轮机长职务适任证书时的年龄不超过45周岁。

（五）船长、驾驶员的健康状况，尤其是视力、听力和口语表达能力应符合相应的要求。

第十二条　主管机关授权的海事管理机构负责高速客船船员的培训管理和考试、发证工作。有关培训、考试、发证的规定由主管机关颁布实施。

第十三条　高速客船应向办理船舶登记手续的海事管理机构申领最低安全配员证书。高速客船的最低配员标准应满足本规则附录的要求。

第十四条　高速客船驾驶人员连续驾驶值班时间不得超过两个小时，两次驾驶值班之间应有足够的间隔休息时间，具体由当地海事管理机构确定。

第五章　航行安全

第十五条　高速客船航行时应使用安全航速，以防止发生碰撞和浪损。高速客船进出港口及航经特殊航段时，应遵守当地海事管理机构有关航速的规定。

高速客船在航时，须显示黄色闪光灯。

第十六条 高速客船在航时，值班船员必须在各自岗位上严格按职责要求做好安全航行工作。驾驶台负责瞭望的人员必须保持正规的瞭望。无关人员禁止进入驾驶台。

第十七条 高速客船在港口及内河通航水域航行时，应主动让清所有非高速船舶。高速客船在海上航行及高速客船与其他高速船舶之间避让时，应按避碰规则的规定采取措施。高速客船在特殊航段航行时，应遵守海事管理机构公布的特别航行规定。

第十八条 海事管理机构认为必要时可为高速客船推荐或指定航路。高速客船必须遵守海事管理机构有关航路的规定。

第十九条 遇有恶劣天气或能见度不良时，海事管理机构可建议高速客船停航。

第二十条 高速客船应按规定的乘客定额载客，禁止超载。高速客船禁止在未经批准的站、点上下旅客。

第六章 安全保障

第二十一条 高速客船应在专用的码头上下旅客，如需使用非专用码头时，应经海事管理机构审核同意。

第二十二条 高速客船应靠泊符合下列条件的码头：

（一）满足船舶安全靠泊的基本要求；

（二）高速客船靠泊时不易对他船造成浪损；

（三）避开港口通航密集区和狭窄航段；

（四）上下旅客设施符合安全条件；

（五）夜间有足够的照明；

（六）冬季有采取防冻防滑的安全保护措施。

第二十三条 高速客船对旅客携带物品应有尺度和数量限制，旅客的行李物品不得堵塞通道。严禁高速客船载运或旅客携带危险物品。

第二十四条 高速客船应每周进行一次应急消防演习和应急撤离演习，并做好演习记录；每次开航前，应向旅客讲解有关安全须知。

第二十五条　高速客船应建立开航前安全自查制度,制定开航前安全自查表并进行对照检查,海事管理机构可对开航前安全自查表进行监督抽查。

第二十六条　高速客船应按规定办理进出港口手续,并缴纳规费。国内航行的高速客船每天至少应办理一次船舶签证手续,国际航行的高速客船可申请不超过7天的定期进出口岸许可证。

高速客船不得夜航。但航行特殊水域的高速客船确需夜航的,应当向当地海事管理机构申请船舶进出港口许可,经批准后方可夜航。

第二十七条　高速客船发生交通事故、遇险或人员落水,应采取措施积极自救,并立即向就近海事管理机构报告。

第七章　法律责任

第二十八条　违反本规定的,由海事管理机构依照有关法律、行政法规以及交通部的有关规定进行处罚。

第二十九条　高速客船违反本规则经海事管理机构处罚仍不改正的,海事管理机构可责令其停航。

第三十条　海事管理机构工作人员违反规定,滥用职权,玩忽职守,给人民生命财产造成损失的,由所在单位或上级主管机关给予行政处分;构成犯罪的,依法追究其刑事责任。

第八章　附　　则

第三十一条　本规则所述"高速客船"系指载客12人以上,最大航速(米/秒)等于或大于以下数值的船舶:$3.7\ \nabla^{0.1667}$,式中,∇系指对应设计水线的排水体积(立方米)。但不包括在非排水状态下船体由地效应产生的气动升力完全支承在水面上的船舶。

本规则所述"船公司"系指船舶所有人、经营人或者管理人以及其他已从船舶所有人处接受船舶的营运责任并承担船舶安全与防污染管理的所有义务和责任的组织。

第三十二条 外国籍高速客船不适用本规则第二、三、四章的规定,但应满足船旗国主管当局的要求。

第三十三条 本规则未尽事宜,按国家其他有关法规和我国加入的国际公约执行。

第三十四条 本规则由交通部负责解释。

第三十五条 本规则自 2006 年 6 月 1 日起施行。交通部 1996 年 12 月 24 日发布的《中华人民共和国高速客船安全管理规则》(交通部令 1996 年第 13 号)同时废止。

中华人民共和国国际船舶保安规则

（交通部令2007年第2号　2007.03.26）

第一章　总　　则

第一条　为加强国际航行船舶保安管理，根据经过修订的《1974年国际海上人命安全公约》（以下简称“SOLAS公约”）和《国际船舶和港口设施保安规则》（以下简称“ISPS规则”）的规定，制定本规则。

第二条　本规则适用于下列从事国际航行的中国籍船舶和从事国际航运业务的中国公司以及进入中国管辖海域的外国籍船舶：

（一）客船；

（二）500总吨及以上的货船；

（三）500总吨及以上的特种用途船；

（四）移动式海上钻井装置。

适用本规则的船舶以下简称船舶。

本规则不适用于军用船舶和仅用于政府公务用途的船舶。

第三条　交通部主管全国船舶保安工作。中华人民共和国海事局负责具体执行SOLAS公约和ISPS规则规定的缔约国政府船舶保安主管机关的职责。

交通部在沿海设立的海事管理机构按照本规则具体履行下列职责：

（一）负责管理船舶保安员和公司保安员的培训，对通过规定的船舶保安培训并经考试合格者，签发相应的培训合格证；

（二）接收船舶海上保安信息，并在法定的职责内按照规定的程序采取相应的行动；

（三）向已经进入中国领海或者已经报告拟进入中国领海的船舶提供相应的保安信息，向相关部门通报保安信息，并按照法定职责采取相应的行动；

（四）实施船舶保安监督管理，检查《船舶连续概要记录》、《国际船舶保安证书》、《临时国际船舶保安证书》、保安报警装置、保安演习以及本规则规定的其他船舶保安事项，检查已经批准的船舶保安计划以及修订内容的有效性；

（五）对船舶保安员、公司保安员实施监督管理；

（六）中华人民共和国海事局规定的其他船舶保安职责。

第四条 本规则下列用语的含义是：

（一）特种用途船，是指根据船舶功能的需要而载有12名以上特殊人员（包括乘客）的机械自航船舶，包括以下类型：

1. 从事科研、考察及测量的船舶；

2. 用于海上人员训练的船舶；

3. 不从事捕捞的鲸船及鱼类加工船；

4. 不从事捕捞的其他海洋生物资源加工船；

5. 设计特点与作业方式与第1目至第4目相类似的其他船舶。

（二）船港界面活动，是指船舶与港口之间的人员来往、货物装卸或者接受港口服务时发生的交互活动。

（三）船到船活动，是指从一船向另一船转移物品或者人员且与港口设施不相关的行为。

（四）保安事件，是指威胁船舶、港口设施或者船港界面活动、船到船活动安全的任何可疑行为或者情况。

（五）保安联络点，是指由交通部公布并设立在各直属海事管理机构的联络点。船舶、公司可通过该联络点向海事管理机构就船舶保安事项请求建议或者援助，报告关于其他船舶、动向或者通信的任何保安问题。

（六）保安等级，是指可能导致保安事件或者发生保安事件的风险级别划分。

（七）保安声明，是指船舶与其所从事活动的港口设施或者其他船舶之间达成谅解的书面协议，规定各自的保安措施。

（八）《船舶保安计划》，是指为确保在船上采取旨在保护船上人员、货物、货物运输单元、船舶物料或者船舶免受保安事件威胁的措施而制订的计划。

（九）船舶保安员，是指由公司指定的承担船舶保安责任的船上人员。该保安员对船长负责，其职责包括实施和维护《船舶保安计划》以及与公司保安员和港口设施保安员进行联络。

（十）公司保安员，是指由公司所指定的，负责开展船舶保安评估、制订和报批《船舶保安计划》、实施和维持批准后的《船舶保安计划》，并与港口设施保安员和船舶保安员进行联络的人员。

（十一）港口设施保安员，是指被指定负责落实《港口设施保安计划》的制订、实施、修订和维护工作，并与船舶保安员和公司保安员进行联络的人员。

（十二）公司，是指承担安全与防污染管理责任和义务的航运企业，包括船舶所有人、经营人、管理人和光船承租人。

第二章　船舶保安等级

第五条　船舶保安等级从低到高分为三级，分别是保安等级1、保安等级2和保安等级3。保安等级1是指应当始终保持的最低防范性保安措施的等级。

保安等级2是指由于保安事件危险性升高而应在一段时间内保持适当的附加保护性保安措施的等级。

保安等级3是指当保安事件可能或者即将发生（尽管可能尚无法确定具体目标）时应在一段有限时间内保持进一步的特殊保护性保安措施的等级。

第六条　中华人民共和国海事局应当根据威胁信息的可信程度、得到佐证的程度、具体或者紧迫程度以及保安事件潜在的后果确定和调整船舶的保安等级。

前款所称威胁信息包括但不限于以船舶为载体或者工具对下列对象产生威胁的信息:国家安全、公共安全、公共卫生、公共环境、公共资源、海上通信安全、重要设施安全、社会治安等。

第七条 船舶保安等级由交通部发布。

交通部发布船舶保安等级时,可以视情发出适当的指令,并向可能受到影响的船舶提供保安信息。

第三章 船舶和公司的保安要求

第一节 一般规定

第八条 船舶应当按照SOLAS公约的要求和中华人民共和国海事局的规定,配备船舶自动识别系统(AIS)、《船舶连续概要记录》,安装船舶保安警报系统,标记船舶永久识别号。

第九条 公司应当履行以下职责:

(一)负责对所属船舶进行船舶保安评估;

(二)负责编制《船舶保安计划》和已批准计划的后续修订;

(三)实施经过批准的《船舶保安计划》;

(四)采取适当的措施,避免泄漏船舶保安评估或者《船舶保安计划》及其相关的保安敏感性、保密性资料;

(五)应当安排一名或者数名人员作为公司保安员,确定每人所负责的船舶,并确保其能够24小时与船舶、港口设施保安员和海事管理机构保持联系;

(六)向船籍港海事管理机构及时提供最新的公司保安员名单以及24小时联络方式等资料;

(七)在每艘船舶上指定一名适合履行船舶保安职责的人员作为船舶保安员;

(八)为船舶保安员、公司保安员、船长履行职责提供必要的条件;

（九）赋予船长在船舶保安以及在必要时请求公司或者海事管理机构提供帮助方面的决定权；

（十）根据确定的保安等级，采取相应的保安措施；

（十一）组织、参加船舶保安培训、训练和演习；

（十二）收集船舶保安信息，并向相关部门报告或者通报。

第十条 在各等级保安状态下，船舶应当按照经批准的船舶保安计划开展工作。

发现保安威胁，在船舶保安等级未确认改变之前，船舶可以按照经过批准的保安计划，采取高于其所处保安等级的保安措施，包括附加保护性措施和特殊保护性措施。

船舶的保安等级高于其拟进入或者所在港口的保安等级，船舶应当立即将此情况通知拟进入或者所在国家的保安联络点。

船舶的保安等级低于其拟进入或者所在港口的保安等级，船舶应当立即按照本船的《船舶保安计划》升高船舶的保安等级至不低于港口的保安等级，并向拟进入或者所在国家的保安联络点报告。

第十一条 船长在职责范围内做出的维护船舶安全或者保安的决定，不受公司或者任何其他人员的限制。其中包括拒绝人员（经确定为 SOLAS 公约、ISPS 规则缔约国政府正式授权的人员除外）及其物品上船或者拒绝装货（包括集装箱或者其他封闭的货运单元）。

不论处于何种保安等级，船长在任何时候对船舶的安全负有最终责任。如果有理由相信执行任何有关指令会危及船舶的安全，船长可以要求澄清或者修改指令。

第十二条 船舶在进入中华人民共和国港口之前、在港口期间，船长和船舶保安员应当履行下列义务：

（一）了解拟挂靠的港口设施履行 SOLAS 公约和 ISPS 规则的情况；

（二）与我国海事管理机构公布的保安联络点联系，以确定适合其船舶的保安等级，并掌握有关船舶保安等级的任何变化；

（三）与拟挂靠的港口设施的保安员联系，了解该港口设施的保安等级，并掌握有关港口设施保安等级的任何变化；

（四）如果保安联络点确定了该船需要提升保安等级并就此发出指令，船长和船舶保安员应当向保安联络点确认已收到关于保安等级改变的指令，并确认已开始实施《船舶保安计划》所列明的措施和程序；如果在实施中遇到任何困难，应当与港口设施保安员联系，并协调适当的行动；

（五）如果船舶按照本条第（四）项规定需要提高的保安等级或已处于的保安等级高于其拟挂靠或所在港口的保安等级，船长和船舶保安员应当立即将此情况通知港口所在地海事管理机构和港口设施保安员，并在必要时与港口设施保安员协调适当的行动。

第十三条 在中华人民共和国领海或者拟进入中华人民共和国领海的船舶，发现可能影响所在区域海上保安的任何信息，应当立即向沿岸保安联络点报告。

第二节 船舶保安评估

第十四条 公司保安员应当确保船舶保安评估由具备评价船舶保安技能的人员按照本规则、SOLAS 公约和 ISPS 规则的要求开展，并对船舶保安评估的妥善实施负有最终责任。

公司可以由公司保安员实施保安评估，也可就某一具体船舶的保安评估委托具备船舶保安评估资质的机构实施，实施船舶保安评估的机构应当对评估的结论负责。

第十五条 船舶保安评估应当符合下列要求以及中华人民共和国海事局规定或者认可的船舶保安评估规范：

（一）确定现有保安措施、程序和操作；

（二）确定并评价应予重点保护的船上关键操作；

（三）确定船上关键操作可能受到的威胁及其发生的可能性，以确定并按优先顺序排定保安措施；

（四）找出船舶设施、设备和重要部位以及方针和程序中的弱点，包括人为因素。

船舶保安评估应当包括现场保安检验。现场保安检验应当检查和评估船上的现有保护措施、指南、程序和操作。

船舶发生重大变化时,应当及时重新进行保安评估。前述重大变化包括:船舶的通信、报警、消防、救生等重要设备结构、功能发生变化,船舶的保安组织机构、职责和协调程序发生重大变化,船舶发生了保安事件等。

第十六条 如果同一公司所有、租赁或者管理的船舶的种类,通信、报警、消防、救生等主要设备、结构相同或者相近,经向海事管理机构说明,可以共同评估并制作一份《船舶保安评估报告》。

第十七条 完成船舶保安评估后,评估人应当制作书面的《船舶保安评估报告》。

《船舶保安评估报告》应当由公司加以审查、接受并保存。

《船舶保安评估报告》应当保密,公司和承担船舶保安评估的机构应当制定并落实防止擅自接触、泄露的措施。

第三节 船舶保安计划

第十八条 《船舶保安评估报告》被公司接受后,公司应当根据船舶保安评估已经确定的船舶特点、潜在威胁和薄弱环节等情况,编制《船舶保安计划》。

《船舶保安计划》应当就本规则定义的三个保安等级作出规定,并至少包括以下内容:

(一)船舶的保安组织机构以及各自职责;

(二)标明船舶保安员和公司保安员,包括公司保安员的24小时联系方式;

(三)船舶与公司、港口设施、其他船舶和具有保安职责的有关主管机关的关系;

(四)保安等级1状态下应当落实的保安措施,以及保安等级提高时应当落实的全部附加和特别保安措施;

(五)《船舶保安计划》的保密措施;

(六)《船舶保安计划》的定期审查和更新程序;

（七）与海事管理机构、港口设施保安员及其他部门联系、报告的程序，船舶内部联系和报告保安事件的程序；

（八）防止将企图用于攻击人员、船舶或者港口的武器、危险物质和装置擅自携带上船的措施；

（九）对限制区域的确定以及防止擅自进入限制区域的措施；

（十）防止擅自上船的措施；

（十一）对保安威胁或者保安状况的破坏作出反应的程序，包括维持船舶或者船港界面的关键操作的规定；

（十二）对缔约国政府在保安等级 3 时可能发出的指令作出反应的程序；

（十三）在保安威胁或者保安状况受到破坏时的撤离程序；

（十四）保安活动审核程序；

（十五）与计划有关的培训、训练和演习程序；

（十六）确保检查、测试、校准和保养船上装备的任何保安设备的程序；

（十七）测试或者校准船上装备的任何保安设备的频度；

（十八）指明船舶保安警报系统启动点的安装位置；

（十九）船舶保安警报系统的使用，包括试验、启动、关闭、复位和减少误报警的程序、说明和指导；

（二十）保安和监控设备或者系统的类型和维护要求；

（二十一）建立、保持和更新危险货物或者财产及其地点清单的程序；

（二十二）向有关缔约国政府联络点报告的程序；

（二十三）自身要求签署《保安声明》的条件以及如何处理港口设施提出《保安声明》要求的做法；

（二十四）位于非缔约国的港口、与不符合 SOLAS 公约第 XI-2 章和 ISPS 规则 A 部分的港口设施或者未取得《国际船舶保安证书》的船舶发生界面活动以及与固定、浮动平台或者就位的移动式海上钻井装置进行界面活动时将采取的程序和保安措施。

第十九条 公司应向中华人民共和国海事局或者其指定的海

事管理机构提出《船舶保安计划》审查申请。

中华人民共和国海事局或者其指定的海事管理机构应当自受理申请之日起 20 个工作日内书面做出批准或者不批准《船舶保安计划》的决定。对于批准的，应当出具批准文书，对不批准的，应当书面告知理由。

第二十条 《船舶保安计划》批准后，船舶不得擅自更换该计划中所述的任何保安设备。

船舶更换已经批准的《船舶保安计划》涉及的任何保安设备，应当与本规则和 ISPS 规则规定的内容等效。更换保安设备后的《船舶保安计划》应当经批准该计划的海事管理机构重新认可后方可实施。

第二十一条 船舶重新进行保安评估，公司或者公司保安员应当对《船舶保安计划》作出相应的修订后，按本节规定的程序提出申请。

第二十二条 《船舶保安计划》应当保密。

在符合下列条件时，执法人员可以查看《船舶保安计划》中与不符合情况有关的具体部分：

（一）有明确理由相信船舶不符合 SOLAS 公约第 XI－2 章或者 ISPS 规则 A 部分的要求，且只能通过审查船舶保安计划的相关要求验证或者纠正不符合情况；

（二）中国籍船舶征得船籍港海事管理机构或者船长的同意，但对计划中的保密信息未经中华人民共和国海事局另行同意，不能受到检查；外国籍船舶征得其所属缔约国政府或者船长的同意，但对计划中的保密信息未经其所属缔约国政府同意，不能受到检查。

本条前款所述的保密信息包括：

（一）对限制区域的确定以及防止擅自进入限制区域的措施；

（二）对保安状况受到的威胁或者破坏作出响应的程序，包括维持船舶或者船港界面的关键操作的规定；

（三）对缔约国政府在处于保安等级 3 时可能发出的任何指

令作出响应的程序；

（四）船舶上负有保安责任人员的职责和船舶上其他人员在保安方面的职责；

（五）确保检查、测试、校准和保养船上任何保安设备的程序；

（六）指明船舶保安警报系统启动点所在位置；

（七）船舶保安警报系统的使用，包括试验、启动、关闭和复位以及限制误发警报的程序、说明和指导。

第二十三条 如果同一公司所有、租赁或者管理的船舶的种类，通信、报警、消防、救生等主要设备、结构相同或者相近，事先取得船籍港海事管理机构同意，可以共同制作一份《船舶保安计划》。

第四节 审核和发证

第二十四条 从事国际航行的船舶必须持有《国际船舶保安证书》或者《临时国际船舶保安证书》。

《国际船舶保安证书》或者《临时国际船舶保安证书》应当随船携带。

第二十五条 中国籍船舶应当向中华人民共和国海事局或者其指定的海事管理机构申请《国际船舶保安证书》。

中华人民共和国海事局或者其指定的海事管理机构应当自受理申请之日起的10日内，对船舶是否具备取得《国际船舶保安证书》的条件进行审核，并对审核合格的船舶核发《国际船舶保安证书》，审核不合格的，书面告知理由。

有下列情况之一的，中华人民共和国海事局或者其指定的海事管理机构应当核发《临时国际船舶保安证书》：

（一）在交船时或者在投入营运或者重新投入营运之前，船舶没有《国际船舶保安证书》；

（二）船舶从SOLAS公约和ISPS规则的一缔约国政府换旗到另一缔约国政府；

（三）船舶从一非SOLAS公约和ISPS规则缔约国政府换旗到

一缔约国政府；

（四）公司承担了其以前未经营过的某一船舶的经营责任。

第二十六条 《国际船舶保安证书》的有效期最长不超过5年，《临时国际船舶保安证书》的有效期最长不超过6个月。

第二十七条 船舶应当按照中华人民共和国海事局的规定，在《国际船舶保安证书》有效期内的第2周年和第3周年之间，至少申请一次船舶保安期间审核。

第二十八条 中国籍船舶有以下情况之一的，应当申请附加审核：

（一）在接受海事管理机构检查时，检查人员有充分理由确认船舶不符合ISPS规则A部分及本规则的要求；

（二）船舶保安计划作出修正并经批准后，公司应当在3个月内申请对船舶进行附加审核，以检查修正后计划的执行情况；

（三）船舶因不满足ISPS规则的要求被滞留、被禁止进港或者驱逐出港。

第五节 船舶保安声明

第二十九条 海事管理机构可以根据船港界面活动或者船到船活动对人员、财产和环境可能造成危险程度的判断，要求船舶与港口设施或者其他船舶签署《保安声明》。

签署《保安声明》的双方，应当确保在船舶与港口设施或者其他船舶之间就各方所分别采取的保安措施达成协议，说明各自的责任，并按照协议开展行动。

第三十条 在下列情况下，船舶可以要求与港口设施或者其他船舶签署《保安声明》：

（一）该船舶所处的保安等级高于其所从事界面活动的港口设施或者另一船舶的保安等级；

（二）在中华人民共和国政府与其他缔约国政府之间有涉及某些国际航线或者这些航线上的特定船舶的关于《保安声明》的协议；

（三）曾经有涉及该船舶或者涉及该港口设施的保安威胁或者重大保安事件；

（四）该船舶位于一个不要求具有和实施经过批准的《港口设施保安计划》的港口设施；

（五）该船舶与另一艘不要求具有和实施经批准的《船舶保安计划》的船舶进行船到船活动；

（六）符合该船舶《船舶保安计划》要求签署《保安声明》的其他条件。

对于上述第（一）项至第（五）项签署《保安声明》的请求，有关港口设施或者船舶应当回应。

船舶接到港口设施或者其他船舶签署《保安声明》的请求，应当予以回应。

第三十一条 《保安声明》应当由船长或者船舶保安员、港口设施保安员代表相关各方签署。

《保安声明》应当根据保安等级变化做相应的改变或者重新签署。

《保安声明》应当留船保存3年。

第六节 船舶保安的训练、演习

第三十二条 为了保证《船舶保安计划》的有效实施，公司应当每隔3个月进行一次船舶保安训练，测试下列威胁保安的因素：

（一）对船舶、货物、船舶基础设备或者系统以及船舶物料的损坏或者破坏；

（二）劫持或者扣留船舶或者船上人员；

（三）未经允许进入船舶的人员（包括藏于船上的偷渡人员）；

（四）走私武器或者设备（包括大规模杀伤性武器）；

（五）使用船舶载运企图制造保安事件的人员、设备；

（六）使用船舶本身作为损坏或者破坏的武器；

（七）在港或者锚泊时从海上发动的攻击；

（八）在海上时的攻击。

如果一次有25%以上船员发生变更，而这些人员在最近的适当间隔期中没有参加过该船的保安训练，则必须在发生变更后的一个星期内进行训练。

第三十三条 为了保证《船舶保安计划》的有效实施，测试通信、协调、资源共享和应答能力，公司保安员、船舶保安员应当每日历年至少参加一次由公司或者海事管理机构组织的保安演习，最长间隔不超过18个月。

保安演习可以采用实地或者模拟的形式，也可以与相关演习结合进行。

中国籍船舶如果参加国外有关主管当局组织的保安演习，应当事先通报船籍港海事管理机构。未事先通报的，海事管理机构不予承认。

第七节 船舶保安记录

第三十四条 船舶应当保存涉及以下活动的记录：

(一)培训、训练、演习；

(二)保安状况受到的威胁和保安事件；

(三)保安状况受到的破坏；

(四)保安等级的改变；

(五)与船舶保安状况直接有关的通信；

(六)保安活动的内部审核和评审；

(七)对船舶保安评估的定期评审；

(八)对船舶保安计划的定期评审；

(九)对船舶保安计划任何修正的实施；

(十)船舶保安设备的保养、校准和测试，包括对船舶保安警报系统的测试；

(十一)在任何港口进行船港界面活动时其所处的保安等级；

(十二)在任何港口进行船港界面活动时所采取的特别和附加的保安措施；

(十三)任何船到船活动时维持的适当的保安程序；

（十四）其他与船舶保安有关的实用信息（但不包括船舶保安计划的细节）。

第三十五条 船舶应当对船舶保安记录加以保护，防止擅自接触、删除、破坏、修改或者泄露。

船舶应当建立专门的船舶保安记录簿。

船舶保安记录应当存船保留3年。

第八节 对保安员和有关人员的要求

第三十六条 公司保安员和船舶保安员，应当按照ISPS规则的有关要求，完成海事管理机构规定的船舶保安培训，具备履行其职责的知识和能力。

公司和船舶的其他相关人员，应当按照ISPS规则的有关要求，经过相应的培训，具备履行其担任职责方面的知识和能力。

第三十七条 公司保安员履行下列职责：

（一）利用适当的保安评估和其他相关信息，就船舶可能遇到威胁的情况提出建议；

（二）确保船舶保安评估得以开展；

（三）确保《船舶保安计划》得以制定、提交批准以及随后得以实施和维护；

（四）确保对《船舶保安计划》进行适当修改，以纠正缺陷并符合各船舶的保安要求；

（五）安排对保安活动进行内部审核和审查；

（六）安排船舶进行初次和后续的审核；

（七）确保迅速解决和处理在内部审核、定期审查、保安检查和其他审核期间确定的缺陷和不符合项；

（八）加强保安意识和警惕性；

（九）确保负责船舶保安的人员受到适当的培训；

（十）确保船舶保安员和有关港口设施保安员之间的有效沟通与合作；

（十一）及时接收海事管理机构发布的船舶保安信息，并确保将信息及时传递到公司所属船舶；

（十二）确保保安要求和安全要求的一致性；

（十三）若采用了姊妹船或者船队的保安计划，确保每条船舶的计划均准确反映该船具体信息；

（十四）确保海事管理机构为某一特定船舶或者某一组船舶批准的任何替代或者等效措施得以实施和保持。

第三十八条 船舶保安员履行下列职责：

（一）承担船舶的定期保安检查，确保船舶保持适当的保安措施；

（二）保持和监督《船舶保安计划》的实施；

（三）与船上其他人员和有关港口设施保安员协调货物和船舶备品装卸中的保安事项；

（四）对《船舶保安计划》提出修改建议；

（五）向公司保安员报告内部审核、定期审查、保安检查和其他审核期间所确定的缺陷和不符合项，并采取纠正措施；

（六）加强船上保安意识和警惕性；

（七）确保为船上人员提供充分的培训；

（八）报告所有保安事件；

（九）与公司保安员和有关港口设施保安员协调实施《船舶保安计划》；

（十）确保正确操作、测试、校准和保养保安设备。

中国籍船舶的船舶保安员无法履行职责的，海事管理机构出具书面的证明文件，指定其他船员短时间替代船舶保安员的职责，并由船公司通知船舶停靠的下一港口的海事主管当局。

第四章 海上保安报警和处置

第三十九条 中国海上搜救中心总值班室是全国船舶和港口设施保安的总联络点，负责全国船舶和港口设施的保安报警接收和保安信息联络工作。

第四十条 交通部在沿海设立的各海事管理机构的值班室，负责下列事项的对外联系工作：

(一)接收港口保安信息和船舶保安信息，针对接到的保安报警及时按照船舶保安应急反应程序采取通告有关部门等保安行动；

(二)对船舶提供保安建议或者援助；

(三)为拟进入我国领海和港口的船舶提供保安信息和保安通信联系；

(四)按规定程序向中国海上搜救中心总值班室报告保安信息。

第四十一条 当出现威胁船舶、船港界面活动或者船到船活动安全的任何可疑行为或者情况，船长或者船舶保安员应当向船舶所在公司进行船舶保安报警。

公司保安员收到船舶保安报警后，应当立即与保安事件发生地的海事管理机构联系，报告船舶的船名、船籍、位置、船舶种类、船上人员和货物情况、受到的保安威胁等情况，同时通报船籍港海事管理机构；如涉及到港口设施，还应通报港口设施所在地港口行政管理部门。

第四十二条 船舶应当制定并落实有关措施妥善使用船舶保安警报设备，以防止船舶发生误报警。保安报警的测试应当避免采取直接与海上保安联络点之间测试的方式，以保证海上保安报警线路的畅通。

第四十三条 船舶发生误报警，应当采取措施立即消除，并向有关海事管理机构报告；海事管理机构以及其他单位和个人因对误报警采取行动支付的额外费用，由误报警的船舶承担。

第四十四条 中华人民共和国海事局负责统一对外发布除保安等级以外的船舶保安信息，并发布全国性或者局部重要性的船舶保安指令。

各海事管理机构根据中华人民共和国海事局的授权，向相关单位发布船舶保安信息和指令。

第四十五条 海事管理机构收到港口保安事件和其他港口保

安信息，应当按照应急反应程序，通知相关的公司和船舶，协调港口设施和船舶的保安行动，同时及时通报港口行政管理部门。

第四十六条 海事管理机构收到中华人民共和国管辖水域内船舶的保安报警后，应当按照规定的程序及时采取应急反应措施。

海事管理机构收到中华人民共和国管辖水域外船舶的保安报警后，应当立即向中华人民共和国海事局报告，由中华人民共和国海事局按照规定的程序采取通知该船舶航行位置附近国家等行动。

第五章 监督检查与法律责任

第四十七条 海事管理机构依法对船舶保安活动实施的监督检查，任何单位或者个人不得拒绝、妨碍或者阻挠。

有关单位或者个人应当接受海事管理机构依法实施的监督检查，并为其提供方便。

海事管理机构的工作人员实施监督检查时，应当出示执法证件，表明身份。

第四十八条 海事管理机构应当对船舶的下列保安事项进行监督检查：

（一）《国际船舶保安证书》或者《临时国际船舶保安证书》及证书签发机关的有效性；

（二）《船舶保安计划》在船上实施的有效性；

（三）《船舶连续概要记录》记载和保存的情况；

（四）船舶永久识别号的标识情况，以及保安报警装置、船舶自动识别系统（AIS）的配备情况；

（五）中华人民共和国海事局规定的其他检查事项。

经检查，海事管理机构有明显理由认为船舶不符合 SOLAS 公约第 V、XI 章、ISPS 规则 A 部分和本规则要求的，海事管理机构可以对船舶采取进一步强制检查、责令船舶立即或者限期纠正、限制操作（包括限制在港内活动）、责令驶向指定地点、禁止进港、滞留船舶、驱逐出港等行政强制措施。

第四十九条 对拟进入中华人民共和国港口的国际航行船舶,海事管理机构可以在其提交国际航行船舶进口岸申请的同时要求提供以下信息,以确保船舶符合 SOLAS 公约第Ⅺ章、ISPS 规则和本规则的要求:

(一)船舶当前运营所处的保安等级;

(二)船舶挂靠前 10 个港口进行船港界面活动时其所处的保安等级;

(三)船舶挂靠前 10 个港口进行船港界面活动时所采取的特别和附加的保安措施;

(四)船舶挂靠前 10 个港口进行船港界面活动时维持的适当的保安程序;

(五)船舶挂靠前 10 个港口与未取得《国际船舶保安证书》的船舶发生界面活动或者与固定、浮动平台或者就位的移动式海上钻井装置进行界面活动时采取的保安程序和保安措施;

(六)其他海事管理机构要求提供的实用保安信息。

对于船舶未按要求提供前款所述的信息,或者海事管理机构认为提供的信息不符合 SOLAS 公约第Ⅺ章、ISPS 规则和本规则的要求,海事管理机构可以采取强制检查、责令船舶立即或者限期纠正、责令驶向指定地点、禁止进港等行政强制措施。

第五十条 对外国籍船舶按照第四十八、四十九条规定采取强制检查、责令船舶立即或者限期纠正、限制操作(包括限制在港内活动)、责令驶向指定地点、禁止进港、滞留船舶、驱逐出港的行政强制措施,中华人民共和国海事局应当将此情况通报船旗国海事当局和国际海事组织。

采取禁止进港或者驱逐出港的措施,还应当通知可知的船舶随后拟挂靠港口的国家当局以及其他有关沿岸国。

第五十一条 对于挂靠未按规定取得有效《港口设施保安符合证书》的我国港口设施的船舶,港口所在地海事管理机构应当采取禁止进港或者驱逐出港的行政强制措施。

第五十二条 对于违反本规则规定的中国公司,海事管理机构可以责令改正;情节严重的,可以责令对有关船舶重新进行保安评估或者修订《船舶保安计划》。

第五十三条 违反本规则规定,公司保安员和船舶保安员未经必要的培训,海事管理机构可以责令公司更换;公司保安员和船舶保安员未能履行本规则规定的职责,海事管理机构可以责令其参加保安培训,情节严重的,可以责令公司暂停或者撤销其保安员资格。

第五十四条 对于违反本规则的行为,依法应当给予海事行政处罚的,海事管理机构按照交通部颁布的海事行政处罚有关规定实施行政处罚。

第五十五条 海事管理机构工作人员违反本规则规定,滥用职权,玩忽职守,给人民生命财产造成损失的,由所在单位或者其上级主管机关给予行政处分;涉嫌犯罪的,依法移送司法机关。

第六章 附 则

第五十六条 中华人民共和国海事局可以许可中国籍船舶实施等效于 SOLAS 公约第Ⅺ章、ISPS 规则 A 部分所述措施的其他保安措施。

交通部应当将许可该种保安措施的要求、程序等细节通知国际海事组织秘书长。

第五十七条 中国籍船舶的《船舶保安计划》、《国际船舶保安证书》和《临时国际船舶保安证书》的许可条件和程序,按照交通部颁布的关于海事行政许可条件和程序的有关规定执行。

第五十八条 《国际船舶保安证书》、《临时国际船舶保安证书》的内容和格式,由中华人民共和国海事局按照 SOLAS 公约和 ISPS 规则的要求统一制定。

第五十九条 本规则自 2007 年 7 月 1 日起施行。但是,500 总吨及以上的特种用途船自 2008 年 7 月 1 日起适用本规则。交通部于 2004 年 6 月 16 日发布的《船舶保安规则》(交海发〔2004〕315 号)同时废止。

中华人民共和国船舶签证管理规则

（交通部令2007年第7号　2007.05.31）

第一章　总　　则

第一条　为规范船舶签证行为，保障水上交通安全，依据《中华人民共和国海上交通安全法》和《中华人民共和国内河交通安全管理条例》，制定本规则。

第二条　国内航行船舶在中华人民共和国管辖水域内办理船舶签证，适用本规则。

本规则不适用于军事船舶、渔船、体育运动船舶。但是前述船舶从事营业性运输时，应当按照本规则办理船舶签证。

本规则所称船舶签证，是指海事管理机构根据船舶或者其经营人的申请，经依法审查，对符合船舶签证条件的，准予其航行的行政许可行为。

第三条　中华人民共和国海事局主管全国的船舶签证管理工作。各级海事管理机构具体负责本辖区内的船舶签证管理工作。

第四条　船舶签证管理工作应当符合高效、便民的原则。

第二章　船 舶 签 证

第一节　一 般 规 定

第五条　除本规则另有规定外，船舶有下列情形之一的，应当向海事管理机构申请航次船舶签证：

（一）由港内驶出港外；

（二）由港外驶入港内；

（三）因作业需要在港内航行驶出港内泊位；

（四）因作业需要在港内航行驶入港内泊位；

（五）驶出船舶修造（厂）点、港外作业点、海上作业平台；

（六）驶入船舶修造（厂）点、港外作业点、海上作业平台。

本条第一款第（一）、（三）、（五）项船舶签证统称出港签证，申请人应当在船舶开航前24小时内办理。本条第一款第（二）、（四）、（六）项船舶签证统称进港签证，申请人应当在船舶抵达后24小时内办理。船舶抵达前24小时内已经向拟抵达地海事管理机构报告船舶情况的，进港签证可以与出港签证合并办理。

第六条 船舶签证应当由船舶或者其经营人申请办理。被拖船可由被拖船或者其经营人申请，也可由拖船或者其经营人代为申请。

申请人可以委托代理人办理船舶签证。

第七条 申请办理出港签证的船舶，应当处于适航或者适拖状态。

船舶或者其经营人申请办理航次船舶签证，应当向海事管理机构提交以下材料：

（一）船舶签证簿；

（二）船舶电子信息卡（适用的船舶）；

（三）船舶国籍证书；

（四）船舶检验证书；

（五）船舶最低安全配员证书；

（六）船员适任证书；

（七）防止油污证书（适用的船舶）；

（八）船舶安全管理证书和公司安全管理体系符合证明副本（适用的船舶）；

（九）船舶安全检查记录簿；

（十）船舶港务费缴纳或者免于缴纳证明；

（十一）经批准的船舶载运危险货物申报单（适用的船舶）；

（十二）船长开航前声明和车辆安全装载记录（适用的船舶）；

（十三）护航申请书（适用的船舶）；

（十四）船舶营运证。

第二款第（三）项至第（八）项所列证书信息已经由海事管理机构在船舶签证簿内记载或者存储在船舶电子信息卡的，可以免于提交。

第二款第（十四）项所指船舶营运证仅要求从事国内运输的老旧运输船舶在办理船舶签证时提供。船舶营运证的发证机关应当向海事管理机构提供船舶营运证的相关信息。

第八条 船舶或者其经营人向海事管理机构提交申请材料应当如实反映情况，并对申报内容的真实性负责。

船舶或者其经营人可以通过传真、电子邮件、电子数据交换（EDI）等方式办理船舶签证，可以采用电报、电传、传真、手机信息、电子邮件、电子数据交换（EDI）等方式报告船舶进港情况，并在船舶航海（行）日志内作相应的记载。

报告的内容应当包括船舶名称、种类、尺度、总吨、吃水、客货载运情况、拟靠泊地点。

第九条 海事管理机构负责审查船舶签证的申请材料是否齐全、是否符合申报要求，是否有明显涂改或者伪造现象、是否在有效期内等形式要件。

海事管理机构对船舶签证申请材料内容的真实性有怀疑或者接到相关举报的，应当派执法人员进行现场核查。

第十条 海事管理机构收到船舶签证申请后，应当按照《交通行政许可实施程序规定》的有关规定办理。

海事管理机构对航次船舶签证应当当场办理。签证人员应当在船舶签证簿内签注是否准予签证的意见、海事行政执法证编号、日期、加盖船舶签证专用章。不予签证的，还应当在船舶签证簿内签注不予签证的理由。

第十一条 船舶有下列情形之一的，应当重新申请出港签证：

（一）船长或者履行相应职责的船员发生变动；

（二）船舶结构、有关航行安全的重要设备发生重大变化；

（三）改变船舶航行区域、航线；

（四）出港签证办妥后48小时内未能出港。

第十二条 船舶由于抢险、救生等紧急事由，不能按照规定程序办理船舶签证的，应当在开航前向海事管理机构报告，并在任务完成后24小时内补办船舶签证。

第十三条 船舶因避风、候潮、补给等原因临时进港或者航经港区水域的，免于办理船舶签证。但有下列情形之一的除外：

（一）船长或者履行相应职责的船员发生变动；

（二）上下旅客；

（三）装卸货物。

第十四条 拖驳船队在中途要加解驳船时，加、解的船舶应当申请船舶签证，拖驳船队其他船舶不再办理船舶签证。

第二节　特别规定

第十五条 符合下列情形之一的船舶可以申请短期定期船舶签证取代航次船舶签证：

（一）在固定水域范围内航行的船舶；

（二）定线航行的船舶。

在固定水域范围内航行的船舶，应当向对该固定水域有管辖权的任一海事管理机构提出申请；定线航行的船舶应当向航线始发港和终点港所在地海事管理机构分别提出申请。

第十六条 符合下列情形的船舶可以向船籍港所在地的交通部直属的海事管理机构或者省级交通主管部门所属的海事管理机构申请年度定期船舶签证取代航次船舶签证：

（一）安全诚信船舶；

（二）安装并按规定使用船舶自动识别系统；

（三）在前一个年度签证期内按照规定递交进出港报告；

（四）已经与有关金融机构签订船舶港务费交纳协议。

第十七条 办理定期船舶签证，除需要提交本规则第七条规定的材料外，还应当提交证明其符合第十五条或者第十六条规定情形的证明材料。

第十八条 海事管理机构应当在受理申请之日起7个工作日内办结短期定期船舶签证，在20个工作日内办结年度定期船舶签证。准予定期船舶签证的，还应当在船舶签证簿内注明签证的有效期限、航行区域或者航线。

短期定期船舶签证的有效期限最长不超过3个月。年度定期船舶签证在全国范围内有效，有效期限为12个月。

客船、载运危险货物的船舶只能办理有效期限不超过1个月的短期定期船舶签证。

第十九条 船舶超出定期船舶签证的有效期限、核定航区或者航线航行的，或者签证核定的其他内容发生变化的，应当按照本章第一节的规定申请航次船舶签证。

第二十条 获得定期船舶签证的船舶，在从事本规则第五条规定的活动时，应当按照本规则第八条第二款、第三款规定的方式和内容，向海事管理机构报告船舶情况。

第三章 船舶签证簿

第二十一条 船舶签证簿是办理船舶签证的专用文书，是记载船舶办理签证情况的证明文件，必须随船妥善保管。除海事管理机构外，任何单位、人员不得扣留、收缴船舶签证簿，也不得在船舶签证簿上签注。

船舶签证簿的格式、内容和船舶签证印章的样式由中华人民共和国海事局统一规定。

第二十二条 船舶签证簿由船舶或者其经营人向海事管理机构书面申请核发、换发、补发。

船舶首次申领船舶签证簿以及船舶所有人、船舶经营人、船舶名称变更后申领新船舶签证簿的，应当向船籍港海事管理机构申请核发。

船舶签证簿遗失、灭失的，应当向船籍港海事管理机构申请补发。申请补发时，应当提交最近一次经海事管理机构签证的船舶签证申请单复印件。

船舶签证簿使用完毕或者污损不能使用的，可向船籍港或者签证地海事管理机构申请换发。申请换发时，应当交验前一本船舶签证簿。

第二十三条 符合本规则要求的，海事管理机构应当当场核发、换发、补发船舶签证簿。

海事管理机构核发、换发、补发船舶签证簿，应当将船舶概况填写在船舶签证簿内，并加盖海事管理机构的印章。非船籍港海事管理机构换发的，应当将换发情况书面通报船籍港海事管理机构。

第二十四条 船舶可以向船籍港或者签证地海事管理机构申请在船舶签证簿内记载船舶证书和船员证书的信息，并应当在申请时交验相应证书。

对符合要求的申请，海事管理机构应当在船舶签证簿内记载船舶证书和船员证书的信息，并签署记载人的海事执法证编号、日期并加盖海事管理机构的印章。

第二十五条 船舶签证簿应当连续使用，保持完整，不得缺页或者擅自涂改。使用完毕后，应当在船保存两年。

船舶报废、灭失或者船舶所有人、船舶经营人、船舶名称变更时，船舶应当将船舶签证簿交回船籍港海事管理机构注销。

第二十六条 船舶不得伪造、变造、租借、冒用、骗取船舶签证簿。

第四章 监督检查与法律责任

第二十七条 海事管理机构应当加强对船舶签证的监督检查。海事管理机构实施监督检查时，有关单位和个人应当予以协助和配合，不得拒绝、妨碍或者阻挠。

第二十八条 发现船舶未按照规定办理船舶签证的，海事管理机构应当责令船舶办理签证,并可以责令船舶到指定地点接受查处;拒不改正的,可以采取禁止进港、离港或者停止航行等措施。

第二十九条 发现船舶不再满足办理定期船舶签证条件的,应当要求船舶按照第二章第一节的规定办理航次船舶签证,并通知准予定期船舶签证的海事管理机构撤销有关船舶的定期船舶签证。

第三十条 发现船舶以不正当手段取得船舶签证,尚未出港的,海事管理机构应当撤销船舶签证,并在船舶签证簿内签注撤销的原因、日期,加盖印章;已经出港的,海事管理机构应当进行调查处理或者通知下一抵达地的海事管理机构进行调查处理。

第三十一条 海事管理机构在监督检查过程中对下列事项应当在船舶签证簿中予以记载,并通报船籍港海事管理机构:

(一)船舶受到海事行政处罚的;

(二)船舶发生水上交通事故和船舶污染事故的;

(三)船舶被禁止离港的。

船籍港海事管理机构对收到的上述信息应当予以记录,并协助调查处理。

第三十二条 船舶违反船舶签证管理规定应当给予行政处罚的,按照交通部颁布的海事行政处罚规定执行。

第三十三条 海事管理机构的工作人员有滥用职权、徇私舞弊、玩忽职守等行为的,由其所在单位或者上级机关依法给予行政处分;构成犯罪的,由司法机关依法追究刑事责任。

第五章　附　则

第三十四条 本规则所称安全诚信船舶,是指符合下列条件,被中华人民共和国海事局评定为安全诚信的船舶:

(一)12 个月内最近一次船舶安全检查或者港口国监督检查记录良好,无严重缺陷;

(二)取得船舶安全管理证书(SMC)2 年以上,且在最近 3 年内未被实施跟踪审核或者附加审核;

（三）最近3年未发生安全、污染责任事故；

（四）最近3年未受到海事行政处罚；

（五）船龄为12年及以下的船舶，最近3年内船舶安全检查或者港口国监督检查中未发生滞留；船龄为12年以上的船舶，最近5年内船舶安全检查或者港口国监督检查中未发生滞留。

第三十五条 海事管理机构应当逐步建立、完善有关办理船舶签证所需的船舶、船员管理等基础数据平台，方便船舶或者其经营人办理签证和进出港报告。

第三十六条 交通部对高速客船、滚装船等特殊船舶的签证有特别规定的，适用特别规定。

第三十七条 本规则自2007年10月1日起施行。1993年5月17日交通部发布的《中华人民共和国船舶签证管理规则》（交通部令1993年第3号）同时废止。

船员管理

中华人民共和国海员证管理办法

（交通部令1989年第7号　1989.08.14）

第一章　总　　则

第一条　根据《中华人民共和国公民出境入境管理法》的有关规定，制定本办法。

第二条　中华人民共和国海员证（以下简称海员证）是中国海员出入中国国境和在境外通行使用的有效身份证件。

第三条　海员证由中华人民共和国港务监督局或其授权的港务监督（下称颁发机关）颁发。

海员证在国外的延期和补发，由中国驻外国的外交代表机关、领事机关或者外交部授权的其他驻外机关办理。

第四条　海员证颁发给在航行国际航线的中国籍船舶上工作的中国海员和由国内有关部门派往外国籍船舶上工作的中国海员。

第五条　中国海员出境后，不得有危害祖国安全、有损祖国荣誉和利益的行为，不得从事海员身份以外的活动。

第二章　申请与颁发

第六条　申请海员证的中国海员，必须具备下列条件：

（一）没有《中华人民共和国公民出境入境管理法》第八条规定的情形；

（二）经批准，有具体的工作任务；

（三）经过海员专业技术训练，具有相应的证书。

第七条　拟派往外国籍船舶上的中国海员申请海员证，除具备第六条规定的条件外，还应具备下列条件之一：

（一）经过不少于6个月的海员职业培训，或毕业于航海类大、中专院校，技工学校；

（二）具有3年以上相应专业服务资历。

第八条 海员证由海员所在单位或派出单位向中华人民共和国港务监督局指定的颁发机关申请办理，并履行下列手续：

（一）填写《海员证申请表》，提交海员近期二寸免冠照片（光纸）两张；

（二）提交有效的办理海员证的海员出境批件；

（三）交验船员服务簿；

（四）交验经中华人民共和国港务监督局认可的培训单位签发的海员专业训练证明；

为派往外国籍船舶上工作的中国海员申请海员证，还需提交海员聘用合同或雇用合同副本。

第九条 办理海员证的海员出境批件自批准之日起6个月内有效。审批机构签发批件时，应同时抄送中华人民共和国港务监督局。

第十条 颁发机关接到办理海员证的申请后，须在15个工作日内完成审核发证工作。对不符合本办法要求或申请手续不全的，不予办理海员证。

第十一条 海员证的有效期限，由颁发机关根据海员出境任务所需时间长短确定，最长不超过5年。

第十二条 海员证有效期将满时，海员需到境外执行任务，应由海员所在单位或派出单位按本办法规定的程序提前到原颁发机关重新申请办理海员证，并将原海员证交回颁发机关。

第十三条 海员在境外执行任务时海员证有效期届满，应由海员所在船船长出具书面报告，到中国驻外国的外交代表机关、领事机关或者外交部授权的其他驻外机关申请办理海员证延期手续。所延期限最长不得超过3个月。

有效期不足2年的海员证，不得办理延期手续。

第十四条 海员在国内遗失海员证，海员本人应立即向所在单位或派出单位报告,由所在单位或派出单位向原颁发机关报告并申请补发海员证。原颁发机关在宣布该遗失海员证作废的同时,可以以书面或电信的方式委托其他就近的颁发机关代为补发有效期不超过原有期限的海员证。

第十五条 海员在国外遗失海员证,应由所在船船长持书面报告,向中国驻外国的外交代表机关、领事机关或者外交部授权的其他驻外机关申请补发海员证。所补发海员证的有效期,按返回国内所需时间确定,但最长不得超过半年。办理补发海员证的机关应及时将补发的海员证的编号、有效期和海员姓名通告中华人民共和国港务监督局。海员进入中国国境后,在国外补发的海员证立即作废。

船长在为海员申请补发海员证的同时,应将海员证遗失情况电告海员所在单位或派出单位,由所在单位或派出单位将船舶名称、船员姓名、海员证号码报告原颁发机关和公安部边防局。原颁发机关应即宣布该遗失海员证作废。

第三章 海员证使用

第十六条 中国海员持海员证出入中国国境,无需办理签证。

第十七条 海员持海员证乘坐服务船舶以外的其他交通工具出境,应在出境前办妥前往国家和地区的入境过境签证。如前往国家和地区不需办理签证,应由海员所属单位或派出单位向边防检查机关出具证明。证明内容应包括海员姓名、证件号码,前往国家和地区。经边防检查站查验后放行。

第十八条 海员证仅限持证人在为其申请办理海员证的单位工作时使用。海员脱离原所在单位或派出单位,应将海员证交回,由所在单位或派出单位送交原颁发机关注销。

第十九条 申请办理海员证的单位应对所申请办理的海员证负责。申请办理单位有权向脱离本单位的海员收回为其办理的海员证。必要时,也可向原颁发机关提出申请,由原颁发机关吊销该海员证或宣布该海员证作废。

第二十条 港务监督吊销或宣布作废海员证,应立即通知边防检查机关。

第二十一条 海员证应保持整洁,不得涂改或书写其他内容。如发生破损,应向原颁发机关重新申请办理海员证。

第四章 罚 则

第二十二条 发现海员出境批件中有超越审批权限的内容时,颁发机关不受理该批件,并应对该审批机构提出书面警告;如海员证已经签发,颁发机关应立即吊销所颁发的海员证。在被吊销的海员证未缴回颁发机关之前,颁发机关应停止受理该审批机构签发的任何海员出境批件。

颁发机关对超越权限签发海员出境批件的审批机构,可处以人民币 1 万元以下的罚款。

第二十三条 对受到三次书面警告的审批机构,颁发机关应停止受理该机构签发的海员出境批件 3 个月至 2 年,并报交通部备案;情节严重的,经交通部批准,取消其审批海员出境批件的资格。

第二十四条 海员脱离原工作单位不按本规定交回海员证的,颁发机关可处以人民币 500 元至 3000 元的罚款。

第二十五条 海员遗失或损坏海员证的,颁发机关可视情节处以人民币 100 元以下的罚款。

第二十六条 对伪造、涂改,转让海员证的,颁发机关、边防检查机关可处以人民币 3000 至 1 万元的罚款,颁发机关还应同时吊销该海员证;构成犯罪的,由司法机关依法追究刑事责任。

第二十七条 颁发机关应公正廉洁,严格依法办事。对不坚持原则或工作不认真的,中华人民共和国港务监督局可撤消对其颁发海员证的授权。

第二十八条 颁发机关的工作人员徇私舞弊、滥用职权、玩忽职守、严重失职的,由所在单位给予行政处分;情节严重构成犯罪的,由司法机关依法追究刑事责任。

第五章　附　　则

第二十九条　办理海员证的海员出境批件的审批机构及审批权限由交通部确定。

第三十条　海员证由中华人民共和国港务监督局统一印制。

第三十一条　申请办理海员证应交纳证书工本费和手续费。

第三十二条　本办法由中华人民共和国交通部负责解释。

第三十三条　本办法自1989年12月1日起施行。1976年交通部、外交部、公安部联合颁布的《中华人民共和国海员证签发和使用范围的暂行规定》同时废止。

中华人民共和国海船船员值班规则

（交通部令1997年第11号　1997.10.20）

第一章　总　　则

第一条　为加强海船船员值班管理，防止船员疲劳操作，保障海上人命与财产安全，保护海洋环境，根据《中华人民共和国海上交通安全法》和《中华人民共和国海洋环境保护法》等有关法律、法规的规定，以及国际海事组织1995年修正的《1978年海员培训、发证和值班标准国际公约》和国际电信联盟《无线电规则》的要求，制定本规则。

第二条　本规则适用于在100总吨及以上中国籍海船上服务的组成值班的船员，但在下列船上服务的船员除外：

（一）军用船舶；

（二）渔业船舶；

（三）非营业的游艇；

（四）构造简单的木质船。

第三条　中华人民共和国港务监督局是实施本规则的主管机关。

第四条　各船公司应保证指派到船上任职的每一个值班船员均能熟悉船上的有关设备和船舶特性以及本人职责，并能在紧急情况下有效地执行安全和防污染工作。

第五条　船长及全体船员应了解由于操作不当或意外事故对海洋环境造成污染的严重后果，并应遵照国际公约和我国有关防止船舶造成污染的法律、法规的要求，制定出本船防污染的具体措施，采取切实有效的手段，防止船舶对海洋环境造成污染。

第六条 为维护驾驶台的良好秩序和环境,保证航行安全。各船公司应编制《驾驶台规则》、《机舱值班规则》和《无线电报房规则》张贴在船舶各部门的易见之处,并要求全体船员遵守执行。

第二章 航次计划及值班安排

第一节 航次计划

第七条 航次计划的一般要求:

(一)船长应根据航次任务及时通知各部门有关负责人做好各项开航准备工作。

(二)对预定的航次,船长和驾驶员应在研究有关资料后事先做好航次计划。

(三)大副、轮机长应在与船长协商后,预先确定并落实本航次所需各种燃物料、淡水以及备品的数量。

(四)船长应检查各种船舶证书和船员证件是否齐全、有无逾期,检查运输单证及港口文件是否齐全,保证船舶处于适航状态。

第八条 开航前,船长应充分并恰当地运用预定航线上所必需的、有效的以及最新改正的航海图书资料和其他航海出版物,保证计划好从出发港到下一停靠港的预定航线。

第九条 在考虑了所有有关信息而核实了航行计划后,开航前计划航线应清楚地标绘在有关海图上,并且在航行期间可供值班驾驶员随时使用。驾驶员在使用之前应认真核实每一个准备采取的航向。

第十条 制定航行计划应至少包括以下内容:

(一)航线的总里程和预计航行的总时间。

(二)预计航线上的气象情况和海况。

(三)各转向点的经纬度。

(四)各段航线的航程和预计到达各转向点的时间。

(五)复杂航段的航法以及对航线附近的危险物的避险手段。

（六）特殊航区的注意事项。

第十一条 如果在航行中决定改变计划航线的下一停靠港，或者因其他原因船舶需要大幅度地偏离计划航线，船长应及早计划好修正航线，并在海图上重新标示。

第二节 值班安排

第十二条 参加值班的船员必须是符合主管机关规定的合格船员。每个值班船员都须明确自己的职责。

第十三条 船长必须确保值班的安排足以保证船舶安全。值班驾驶员在值班期间，特别在关系到避免碰撞和搁浅时，负责船舶的安全航行。

轮机长有责任与船长商量，确保轮机值班的安排足以保持安全值班。

第三章 航行值班应遵守的原则

第一节 值班驾驶员

第十四条 负责航行的值班驾驶员是船长的代表，无论何时，其首要职责是负责船舶的安全航行，必须时刻遵照《1972 年国际海上避碰规则》和安全航行规章进行操纵和避让。

第二节 瞭 望

第十五条 值班驾驶员应遵照《1972 年国际海上避碰规则》第五条的规定随时保持正规的瞭望，并应达到下列目的：

（一）利用视觉、听觉及所有其他可用的方法对当时环境和情况保持连续戒备的状态，并及早发现或察觉到它的变化。

（二）充分估计到碰撞、搁浅和其他危害航行安全的局面和危险。

（三）寻找遇难的船舶和飞机、船舶遇难人员、沉船残骸和其他危害航行安全的物体。

第十六条 瞭望人员必须全神贯注地保持正规瞭望,不得从事或被分派给会影响瞭望的其他任务。

第十七条 值班驾驶员要随时确保有效的瞭望,在驾驶台和海图室分开的船上,为了履行其必要的职责,可以短时间进入海图室,但是必须事先确信这样做是安全的,并确保有效的瞭望仍维持着。

第十八条 瞭望人员和舵工的职责是分开的,舵工在操舵时不应当作是瞭望人员,除非是具有四周无遮挡的视野并且没有夜视障碍或其他保持正规瞭望的妨碍。

日间,处于下列情况时,值班驾驶员可以是单人瞭望:

(一)对环境做了充分估计,确信无疑这样做是安全的。

(二)充分考虑了一切有关因素,但不限于:

1. 天气情况;

2. 能见度;

3. 通航密度;

4. 邻近的航行危险物;

5. 在分道通航制内或附近水域航行时所必须注意的情况。

(三)当环境的任何变化需要时,能立即召唤其他合适人员到驾驶台协助。

第十九条 在夜间航行应至少保持一名水手协助驾驶员值班。

第二十条 为证明航行值班的构成足以保证能连续保持正规的瞭望,船长应考虑所有有关因素,包括本规则本节描述的因素及下列因素:

(一)能见度,天气和海况。

(二)航行所在区域的通航密度和所发生的其他活动。

(三)在分道通航区域内或附近水域时所必须注意的情况。

(四)由船舶特性,即时操纵要求和预期操纵所引起的额外工作量。

(五)任何一个指定为值班的船员适任值班的情况。

(六)掌握每一位高级船员和普通船员的职业适任能力及信心。

（七）每位值班驾驶员的经验和其对船舶设备、程序和操纵能力的熟悉程度。

（八）任何特定时刻船上发生的活动，包括无线电通信以及必要时召唤待命人员立即至驾驶台的有效性。

（九）驾驶台仪器和控制器，包括报警系统的工作状况。

（十）舵和推进器的控制以及船舶操纵特性。

（十一）船舶尺度和指挥位置的视野。

（十二）驾驶台的结构对值班人员利用视力和听力探测外部发生情况所造成的妨碍程度。

（十三）国际海事组织及主管机关通过的任何其他涉及值班安排、适用于值班的标准程序和指南。

第三节　值 班 安 排

第二十一条　在确定包括合格的甲板部普通船员在内的驾驶台值班人员构成时，特别应考虑下列因素：

（一）在任何时候，驾驶台不得无人值守。

（二）天气情况、能见度、日间或夜间。

（三）临近航行上的危险时，可能需要值班驾驶员执行额外的航行职责。

（四）助航仪器，如雷达或无线电定位仪以及其他船舶安全航行的设备的使用和操作状态。

（五）船上是否装有自动操舵装置。

（六）驾驶台是否配置认可的 GMDSS 无线电通信设备。

（七）装备在驾驶台上的无人机舱控钮、警报和指示器的使用程序及限制。

（八）由于特殊的操作环境可能导致对航行值班的特别要求。

第四节　值 班 交 接

第二十二条　值班驾驶员如果有理由认为接班驾驶员显然不能有效地履行其职责时，不应向接班驾驶员交班，并立即向船长报告。

第二十三条 接班驾驶员应确信本班人员完全能履行各自的职责,特别是夜视能力的适应性。接班驾驶员在其视力未完全调节到适应光线条件以前,不应接班。

第二十四条 接班驾驶员在接班前,应对本船的推算船位或实际船位进行核实,并证实预定的航线、航向和航速的可靠性,还应注意在其值班期间预期可能会遇到的任何航行危险。

第二十五条 交、接班驾驶员应交接清楚下列情况:

(一)船长对船舶航行有关的常规命令和其他特别指示。

(二)船位、航向、航速和吃水。

(三)当时和预报的潮汐、海流、气象、能见度等因素及其对航向和航速的影响。

(四)在驾驶台控制主机时的主机操作程序和使用方法。

(五)航行环境,包括但不限于:

1. 正在使用或在值班期间有可能使用的所有航行和安全设备的工作状况;

2. 陀螺罗经和磁罗经的误差;

3. 看到的或知道的附近船舶的位置及动态;

4. 在值班期间可能会遇到的情况和危险;

5. 由于船舶的横摇、纵摇、水的比重变化及船体下座对富余水深可能造成的影响。

第二十六条 如果值班驾驶员在交班前正在进行船舶特殊操纵或其他避免危险的行动,接班驾驶员应在这种操作完成之后再接班。

第五节 航行值班职责

第二十七条 值班驾驶员应:

(一)在驾驶台保持值班,不得随意离开驾驶台。

(二)对船舶的安全航行负责,即使船长在驾驶台,直到明确船长已承担责任为止。

(三)对为了航行安全而采取某种行动发生疑问时及时通知船长。

第二十八条 负责航行值班的驾驶员，不应被分派或担负任何妨碍船舶安全航行的职责。

第二十九条 在任何时候均应使用安全航速，在需要时，值班驾驶员应毫不犹豫地使用舵、主机和音响信号装置，但情况允许时，应及时通知机舱主机变速的意图，或者按照适用的程序有效地使用装置在驾驶台的无人机舱主机控钮。

第三十条 值班驾驶员必须充分掌握包括冲程在内的本船在任何吃水情况下的操纵特性，并应熟悉其他可能具有的不同操纵特性。

第三十一条 值班时应做好与航行安全有关的动态和工作的正规记录。

第三十二条 所有值班驾驶员应完全熟悉所装备的电子助航仪器的使用方法，包括其性能及局限性。在值班期间，应最有效地使用船上一切可用的助航仪器，以足够频繁的时间间隔对所驶的航向、船位和航速进行核对，以确保本船沿着计划航线行驶，并注意在适当的时候使用回声测深仪。

第三十三条 即使在良好天气航行，值班驾驶员仍应经常和精确地测定所接近的船舶的罗经方位和距离，以便及早判断有无碰撞的危险。必要时使用甚高频无线电话，与他船协调避让措施。并应特别注意，当接近大型船舶或拖带船队时，或者在近距离接近他船时，有时尽管方位有明显的变化，但碰撞危险可能依然存在，值班驾驶员对此应按《国际海上避碰规则》及早采取积极的行动，随后还应检查此种避让行为是否取得预期的效果。

第三十四条 值班驾驶员应充分了解船上所有安全和航行设备的放置地点和操作方法，并应了解和考虑这些设备在操作上的局限性。

第三十五条 只要可行和情况允许，船上的航行设备应经常在海上做操作试验，尤其要在预料到将有影响航行安全的危险情况之前进行。这种试验还应在到港前和出港前进行。这些试验应予记录。

第三十六条 值班驾驶员应对有关设备作定期检查,以确保:

(一)手动操舵或自动舵按船舶正确的航向行驶。

(二)有条件时每班应至少测定一次标准罗经的误差,可能的话,在有较大改变航向后也应测定;标准罗经和陀螺罗经应经常进行核对;主罗经与复示仪应同步;如发现误差变化较大,应及时报告船长。

(三)每班至少试验一次自动舵的手动操作。

(四)航行灯和信号灯及其他航行设备正常工作。

(五)无线电设备应按正常工作并按本规则第六章的要求进行值守。

(六)无人机舱控钮、警报和指示器工作正常。

第三十七条 在使用自动舵时,值班驾驶员应考虑到及时使舵工就位并改为手动操舵的必要性,以应付随时可能出现的潜在危险。转换手动操舵或自动操舵必须由值班驾驶员亲自或在其监督之下进行。

第三十八条 所有值班驾驶员应能熟练地使用雷达,并应做到:

(一)遇到或预料能见度不良时,以及在船舶密度大的水域航行时,应使用雷达,但应注意其局限性。在任何时候使用雷达时都必须遵守《国际海上避碰规则》中有关使用雷达的规定。

(二)应确保所使用的雷达量程以足够频繁的时间间隔进行转换,以便能及早地发现回波。应注意微弱的和反射力差的回波可能会被漏掉。

(三)每当使用雷达时,应选择合适的量程,仔细观察显示器,有效地作雷达运动图,并应确保在充裕的时间里完成雷达标绘和进行系统的分析。

(四)天气良好时,只要有可能,值班驾驶员应进行雷达方面的操练。

第三十九条 在下列情况下值班驾驶员应立即报告船长,船长接到报告后应尽快上驾驶台,必要时由船长直接指挥:

(一)遇到或预料能见度不良时。

(二)对通航条件或他船的动态产生疑虑时。

(三)对保持航向感到困难时。

(四)在预计的时间未能看到陆地、航标或测不到水深时。

(五)意外地看到陆地、航标或水深突然发生变化时。

(六)主机、推进装置遥控器、舵机或者任何主要的航行设备、警报或指示仪发生故障时。

(七)无线电设备发生故障时。

(八)在恶劣天气中,怀疑可能有气象危害时。

(九)遇到危及航行的任何情况,诸如冰或漂流船时。

(十)发现遇难人员或船只以及他船求救时。

(十一)对船长指定的位置或时间以及其他紧急情况感到疑虑时。

第四十条 尽管在上述情况中要求立即报告船长,但当情况需要时,值班驾驶员为了船舶的安全,应毫不犹豫地采取果断行动。

第四十一条 值班驾驶员应将所有与航行安全有关的指示和信息告知驾驶台的其他值班人员,以确保安全值班和正规瞭望。

第四章 不同环境下的航行值班

第一节 能见度不良

第四十二条 当遇到或预料能见度不良时,值班驾驶员的首要职责是遵照《国际海上避碰规则》的相应条款,采取鸣放雾号、以安全航速行驶、并使主机处于立即可操纵的准备状态等措施。此外,值班驾驶员还应该:

(一)通知船长。

(二)布置瞭望人员和舵工手动操舵。

(三)显示航行灯。

(四)开启和使用雷达。

(五)如可能,在能见度变坏前抢测陆标或天测船位。

第二节　夜间航行

第四十三条　在夜间航行,船长和值班驾驶员安排瞭望时应充分考虑到驾驶台设备和可供使用的助航仪器的局限性,当时航区的环境和情况,以及所实施的程序和安全措施。

第四十四条　船长应将航行指示和注意事项或者其他重要布置明确记入"船长夜航命令簿",值班驾驶员应遵照执行。

第三节　沿岸和拥挤水域的航行

第四十五条　在沿岸和拥挤水域航行时,应使用船上适合于该地区并依照最近期资料改正过的最大比例尺的海图。在确认没有碰撞危险的情况下,应勤测船位,环境许可时还应使用多种方法定位。值班驾驶员应确切地辨认沿岸陆标及所有有关的航行标志。

第四节　引航员在船时的航行

第四十六条　船舶由引航员引航时并不解除船长管理和驾驶船舶的全部责任。船长和引航员应交换有关航行方法、当地情况和船舶性能等情况。船长和值班驾驶员应与引航员紧密合作,并保持对船位和船舶动态随时进行核对。船长对引航员的错误操作应及时指出,必要时即行纠正。

第四十七条　船长在非危险航段暂离驾驶台时应告知引航员,并指定驾驶员负责。如值班驾驶员对引航员的行动或意图有所怀疑,应要求引航员予以澄清,如仍有怀疑,应立即报告船长,并可在船长未到达之前采取必要的行动。

第五章　轮机值班应遵守的原则

第一节　值班轮机员

第四十八条　负责轮机值班的轮机员是轮机长的代表,在任何时候,主要负责对影响船舶安全的机械设备进行安全有效的操作和保养,并根据需要,负责值班责任范围内的一切机械设备的检查、操作和测试,确保在任何时候均能保证安全值班。

第二节　值班安排

第四十九条　在任何时候,轮机值班的组成应确保影响船舶安全操作的所有机器的安全运转,不论是自动还是手动操作,都应适合当时的环境和条件。

第五十条　在决定轮机值班人员组成时,可包括合适的普通船员在内,但对下列因素应特别予以考虑:

(一)船舶类型、机器类型和状况。

(二)对影响船舶安全运行的机器置于充分的监管之下。

(三)由于情况的变化,如天气、冰区、污染水域、浅水水域、各种紧急情况、船损控制或消除污染而采用的特殊操作方式。

(四)值班人员的资格和经验。

(五)人命、船舶、货物和港口的安全及环境保护。

(六)遵守有关国际公约、国家法规和当地规章。

(七)保持船舶正常运行。

第三节　值班交接

第五十一条　值班轮机员如有理由认为接班轮机员显然不能有效地执行值班任务时,不应向接班轮机员交班,并立即向轮机长报告。

第五十二条　接班轮机员应确信本班人员完全有能力能够有效地完成各自的任务。

第五十三条　轮机值班人员在接班之前,应对下列情况了解清楚:

(一)轮机长关于船舶系统和机器运转的常规命令和特别指示。

(二)对所有机器及系统运行的工作状况和参与涉及人员以及潜在的危险。

(三)污水舱、压载舱、污油舱、备用舱、淡水柜、粪便柜等使用状况和液面高度以及对其中贮存物的使用或处理的特殊要求。

(四)在燃油备用舱、沉淀柜、日用油柜和其他燃油贮存设备中的燃油液位高度和使用状况。

(五)有关卫生系统处理的特殊要求。

(六)各种主、辅机系统(包括配电系统)的操作方式和运行状况。

(七)监控设备和手动操作设备的状况。

(八)蒸汽锅炉运行以及有关的设备状况和操作方式。

(九)由于恶劣天气、冰冻、被污染的水域或浅水引起的潜在不利条件。

(十)由于设备故障或危及船舶安全的情况而采取的特殊操作方式和应急措施。

(十一)有关分派给机舱普通船员任务的情况。

(十二)消防设备的有效性。

第五十四条 接班轮机员应检查轮机日志,并核对与自己观察的情况一致时,方可接班。

第四节 轮机值班职责

第五十五条 值班轮机员应保证维持既定的正常值班安排。机舱值班的普通船员应协助值班轮机员使主、辅机安全和有效运行。

第五十六条 尽管轮机长在机舱,值班轮机员应继续对机舱工作全权负责,直到轮机长明确通知他轮机长已承担责任并经双方确认后为止。

第五十七条 轮机值班的所有成员都必须熟悉被指派的值班职责,此外,每个成员对其服务的船舶还应掌握:

(一)恰当地使用内部通信系统的知识。

(二)机舱逃生途径的知识。

(三)机舱报警系统的知识,特别是关于辨别各种警报与二氧化碳警报的能力。

(四)有关机舱灭火设备的数量、位置、性能和使用的知识。

（五）船损堵漏工具的使用知识。

第五十八条 在轮机值班开始时，应当对当时所有的机器工作情况、工况参数加以验证、分析，并保持在正常范围值。

第五十九条 在值班期间值班轮机员应定期巡回检查机舱和舵机室，以便及时发现机器的故障和损坏情况，并执行其他一切需要的任务。

第六十条 任何运转失常的、预料将发生故障或需要特殊处理的机器，连同已经采取的措施应作详细记录。如果需要，应为进一步的措施拟出计划。

第六十一条 对于有人值守的机舱，值班轮机员应随时能立即操纵推进设备，以适应变向和变速的需要。

第六十二条 对于定期无人值守机舱的值班轮机员，在机舱呼叫照料时，应立即到达机舱。

第六十三条 驾驶台的所有命令应迅速执行，对主推进装置的变向和变速应作出记录。当人工操作时，值班轮机员应保证主推进装置的操纵台前不间断地有人值守，并处于准备和操作状态。

第六十四条 对所有机器的保养和维护所需要的物料和备件的供应应给予足够的注意，包括机器、电气、电子、液压和空气系统及其控制装置和与此相关的安全设备，所有舱室生活系统设备以及物料和备品的使用记录。

第六十五条 轮机长应保证将值班时拟进行的预防性保养、控制损害或修理工作等情况通知负责值班的高级船员。对于属于值班责任内的拟处理的所有机器，负责轮机值班的高级船员应负责其隔离、旁通和调整，并将已进行的全部工作记录下来。

第六十六条 当机舱处于备车状态时，值班轮机员应保证一切在操纵时可能用到的机器设备随时处于可用状态，并使电力有充足的储备，以满足舵机和其他需要。

第六十七条 值班轮机员在值班期间不应再被分派或承担任何会妨碍其监管主推进系统及其辅助设备的其他任务，而应保证机器及设备处于经常的监管之下，直到正式交班为止。

第六十八条 值班轮机员应告示其他值班人员有关对机器的潜在危险情况,以及危及人命和船舶安全的情况。

第六十九条 值班轮机员应确保机舱在监管之下,一旦值班人员丧失值班能力,应安排替代人员。不能使机舱处于无人监管而无法手动操作和调节的失控状态。

第七十条 值班轮机员应采取必要的措施,以对付由于设备损坏、失火、进水、破裂、碰撞、搁浅和其他原因所引起的损害的影响。

第七十一条 在下班前,值班轮机员应将值班中有关主、辅机发生的事情完整记录下来,并提醒接班人员注意。

第七十二条 在进行一切预防性保养、损害控制或维修工作时,值班轮机员应与负责维修工作的轮机员合作,这些工作应包括但不局限于如下内容:

(一)对要进行工作的机器加以隔离和旁通。

(二)在维修期间,将其余的设备调节至充分和安全地发挥功能的状态。

(三)为了有利于接班人员的工作,在轮机日志或其他适当的文本上详细记录维修保养过的设备、参加人员和他们所采取的安全措施。

(四)必要时将已修理过的机器和设备进行测试、调整,投入使用。

第七十三条 值班轮机员应确保在机舱从事维修工作的普通船员,在一旦自动设备失灵时,可协同对机器进行手动操作。

第七十四条 值班轮机员应记住,为使船舶和船员的安全免遭任何威胁,在船舶推进系统发生故障引起速度变化或停止运转、舵机瞬间失灵或失效、机舱发生火灾、电站发生故障或类似这种威胁安全的其他情况时,应立即通知驾驶台。这种通知如有可能,应在采取行动之前完成,以便驾驶室有最充分的时间采取一切可能的措施来避免可能发生的海难。

第七十五条 在遇到下列情况,值班轮机员应立即通知轮机长:

(一)当机器发生故障或损坏,可能危及船舶的安全运行时。

（二）发生失常现象，经判断会引起推进机械、辅机、监视系统、调节系统的损坏或破坏时。

（三）发生紧急情况或对于采取什么措施和决定无把握时。

第七十六条 除需要将上条所述情况报告轮机长以外，为了机器和船员的安全需要，值班轮机员可以立即毫不犹豫地采取措施。

第七十七条 值班轮机员应将保证安全值班的一切适当指示和信息告知值班人员，日常的机器保养工作应纳入值班日常工作制度之内。详细的维修工作，包括全船的电气、机械、液压、气动或适用的电子设备的修理，应在轮机长和值班轮机员的监视下进行。这些修理应作记录。

第五节 不同环境下的轮机值班

第七十八条 值班轮机员应确保提供雾中声号用的持久的空气或蒸汽压力，并随时执行驾驶台的任何变速、变向的命令。此外，还应保证备妥用于操纵的一切辅助机械。

第七十九条 值班轮机员当接到船舶进入拥挤水域中航行的通知时，应确保所有涉及船舶操纵的机器能即刻置于手动操作模式。值班轮机员还应保证有足够的备用动力，以供舵和其他操作要求所用。应急操舵和其他辅助设备应准备好可立即使用。

第六章 无线电值班应遵守的原则

第一节 无线电人员

第八十条 船公司、船长和无线电值班人员应遵守本章规定，以保证船舶在海上航行时保持足够的无线电安全值班；在遵守本规则同时，还应符合无线电规则。

第八十一条 本章的规定适用于经修正的《1974 年国际海上人命安全公约》所规定的配备 GMDSS 的船舶无线电人员。

第八十二条 在船长的领导下,船舶电台在持有相应适任证书的无线电人员管理下进行操作,遇险通信只能经船长批准后发送。

第二节 值班安排

第八十三条 在决定无线电值班时,船长应:

(一)保证无线电值班是按照无线电规则和SOLAS公约有关规定进行的。

(二)保证无线电值班的主要职责不会受到与船舶安全航行无关的无线电通信的严重影响。

(三)考虑到船上所安装的无线电设备及其工作时间。

第三节 无线电值班职责

第八十四条 履行无线电值班的无线电人员应:

(一)保证值班是保持在无线电规则和SOLAS公约所指定的频率上。

(二)值班时,定时检查无线电设备的工作状态及其电源,并且在发现设备故障时及时报告船长。

(三)凡水上安全管理机关有相应规定不能在港界内开启发信机,或者是在装卸和清洗易挥发性的易燃易爆货物时,根据船长或值班驾驶员的指示禁止开启和修理一切发信设备。

第八十五条 在离港前,指定作为在遇险事件时负有无线电通信职责的无线电人员应确保:

(一)所有遇险和安全无线电设备、备用电源均处于有效工作状态,并记入电台工作日志。

(二)所有国际公约规定的文件、船舶航行通告和主管机关要求的附加文件均须备妥,并根据最新收到的资料进行修改,有不符之处报告船长。

(三)报房时钟准确地设定到与无线电报时信号一致。

(四)天线正确地架妥无损坏,并连接正确。

（五）应准时接收船舶将要航行的区域、船长要求的其他区域的最新的气象报告和航行警告，并将这些信息送交船长。

第八十六条 在离港并启用电台时，无线电值班人员应：

（一）保持在国际遇险频率上值守并接收有关的通信业务。

（二）发送通报（船名、位置和目的港等）给有关的海岸电台和其他可能会进行通信的相应的岸台。

（三）根据船长指示，向船位报告系统发送报告。

第八十七条 在电台值守时间内，无线电值班人员应：

（一）用标准报时信号校对报房时钟，每天至少一次。

（二）在进入或驶离可能经常与之通信的海岸电台的服务区域时发一通报。

第八十八条 在海上时，指定为在遇险事件中负有无线电通信主要责任的无线电值班人员应保证下列设备工作正常：

（一）每周至少一次用试验方法测试数字选择性呼叫（DSC）遇险和安全通信和无线电设备。

（二）每天至少一次测试遇险和安全通信的无线电设备，但不发射任何信号。

这些试验的结果应记入无线电工作日志。

第八十九条 指定进行一般通信业务的无线电值班人员，应考虑本船船位与那些可能要进行通信业务的海岸电台和海岸地球站的相互位置，保证做到在可能交换通信的频率上保持有效的值守。在交换通信信息时，无线电值班人员应遵守国际电信联盟的有关规定。

第九十条 当到达港口关闭电台时，无线电值班人员应报告给当地海岸电台和其他建立过联系的电台，并应：

（一）确保天线接地。

（二）检查备用电源完全足电。

第九十一条 遇险报警或遇险呼叫优先于一切其他通信。当电台收到遇险报警时，必须立即停止干扰遇险通信的任何发射。

第九十二条 如本船遇险，指定为在遇险事件中负有无线电通信主要责任的无线电人员，应立即遵照无线电规则的程序承担起责任。

第九十三条 当收到遇险报警时，无线电值班人员应立即报告船长，在遇险事件中负有无线电通信主要责任的无线电人员，应马上根据无线电规则的程序承担起责任。

第九十四条 无线电值班人员应按照无线电规则及 SOLAS 公约有关无线电日志的要求做好记录。

第九十五条 在发生遇险事件时，保持无线电记录是无线电人员的责任。下列事项连同其发生的时间应予记录：

（一）遇险、紧急和安全的无线电通信摘要。

（二）与遇险及救助有关的重要事件。

（三）如果可能，每天一次船位。

（四）无线电装置的状况，包括电源状况的摘要。

第九十六条 无线电工作日志必须存放在经常通信操作的地点，并应能使：

（一）船长可以查阅。

（二）主管机关的任何授权官员可以查阅。

第七章 港内值班

第一节 港内值班应遵守的原则

第九十七条 正常情况下在港内系泊或锚泊的所有船上，为了安全，船长必须安排适当而有效的值班。对于具有特种形式的推进系统或辅助设备，以及对装载有危害的、危险的、有毒的、易燃的物品或其他特殊货物的船舶，还应按有关规定的特殊要求值班。

第九十八条 船长应根据系泊情况、船舶类型和值班特点，配备足够的且具有熟练操作能力能够保持相关设备安全有效运转的值班船员。为了有效地值班，还应安排好必要的设备。

第九十九条 船舶在港内停泊期间的值班安排应始终：

（一）确保人命、船舶、货物、港口和环境的安全，确保所有与货物作业有关的机械的安全操作。

（二）遵守国际的、船旗国的及港口国的规定。

（三）保持船上秩序和日常工作。

第一百条 停泊值班人员的组成，应包括一名值班驾驶员和至少一名水手。

第一百零一条 各船的轮机长应与船长商量，保证轮机值班的安排适合于保持在港轮机的安全值班。在决定轮机值班人员的组成时，应予考虑下列各点：

（一）必须保持有一名轮机员负责值班。

（二）推进功率为750千瓦及以上的船舶，必须安排至少一名机工协助值班轮机员值班。

（三）轮机员在负责值班期间，不应被分派或承担任何会妨碍其监管船上机械系统的其他任务。

第一百零二条 值班驾驶员或值班轮机员如有任何理由，认为接班的高级船员不能有效地履行其职责，则不应交班，并应报告船长或轮机长。接班高级船员应确保本班人员完全有能力并有效地履行他们的职责。

第一百零三条 在交接班时若正在进行重要操作，除非船长或轮机长另有指令，该操作应由交班的高级船员完成。

第二节 锚泊中值班驾驶员的职责

第一百零四条 锚泊时，船长可根据情况决定是值航行班还是值停泊安全班。

第一百零五条 值班驾驶员在锚泊中应做到：

（一）锚抛下时应立即测定船位，并在海图上标出锚位和回旋范围，对锚地的潮汐、流向、水深、底质、周围情况及当地气象，做到心中有数，并记入航海日志。

（二）如情况许可，要经常利用固定航标或岸上容易辨认的物标，校核船舶是否保持在锚位上。

（三）确保维护有效的瞭望，并注意：

1. 周围锚泊船的情况，尤其是位于上风（或上流）方向锚泊船的动态，以防他船走锚危及本船安全；

2. 来泊船的锚位是否与本船有足够的安全距离，如若过近，应设法通知对方，并报告船长；

3. 如过往船舶或邻近锚泊船起锚离泊时距本船过近，应严密注视其动态，若判断对本船有威胁时，应以各种信号警告对方。

（四）以适当的时间间隔巡视全船，注意吃水、龙骨下富余水深以及船舶的状态。

（五）注意观测气象、潮汐和海况变化，注意锚位、锚链受力，船首偏荡，特别在转流时，注意船身回转及周围船舶动向，必要时采取紧急措施，防止因本船或他船走锚酿成危险或事故。

（六）不论本船或他船走锚，或者过往船舶距离过近而出现危险局面时，应果断地采取一切有效措施，以避免或减少损失，并立即通知船长。

（七）在急流区锚泊或遇大风浪天气，除执行船长指示外，还应勤测锚位，定时巡视甲板，检查锚链和制链器是否正常，并应认真督促值班水手每小时检查锚链、锚链制和锚设备一次。

（八）督促值班水手按时升降旗及锚球，开关锚灯、甲板照明，按规定显示或悬挂相应的号灯号型，鸣放相应的声号。

（九）遇能见度不良时，必须认真执行《国际海上避碰规则》的有关规定，加强瞭望，鸣放雾号，开亮锚灯和各层甲板的照明灯，并通知船长。

（十）锚泊中发生碰撞时，应将对方的动态和碰撞时间，以及本船所采取的措施和受损情况等详细记录在航海日志上，并画出示意图。

（十一）锚泊中进行装卸作业，除应执行靠泊值班中有关装卸业务方面的职责外，尚应注意旁靠船、驳的系缆、碰垫和绳梯以及其他各种安全措施。

（十二）根据锚地情况及水上安全管理机关的规定，用甚高频无线电话在规定的频道上按时守听。

（十三）严格遵守防污染规定，采取有效措施，防止船舶对水域环境造成污染。

第三节　靠泊中值班驾驶员的职责

第一百零六条　值班驾驶员在靠泊中应做到：

（一）掌握全船人员动态，经常巡查船的四周、装卸现场及工作场所，关心从事高空、舷外及封闭舱室内工作的人员安全，督促值班人员坚持岗位，保持部门间联系畅通。

（二）督促值班水手按时升降国旗、开关灯，显示或悬挂有关号灯号型；经常检查舷梯、锚链、跳板及安全网，及时调整系泊缆绳，特别是在有较大潮差的泊位上，应加强巡查，必要时，应采取措施以确保系泊设备处于安全工作状态。

（三）注意吃水、龙骨下的富裕水深和船舶的一般状态。

（四）根据各船舶种类特点，按大副积载计划的要求，负责船港联系和协作，监督装卸操作安全和质量，掌握装卸进度，解决装卸中发生的问题，制止违章作业，注意天气变化及海况，及时开关舱；装卸一级危险品、重大件、贵重货时到现场监督指导。

（五）注意及时收听天气预报，当收到恶劣气象警报时，采取必要的措施以保护船舶、人员和货物的安全。

（六）按船长或大副的指示或者情况需要，通知机舱注入、排出或调整压舱水，并注意船体平衡。注意检查污水沟、压载舱及淡水舱的测量记录。监收加装淡水和物料，加油船来时通知机舱并注意防火安全。

（七）严格遵守有关安全及防火规定，遇火警、人落水或船进水时，应即发警报；船长、大副不在船时，要负责指挥在船人员全力抢救，以避免船舶、货物和船上人员受到损失，必要时请求水上安全管理机关或附近船只给予援助。

（八）掌握船舶稳性情况，以便在失火时能向港口消防部门提供可喷洒在船上的水的大致数量，并不致危及本船。

（九）船上进行明火作业及修理工作时，要严格按规定报批，并注意查看和采取必要的预防措施。

（十）采取各种有效预防措施，严禁在系泊区域内排放污油水、培训及杂物，防止本船对周围环境的污染。

（十一）注意过往船舶，当有他船系靠本船或前后泊位时，应在现场守望，并采取相应安全措施，一旦发生事故，应立即记下该船船名、国籍、船籍港及事故经过，并向船长报告。

（十二）对遇难船舶和人员提供援助。

（十三）主机试车前，应确认推进器附近无障碍物，不致碍及他船，不致损坏舷梯、跳板、缆绳、装卸属具及港口设施等方可进行，并注意查看和采取必要的预防措施。

（十四）靠泊期间船舶的工作事项须记入航海日志。

第四节　轮机值班

第一百零七条　当船舶在开敞的港外锚地或其他任何实际上是“在海上”的情况下，值班轮机员应保证：

（一）保持有效的值班。

（二）定时检查所有正在运转和处于准备状态的机器。

（三）按驾驶台命令使主、辅机保持准备状态。

（四）遵守适用的防污染规则，采取措施，防止污染海洋环境。

（五）所有损害控制和消防系统处于备用状态。

第一百零八条　在港内值班轮机员应特别注意：

（一）遵守其在值班范围内的一切命令，防范有关危险情况的特殊操作程序和规定。

（二）仪表和控制系统，对运行中的所有机械设备及系统的监测。

（三）为防止违反水上安全监督机关有关防污染规定所必须采取的技术、方法和处理程序。

（四）污水沟的情况。

第一百零九条　值班轮机员应：

（一）出现紧急情况而需要时，拉响警报并采取一切可能的措施避免船舶及其货物和船上人员遭受损害。

（二）了解驾驶员对装卸货物时所需设备的要求，以及对压载和船舶稳性控制系统的附加要求。

（三）经常巡查、分析可能发生的设备故障或损坏情况，并立即采取补救措施以确保船舶装卸货、港口及其周围环境的安全。

（四）保证在其职责范围内采取必要的预防措施，以避免船上各种电气、电子、液压、气动以及机械系统发生事故或损坏。

（五）将影响船上机械运转，调节或修理的所有重要事项，完整地记录下来。

第五节 甲板值班的交接班

第一百一十条 交班和接班的驾驶员都应在交接前巡视检查全船和周围，认真做好交接工作。

第一百一十一条 交班驾驶员应告知接班驾驶员下列事项：

（一）航海日志和停泊值班记录簿所记载的有关内容、公司指示和船长命令，有关人员来船联系及对外联系事项。

（二）气象、潮汐、泊位水深、船舶吃水、系缆情况、锚位和所出锚链的情况、转流时船舶回转等安全注意事项，主机状态和应急使用的可能性，以及对船舶安全有关的其他情况。

（三）船上应完成的所有工作，积载计划，大副的要求，装卸进度，开工舱口及工班数，货物的分隔衬垫，装卸质量，装卸属具情况，危险品和重大件及应采取的预防及应急措施，贵重货，水手监舱情况及与港方联系事项。

（四）污水沟、压舱水、淡水的水位情况及加装燃油、淡水情况。

（五）消防设备的情况。

（六）港口及本船悬挂的信号、显示的号灯号型和鸣放的声号，港口特殊规定，当发生紧急情况或需要援助时船方与港方的联系方法。

（七）全船人员的动态情况。

（八）厂修、自修、检修工作的项目、质量、进度和采取的安全措施。

（九）旁靠船、驳情况，周围锚泊船的动态，发生事故的经过、原因、责任和取得的签证文件。

（十）有关船舶、船员、货物的安全和防止水域污染的其他重要情况，以及由于船舶行为造成环境污染时向水上安全管理机关报告的程序。

第一百一十二条 接班驾驶员在负责甲板值班之前应核实：

（一）系泊缆绳或锚链状况是恰当的。

（二）了解正在装卸的有害或危险货物的性质，并知道万一发生溢漏或失火时应采取的相应措施。

（三）本船悬挂的信号、显示的号灯号型以及鸣放的声号是合适的。

（四）各项安全措施和防火规定都在严格遵守之中。

（五）外界的条件或环境没有危及本船，本船也不危及其他船舶。

第一百一十三条 交接中或交接后对交接事项有怀疑，应及时请示大副或船长。

第六节 轮机值班的交接班

第一百一十四条 在交接班前，值班轮机员应向接班轮机员告知以下事项：

（一）当日的常规命令，有关船舶操作、保养工作、船舶机械或控制设备修理的特殊命令。

（二）所有机械和系统进行修理工作的性质、涉及的人员以及潜在的危险。

（三）使用中的舱底污水或残渣柜、压载水舱、污油舱、粪便柜、备用柜的液位高度及状态以及对其中贮存物的使用或处理的特殊要求。

（四）有关卫生系统处理的特殊要求。

（五）移动式或固定式灭火设备以及烟火探测系统的状况和备用情况。

（六）获准从事机械修理的人员，其工作地点和修理项目，以及其他获准上船的人员和需要的船员。

（七）有关船舶排出物，消防要求，特别是在恶劣天气将来临时船舶的准备工作等方面的港口规定。

（八）船上与岸上人员可使用的通信线路，包括万一发生紧急事件或要求援助时与水上安全监督机关的通信线路。

（九）其他有关船舶、船员、货物的安全以及防止环境污染等重要情况。

（十）由于轮机部造成环境污染时，向水上安全监督机关报告的程序。

第一百一十五条　接班轮机员在承担值班任务前，应充分满意第一百一十四条所述事项已被告知，同时还应：

（一）熟悉现有的和可能有的电热、水源及其分配情况。

（二）了解船上的燃油、润滑油及一切淡水供给的可用程度和情况。

（三）尽可能地将船舶及机器准备妥，以便在需要时备车或应付紧急状况。

第七节　运载危险货物船上的停泊值班

第一百一十六条　每艘运载危险货物的船舶的船长，不论是易爆的、易燃的、有毒的、危害健康的或污染环境的，都应确保维持安全值班。对于运载散装危险货物的船舶，即使当船舶安全地在系泊或锚泊，甲板部和轮机部也各应由至少一名高级船员和若干名普通船员组成安全值班。

第一百一十七条　每艘运载非散装危险品的船舶的船长，应充分注意到这些危险品的性质、数量、包装和积载以及船上、水上和岸上的所有特殊情况。

第八章　驾驶、轮机联系制度

第一节　开　航　前

第一百一十八条　船长应提前24小时将预计开航时间通知轮机长，如停港不足24小时，应在抵港后立即将预计离港时间通知轮机长；轮机长应向船长报告主要机电设备情况、燃油和炉水存量；如开航时间变更，须及时更正。

第一百一十九条　开航前1小时，值班驾驶员应会同值班轮机员核对船钟、车钟、试舵等，并分别将情况记入航海日志、轮机日志及车钟记录簿内。

第一百二十条　主机试车前，值班轮机员应征得值班驾驶员同意。待主机备妥后，机舱应通知驾驶台。

第二节　航　行　中

第一百二十一条　每班下班前，值班轮机员应将主机平均转数和海水温度告知值班驾驶员，值班驾驶员应回告本班平均航速和风向风力，双方分别记入航海日志和轮机日志；每天中午，驾驶台和机舱校对时钟并互换正午报告。

第一百二十二条　船舶进出港口，通过狭水道、浅滩、危险水域或抛锚等需备车航行时，驾驶台应提前通知机舱准备。如遇雾或暴雨等突发情况，值班轮机员接到通知后应尽快备妥主机。

判断将有风暴来临时，船长应及时通知轮机长做好各种准备。

第一百二十三条　如因等引航员、候潮、等泊等原因须短时间抛锚时，值班驾驶员应将情况及时通知值班轮机员。

第一百二十四条　因机械故障不能执行航行命令时，轮机长应组织抢修并通知驾驶台速报船长，并将故障发生和排除时间及情况记入航海日志和轮机日志。停车应先征得船长同意，但若情况危急，不立即停车就会威胁主机或人身安全时，轮机长可立即停车并通知驾驶台。

第一百二十五条 轮机部如调换发电机、并车或暂时停电，应事先通知驾驶台。

第一百二十六条 在应变情况下，值班轮机员应立即执行驾驶台发出的信号，及时提供所要求的水、气、汽、电等。

第一百二十七条 船长和轮机长共同商定的主机各种车速，除非另有指示，值班驾驶员和值班轮机员都应严格执行。

第一百二十八条 船舶在到港前，应对主机进行停、倒车试验，当无人值守的机舱因情况需要改为有人值守时，驾驶台应及时通知轮机员。

第一百二十九条 抵港前，轮机长应将本船存油情况告知船长。

第三节 停 泊 中

第一百三十条 抵港后，船长应告知轮机长本船的预计动态，以便安排工作，动态如有变化应及时联系；机舱若需检修影响动车的设备，轮机长应事先将工作内容和所需时间报告船长，取得同意后方可进行。

第一百三十一条 值班驾驶员应将装卸化情况随时通知值班轮机员，以保证安全供电。在装卸重大件或特种危险品或使用重吊之前，大副应通知轮机长派人检查起货机，必要时还应派人值守。

第一百三十二条 如因装卸作业造成船舶过度倾斜，影响机舱正常工作时，轮机长应通知大副或值班驾驶员采取有效措施予以纠正。

第一百三十三条 对船舶压载的调整，以及可能涉及海洋污染的任何操作，驾驶和轮机部门应建立起有效的联系制度，包括书面通知和相应的记录。

第一百三十四条 每次添装燃油前，轮机长应将本船的存油情况和计划添装的油舱以及各舱添装数量告知大副，以便计算稳性、水尺和调整吃水差。

第九章 船员健康适任要求

第一百三十五条 每一艘海船,不得以低于主管机关颁发的船舶最低安全配员证书中所列数目和级别的数额配备船员。

第一百三十六条 船长应采取有效措施防止疲劳操作。所有参加值班的船员在24小时内必须有至少10小时的休息时间。休息时间可以分开,但不超过两段时间,其中一段时间至少要有6小时。

第一百三十七条 本规则第一百三十六条规定的10小时最短休息时间可以减少到不少于6小时,条件是这种降低不得超过每周2天,同时,每周提供的休息时间不得少于70小时。

第一百三十八条 在紧急、操演及特殊情况时,可以不保持规则第一百三十六条规定的对休息时间的要求。

第一百三十九条 一定时间内的平均工作小时最长每天不应超过12小时。工作小时的一般规定可以不计必需的日常工作,如就餐替人或正常交接班所需的额外时间。

第一百四十条 各船应将值班安排表张贴在易见之处。船上应做好船员工作小时和休息时间的记录,以备主管机关检查,以保证有关工作小时和休息时间的规定得以执行。这种检查每六个月进行一次。

第一百四十一条 船长在安排船员值班时,应充分考虑女性船员的生理特点和国家的有关规定。

第一百四十二条 严禁船员酗酒,值班人员在值班前4小时内禁止喝酒,且值班期间血液中的酒精含量不得超过0.08%。

第一百四十三条 严禁船员服用可能导致不能安全值班的药物。严禁船员有吸毒和贩毒行为。

第十章 附 则

第一百四十四条 本规则下列用语和缩写的含义是:

（一）“海船”系指航行于海上以及江海直达的一切类型的机动和非机动船只。

（二）“船长”系指船员中负责指挥和管理船舶的人员。

（三）“驾驶员”系指大副、二副、三副的统称。

（四）“轮机长”系指主管船舶机械推进以及机械和电气装置的操作和维护的轮机部高级船员。

（五）“轮机员”系指大管轮、二管轮、三管轮的统称。

（六）“无线电人员”系指国际电信联盟的《无线电规则》和SOLAS公约规定的海上移动通信的值机人员。

（七）“高级船员”系指参加值班的驾驶员、轮机员、无线电人员。

（八）“轮机值班”系指一个人或组成值班的一组人履行其职责，包括一个高级船员亲临机舱或不亲临机舱履行其高级船员的职责。

（九）“SOLAS”系指国际海事组织的《1974年国际海上人命安全公约》。

（十）“GMDSS”系指全球海上遇险和安全系统。

（十一）“DSC”系指GMDSS中的“数字选择性呼叫”。

第一百四十五条 本规则的值班规定系海船船员的最低值班要求。船公司或船舶可以根据不同的航线、船舶种类或等级制定相应值班程序和要求，但不得低于本规则的值班规定。

第一百四十六条 下列船舶应参照本规则制定相应的船员值班程序和要求，在合理和可行的范围内符合本办法的要求，并充分考虑保护海洋环境和保护此类船舶以及同一海域中其他船舶的安全。

（一）未满100总吨的海船；

（二）从事海洋科学研究、海洋工程的船舶和非自航移动式近海装置；

（三）政府公务船或政府拥有的用于非商业性目的的海船。

第一百四十七条 进入中华人民共和国内水、领海和管辖水域的外国籍船舶的船员值班，应符合中华人民共和国政府缔结或参加的有关国际公约的相应规定。

第一百四十八条 本规则自1998年1月1日起施行。

中华人民共和国船员培训管理规则

（交通部令1997年第13号　1997.11.05）

第一章　总　　则

第一条　为加强船员培训管理，保证船员培训质量，提高船员的职业素质，保障水上人命和财产安全，保护环境，依据《中华人民共和国海上交通安全法》、《中华人民共和国内河交通安全管理条例》和经1995年修正的《1978年海员培训、发证和值班标准国际公约》（以下简称STCW78/95公约）有关规定，制定本规则。

第二条　本规则适用于在中华人民共和国境内进行的船员培训及其有关的管理活动。

第三条　中华人民共和国港务监督局是船员培训的主管机关（以下简称主管机关）。

港务监督具体负责船员培训的监督管理及考试、评估和发证工作，其职责范围由主管机关确定。

第四条　船员应根据其服务船舶的种类，等级、航区和担任的职务，按照主管机关规定的适任标准，在主管机关认可的船员培训机构中完成规定项目的培训。

第五条　在中国境内从事本规则规定的船员培训的机构，均应取得主管机关签发的《中华人民共和国船员培训许可证》（以下简称《许可证》）和《质量体系证书》，方可开展培训。

第二章　培训种类

第六条　船员培训种类有：

(一)适任证书考前培训:

1. 船长、驾驶员考前培训;

2. 轮机长、轮机员考前培训;

3. 船舶无线电通信人员考前培训;

4. 组成值班的水手、机工适任培训。

除非另有规定,一般由申请适任证书考试的船员自愿参加考前培训。

(二)特定类型船舶船员特殊培训:

1. 散装液体货船船员特殊培训;

2. 客船及滚装客船船员特殊培训;

3. 大型船舶操纵特殊培训;

4. 高速船船员特殊培训;

5. 船舶装载散装固体或包装危险和有害物质作业特殊培训。

在特定类型船舶上任职的船员,应按主管机关的规定完成本款列明的相应的特殊培训。

(三)船员专业培训:

1. 熟悉和基本安全培训;

2. 精通救生艇筏和救助艇培训;

3. 船舶高级消防培训;

4. 精通急救和船上医护培训;

5. 雷达操作和模拟器培训;

6. 船舶操纵模拟器培训;

7. 船舶轮机模拟器培训。

在船舶上任职的船员,应按主管机关的规定完成本款列明的相应的专业培训。

(四)精通业务和知识更新培训:即申请适任证书再有效和申请散装液货船、客船、滚装客船、高速船等船员特殊培训合格证再有效的船员保持其适任能力的培训。

(五)船上培训:即初次申请船长、大副、三副、轮机长、大管轮、三管轮、船舶无线电人员适任证书者,为达到规定的适任标准,在船上有资格的人员指导下完成的技能训练。

第三章 培训机构

第七条 培训机构系指从事本规则第六条列明的各项船员培训的企事业单位、社会团体或院校。

第八条 培训机构应符合下列条件:

(一)具有组织机构和章程及相关的管理制度;

(二)具有与培训相适应的符合规定的教师和管理人员;

(三)具有满足所开展培训要求的场所、设施和设备;

(四)建立质量标准体系;

(五)具有一定的生源。

第九条 筹备船员培训机构,应向主管机关递交书面申请报告,申请报告内容包括:

(一)机构的名称、地址、法定代表人、上级管理机关;

(二)筹备开展船员培训的项目及可行性研究报告;

(三)培训设施、设备、场所、器材的情况;

(四)每一教员的学历、专业、职称、船上服务资历、所持船员证书、教学经历、对培训纲要的熟悉程度等情况;

(五)有关法规、技术资料的配备情况;

(六)内部管理组织和规章制度;

(七)教学计划、教学大纲和教材;

(八)质量标准体系;

(九)主管机关认为需要的其他文件、资料。

第十条 主管机关于受理申请后,在 15 个工作日内,将是否同意筹备开展船员培训的决定通知申请培训的机构。如同意,可指定有关港务监督对培训筹备工作进行检查和指导。

第十一条 申请培训的机构筹备就绪后,应向主管机关指定的港务监督递交验收申请报告。申请报告应包括筹备工作总结、本规则第九条列明的事项的说明以及培训条件不足事项的改进情况等内容。

第十二条 主管机关指定的港务监督经现场验收，作出验收报告报主管机关。验收报告应对申请培训的机构是否具备开展船员培训的基本条件进行全面、客观的评价。

第十三条 主管机关审核验收报告，于收悉报告后30个工作日内作出批准或不批准的决定，通知申请培训的机构和有关港务监督。如批准，则向申请培训的机构签发《许可证》。

第十四条 《许可证》系指主管机关统一印制，载明船员培训机构具备开展相应船员培训资格的证明文件。

《许可证》分正式和临时两种。临时《许可证》仅用于培训机构在其质量体系试运行期间所开展的船员培训。

第十五条 《许可证》的主要内容有：

(一)培训机构的名称、地址、法定代表人(或上级管理机关)；

(二)培训机构开展船员培训的项目、规模和地点；

(三)负责相应船员培训监督管理的港务监督；

(四)发证日期和有效期。

第十六条 主管机关签发《许可证》时，制作正本一份签发给培训机构，同时制作副本若干份供主管机关和有关港务监督留存备查。

第十七条 《许可证》有效期不超过2年。临时《许可证》有效期不超过6个月。

第十八条 本规则第十五条(一)款内容发生变更的，培训机构应向主管机关办理变更申请手续。

第十九条 培训机构需增加船员培训项目或规模的，按本规则规定向主管机关重新申请签发《许可证》。

第四章 培训的实施

第二十条 培训机构开展每期船员培训时，必须符合以下要求：

(一)按经核准的培训计划和纲要开展培训；

(二)场地、设备和模拟器等设施达到主管机关规定的要求；

（三）担任培训任务的教员符合主管机关的要求；

（四）培训机构应按《许可证》规定的培训项目、规模、地点开展船员培训；

（五）满足主管机关规定的其他要求。

培训机构不能符合上述一项或几项要求开展培训，影响培训质量的，有关港务监督对该期培训不予认可，不受理考试和评估，已完成的考试和评估及签发的证书无效，该证书予以收回。

第二十一条 参加培训的学员应符合主管机关规定的有关培训项目中对船员年龄、持证情况、船上服务资历、见习资历、安全任职记录、身体健康状况等方面要求。

第二十二条 培训机构在每期培训开始前，应向有关港务监督递交包括以下内容的书面报告：

（一）教学计划和日程安排；

（二）承担本期培训教学的教员情况；

（三）培训设施、设备、教材等准备情况；

（四）学员名册和学员填具的《船员培训申请表》；

第二十三条 港务监督接到上述报告后，应在15个工作日内完成审核并通知有关培训机构是否同意开始培训。如同意，港务监督应将考试、评估计划和审核情况反馈给培训机构。

第二十四条 从事船员培训的教员应符合本条规定并得到港务监督的认可：

（一）符合规定学历、专业知识，并具有一定的教学经验或已接受相应的教学培训和指导；

（二）与受训学员的资格相当，并具备相应的海上经历；

（三）具备完全胜任岸上或船上特定种类和级别的培训的能力；

（四）对相应的培训纲要、目的、要求、评估方法、评估标准以及相关的程序和规范有足够的熟悉和正确的认识。

从事模拟器培训的教员应接受过相应的模拟器教学技术指导，具备相应的真实设备的实际操作能力，胜任相应的模拟器培训工作。

第二十五条 学员应遵守主管机关、港务监督和培训机构的有关培训、考试、评估的规定。凡培训出勤未达到规定培训时数四分之三的学员，即失去参加考试、评估和申请发证的资格，已完成的考试和评估及签发的证书无效，该证书予以收回。

第二十六条 培训机构使用模拟器进行培训，应保证模拟器符合 STCW78/95 公约附则 I/12、《海员培训、发证和值班规则》(STCW 规则)第 A－I/12 节以及主管机关规定的相应模拟功能和性能标准，并且：

（一）适合于所选定的培训目标和任务；

（二）能模拟有关船上设备的操作特性，包括设备特点、局限性和可能产生的误差，达到培训目标所要求的真实水平；

（三）具有足够的行为真实性，使学员获得培训目标所要求的有关技能；

（四）能提供一个可控制的操作环境，能够模拟各种可能的情况，包括与培训目标有关的紧急、危险、失常状态；

（五）备有一个能使学员、教员、设备、模拟的环境沟通信息和相互作用的接口；

（六）适合于评估目标，具有可由教员、评估人员监控、记录、评估训练情况的功能。

用于船员培训的模拟器，应经过主管机关或其授权的港务监督的认可。

第二十七条 培训机构应制定全面、适当的模拟器培训计划和程序，并选定具体的、尽可能接近船上工作和实践的培训目标和任务。

培训机构在确定模拟器培训程序、目标和任务时，除符合本规则第二十六条提及的规定外，还应充分考虑 STCW 规则第 B—I/12 节的指南。

第二十八条 开展船上培训的公司和船舶，应在保证船舶安全航行和正常作业的同时，使承担教学和指导任务的船长和高级船员有适当的时间和精力从事相应的船上培训工作。

第二十九条 开展船上培训的公司应按主管机关的规定，制订船上培训计划、程序、规范和实施方案，建立质量标准体系并经认可,保证《船上培训记录簿》内所载培训项目的目标和要求得到有效执行。

第三十条 有关船公司应将学员名册和负责指导和训练学员的船长和高级船员的名单及资历报送有关港务监督备案。

第三十一条 培训机构在每期培训结束后,应至少就以下内容进行总结:

(一)培训纲要、培训计划的执行情况。

(二)学员参加培训和通过考试、评估的情况。

(三)教员教学的情况。

(四)培训设备使用、维护和培训器材消耗增补情况。

(五)存在问题及整改措施。

第五章 培训的考试和发证

第三十二条 港务监督对完成本规则第六条(二)、(三)和(四)款规定的相应培训的学员进行考试和评估。

完成本规则第六条(一)款规定的相应培训的学员,应按照《中华人民共和国海船船员适任考试、评估和发证规则》的规定,申请参加相应的适任考试和评估。

完成本规则第六条(五)款规定的船上培训的学员,由有关船舶的船长负责评估,并经船员所在的公司提出鉴定意见报主管机关授权的港务监督审核。

第三十三条 就本规则而言,考试即书面考试,测验学员经过培训所掌握的知识水平;评估即实际操作考试,检验学员经过训练所达到的技能水平。

考试采用笔试、计算机辅助考试等方式,评估采用实际操作或模拟器测验、口试、听力测验、计算机辅助测验等方式。

第三十四条 学员经考试、评估合格,符合规定的见习要求后,由主管机关授权的港务监督签发相应的培训合格证。

第三十五条 从事培训考试、评估的人员,应具备相应专业大专或以上学历，具备主管机关规定的船上服务资历或与之相当的专业工作经历，并且：

（一）熟悉相应的培训纲要、目标和程序；

（二）熟悉相应的考试和评估的程序和标准；

（三）对培训考试、评估的内容具有适当的知识水平和实际技能；

（四）经过主管机关认可的教育测量学培训，接受过有关考试、评估方法和实践的适当指导，并已获得考试、评估的实际经验。

如考试、评估涉及计算机、模拟器和船上设备，考试、评估人员还应熟悉设备的性能、精度、局限性及其正确操作规程，具有特定种类计算机辅助考试系统和模拟器评估的实际经验。

第六章　培训质量控制

第三十六条　培训机构应按照主管机关的规定，建立质量标准体系，保证其开展的各项培训在该体系中受到连续的监控，以达到既定的目标。

第三十七条　负责实施培训考试、评估和发证的港务监督，应按照主管机关的规定，建立质量管理体系，保证其执行的考试、评估、发证工作在该体系中受到连续的监控，以达到既定的目标。

第三十八条　为达到既定的培训、考试、评估、发证目标而建立的质量标准体系，均应包括内部检查、监督和独立的外部审核机制，以保证质量标准体系持续有效，以及对发现的缺陷能获得及时的纠正。

第三十九条　主管机关授权的港务监督是对培训机构的质量体系实施外部审核的机构。港务监督应在不超过 4 年的期限，对培训机构进行定期的审核，并将审核结果报送主管机关。

主管机关对审核报告进行评定，确定是否签发培训机构的《质量体系证书》。

第四十条　主管机关在不超过 5 年的期限内，组成审核组对实施考试、评估和发证的港务监督建立的质量标准体系进行定期的、独立的审核,对不能有效履行船员培训管理职责的港务监督,主管机关可重新确定其职责范围。

审核组将审核报告和结果报送主管机关。审核报告应包括审核工作的范围和审核人员的资历。

第四十一条 内部检查和外部审核均应:

(一)按文件规定的程序进行评价;

(二)核实体系内部的所有的管理控制和监督措施及补充措施是否符合计划安排和文件规定的程序,以及是否能有效地确保既定目标的实现;

(三)核实内部检查和外部审核的结果是否记入文件并提请有关部门负责人的注意;

(四)核实有关部门是否及时采取纠正缺陷的行动。

第四十二条 参加外部审核的人员应由与被审单位的工作无关的合格人员组成,其资格由主管机关规定并认可。

第四十三条 主管机关在定期审核工作结束后的6个月内,将有关审核情况和结果资料递交国际海事组织。

第七章 培训的审验

第四十四条 港务监督对培训机构开展船员培训的审验分为年度审验和《许可证》再有效审验。

审验的主要内容包括培训纲要和培训计划的执行情况、质量控制、日常教学管理、内部管理等事项和有无违反本规则规定及其他有关规定的行为。

审验结果分为及格、不及格两种。

第四十五条 年度审验在《许可证》发证之日后一周年前1个月内进行;《许可证》再有效审验在有效期届满前3个月内进行。培训机构应对在上述期间内所开展的船员培训进行全面自查,并向港务监督提交至少包括下列内容的自查报告:

(一)各项培训的期次、人数、教学、训练情况和合格率。

(二)培训设备使用、增减等情况。

(三)存在问题及整改措施。

(四)下一年度培训计划。

港务监督完成审验后,将审验结果记入船员培训机构档案,并向主管机关提交审验报告。

第四十六条 培训机构在培训过程中有下列行为之一,致使其不能满足主管机关签发《许可证》和《质量体系证书》要求的,主管机关可注销其《许可证》和《质量体系证书》:

(一)培训管理混乱;

(二)训练场地、设备和模拟器等设施、教学计划及纲要和教员等不能达到主管机关规定的要求;

(三)质量标准体系不能有效运行,不能达到既定的目标;

第八章 法律责任

第四十七条 培训机构有下列行为之一者,港务监督应给予警告、并可视情节处以非法所得3倍以下但不超过30000元的罚款的行政处罚。

(一)未经有关港务监督核准改变或调整培训计划;

(二)训练场地、设备、模拟器等不能达到主管机关规定的要求;

(三)教员未能符合主管机关规定的要求;

(四)未经主管机关批准易地从事培训;

(五)不按培训规范进行培训和弄虚作假;

(六)未取得《许可证》或超越《许可证》核准的培训项目、规模、范围开展船员培训;

(七)违反其他有关船员培训管理规定。

第四十八条 学员有下列行为之一者,港务监督应给予警告、处以不超过1000元的罚款其中一种或两种处罚。

(一)违反考场纪律;

(二)以弄虚作假、欺骗、舞弊等不正当手段向港务监督申请

或获取船员培训合格证;

(三)伪造、变造、涂改、转让、出租、出借、买卖或冒用船员培训合格证;

(四)扰乱正常的培训秩序。

第四十九条 对不能有效履行船员培训管理职责的港务监督,主管机关可给予警告处罚。

第五十条 行政处罚的程序按照《交通行政处罚程序规定》(中华人民共和国交通部令 1996 年第 7 号)有关规定执行。

第九章 附 则

第五十一条 本规则第六条所述的各项船员培训的实施办法和培训纲要由主管机关统一制定和颁布。

第五十二条 港务监督应配备主管机关规定的符合培训管理、考试、评估、发证要求的设备、资料,建立所管辖的培训机构的档案,并对培训机构实施日常监督管理和业务指导。

港务监督可根据本规则的要求制定实施办法。

第五十三条 持有 STCW78/95 公约其他缔约国签发的相应的培训合格证的中国籍船员,经主管机关确认符合 STCW78/95 公约规定的有关最低适任标准后,可按规定申请本规则第三十四条规定的培训合格证。

非 STCW78/95 公约缔约国签发或承认的船员培训合格证,主管机关不予承认。

第五十四条 船员培训合格证和《船上培训记录簿》由主管机关统一印制。

第五十五条 参加船员培训的学员应按规定缴纳培训的考试、评估和发证费。收费标准由国家物价管理部门规定。

第五十六条 本规则自颁布之日起施行。1995 年颁布的《中华人民共和国海船船员培训管理办法》同时废止,按此办法取得的《许可证》仍有效,有效期届满前按本规则进行再有效审验。

中华人民共和国海船
船员适任考试、评估和发证规则

（交通部令2004年第6号　2004.06.30）

第一章　总　　则

第一条　为了提高海船船员技术素质，保障海上人命和财产安全，保护海洋环境，促进海运业发展，根据《中华人民共和国海上交通安全法》以及我国加入的有关国际公约规定，制定本规则。

第二条　本规则适用于为取得《中华人民共和国海船船员适任证书》（以下简称为“适任证书”）而进行的考试、评估以及适任证书、适任证书特免证明和外国适任证书承认签证的签发与管理。

第三条　在中国籍海船上任职的船长、高级船员和值班水手、值班机工应当持有与其所服务的船舶航区、种类、等级或主机类别和所担任的职务相符的有效适任证书。但有本规则第六十六条规定情形的，应当持有本规则第八章规定的适任证书特免证明。

在装备有全球海上遇险和安全系统（以下简称GMDSS）的船舶、近海移动装置、海上平台或设施上任职的船长、驾驶员和无线电人员还应持有GMDSS无线电人员适任证书。

在军事船舶、渔船、非机动船、非营业的游艇、体育运动船和构造简单的木船上服务的船员不适用本条上述规定。

第四条　申请适任证书者应符合下列基本条件：

（一）持有有效的《船员服务簿》；

（二）满足以下年龄要求：

1. 女性船员小于60周岁，男性船员小于65周岁；

2. 申请海船船长、高级船员适任证书者，年龄不小于20周岁；

3. 申请值班水手和值班机工适任证书者,年龄不小于18周岁;

(三)完成本规则规定的相应船员教育和培训;

(四)具有本规则规定的海上服务资历和良好的海上安全记录;

(五)符合海船船员体检标准,特别是关于视觉、听觉和讲话能力等方面的标准;

(六)通过本规则规定的适任考试和评估,完成本规则规定的船上培训或见习;

(七)本规则规定的其他条件。

第五条 中华人民共和国海事局是海船船员适任考试、评估和发证的主管机关。

中华人民共和国海事局(以下简称主管机关)所属各级海事管理机构在主管机关确定的职责范围内,具体负责海船船员适任考试、评估和发证工作。

第二章 适任证书

第六条 适任证书的适用范围按照所适用的船舶航区、等级、职务和职能确定,并符合海事管理机构签注的船舶或主推进动力装置种类限制。

适任证书持有人应当在适任证书适用范围内担任职务或者担任低于适任证书适用范围的职务。但担任值班水手或值班机工职务的船员必须持有值班水手或值班机工适任证书。

第七条 适任证书的基本内容包括:

(一)适任证书编号;

(二)持证人的姓名、出生日期、出生地点、持证人签名;

(三)有关国际公约的适用条款;

(四)持证人适任的航区、等级、职务和职能;

(五)限制项目;

(六)签发机关名称和签发官员署名;

(七)发证日期和有效期截止日期。

适任证书的有效期不超过5年。证书到期,持证人可按照本规则规定申请适任证书再有效。海事管理机构签发的证书有效期截止日期,对女性持证人,不得超过60周岁生日;男性持证人,不得超过65周岁生日。

第八条 适任证书的“限制项目”规定适任证书所能适用的船舶种类、主推进动力装置种类和航区。

船舶种类分为:货物运输船舶、非运输船、客船、滚装客船、油轮、化学品船、液化气体船、高速船、水产品运输船。

船舶主推进动力装置的种类分为:内燃机、蒸汽轮机、燃气轮机。

航区分为:无限航区、近洋航区、沿海航区和近岸航区,但GMDSS适任证书的航区分为:A1、A2、A3和A4海区。

“限制项目”由签发适任证书的海事管理机构按照本规则的规定签注。

第九条 适任证书的类别、等级、职务和适用范围

(一)适任证书类别分为甲、乙、丙、丁类四种。

(二)适任证书适用的船舶等级分为:

1. 一等适任证书:3000总吨及以上或主推进动力装置3000千瓦及以上船舶;

2. 二等适任证书:500至3000总吨或主推进动力装置750至3000千瓦船舶;

3. 三等适任证书:未满500总吨或主推进动力装置未满750千瓦船舶。

但无限航区(含近洋航区)、沿海航区(含近岸航区)值班水手或值班机工适任证书适用的船舶等级为500总吨或750千瓦及以上船舶。

(三)适任证书职务分为:船长、大副、二副、三副、值班水手;轮机长、大管轮、二管轮、三管轮、值班机工;GMDSS一级无线电电子员、GMDSS二级无线电电子员、GMDSS通用操作员、GMDSS限用操作员。其中大副、二副、三副统称为驾驶员,驾驶员和值班水手统称为甲板部船员。大管轮、二管轮、三管轮统称为轮机员,轮

机长、轮机员、值班机工统称为轮机部船员。GMDSS 一级无线电电子员、GMDSS 二级无线电电子员、GMDSS 通用操作员、GMDSS 限用操作员统称为无线电人员。

（四）甲类适任证书适用于：

1. 无限航区 3000 总吨及以上船舶的船长、大副、二副和三副；

2. 无限航区主推进动力装置 3000 千瓦及以上船舶的轮机长、大管轮、二管轮和三管轮；

3. GMDSS 一级无线电电子员；

4. GMDSS 二级无线电电子员；

5. GMDSS 通用操作员。

（五）乙类适任证书适用于：

1. 近洋航区 3000 总吨及以上船舶的船长、大副、二副和三副；

2. 近洋航区 500 至 3000 总吨船舶的船长、大副、二副和三副；

3. 近洋航区主推进动力装置 3000 千瓦及以上船舶的轮机长、大管轮、二管轮和三管轮；

4. 近洋航区主推进动力装置 750 至 3000 千瓦船舶的轮机长、大管轮、二管轮和三管轮；

5. 无限航区 500 总吨及以上船舶的值班水手；

6. 无限航区主推进动力装置 750 千瓦及以上船舶的值班机工。

（六）丙类适任证书适用于：

1. 沿海航区 3000 总吨及以上船舶的船长、大副、二副和三副；

2. 沿海航区 500 至 3000 总吨船舶的船长、大副、二副和三副；

3. 沿海航区主推进动力装置 3000 千瓦及以上船舶的轮机长、大管轮、二管轮和三管轮；

4. 沿海航区主推进动力装置 750 至 3000 千瓦船舶的轮机长、大管轮、二管轮和三管轮；

5. GMDSS 限用操作员；

6. 沿海航区 500 总吨及以上船舶的值班水手；

7. 沿海航区主推进动力装置 750 千瓦及以上船舶的值班机工。

（七）丁类适任证书适用于：

1. 近岸航区未满500总吨船舶的船长、大副、二副和三副；

2. 近岸航区主推进动力装置未满750千瓦船舶的轮机长、大管轮、二管轮和三管轮；

3. 近岸航区未满500总吨船舶的值班水手；

4. 近岸航区主推进动力装置未满750千瓦船舶的值班机工。

在拖轮上任职的船长和甲板部船员所持适任证书等级应与该拖轮的主推进动力装置功率的等级相一致。

第十条 适任证书由主管机关统一印制。

第三章 申请适任证书的条件

第一节 船长和甲板部船员

第十一条 申请船长或甲板部船员适任考试、评估者，应完成以下专业教育和培训：

（一）申请无限航区、沿海航区船舶的值班水手适任证书者，应完成不少于主管机关规定的值班水手适任培训时间或者完成航海类技工学校相关专业的教育。

（二）申请500总吨及以上船舶三副适任证书者，应完成不少于2年的航海类相关专业的职业教育或者完成航海类中专及以上的学历教育。

（三）申请无限航区船舶大副、船长适任证书者，应完成航海类相关专业的高等职业教育或者完成航海类相关专业的大专及以上学历教育；或者在完成本条（二）项规定的教育的基础上，再完成不少于1年的航海类相关专业的职业教育。

第十二条 申请船长和甲板部船员适任考试、评估者，应完成熟悉和基本安全培训，并取得培训合格证。

申请500总吨及以上船舶船长和甲板部船员适任考试、评估者，还应完成精通救生艇筏和救助艇培训，并取得培训合格证。

申请500总吨及以上船舶的船长和驾驶员适任考试、评估者,还应完成高级消防培训、精通急救培训、雷达观测与标绘和雷达模拟器培训、自动雷达标绘仪培训,并取得培训合格证。

申请500总吨及以上船舶船长、大副适任考试、评估者,还应完成船上医护培训,并取得培训合格证。

第十三条 申请无限航区、近洋航区船舶的船长、驾驶员适任证书者,应当持有GMDSS通用操作员适任证书。

第十四条 申请船长或甲板部船员职务晋升考试、评估者,应具有以下海上服务资历:

(一)申请值班水手适任证书者,应在相应航区、船舶等级的船舶上服务满6个月;

(二)申请三副适任证书者,应持有相应航区、船舶等级的值班水手适任证书,并实际担任其职务满12个月;

(三)申请大副适任证书者,应持有相应航区、船舶等级的二副适任证书,并实际担任其职务满12个月;

(四)申请船长适任证书者,应持有相应航区、船舶等级的大副适任证书,并实际担任其职务满18个月。

第十五条 申请航区扩大考试、评估者,应持有与所申请的航区较低一级航区但相同船舶等级和职务的适任证书,并实际担任其职务满6个月。

持有沿海航区船长或甲板部船员适任证书并实际担任其职务满6个月者,可跨航区申请无限航区相同船舶等级和职务的适任考试、评估。

第十六条 申请吨位提高考试、评估者,应持有与所申请的吨位较低一级吨位但相同航区和职务的适任证书,并实际担任其职务满12个月。

第十七条 同时申请航区扩大和吨位提高考试、评估者,应持有与所申请的航区和吨位均较低一级但相同职务的适任证书,实际担任其职务满18个月。

第二节 轮机部船员

第十八条 申请轮机部船员适任考试、评估者，应完成以下专业教育和培训：

（一）申请无限航区、沿海航区船舶的值班机工适任证书者，应完成主管机关规定的值班机工适任培训或者完成航海类技工学校相关专业的教育。

（二）申请750千瓦及以上船舶的三管轮适任证书者，应完成不少于2年的航海类相关专业的职业教育或者完成航海类相关专业的中专及以上的学历教育。

（三）申请无限航区船舶的大管轮、轮机长适任证书者，应完成航海类相关专业的高等职业教育或者完成航海类相关专业的大专及以上学历教育；或完成本条（二）项规定的教育，并再完成不少于1年的航海类相关专业的职业教育。

第十九条 申请轮机部船员适任考试、评估者，均应完成熟悉和基本安全培训，并取得培训合格证。

申请750千瓦及以上船舶的轮机部船员适任考试、评估者，还应完成精通救生艇筏和救助艇培训，并取得培训合格证。

申请750千瓦及以上船舶的轮机长和轮机员适任考试、评估者，还应完成高级消防培训、精通急救培训，并取得培训合格证。

第二十条 申请轮机部船员职务晋升考试、评估者，应具有以下海上服务资历：

（一）申请值班机工适任证书者，应在相应航区、船舶等级的船舶上服务满6个月；

（二）申请三管轮适任证书者，应持有相应航区、船舶等级的值班机工适任证书，并实际担任其职务满12个月；

（三）申请大管轮适任证书者，应持有相应航区、船舶等级的二管轮适任证书，并实际担任其职务满12个月；

（四）申请轮机长适任证书者，应持有相应航区、船舶等级的大管轮适任证书，并实际担任其职务满18个月。

第二十一条 申请航区扩大考试、评估者，应持有与所申请航区较低一级航区但相同船舶等级和职务的适任证书，并实际担任其职务满6个月。

持有沿海航区轮机部船员适任证书并实际担任其职务满6个月者，可跨航区申请无限航区相同船舶等级和职务的适任证书。

第二十二条 申请功率提高考试、评估者，应持有较低一级功率但相同航区和职务的适任证书，并实际担任其职务满12个月。

第二十三条 同时申请航区扩大和功率提高考试、评估者，应持有与所申请的航区和功率均较低一级但相同职务的适任证书，并实际担任其职务满18个月。

第三节 无线电人员

第二十四条 申请GMDSS无线电人员适任考试、评估者，应完成以下的专业教育和培训：

（一）申请GMDSS限用操作员适任证书者，应完成不少于6个月的相关专业的职业教育和培训或者完成航海类技工学校相关专业的学历教育。

（二）申请GMDSS通用操作员适任证书者，应完成不少于2年的航海类相关专业的职业教育或者完成航海类相关专业的中专及以上的学历教育。

（三）申请GMDSS一、二级无线电电子员适任证书者，应完成航海类相关专业的高等职业教育或者完成航海类相关专业的大专及以上学历教育；或者在完成本条（二）项规定的教育的基础上，再完成不少于1年的航海类相关专业的职业教育。

第二十五条 申请GMDSS无线电人员适任考试、评估者，应完成熟悉和基本安全培训，并取得培训合格证。

申请GMDSS通用操作员、二级无线电电子员和一级无线电电子员者还应完成精通救生艇筏和救助艇培训和精通急救培训，并取得培训合格证。

第二十六条 申请GMDSS二级无线电电子员适任考试、评估者,应持有 GMDSS 通用操作员适任证书,并至少具有 12 个月海上服务资历。申请 GMDSS 一级无线电电子员适任考试、评估者,应持有 GMDSS 二级无线电电子员适任证书,并至少具有担任 GMDSS 二级无线电电子员 18 个月海上服务资历。

第四节 特别规定

第二十七条 正在接受航海类教育的学员在结业或毕业前申请参加值班水手、值班机工、三副、三管轮和 GMDSS 通用操作员适任考试、评估的,不受本章有关海上服务资历规定的限制。

第二十八条 已持有适用于货物运输船舶适任证书的船员在各类非运输船舶上的服务资历可视为在货物运输船舶的海上服务资历。

第二十九条 在近洋航区船舶上任职的船长、驾驶员、轮机长和轮机员的海上服务资历可视为在无限航区船舶上的海上服务资历。

第三十条 现职船员在任职期间发生负有主要责任的重大及以上责任事故,并受到海事管理机构行政处罚的,其在发生事故前的海上服务资历不能作为申请考试、评估和发证的海上服务资历。海上服务资历自发生事故后重新开始计算,但应扣除适任证书被滞留或扣留的时间。

第四章 特殊种类船舶的适任证书

第一节 客船和滚装客船

第三十一条 在客船上服务的船长、高级船员、值班水手、值班机工应完成客船船员特殊培训,取得客船船员特殊培训合格证,持有适用于客船的适任证书。

第三十二条 在滚装客船上服务的船长、高级船员、值班水手、值班机工应完成滚装客船特殊培训,取得滚装客船船员特殊培训合格证，持有适用于滚装客船的适任证书。

第三十三条 在客船或滚装客船上任职的船长和高级船员，应完成精通救生艇筏和救助艇培训、高级消防培训、精通急救培训，并持有相应的培训合格证。

第三十四条 在客船或滚装客船上服务的船长，应完成航海类相关专业的高等职业教育或者航海类相关专业的大专及以上学历教育。但已具有高级船长职称的船长不受本条规定的限制。

第三十五条 申请适用于客船或滚装客船船长、驾驶员适任证书者应当具备以下条件：

（一）申请适用于客船或滚装客船船长适任证书者，应在其他种类的相应船舶等级的海船上担任船长满 24 个月，安全记录良好，并至少在客船或滚装客船上任见习船长 3 个月；或持有客船或滚装客船大副适任证书并在相应航区、船舶等级的运输船上担任大副不少于 18 个月，其中曾经担任客船或滚装客船大副至少 6 个月，通过船长考试、评估合格后，至少在客船或滚装客船上任见习船长 3 个月。

（二）申请适用于客船或滚装客船大副适任证书者，应在其他种类的相应船舶等级海船上担任大副满 24 个月，安全记录良好，并至少在客船或滚装客船上任见习大副 3 个月；或持有客船或滚装客船二副适任证书并在相应航区、船舶等级的运输船上担任二副不少于 12 个月，其中曾经担任客船或滚装客船二副至少 6 个月，通过大副考试、评估合格后，至少在客船或滚装客船上任见习大副 3 个月。

（三）申请适用于客船或滚装客船二副适任证书者，应在其他种类的相应船舶等级海船上担任二副满 12 个月，安全记录良好，并至少在客船、滚装客船上任见习二副 3 个月；或持有客船或滚装客船三副适任证书并在相应航区、船舶等级的运输船上担任三副不少于 12 个月，其中曾经担任客船或滚装客船三副至少 6 个月，安全记录良好。

（四）申请适用于客船或滚装客船三副适任证书者，应在其他种类的相应船舶等级海船上担任三副满 12 个月,安全记录良好,并至少在客船或滚装客船上任见习三副 3 个月;或通过三副适任考试、评估,在客船或滚装客船上完成规定的 18 个月船上培训,安全记录良好。

第三十六条 初次申请适用于客船或滚装客船轮机长、轮机员,应在其他种类的相应船舶等级海船上担任相应职务满 12 个月,安全记录良好,并在客船或滚装客船上任相应见习职务 3 个月。

通过三管轮适任考试、评估者,在客船或滚装客船上完成规定的 18 个月船上培训,安全记录良好,可申请适用于客船或滚装客船的三管轮适任证书。

第三十七条 在客船、滚装客船上服务的船长和高级船员应持相应航区 3000 总吨及以上或 3000 千瓦及以上船舶适任证书。

在滚装客船上服务的船长和高级船员的海上服务资历按照其适任证书适用的航区、船舶等级确定。

第三十八条 除本规则第三十一条、第三十二条、第三十三条规定外,本节其余各条规定适用于在两港间航程超过 50 海里(包括 50 海里)的客船或滚装客船上服务的船长和高级船员。

第二节 液 货 船

第三十九条 在液货船上任职的船长、高级船员、值班水手、值班机工,应完成相应的液货船特殊培训,取得特殊培训合格证,并持有适用于相应的液货船的适任证书。

第四十条 在液货船上任职的船长和高级船员,应完成精通救生艇筏和救助艇培训、高级消防培训、精通急救培训,并持有相应的专业培训合格证。

第四十一条 符合本条规定的船员,可申请其适任证书的适用范围扩大至相应种类的液货船:

(一)初次申请适任证书适用于某种类液货船的船员,应在取得液货船特殊培训合格证后,在相应的液货船上见习不少于 3 个月。此后,适任证书持有人经过其他种类的液货船特殊培训,并取得培训合格证后,即可申请其适任证书适用于其他种类液货船。

(二)申请适用于无限航区、近洋航区液货船船长、轮机长、大副、大管轮适任证书者,应完成航海类相关专业的高等职业教育,或者完成航海类相关专业的大专及以上学历教育。

(三)申请适用于无限航区、近洋航区液货船二副、二管轮、三副、三管轮及沿海航区液货船船长、轮机长、大副、大管轮适任证书者,应完成不少于2年的航海类相关专业的职业教育,或者完成航海类相关专业的中专及以上学历教育。

第五章　适任考试和评估

第四十二条　海事管理机构应提前3个月公布考试、评估计划。

第四十三条　申请各类别、等级职务适任证书的考试科目和评估项目按本规则附件一执行。附件一规定的考试科目和评估项目,按照国家有关法律、行政法规和我国加入的有关国际公约规定要求需要调整时,由主管机关以文件的形式调整并公布。

第四十四条　适任考试、评估应当同时申请。申请适任考试、评估由船员本人或其委托他人或公司在主管机关规定的申请期间内向海事管理机构提出。委托他人向海事管理机构提出申请的,应提交委托书和受托人的有效身份证件。委托公司向海事管理机构提出申请的,该公司应当向海事管理机构备案。备案材料至少包括营业执照。

正在接受航海类教育的学员申请参加适任考试、评估的,由其所在教育机构向海事管理机构提出。

第四十五条　申请人申请考试与评估应提交以下材料:

(一)《海船船员适任证书申请表》;

(二)有效的《船员服务簿》;

(三)12个月内体检的《海船船员体格检查表》;

(四)现持有的适任证书;

（五）本规则规定的专业培训合格证；

（六）近期直边正面二寸免冠白底彩色照片2张；

（七）有效身份证件影印件；

（八）海事管理机构要求的表明其适任情况的相关证明材料；

（九）航海类教育的毕业证书或毕业证明或学籍证明。

正在接受航海类教育的学员申请适任考试、评估，应当向海事管理机构提交前款第（一）、（三）、（五）、（六）、（七）、（九）项规定的材料。

第四十六条 海事管理机构收到申请人的申请和相关资料后，应当进行审核。申请材料不齐全的，应当当场一次性告知申请人需要补齐的全部材料。对符合本规则第三章规定条件的，应当于考试、评估开始5日前向申请人签发《准考证》。不符合条件的，应当自受理申请之日起15个工作日内退回申请材料，并说明理由。

第四十七条 参加适任考试、评估者应遵守考场规则。考场规则由主管机关颁布。

第四十八条 参加适任考试、评估，有部分科目或项目不及格者，可以在自初次考试、评估《准考证》签发之日起3年内申请5次补考。逾期不能通过全部考试、评估的，所有已有考试、评估成绩失效。

正在接受航海类教育的学员必须在评估合格后方可参加考试。

第四十九条 海事管理机构应公布考试、评估成绩。考生的考试、评估成绩自全部科目和项目通过之日起5年内有效。

第五十条 除本规则第五十五条规定情形外，适任考试和评估由海事管理机构组织进行。

第五十一条 船员考试大纲和评估纲要由主管机关制定并公布。

第五十二条 从事考试、评估的人员，应具备相应专业的大专及以上学历和包括海上服务资历的相应专业工作经历，熟悉相应的考试大纲和评估纲要，以及考试、评估程序、规范和要求。

采用模拟设备对船员或学员进行考试、评估的人员，还应经过相应的模拟设备操作和应用的培训。

第五十三条 从事适任考试、评估和发证的海事管理机构，应建立质量管理体系，并通过主管机关审核。适任考试、评估和发证工作，应在质量管理体系中受到连续监控，确保达到质量目标。

第五十四条 从事航海类教育的机构，应建立船员教育和培训质量管理体系。教育和培训工作应在质量标准体系中受到连续监控，确保达到质量目标。

第五十五条 在确保质量的前提下，主管机关可以承认符合本规则第五十四条规定的航海类教育和培训机构在一定时间内按本规则自行组织的考试和评估等效于主管机关的考试和评估。有关航海类教育和培训机构自行组织的考试和评估的办法由主管机关另行颁布。

第六章 船上培训和船上见习

第五十六条 已通过无限航区、近洋航区、沿海航区海船船员适任考试、评估者，应在5年内完成下列船上培训或船上见习：

（一）通过二副、三副、二管轮、三管轮适任考试和评估者，应持《船上培训记录簿》，在船上完成不少于12个月海事管理机构核发的《船上培训记录簿》中所规定的船上培训项目和内容；其中应有6个月是在船长或高级船员的监督下履行了相应的驾驶台或机舱值班职责。

（二）通过船长、轮机长适任考试和评估者，可在担任大副、大管轮或见习船长、轮机长职务期间完成海事管理机构核发的《船上见习记录簿》中所规定的船上见习项目和内容。

申请GMDSS无线电人员证书和各类适任证书的航区扩大、吨位或功率提高的，免予船上培训或船上见习。

第五十七条 已通过近岸航区船长、高级船员适任考试和评估者，应在5年内完成不少于3个月相应职务的船上实习。

第五十八条　组织安排船上培训和船上见习的公司应按主管机关的要求制定船上培训或见习计划和相应的管理制度。

第七章　适任证书的签发与管理

第五十九条　通过适任考试、评估并完成第六章规定的船上培训或见习者,可向海事管理机构提出签发适任证书的申请,并提交《船员服务簿》和《船上培训记录簿》或《船上见习记录簿》(申请近岸航区船长、高级船员适任证书者应提交船上实习报告)。海事管理机构应当于受理申请之日起10个工作日内进行审核,经审核符合本规则条件的,海事管理机构应当签发相应类别、等级和职务的适任证书。不符合条件的,应当退回申请材料并说明理由。

申请人委托他人或公司提出申请的,适用本规则第四十四条的规定。

第六十条　完成不少于2年的航海类教育的学员通过值班水手、值班机工适任考试、评估者可向海事管理机构申请相应航区、专业的值班适任证书。但须在船长、负责航行值班的高级船员或合格的普通船员的指导下履行值班职责不少于3个月后,方可参加航行值班。

第六十一条　持有三副、三管轮适任证书者,实际担任其职务满12个月,可向海事管理机构提交本规则第四十五条(一)至(八)项规定的材料申请办理二副、二管轮适任证书。经海事管理机构按本规则第五十九条规定审核合格,由海事管理机构签发相应类别、船舶等级和职务的适任证书。

第六十二条　持有适任证书者,应在适任证书有效期的最后12个月内,向海事管理机构申请适任证书再有效。

第六十三条　申请适任证书再有效者,应满足下列条件之一:

(一)在最近5年内具有不少于12个月与其适任证书所载适用范围相应的海上服务资历,且安全记录良好。

(二)在最近5年内具有不少于12个月与其适任证书所载适

用范围相应的海上服务资历,但安全记录不良,或在最近5年内不具有与其适任证书所载适用范围、相应的海上服务资历或证书失效者,应当参加并通过规定的抽查科目和项目的考试和评估。

第六十四条 申请适任证书再有效者,应向海事管理机构提交本规则第四十五条第(一)至(八)项规定的材料。经海事管理机构按照本规则第五十九条规定审核合格,由海事管理机构签发相应类别、船舶等级和职务的适任证书。

第六十五条 适任证书被损坏、遗失,持证人可向原签发适任证书的海事管理机构提出补发适任证书的申请,并向海事管理机构提交本规则第四十五条第(一)、(二)、(三)、(六)、(八)项要求的材料和相关证明。由海事管理机构按照本规则第五十九条规定经审核合格,签发相应类别、船舶等级和职务的适任证书。

补发的适任证书的有效期截止日期与原适任证书的有效期截止日期相同。

第八章　特免证明

第六十六条 中国籍船舶在国外港口遇有在职船员死亡或其他持证船员因故不能履行其职务的其他特殊情况而需要补充职位时,船员所服务的公司可向海事管理机构申请办理特免证明。受理申请的海事管理机构应当在受理之日起3个工作日内核实有关情况并报主管机关批准,符合本章规定条件的,可为该船舶上的高级船员签发为期不超过6个月的特免证明。但只有在不可抗力的情况下方能签发船长或轮机长特免证明,且船长或轮机长特免证明的有效期不得超过3个月。在任何情况下不得签发无线电人员适任证书的特免证明。海事管理机构对不符合本章规定条件的,不予签发特免证明,并应当在受理申请之日起3个工作日内告知不予签发的决定及理由。

船员所服务的公司向海事管理机构申请办理特免证明时,应提交申请报告。报告内容包括:船舶名称、航行区域、船舶停泊港口、签发对象的资历情况和申请理由及证明材料等。

第六十七条 申请驾驶员和轮机员特免证明者,应符合下列条件:

(一)持有值班水手、值班机工适任证书,并实际担任其职务满 12 个月者,可以申请三副、三管轮特免证明。

(二)持有三副、三管轮适任证书,并实际担任其职务满 6 个月者,可以申请二副、二管轮特免证明。

(三)持有二副、二管轮适任证书,并实际担任其职务满 12 个月者,可以申请大副、大管轮特免证明。

第六十八条 持有大副或大管轮适任证书并实际担任其职务满 12 个月者,可以申请船长、轮机长特免证明。

第六十九条 一艘船舶上同时持特免证明的船长和高级船员总共不得超过 3 名。

第七十条 当事船舶抵达中国第一个港口后,特免证明自动失效。失效的特免证明由船员所服务的公司负责收回并送交海事管理机构。

第七十一条 特免证明由主管机关统一印制。

第九章 外国证书的承认

第七十二条 持有《1978 年船员培训、发证和值班标准公约》(以下简称 STCW 公约)缔约国签发的外国适任证书的外国籍船员在中国籍船舶上任职的,应当按照本章规定取得由主管机关签发的承认该证书的签证(以下简称承认签证)。

未持有承认签证的上述船员不得在中国籍船舶上任职。非 STCW 公约缔约国签发的适任证书,不予签发承认签证。

第七十三条 申请承认签证,申请人应向海事管理机构提交下列材料:

(一)外国签发的适任证书原件;

(二)表明申请者符合 STCW 公约有关要求和该国有关规定

的证明文件；

（三）申请者的海员身份证件。

海事管理机构应对提交的材料进行审核，报经主管机关核准后，在受理申请之日起10个工作日内，对符合本章规定的申请人签发承认签证。不符合本章规定的，不予签发承认签证，并书面告知理由。

第七十四条 申请船长、大副、轮机长、大管轮适任证书承认签证的，该持证船员应参加相关培训，以具备中华人民共和国有关海上交通安全和环境保护法规的相关知识。

第七十五条 承认另一STCW公约缔约国适任证书的签证的有效期不得超过被承认适任证书的有效期。

当被承认适任证书失效时，承认该适任证书的签证自动失效。

第七十六条 持有主管机关承认的另一STCW公约缔约国适任证书的中国籍船员，可向海事管理机构申请换发相应类别、船舶等级、职务的适任证书。但海事管理机构认为必要时，申请者须通过考试和评估或完成相应的航海类教育和培训。

中国籍船员持有STCW公约非缔约国适任证书及相应的海上服务资历，不予承认。

第七十七条 海事管理机构发现承认签证的持有人有不适任的证据，或者因违反有关规定应当受到扣留或吊销适任证书处罚的，可以扣留或吊销海事管理机构签发的承认签证。

第七十八条 承认签证由主管机关统一印制。

第十章　公司的责任

第七十九条 公司应备有完整、最新的船员管理法律、法规、规章和相关的国际公约。

公司应建立船员档案，确保对船员录用、培训、任职、解职、安全技术考核以及有关船员考试、评估、证书或签证持有情况等信息进行连续和有效的管理，保持并随时可查到在其船舶上服务的所有船员的文件和数据,包括船员的资历、培训、持证、适任情况以及健康状况等。

公司负责对录用的船员进行有关精通业务和知识更新的培训,并应保持完整的培训记录。

第八十条 公司指派船员任职时,应保证被指派的船员:

(一)按本规则和有关船舶配员规定的要求持有适当的适任证书;

(二)熟悉其在船舶的具体职责,以及船舶的布置、装置、设备、工作程序、特性和局限性;

(三)在紧急情况下和执行安全或防污染职能时,能有效行使职责。

第八十一条 公司应向其管理的每艘船舶的船长提供书面指示,规定船长应该遵循的旨在帮助新船员熟悉其职责的有关要求和程序,确保为新到船上工作的每个船员提供一个在履行其职责之前熟悉船上设备、操作程序以及为正确履行其职责所需的其他安排的合理机会。上述有关要求和程序的内容应包括:

(一) 给出一段合理的时间,在此期间,每个新船员将有机会了解其即将使用或操作的具体设备,船上具体的值班、安全、环境保护和紧急程序以及需要懂得的正确履行指定职责的有关安排;

(二) 指定一名了解情况的船员,负责使每个新船员获得基本信息。

第十一章 监督管理

第八十二条 船员在船任职期间,其适任证书原件应保留在船上,并接受海事管理机构的监督检查;船员离职后应将适任证书妥为保管,不得留船保存。

第八十三条 发生下列情况之一,有明显理由认为持证人未能保持值班标准时,海事管理机构可对持证人保持值班标准的能力和资格进行专业性评估:

（一）船舶发生碰撞、搁浅或触礁；

（二）在航行、锚泊或靠泊时，从船上非法排放物质；

（三）违反航行规则；

（四）以其他危及海上人命、财产安全和海洋环境的方式操作船舶。

评估不合格者，海事管理机构可根据评估的实际情况要求其重新培训和考试或者对其签发以其评估后确认的能力相适应的较低等级、职务的适任证书。具体评估程序和办法由主管机关另行制定。

第八十四条 海事管理机构在依法实施船舶安全检查时可对船员进行实操性检查。对实操性检查不合格的船员，情节严重的，可采取强制培训的行政措施。

第八十五条 因违反海事行政管理规定被吊销适任证书者，自证书被吊销之日起1年后，可按本规则第五十九条的规定向原签发机构申请适任证书。

海事管理机构可根据其违反海事行政管理的程度等情况通过以下措施签发包括较低航区、等级、职务在内的适任证书：

（一）参加培训；

（二）通过一定评估项目的评估；

（三）通过一定考试科目的考试。

第八十六条 除海事管理机构依法实施外，任何机构和个人不得以任何理由扣留或吊销船员适任证书。

第八十七条 海事管理机构应为每个持有适任证书的船员建立船员档案，包括对船员的实操性检查不合格和违反水上交通安全管理规定的行为予以记录。

有关公司或机构可依法向海事管理机构查询船员档案。

第十二章　法律责任和行政措施

第八十八条 船员从事或者参与伪造、变造、出售、转让船员适任证书谋取非法利益，有违法所得的，海事管理机构对该船员处以不超过违法所得3倍的罚款,但最高不得超过3万元,没有违法所得的,可处以不超过1万元的罚款。

第八十九条 以欺骗、贿赂、隐瞒有关情况或者提供虚假证明材料等不正当的手段向海事管理机构骗取适任证书、特免证明、承认签证的,海事管理机构应当拒绝受理或不予签发,1年内不予受理相应申请;通过上述方式已经取得适任证书、特免证明、承认签证的,海事管理机构应当注销该适任证书、特免证明或承认签证,3年内不予受理相应申请。

对有前款规定行为的申请人或船员,海事管理机构可处以1000元以下的罚款。

第九十条 船员、适任证书申请人有其他违反海上船员管理秩序行为的,由海事管理机构按照《中华人民共和国海上海事行政处罚规定》进行处罚。

第九十一条 主管机关和海事管理机构发现持证船员有非法取得的适任证书或伪造、变造的适任证书,应当予以没收和注销。

第九十二条 海事管理机构可对违反本规则第四十七条规定的船员采取下列一种或几种行政措施:

(一)责令其退出考场;

(二)中止其考试、评估;

(三)宣布其当期考试、评估成绩作废。

第九十三条 海事管理机构执法人员在实施本规则时,有徇私舞弊、玩忽职守、滥用职权、索贿受贿或其他违法失职行为的,由所在单位给予行政处分。其行为触犯刑律的,由司法机关依法追究刑事责任。

第十三章 附 则

第九十四条 在本规则中,下列用语的含义为:

(一)"船员"系指已持有或正在申请能够证明持证人具备满足STCW公约规定的专业技能证书的人员或者正在航海类教育机

构接受 STCW 公约规定的专业技能训练的学员。

（二）“船长”系指在海船上任职并负责指挥一艘船舶的人。

（三）“大副”系指级别仅次于船长，并且在船长不能工作时替代船长指挥船舶的甲板部高级船员。

（四）“轮机长”系指主管船舶机械推进以及机械和电气装置的操作和维护的轮机部高级船员。

（五）“大管轮”系指级别仅次于轮机长，并且在轮机长不能工作时替代轮机长负责船舶机械推进以及机械和电气装置的操作和维护的轮机部高级船员。

（六）“高级船员”系指大副、二副、三副、轮机长、大管轮、二管轮、三管轮、GMDSS 一级无线电电子员、GMDSS 二级无线电电子员和 GMDSS 通用操作员的统称。

（七）“海船”系指航行于海上以及江海直达的各类机动船舶。

（八）“军事船舶”系指军队拥有并用于军事目的的船舶。

（九）“渔船”系指用于捕捞鱼类、鲸鱼、海豹、海象或其他海洋生物资源的船舶。

（十）“液货船”系指建造或改建成适合于运输散装液体货物的船舶，包括：油轮、化学品船、液化气体船三种。

1.“油轮”系指建造并用于运载散装石油和石油产品的船舶；

2.“化学品船”系指建造或改建成用于散装运载《国际散装化学品规则》第 17 章所列的任何液体产品的船舶；

3.“液化气体船”系指建造或改建成用于散装运载《国际气体船舶规则》第 19 章所列的任何液化气体或其他产品的船舶。

（十一）“客船”系指《1974 年国际海上人命安全公约》规定载客超过 12 人的船舶。

（十二）“滚装客船”系指经修正的《1974 年国际海上人命安全公约》所限定的、设有滚装货物处所或特种处所的客船。

（十三）“非运输船”系指不从事货物（或旅客）运输的其他类型船舶，如工程船舶、拖轮等。

（十四）“水产品运输船”系指专门从事冷冻产品或鲜活水产

品运输的运输船舶。

（十五）“高速船”系指设计静水时速在沿海水域为25海里/小时及以上动力支撑船舶和排水型船舶，但不包括常规客船、货船、滚装客船和集装箱船舶。

（十六）“无限航区”系指海上任何通航水域，其中包括世界各国的开放港口和国际通航运河及河流。

（十七）“近洋航区”系指北纬55°至北回归线之间与东经142°以西的太平洋水域以及北回归线至赤道之间与东经99°以东、东经130°以西所包括的太平洋水域。

（十八）“沿海航区”系指包括中国的近岸航区、黄海、东海、南海和中国各沿海港口的水域。

（十九）“近岸航区”系指距中国海岸不超过50海里或按习惯航线航行在中国沿海各港口间的通航水域。

（二十）“全球海上遇险和安全系统（GMDSS）”系指经修正的《无线电规则》和《1974年国际海上人命安全公约》规定的全球海上移动无线电通信系统。

（二十一）“A1海区”系指至少由一个具有连续数字选择呼叫（即DSC）报警能力的甚高频（VHF）岸台的无线电话所覆盖的区域。

（二十二）“A2海区”系指除A1海区以外，至少由一个具有连续DSC报警能力的中频（MF）岸台的无线电话所覆盖的区域。

（二十三）“A3海区”系指A1和A2海区以外，由具有连续报警能力的国际海事卫星组织（INMARSAT）静止卫星覆盖的区域。

（二十四）“A4海区”指A1、A2和A3海区以外的海区。

（二十五）“专业培训”系指主管机关依据国家有关法律、法规和STCW公约第II、III、IV、VI章规定船上有关人员应完成的专业训练。

（二十六）“特殊培训”系指主管机关依据国家有关法律、法规和STCW公约第V章规定船上有关人员应完成的特殊训练。

（二十七）“航海类教育”系指经国家教育主管部门批准的从事船舶驾驶、航海技术、轮机管理、轮机工程、船舶通讯、航政管理等相关专业的教育（包括学历教育、职业教育、成人教育等）。

(二十八)“适任考试”系指采用书面或电子方式对船员进行理论知识、概念、原理等内容的考察,以考核船员的专业知识水平和应用能力。

(二十九)“适任评估”系指以综合运用能力和实际操作能力为主要目标,通过相应设备或模拟器操作、听力测验、口试、船上培训以及海上资历和业绩考核等,对船员进行的技能考核。

(三十)“海上服务资历”系指与签发的证书或其他资格有关的船上服务时间。

(三十一)“公司”系指船舶所有人或者从船舶所有人处取得船舶营运资格,并因此同意承担船舶所有人应承担的本规则和STCW公约所规定的所有义务和责任的船舶管理人、光船租赁人等其他单位或个人。

第九十五条 海船船员体格检查采用中华人民共和国交通部行业标准JT2025—93《海船船员体检要求》中规定的表格和标准要求。

第九十六条 公务船舶船员考试、评估和发证管理办法由主管机关另行制定。

第九十七条 下列船舶船员的考试、评估和发证办法由直属海事管理机构制定,报主管机关批准备案。

(一)在两港间航程不足50海里的客船或滚装客船上任职的船长和高级船员;

(二)未满100总吨船舶的船长和甲板部船员;

(三)主推进动力装置未满220千瓦船舶的轮机部船员;

(四)仅在船籍港和船籍港附近水域航行和作业的船舶上的船员;

(五)非营业游艇操纵人员;

(六)摩托艇操纵人员。

第九十八条 曾在内河船舶、海洋渔业船舶或军事船舶上担任驾驶、轮机和无线电通信职务的人员,如需到海船上工作,可向主管机关指定的海事管理机构按照本规则规定申请相应的适任证书。有关该类船舶船员申请海船船员适任考试、评估的办法由主管机关另行制定。

第九十九条 持有沿海航区、近岸航区适任证书的船长、驾驶员,需参加港澳航线培训并经考试合格,取得适用于港澳航线的适任证书后,方可在航行于香港、澳门航线的船舶上任职。

第一百条 本规则自2004年8月1日起施行,1997年11月5日交通部发布的《中华人民共和国海船船员适任考试、评估和发证规则》同时废止。

中华人民共和国
内河船舶船员适任考试发证规则

（交通部令2005年第1号　2005.03.21）

第一章　总　　则

第一条　为提高内河船舶船员技术素质，保障水上人命和财产安全，根据《中华人民共和国内河交通安全管理条例》，制定本规则。

第二条　在内河船舶上担任本规则第八条规定职务的船员，应当持有《内河船舶船员适任证书》（以下简称《适任证书》）。在特定类型船舶上任职的船员，还应当按国家海事管理机构规定持有《内河船舶船员特殊培训合格证》。

海船在内河行驶，其船长、驾驶员应当按国家海事管理机构规定取得相应航线的《海船船员内河航线行驶资格证明》，否则必须申请引航。

本条所称"内河船舶"，是指符合内河船舶建造规范仅在内河航行的各类自航和非自航船舶，但不包括军事船舶、渔船和体育运动船；所称"特定类型船舶"，是指客船、滚装船、高速船、危险品船（包括油船、化学品船、液化气船等）。

第三条　本规则适用于《适任证书》的取得与签发。

《内河船舶船员特殊培训合格证》、《海船船员内河航线行驶资格证明》的取得与签发事项，本规则有规定的，适用该规定。

第四条　国务院交通主管部门主管全国内河船舶船员适任考试发证工作，国家海事管理机构在国务院交通主管部门的领导下，负责全国内河船舶船员适任考试发证管理工作。

各级海事管理机构在上一级海事管理机构确定的权限和范围

内实施内河船舶船员考试发证工作。直属海事管理机构及省、自治区、直辖市地方海事管理机构(以下简称省级地方海事管理机构)的考试发证权限和范围由国家海事管理机构确定。

前款海事管理机构以下统称发证机关。

第五条 《适任证书》的申请人应当符合下列条件:

(一)年龄已满 18 周岁且男性未满 65 周岁,女性未满 60 周岁;

(二)符合国家海事管理机构公布的船员体检标准;

(三)经过水上交通安全专业培训;

(四)具备本规则规定的文化程度;

(五)按规定持有有效的《船员服务簿》和符合本规则规定的水上服务资历,安全记录良好;

(六)按照本规则规定参加适任考试并合格。

前款所称"安全记录良好",是指最近 24 个月内未发生负有直接责任的大事故以上等级事故。

第二章 适任证书

第六条 《适任证书》持有人应当按照《适任证书》表明的适用范围在相应等级或者低等级船舶上担任相应职务或者低级的职务。

在内河高速船上任职的船长和驾驶部船员应当持有按船舶总吨位划分等级高一等级的《适任证书》,轮机部船员可持有按船舶主推进动力装置总功率划分等级低一等级的《适任证书》。

本条所称"驾驶部船员",是指在船上任职的大副、二副、三副、驾驶员、驾机员。"轮机部船员"是指在船上任职的轮机长、大管轮、二管轮、三管轮、轮机员。

第七条 《适任证书》包含以下基本内容:

(一)证书编号;

(二)持有人姓名、出生日期;

(三)持有人船员服务簿号码;

(四)证书的适用范围,包括持有人可以适任的船舶类别、船舶等级、职务和航线(区);

(五)证书签发机关;

(六)签发日期和截止日期;

(七)审验签注。

第八条 《适任证书》适用的船舶等级和职务分为:

(一) 船舶等级按船舶总吨或者主推进动力装置总功率划分:

1. 一等船舶:1600 总吨以上或者 1500 千瓦以上;

2. 二等船舶:600 总吨以上至 1600 总吨以下或者 441 千瓦以上至 1500 千瓦以下;

3. 三等船舶:200 总吨以上至 600 总吨以下或者 147 千瓦以上至 441 千瓦以下;

4. 四等船舶:50 总吨以上至 200 总吨以下或者 147 千瓦以下;

5. 五等船舶:50 总吨以下。

船长和驾驶部船员所任职的船舶等级按船舶总吨位划分,轮机部船员所任职的船舶等级按船舶主推进动力装置总功率划分,但拖轮船长和驾驶部船员所适用船舶等级按船舶主推进动力装置总功率划分。

(二)适任职务按船舶等级设置:

1. 一、二等船舶设船长、大副、二副、三副;轮机长、大管轮、二管轮、三管轮;

2. 三、四等船舶设船长、驾驶员;轮机长、轮机员;

3. 五等船舶设驾机员。

第九条 《适任证书》的有效期不超过 36 个月。《适任证书》有效期到期,证书持有人可按照本规则规定申请适任证书再有效。《适任证书》每次再有效的有效期不超过 36 个月。证书有效期的截止日期,对女性持证人,不得超过 60 周岁;对男性持证人,不得超过 65 周岁。

第十条 《适任证书》由国家海事管理机构统一印制。

第三章 水上服务资历和文化程度要求

第十一条 船员水上服务资历以《船员服务簿》内记载并经海事管理机构确认的资历为准。

第十二条 船长和驾驶部船员资历要求。

(一)报考一等船舶船长

升职考试:持有一等船舶大副《适任证书》,并在最近60个月内实际担任其职务不少于18个月。

升等考试:持有二等船舶船长《适任证书》,并在最近60个月内实际担任其职务不少于18个月。

(二)报考一等船舶大副

升职考试:持有一等船舶二副《适任证书》,并在最近60个月内实际担任其职务不少于12个月。

升等考试:持有二等船舶大副《适任证书》,并在最近60个月内实际担任其职务不少于12个月。

(三)报考一等船舶二副

升等考试:持有二等船舶二副《适任证书》,并在最近60个月内实际担任其职务不少于12个月。

(四)报考一等船舶三副

初级考试:在最近60个月内具有不少于24个月的水上服务资历,其中在一等船舶实际担任水手(舵工)不少于12个月。

升等考试:持有二等船舶三副《适任证书》,并在最近60个月内实际担任其职务不少于12个月。

(五)报考二等船舶船长

升职考试:持有二等船舶大副《适任证书》,并在最近60个月内实际担任其职务不少于18个月。

升等考试:持有三等船舶船长《适任证书》,并在最近60个月内实际担任其职务不少于24个月。

（六）报考二等船舶大副

升职考试：持有二等船舶二副《适任证书》，并在最近60个月内实际担任其职务不少于12个月。

（七）报考二等船舶二副

升等考试：持有三等船舶驾驶员《适任证书》，并在最近60个月内实际担任其职务不少于12个月。

（八）报考二等船舶三副

初级考试：在最近60个月内具有不少于24个月的水上服务资历，其中在二等船舶实际担任水手（舵工）不少于12个月。

（九）报考三等船舶船长

升职考试：持有三等船舶驾驶员《适任证书》，并在最近60个月内实际担任其职务不少于24个月。

升等考试：持有四等船舶船长《适任证书》，并在最近60个月内实际担任其职务不少于18个月。

（十）报考三等船舶驾驶员

初级考试：在最近60个月内具有不少于24个月的水上服务资历，其中在三等船舶实际担任水手（舵工）不少于12个月。

升等考试：持有四等船舶驾驶员《适任证书》，并在最近60个月内实际担任其职务不少于12个月。

（十一）报考四等船舶船长

升职考试：持有四等船舶驾驶员《适任证书》，并在最近60个月内实际担任其职务不少于24个月。

（十二）报考四等船舶驾驶员

初级考试：在最近60个月内具有不少于24个月的水上服务资历，其中在四等船舶实际担任水手（舵工）不少于12个月。

升等考试：持有五等船舶驾机员《适任证书》，并在最近60个月内实际担任其职务不少于12个月。

（十三）报考五等船舶驾机员

初级考试：在最近60个月内具有不少于6个月的水上服务资历。

（十四）报考延伸航线（航区）

延伸航线(航区)考试:船长、大副、二副、三副、驾驶员、驾机员应当在相应等级船舶及所申请的航线(航区)上见习不少于3个月或者10个单航次。

第十三条 轮机部船员资历要求。

(一)报考一等船舶轮机长

升职考试:持有一等船舶大管轮《适任证书》,并在最近60个月内实际担任其职务不少于18个月。

升等考试:持有二等船舶轮机长《适任证书》,并在最近60个月内实际担任其职务不少于18个月。

(二)报考一等船舶大管轮

升职考试:持有一等船舶二管轮《适任证书》,并在最近60个月内实际担任其职务不少于12个月。

升等考试:持有二等船舶大管轮《适任证书》,并在最近60个月内实际担任其职务不少于12个月。

(三)报考一等船舶二管轮

升等考试:持有二等船舶二管轮《适任证书》,并在最近60个月内实际担任其职务不少于12个月。

(四)报考一等船舶三管轮

初级考试:在最近60个月内具有不少于24个月的水上服务资历,其中在一等船舶实际担任机工(加油)不少于12个月。

升等考试:持有二等船舶三管轮《适任证书》,并在最近60个月内实际担任其职务不少于12个月。

(五)报考二等船舶轮机长

升职考试:持有二等船舶大管轮《适任证书》,并在最近60个月内实际担任其职务不少于18个月。

升等考试:持有三等船舶轮机长《适任证书》,并在最近60个月内实际担任其职务不少于24个月。

(六)报考二等船舶大管轮

升职考试:持有二等船舶二管轮《适任证书》,并在最近60个月内实际担任其职务不少于12个月。

（七）报考二等船舶二管轮

升等考试：持有三等船舶轮机员《适任证书》，并在最近60个月内实际担任其职务不少于12个月。

（八）报考二等船舶三管轮

初级考试：在最近60个月内具有不少于24个月的水上服务资历，其中在二等船舶实际担任机工（加油）不少于12个月。

（九）报考三等船舶轮机长

升职考试：持有三等船舶轮机员《适任证书》，并在最近60个月内实际担任其职务不少于24个月。

升等考试：持有四等船舶轮机长《适任证书》，并在最近60个月内实际担任其职务不少于18个月。

（十）报考三等船舶轮机员

初级考试：在最近60个月内具有不少于24个月的水上服务资历，其中在三等船舶实际担任机工（加油）不少于12个月。

升等考试：持有四等船舶轮机员《适任证书》，并在最近60个月内实际担任其职务不少于12个月。

（十一）报考四等船舶轮机长

升职考试：持有四等船舶轮机员《适任证书》，并在最近60个月内实际担任其职务不少于24个月。

（十二）报考四等船舶轮机员

初级考试：在最近60个月内具有不少于24个月的水上服务资历，其中在四等船舶实际担任机工（加油）不少于12个月。

升等考试：持有五等船舶驾机员《适任证书》，并在最近60个月内实际担任其职务不少于12个月。

第十四条 申请适任考试者应当符合以下文化程度要求：

（一）申请一等船舶各职务及二等船舶船长、轮机长适任考试者，应当具有大专以上或者水运类中专文化程度；

（二）申请二等船舶除船长、轮机长之外适任考试者，应当具有高中以上文化程度；

（三）申请三、四等船舶船员适任考试者，应当具有初中以上文化程度。

第四章 适任考试与见习

第十五条 内河船舶船员适任考试包括理论考试和实际操作考试。考试类别分为:初级考试、升职考试、升等考试、延伸航线(航区)考试。

前款下列用语的含义是:

(一)"理论考试",是指用书面或者电子形式,以理论知识、原理、概念为主要内容,对申请人的专业知识水平和分析、应用能力的测试。

(二)"实际操作考试",是指通过相应船舶或者设备,结合现场实际情况,对申请人有关专业知识的运用,特别是综合运用和操作能力的技能测评。

(三)"初级考试"是指船员参加各等级船舶最低一级职务(初级职务)的适任考试。

(四)"升职考试"是指持《适任证书》者申请参加与原证书所载船舶等级相同而职务高一级的适任考试。

(五)"升等考试"是指持《适任证书》者申请参加与原证书所载职务相同,而船舶等级高一级的适任考试(包括三等船舶驾驶员、轮机员报考二等船舶二副、二管轮,五等船舶驾机员报考四等船舶驾驶员、轮机员)。

(六)"延伸航线(航区)考试"是指船长及驾驶部船员申请参加延伸或者扩大所持证书航线(航区)签注范围的适任考试。

第十六条 内河船舶船员适任考试由发证机关组织进行,但其中实际操作考试由有相应航线(航区)考试发证权限的发证机关组织进行。国家海事管理机构也可组织跨若干海事管理机构管理区域范围统一理论考试。

发证机关组织实际操作考试的航线(航区)范围按以下原则确定:

（一）直属海事管理机构和省级地方海事管理机构管辖水域范围内的航线（航区），由直属海事管理机构和省级地方海事管理机构确定；

（二）超出直属海事管理机构和省级地方海事管理机构管辖水域范围的航线、航区，由直属海事管理机构和省级地方海事管理机构提出意见，报国家海事管理机构批准后确定。

第十七条 各船舶等级和职务的各种类别适任考试，其理论考试科目和实际操作考试内容适用本规则附件。本规则附件规定的理论考试科目和实际操作考试需要调整时，由国家海事管理机构以文件形式调整并公布。

适任考试的大纲、考场规则和实际操作考试办法由国家海事管理机构制定并公布。

第十八条 申请适任考试者应当符合本规则第五条第（一）至第（五）项要求，并向发证机关提交下列材料：

（一）《内河船舶船员适任证书申请表》；

（二）近期直边正面5厘米免冠白底彩色照片4张；

（三）居民身份证；

（四）学历证明；

（五）《内河船员体格检查表》；

（六）《船员服务簿》；

（七）表明适任情况的相关材料。

已持有《适任证书》的船员，还应当提交其《适任证书》。

第十九条 全日制高等教育机构船舶驾驶类和轮机类专业大专以上毕业生，毕业后在任何等级船舶上见习相应初级职务满12个月后，可申请相应等级的初级职务适任考试，但免予本规则规定的理论考试和水上资历要求，只参加实际操作考试。

全日制中等教育机构船舶驾驶类和轮机类专业毕业生，可免予本规则规定的理论考试和水上资历要求，毕业后在相应等级船舶上见习相应职务满12个月后，直接申请三等及以下船舶初级职务的实际操作考试，但申请一、二等船舶初级职务的，还应当参加国家海事管理机构规定的部分科目理论考试。

第二十条 曾在军事船舶或者渔船上担任驾驶、轮机职务的船员,在本规则规定的船舶上任职,可申请参加除一等船舶船长和一等船舶轮机长以外的其他船舶等级、职务的适任考试,但应当满足以下条件:

(一)出具原所属部队颁发的有关专业合格证(包括军事院校毕业文凭)以及在服役期内水上服务资历证明;或者渔船船员适任证书和在渔船服务期内渔业部门的水上服务资历证明;

(二)申请考试的船舶等级、职务应当与本人的学历和在军事船舶或者渔船上的水上服务资历及所任职务相对应;

(三)在相应等级船舶及所报考航线上见习不少于6个月或者20个单航次。

第二十一条 曾在海船上担任驾驶部职务的船员,在本规则规定的内河船舶上任职,可申请参加除一等船舶船长以外的其他船舶等级、职务的适任考试,但应当满足以下条件:

(一)申请考试的船舶等级、职务应当与本人的学历和在海船上的水上服务资历及所任职务相对应;

(二)在相应等级船舶及所报考航线上见习不少于3个月或者10个单航次。

曾在海船上担任轮机部职务的船员,无需考试,可凭所持有效的海船船员适任证书直接申请换发与其海船等级和职务相对应的《适任证书》。

第二十二条 在内河航行的海船上任职的船长、驾驶员申请《海船船员内河航线行驶资格证明》,应当满足以下基本条件:

(一)在其所持《海船船员适任证书》对应的等级船舶和申考航线上的见习不少于6个月或者10个单航次;

(二)接受内河航行基础理论和实际操作的培训和考试。

第二十三条 在特定类型船舶上任职的船员申请《内河船舶船员特殊培训合格证》应当按国家海事管理机构规定参加特殊培训并经理论和实际操作考试合格。

第二十四条　《海船船员内河航线行驶资格证明》、《内河船舶船员特殊培训合格证》的考试发证程序适用本规则的有关规定。

第二十五条　申请适任考试，由申请人或者其代理人向发证机关提出申请并提交申请材料，申请材料应当列明拟报考的船舶等级、职务以及航线(航区)。受理申请的发证机关应当对申请人的材料进行审核，符合本规定条件的，应当于考试开始5日前向申请人签发《准考证》，通知其参加考试；不符合条件的，应当自受理申请之日起5个工作日内退回申请材料，并说明理由。

第二十六条　理论考试应当以书面或者电子方式进行。各科目理论考试成绩以100分为满分。《避碰与信号》科目及格分数为80分，其他科目及格分数为60分。

实际操作考试成绩分为合格和不合格。

第二十七条　申请人参加适任考试时应当遵守考场规则。

海事管理机构可对违反考场规则的船员采取下列一种或者几种行政措施：

(一)责令其退出考场；

(二)中止其考试；

(三)宣布其当期考试成绩作废。

第二十八条　理论考试成绩自公布之日起36个月内有效，实际操作考试成绩自公布之日起24个月内有效。

理论考试全部科目不及格的，无补考资格；部分科目不及格的，应当在成绩公布之日起24个月内完成补考。

实际操作考试不合格的，可在实际操作考试成绩公布之日起6至12个月内申请一次补考。

理论和实际操作考试补考成绩不另计有效期。

第五章　发证和再有效审验

第二十九条　通过本规则规定的三等以上船舶初级适任考试者，在相应等级船舶及所报考航线上见习相应职务不少于3个月或者10个单航次后交验《船员服务簿》，发证机关经审核合格，可签发相应等级、职务的《适任证书》。

通过本规则规定的升等、升职及延伸航线(航区)考试者，无需见习，发证机关可签发相应等级和职务的《适任证书》或者在原有证书上作出延伸航线(航区)适用范围的相应签注。

持有一、二等船舶初级职务《适任证书》的船员实际担任相应等级和职务不少于12个月的，安全记录良好，无需参加适任考试，提交本规则第十八条规定的材料，发证机关对其审核合格后，签发相应船舶等级二副或者二管轮《适任证书》。

第三十条 持有《适任证书》的船员，应当在《适任证书》有效期截止日期前6个月内向原发证机关申请证书再有效审验并提交本规则第十八条规定的材料。

申请证书再有效审验，应当符合下列条件：

(一)最近36个月内在《适任证书》所载等级船舶上实际担任《适任证书》所载职务或者低一级职务不少于6个月；

(二)参加国家海事管理机构规定的再有效知识更新培训。

发证机关审验合格后，在其《适任证书》审验签注栏内进行签注，证书在下一个有效期截止日期内继续有效。

第三十一条 不符合本规则第三十条第二款(一)项所列条件的持证船员，在截止日期期满前6个月内申请再有效审验的，除应当参加国家海事管理机构规定的再有效知识更新培训外，还应当通过实际操作考试。

第三十二条 在截止日期后12个月内申请《适任证书》再有效审验者，除应当满足本规则第三十条规定外，还应当通过实际操作考试。

在截止日期12个月后申请《适任证书》再有效审验的，以及虽在截止日期后12个月内申请再有效审验但不符合本规则第三十条第二款(一)项规定的，应当参加并通过与原《适任证书》相同船舶等级和职务的相应考试。

第三十三条 《适任证书》损坏或者遗失，持有人应当向原发证机关申请换发或者补发。换发或者补发的《适任证书》有效期截止日期应当与原《适任证书》相同。

第六章　监督管理及法律责任

第三十四条　《适任证书》持有人在船任职期间，其《适任证书》原件应当保留在船上，接受海事管理机构的监督检查。

第三十五条　任何人不得以任何理由和方式伪造、变造、买卖、转借、冒用《适任证书》。

第三十六条　有下列情况之一的，海事管理机构可对负有直接责任的《适任证书》持有人的适任能力进行评估：

（一）船舶发生碰撞、搁浅或者触礁等事故；

（二）在航行、锚泊或者作业时，发生从船上非法排放物质；

（三）违反航行规则航行；

（四）以其他危及水上人命、财产安全和水域环境的方式操纵船舶。

评估结果表明船员实际适任能力与所持《适任证书》明显不符合的，海事管理机构应当要求该证书持有人到指定地点参加培训直至其实际适任能力符合要求。具体评估程序和办法由国家海事管理机构另行制定。

第三十七条　海事管理机构在依法实施船舶安全检查时可对船员进行实操性检查。对实操性检查不合格的船员，情节严重的，可采取强制培训的行政措施。

第三十八条　被依法吊销《适任证书》的船员，自证书被吊销之日起 12 个月后，可按本规则规定的程序和要求向原发证机关申请较原《适任证书》低等级或者职务的《适任证书》。

发证机关根据《适任证书》被吊销的原因，可对申请人采取以下一种或者几种措施后签发与原《适任证书》较低等级或者职务的《适任证书》：

（一）参加培训；

（二）通过指定科目的理论考试；

（三）通过实际操作考试。

第三十九条 船员隐瞒有关情况或者提供虚假材料申请《适任证书》，发证机关不予受理，该船员在1年内不得再次申请《适任证书》。

船员以欺骗、贿赂等不正当手段取得《适任证书》的，发证机关依法给予行政处罚，该船员在3年内不得申请《适任证书》。

第四十条 有下列情形之一，签发《适任证书》的发证机关或者其上级发证机关或者国家海事管理机构依据职权可撤销签发的《适任证书》：

（一）发证机关工作人员滥用职权、玩忽职守作出签发《适任证书》决定的；

（二）发证机关工作人员超越法定职权作出签发《适任证书》决定的；

（三）发证机关违反法定程序作出签发《适任证书》决定的；

（四）发证机关对不具备申请资格或者不符合法定条件的申请人签发《适任证书》的；

（五）依法可以撤销《适任证书》的其他情形。

船员以欺骗、贿赂等不正当手段取得《适任证书》的，应当予以撤销。

第四十一条 除海事管理机构外，任何单位或者个人不得以任何理由暂扣或者吊销《适任证书》。

第四十二条 发证机关应当为每名持有《适任证书》的船员建立档案，对船员的适任状况实施连续的跟踪管理，并在有关机构或者利害方进行法律允许的查询时能提供有关证书可靠性和有效性的相关资料。

第四十三条 发证机关应当建立健全管理制度，保证船员适任考试发证质量。

发证机关违反本规则规定签发《适任证书》，国家海事管理机构或者其上级发证机关应当责令其限期改正，对情节严重者可限制或者停止其开展考试发证工作。

第四十四条 违反本规则规定，海事管理机构按照有关行政处罚规定予以处罚。

第四十五条 海事管理机构人员在实施本规则时，有徇私舞弊、玩忽职守、滥用职权、索贿受贿或者其他违法失职行为的，由所在单位给予行政处分；其行为触犯刑律的，由司法机关依法追究刑事责任。

第七章 附 则

第四十六条 本规则中“以上”包含本数，“以下”不包含本数。

第四十七条 本规则由交通部负责解释。

第四十八条 本规则自 2005 年 6 月 1 日起施行。1992 年 4 月 7 日由交通部颁布的《内河船舶船员考试发证规则》（交通部令[1992]34 号）同时废止。国家海事管理机构可根据本规则制定过渡办法。

防污染、危险货物管理

油船安全生产管理规则

（交通部　(83)交水监字860号　1983.04.12）

第一章　总　　则

第一条　为了确保油船安全生产，提高经济效益，促进油运事业的发展，根据“安全质量第一”和“以防为主”的方针，制定本规则。

第二条　油船是重点保卫单位，必须严格执行治安保卫、防火、防爆、防污染、安全航行和安全装卸以及职工劳动保护等规定。

第三条　要设置油船管理机构或专职人员对油船实行专业管理。油船船员，上船前必须进行油船专业知识的培训，经考试、考核和取得有效证书后，才能从事油船工作。

第四条　本“规则”是油船安全生产管理的基本规则。各航运部门应根据本规则的原则和要求，结合本部门、本单位的具体情况，制订有关实施细则，并报部备案。

第五条　交通系统各港、航部门干部、职工对本规则及其实施细则，必须认真学习，严格执行。对模范执行者予以表扬或奖励；违反者，视情况给予批评教育或纪律处分以至追究刑事责任。

第六条　油船除严格遵守本规则及其实施细则外，对非油船所规定的各项安全规章制度，仍应严格遵照执行。

第七条　本规则适用于一切油轮、油驳以及运载石油的顶推（拖带）船队。

第二章　防火防爆

第一节　一般规定

第八条　保持船舶技术条件处于适航状态:

1. 油船必须具有船舶检验部门签发的足以证明油船的布置、结构和设备均符合安全要求的检验合格证书,或入级证书和相应的安全证书,才能投入营运。

2. 油船的布置、结构、管系及电气、消防和防污染设备等,未经船舶检验部门同意,不得擅自更改。

第九条　信号:

1. 船载货油,或油已卸完,但舱内仍有可燃气体时,应按规定悬挂危险品信号。

2. 在系泊和装卸作业时,除执行上款规定外,还应按港口规定显示慢车信号。

第十条　船员和登船人员,必须严格遵守下列规定:

1. 禁止随身携带易燃物品或火种(火柴、打火机等),不得在甲板上放置、使用聚焦的玻璃制品(蒸馏水瓶、放大镜、老花眼镜);

2. 禁止在规定以外的场所吸烟;

3. 禁止穿带钉的鞋、靴;

4. 禁止现场工作人员或值班人员穿着和更换尼龙、化纤服装。

第十一条　在未经洗舱、除气、测爆和确认没有可燃气体时,不得在甲板及油舱附近进行电焊、气焊等明火作业。

第十二条　装卸一、二级石油(注)、压载、洗舱、除气时,禁止下列作业:

1. 一切电焊、气焊等明火作业;

2. 使用明火炉灶;

3. 敲铲铁锈;

4. 无线电发报；

5. 电瓶充电；

6. 用电扇通风。

第十三条 在装卸、压载、洗舱、除气作业时，一般不准进行明火作业，如因生产急需，非明火作业不可时，必须执行下列规定：

1. 预先申报，经轮机长同意，船长批准；

2. 测爆确认没有可燃气体；

3. 凡能拆卸的管系、机件等焊补作业，必须在电焊间或工作间内进行，在机炉舱内焊接无法拆卸的管系、机件时，必须关闭邻近的阀门，确认已与其他舱室隔绝，并清洗除气、测爆、清除现场的易燃物品，备妥足够的消防器材，派专人指挥及看火。

第十四条 防止灯具、电路电气设备等产生火花，要严格执行下列规定：

1. 禁止使用明火灯具、悬挂彩灯和在通电情况下安装灯泡。

2. 禁止在靠近油舱、泵间、油漆间、蓄电池间、未用隔离舱隔离开的物料间、输油管存放场所及主甲板，使用非防爆式灯具和可能产生电火花的电气设备。

3. 必须使用封闭式电炉，并设在规定地点，用时要有人看管。

4. 必须盖紧关严各水密插座、联接箱、继电器等设备，防止进水造成短路。

5. 不准任意拉导线、安装插座、天线、加大电器功率。

6. 不准在避雷针、防爆灯、电灯泡上涂漆。

7. 房间无人时，各种灯具和电气设备必须关闭。

8. 一切电器联接必须在装卸作业前完成。电气人员必须经常检查电路及电气设备的绝缘情况，保证其绝缘处于良好状态。

9. 系泊时，雷达天线的使用、保养、维修要取得港监（航政）部门同意，必要时取得作业许可证。

第十五条 防止撞击、摩擦产生火花，要严格执行下列规定：

1. 吊运物件时，必须停止装卸，关阀封舱，要放好衬垫，轻吊轻放。

2. 使用工具要轻拿轻放，谨慎操作，防止铁质工具、物件掉落甲板及货油舱内；开闭油舱盖时，应轻、缓、稳，防止撞击。

3. 在装卸二、三级油完毕和航行中，要揩净油污，封舱良好，经检验确认无可燃气体时，除主甲板附近外，可以敲铲除锈。但应随时注意风向、风力和现场有无可燃气体存在，如危及安全，要立即停止作业。

4. 装运桶装石油时，应放好衬垫，竖直排列，并要捆扎牢固。

第十六条 对船上易燃品的保管使用和处理的规定：

1. 船用易燃品（如香蕉水、油漆、松香水、汽油、煤油等）必须指定专人负责，集中在专门的危险品舱室内保存。

2. 禁止用汽油及其他一级油制品清洗机件。

3. 禁止在电气设备、蒸汽管、排气管、机炉舱内烘烤衣物和放置沾有油污的棉纱及其他易燃物品。

4. 禁止将潮湿或带油污的棉制品贮存于闷热处，并及时处理。

5. 清除硫化铁，应先用水湿润，清除后应集中在铁桶内，放在甲板上保持浸泡状态，尽快处理。

6. 在油舱、干隔舱、泵间等处所，不得使用铝质油漆。

7. 禁止使用乙炔发生器。乙炔瓶和氧气瓶应隔开，存放于安全处所。

第十七条 洗舱时，必须要做到：

1. 采取与货油舱中残存的油种相应的防火防爆措施，备妥消防器材。

2. 洗舱时或洗舱完毕后的相当时间内，为防止舱内静电产生火花，洗舱机接地必须良好，系放牢固稳妥，不得碰及船体结构；洗舱机和水带在放进舱内前应先灌水；取出洗舱机后，方可解脱水带接头；不得将其他导体放入舱内。

3. 遇暴雨、雷电、烟囱冒火或附近发生火灾时，应即即停止洗舱作业，采取必要安全措施。

第十八条 机、炉舱、泵舱要做到：

1. 杜绝任何油品与高温管系、电缆接触。

2. 严防油类滴漏在内燃机排气管上。

3. 装燃油前，阀门及透气管附近不得开动马达和放置容易发生火花的设备。

4. 泵舱要保持清洁和良好通风。

5. 当泵发生故障时，应立即采取措施。

6. 内燃机在运转中，防止高压油管、接头、油泵等漏油。

7. 内燃机的排气道、锅炉烟道定期清洁除灰，防止冒火。

8. 烟囱上应装有火星熄灭器，并经常处于工作状态。

第十九条 装运一级油的油船，当气温超过28℃时，应洒水降温。

第二十条 要编制全船应急部署和消防、防油污设备颁布图。所有船员均须熟悉自己的职责和消防、防油污设备存放地点及使用方法。

定期进行消防、防油污演习，并将情况记入航海日志内备查。船舶所属单位的航(海)监部门和公安消防部门，应加强指导，每季度至少检查一次。

第二节 装卸及停泊

第二十一条 停泊时，应在舷梯口设置"登轮须知牌"。凡与油船工作无关人员或未经船长许可者，不准登船。

第二十二条 装卸作业前必须做好下列工作：

1. 作业前，船方应同供油或受油单位共同研究有关作业程序、联系信号和安全措施等。

2. 接输油管时，应先接地线，后接输油管；拆卸时，先拆输油管，后拆地线。地线要接地良好，电缆规格应符合规范要求。

3. 旋转机、炉舱风斗背向油舱。

4. 停止通烟管(包括厨房烟囱)和锅炉管吹灰。

5. 关闭朝向油舱甲板的水密门、窗和油舱甲板上舱室的左右舷门、窗，严防油气进入机、炉舱和生活区。

6. 关闭靠近装油口及透气口的马达、开关、继电器，严防油气进入。

7. 在油舱附近必须备好灭火器、黄砂、水带等消防和防油污器材，并保持良好状态，以防万一。

8. 首尾外挡，备妥应急拖缆。

第二十三条 装卸作业中必须注意：

1. 装卸一、二级油时，必须通过密闭管道进行，严禁灌舱作业。

2. 严禁蒸汽机船和与油船无关的船舶系靠；系靠船舶应遵守所在港口的规定，烟囱不得冒火星，也不准有任何明火。

3. 遇有雷电当空或烟囱冒火时，要立即停止作业，关阀封舱。

4. 打开观测孔观测后，必须装好铜丝罩。

5. 禁止在非量油孔使用金属或尼龙量油尺。

6. 呼吸阀应处于良好工作状态。

7. 油船要随时保持适航性，一旦发生意外，立即离泊；遇有影响适航的检修而无法离泊的情况时，必须采取有效措施，确保安全。

第二十四条 当船过船、船过驳或驳过驳装卸作业时，还要加垫足够的软靠把，使用尼龙缆系带，对缆绳、油管等设施，要有专人看管。作业后或遇有大风浪时，应即离开。

第二十五条 装卸完毕后，必须关妥所有油舱口和输油管线阀门，并擦净现场油污。

第三节 航 行

第二十六条 严格执行《国际海上避碰规则》和《内河避碰规则》及有关港口的航行规定，防止由海损事故引起的火灾、爆炸、水域污染。当大油轮靠码头时，要按需要配备足够数量及相适应马力的拖轮协助，以策安全。

第二十七条 加强巡回安全检查，并将每次检查情况记入航海日志和轮机日志。

第二十八条 随时注意主、副机运转正常；定期检查油头，雾化要好，确保锅炉燃烧良好。检查排烟烟色，有无火星，发现烟囱冒火星，立即报告值班轮机员，情况严重的，应报告轮机长或船长；锅炉吹灰，应取得值班驾驶员的同意后，方准进行。

第二十九条 出航前，对可移动物件要绑牢固，防止撞击，各油舱口水密孔盖和水密门、窗要关紧。大风浪来袭前，对上述物件要重新检查加固。

第四节 修 理

第三十条 油船进厂修理时，必须对货油舱、燃油舱、泵舱、机炉舱、舱底及货油管系进行排气、通风、认真测爆，经船舶检验部门及有关部门检验确认安全并发给证书后，方可进厂。

第三十一条 进厂后，仍须经常对施工的油舱及所有邻舱进行测爆。电、气焊割油舱、相及有关管系、容器等设备时，应采取非明火拆开、清洗、除气、封闭去路等措施，确认无可燃气体后，方可进行。在电气焊场所，应指派专人值班，备妥消防设备，做好防火工作。离现场前，不准遗留火种。当班人员必须反复巡视施工现场，以防死灰复燃和发生其他意外。

第三十二条 修理完工时，应周密检查油舱，防止物件遗留舱内并及时封舱。

第五节 原油洗舱

第三十三条 原油洗舱的船舶应预先向港口（港监或航政）提出申请书，办理必备手续。

第三十四条 全面负责领导和所有参加洗舱的人员，均应熟知洗舱操作规程，并持有相应的合格证书。

第三十五条 原油洗舱前，应根据随船所附的"原油洗舱操作检查项目表"进行检查，并校验所有仪表。

第三十六条 每一货油舱与污油水舱都应按规定设置惰性气体系，其压力经常维持在该系统的操作说明书规定的正压范围内。只有在惰性气体系统正常工作的情况下，才能进行洗舱。

第三十七条 油舱内氧气浓度的限制：

1. 洗舱前，要在油船离甲板1米处和空档区的中心处，测量氧的含量（按容积计算），均不得超过8%。

2. 洗舱过程中，对新补给的惰性气体的含氧量要连续进行监测，并要求含氧量经常保持在5%以下；因锅炉负荷变动等原因，一时造成含氧量增加，也应限制在8%以下。

3. 惰性气体装置的氧气浓度警报，应设定在5%，当达到8%时，惰性气体装置应自动停止向舱内供气。

第三十八条 原油洗舱作业的指挥、监督及分工部署：

1. 作业由船长或大副全面负责进行，并由一驾驶员在货油控制室担任实际操作。

2. 洗舱前，各有关人员要进行充分商洽，密切协作。货油控制室、泵舱、值班人员之间，应配备有效的通讯联络工具，随时保持联系。

3. 洗舱进行中，应有人在甲板上值班，巡视设备状态是否正常；并指派专人在机舱、泵间值班，经常检查洗舱管理系统、主要机器的运转情况。

第三十九条 当发生下列情况应立即停止洗舱作业：

1. 不符合卸油港、受油单位有关油轮停泊规定或受油单位提出要求停业作业时；

2. 惰性气体装置发生故障或舱内氧气浓度高于8%以上时；

3. 舱内的压力不能维持正值时；

4. 执行港方停止作业命令时；

5. 船长或值班驾驶员判断后停止作业时；

6. 卸油作业暂停时。

第四十条 其他安全措施：

1. 洗舱作业，应在日间开始。

2. 洗船用油应使用未混有水的原油。任一供给洗舱原油的舱，必须先从底部卸出1米深才能使用。

3. 应使用性能可靠的氧气浓度测定仪，对油舱正确测定并做好记录备查。

4. 洗舱时对不能打开的阀，应显示规定的警告牌。

5. 洗舱结束后，洗舱系统中的油要完全清除干净并关闭阀门。

6. 洗舱不得在压载和航行期间进行。

第三章　防　污　染

第四十一条　油船防污染结构和设备，应符合船舶检验部门规范的要求，并必须严格执行国际和国内防污染法规。洗、压舱水，机舱污水经仪器测定超过规定排放标准时，必须分别排放在油污水处理设施内。

第四十二条　按规定配备的防污设备器材和油水分离器要坚持使用。现有油船应按国际有关规定设立污油舱或专用压载舱。

第四十三条　装卸作业前必须做到：

1. 将主甲板出水孔堵住；

2. 关紧泵间通海阀和与装卸计划无关的输油管线阀门；

3. 认真检查即将使用的管系、阀门、泵浦设备、属具、输油管系等，确认处于完好技术状况；

4. 在接头下放置盛油容器；

5. 根据装卸油的压力，在装卸开始、终了、停止或变更装卸速度、联系讯号，要及时与油港（厂）联系。

第四十四条　装卸作业或向岸上排放油污水、压舱水时，必须做到：

1. 值班人员要严守岗位，勤测油面高度，正确掌握装卸进度，并检查通海阀四周水面有无油花，如有异状，立即停止作业，查明原因，并采取有效措施。

2. 换舱装油前，先开好下一个空舱阀门，然后再关即将满舱的阀门。

3. 装油时，各油舱应留有适当的舱内空档，以防溢油。

4. 停止作业时，必须关闭进出口阀门和油舱阀门，防止倒压溢油。

5. 装油至最后一舱，满舱前应留有适当舱容空档和适当时间，以备联系油港（厂）停泵或停装，防止溢油。

第四十五条 装卸油结束后，要正确操作扫线，顶水管线要扫清顶净。顶水时密切与油港（厂）联系，防止油管内残油倒流污染水域。

第四十六条 应按规定认真填写油类记录簿。

第四章 保证职工船员安全健康

第四十七条 要按有关规定，配备一定数量和型式的呼吸器、给氧器、安全索和耐火救生素、防护口罩等器材用品。

第四十八条 职工、船员在进行下列工作时，必须采取以下保护措施：

1. 接、拆输油管，测量油面高度时，必须戴好防护口罩。

2. 因特殊情况需要进入未除气舱内时，必须使用安全索和呼吸器，确定联系信号，备妥急救器材，每次工作时间不得超过30分钟，并派人在舱口看守。

3. 进入通风不良的泵间工作时，必须戴好呼吸器，并有人在上面看守。

第四十九条 当人员进入曾注入蒸气、惰性气体或其他缺氧的舱室前，应先充分通风，按有关操作规程进行除气。确认无害时，才能进入；人员进入后，应继续通风，并严防蒸气或情性气体等注入。

第五十条 为保护职工人身健康：

1. 对职工、船员要进行经常性的安全技术、劳动保护教育。

2. 保证船员公休，并一年至少进行一次体格检查和安排疗养。

3. 在装卸作业时，不准非值班人员在舱口附近停留。

4. 不准使用含毒油类洗擦手、身体、衣物。

第五章　附　　则

第五十一条　本规则自颁布之日起生效。1975 年颁发的原《交通部油船安全生产管理规则》同时作废。

第五十二条　本规则由中华人民共和国交通部公布施行，其解释权属于中华人民共和国交通部。

注：石油分为三级。

一级　闪点在 28℃以下的石油。如苯、汽油、石脑油和某些原油。

二级　闪点为 28℃及以上至未满 60℃的石油。如煤 油、某些原油。

三级　闪点为 60℃及以上的石油。如柴油、燃料油、润滑油等。

任何油品当油温达到其闪点时，便有可能形成可燃气体。因此，当三级石油加温至该油品的闪点温度或三级油品装载于有可燃气体的油舱时，应按一、二级石油看待，并采取同样的防范措施。

中华人民共和国
交通部拆解船舶监督管理规则

（交通部　(89)交安监字723号　1989.12.23）

第一条　为加强对拆解船舶的监督管理，维护水上交通安全，防止水域污染，依据国务院《防止拆船污染环境管理条例》和国家其他有关法律、法规，制定本规则。

第二条　本规则适用于在中华人民共和国沿海、内河及其港口水域进行交接的拟拆解废钢船，以及从事水上拆解活动和在综合港港区水域从事拆船活动的单位和个人。

第三条　中华人民共和国港务监督（含港航监督）是负责对上述活动涉及的水上交通安全和环境保护实施监督管理的主管机关（以下简称"主管机关"）。

第四条　在综合港港区水域内和水上设置拆船场（点）的，拆船人应事先按《防止拆船污染环境管理条例》第六条关于编制环境影响报告书的要求，向主管机关提交《环境影响报告书》和有关部门对设置场（点）的核准意见，经主管机关批准后方可设置拆船场（点）和进行拆船作业。

第五条　拟拆解的废钢船需要进港的，应在进港前按主管机关的规定办理进港申报手续，经主管机关批准后方能进港，并在指定地点停泊。

第六条　拟拆解的外国籍废钢船须在对外国籍船舶开放的港口或经国家批准的其他地点经联合检查后，方能办理交接船手续。

第七条　拟拆解的外国籍废钢船在交接前，新的船舶所有人应及时向主管机关申请办理船舶登记手续，确认船舶所有权，取得《废钢船登记证书》（见附件二）后，方可悬挂中华人民共和国国旗。

拟拆解的中国籍废钢船在办理交接前，新的船舶所有人应向主管机关申请办理船舶变更登记手续（申请书格式见附件一，登记证书格式见附件二）。

废钢船拆解完毕时，船舶所有人应向主管机关申请办理船舶注销登记。

办理废钢船登记的申请人应按规定向主管机关交纳登记费。

第八条 废钢船在交接前，船舶所有人应向主管机关填报《废钢船污染物质报告书》（见附件三，一式两份）。

第九条 废钢船交接完毕后，船上的有关船舶文书和航海图书、资料由主管机关按有关规定处理。

第十条 废钢船交接完毕后，应尽早驶往或拖至拆船场（点），并及时向主管机关报告船舶动态。自航的废钢船应具备安全驶往拆船场（点）的条件；非自航的废钢船需要拖带时，应申请船检部门检验并出具拖带证明后方可拖带航行。

第十一条 自航废钢船航行或锚泊，应配备足以保障安全和操纵需要的合格船员；非自航废钢船锚泊，除配必要的船员守船外，还应采取适当的安全措施。船员配备和安全措施，需经主管机关核准。

第十二条 船舶在抵达拆船场（点）前，任何单位和个人未经主管机关许可，不得将船上的航海仪器、通信设备（包括收发报机、甚高频无线电话、音响和视觉信号等）、消防救生设备以及必要的安全备品和靠泊用具等拆除或撤走。

第十三条 废钢船驶往拆船场（点）前，其所有人或拆船人应及时将废钢船预计抵达的拆船场（点）和冲滩方案报主管机关核定。

废钢船冲滩前，拆船人还应将拆船方案和有关安全、防污染措施等情况报主管机关备案。

第十四条 油轮在冲滩前，船舶所有人应事先将货油舱（柜）中的存油驳出，并必须进行洗舱、测爆，经主管机关审核后方可冲滩。

第十五条 船舶坐滩或就位后,船舶所有人和拆船人应采取可靠的加固措施,防止船体倾覆和滑动。

第十六条 船舶由于滑动或其他事故而有碍航行安全时,船舶所有人应采取有效措施以保障通航安全。对影响航行安全而船舶所有人未及时采取有效措施的,主管机关可予以强行清除,有关费用由船舶所有人承担。

第十七条 废钢船在拆解前,船舶所有人应清除或委托主管机关认可的单位清除并回收残余油类物质、有毒害物质以及易燃、易爆物质。

第十八条 废钢船的洗舱水、压舱水和舱底水确需向水中排放时,须经主管机关批准,并应符合《船舶污染物排放标准》。

第十九条 废钢船在拆解过程中,不得任意向水中排放或倾倒油类、油性混合物、废弃物和其他有害物质。也不得在船上焚烧任何可燃物质。如需使用船上焚烧炉焚烧,事先需经主管机关批准。

第二十条 废钢船在拆解过程中,不得将拆解的船舶部件投弃或存放水中。未清洗干净的船底和油柜必须拖到岸上拆解。

拆船作业产生的电石渣及其废液,必须收集处理,不得流入水中。

第二十一条 拆解废钢船的制冷设备,必须采取妥善防护措施并严格管理,防止制冷剂泄漏。

第二十二条 船舶拆解完毕,拆船单位或个人应当及时清理拆船现场。

第二十三条 废钢船在拆船场(点)就位前或在拆船作业中发生水域污染损害事故时,船舶所有人或拆船人应立即采取清除或控制污染的措施,并迅速向主管机关报告,接受主管机关的调查处理。

第二十四条 受到本规则第二十三条所述污染损害事故损害或参与清除污染损害的单位和人员,要求赔偿或索取清除污染费用的,应按《中华人民共和国防止船舶污染海域管理条例》第四十条、第四十一条和第四十二条的规定办理。

第二十五条　对违反本规则的行为,主管机关除责令当事人采取纠正措施外,还可根据不同情节,给予以下处罚:

(一)对涉及水上交通安全和废钢船在拆船场(点)就位前有关污染的违章行为,依照国家有关水上交通安全和防止船舶污染水域的规定给予处罚:

(二)对在港内和水上拆船的违章行为,依照国务院《防止拆船污染环境管理条例》第十七条、第十八条的规定给予处罚。

第二十六条　本规则自 1990 年 1 月 1 日起实施。中华人民共和国港务监督局 1987 年 2 月 16 日颁布的《关于船舶拆解监督管理的暂行办法》同时废止。

附件一

废钢船登记申请书

船名＿＿＿＿＿＿＿＿原名＿＿＿＿＿＿＿＿＿＿＿
原呼号＿＿＿＿＿＿＿原船籍港＿＿＿＿＿＿＿＿＿
原船舶登记号数＿＿＿＿＿船舶种类＿＿＿＿＿＿＿
造船地点＿＿＿＿＿＿＿＿建成日期＿＿＿＿＿＿＿
船舶尺度　　总长＿＿＿＿米，宽＿＿＿＿米，深＿＿＿米
船舶吨位　　总吨位＿＿＿吨，净吨位＿＿＿吨，轻吨＿＿吨
主　　机　　种类＿＿＿＿数目＿＿＿＿功率＿＿＿马力
取得船舶所有权日期＿＿＿＿＿＿＿＿＿＿＿＿＿＿＿
船舶所有人及其地址＿＿＿＿＿＿（电话）＿＿＿＿＿
船舶拆解单位及其拆解地点＿＿＿＿＿（电话）＿＿＿＿

申请单位＿＿＿＿＿＿＿＿＿＿（盖章）

一九九　　年　　月　　日

附件二

（港监徽）

中华人民共和国港务监督局废钢船登记证书

（　　）________监拆船字第______号

船　名________________原呼号________________

船舶种类________________原船舶登记号

船舶尺度　　总长________米，宽______米，深______米

船舶吨位　　总吨位______吨，净吨位____吨，轻吨______吨

取得船舶所有权日期________________________________

船舶所有人及其地址________________________________

船舶拆解单位及其拆解地点__________________________

中华人民共和国______________

一九九　　年　　月　　日

附件三

废钢船污染物质报告书

船　名＿＿＿＿＿＿＿＿原国籍或单位＿＿＿＿＿＿

船舶种类＿＿＿＿＿＿船舶所有人＿＿＿＿＿＿＿＿

建造日期及地点＿＿＿＿＿＿＿＿＿＿＿＿＿＿＿＿＿＿

空载吃水　前＿＿＿＿＿＿＿后＿＿＿＿＿＿＿

登记吨位　总吨＿＿＿＿＿＿载重吨＿＿＿＿＿＿

空载排水吨＿＿＿＿＿＿＿＿＿＿＿＿＿＿＿＿＿＿＿

主机种类＿＿＿＿＿台数＿＿＿＿辅机台数＿＿＿＿

耗油量　航行每天＿＿＿＿＿吨　锚泊每天＿＿＿＿＿吨

实际存油数量　燃油＿＿＿＿＿吨　轻柴油＿＿＿＿吨

润滑油＿＿＿＿公升　气缸油＿＿＿＿公升液压油＿＿＿＿公升

现存油污水数量＿＿＿＿＿＿＿吨　　压舱水＿＿＿＿吨

水质情况＿＿＿＿＿＿＿＿＿＿＿＿＿＿＿＿＿＿＿＿

上航次装何种货物？＿＿＿＿＿＿＿＿＿＿＿＿＿＿＿

货舱做何种处理？＿＿＿＿＿＿＿＿＿＿＿＿＿＿＿＿

以上报告确凿无讹。＿＿＿＿＿＿＿＿＿＿＿＿＿＿＿

所有人＿＿＿＿＿＿

船长＿＿＿＿＿＿＿

一九九　　年　　月　　日

防止船舶垃圾和沿岸固体废物污染长江水域管理规定

（交通部、建设部、国家环境保护局令1997年第17号　1997.12.24）

第一章　总　则

第一条　为防止船舶垃圾和沿岸固体废物污染，保护长江水域环境，根据《中华人民共和国水污染防治法》、《中华人民共和国固体废物污染环境防治法》、《城市市容和环境卫生管理条例》等法律、法规及有关国际公约，制定本规定。

第二条　本规定适用于长江水域内航行、停泊、作业的船舶和船舶所有人（经营人）以及码头装卸设施所有人（经营人）；长江沿岸城市的一切单位和个人以及从事垃圾接收处理的单位和作业人员。

第三条　国务院环境保护行政主管部门负责长江水污染防治和固体废物污染防治的监督管理工作；国务院交通行政主管部门负责防治船舶垃圾污染长江水域的监督管理工作；国务院建设行政主管部门负责沿岸城市生活垃圾清扫、收集、贮存、运输和处置的监督管理工作。

第四条　国务院有关部门和长江沿岸各级人民政府，应将长江环境保护工作纳入计划，结合各自的职责，制定防止船舶垃圾和沿岸固体废物污染长江水域的对策、措施和治理规划，并组织实施。

第二章　防止船舶垃圾污染

第五条　总长度为12米及以上的船舶应设置统一监制的告示牌，告知船员和旅客关于垃圾管理的要求及处罚的规定。

第六条 凡400总吨及以上的船舶和经核定可载客15人及以上的船舶,均须备有港航监督部门批准的《船舶垃圾管理计划》和签发的《船舶垃圾记录簿》。船舶垃圾处理作业应符合《船舶垃圾管理计划》中所规定的操作程序,有关作业情况如实记录,《船舶垃圾记录簿》应在船上保存二年。

第七条 不足400总吨的船舶和经核定载客不足15人的船舶,有关垃圾处理情况应如实记录于《航行日志》中,以备港航监督部门检查。

第八条 禁止将船舶垃圾排放入江。

船舶应配备有盖、不渗漏、不外溢的垃圾储存容器,或实行袋装,及时运往垃圾接收设施。

第九条 船长和船员应熟悉船上《船舶垃圾管理计划》,并接受港航监督部门的检查。对不符合规定要求的船舶,港航监督部门按有关规定处理,船舶达到规定要求后,方可准其离港。

第十条 船公司应为客船(含旅游船)、客货船和渡船配备专(兼)职环保监督管理员,负责船上环境卫生的管理工作,禁止船员和乘客向江中抛弃垃圾。

第十一条 未经港航监督部门批准,船舶不得在港内擅自使用焚烧炉处理船舶垃圾。在港内使用的焚烧炉必须符合环境保护要求。

第三章 防止沿岸固体废物污染

第十二条 禁止在长江沿岸江坡设置垃圾和工业固体废物堆放场点。现有的垃圾和工业固体废物堆放场点应限期关闭。在关闭前,地方政府应重新安排垃圾处理场所。

第十三条 长江沿岸城市各单位和居民应严格执行《城市市容和环境卫生管理条例》,将生活垃圾投入垃圾容器或者指定的场所,禁止任何单位和个人在沿江岸坡堆放或向水域倾倒垃圾。

第十四条 长江沿岸的建设或施工单位,应严格执行《城市建筑垃圾管理规定》,对建筑垃圾的收集、运输、消纳和处理必须服从当地城市市容环境卫生行政主管部门统一管理。严禁建设和施工单位将建筑施工活动中产生的工程废弃物料等垃圾堆放在长江沿岸江坡或倾倒入江。

第十五条 长江沿岸企事业单位不得将工业固体废物堆放在长江沿岸江坡或倾倒入江,也不得排入下水道流入长江。

第四章 垃圾接收设施与管理

第十六条 港方、船舶垃圾接收单位和城市环卫单位必须保证到港船舶的垃圾及时接收、运输和处理。城市环卫单位与船舶垃圾接收单位应按照有偿使用的原则就船舶垃圾的运输和处理达成协议,以满足到港船舶垃圾接收的需要,如果不能达成上述协议,双方首先要保证船舶垃圾的接收、运输和处理,应服从城市市容环境卫生行政主管部门的协调和仲裁。

第十七条 凡需从事船舶垃圾接收作业的单位,须分别向城市市容环境卫生行政主管部门和港航监督部门提交书面申请,经审核批准,并取得城市市容环境卫生行政主管部门和港航监督部门共同签发的《船舶垃圾接收作业许可证》(见附表1),方能进行船舶垃圾接收作业。

船舶垃圾接收单位在作业前须向船方出示《船舶垃圾接收作业许可证》,作业完毕向船方开具《船舶垃圾接收证明》(见附表2)。

第十八条 凡从事船舶垃圾收集、运输、处理服务的单位和个人,必须将船舶垃圾运往当地城市市容环境卫生行政主管部门指定的垃圾转运站或处理场,不得任意倾倒。

第十九条 存放船舶垃圾和固体废物的设施或容器,必须保持完好,外观和周围环境应当清洁。不得任意搬动、拆除、封闭。

第五章　特别规定

第二十条　长江沿岸各港航监督部门和城市市容环境卫生行政主管部门应督促港口船舶垃圾接收单位与城市环卫单位在收集、运输、处理垃圾各系统之间相互衔接、相互协调,及时妥善处置船舶垃圾。

第二十一条　船舶在冲洗甲板或舱室时,应当事先进行清扫,不得将货物残余物排入水域。

装载有毒有害货物的船舶不得冲洗甲板或舱室。

船舶垃圾中含有毒有害或其他危险成分的,必须严格与其他垃圾分开收集。在接收前,船方应向接收单位说明这些物质的品名、数量、性质和处理注意事项。接收单位应按照环境保护行政主管部门有关危险废物管理规定,并将船舶垃圾运往指定的处理场进行处置。

第二十二条　来自疫情港口的船舶,应申请卫生检疫部门进行卫生处理。

第二十三条　船舶垃圾接收单位,应按有关规定计收费用,不得任意乱收费。

第六章　法律责任

第二十四条　发生垃圾污染事故时,船舶所有人(经营人)、单位和个人应立即采取措施,控制和消除污染,同时向港航监督部门和当地环境保护行政主管部门报告,接受调查处理。造成或可能造成水域严重污染的,港航监督部门和当地环境保护行政主管部门有权采取强制清除措施,由此产生的一切费用由肇事方承担。

第二十五条　造成水域污染损害的单位和个人,应承担损害赔偿责任。

第二十六条 港口码头、装卸站、船舶修造厂、拆船厂所有人（经营人）和船舶垃圾接收单位因接收设施问题或人为因素造成船舶不当延误和经济损失的，应承担赔偿责任。

第二十七条 违反本规定，有下列行为之一的，由港航监督部门、城市市容环境卫生行政主管部门、环境保护行政主管部门按照各自职责视情节对违法的单位给予书面警告或处以1000元以上30000元以下罚款，并责令其限期改正；对违法的个人给予警告或处以100元以上300元以下罚款。

（一）未经城市市容环境卫生行政主管部门和港航监督部门批准，擅自在港口码头和水上从事船舶垃圾接收的，处以5000元以上15000元以下罚款；

（二）未按有关部门规定的方式收集、运输和处理垃圾的，处以警告或1000元以上3000元以下罚款；

（三）在沿岸江坡任意设置垃圾或工业固体废物堆放场点的，处以10000元以上30000元以下罚款；

（四）未按规定及时关闭沿岸垃圾或工业固体废物堆放场点的，处以5000元以上10000元以下罚款；

（五）在沿岸江坡任意堆放或向水域倾倒垃圾工业固体废物的，处以警告或处以10000元以上30000元以下罚款；

（六）将有毒害废物混入生活垃圾中的，处以10000元以上30000元以下罚款；

（七）未按规定配备《船舶垃圾记录簿》和《船舶垃圾管理计划》的，处以3000元以下罚款；

（八）将船舶垃圾投入江中的，处以警告或5000元以上30000元以下罚款；

（九）违反本规定的其他行为并造成环境污染事故的，处以5000元以下罚款。

第二十八条 违反本规定，同时违反治安管理处罚规定的，由公安机关依照《中华人民共和国治安管理处罚条例》的规定处罚；构成犯罪的，由司法机关依法追究刑事责任。

第二十九条 当事人对行政处罚决定不服的，可以依照《中华人民共和国行政诉讼法》和《中华人民共和国行政复议条例》的有关规定，申请行政复议或者提起诉讼。当事人逾期不申请复议也不向人民法院起诉，又不履行处罚决定的，由作出处罚决定的机关申请人民法院强制执行。

第七章 附 则

第三十条 本规定所称船舶垃圾是指船舶在日常活动中产生的生活废弃物、垫舱和扫舱物料，以及船上其他固体废物等。沿岸固体废物是指沿岸城市的单位和居民在日常生活及生活服务中产生的废物，建筑施工活动中产生的工程废弃物料以及生产过程中产生的固体废物等。

第三十一条 《船舶垃圾接收作业许可证》是指从事港口码头及水上接收船舶垃圾的单位必须持有的证件。

第三十二条 《船舶垃圾接收证明》是指船方供港航监督部门监督检查垃圾去向的证明。接收单位接收垃圾完毕后必须向船方开具的证明。

第三十三条 收缴的罚款以人民币计收。

第三十四条 本规定由交通部、建设部、国家环境保护局负责解释。

第三十五条 本规定自 1998 年 3 月 1 日起执行。

附表一

船舶垃圾接收作业许可证

编号:＿＿＿＿＿＿

准予＿＿＿＿单位在＿＿＿＿＿港进行船舶垃圾接收作业。(自　　年　　月　　日至　　年　　月　　日有效)

签发机关:＿＿＿＿＿＿＿＿＿＿＿＿＿＿＿

城市市容环境卫生行政主管部门签发日期:＿＿＿＿＿＿

签发机关:＿＿＿＿＿＿

港务监督签发日期:＿＿＿＿＿＿＿＿＿＿＿＿＿＿＿＿

注:1. 第1联由船舶垃圾接收单位留存备查;第2联由城市市容环境卫生行政主管部门留存;第3联由港务监督留存。

2. 本许可证不得转借。

附表二

船舶垃圾接收证明

______________轮 于 ____ 年 ____ 月 ____ 日, 在______________港,由本接收单位接收船舶垃圾_____________吨,类别为_____________。

特此证明。

接收单位_____________

年 月 日

注:1. 船舶垃圾的类别:

(1)塑料;

(2)漂浮的垫舱物料、衬料或包装材料;

(3)被磨碎的纸制品、破布、玻璃、金属、瓶子、陶器等;

(4)纸制品、破布、玻璃、金属、瓶子、陶器等;

(5)食品废弃物;

(6)焚烧炉灰渣。

2. 第1联由船舶存查;第2联由接收单位存查;第3联由接收单位交港。

中华人民共和国船舶载运危险货物安全监督管理规定

（交通部令2003年第10号　2003.11.30）

第一章　总　　则

第一条　为加强船舶载运危险货物监督管理，保障水上人命、财产安全，防止船舶污染环境，依据《中华人民共和国海上交通安全法》、《中华人民共和国海洋环境保护法》、《中华人民共和国港口法》、《中华人民共和国内河交通安全管理条例》、《中华人民共和国危险化学品安全管理条例》和有关国际公约的规定，制定本规定。

第二条　本规定适用于船舶在中华人民共和国管辖水域载运危险货物的活动。

第三条　交通部主管全国船舶载运危险货物的安全管理工作。中华人民共和国海事局负责船舶载运危险货物的安全监督管理工作。

交通部直属和地方人民政府交通主管部门所属的各级海事管理机构依照有关法律、法规和本规定，具体负责本辖区船舶载运危险货物的安全监督管理工作。

第四条　船舶载运危险货物，必须符合国家安全生产、水上交通安全、防治船舶污染的规定，保证船舶人员和财产的安全，防止对环境、资源以及其他船舶和设施造成损害。

第五条　禁止利用内河以及其他封闭水域等航运渠道运输剧毒化学品以及交通部规定禁止运输的其他危险化学品。

禁止在普通货物中夹带危险货物，不得将危险货物匿报或者报为普通货物。

禁止未取得危险货物适装证书的船舶以及超过交通部规定船龄的船舶载运危险货物。

第二章 通航安全和防污染管理

第六条 载运危险货物的船舶在中国管辖水域航行、停泊、作业,应当遵守交通部公布的以及海事管理机构在其职权范围内依法公布的水上交通安全和防治船舶污染的规定。

对在中国管辖水域航行、停泊、作业的载运危险货物的船舶,海事管理机构应当进行监督。

第七条 载运危险货物的船舶应当选择符合安全要求的通航环境航行、停泊、作业,并顾及在附近航行、停泊、作业的其他船舶以及港口和近岸设施的安全,防止污染环境。海事管理机构规定危险货物船舶专用航道、航路的,载运危险货物的船舶应当遵守规定航行。

载运危险货物的船舶通过狭窄或者拥挤的航道、航路,或者在气候、风浪比较恶劣的条件下航行、停泊、作业,应当加强瞭望,谨慎操作,采取相应的安全、防污措施。必要时,还应当落实辅助船舶待命防护等应急预防措施,或者向海事管理机构请求导航或者护航。

载运爆炸品、放射性物品、有机过氧化物、闪点28℃以下易燃液体和液化气的船,不得与其他驳船混合编队拖带。

对操作能力受限制的载运危险货物的船舶,海事管理机构应当疏导交通,必要时可实行相应的交通管制。

第八条 载运危险货物的船舶在航行、停泊、作业时应当按规定显示信号。

其他船舶与载运危险货物的船舶相遇,应当注意按照航行和避碰规则的规定,尽早采取相应的行动。

第九条 在船舶交通管理(VTS)中心控制的水域,船舶应当按照规定向交通管理(VTS)中心报告,并接受该中心海事执法人员的指令。

对报告进入船舶交通管理(VTS)中心控制水域的载运危险货物的船舶,海事管理机构应当进行标注和跟踪,发现违规航行、停泊、作业的,或者认为可能影响其他船舶安全的,海事管理机构应当及时发出警告,必要时依法采取相应的强制措施。

船舶交通管理(VTS)中心应当为向其报告的载运危险货物的船舶提供相应的水上交通安全信息服务。

第十条 在实行船舶定线制的水域,载运危险货物的船舶应当遵守船舶定线制规定,并使用规定的通航分道航行。

在实行船位报告制的水域,载运危险货物的船舶应当按照海事管理机构的规定,加入船位报告系统。

第十一条 载运危险货物的船舶从事水上过驳作业,应当符合国家水上交通安全和防止船舶污染环境的管理规定和技术规范,选择缓流、避风、水深、底质等条件较好的水域,尽量远离人口密集区、船舶通航密集区、航道、重要的民用目标或者设施、军用水域,制定安全和防治污染的措施和应急计划并保证有效实施。

第十二条 载运危险货物的船舶在港口水域内从事危险货物过驳作业,应当根据交通部有关规定向港口行政管理部门提出申请。港口行政管理部门在审批时,应当就船舶过驳作业的水域征得海事管理机构的同意。

载运散装液体危险性货物的船舶在港口水域外从事海上危险货物过驳作业,应当由船舶或者其所有人、经营人或者管理人依法向海事管理机构申请批准。

船舶从事水上危险货物过驳作业的水域,由海事管理机构发布航行警告或者航行通告予以公布。

第十三条 申请从事港口水域外海上危险货物单航次过驳作业的,申请人应当提前24小时向海事管理机构提出申请;申请在港口水域外特定海域从事多航次危险货物过驳作业的,申请人应当提前7日向海事管理机构提出书面申请。

船舶提交上述申请,应当申明船舶的名称、国籍、吨位,船舶所有人或者其经营人或者管理人、船员名单,危险货物的名称、编号、数量,过驳的时间、地点等,并附表明其业已符合本规定第十一条规定的相应材料。

海事管理机构收到齐备、合格的申请材料后,对单航次作业的船舶,应当在24小时内做出批准或者不批准的决定;对在特定水域多航次作业的船舶,应当在7日内做出批准或者不批准的决定。海事管理机构经审核,对申请材料显示船舶及其设备、船员、作业活动及安全和环保措施、作业水域等符合国家水上交通安全和防治船舶污染环境的管理规定和技术规范的,应当予以批准并及时通知申请人。对未予批准的,应当说明理由。

第十四条 载运危险货物的船舶排放压载水、洗舱水,排放其他残余物或者残余物与水的混合物,应当按照国家有关规定进行排放。

禁止船舶在海事管理机构依法设定并公告的禁止排放水域内,向水体排放任何禁排物品。

第十五条 载运危险货物的船舶发生水上险情、交通事故、非法排放事件,应当按照规定向海事管理机构报告,并及时启动应急计划和采取应急措施,防止损害、危害的扩大。

海事管理机构接到报告后,应当启动相应的应急救助计划,支援当事船舶尽量控制并消除损害、危害的态势和影响。

第三章 船舶管理

第十六条 从事危险货物运输的船舶所有人或者其经营人或者管理人,应当根据国家水上交通安全和防治船舶污染环境的管理规定,建立和实施船舶安全营运和防污染管理体系。

第十七条 载运危险货物的船舶,其船体、构造、设备、性能和布置等方面应当符合国家船舶检验的法律、行政法规、规章和技术规范的规定,国际航行船舶还应当符合有关国际公约的规定,具备相应的适航、适装条件,经中华人民共和国海事局认可的船舶检验机构检验合格,取得相应的检验证书和文书,并保持良好状态。

载运危险货物的船用集装箱、船用刚性中型散装容器和船用可移动罐柜,应当经中华人民共和国海事局认可的船舶检验机构检验合格后,方可在船上使用。

第十八条 曾装运过危险货物的未清洁的船用载货空容器,应当作为盛装有危险货物的容器处理,但经采取足够措施消除了危险性的除外。

第十九条 载运危险货物的船舶应当制定保证水上人命、财产安全和防治船舶污染环境的措施,编制应对水上交通事故、危险货物泄漏事故的应急预案以及船舶溢油应急计划,配备相应的应急救护、消防和人员防护等设备及器材,并保证落实和有效实施。

第二十条 载运危险货物的船舶应当按照国家有关船舶安全、防污染的强制保险规定,参加相应的保险,并取得规定的保险文书或者财务担保证明。

载运危险货物的国际航行船舶,按照有关国际公约的规定,凭相应的保险文书或者财务担保证明,由海事管理机构出具表明其业已办理符合国际公约规定的船舶保险的证明文件。

第二十一条 船舶载运危险货物,应当符合有关危险货物积载、隔离和运输的安全技术规范,并只能承运船舶检验机构签发的适装证书中所载明的货种。

国际航行船舶应当按照《国际海运危险货物规定》,国内航行船舶应当按照《水路危险货物运输规定》,对承载的危险货物进行正确分类和积载,保障危险货物在船上装载期间的安全。

对不符合国际、国内有关危险货物包装和安全积载规定的,船舶应当拒绝受载、承运。

第二十二条 船舶进行洗(清)舱、驱气或者置换,应当选择安全水域,远离通航密集区、船舶定线制区、禁航区、航道、渡口、客轮码头、危险货物码头、军用码头、船闸、大型桥梁、水下通道以及重要的沿岸保护目标，并在作业之前报海事管理机构核准，核准程序和手续按本规定第十三条关于单航次海上危险货物过驳作业的规定执行。

船舶从事本条第一款所述作业活动期间，不得检修和使用雷达、无线电发报机、卫星船站；不得进行明火、拷铲及其他易产生火花的作业；不得使用供应船、车进行加油、加水作业。

第四章 申报管理

第二十三条 船舶载运危险货物进、出港口，或者在港口过境停留，应当在进、出港口之前提前24小时，直接或者通过代理人向海事管理机构办理申报手续，经海事管理机构批准后，方可进、出港口。国际航行船舶，还应当按照国务院颁布的《国际航行船舶进出中华人民共和国口岸检查办法》第六条规定的时间提前预报告。

定船舶、定航线、定货种的船舶可以办理定期申报手续。定期申报期限不超过一个月。

船舶载运尚未在《危险货物品名表》(国家标准GB12268)或者国际海事组织制定的《国际海运危险货物规则》内列明但具有危险物质性质的货物，应当按照载运危险货物的管理规定办理进、出港口申报。

海事管理机构接到报告后，应当及时将上述信息通报港口所在地的港口行政管理部门。

办理申报手续可以采用电子数据处理(EDP)或者电子数据交换(EDI)的方式。

第二十四条 载运危险货物的船舶办理进、出港口申报手续，申报内容应至少包括：船名、预计进出港口的时间以及所载危险货物的正确名称、编号、类别、数量、特性、包装、装载位置等，并提供船舶持有安全适航、适装、适运、防污染证书或者文书的情况。

对于装有危险货物的集装箱，船舶需提供集装箱装箱检查员签名确认的《集装箱装箱证明书》。

对于易燃、易爆、易腐蚀、剧毒、放射性、感染性、污染危害性等危险品，船舶应当在申报时附具相应的危险货物安全技术说明书、安全作业注意事项、人员防护、应急急救和泄漏处置措施等资料。

第二十五条 海事管理机构收到船舶载运危险货物进、出港口的申报后，应当在 24 小时内做出批准或者不批准船舶进、出港口的决定。

对于申报资料明确显示船舶处于安全适航、适装状态以及所载危险货物属于安全状态的，海事管理机构应当批准船舶进、出港口。对有下列情形之一的，海事管理机构应当禁止船舶进、出港口：

（一）船舶未按规定办理申报手续；

（二）申报显示船舶未持有有效的安全适航、适装证书和防污染证书，或者货物未达到安全适运要求或者单证不全；

（三）按规定尚需国家有关主管部门或者进出口国家的主管机关同意后方能载运进、出口的货物，在未办理完有关手续之前；

（四）船舶所载危险货物系国家法律、行政法规禁止通过水路运输的；

（五）本港尚不具备相应的安全航行、停泊、作业条件或者相应的应急、防污染、保安等措施的；

（六）交通部规定不允许船舶进出港口的其他情形。

第二十六条 船舶载运需经国家其他有关主管部门批准的危险货物，或者载运需经两国或者多国有关主管部门批准的危险货物，应在装货前取得相应的批准文书并向海事管理机构备案。

第二十七条 船舶从境外载运有害废料进口，国内收货单位应事先向预定抵达港的海事管理机构提交书面报告并附送出口国政府准许其迁移以及我国政府有关部门批准其进口的书面材料，提供承运的单位、船名、船舶国籍和呼号以及航行计划和预计抵达时间等情况。

船舶出口有害废弃物，托运人应提交我国政府有关部门批准其出口，以及最终目的地国家政府准许其进口的书面材料。

第二十八条 核动力船舶、载运放射性危险货物的船舶以及

5 万总吨以上的油轮、散装化学品船、散装液化气船从境外驶向我国领海的，不论其是否挂靠中国港口，均应当在驶入中国领海之前，向中国船位报告中心通报：船名、危险货物的名称、装载数量、预计驶入的时间和概位、挂靠中国的第一个港口或者声明过境。挂靠中国港口的，还应当按照本规定第二十三条的规定申报。

第五章　人员管理

第二十九条　载运危险货物船舶的船员，应当持有海事管理机构颁发的适任证书和相应的培训合格证，熟悉所在船舶载运危险货物安全知识和操作规程。

第三十条　载运危险货物船舶的船员应当事先了解所运危险货物的危险性和危害性及安全预防措施，掌握安全载运的相关知识。发生事故时，应遵循应急预案，采取相应的行动。

第三十一条　从事原油洗舱作业的指挥人员，应当按照规定参加原油洗舱的特殊培训，具备船舶安全与防污染知识和专业操作技能，经海事管理机构考试、评估，取得合格证书后，方可上岗作业。

第三十二条　按照本规定办理船舶申报手续的人员，应当熟悉船舶载运危险货物的申报程序和相关要求。

第六章　法律责任

第三十三条　海事管理机构依法对载运危险货物的船舶实施监督检查，对违法的船舶、船员实施相应的行政强制措施。

海事管理机构发现载运危险货物的船舶存在安全或者污染隐患的，应当责令立即消除或者限期消除隐患；有关单位和个人不立即消除或者逾期不消除的，海事管理机构可以采取责令其临时停航、停止作业，禁止进港、离港，责令驶往指定水域，强制卸载，滞留船舶等强制性措施。

对有下列情形之一的，海事管理机构应当责令当事船舶立即纠正或者限期改正：

（一）经核实申报内容与实际情况不符的；

（二）擅自在非指定泊位或者水域装卸危险货物的；

（三）船舶或者其设备不符合安全、防污染要求的；

（四）危险货物的积载和隔离不符合规定的；

（五）船舶的安全、防污染措施和应急计划不符合规定的；

（六）船员不符合载运危险货物的船舶的适任资格的。

本规定第二十八条所述船舶违反国家水上交通安全和防治船舶污染环境的法律、行政法规以及《联合国海洋法公约》有关规定的，海事管理机构有权禁止其进入中国领海、内水、港口，或者责令其离开或者驶向指定地点。

第三十四条 载运危险货物的船舶违反本规定以及国家水上交通安全、防治船舶污染环境的规定，应当予以行政处罚的，由海事管理机构按照有关法律、行政法规和交通部公布的有关海事行政处罚的规定给予相应的处罚。

涉嫌构成犯罪的，由海事管理机构依法移送国家司法机关。

第三十五条 海事管理机构的工作人员有滥用职权、徇私舞弊、玩忽职守等严重失职行为的，由其所在单位或者上级机关给予行政处分；情节严重构成犯罪的，由司法机关依法追究刑事责任。

第七章 附 则

第三十六条 本规定所称"危险货物"，系指具有爆炸、易燃、毒害、腐蚀、放射性、污染危害性等特性，在船舶载运过程中，容易造成人身伤害、财产损失或者环境污染而需要特别防护的物品。

第三十七条 本规定自 2004 年 1 月 1 日生效。1981 年交通部颁布的《船舶装载危险货物监督管理规定》（[81]交港监字 2060 号）同时废止。

中华人民共和国
防治船舶污染内河水域环境管理规定

（交通部令2005年第11号 2005.08.20）

第一章 总 则

第一条 为加强对防治船舶污染内河水域环境的监督管理，保护内河水域的环境及资源，促进经济和社会的可持续发展，根据《中华人民共和国水污染防治法》、《中华人民共和国水污染防治法实施细则》等法律、行政法规，制定本规定。

第二条 船舶在中华人民共和国内河水域从事航行、停泊、作业及其他影响内河水域环境的活动，适用本规定。

渔船和军队、武警的现役在编船舶不适用本规定。

第三条 防治船舶污染内河水域环境，实行预防为主、防治结合的原则。

第四条 国务院交通主管部门主管全国防治船舶污染内河水域环境的管理工作。

国务院交通主管部门海事管理机构具体负责全国防治船舶污染内河水域环境的监督管理工作。

各级海事管理机构依照各自的职责权限，负责本辖区防治船舶污染内河水域环境的监督管理工作。

第二章 一般规定

第五条 中国籍船舶防治污染的结构、设备、器材，应当符合国务院交通主管部门的规定和国家有关规范、标准，经船舶检验机构检验、认可，并保持良好的技术状态。

外国籍船舶防治污染的结构、设备、器材，应当符合中华人民共和国缔结或者加入的有关国际公约，经船旗国政府或者其授权的船舶检验机构的检验、认可，并保持良好的技术状态。

第六条 船舶必须按照有关规定，持有有效的防污染证书、文书。

船舶进行涉及污染物的作业，应当按照规定在相应的记录簿上如实记录并规范填写。

第七条 船员应当具有相应的防治船舶污染内河水域环境的专业知识和技能，熟悉船舶防污染程序和要求，并按照规定参加相应的培训、考试和评估，持有有效的职务适任证书和相应的培训合格证书。

第八条 任何在内河水域航行、停泊和进行相关作业的船舶，都不得违反法律、行政法规和国务院交通主管部门的规定，向内河水域排放污染物。

禁止船舶在内河水域载运法律、行政法规和国务院交通主管部门规定的不得在内河水域运输的危险化学品。

禁止船舶在内河水域使用焚烧炉。

第九条 依法设立特殊保护水域，应当事先征求海事管理机构的意见，并由海事管理机构发布航行通(警)告。设立特殊保护水域，应当同时设置船舶污染物和其他有毒有害物质接收及处置设施。

在特殊保护水域内航行、停泊、作业的船舶，应当遵守特殊保护水域有关防污染的规定、标准。

第十条 船舶在城市市区的内河航道航行时，应当按照规定使用声响装置。

航行于城市市区内河航道的挂浆机船舶，应当将挂浆机置于封闭装置之内或者采取其他等效措施，以降低机器运转产生的噪声对环境的危害。

第十一条 所有船舶、单位和个人均有维护内河水域环境的义务，在发现船舶存在污染内河水域环境的行为时，应当立即向海事管理机构报告。

第三章　船舶载运污染危害性货物及相关作业

第十二条　船舶载运污染危害性货物进出港口,有关单位应当按照法律、行政法规和国务院交通主管部门关于船舶载运危险货物的管理规定,事先向海事管理机构办理申报手续,经同意后,方可进出港口。

第十三条　托运人交付船舶载运具有污染危害性货物,应当采取有效的防污染措施,确保货物状况符合船舶载运要求和防污染要求,并在运输单证上注明该货物的正确名称、数量、污染类别、性质、预防和应急措施等内容。

第十四条　污染危害性货物,其包装与标志应当符合国家有关要求。

曾经载运污染危害性货物空的容器和运输组件,在未彻底清洗或者消除危害之前,应当按照原所装货物的要求进行运输。

第十五条　交付船舶载运危害性不明的货物,货物所有人或者代理人应当按照国务院交通主管部门的有关规定申请进行货物危害性评估。评估机构应当根据评估结果确定船舶载运技术条件,并明确相应防污染措施。

第十六条　船舶从事污染危害性货物装卸作业和水上过驳作业时,必须遵守有关作业规程,并会同作业单位商定操作方案,合理配置和使用装卸管系及设备,针对货物特性和作业方式制定并落实防污染措施。有关防污染措施应当在作业前报海事管理机构备案。

污染危害性货物作业规程由国务院交通主管部门另行制定。

第十七条　从事船舶油料补给服务(作业)的船舶、单位,应当符合国家有关标准和要求,配备足够的防污染设备和器材,取得国家规定的经营资格。

船舶从事油料补给服务(作业)的,还应当遵守船舶载运危险货物的有关规定。

第十八条 长江、珠江、黑龙江水系干线超过300总吨和其他内河水域超过150总吨的船舶从事下列活动，应当采取包括布设围油栏在内的防污染措施：

（一）散装持久性油类的装卸和过驳作业；

（二）散装比重小于1（相对于水）、溶解度小于0.1%具有污染危害性货物的装卸和过驳作业；

（三）可能造成水域严重污染的其他作业。

布设围油栏方案应当在作业前报海事管理机构备案。因自然条件或其他原因限制，不适合布设围油栏的，可采用其他防污染措施，但应当将采取的替代措施及理由在作业前报海事管理机构备案。

第十九条 船舶排放含有有毒物质的洗舱水，应由有资质的单位按照有关规定接收和处理，不得直接排放进入内河水域。

船舶进行洗（清）舱、驱气或者置换，应当遵守《船舶载运危险货物安全监督管理规定》等相关规定。

第二十条 船舶在港口进行下列活动，应当事先按照有关规定报经海事管理机构批准：

（一）船舶排放压载、洗舱和机舱污水以及残油、含油污水等其他残余物质；

（二）船舶冲洗载运有毒有害物质、有粉尘的散装货物的甲板和舱室。

第二十一条 载运污染危害性货物的船舶进出港口和通过桥区、交通管制区、通航密集区以及航行条件受限制的区域，必须采取海事管理机构规定的航行保障安全措施。

第二十二条 150总吨及以上的油轮和400总吨及以上的非油轮，应当将油类作业情况记载在由海事管理机构签发的《油类记录簿》中。

150总吨以下的油船和400总吨以下的非油船应当将油类作业情况记载在《轮机日志》或者《航行日志》中。

载运散装有毒液体物质的船舶应当将有关作业情况记载在由海事管理机构签发的《货物记录簿》中。

《油类记录簿》、《货物记录簿》应当随时可供检查，用完后在船上保存3年。

第二十三条 船舶运输散发有毒有害气体或者粉尘物质等货物时，必须采取密闭或者其他防护措施。对有封闭作业要求的污染危害性货物，在运输和作业过程中应当采取措施回收有毒有害气体。

第四章 船舶垃圾和生活污水

第二十四条 总长度为12米及以上的船舶应当设置统一格式的垃圾告示牌，告知船员和旅客关于垃圾管理的要求及处罚规定。

400总吨及以上的船舶和经核定可载客15人及以上且单次航程超过2公里或者航行时间超过15分钟的船舶，须备有符合编制要求的《船舶垃圾管理计划》和海事管理机构签发的《船舶垃圾记录簿》。

除本条第二款规定以外的船舶，有关垃圾处理情况应当如实记录于《航行日志》中，以备海事管理机构检查。

《船舶垃圾记录簿》应当随时可供检查，用完后在船上保存2年。

第二十五条 禁止向内河水域排放船舶垃圾。船舶垃圾必须由有资质的单位接收处理。

船舶应当配备有盖、不渗漏、不外溢的垃圾储存容器，或者实行袋装，以满足航行过程存储船舶垃圾的需要。

禁止使用不可降解的一次性发泡塑料餐具。

第二十六条 船舶应当对所产生的垃圾进行分类、收集、存放。垃圾处理作业应当符合《船舶垃圾管理计划》中所规定的操作程序。

船舶垃圾中的危险性物品和有毒有害性物品应当单独存放，并应当向接收单位提供所含物质的名称、性质和数量等资料。

第二十七条 客运、旅游船舶应当建立垃圾管理制度，配备专

（兼）职环保监督管理员，负责船上环境卫生的管理工作。

第二十八条 船舶应当按照规范要求设置与生活污水产生量相适应的处理装置或者储存容器。

任何船舶不得向内河水域排放不符合排放标准的生活污水。

第五章 船舶污染物的排放与接收

第二十九条 船舶排放船舶污染物应当符合国家和地方有关污染物排放的标准及要求。不符合排放标准和要求的船舶污染物，应当委托有资质的污染物接收单位接收处理，不得任意排放。

第三十条 港口、装卸站应当具备与其装卸货物和吞吐能力相适应的污染物接收或者处理能力，满足到港船舶的需要。

港口、装卸站应当将接收或者处理能力的情况向海事管理机构备案。

第三十一条 从事船舶污染物接收、船舶清舱作业活动的单位，必须具备相应的接收处理能力，配备足够的防污染设备，建立安全与防污染制度。

从事船舶污染物接收、船舶清舱作业活动的单位，应当将其接收和处理能力向海事管理机构备案。

第三十二条 在船舶污染物接收和排放作业以及船舶清舱、洗舱作业过程中，船方和作业单位必须遵守有关操作规程，落实防污染措施，防止污染物溢漏。

污染物接收单位应当在污染物接收作业完毕后，向船舶出具污染物接收处理单证，并由船长签字确认。

船舶凭污染物接收处理单证向海事管理机构办理污染物接收处理证明，污染物接收处理证明由船方保存在相应的记录簿中备查。

第三十三条 来自疫区船舶的船舶污染物、船舶垃圾、压载水、生活污水，应当经检疫部门检查处理后方可处理。

对含有有毒有害物质或其他危险成分的船舶污染物的接收和处理，必须符合国家环境保护主管部门有关危险废物的管理规定。

第三十四条 船舶动力装置运转产生的废气以及船上产生的挥发性有机化合物，不得超过国家和地方规定的标准向大气排放。

第六章 船舶拆解、打捞、修造和其他水上水下施工作业

第三十五条 在船舶修造及其相关作业过程中产生的污染物，应当由具备资质的单位回收处理，不得投弃入水。

船舶在船台（排）修理完毕或者建造竣工下水后，应当及时清除相关污染物。

在船坞内进行的修造作业结束后，应当进行坞内清理和清洁，并在开启坞门或者沉坞前，向海事管理机构提交船坞清洁报告。

第三十六条 从事船舶打捞作业和水上水下施工作业的单位，在申请施工作业时，应当说明留存在船上的污染物种类、数量，有关作业方案，防污染措施和应急预案等内容。

第三十七条 在内河水域内从事废船拆解作业应当严格按照《防止拆船污染环境管理条例》的要求执行，防止拆船污染内河水域环境。

第七章 船舶污染事故应急反应

第三十八条 海事管理机构应配合地方人民政府制定船舶污染事故应急计划。

第三十九条 船舶修造厂、拆船厂和从事散装污染危害性货物装卸作业的经营人应当制定相应的污染事故应急计划，并报海事管理机构备案。

第四十条 150 总吨及以上的油轮、油驳和 400 总吨及以上的非油轮、非油驳的拖驳船队应当持有经海事管理机构批准的《船上油污应急计划》。

150 总吨以下油船需制定油污应急预案。

第四十一条　载运散装有毒液体物质的船舶应当配备经海事管理机构批准的《船上有毒液体物质污染应急计划》。

400 总吨及以上载运有毒液体物质船舶,用《船上污染应急计划》替代《船上油污应急计划》和《船上有毒液体物质污染应急计划》。

第四十二条　制定污染事故应急计划的单位和船舶应当定期组织应急演练,作好相应记录,并不断完善应急计划。

第四十三条　港口、装卸站以及从事船舶修造、打捞、拆解等作业活动的单位和载运污染危害性货物的船舶,应当配备符合国家有关标准和适合当地水文条件的防污染应急设备和器材。

第四十四条　在内河水域内清除污染需使用化学消油剂的,应当事先向海事管理机构提出申请,说明消油剂的牌号、计划用量和使用地点,经审核同意后,方可投入使用。

第四十五条　船舶发生污染水域事故,应当立即向最近海事管理机构如实报告,同时按照污染事故应急计划的程序和要求,采取相应措施。在初始报告以后,船舶还应当根据事故的进展情况进一步作出补充报告。

船舶发生水上交通事故,存在沉没可能时,或者在船员弃船前,应当尽可能地关闭所有液货舱或者油舱(柜)管系的阀门,堵塞相关通气孔,防止溢漏,并且应当在事故报告书中,说明存油或者液货的数量以及通气孔的位置。

第四十六条　海事管理机构接到船舶污染事故的报告后,应当按照污染事故应急计划的程序作出反应。

当污染可能涉及周边国家或者地区水域时,由国务院交通主管部门海事管理机构按照有关国际条约或者双边协定的要求,通知周边国家或者地区的海事主管机关,共同采取必要的防污染行动。

第四十七条　船舶发生事故,造成或者可能造成内河水域环境污染的,海事管理机构可以采取必要的防污染措施,包括强制清除、强制打捞或者强制拖航等应急处置措施,由此发生的一切费用,由责任方承担。

第八章 污染事故调查处理

第四十八条 发生船舶污染事故的当事方应当在24小时内向事故发生地的海事管理机构提交污染事故报告书。报告书的内容包括：

（一）船舶或者设施的名称、呼号或者编号、国籍、所有人或者经营人名称及地址；

（二）发生事故的时间、地点、气象和水文情况；

（三）事故原因或者初步原因判断；

（四）污染物的种类和数量，或者预估数量及污染范围；

（五）已采取或者准备采取的防污措施及污染控制情况；

（六）援助或者救助要求；

（七）需要报告的其他事项。

第四十九条 海事管理机构接到船舶污染事故的报告后，应当及时开展调查。

海事管理机构应当按照规定的程序和方法开展船舶污染事故调查。事故调查应当全面、客观、公正。

事故当事人及有关人员，应当接受调查，积极配合，如实陈述事故的有关情况和证据，不得谎报、隐匿或者毁灭证据。

第五十条 船舶、设施或者有关作业活动造成水域环境污染损害的，应当按照有关法律、行政法规的规定承担损害赔偿费用。

第五十一条 船舶被处以罚款或者需承担清除、赔偿等经济责任的，其所有人、经营人或者有关当事方，必须在离港前办妥有关财务担保手续。

第九章 法律责任

第五十二条 海事管理机构发现船舶存在污染隐患的，应当责令立即消除或者限期消除隐患;有关单位和个人不立即消除或者逾期不消除的,海事管理机构可以采取责令其临时停航、停止作业,禁止进港、离港,责令驶往指定水域等强制性措施。

第五十三条 违反本规定,污染应急计划或者垃圾管理计划未得到落实的,由海事管理机构责令限期纠正,并给予警告或者处以 2000 元以下罚款。

第五十四条 违反本规定,有下列行为之一的,由海事管理机构处以警告或者 10000 元以下罚款:

(一)船舶未持有有效的防污证书、防污文书,或者不按照规定记录操作情况的;

(二)船舶未配备防污染设备或者防污设备存在重大缺陷,在海事管理机构限期内不予纠正的;

(三)船舶靠泊未按照规定配备防污染设备或者防污设备存在重大缺陷的港口、装卸站的。

第五十五条 船舶和相关单位、人员有其他违反本规定行为的,由海事管理机构根据《中华人民共和国内河海事行政处罚规定》等规定给予相应的处罚。涉嫌构成犯罪的,依法移送国家司法机关。

第五十六条 海事管理机构行政执法人员滥用职权、玩忽职守、徇私舞弊、违法失职的,依法给予行政处分;构成犯罪的,依法追究刑事责任。

第十章 附 则

第五十七条 本规定中下列用语的含义是:

(一)内河水域,是指在中华人民共和国境内可供船舶航行的江、河、湖泊、水库等水域。

(二)船舶,是指各类排水或者非排水船、艇、筏、水上飞行器、潜水器、移动式平台以及其他水上移动装置。但不包括渔船和军队、武警的现役在编船舶。

（三）作业，是指与船舶有关的作业活动，包括船舶运输、装卸、油料补给、污染物接收以及船舶修造、打捞、拆解等作业活动。

（四）污染危害性货物，是指直接或者间接地进入水域，会产生损害生物资源、危害人体健康、妨害渔业和其他合法活动、损害水体使用素质和减损环境质量等有害影响的货物。包括《经1978年议定书修订的1973年国际防止船舶造成污染公约》（MARPOL 73/78）附则Ⅰ"油类物质名单"、附则Ⅱ"散装运输的有毒液体物质清单"所列明的物质以及按照附则Ⅲ"包装形式有害物质的鉴别导则"的鉴别标准确定的有害物质。

（五）船舶垃圾，是指船舶在日常活动中产生的生活废弃物、垫舱和扫舱物料，以及船上其他固体废物等。包括《经1978年议定书修订的1973年国际防止船舶造成污染公约》（MARPOL 73/78）附则Ⅴ所定义的垃圾。

（六）生活污水，是指任何型式的厕所以及厕所排水口的排出物和其他废物；医务室的面盆、洗澡盆和这些处所排水孔的排出物；装有活的动物处所的排出物；或者混有上述排出物的其他废水。

（七）船舶污染物，是指由船舶或者有关作业活动对水域环境造成污染损害的物质，其中包括油类、油性混合物、液态化学品、货物残余物、包装形式的有害物质、压舱水、废气、噪声等。

（八）危险化学品，包括爆炸品、压缩气体和液化气体、易燃液体、易燃固体、自燃物品和遇湿易燃物品、氧化剂和有机过氧化物、有毒品和腐蚀品等。

（九）有毒液体物质，是指排入水体将对水资源或者人类健康产生危害或者对合法利用水资源造成损害的物质。包括《经1978年议定书修订的1973年国际防止船舶造成污染公约》（MARPOL 73/78）附则Ⅱ"散装运输的有毒液体物质清单"中列明的物质。

（十）特殊保护区域，是指各地人民政府按照有关规定划定并公布的需要特别保护的区域。

第五十八条 因船舶或者有关作业活动污染水域环境，受到损害的单位和个人有权要求造成污染损害的当事方赔偿损失。具体赔偿办法遵照国家有关规定执行。

第五十九条 界河水域内防治船舶污染活动优先执行国际公约和双边协定。

第六十条 本规定自 2006 年 1 月 1 日起施行。

中华人民共和国
航运公司安全与防污染管理规定

（交通部令2007年第6号　2007.05.23）

第一章　总　　则

第一条　为提高航运公司安全与防污染管理水平，保障水上交通安全，防止船舶污染水域环境，根据《中华人民共和国海上交通安全法》、《中华人民共和国内河交通安全管理条例》、《国务院对确需保留的行政审批项目设定行政许可的决定》等法律、行政法规以及我国缔结或者加入的相关国际公约，制定本规定。

第二条　本规定适用于航运公司安全与防污染管理体系（以下简称安全管理体系）的建立、实施、保持及其相关活动的监督管理。

第三条　交通部主管全国航运公司安全与防污染工作。

中华人民共和国海事局依照本规定对航运公司安全与防污染活动实施监督管理。

有关海事管理机构依照中华人民共和国海事局确定的职责权限，具体负责本辖区航运公司安全与防污染活动的监督管理。

第二章　航运公司安全与防污染责任

第四条　航运公司应当建立、健全安全与防污染管理制度，完善安全与防污染条件，保障船舶安全，防止船舶污染水域环境。

第五条　航运公司应当确保向船舶提供足够的资源和岸基支持，并对安全与防污染工作进行监控，保持船岸之间的有效联系。

第六条 航运公司应当确定安全与防污染管理的方针和目标,并指定本公司主要负责人为安全与防污染工作的第一责任人。

第七条 航运公司应当具有适任的安全与防污染管理人员,并明确其岗位职责。

航运公司的主要安全与防污染管理人员不得在船上兼职或者跨航运公司兼职。

第八条 航运公司应当为船舶配备满足最低安全配员要求的适任船员。

第九条 航运公司应当确定船长在船舶安全与防污染管理方面的最终决定权。

第十条 航运公司应当建立教育培训制度,加强和规范安全与防污染知识的教育和培训,确保相关人员熟悉安全与防污染的有关规定和操作规程,掌握相应的操作技能,并提高对船舶安全与防污染的应急反应能力。

第十一条 航运公司应当建立船舶安全与防污染监督检查制度,确保对船舶及其设备进行有效的维护和保养。

第十二条 航运公司应当根据船舶的种类、航区等因素制定相应的岸基、船岸和船舶应急预案,并定期组织训练演习。

第十三条 中国籍船舶发生事故、重大险情或者被滞留时,航运公司应当尽快向船籍港所在地的交通部直属海事管理机构或者省级交通主管部门所属的海事管理机构报告。

第十四条 船舶所有人、经营人、光船承租人可以将其所属船舶的安全与防污染管理委托其他航运公司。

航运公司在接受安全与防污染管理委托时,应当与委托方签订安全与防污染管理协议,协议内容应当包括:

(一)当安全与防污染同生产、经营、效益发生矛盾时,应当坚持安全第一和保护环境优先的原则;

(二)本规定所有有关安全与防污染的责任和义务由受托方独立承担;

(三)在不妨碍船长履行其职责并独立行使其权力的前提下,

受托方对处理涉及安全与防污染的事务具有最终决定权；

（四）委托方应当向受托方提供足够的资源，确保受托方有效开展船舶安全与防污染管理工作；

（五）委托方船舶的船员配备和调动、船舶及设备维护、应急反应等方面应当服从受托方的指令。

委托方、受托方应当将双方及其船舶的详细情况及船舶管理协议报受托方所在地和船籍港所在地的交通部直属海事管理机构或者省级交通主管部门所属的海事管理机构备案。

第十五条 需要建立安全管理体系的航运公司，应当建立安全管理体系并保持体系的有效性。

需要建立安全管理体系的航运公司的范围，由交通部公布。

第十六条 需要建立安全管理体系的航运公司，除应当符合本章第四条至第十四条规定外，还应当满足以下要求：

（一）制定安全与防污染操作规程；

（二）确保当发生事故、险情和不符合规定情况时得到报告、调查、分析和纠正；

（三）有效控制与安全管理体系有关的所有文件和资料；

（四）对安全管理体系进行内部审核、有效性评价和管理复查。

第十七条 建立安全管理体系的航运公司，应当及时向公司所在地的交通部直属海事管理机构或者省级交通主管部门所属的海事管理机构报告安全管理体系运行过程中发生的重大事项。

第十八条 鼓励第十五条规定范围外的航运公司按照相关要求，建立、实施并保持安全管理体系。

第三章 航运公司安全与防污染管理体系的审核、发证

第十九条 安全管理体系经过审核，由中华人民共和国海事局及其指定的海事管理机构对符合条件的航运公司签发相应的安

全与防污染能力符合证明（以下简称符合证明）或者临时符合证明，对符合条件的船舶签发相应的安全管理证书或者临时安全管理证书。

审核、发证应当符合《中华人民共和国海事行政许可条件规定》规定的条件，并按照《交通行政许可实施程序规定》及中华人民共和国海事局制定的审核发证规则和审核发证程序执行。

第二十条 经过初次审核，对符合安全管理体系要求的航运公司，海事管理机构应当签发有效期为5年的符合证明。

第二十一条 船舶应当保存一份符合证明的副本，船舶所持符合证明副本中载明的船舶种类应当覆盖该船舶。

第二十二条 经过初次审核，船上的管理及操作符合安全管理体系要求的，海事管理机构应当向船舶签发有效期为5年的安全管理证书。

第二十三条 航运公司应当在符合证明的周年日前3个月内申请年度审核，船舶应当在安全管理证书第二和第三个周年日期内申请中间审核。海事管理机构根据年度审核、中间审核的结论决定符合证明、安全管理证书是否继续有效。

第二十四条 新成立的航运公司或者对原符合证明增加船种的航运公司应当申请临时审核。经过海事管理机构审核合格的，发给有效期为12个月的临时符合证明。

新建造船舶投入营运前或者航运公司新承担对某一船舶的安全与防污染管理责任或者船舶更换国籍的，航运公司应当为船舶申请临时审核，经过海事管理机构审核合格的，发给有效期为6个月的临时安全管理证书。

特殊情况下，海事管理机构可以对临时安全管理证书的有效期展期6个月。

航运公司应当在临时符合证明、临时安全管理证书有效期届满前2个月申请初次审核。

第二十五条 航运公司应当在符合证明、安全管理证书有效期届满前3个月申请换证审核；通过审核的，签发新的符合证明、安全管理证书。新签发的符合证明或者安全管理证书自原证书的届满之日起算,有效期为5年。

第二十六条 在年度审核或者换证审核中,发现安全管理体系运行存在严重不符合规定的情况,或者有大量不符合规定的情况并且已经严重影响到安全管理体系运行的有效性时,海事管理机构应当对其在相应审核的6个月后实施跟踪审核。

航运公司所管理的船舶出现发生重大事故、连续发生事故、多次被滞留等情况时,海事管理机构应当对其实施附加审核。

第二十七条 海事管理机构在安全管理体系审核中发现不符合规定情况的,应当要求航运公司限期改正,并按时指派审核人员验证航运公司在规定期限内所采取的纠正措施。

第二十八条 符合证明、临时符合证明、安全管理证书和临时安全管理证书,由中华人民共和国海事局确定格式并统一制作。

第四章 监督检查

第二十九条 海事管理机构应当建立、健全航运公司安全与防污染的监督检查制度,对航运公司的安全与防污染管理活动实施监督检查。监督检查的情况和处理结果应当记录,由监督检查人员签字后归档。

海事管理机构实施监督检查时,有关单位和个人应当予以协助和配合,不得拒绝、妨碍或者阻挠。

第三十条 航运公司所在地海事管理机构发现航运公司在安全与防污染管理方面存在安全隐患时,应当责令其立即消除或者限期消除。

第三十一条 航运公司所在地海事管理机构发现航运公司应当办理符合证明而未办理的,或者航运公司、船舶不再符合签发符合证明、安全管理证书条件的,应当责令航运公司、船舶立即改正。船舶不按照要求改正的,对船舶可以采取责令停航、改航、停止作业、禁止进出港口等行政强制措施。

第三十二条　作出许可决定的海事管理机构发现航运公司未按照第二十三条、第二十四条、第二十五条的要求申请审核,或者审核发现有重大不符合规定情况的,应当注销符合证明、临时符合证明、安全管理证书或者临时安全管理证书;如果注销符合证明或者临时符合证明,所有相关安全管理证书或者临时安全管理证书也应当注销。

第三十三条　作出许可决定的海事管理机构发现航运公司未按照第二十七条的要求对安全管理体系审核中出现的不符合规定情况采取纠正措施的,应当注销符合证明或者安全管理证书。

第三十四条　有关海事管理机构应当建立、健全监督检查制度,对审核、发证及相关活动实施监督。

第五章　法 律 责 任

第三十五条　违反本规定第七条、第九条、第十五条、第十七条规定,由海事管理机构责令改正,并可以对航运公司处以5000元以上3万元以下罚款。

第三十六条　违反本规定第十四条规定,受托航运公司未履行安全与防污染管理责任的,由海事管理机构责令改正,并可以对受托航运公司处以5000元以上3万元以下罚款。

第三十七条　有关审核人员违反本规定以及相应的审核发证规则和程序的,由有关海事管理机构责令改正;情节严重的,追究有关审核人员的行政责任。

第三十八条　违反本规定的其他规定应当进行处罚的,按照《海上海事行政处罚规定》和《内河海事行政处罚规定》执行。

第六章　附　　则

第三十九条　本规定下列用语的定义:

(一)航运公司:是指承担安全与防污染管理责任和义务的航

运企业，包括船舶所有人、经营人、管理人和光船承租人。

（二）安全管理体系：是指能使航运公司人员有效执行航运公司安全和防污染方针的结构化和文件化的体系。

（三）符合证明：是指签发给航运公司，表明该航运公司安全管理体系符合要求的证明文件。

（四）安全管理证书：是指签发给船舶，表明其航运公司和船上管理已经按照安全管理体系运作的证明文件。

（五）安全管理体系运行的重大事项：是指建立安全管理体系的航运公司发生体系文件改版，体系内重大人事及机构变动，体系内船舶数量和种类变动，航运公司内部审核、有效性评价和管理复查发现体系运行出现重大问题等情况。

（六）不符合规定的情况：是指客观证据表明不满足某一具体规定要求的情况。

（七）重大不符合规定的情况：是指对人员或者船舶安全构成严重威胁或者对环境构成严重危险，并需要立即采取纠正措施的事项或者情况，包括未能有效和系统地实施本规则的有关要求。

（八）周年日：是指符合证明和安全管理证书有效截止日期的每年的该月该日。

第四十条 本规定自2008年1月1日起施行。

救 助 打 捞

海上救捞潜水员管理办法

（交通部　交救捞发[1994]961 号　1994.09.19）

第一章　总　　则

第一条　为加强潜水员队伍管理，保障潜水员水下作业安全和身体健康，充分调动潜水员的积极性，促进潜水事业的发展，特制定本办法。

第二条　本办法所称潜水员是指海上救捞潜水员，不包括其他行业的潜水员。

第二章　潜水员的选拔

第三条　凡年满 18 周岁，具有高中毕业或同等学历文化水平，拥护四项基本原则，自愿从事潜水工作，身体符合交通部 JT 6111—84《民用作业潜水员体格标准》的男性青年，经过正规潜水学校学习或专业潜水培训，符合条件者，可成为潜水员。

第三章　潜水员资格的认可和维持

第四条　国家正规潜水学校毕业生或经过专业潜水训练合格者，可取得相应的实习潜水员证书。正规潜水学校毕业生实习期为 1 年，经过专业潜水训练合格者实习期为 2 年。

第五条　潜水员实习期满，经各救助打捞局潜水员考核委员会考核合格，可按部有关规定报部办理潜水员证书。对考核不合格者应延长一年实习期。延长期满，经考核合格可按规定办理潜水员证书,如仍不合格,则取消其实习潜水员资格。

第六条 潜水员证书实行年审制,凡符合下列规定的,可申请维持原类别的潜水员资格。

(一)持证潜水员每年必须到县以上的医疗机构,按《民用作业潜水员体格标准》进行一次全面的体格检查,各救助打捞局潜水员管理部门由此作出维持潜水员资格的结论性意见,并将体格检查结果填入潜水员健康档案。

(二)潜水员每年须按规定完成维持资格的最低工作量。即在一年内,空气潜水员必须在 25 米以深水中或相当于 25 米水深的压力下,实际潜水或加压锻炼不少于 12 次,每次潜水时间不少于 30 分钟;混合气(非饱和)潜水员除要达到空气潜水员最低工作量外,每年要不少于 4 次的混合气潜水或加压锻炼;饱和潜水除要达到混合气潜水(非饱和)最低工作量外,每年要不少于 2 次的饱和潜水或模拟饱和潜水训练。

第七条 持证潜水员有下列情况之一者年审时不再维持其潜水员资格。

(一)年龄超过 55 周岁。

(二)经体检,健康状况已不符合《民用潜水员体格标准》。

(三)没有完成维持潜水员现有资格的最低工作量。

(四)潜水员主管部门有充分理由认为不予签证的。

第八条 连续两年未通过年审的潜水员,其证书自然失效。潜水员证书自然失效后,若需重新办理,应按初次办理潜水员证书的程序申办。

第四章 潜水作业

第九条 持有有效潜水员证书的潜水员方可进行潜水作业,无有效潜水员证书者不得进行潜水作业。

第十条 潜水员所从事的潜水作业必须与所持证书核准的潜水种类相符,不得进行证书核准类别以外的潜水作业。

第十一条 潜水员潜水作业或加压锻炼后必须严格按潜水记录簿的要求填写潜水记录。

第十二条 潜水员在潜水作业时必须严格遵守《潜水员安全操作规程》。不具备安全作业条件时严禁实施潜水作业。

第十三条 潜水员虽持有有效的潜水员证书,但在实施潜水作业前本人自觉身体不适,任何人不得强令其潜水作业。

第五章 潜水员待遇

第十四条 潜水员在职期间享受海上救捞潜水员工资标准、伙食津贴、作业津贴及专项劳保福利等待遇。

第十五条 潜水员的退休按(1978)104 号《国务院关于工人退休退职暂行办法》和劳动部劳人护(1982)14 号《关于交通部提前退休的特别繁重体力劳动工种的复函》执行。

第十六条 潜水员在职期间其所在单位应定期组织健康检查和疗养。潜水员疗养期间所享受的各种待遇不变。

第十七条 经医生确认患有职业病的潜水员,可享受国家有关职业病患者离职休养的待遇。

第十八条 潜龄在 30 年以上,对潜水事业做出重大贡献的潜水员,可评为一级功勋潜水员;潜龄在 25 年以上,对潜水事业作出突出贡献的潜水员,可评为二级功勋潜水员;对于潜龄在 20 年以上,对潜水事业作出公认贡献的潜水员,可评为三级功勋潜水员;对于潜水业绩特别突出,贡献巨大的潜水员,评选功勋潜水员时可不受以上年限限制。

第六章 潜水员技术培训

第十九条 各救助打捞局应根据生产实际情况,组织潜水员进行潜水业务学习、水下作业技能培训及定期加压锻炼。部救助打捞局根据潜水科技发展及生产实际需要,适时组织救捞系统的潜水专项技术培训。

第二十条 各救助打捞局应将参加培训的潜水员的培训内容和成绩记入潜水员技术档案。

第二十一条 各救助打捞局应根据工作需要适时对潜水员进行新型潜水装具使用和水下作业新技术的培训。

第二十二条 潜水员潜水训练和技术培训时必须具备相应的安全保障措施。

第七章 潜水员改变工种

第二十三条 对未能取得潜水员证书或由于其他原因不宜再从事潜水工作的人员,其所在单位应及时改变其工种。

第二十四条 潜水员改变工种应经所在救助打捞局的潜水员考核委员会审批,并报部潜水员考核委员会备案。各单位主管部门应及时对改变工种的潜水员作出妥善的工作安排。

第二十五条 潜水员改变工种后,其工资标准按部有关规定执行。自改变工种之日起,不再享受潜水员伙食津贴及其他专项劳保福利。

第八章 组织管理

第二十六条 潜水员考核委员会负责制定潜水员考核办法,组织对潜水员进行考核和办理潜水员证书。委员会由行政领导、管理人员,潜水专家组成。其中交通部潜水员考核委员会办事机构设在交通部海上救助打捞局人事教育处,各救助打捞局潜水员考核委员会办事机构设在各救助打捞局人事教育处。

第二十七条 各救助打捞局潜水员主管部门为各救助打捞局人事教育处,各主管部门应有专人负责潜水员的日常管理。

第二十八条 各救助打捞局应视工作需要和潜水员队伍实际状况合理调配和使用潜水员,避免人才的浪费。

第二十九条 潜水员原则上不予调出本系统,对特殊情况确需调出的,各救助打捞局应从严掌握。每年应将全年调出潜水员的情况报部救助打捞局备案。

第三十条 各救助打捞局要加强对潜水员的管理和教育,关心和爱护潜水员,以稳定潜水员队伍。

第三十一条 为激励广大潜水员热爱本职工作,各救助打捞局每年应组织一次优秀潜水员评选表彰活动,并将优秀潜水员事迹报部救助打捞局。部救助打捞局定期举行优秀潜水员表彰活动。

第九章 附 则

第三十二条 本办法由交通部海上救助打捞局负责解释,在交通部救助打捞系统内部执行。

第三十三条 本办法自公布之日起施行。

沉船沉物打捞单位资质管理规定

（交通部　交体法发［1999］3号　1998.12.31）

第一条　为加强对沉船沉物打捞作业的管理，维护打捞市场的正常秩序，保障船舶航行、作业安全，防止污染水域环境，制订本规定。

第二条　本规定适用于在中华人民共和国沿海及内河通航水域内从事空载排水量或单件重量200吨以上沉船沉物打捞作业的打捞单位的资质核准。

外国企业和外国其他经济组织在中华人民共和国境内从事上述打捞作业的，适用有关法律、行政法规的规定。

第三条　本规定下列用语的含义是：

（一）沿海水域，是指中华人民共和国沿海的港口、内水和领海以及国家管辖的一切其他海域。

（二）打捞作业，是指打捞单位对沉船沉物实施的各种处置措施，包括扫测、探摸、起浮、移位、解体、清除等其他相关作业。

（三）沉船沉物，是指沉没于沿海水域或内河通航水域的船舶、设施及其设备、所载货物以及其他落水物体。

（四）打捞单位，是指有独立法人资格，从事打捞作业的企、事业单位。

（五）打捞单位资质，是指打捞单位依照本规定认定的从事打捞作业的人员、技术、设备、经济实力、管理水平及其业绩等方面的综合能力。

第四条　交通部主管全国沿海和内河通航水域内的沉船沉物打捞工作。

交通部救助打捞局（简称“发证机关”）具体负责对打捞单位资质等级的核准，和《中华人民共和国沉船沉物打捞单位资质等级证书》（简称资质等级证书）的发放、管理。

第五条 从事本规定第二条规定的打捞作业活动的打捞单位，应按照本规定取得相应的《资质等级证书》。没有《资质等级证书》的打捞单位，不得进行打捞作业。

第六条 打捞单位从事打捞作业，应当按照国家有关规定向相应的港务（航）监督机构申请水上水下施工作业许可，提供有效的《资质等级证书》，接受港务（航）监督机构的监督管理。

第七条 打捞单位资质分为沿海和内河两类，每类分为一、二、三级。

第八条 沿海各级打捞单位打捞作业范围：

（一）沿海一级打捞单位，可从事沿海和内河吨位不限的沉船沉物打捞作业及外商参与的中国沿海水域沉船沉物的打捞作业。

（二）沿海二级打捞单位，可从事沿海和内河空载排水量不超过 1000 吨的沉船或单件重量不超过 1000 吨的沉物打捞作业。

（三）沿海三级打捞单位，可从事沿海和内河空载排水量不超过 400 吨的沉船或单件重量不超过 400 吨的沉物打捞作业。

第九条 内河各级打捞单位打捞作业范围：

（一）内河一级打捞单位，可从事内河空载排水量不超过 2000 吨的沉船或单件重量不超过 2000 吨的沉物打捞作业。

（二）内河二级打捞单位，可从事内河空载排水量不超过 700 吨的沉船或单件重量不超过 700 吨的沉物打捞作业。

（三）内河三级打捞单位可从事内河空载排水量不超过 300 吨的沉船或单件重量不超过 300 吨的沉物打捞作业。

第十条 打捞单位办理《资质等级证书》，应向发证机关提出申请，填写《打捞单位资质等级（定级、晋升）申请表》，并提供以下文件和材料：

（一）企业营业执照副本，非企业单位，应提供上级主管机关批准成立该单位的文件；

（二）所具有的船舶、设备的数量、规格及其证明文件；

（三）打捞工程技术人员、潜水员的有关技术证书；

（四）证明其打捞作业业绩和质量的文件或材料；

（五）发证机关要求的其他文件或材料。

第十一条 发证机关应自收到《打捞单位资质等级（定级、晋升）申请表》和相关的全部文件及材料起45日内，根据打捞单位资质等级标准（见附件）对申请单位的资质等级进行审核。审核合格的，颁发相应的《资质等级证书》；审核不合格的，应当作出不予核准的决定，说明理由，并将申请材料退回申请单位。

打捞单位提供的文件、材料不符合本规定第十条要求的，发证机关应通知其及时补正，不按要求补正的，视为撤回申请。

第十二条 《资质等级证书》有效期为5年。

发证机关应对已取得《资质等级证书》的打捞单位每年进行资质核检。打捞单位应自《资质等级证书》颁发之日起每年期满前60日内，向发证机关申请办理资质核验。

资质核检的主要内容包括：

（一）打捞单位的实际资质情况与所持《资质等级证书》应达到的资质等级标准是否相符；

（二）打捞单位履行合同的信誉情况；

（三）有无违章行为；

（四）本年度打捞业绩。

第十三条 打捞单位申请办理资质核检应当填写《打捞单位资质等级核检表》，提供发证机关要求的全部相关材料。

发证机关自收到核检表和有关材料之日起30日内提出核检意见。对核检不合格的打捞单位，应重新核准其资质等级，并签发或注销相应的资质等级证书。

第十四条 打捞单位在资质定级3年后，完成两项以上本等级打捞作业范围最高限制吨位的85%以上吨位的沉船沉物打捞，其资质标准（除打捞业绩外）均达到上一级资质等级标准的，可按第十条的规定，申请晋升上一个资质等级。

发证机关自收到晋升申请表和有关材料、文件之日起45日内提出晋升核准意见。核准合格的，颁发晋升后的《资质等级证书》。

第十五条 打捞单位领取《资质等级证书》后,船舶、设备、人员发生变化,应及时向发证机关报告。发证机关应按照资质等级标准查验其资质等级,当确认其已不具备原资质等级标准的条件时,应重新核准该打捞单位的资质等级。

第十六条 打捞单位发生分立或合并,应办理资质等级注销手续。继续从事打捞作业的,应重新申请办理新的《资质等级证书》。

打捞单位变更名称、地址或法定代表人,应办理变更手续。

第十七条 打捞作业期间,经资质核检,打捞单位资质等级发生变动,打捞单位可按原证书资质等级进行直至完成该次打捞作业,以后应按新证书标准的资质等级从事打捞作业。

第十八条 打捞单位《资质等级证书》遗失或损毁,可向发证机关申请补发。补发前应在省级报纸上声明原资质等级证书作废。

第十九条 任何单位和个人不得伪造、涂改、买卖、出租、出借打捞单位《资质等级证书》。

打捞单位发生前款行为之一的,发证机关可收回其《资质等级证书》。使用不真实《资质等级证书》骗取水上水下施工作业许可的,港务(航)监督机构可依据有关法律、法规和规章对其进行行政处罚。

第二十条 打捞单位申请办理资质等级定级、核检、晋升或补证时,提供虚假文件或材料,发证机关不予办理定级、核检、晋升或补证手续。已经发证的,应予收回并撤消其《资质等级证书》。

第二十一条 发证机关或港务(航)监督机构工作人员滥用职权、营私舞弊的,由所在单位或者上级主管部门给予行政处分;构成犯罪的,依法追究刑事责任。

第二十二条 《资质等级证书》由交通部统一印制。

根据打捞作业的实际需要,发证机关可向打捞单位核发《资质等级证书》副本若干份,其副本与正本具有同等法律效力。

第二十三条 本规定由交通部负责解释。

第二十四条 本规定自1999年4月1日起施行。

附件

打捞单位资质等级标准

一、沿海打捞单位资质等级标准

(一)沿海一级打捞单位

1. 具备10年以上在沿海水域从事沉船沉物打捞作业的经历,成功地整体打捞过空载排水量在5000吨以上的沉船,近四年内打捞成功率达到百分之九十以上,社会信誉好。

2. 不少于3艘Ⅰ类航区功率在1800千瓦以上的拖轮,其中1艘功率在3600千瓦以上。

3. 不少于3艘具有完善的打捞设备和潜水支持系统的打捞作业船,其中1艘应为Ⅰ类航区3000总吨以上。

4. 有技术职称的工程技术人员150人以上,其中从事救捞工作的高级工程师不少于10人、工程师不少于20人。

5. 持有有效的中华人民共和国潜水员证书的潜水员不少于80人。

6. 能在60米水深进行潜水打捞作业。

7. 打捞总抬浮力不少于10000吨。

8. 具有相应的防止和减轻水域环境污染的设备和措施。

(二)沿海二级打捞单位

1. 具备6年以上在沿海水域从事沉船沉物打捞作业的经历,成功地整体打捞过空载排水量在800吨以上的沉船,近四年内打捞成功率达到百分之九十以上,社会信誉好。

2. 不少于2艘Ⅱ类航区功率在1100千瓦以上的拖轮,其中1艘功率在2200千瓦以上。

3. 不少于2艘具有较完善的打捞设备和潜水支持系统的打捞作业船,其中1艘应为Ⅱ类航区1000总吨以上。

4. 有技术职称的工程技术人员30人以上,其中从事救捞工作的高级工程师不少于3人、工程师不少于6人。

5. 持有有效的中华人民共和国潜水员证书的潜水员不少于25人。

6. 能在50米水深进行潜水打捞作业。

7. 打捞总抬浮力不少于2000吨。

8. 具有相应的防止和减轻水域环境污染的设备和措施。

(三)沿海三级打捞单位

1. 具备四年以上在沿海水域从事沉船沉物打捞作业的经历,成功地整体打捞过空载排水量在300吨以上的沉船,近三年内打捞成功率达到百分之九十以上,社会信誉好。

2. 不少于1艘Ⅲ类航区功率在660千瓦以上的拖轮。

3. 不少于1艘具有较完善的打捞设备和潜水支持系统的Ⅲ类航区300总吨以上的打捞作业船。

4. 有技术职称的工程技术人员10人以上,其中从事救捞工作的高级工程师不少于1人、工程师不少于2人。

5. 持有有效的中华人民共和国潜水员证书的潜水员不少于10人。

6. 能在25米水深进行潜水打捞作业。

7. 打捞总抬浮力不少于800吨。

8. 具有相应的防止和减轻水域环境污染的设备和措施。

二、内河打捞单位资质等级标准

(一)内河一级打捞单位

1. 具备十年以上从事沉船沉物打捞作业的经历,成功地整体打捞过空载排水量在1000吨以上的沉船,近四年内打捞成功率达到百分之九十以上,社会信誉好。

2. 不少于2艘内河A级航区功率在360千瓦以上的拖轮,其中1艘功率在730千瓦以上。

3. 不少于2艘具有完善的打捞设备和潜水支持系统的打捞作业船,其中1艘应为内河A级航区1000总吨以上。

4. 有技术职称的工程技术人员20人以上,其中从事救捞工作的高级工程师不少于2人、工程师不少于6人。

5. 持有有效的中华人民共和国潜水员证书的潜水员不少于20人。

6. 能在40米水深进行潜水打捞作业。

7. 打捞总抬浮力不少于3000吨。

8. 具有相应的防止和减轻水域环境污染的设备和措施。

(二)内河二级打捞单位

1. 具备六年以上从事沉船沉物打捞作业经历,成功地整体打捞过空载排水量在500总吨以上沉船,近四年内打捞成功率达到百分之九十以上,社会信誉良好。

2. 不少于2艘内河B级航区功率在290千瓦以上的拖轮,其中1艘应为内河A级航区功率在440千瓦以上。

3. 不少于1艘具有较完善的打捞设备和潜水支持系统的内河A级航区500总吨以上的打捞作业船。

4. 有技术职称的工程技术人员15人以上,从事救捞工作的高级工程师不少于1人、工程师不少于4人。

5. 持有有效的中华人民共和国潜水员证书的潜水员不少于10人。

6. 能在30米水深进行潜水打捞作业。

7. 打捞总抬浮力不少于1000吨。

8. 具有相应的防止和减轻水域环境污染的设备和措施。

(三)内河三级打捞单位

1. 具备四年以上从事沉船沉物打捞作业的经历,成功地整体打捞过空载排水量在250吨以上的沉船,近三年内打捞成功率达到百分之九十以上,社会信誉好。

2. 不少于1艘内河C级航区功率在290千瓦以上的拖轮。

3. 不少于1艘具有打捞设备和潜水支持系统的内河C级航区200总吨以上的打捞作业船。

4. 有技术职称的工程技术人员7人以上,其中从事救捞工作的工程师不少于3人。

5. 持有有效的中华人民共和国潜水员证书的潜水员不少于

6 人。

6. 能在 15 米水深进行潜水打捞作业。

7. 打捞总抬浮力不少于 500 吨。

8. 具有相应的防止和减轻水域环境污染的设备和措施。

中华人民共和国潜水员管理办法

（交通部令1999年第3号　1999.08.27）

第一章　潜水员管理

第一条　为加强潜水员管理工作，提高潜水员的职业素质，促进潜水技术的发展，适应潜水市场的需要，制定本办法。

第二条　本办法适用于在中华人民共和国管辖水域，从事产业潜水作业的潜水员，不适用于从事军事、科研、娱乐和运动的潜水员。

第三条　中华人民共和国交通部（以下简称交通部）主管潜水员工作。

交通部救助打捞局（以下简称救捞局），具体负责潜水员的培训、考核、发证管理工作。

各级海事机构依照本办法负责有关执法工作。

第二章　潜水员培训

第四条　潜水员培训分为以下种类：

（一）空气潜水员培训；

（二）混合气潜水员培训；

（三）饱和潜水员培训。

第五条　潜水员的培训由专门的潜水员培训机构（以下简称培训机构）负责。

第六条　培训机构应符合下列条件：

（一）具有符合规定的名称、组织机构和章程以及相应的管理制度；

（二）具有符合规定并与培训任务相适应的教员和管理人员；

（三）具有满足所进行培训种类要求的固定场所、设施和装备；

（四）具有有效的安全保障和急救措施；

（五）建立有效的质量保证体系；

从事潜水员水下实际操作课程培训的教员，由所在单位推荐，救捞局审核发证，并应当符合下列条件：

（一）持有潜水员证书；

（二）具有 8 年以上潜水经历；

（三）具有潜水基础理论知识和一定的教学能力。

第七条 培训机构应当取得救捞局签发的潜水员培训许可证（以下简称许可证）。

培训机构申请许可证，应向救捞局递交组建负责人签署的书面申请书，并递交以下文件、证件：

（一）主要负责人的身份证明；

（二）章程和内部管理、组织规章制度；

（三）培训场所使用证明和设施、设备、器材的情况；

（四）教员的学历、专业、职称、职务及教学经历；

（五）教学计划、教学大纲、所选用的教材和有关技术资料；

（六）质量保证体系；

（七）其他有关规章要求的文件、证件。

第八条 救捞局在收到潜水员培训申请书后 15 个工作日内，对有关情况进行审核，并根据第六条的规定作出批准或不批准的决定。对获得批准的，应当颁发许可证；对未获得批准的，应当书面通知，并说明理由。

第九条 许可证的内容包括：

（一）培训机构的名称、地址、法定代表人；

（二）培训的种类、规模和地点；

（三）发证日期和有效期。

第十条 培训机构改变名称、场所、法定代表人、培训种类和规模,应当向原发证机构申请办理变更手续。

第十一条 培训机构应按交通部批准的潜水员培训计划与培训大纲和许可证核准的培训种类实施培训。

第十二条 潜水员的培训,贯彻理论联系实际,按需施教,讲求实效的原则。

第十三条 培训机构应在每期培训前,向救捞局递交下列材料:

(一)培训教学实施计划;

(二)本期教学的教员情况及所任教学科目;

(三)学员名单及潜水员培训登记表。

第十四条 通过培训并结业的潜水学员应掌握相应种类的潜水理论,能正确使用操作相应种类的潜水装具和设备进行潜水作业。

第十五条 培训机构必须保证培训质量。对学习成绩不合格者,不得准予结业。

第十六条 培训机构在每期培训结束后,应当将教学执行情况和学员年龄、学历、培训考试成绩等基本情况报救捞局备案。

第十七条 救捞局每3年对培训机构进行一次审验,经审验合格的,可继续从事潜水员培训工作;审验不合格的,注销许可证。

第三章 潜水员考核

第十八条 凡年满18周岁,具有高中毕业或同等学历文化程度,自愿从事潜水工作,符合交通部批准的潜水员体格标准并按规定完成潜水培训学习,取得结业证书的公民,均可申请参加潜水员考核。

已有四年以上非产业潜水经历的潜水员,可申请潜水员考核。

国务院教育行政主管部门核准的大中专院校潜水专业毕业生,可免予考核,直接申请办理空气潜水员证书。

第十九条 申请潜水员考核的人员应提供下列材料:

（一）由本人填写的潜水员考核申请表；

（二）由县级以上医院，按交通部潜水员体格标准进行体检后出具的体检合格证明。

第二十条 下列人员申请潜水员考核，除本办法第十九条所列材料外，还应提供相关的材料：

（一）非产业潜水员和退伍转业军队潜水员应提供有效的潜水经历、潜水记录和潜水技术培训的有关材料；

（二）申请考核混合气潜水的人员应提供空气潜水员证书的有效证件；

（三）申请考核饱和潜水的人员应提供混合气潜水员证书的有效证件；

（四）国务院教育行政主管部门认可的大中专院校潜水专业毕业生，应提供毕业证书。

第二十一条 对潜水员的考核，应当客观、公正。考核的内容包括思想品德、学习成绩、潜水技能等，具体考核办法和标准由救捞局制定。救捞局在收到潜水员考核申请表等材料15个工作日内完成考核。

对考核合格的，发给相应种类的潜水员证书；对考核不合格的，应书面通知考核申请人，并说明理由。

第二十二条 对考核中有舞弊行为的，视为不合格。

第四章 潜水员证书

第二十三条 潜水员证书适用于以下范围：

（一）持有空气潜水员证书的潜水员，可使用空气从事60米以浅的潜水；

（二）持有混合气潜水员证书的潜水员，可使用人工配制的混合气从事120米以浅的潜水；

（三）持有饱和潜水员证书的潜水员，可使用饱和潜水系统从事300米以浅的饱和潜水。

第二十四条 潜水员证书每年年审一次，年审合格者证书继续有效；年审不合格者，证书失效。

潜水员年审包括体格审查、技术审查。未经年审的潜水员证书，自动失效。

第二十五条 初次取得空气潜水员证书的潜水员实行见习期，见习期为1年。

第五章 法律责任

第二十六条 培训机构有下列行为之一者，由救捞局视情节给以警告、限期整改；有违法所得的，可处以违法所得3倍以下罚款。最高不超过30000元罚款；没有违法所得的，可处10000元以下罚款：

（一）未经核准更改或调整培训计划的；

（二）教员资质不符合要求的；

（三）未经批准易地从事培训的；

（四）不按培训规范进行培训或弄虚作假的；

（五）未取得许可证或超越许可证核准的培训种类、规模开展潜水员培训的；

（六）违反其他有关潜水员培训管理规定的。

第二十七条 有下列行为之一者，各级海事机构可以责令停止潜水作业，并视情节给予30000元以下的罚款：

（一）使用失效潜水员证书；

（二）无潜水员证书人员进行潜水作业；

（三）租借、转让、冒用、涂改、变造、伪造、买卖潜水员证书。

第六章 附 则

第二十八条 潜水员培训许可证、潜水员证书由交通部统一印制。

第二十九条 本办法由交通部负责解释。

第三十条 本办法自1999年11月1日起施行。

交通部1994年9月10日发布的《潜水员考核、发证办法》同时废止。本办法施行前颁发的其他有关文件,与本办法不一致的,以本办法为准。

水上通信

船舶遇险紧急通信处置细则

（交通部、全国海上安全指挥部(87)交海字617号　1987.08.27）

船舶遇险和紧急通信的处理，是关系到船舶航行安全和海上人命安危的重大问题，必须切实做好。交通部、全国海上安全指挥部曾制定过《船舶遇险及安全通信工作的若干规定》，在实际工作中发挥了重要作用。但该规定比较原则，相关部门和人员职责不够明确，执行过程中存在一些问题，需要改进。为确保遇险紧急通信的畅通，在处理问题中各尽其责，迅速准确地传递信息，特制定本细则。

一、海岸电台

1. 海岸电台（以下简称岸台）报务人员应明确所担负的本职工作的重要性，严格遵守各项规章制度，不断提高通信业务水平，熟练地掌握各种通信设备的操作技能。在值班时，要认真注意守听。在国际遇险频率500kHz和2132kHz电路上值班的值机员，更要加强守听。值机员听到遇险信号（“SOS”；“MAYDAY”；“求救”）和遇险报告时，无论信号强弱，都要克服困难，认真抄收，详细记录。

2. 岸台收到我国船舶在国际遇险频率上拍发的遇险、紧急信号及遇险报告，应立即给予收妥承认，并按本节4款处理。经岸台负责人或业务主管人员（领班）批准后，可予以转播。

3. 岸台收到外国船舶在国际遇险频率上拍发的遇险、紧急信号及遇险报告，经当班负责人或领班批准后，可给予收妥承认，必要时可予以转播。但距离海事地点较远的岸台，应稍推迟收妥承认，继续守听，以便让距离较近的岸台予以收妥承认；如确信没有其他电台给予收妥承认，距离较远的岸台可给予收妥承认，必要时设法通知较近的岸台注意守听;当确知遇险船舶附近的船岸电台已给收妥承认,并足以提供援救时,距离较远的岸台不必给予收妥承认。

4. 岸台收到国内、外船舶遇险、紧急信号及其报告后,无论抄收情况如何,应立即用电话向当地海上安全指挥部(以下简称海安指)和港务监督(含海上安全监督局,以下统简称港监)报告,随后将所抄收的内容传送给海安指和港监。

5. 岸台收到外国船岸电台在国际遇险频率上转播的发生在我国搜救水域内(见注)的遇险、紧急报告,亦应及时传送给当地海安指和港监。

6. 岸台收到我国船舶在非遇险频率上拍发的冠以“SOS”或“XXX”信号的电报以及“MAYDAY”、“求救”或“PA - NPAN”的无线电话,应先将情况用电话通知当地海安指及港监,随即将电报或电话记录传送给海安指及港监。如指明发给收报(话)单位时,亦应采取有效措施,尽快通知收报(话)单位。

7. 岸台收到外国船舶在非遇险频率上拍发的遇险、紧急信号及其报告时,以及外轮在非遇险频率上将遇险、紧急报告发给我国某一岸台时,亦应按本节4、5款处理。

8. 岸台听到我国船舶在非遇险频率上冠以“SOS”或“XXX”信号呼叫某一岸台,确信被呼岸台没有听到,应设法通知被呼岸台注意守听,并立即将听到的情况向当地海安指及港监报告。

9. 凡具备有、无线转接条件的岸台,在遇险通信中,如海安指和港监有要求,应立即接通海安指和港监与难船或救助船之间的通信联系。

10. 岸台收到我国船舶在非遇险频率上冠以“SOS”或“XXX”信号呼叫后,应保持不间断守听。凡开放单边带(SSB)无线电话的岸台,应随时准备使用单边带无线电话通信,并采取一切措施,确保通信畅通。

11. 凡承担遇险通信管制任务的岸台,应根据遇险船舶的情况,或应遇险船舶的请求,按有关规定播发有限制的通信和遇险通信终止通告。

12. 凡处理遇险、紧急通信的岸台，在每次遇险、紧急通信结束后，应认真总结并书面报告通信主管部门，并转报交通部。

二、船舶电台

(一)对船舶报务员的要求

1. 船舶报务员必须熟练地掌握电台设备的使用和维修技能，按 GB6551—86 国家标准《船舶安全开航技术要求——通信与导航》的要求，保证船舶电台设备处于良好的正常工作状态；必须熟悉遇险通信业务，有应急处置遇险通信的能力；必须在遇险通信中严格遵守国际《无线电规则》和交通部《水上无线电通信规则》的有关规定。

2. 船舶报务员发送遇险报警、遇险呼叫和遇险报告，必须有船长的命令和签署。

3. 报务员在电台工作时间内必须认真守听无线电报国际遇险频率，在非工作时间内应按规定开启自动报警器(如 2182kHz 值班接收机安装在电台报房内，还需保证在航行期间始终开启)。收听到其他船岸电台发出或转发的遇险报告，应认真抄收详细记录，立即报告船长。收到的是我国船舶的遇险报告，应即给予收妥承认，并保持与其联络，在情况许可时，还应向国内主管部门汇报。收到的是外国船舶的遇险报告，经船长同意，可给予收妥承认。

4. 船舶遇险时，报务员应沉着冷静，坚守岗位，迅速作好遇险通信准备工作。一俟船长有命令，即按规定拍发遇险报警、遇险呼叫和船长签署的遇险报告。

5. 船舶遇险后，除按规定发送遇险报警和遇险报告外，如有可能，报务员应采取有效的通信方式通过任一岸台及时向国内有关部门发送有船长签署的海事报告。

6. 当船舶险情严重，难以等待营救，船长下令弃船时，报务员应在发出由船长签发的“弃船报告”后，立即按规定销毁机密文件，携带救生艇电台、电台日志和其他必要的用具离船。

7. 当遇险呼叫和遇险报告尚未发出或虽已发出但尚未得到收妥承认而船长命令弃船时，如情况允许，报务员应将无线电报报警信号拍发器或无线电话自动警报信号发生器接通发信机，并使之处于连续发射状态。当救生艇离开母船后，报务员应立即开启救生艇电台，继续进行遇险通信。

8. 遇险、紧急通信结束后，报务员必须把处理遇险通信的情况，写出书面报告，报上级通信主管部门。

（二）船舶电台执行遇险、紧急通信处理细则

1. 船舶在航行中遇有重大危急事项，但还不致立即对船舶和人员生命安全构成急迫危险时，报务员应在船长签发电报之前，做好一切通信准备，并在公用呼叫频率或分组频率上叫通我国任一岸台，告其有紧急情况报告，并在双方商定的频率上保持守听，以便船长签署的电报送到时能立即发出。

2. 当船舶在航行中受到重大紧迫的危险威胁，严重危及船舶和人员安全，需要立即援助时，报务员应在船长指示下或主动请示船长批准后，即在国际遇险频率上拍发遇险报警、遇险呼叫和遇险报告，以便争取迅速有效的援助。

3. 凡为遇险、紧急情况专对某一岸台进行呼叫时，经船长批准，应冠以“SOS”“MAYDAY”或“XXX”、“PANPAN”信号，以便引起岸台的注意。

4. 如在国际遇险频率上拍发遇险呼叫、遇险报告未获收妥承认，报务员应立即在足以引起注意的任何有效频率上重发遇险呼叫及其报告。必要时，可立即选用适当的高频公用呼叫频道呼叫我国任一岸台。但在呼叫前，应确信被呼岸台正在该频率上守听。当确信使用分组呼叫频道的频率能与我国某一岸台迅速建立可靠有效的通信时，可直接使用该频率进行呼叫。

5. 船舶如使用无线电话在国际遇险频率上进行遇险呼叫未获回答时，亦可使用我国任一开放无线电话的岸台正在值守的无线电话频率进行呼叫。

6. 当船舶出现危急情况时，报务员应视船舶通信设备条件，尽可能开启两套收、发信机，并置于预定的频率上待用，同时开启自动拍发器待用。

7. 在国际遇险频率上业已与海岸电台或船舶电台建立可靠有效通信的遇险船台，在不影响遇险通信的情况下，可利用通信的间隙时间，通过该岸台或与其通信的船台，向国内主管部门汇报海事情况，必要时可重复遇险报告。

8. 遇险船舶电台在非国际遇险频率上与我国任一岸台沟通联络后，一般应改用双方认可的工作频率拍发遇险报告，并要求岸台在该频率上保持不间断守听。

发送紧急电报的船舶电台，可酌情要求岸台保持不间断守听或约定会晤时间。

9. 对只装无线电话设备的船舶。在发生重大急迫情况。危及船舶和人员生命安全时，经船长同意，值机员应即按规定在国际遇险频率上进行遇险呼叫。如长呼无效，可选用本船可能与之联系的岸台的船舶公众通信频率进行呼叫(但需注意确信该被呼台正在此频率上值守)，迅速报告船舶状况。

10. 参加遇险救助的船舶，尤其是救捞局的救助船舶，应在行动的全过程中，随时守听承担该遇险通信任务的海岸电台指定的船舶公众通信电路，以确保通信畅通。

11. 参加遇险援助的所有船舶，在行动中都要按规定在甚高频(VHF)16 频道和 2182kHz 频率上保持连续守听，以确保救助现场通信的畅通。

12. 当在国际遇险频率公开呼救和专对某一岸台的遇险、紧急通信终止，可恢复有限制的工作和正常工作时，船台报务员应在船长签署电报后，以公电形式通知船岸电台，恢复正常工作或约定会晤时间和频率。

13. 当遇险船舶电台认为自身能力不足时，报务员应将遇险通信管制权委托给某一岸台或前往救助的船舶电台承担，以确保遇险通信正常进行。

三、船长

1. 船长必须熟悉和掌握遇险、紧急通信知识，当船舶发生遇险和紧急情况时，要按有关要求和遇险、紧急通信的规定办理。

2. 船舶在航行中发生重大危急事项，但还不致立即对船舶和人命安全构成急迫危险，如只需向国内主管部门报告时，船长在签发无线电报或使用无线电话前，应命令报务员做好通信准备，并将危急情况立即报告岸台。当情况进一步恶化，严重威胁船舶和人命安全时，船长应亲自签发遇险、紧急报告，交报务员在国际遇险频率上拍发。

3. 船舶在航行中，船长应指令值班驾驶员注意守听甚高频(VHF)无线电话16频道和2182kHz无线电话值班接收机(如装在驾驶台)。当听到遇险呼叫和报警信号时，船长要亲自处理，并指令值班驾驶员做好详细记录。

4. 船舶遇险时，如必要，船长或船长指定人员应在甚高频(VHF)无线电话16频道上进行遇险呼叫，以便争取附近船舶的援助。

5. 遇险船舶在发出遇险呼叫和遇险报告后，如情况许可，船长应及时向国内主管部门报告船舶遇险情况。

6. 船舶解除险情后，船长要亲自签署《遇险通信终止报告》交报务员拍发。当船舶已无法营救需要弃船时，船长应签署《弃船报告》交报务员拍发，并通知报务员离船。对只配一名报务员的船舶，在遇险通信中，船长应指定一名船员协助报务员工作。弃船时，应指定一名船员协助报务员携带救生艇电台。

7. 如遇险船舶要求代发遇险报告，非遇险船舶的船长，应予接受并指示报务员立即为其代发遇险报告。

8. 凡指定担任遇险救助、遇险通信的船舶，在没有得到主管机关救助任务解除的通知和遇险通信解除通知前，不得离开救助现场。

9. 遇险事件结束后，船长应把遇险事故处理情况写出书面总结，报船舶主管部门。

四、海安指和港监

1. 海安指和港监接到船岸电台有关船舶拍发的遇险报告后，应就通信方面按具体情况，迅速作出反应：

(1)如即将派船前往援助时,应立即拟电报通知难船。

(2)如不能立即派船前往援助,应立即拟写以搜救机构名义转播该遇险报告的电报,并给难船适当的答复。

(3)如确定国内救助部门不派船援助时,应拟写公告要求难船附近过往船舶向其报告情况,并给难船以救助。

(4)上述“援助电报”、“转播遇险报告”和“发布的公告”均应以书面形式传送到海岸电台,由岸台拍发。

2. 岸台抄收到的船舶遇险信号和遇险报告,岸台只向当地海安指和港监报告,当地海安指和港监再向上级报告,并通知有关单位。

3. 凡经我部专用长途电话电路处理关于“海事”的来往电话,发话人应向长途台说明“海事电话”,长途台即按一类电话接转,并可中断其他种类的电话。凡不说明“海事电话”的,长途台仍按一般电话处理。

4. 为便于救助指挥,沿海港口港务监督,经部批准,可单独设立 VHF 电话台并昼夜值班,通信主管部门应为其指定专用工作频道。

注:我国搜救区范围:

渤海:全部

黄海:东经 124°以西

东海:东经 126°以西

南海:北纬 14°以北

船舶无线电台执照核发办法

（交通部 （89）交无委字75号 1989.02.10）

第一条 为加强对船舶无线电台的管理，确保水上通信正常进行，特制定本办法。

第二条 交通部无线电管理委员会负责核发交通系统和非交通系统所有参加国际航运船舶的国际航运船舶电台执照。负责核发沿海部属各海运局、救捞局、航道局、海上安全监督局、航务工程局、各院校，部和地方双重领导的沿海港务局、秦皇岛港务局、大连轮船公司的船舶，以及中外合营公司悬挂中国国旗的船舶的电台执照。

长江航务管理局代部无线电管理委员会负责核发长江沿线各港务局，部属航运、航道、航政、公安、工程、工厂等单位的船舶的电台执照。

黑龙江航运局代部无线电管理委员会负责核发黑龙江航运局所属单位的船舶的电台执照。

第三条 申请和更换船舶电台执照，应凭船舶主管单位的申请文件或原执照，向核发单位办理申请手续。

第四条 参加国际航运的船舶申领国际航运船舶电台执照，应持由其主管部门开具的证明文件和原执照办理。国际航运任务完成后，应将国际航运船舶电台执照交核发单位注销。

第五条 申请和更换船舶电台执照，必须如实填报"船舶无线电设备核定表"一式四份，并由主管领导签字负责。核发执照单位根据有关规定，必要时应对所报无线电设备进行审核。核定表由核发单位留一份存查，退申请单位一份，其余两份分别送船舶所在地的省、自治区、直辖市无线电管理委员会和交通部无线电管理委员会备案。

第六条 代部无线电管理委员会核发船舶无线电台执照的单位,在核发执照时,应向船舶主管单位所在地的省、自治区、直辖市无线电管理委员会和交通部无线电管理委员会备案。

第七条 新建造的船舶已经安装和正在安装的船舶无线电台,不需办理设台申请手续,但必须持有船舶无线电台执照,方准使用。

第八条 船舶无线电台执照,分为短期和长期两种,短期有效期为一年以内,长期有效期为五年。

第九条 本办法自发布之日起施行。由交通部负责解释。

代管船舶电台管理办法

（交通部　交无委发[1992]486号　1992.06.26）

第一章　总　则

第一条　为加强代管船舶电台（以下简称代管船台）的管理，维护水上无线电通信秩序，制定本办法。

第二条　代管船台系指委托交通系统岸台主管部门或经认可的岸台主管部门（简称代管单位）代其管理的船舶电台。

第三条　代管船台应严格遵守和执行国家、交通部有关无线电通信管理的法律、法规、规章，并接受代管单位的监督检查。

第二章　代管手续

第四条　需要代管的船台，由其主管单位持设台单位证明，船舶电台执照，到就近的代管单位，填写代管船舶电台登记表（见附表），签订代管协议，规定代管具体事宜。

第五条　已同代管单位签订了船舶代管协议的单位，仍需签订船台代管协议。

第六条　代管单位应在签订代管协议后10日内，将代管船台所在船舶名称、船台呼号、主管单位和银行账号，通知有关岸台，并抄报交通部无线电管理委员会办公室。

第七条　代管船台的主管单位，应指定专人与代管单位联系，共同做好代管船台管理工作。

第八条　代管船台的通信人员，必须持有船员考试发证机关核发的“船舶报务员适任证书”，并具备相应的技术业务知识，熟悉国际、国内有关水上无线电通信的规章制度。

第三章 代管业务

第九条 代管单位应定期与代管船台主管单位共同对代管船台进行有关通信纪律、保密、质量和设备等的检查，并对通信人员进行技术业务指导。

第十条 代管船台的通信、导航设备发生故障，需代管单位检修时，代管单位按交通部有关标准向船舶收取费用。

第四章 通信联络方法

第十一条 代管船台的通信（包括遇险、紧急、安全通信），应按交通部颁发的《水上无线电通信规则》有关规定办理。

第十二条 代管船台与交通系统单位往来电报，按航务电报处理；与交通系统以外单位往来电报，按国内公众船舶电报处理。

第十三条 代管船台所在船舶停泊期间，如需气象报告、航行警告等资料，可到当地交通系统岸台抄录。

第五章 附 则

第十四条 代管船台登记表一式四份，代管单位、代管船台主管部门、代管船台各存一份，报交通部无线电管理委员会办公室一份。

第十五条 代管船台主管部门应向代管单位按规定交付船舶电台管理费。

第十六条 本办法由交通部负责解释。

第十七条 本办法自1992年8月1日起施行。

代管船舶电台登记表

船舶名称		船舶种类	
船台呼号		电台负责人	
主要设备程式			
航行区域		工作时间	
核发执照单位		电台执照号码	
船舶隶属单位		通信地址及联系人	
开户银行账号		邮政编码及电话	
申请单位及负责人 （签字盖章）		代管单位及负责人 （签字盖章）	

年　　月　　日

外国籍船舶在中国领海、内水和港口使用国际海事卫星船舶地球站规定

（交通部令1993年第4号　1993.08.18）

第一条　为加强对进入中国领海、内水和港口的外国籍船舶使用国际海事卫星船舶地球站的管理，根据《关于在领海和港口内使用国际海事卫星船舶地球站的国际协议》的有关规定，制订本规定。

第二条　本规定所称外国籍船舶（以下称"船舶"）是指悬挂外国国旗的船舶和海上设施，不包括军用船舶。

第三条　船舶可以在中华人民共和国领海和允许船舶进出的中华人民共和国港口和内水使用国际海事卫星船舶地球站（以下称"船站"）。

第四条　船站应符合国际电信联盟的现行无线电规则并使用卫星水上移动频率。

第五条　使用船站必须符合下列要求：

（一）不得损害中华人民共和国的和平、安全和良好秩序；

（二）不得对中华人民共和国领域内的其他无线电业务产生有害干扰；

（三）优先用于遇险和安全通信。

第六条　船站的使用情况须接受中华人民共和国港务监督机构的监督检查。

第七条　下列情况禁止船舶使用船站：

（一）在港口内和港外作业点装卸爆炸品和其他易散发出可燃气体货物；

（二）在港口内装灌燃料；

(三)在存有爆炸性气体的区域内。

第八条 中华人民共和国港务监督机构可在本规定第三条规定范围内的某一区域限制中止或禁止使用船站。

第九条 对违反本规定者,中华人民共和国港务监督机构可通知其停止使用船站,并视其性质和情节,依据有关规定给予处罚。

第十条 本规定由交通部负责解释。

第十一条 本规定自 1993 年 10 月 1 日起施行。

海上移动通信业务标识管理办法

(交通部令 1993 年第 7 号　1993.12.24)

第一条　为了全面实施"全球海上遇险和安全系统(GMDSS)",加强海上无线电通信管理,维护使用海上移动通信业务标识的船岸电台的正常工作秩序,确保船舶航行安全,制定本办法。

第二条　我国江、海岸电台和悬挂中国国旗的各类船舶电台,凡具有数字选择性呼叫或窄带直接印字电报或紧急无线电示位标等报警装置,并在水上无线电通信系统中使用海上移动通信业务标识的,应遵守本办法。

第三条　交通部授权交通部无线电管理委员会(以下简称交通部无委会),依照本办法负责全国海上移动通信业务标识的统一管理工作,具体工作由交通部无委会办公室负责办理。

第四条　海上移动通信业务标识(简称 ID 码)是由在其无线电信道上发送的一列 9 位数字组成,能独特地识别各类台站和成组呼叫台站。它分为下列四种类型:

(一)船舶电台标识。

(二)成组船舶电台呼叫标识。

(三)海岸电台标识。

(四)成组海岸电台呼叫标识。

第五条　使用船舶电台标识和成组船舶电台呼叫标识的各类船舶电台,必须按照第六条规定的程序申请,并经交通部无委会批准。海岸电台标识和成组海岸电台呼叫标识由交通部无委会统一指配。交通部无委会应将这些批准文件抄送中国海上搜救中心、国家无线电管理委员会和有关省、自治区、直辖市无线电管理委员会备案。

第六条 申请使用船舶电台标识和(或)成组船舶电台呼叫标识的程序为:

(一)申请单位提出申请文件,并填写《海上移动通信业务船舶电台标识申请表》(见附表一)、《海上移动通信业务成组船舶电台呼叫标识申请表》(见附表二),报交通部无委会办理审批手续。

(二)凡参加国际海运的船舶需按本条(一)款要求,连同交通部的有关批件一并报交通部无委会办理审批手续。

(三)申请单位持交通部无委会有关指配海上移动通信业务标识的批文,按照核发船舶电台执照的有关规定,到相应的部门办理船舶电台执照。

第七条 变更手续:

(一)当附表一《海上移动通信业务船舶电台标识申请表》中的"船舶使用 ID 码的设备情况"和"申请单位情况"栏各项及附表二《海上移动通信业务成组船舶电台呼叫标识申请表》中的"申请单位情况"和"使用该标识各船舶情况"栏各项,变动时,应在变动前 30 天内办理变更手续。

(二)使用单位将变更内容填入申请表中,并在该表上注明"修改"字样后,报交通部无委会备案。

第八条 注销手续:

(一)当附表一《海上移动通信业务船舶电台标识申请表》中的"船舶情况"栏各项,变动时,应重新申请船舶电台标识。并在变动前 30 天内办理原标识的注销手续。

(二)使用单位注销 ID 码,应向交通部无委会提出书面报告。

(三)注销情况将刊登在由交通部无委会印发的"船岸电台补充资料"上,并抄送中国海上搜救中心、国家无线电管理委员会和有关省、自治区、直辖市无线电管理委员会。

(四)使用单位持当期的"船岸电台补充资料"和电台执照,到执照核发部门办理注销手续。

第九条 凡在本办法实行前,已临时使用 ID 码的单位,应即到交通部无委会备案,并按照本办法的第六条规定,在 1994 年 6

月1日前重新办理有关手续。

第十条 违反本办法第五、七、八、九条规定的,根据情节轻重,交通部无委会可给予警告、责令其停止使用ID码或吊销船舶电台执照的处罚。

第十一条 本办法由交通部负责解释。

第十二条 本办法自1994年3月1日起施行。

水上移动卫星通信管理规则

（交通部令1997年第5号　1997.06.14）

第一章　总　　则

第一条　为促进水上移动卫星通信的发展，加强水上移动卫星通信的建设和管理，保证水上移动卫星通信业务的正常进行，制定本规则。

第二条　公民、法人或者其他组织，在中华人民共和国境内从事水上移动卫星通信业务以及水上移动卫星通信设备生产、销售和租赁，适用本规则。

第三条　水上移动卫星通信是指通过国际移动卫星组织（英文名称缩写为：Inmarsat）的卫星系统进行的通信。该卫星系统由卫星、地面接收控制岸站（以下简称岸站）、船舶地球站（以下简称船站）组成。

第四条　水上移动卫星通信是保障水运及其他水上事业生产和安全的重要手段。各有关部门应积极推广和鼓励船舶、水上设施及其他运载工具逐步安装和使用船站。

第二章　管 理 机 构

第五条　交通部是中国水上移动卫星通信的主管部门。交通部通信主管部门在交通部领导下负责水上移动卫星通信的具体管理工作。

第六条　交通部通信主管部门在对外承办水上移动卫星通信业务时，指派北京船舶通信导航公司（英文为：BEIJING

MARINE COMMUNICATION AND NAVIGATION COMPANY)作为中国参加《国际移动卫星组织业务协定》的签字者和进行投资的经济实体,并作为中国向国际移动卫星组织负责的唯一经办机构。

第七条 交通部通信主管部门在水上移动卫星通信方面的职责和任务是:

(一)行使《国际移动卫星组织公约》规定的作为进行投资和业务管理的经济实体享有的权利并履行其义务。

(二)组织、建设和管理中国水上移动卫星组织岸站,并按国际移动卫星组织的要求,适时对岸站进行改造。

(三)拟定中国水上移动卫星通信的建设发展规划。

(四)组织研究船站、岸站的技术标准和技术政策;参加国际移动卫星组织提出的技术课题的研究和试验。

(五)为国际移动卫星通信的技术课题研究和试验提供技术和设备等便利条件。

第八条 北京船舶通信导航公司负责:

(一)行使《国际移动卫星组织业务协定》规定的签字者的权力并履行其义务。

(二)有关中国加入国际移动卫星组织在财务和业务发展方面的事务和水上移动卫星通信岸站的运营和通信的费用结算。

(三)各用户向国际移动卫星组织履行的船站启用申请、变更和注销手续,核配船站识别码,并抄送中国海上搜救中心。

(四)船站的租赁业务。

(五)中国生产船站设备的厂家向国际移动卫星组织申请类型批准。

(六)编印并向用户提供《船站使用手册》及有关资料,负责国内用户的咨询工作,协助用户选用船站类型,组织水上移动卫星通信技术交流和人员培训。

(七)收取有关手续的必要费用和水上移动卫星通信费用。

第三章　船站的购买、租赁、设置、安装

第九条　船站系无线电通信设备之一，船站的购买、设置除应符合本规则的规定外，还应符合国家的其他有关规定。

第十条　公民、法人或者其他组织在中国进行船站的租赁必须经过交通部通信主管部门书面同意。

第十一条　在客货轮、油轮、钻井平台、渔船、游艇、海洋科学考察船和其他各种水上设施及运载工具上设置船站，须在投入使用一个月以前由设备所有人、使用人或其代理人与北京船舶通信导航公司进行联系，填写规定格式的启用申请表，并由北京船舶通信导航公司负责向国际移动卫星组织办理启用手续。用户在获得识别码后（其中A型船站须按预定的日期与指定的岸站进行启用测试，经岸站确认船站合格后），方可接入卫星系统工作。

公民、法人或者其他组织在购买船站前，须确认该型船站已通过国际移动卫星组织的类型批准。否则，不予办理启用申请手续。

第十二条　船站的安装必须符合国际移动卫星组织制定的《船站设计安装指南》的要求；对不符合要求的，交通部通信主管部门可锁闭或取消已分配的识别码。

第四章　船站的使用、变更和注销

第十三条　陆上使用的船站，必须持有国家无线电管理委员会和交通部无线电管理部门联合核发的无线电电台执照；船上使用的船站，则应到原船舶电台发照部门办理设备核定表变更手续，方可投入使用。

第十四条　安装在船舶及其他水上设施上的船站须由持有适当证书的无线电操作人员管理。船站的操作使用必须符合交通部《水上无线电通信规则》的规定。

第十五条　除船舶、水上设施遇险、处于紧急、危险状态之外，

严禁船站发送遇险、紧急信息；测试设备发送遇险、紧急信息，须事先报告中国海上搜救中心。

第十六条 已启用的船站不得擅自更改分配的识别码，在发生以下情况时，该船站必须立即进行变更或注销登记；对不按本规则进行变更或注销登记的，交通部通信主管部门可锁闭或取消已分配的识别码。

（一）船站所有人或使用人变更。

（二）账务结算机构变更。

（三）改变识别码。

（四）设备经过重大维修。

（五）固定安装的船站变更安装地点重新安装。

在发生上述（三）、（四）、（五）情况下，A 型船站除进行变更登记外，还必须重新进行启用试验。

船舶报废时，用户应立即注销船站。

第十七条 当船站的发送电平不符合规定的标准范围时，交通部通信主管部门有权责承船站所有人或使用人立即停止该船站的使用。

第十八条 在印度洋和太平洋覆盖区域内利用船站进行通信时，应使用北京岸站（北京海事卫星地面站）转接；通过水上移动卫星进行保密通信时，必须使用北京岸站转接。

第十九条 用户注销船站，须书面通知北京船舶通信导航公司，以便向国际移动卫星组织（Inmarsat）注销该船站识别码；并向电台执照核发单位办理注销或变更手续。

第五章 财 务

第二十条 船站的类型批准、启用、临时入境使用的申请，须由申请单位或个人按规定向北京船舶通信导航公司交纳手续费。

第二十一条 用户在申请启用船站时，必须指明负责该船站账务结算的账务结算机构的识别码。

第二十二条 账务结算机构负责向船站用户收取通信费用，当用户收到账务结算机构的账单后，须在规定期限内交付通信费用；逾期不交，账务结算机构按有关规定增收滞纳金；超过国际规定期限的，账务结算机构将通知有关岸站及国际移动卫星组织，终止该船站在系统中的使用资格。

第六章 船站的生产

第二十三条 船站的设计、生产必须符合国际移动卫星组织颁布的系统定义手册的要求，并符合国家规定的有关标准。

第二十四条 任何新型号船站产品的生产必须由北京船舶通信导航公司进行鉴定、认可后，方可向国际移动卫星组织办理该产品类型批准手续，该申请手续必须通过北京船舶通信导航公司办理。

第二十五条 中外合资，合作生产船站，其选型、项目建议书、可行性论证等必须经交通部通信主管部门审查、批准。

第七章 罚 则

第二十六条 对违反本规则第十一条规定的行为，交通部通信主管部门可给予警告、处以违法所得 3 倍以下但最高不超过 30000 元罚款的行政处罚。

第二十七条 违反本规则第十二条或第十六条的规定，船站的安装不符合国际移动卫星组织制定的《船站设计安装指南》的要求或用户擅自更改已分配的识别码的，交通部通信主管部门可给予警告、处以 1000 元以下罚款的行政处罚。

第二十八条 违反本规则第十五条、第十七条的规定，有下列行为之一的，交通部通信主管部门可给予警告、处以 1000 元以下罚款的行政处罚：

（一）未事先报告中国海上搜救中心，测试设备擅自发送遇险、紧急信息的；

（二）船站发送电平不符合规定的标准范围的。

第二十九条 交通部通信主管部门和北京船舶通信导航公司的工作人员滥用职权、玩忽职守的，由其所在单位或上级机关给予行政处分；构成犯罪的，依法追究刑事责任。

第三十条 当事人对交通部通信主管部门的处罚不服的，可以依法申请复议或者直接向人民法院提起诉讼。

第八章 附 则

第三十一条 本规则由交通部负责解释。

第三十二条 本规则自 1997 年 10 月 1 日起实行。交通部 1984 年 11 月 1 日颁布的《卫星水上通信管理规则》同时废止。

长江机动船舶安全通信管理规定

（交通部令1998年第5号　1998.03.27）

第一章　总　　则

第一条　为了加强长江机动船舶安全通信管理，保障船舶航行安全，根据《中华人民共和国无线电管理条例》、《中华人民共和国内河交通安全管理条例》、交通部《水上无线电通信规则》以及国家其他有关规定，制定本规定。

第二条　本规定适用于经依法登记航行在长江宜宾至浏河口航段的机动船舶（以下简称长江机动船舶）及其所有人、经营人。

第三条　交通部通信管理机构是长江机动船舶安全通信管理的主管部门。

交通部长江航务管理局具体负责实施长江机动船舶安全通信管理工作。

第二章　长江机动船舶无线电通信设备及电台管理

第四条　长江机动船舶无线电通信设备的配备、基本技术要求和安装应满足船舶无线电通信设备规范的要求。

第五条　长江机动船舶无线电台应具备有效的中华人民共和国船舶电台执照。

第六条　长江机动船舶电台使用人员的配备必须符合国家有关规定，不得任用未持有相应船员适任证书或无合格证件的人员担任报务员、话务员。船舶电台使用人员应熟练地掌握该电台设备的操作技能。在设备发生故障时,应能及时修理以保证船舶无线电台设备处于良好的工作状态。

第七条 长江机动船舶实行通信进网登记备案管理制度,具体实施办法由交通部长江航务管理局制定,报部批准后实施。

第三章 长江遇险和安全通信管理

第八条 长江机动船舶遇险和安全通信,是指长江机动船舶发生重大危急事项,严重危及船舶安全,需要立即援救时和长江机动船舶发生紧急情况,或船上人员患有急病或发生气象突变以及要发送重要的涉及航行安全的各类遇险通信。

第九条 承担长江机动船舶遇险和安全通信的长江航务管理局所属江岸电台,是指定的用于长江遇险和安全通信的工作电台。在遇险通信中指定的长江机动船舶遇险和安全通信的电台应作为遇险通信的管制电台,可以强制遇险区域内的所有船、岸电台保持静默。

第十条 长江机动船舶遇险和安全通信的主要方式和使用频率:

(一)莫尔斯无线电报、单边带无线电话。在长江机动船舶遇险后,可直接在指定的长江遇险和安全通信的工作电台的工作频率上呼叫某一岸台直至回答,发送遇险信号和遇险报告。

(二)甚高频无线电话 16 频道(156.800MHz)是水上移动业务无线电话国际遇险、紧急、安全和呼叫频率,用于发送遇险信号,进行遇险呼叫和遇险通信,还用于发送紧急和安全信号、进行紧急通信。

(三)甚高频无线电话 06 频道(156.300MHz),为长江机动船舶间的导航、避让等的专用频道,以辅助声号和雷达观测的不足。

(四)甚高频无线电话 08 频道(156.400MHz),为长江航道部门安全专用频道,用于长江航道信号台与长江机动船舶的通话。

第十一条 长江机动船舶需要进行遇险、紧急通信时,经船长批准,应及时发送“sos”或“mayday”和“xxx”或“pan pan”信号和报告。

第十二条 指定的长江机动船舶遇险和安全通信的电台在收到长江机动船舶遇险、紧急信号和报告后，应立即向当地港航监督部门报告，随后将所抄收的内容尽快送有关港航监督部门。如指明发给收报(话)单位时，亦应尽快通知收报(话)单位。

第十三条 长江机动船舶必须按时收听或抄收指定的长江机动船舶遇险和安全通信电台每日定时播发的航道变动、水位、气象、船舶动态等内容的航行安全信息，并做好记录。

第十四条 长江机动船舶不得利用长江机动船舶遇险和安全通信的使用频率进行非船舶遇险和安全通信活动。

第十五条 长江上游南津关至羊角滩控制河段中船队和单船的航行动态，必须按有关控制河段安全管理规定报告。

第十六条 凡经长江专用长途电台处理关于长江遇险和安全通信内容的来往电话，发话人应向长途台说明“安全电话”，长途台即按一类电话转接。

第十七条 参与处理长江机动船舶遇险、紧急通信的江岸电台，在每次通信结束后，应尽快书面报告交通部长江航务管理局。长江航务管理局应及时报告交通部通信主管机构。

第十八条 长江机动船舶遇险和安全通信除执行本规定外，还应严格执行交通部《水上无线电通信规则》的规定。

第四章 实施与监督

第十九条 交通部通信主管部门定期颁布长江机动船舶遇险和安全通信工作电台台名录。

第二十条 长江航务管理局所属江岸电台工作人员违反本规定未履行职责，造成后果的，由长江航务管理局依照有关规定给予必要的行政处分。

第二十一条 长江机动船舶违反本规定第五条、第六条、第十三条规定，由有关的港务(航)监督机构依照有关法律、行政法规、规章的规定给予行政处罚。

第二十二条 违反本规定第十四条规定，利用长江机动船舶遇险和安全通信的使用频率进行非船舶遇险和安全通信活动的，由有关的港务(航)监督机构对违法船舶处以警告，并可处以1000元至3000元罚款；对违法人员处以警告、并可处以100元至300元罚款。

第二十三条 本规定由交通部负责解释。

第二十四条 本规定自1998年5月1日起施行。

交通通信管理规则

（交通部令 1999 年第 1 号　1999.06.09）

第一章　总　　则

第一条　为加强交通通信管理，保证交通通信网的统一、畅通和通信业务的正常运行，充分发挥交通通信设施的作用，适应水路和公路交通发展的需要，制定本规则。

第二条　在中华人民共和国境内的交通通信工程建设、通信网络组织和设备配置以及通信运营管理，均应遵守本规则。

第三条　交通通信网由水运通信网、公路通信网和部分水运、公路共用通信设施组成。

第四条　交通通信管理实行统一领导、统筹规划、分工管理、分级负责、综合利用的原则。

第五条　交通部根据国家有关规定主管全国交通通信工作。

中国交通通信中心根据交通部的委托具体负责全国交通通信管理工作。

县级以上地方人民政府交通主管部门依据本规则主管本行政区域内的交通通信工作。

长江、珠江、黑龙江航务（运）管理机构，海（水）上交通安全监督机构、港口管理机构根据本规则和交通部确定的职责，负责其管辖范围内的通信管理工作。

第二章　网络规划、组织、管理

第六条　交通通信网的规划和建设应充分考虑交通行业特点

及全程全网统一畅通的要求，在交通部统一规划的前提下，统一技术体制和技术标准。

第七条 全国交通通信规划由交通部负责组织编制并发布。

交通系统各地区、各单位应按交通通信总体规划的要求，编制本地区、本单位的通信发展规划和计划，并报交通部审核。

第八条 公路国道主干线通信网、省级交换中心、800MHz 集群通信系、江海岸电台建设和改造项目的技术方案，应报中国交通通信中心审核，并按照国家规定的基本建设程序和有关规定报批后实施。

第九条 各级交通主管部门应当根据交通行业对通信的需求，科学地组织调配通信电路，保障通信网络畅通安全。

第十条 交通一级长途通信网由中国交通通信中心负责组织，统一调度通信电路。

第十一条 公路交通通信网分为四级，实行分级管理。

（一）一级网：以交通部为中心，联接各省级交通主管部门的通信网，由中国交通通信中心负责组织、调度、管理；

（二）二级网：省级交通主管部门联接各市（设区的市，下同）交通主管部门的通信网，由省级交通主管部门负责组织管理；

（三）三级网：以市交通主管部门为中心，联接各县级交通主管部门的通信网，由市级交通主管部门负责组织管理；

（四）四级网：以县级交通主管部门为中心连接其所属部门的通信网，由县级交通主管部门负责组织管理。

第十二条 全国交通系统的应急、战备通信网，由交通部负责组织管理。地区性应急、战备通信设施，由省级交通主管部门负责组织管理。

第十三条 新建、扩建和改建的交通通信设施，如需与交通一级长途通信网联网，应按照交通部的有关规定向中国交通通信中心办理入网申请，获批准后，方可建设和入网运行。未经批准的各类通信业务和用户不得引入交通通信网。

第十四条 水上移动通信网由交通部负责组织和协调，由电台及设施所属单位负责具体的经营和管理；

公路通信网由所属的省级交通主管部门负责组织管理。

第十五条 交通系统水上无线电频率、电台呼号和识别，无线电台（站）设置，由交通部统一审批、管理。公路移动通信电台设置、频率管理按交通部有关无线电管理规定办理。

第十六条 交通系统无线电设备的研制、生产、购置和进口，按国家和交通部有关无线电管理规定办理。未按规定办理设台审批手续，不得擅自设置和使用无线电台（站）。

第三章 业务管理

第十七条 交通系统各单位应根据交通部有关规定建立和完善通信业务管理制度。交通通信业务发生变更，应事先按第十条至第十五条规定的管理权限报批，并提前将有关情况通知各用户单位。

第十八条 交通系统各单位应按照规定的业务范围编制地区性通信业务资料并报中国交通通信中心。

第十九条 交通系统各单位应在每年3月底以前将本网范围内通信组织、设备及通信人员状况等统计资料用软盘和报表形式报送中国交通通信中心。江海岸电台应按有关规定定期上报通信统计资料。

第二十条 交通系统各单位必须严格执行国家和交通部有关通信资费规定，不得随意变动收费标准，增加收费项目。

第二十一条 交通系统各单位必须加强对交通通信网的经营服务、话务等工作人员管理，通信用语应文明规范。

实行承诺服务的单位，应把承诺的内容、标准及违约责任公开，接受用户和社会监督。

第四章 技术管理

第二十二条 交通通信设施的配备和建设，应《交通通信网技术体制》、《公路通信技术要求及设备配备总则》和《公路通信技术要求及设备配备和组网技术要求》等国家或行业标准的要求。不符合规定的,不得入网使用。

第二十三条 交通通信的机线设备管理,应按交通部通信导航设备管理的有关规定贯彻执行。

第二十四条 通信专业技术人员应经过专门训练,熟悉所管设备的性能、操作方法和要求,经考核合格后才能上岗工作。

第二十五条 交通系统各单位通信机构应当加强技术文件和技术资料的管理,建立技术档案管理制度。

第二十六条 交通系统各单位要严格贯彻执行国家和交通部颁布的有关通信质量标准,定期测试检查各项技术指标,认真做好设备和维护保养,降低机线设备的故障率,保证交通通信网可靠运行。

第五章 附 则

第二十七条 本规则由交通部负责解释。

第二十八条 本规则自 1999 年 7 月 1 日起施行。

人事财务审计

关于设置乡镇船舶监督管理员的若干规定

（交通部　(87)交水监字283号　1987.04.30）

为加强乡镇船舶的安全监督管理，保障人民生命和国家财产的安全，按国家经委、交通部、公安部、财政部、农牧渔业部、国家工商行政管理局、全国人民保险公司、国家旅游局联合发布的《关于加强乡镇船舶安全监督管理的通知》要求，"凡拥有一定数量船舶的区、乡（镇），要设置'乡镇船舶监督管理员'"。现就设置乡镇船舶监督管理员的有关问题规定如下：

一、凡拥有一定数量乡镇船舶的区、乡（镇）人民政府，应设置乡镇船舶监督管理员（乡镇船舶系指在乡镇和农村中的企业、事业单位和个体、联户、承包户从事客货运输的船舶，以及农民专门用于农业生产的船舶，但不包括渔船）。

二、乡镇船舶监督管理员属于港航监督机构的派驻人员，在区、乡（镇）人民政府领导下，对乡镇船舶实际监督管理，业务上受所在地区县以上港航监督机关的领导。

三、乡镇船舶监督管理员在辖区内的职责是：

（1）组织、督促从事营运的乡镇船舶按港航监督机关的有关规定办理《船舶登记证书》、《航行签证簿》、《船员证书》等有关证件和标定"船名牌"，勘划"载重线"，对农民专门用于农业生产的船舶进行登记造册（不检验发证）和标定"船名牌"（对船工不进行考核发证）。组织船员接受港航监督机关举办的技术培训。

（2）除港航监督机关已设有船舶进出口签证站（点）的地区（含港区）外，受县以上港航监督机关委托，办理县境内从事营运的乡镇船舶进出口签证。

（3）由港航监督机关授权按国家有关规定向从事营运的乡镇

船舶收取“航道养护费”、“船舶管理费”等港航规费。在接受税务、保险部门委托的地区,代征税金,代办船舶保险业务。

(4)纠正违章,制止超载,对船民进行安全知识宣传教育,监督乡镇船舶遵章航行。

(5)协助港航监督机关处理本乡(镇)境内的水上交通事故,并负责事故统计。

四、乡镇船舶监督管理员,应具有初中以上文化程度和较好的政治素质,由区、乡(镇)人民政府推荐,县以上港航监督机关挑选、培训、考核后择优录用。

五、乡镇船舶监督管理员的工资待遇,原则上参照当地乡(镇)人民政府助理员标准执行,其费用可由县一级港航监督机关从乡镇船舶管理费中或由其他渠道支出。

六、从事营运的乡镇船舶管理费,按月计征。机动船按总吨、拖轮按马力、非机动船按载重吨征收(完全义渡及农民专门用于农业生产的船舶免征)。乡镇船舶管理费征收后,上交所在地县以上港航监督机关统一掌握,并按一定比例交省一级港航监督机关作全省范围内调剂使用。

乡镇船舶管理费要专款专用,主要用于支付乡镇船舶监督管理员的工资福利、办公费用及开展水上交通安全活动的经费。

收费标准由各省、自治区、直辖市交通厅(局)制定,经省、自治区、直辖市人民政府批准执行。

七、乡镇船舶监督管理员的执勤证件、标志,由交通部统一制式,各省、自治区、直辖市交通厅(局)制发。

八、市、县城区的个体、联户、承包户船舶(含渡船、旅游船)的管理,由市、县港航监督机关监督机关参照本规定执行。

九、各省、自治区、直辖市交通厅(局)可根据本规定,制定具体实施细则。

交通行业内部控制制度评审办法

（交通部　交审计发[1995]1140号　1995.11.29）

一、总　　则

第一条　为了促进交通行业各单位加强内部管理，完善自我约束机制，提高经济效益，保证审计质量，根据《审计法》和审计署有关规定，结合交通行业实际情况，制定本办法。

第二条　交通行业内部控制制度是交通企事业单位为了贯彻经营方针和决策，实现经营目标，维护财产物资完整，保证财务收支合法、会计信息真实，以及提高经济效益而形成的一种自我协调、制约和检查的控制系统。

交通行业内部控制制度评审是指对交通企事业单位内部控制制度进行检查，确定内部控制制度是否严密，是否有效执行。并据以判断经济信息的可信赖程度。

第三条　本办法适用于交通行业各单位审计部门开展的内部控制制度评审。内部控制制度评审可在单位年度审计计划中单独立项安排，也可结合其他审计项目进行。评审结果，可作为确定其他专项审计内容、范围、程度等的重要依据。

二、评审原则

第四条　交通行业内部控制制度评审的基本原则：

1. 内部控制制度是否符合相互牵制原则，包括单位的上下之间、部门之间、不同工作岗位之间在经办各项经济业务中是否相互制约，账、钱、物是否实行分管制度，凭证处理、传递程序是否严格，稽核制度是否健全等。

2. 内部控制制度是否符合岗位责任原则,是否按照经济业务的性质,设立各个职能部门和部门中的各项具体工作岗位,是否赋予其相应的工作任务和职责权限,并按照职责范围建立岗位责任制,处理各项业务。

3. 内部控制制度是否符合相互协调的原则,在单位的各项经营管理活动中,各部门、各岗位、各环节是否相互协调一致,是否按规定的程序和手续,承上启下,环环扣紧,使各项业务工作保持连续性、秩序性和有效性。

4. 内部控制制度是否符合系统网络原则,单位内部的各项控制要素是否明确,控制点是否齐全,是否从业务起点至终结,做到点点相连、环环相扣、彼此沟通,构成一个健全完善的系统网络,对各项经济活动发挥自我制约作用。

三、评审内容

第五条 交通行业内部控制制度按范围分为内部会计控制制度和内部管理控制制度。

第六条 内部会计控制制度主要包括:会计凭证、会计账目和会计报表正确性、系统性的控制;财务收支合法性、合规性的控制;财产物资安全性、完整性的控制;会计业务处理程序标准化、规范化的控制等。

第七条 内部管理控制制度主要包括:计划管理工作的控制;生产管理工作的控制;劳动、人事管理工作的控制;物资管理工作的控制;设备管理工作的控制;质量管理工作的控制;基础管理工作的控制及其他经营管理工作的控制等。

第八条 交通行业内部控制制度评审重点:

1. 收入内部控制制度的评审,主要包括收入款项的存储、结算和解缴以及票据的印制、保管、领发、使用和销号控制;运输、装卸等收入的归集、确认、应收账款的结算和清收控制;规费征收的范围、标准和解缴的控制;工程价款的结算及概算调整的控制。

2. 费用成本内部控制制度的评审,主要包括工资的计算、发放、分配和工资总额的控制;燃、材料和修理用备品配件消耗定额的制定,执行和成本计算的控制;折旧的计提、待摊费用的摊销、预提费用的提取与支付的控制;管理费用和财务费用预算的编制、审批、报销的控制。

3. 财产物资内部控制制度的评审,主要包括固定资产交付使用、维护修理、租赁转让、盘点盈亏、报废清理的控制;材料采购计划、验收保管、发料退料的控制;在产品计价和产成品等完工入库、计价和销售控制。

4. 资金管理内部控制制度的评审,主要包括资金筹集、拨付、投出、收回的授权、核准和现金、银行存款、有价证券的登记、清点、核对的控制。

5. 基本建设内部控制制度的评审,主要包括建设项目的可行性研究报告、立项审批、初步设计、资金供应、工程支出、概算调整、价款结算和决算编审等控制。

四、评 审 程 序

第九条 交通行业内部控制制度评审程序一般分为五个工作步骤

1. 调查内部控制制度的基本情况,包括单位的组织机构设置、权责范围,有关制度规定,主要业务活动的处理程序和手续,以及在业务处理过程中设置的控制环节和相应的控制措施等。弄清单位内部控制制度运转的环境、控制点和控制措施,为判断单位内部控制制度是否健全完善提供依据。

2. 研究被审计单位应具备的内部控制制度和制定制度的依据,确定评审其内部控制制度的标准。

3. 评审被审计单位内部控制制度的健全程度。将内部控制制度标准与内部控制制度现状进行对比,分析现行内部控制制度是否健全及存在的问题。

4. 评审被审计单位内部控制制度的符合性,确定其可信赖程度,检验有关部门在实际业务活动中是否认真执行了控制制度,是否发挥了它的应有作用,并加以评价。

5. 经过评审,审计人员应写出综合评审报告,其内容主要包括被审单位内部控制制度的基本情况;评审的时间、范围、内容、主要工作过程及采用的评审方法;评价内部控制制度是否健全有效;评审结论和建议。

五、评 审 方 法

第十条 交通行业内部控制制度健全性测试可采用文字描述法、流程图法、调查表法。

1. 文字描述法是根据审计项目确定的审计目标和内容,通过审阅有关的制度、规章、办法和文件以及向有关人员询问等,检查了解存在的与审计目标相关的各个控制点及其具有的控制措施,用文字报告的形式表述其组成控制制度的内容;再衡量判断各控制点是否完整,以确定其健全性。

2. 流程图法是通过审阅单位的管理制度和有关文件,识别存在的控制点以后,依照实施审计的该系统的业务过程,按各个控制点在其中发挥控制作用的先后顺序及其相互关系,绘制成控制制度的流程图,再进行判断比较,以确定其健全性。

3. 调查表法是审计人员根据单位内部控制制度的主要控制特点及其主要问题,预先编制一套标准格式的调查表,由被审计单位有关人员回答填写并经审核,藉以检查某项控制措施是否存在,并以此作为评价被审计单位内部控制制度是否健全的依据。

第十一条 交通行业内部控制制度符合性测试可采用证据检查、重复检查以及实地观察等方法。

1. 证据检查是通过对会计凭证、通知单、报告、申请书、批准书及其他能反映控制措施的文件进行检查,以获得规定的控制措施是否得到有效执行的证据。

2. 重复检查是由审计人员部分或全部重复由被审计单位的业务人员所采用的同样的工作程序,以确认这一程序能否发挥作用,所有控制措施是否得到切实遵循。

3. 实地观察是审计人员到工作现场观察某些控制措施的执行情况,以检查有关内部控制措施是否得到执行。

第十二条 在健全性评价和符合性测试的基础上,审计人员必须对内部控制制度作出综合性评价,并就是否依靠以及在何种程度上依靠该制度作出判断,为科学地确定实质性测试的重点、范围和方法提供可靠的依据。

1. 汇集整理健全性评价和符合性测试的有关资料。通过汇集整理有关资料,使控制缺陷归集到与其相关的控制目标和控制点上,便于审计人员对控制缺陷所产生的影响进行分析,有利于提高综合评价的准确性和科学性。

2. 分析控制缺陷对各项业务系统内部控制制度的影响。主要分析各项具体控制措施方面存在的缺陷对相应的控制点的影响,以准确地确定在某种控制缺陷存在的条件下,控制点的控制功能发挥作用的情况;分析控制点方面存在的缺陷在业务处理系统内部控制制度中的影响,以确定某个控制点是否有效,相应的控制目标是否能够实现,进而判断该项业务内部控制制度能否发挥其应有的作用。

3. 评价内部控制制度的可靠性。主要评价内部控制制度可靠性的范围和可靠程度,并通过评价以确定在哪些方面、在何种程度上可以依靠内部控制制度。

六、附　　则

第十三条 本办法由审计署驻交通部审计局负责解释。

第十四条 交通行业各单位可根据本办法制定实施细则。

第十五条 本办法自颁布之日起施行。

交通部直属单位专业技术人员管理规定

（交通部　交人劳发[1997]595号　1997.10.06）

第一章　总　　则

第一条　为加强专业技术人员的管理，充分调动他们的积极性和创造性，促进交通事业的发展，根据党和国家的有关政策、法规，制定本规定。

第二条　本规定适用于交通部直属企事业单位，交通系统其他单位参照执行。

第三条　专业技术人员，系指取得专业技术职务任职资格的人员和在专业技术岗位上见习而未评聘专业技术职务的大中专毕业生（含研究生）。

第二章　管理组织及其职责

第四条　部人事劳动司是部专业技术人员管理的职能机构。部属各单位人事（干部）部门是本单位专业技术人员的管理机构。专业技术人员较多的部属单位应在人事（干部）部门内设置专业技术人员管理科室；专业技术人员较少的单位应在人事（干部）部门内配备专职人员负责管理。

第五条　部人事劳动司在专业技术人员管理工作中的主要职责是：在部党组的领导下，贯彻执行党和国家有关专业技术人员管理的方针、政策、法规，结合交通系统的实际情况，研究制定有关规定、标准和办法，并组织实施；负责部属单位的专业技术人员管理和知识分子工作，并指导交通系统专业技术队伍建设工作；组织指导部属单位专业技术职务评聘工作;负责部属单位享受政府特殊津贴人员和有突出贡献的优秀人才的选拔及管理工作。

第六条 部直属单位专业技术人员管理部门的主要职责是:在部人事劳动司的指导下,负责贯彻落实党、国家、部和所在地方政府有关专业技术人员管理的政策、法规,研究制定本单位专业技术人员管理的具体措施;负责本单位专业技术队伍建设工作,指导和监督所属基层单位的专业技术人员管理和知识分子工作,并定期向部人事劳动司和地方有关部门汇报专业技术人员管理和知识分子工作的情况。

第三章 专业技术职务管理

第七条 专业技术职务,是根据实际工作需要设置的有明确职责、任职条件和任期,并需要具备相应的业务知识和技术水平才能担负的专业技术工作岗位。

第八条 专业技术职务岗位的设置,按单位经费来源实行分类管理。

(一)企业有权根据实际工作需要,自主设置在本企业内有效的专业技术职务。

(二)实行企业化管理的事业单位,参照对企业的有关规定,由本单位自主设置在本单位内有效的专业技术职务和合理的结构比例,报部人事劳动司备案。

(三)财政差额拨款和其他自收自支的事业单位,在部确定的专业技术职务结构比例内,由单位自主设置专业技术职务岗位。

(四)财政全额拨款的事业单位,在部下达的专业技术职务数额内,设置专业技术职务岗位。

第九条 专业技术职务的聘任

(一)企事业单位专业技术职务实行评聘分开制度。各级专业技术职务,按照干部管理权限,由各单位根据岗位设置和考核情况,从具备相应专业技术职务任职资格的人员中择优聘任。

（二）对国家教委承认的正规全日制院校毕业生（不含“五大”毕业生）见习期满，经考核合格即可聘任相应的专业技术职务：中专毕业，见习1年期满，可聘任为“员”级职务；大学专科毕业，见习期满后从事本专业技术工作满2年，可聘任为“助师”级职务；大学本科毕业，见习1年期满，可聘任为“助师”级职务；硕士学位获得者，从事本专业技术工作满3年可聘任为中级职务；博士学位获得者，可聘任为中级职务。上述各类毕业生应由单位人事部门对其德、能、勤、绩进行全面考核，认为合格后方可聘任。

（三）专业技术职务的聘期一般不超过5年，如工作需要，考核合格可以续聘。

（四）专业技术人员兼任党政领导职务或党政领导兼任专业技术职务，其任职期间的工资待遇，在专业技术职务工资和行政职务工资中，按较高的职务工资标准执行。

第十条 对聘期内有下列情况之一者，应予以解聘或低聘：

（一）不履行岗位职责，不完成任务，经教育不改者；

（二）触犯刑律并追究刑事责任者或受行政记大过、党内严重警告及其以上处分者；

（三）考核不称职者（个人主观原因不参加考核者，按不合格对待）；

（四）以不正当手段获得任职资格者；

（五）未达到继续教育规定要求者。

对被解聘、低聘的人员，应按新岗位重新核定其工资等待遇。

第四章 考 核

第十一条 为了调动专业技术人员的积极性、主动性，形成人人忠于职守、奋发进取的良好风尚，提高专业技术人员的素质，各单位应制定专业技术职务的岗位职责，建议健全对受聘专业技术人员的考核制度。每年要结合职工年终考核对专业技术人员进行年度考核，任职届满要进行任期考核。

第十二条 考核工作的组织。对专业技术人员的考核,按照干部管理权限进行,由单位人事与业务部门共同负责,要注意听取各方面的意见,提高考核工作的透明度,考核结果应与本人见面。

第十三条 考核的内容、标准和要求。考核以专业技术人员履行岗位职责的工作业绩为主要内容。要根据不同专业的工作特点确定考核指标,制定考核标准,实行定量考核与定性考核相结合;重点考核专业技术人员的专业技术工作数量、质量、效果、实绩、成果及所反映的专业技术水平和能力。

第十四条 考核等次。专业技术人员的考核结果分为优秀、称职、不称职3个等次,其中"优秀"等次的比例一般为本单位专业技术人员总数的10%~15%。

第十五条 各单位应及时将专业技术人员的有关考核材料和考核结果整理归入本人档案,作为专业技术人员评审、晋升、奖惩的主要依据。

第五章 待　遇

第十六条 受聘担任各级各类专业技术职务的专业技术人员,享受国家和部规定的工资、福利等有关待遇。

第十七条 医疗。各单位要每1~2年对专业技术人员作一次全面身体健康检查。有条件的单位对担任高级专业技术职务的人员住院、门诊给予相应照顾。

第十八条 用车。有条件的单位对担任高级专业技术职务的人员因病、因公用车提供方便。

第十九条 住房。专业技术人员的住房,不仅是生活条件,实际上也是工作条件和学习条件。因此,要优先保证他们必要的住房条件,特别是高级专业技术人员的住房。

(一)住房标准

1. 中国科学院和中国工程院院士,按照不低于正局级干部的住房标准对待;

2. 经国家批准的有突出贡献的中青年科学、技术、管理专家和“百千万人才工程”第一、二层次人选，按照不低于所在单位领导副职的标准对待；

3. 交通青年科技英才和享受政府特殊津贴的专业技术人员，按照不低于所在单位中层领导的标准对待。

(二)分房工龄计算问题

各单位在分配住房时，应将专业技术人员在研究生院、普通高等学校规定的学习时间作为分房工龄列入分房条件。中等专业学校的学龄，以高中毕业后进入中等专业学校作为计算分房工龄的起点。

第二十条 休假。各单位要采取措施，保证高、中级专业技术人员法定的休假时间。有条件的单位，可组织有突出贡献的专业技术人员异地休假。

第二十一条 根据国家和当地政府的有关规定，优先解决中级以上专业技术人员的夫妻两地分居问题。

第六章 继续教育

第二十二条 对专业技术人员进行继续教育是各单位的重要职责。单位人事(干部)部门负责制定继续教育的计划和管理制度；教育部门负责继续教育计划的实施、考核登记、统计及质量评估，组织制定有关教学大纲、教材等。

第二十三条 继续教育可根据不同的培训对象和培训内容，采取不同形式，多层次、多渠道地进行。如脱产或半脱产参加国内外有关高校或培训基地的进修、培训和各种学术会议等，鼓励专业技术人员业余自学。

第二十四条 专业技术人员平均每年脱产接受继续教育的时间，高、中级专业技术人员累计不少于40学时(50分钟为一学时，每天6学时)；初级专业技术人员累计不少于32学时。继续教育的实施周期与专业技术职务聘任周期一致。一个周期内的学习时间可以集中使用,也可以分散使用。

第二十五条 继续教育的经费由国家、单位和个人多渠道解决。有条件的单位可以建立继续教育基金。

第二十六条 专业技术人员有接受继续教育的权利和义务。在规定的脱产学习期间的工资和福利享受在岗的同等待遇。各单位可根据需要同在国内连续脱产接受继续教育半年以上和派出国外留学、进修的专业技术人员签订书面协议。协议应当规定专业技术人员接受继续教育后回单位服务的最低年限和违反合同所应承担的责任。

第七章　流　动

第二十七条 专业技术人员的流动,应保证交通重点建设工程和重大科研项目及教育、航运生产需要,坚持合理的流向。

第二十八条 业余兼职。专业技术人员业余兼职必须符合国家和本单位的有关规定,履行相应的义务。专业技术人员有下列情况之一的,所在单位可以决定其暂不兼职:

(一)不认真做好本职工作或者不积极承担本单位分配的任务的;

(二)担负的工作涉及国家机密,从事兼职活动可能泄露国家机密的;

(三)承担国家科技攻关或本单位重要任务,在此期间兼职可能影响完成国家计划和本单位任务的;

(四)因与兼职单位存在利害关系或者其他可能影响公正办事的情形,应当回避在该单位兼职的。

第二十九条 辞职。辞职是专业技术人员的一项权利,由本人提出书面申请,按规定程序办理手续,不得擅自离职,否则按自动离职处理。有下列情况之一的专业技术人员,其辞职必须经过批准:

(一)国家和省、部重点工程、科研项目的负责人和业务骨干,其辞职后对工作可能造成损失的；

（二）在边远地区、少数民族地区工作的；

（三）从事特殊行业、特殊工种的；

（四）从事国家机密工作或曾从事国家机密工作，在规定的保密期以内的；

（五）经司法或行政机关决定或批准，在接受审查，尚未结案的；

（六）法律、法规、规章规定的其他情况的；

（七）与所在单位订有合同，而未能履行完合同规定的义务。

第三十条 辞退。辞退专业技术人员是单位的一项权利。

（一）单位对有下列情况之一，经教育无效的专业技术人员，可以辞退。

1. 连续两年岗位考核不能完成工作任务，又不服从组织另行安排或重新安排后在一年之内仍不能完成工作任务的；

2. 单位进行撤并或缩减编制需要减员，本人拒绝组织安排的；

3. 单位转移工作地点，本人无正当理由不愿随迁的；

4. 无正当理由连续旷工时间超过 15 天，或一年内累计旷工超过 30 天的；

5. 损害单位经济权益，造成严重后果以及严重违背职业道德，给单位造成极坏影响的；

6. 无理取闹、打架斗殴、恐吓威胁单位领导，严重影响工作秩序和社会秩序的；

7. 贪污、盗窃、赌博、营私舞弊，情节严重但不够刑事处分的；

8. 违犯工作规定或操作规程，发生责任事故，造成严重经济损失的；

9. 犯有其他严重错误的；

10. 符合开除条件的，按照《国务院关于国家行政机关工作人员的奖惩暂行规定》执行。

（二）专业技术人员在下列情况下，单位不得辞退：

1. 因公负伤、致残，丧失劳动能力的；

2. 妇女在孕期、产假及哺乳期内的；

3. 享受休假待遇的人员在休假期间的；

4. 患绝症、精神病及本专业职业病的；

5. 符合国家规定其他条件的。

（三）辞退专业技术人员，由单位有关行政领导提出书面意见，说明辞退理由和事实依据，经单位领导集体讨论决定后，按人事管理权限办理辞退手续、发给本人《辞退证明书》，并报当地政府人事部门和部人事劳动司备案。

第八章　退、离休管理

第三十一条　专业技术人员退休，是指工作到一定年限，达到规定年龄，按规定退出现职，由国家给予适当的生活保障金，并妥善安置和管理。

第三十二条　对达到退（离）休年龄的专业技术人员，单位人事部门应及时为其办理退（离）休手续，在其达到退（离）休年龄的前一个月，通知本人，并在其达到退（离）休年龄后的一个月内按规定办完有关手续，不再列为在编人员。

第三十三条　延长高级专家（系指担任正、副高级专业技术职务的专业技术人员，下同）退（离）休年龄应从严掌握。对少数高级专家，确因工作需要，身体能够坚持正常工作，征得本人同意，可以适当延长其退（离）休年龄，但副教授以及相当职务的高级专家最长不超过65周岁，教授以及相当职务的高级专家最长不超过70周岁。

第三十四条　女性高级专家，确因工作需要，身体能够坚持正常工作，本人自愿，可到60周岁退（离）休。

第三十五条　延长高级专家退（离）休年龄，按照干部管理权限审批。一次延长期限为1～3年，工作需要可继续延长。

第三十六条　确因工作需要，可返聘已退（离）休的专业技术人员从事专业技术工作，其政治、生活待遇由各单位自定。

第三十七条 高级专业技术人员退(离)休标准，按国家统一规定办理。符合下列情况之一者，退休费标准可以适当提高，但提高后的退休费，不得超过本人原工资标准。

(一)国家统一颁布的一、二等自然科学奖、国家发明奖、科技进步奖的获得者，或获以上集体奖的主要贡献者(系指等级额定的获奖人员，以证书为准，下同)，退休费标准可提高15%。

(二)国家统一颁布的三、四等自然科学奖、国家发明奖、科技进步奖的获得者，或获以上集体奖的主要贡献者；省(部、委)颁发的一、二等科技进步奖的获得者，或获以上集体奖的主要贡献者，退休费标准可提高10%。

(三)省(部、委)颁发的三等科技进步奖的获得者，及其集体奖的主要贡献者，退休费标准可提高5%。

第三十八条 提高高级专业技术人员退休费标准，须由所在单位提出正式申请报告，填写《高级专业技术人员提高退休费标准审批表》(附后)一式2份，并附有关证明材料报部人事劳动司审批。提高退休费标准从本人退休当月起执行。

第三十九条 各单位应关心、照顾退(离)休专业技术人员，为他们解决实际困难，组织他们从事科技服务，充分发挥他们的才智，做到老有所养，老有所医，老有所乐，老有所为。

第九章 优秀专业技术人才管理

第四十条 优秀专业技术人才主要指经国家、部(省)级主管部门批准选拔的各类专业技术人才，包括中国科学院院士、中国工程院院士、有突出贡献的中青年科学、技术、管理专家、享受政府特殊津贴的专业技术人员、交通青年科技英才、部级学术和技术带头人等。

第四十一条 中国科学院院士和中国工程院院士由部人事劳动司统一管理，并检查、督促院士所在单位落实院士应享受的一切待遇。凡涉及院士的工作调动、奖惩、健康状况等重大变化的情况,院士所在单位应及时向部人事劳动司报告。

第四十二条 有突出贡献的中青年专家的管理。经国家人事部(国家科委)批准的有突出贡献的中青年科学、技术、管理专家,由部人事劳动司统一管理。专家所在单位负责对专家的日常管理,落实专家应享受的待遇,了解专家的工作、学习、生活等方面的情况,及时向部反映专家的意见和要求,帮助他们解决存在的具体问题和困难等。

第四十三条 交通青年科技英才的管理。经部批准的交通青年科技英才,按照现行干部管理权限进行管理。如要调离所在单位,需报部人事劳动司审核。交通青年科技英才的待遇按部《关于设立"交通部跨世纪优秀专业技术人才培养专项经费"的通知》(交人劳发[1995]669号)办理。

第四十四条 享受政府特殊津贴人员的管理。经国家批准享受政府特殊津贴的专业技术人员,按照现行干部管理权限进行管理。

(一)凡1995年以前被批准享受政府特殊津贴的专业技术人员,发放标准为每人每月100元,部转拨到本人所在单位代发给专家本人,享受政府特殊津贴的专业技术人员退休后可继续享受,数额不减。

(二)凡1995年以前被批准享受政府特殊津贴的专业技术人员工作调动,其政府特殊津贴随行政关系一并转移。享受政府特殊津贴的人员工作调动或死亡,需转移或停发政府特殊津贴的,单位人事部门应及时报部人事劳动司。

(三)凡有下列情况之一者,停发或取消政府特殊津贴:

1. 未经组织同意出国长期不归者,停发政府特殊津贴;

2. 因死亡或其他原因停发工资者,停发政府特殊津贴;

3. 弄虚作假,谎报成果而取得政府特殊津贴者,取消政府特殊津贴;

4. 丧失或违背享受政府特殊津贴所必须具备的政治思想基

本条件者,取消政府特殊津贴。

停止或取消政府特殊津贴,由本单位提出处理意见,报部人事劳动司审批。

第四十五条 学术和技术带头人。按照分级管理的原则,经部批准的部级学术和技术带头人由部负责统一管理,所在单位负责其日常管理。凡涉及学术和技术带头人的工作调动、奖惩和健康状况等重大变化情况,专家所在单位应及时向部人事劳动司报告。

第十章 留学人员管理

第四十六条 出国留学工作方针是:按需派遣,保证质量,学用一致,加强对出国留学人员的管理和教育,努力创造条件使留学人员回国能学以致用,在社会主义现代化建设中发挥积极作用。

第四十七条 公派出国留学人员主要指进修人员和访问学者。

(一)公派出国留学人员办理出国手续前,要与选派单位签订《出国留学协议书》,明确出国留学的目的和要求,以及选派单位和出国留学人员双方和权利、义务和责任,并须经公证机关公证。

(二)公派出国进修人员和访问学者,在批准出国留学的期限内,国内工资由原单位照发,国内计算工龄。公派出国研究生在国外期间,国内工资待遇和攻读博士学位期间工龄的计算,按国家的有关规定办理。

第四十八条 自费出国留学是指我国公民得到其定居国外及香港、澳门、台湾的亲友资助或使用本人、亲友在国内的外汇资金,或个人争取到国外院校、科研机构奖学金资助,未纳入公派计划的人员到国外高等学校、科研机构学习或进修。

(一)具有大学专科及其以上学历的专业技术人员均有为国家服务的义务,在完成规定的服务期限后方可申请自费出国留学(包括到语言补习学校学习)。

（二）在职人员获准自费出国留学的，从出境的下一个月起停发工资。

（三）在职人员自费出国留学回国后，出国前工龄可以保留，并与回国后的工作时间合并计算工龄。获得博士学位回国工作的，其在国外攻读博士学位的年限，国内计算工龄，工龄计算办法与公派留学人员相同。

第四十九条 回国留学人员工作安排。

（一）回国留学人员的工作安排，要在国家建设需要的前提下，贯彻学用一致、人尽其才的原则。要遵照"择业自由、合理流动、人才竞争、双向选择"的精神进行。

（二）出国前已明确工作单位的公派留学人员（包括进修期间攻读学位的人员）回国后，原则上由原选派单位接收。对于原派单位安排有困难的，可向部人事劳动司申请协助安排到对口单位。

（三）确属安排、使用不当的回国留学人员，可向部人事劳动司提出调整意见，经部人事劳动司审定后，用人单位不得阻挡。

第十一章 专业技术人员信息库

第五十条 建立专业技术人员信息库，是专业技术人员管理的一项基本建设。逐步建立部和部属单位二级专业技术人员信息管理系统，是专业技术人员统计、分析、预测、规划和各方面工作的需要。

第五十一条 部级优秀人才信息库，主要存贮部管优秀人才（中国科学院院士、中国工程院院士、有突出贡献的中青年科学、技术、管理专家、交通青年科技英才、部级学术和技术带头人、享受政府特殊津贴人员等）的基本信息；部属单位信息库，存贮本单位各级各类专业技术人员的基本信息。部属各单位要积极协助部更新部优秀人才信息库。

第五十二条 逐步采用计算机辅助管理专业技术人员库，由部人事劳动司提出总体方案、指标体系，并建立专业技术人员信息库及信息管理系统。专业技术人员信息库应建成以部级为中心，以部直属一级单位为结点的脱机磁介质信息传递网络，并为联网创造条件。

第十二章　附　　则

第五十三条　部属各单位可根据本规定，结合各自的实际情况制定实施细则。

第五十四条　本规定未尽事项，按国家和部的有关规定执行。过去部的有关规定与本规定不一致的，以本规定为准。今后国家若有新的规定，则按新规定执行。

第五十五条　本规定由部人事劳动司负责解释。

第五十六条　本规定自发布之日起施行。

附件

高级专业技术人员提高退休费标准审批表

<table>
<tr><td>姓名</td><td></td><td>性别</td><td></td><td>出生年月</td><td></td></tr>
<tr><td>单位</td><td colspan="3"></td><td>工作时间</td><td></td></tr>
<tr><td>专业</td><td colspan="2"></td><td colspan="2">专业技术职务</td><td></td></tr>
<tr><td>退休费发放比例(%)</td><td></td><td colspan="2">申请提高比例(%)</td><td colspan="2"></td></tr>
<tr><td>工作经历</td><td colspan="5"></td></tr>
<tr><td>获奖情况</td><td colspan="5"></td></tr>
<tr><td>呈报单位意见</td><td colspan="5">(盖章)
年 月 日</td></tr>
<tr><td>部人事劳动司审批意见</td><td colspan="5">(盖章)
年 月 日</td></tr>
</table>

注:获集体奖的应在“获奖情况”栏内注明具体排序情况。

交通部部属企事业单位会计基础工作规范化实施办法

（交通部　交财发[1998]348号　1998.06.12）

第一章　总　　则

第一条　为加强会计基础工作，建立规范的会计工作秩序，提高会计管理水平，发挥会计工作在强化经济管理，提高经济效益，维护社会主义市场经济秩序中的作用，特制定本办法。

第二条　本办法依据《中华人民共和国会计法》和财政部印发的《会计基础工作规范》、《会计基础工作规范化管理办法》等会计法规制度，并结合我部具体情况制定。

第三条　本办法适用于部属企业、事业、社会团体和其他经济组织（以下简称“单位”）。

第四条　本办法自1998年7月1日起执行。

第五条　本办法解释权属部财务会计司。

第二章　会计基础工作规范化基本规定

第一节　会计基础工作规范化总体要求

第六条　各单位应根据会计业务需要单独设置会计机构，配备会计人员，为单位搞好会计工作提供组织保证。暂无条件单独设置会计机构的单位，至少要在有关机构中配备会计、出纳各一人，不得由一人既当会计又兼出纳。无条件配备会计人员的单位应委托有代理记账资格的机构代理记账。

会计人员指专职从事财务会计工作的人员和由财会部门管理的基层单位专职核算员。会计人员必须按规定取得《会计证》。实施会计电算化的单位，电算会计岗位人员还应取得《会计电算化资格证》。

第七条 大中型企业应设置总会计师。总会计师的职权和责任按照《总会计师条例》执行。

第八条 会计机构内部应建立稽核制度，配备专职或兼职稽核人员。稽核人员负责审查本单位的财务成本计划和各项财务收支，复核会计凭证和账表。

第九条 单位行政领导人应领导会计机构、会计人员执行《会计法》，并依法进行会计核算，实行会计监督；要保障会计人员的职权不受侵犯；任何人不得对会计人员进行打击报复；对认真执行国家法律、法规，坚持原则，忠于职守，恪守职业道德，做出显著成绩的会计人员，要给予精神或物质奖励；要加强对会计人员的培训，不断提高会计人员的素质，会计人员业务学习每年不得少于12天；要按照干部管理权限的规定任免会计人员，会计机构负责人、会计主管人员的任免，必须征得上级主管单位同意，以保证会计人员素质和保持会计人员的相对稳定。

第十条 会计人员必须加强政治学习，不断提高政治思想水平，坚持四项基本原则，树立全局观念，遵纪守法，忠于职守，廉洁奉公，实事求是，全心全意地为社会主义现代化建设服务；必须认真贯彻执行国家的财经方针、政策、法律、制度，维护国家和其他投资者权益，严格会计核算和监督；必须努力钻研业务，不断丰富会计理论知识，提高业务能力；要积极参与管理，为单位提高经济效益当家理财。

第十一条 各单位应本着有利于加强会计管理，改进工作作风，提高工作效率，以及有利于分清职责，严明纪律，考核干部的要求，并结合本单位实际情况建立健全会计人员岗位责任制度。

会计人员工作岗位一般可分为：会计主管、主管会计、出纳（现金和银行出纳可分设）、财产物资核算、资金核算、工资核算、往来结算、成本(费用)核算、收入利润核算、总账报表、稽核、责任成本、内部银行、电算会计、会计档案管理、车间成本核算等。可以一人一岗,一人多岗,或一岗多人,但出纳人员不得兼管收入、费用、债权、债务账簿的登记,各项实物验收保管,以及稽核和会计档案保管工作;会计不得兼管出纳工作的现金收支、有价证券保管等职能。各岗位人员要有计划地进行轮换,以利于会计人员全面熟悉业务。

各单位财会部门要在单位行政领导人或总会计师的领导下,半年或一年进行一次岗位责任制执行情况的检查,及时总结经验,并加以修订和完善。

第十二条 下列事项,应当办理会计手续,进行会计核算:

1. 款项和有价证券的收付;
2. 财物的收支、增减和使用;
3. 债权债务的发生和结算;
4. 资本、基金的增减和经费的收支;
5. 收入、费用、成本的计算;
6. 财务成果的计算和处理;
7. 其他需要办理会计手续,进行会计核算的事项。

第十三条 会计核算的基本要求:

1. 单位的会计核算工作必须遵守国家的法律、法规的有关规定;

2. 单位的会计年度自公历 1 月 1 日起至 12 月 31 日止;

3. 单位的会计核算采用借贷记账法(会计制度规定可采用其他记账方法的除外);

4. 会计核算的金额以人民币"元"为单位,元以下计至分,单价和单位成本可计至元以下四位数,余数四舍五入。以外币计算的,应当折合人民币记账,同时注明外币的名称、金额和汇率。会计核算的数量,均采用国家标准计量单位;

5. 单位的会计凭证、会计账簿、会计报表等各种会计记录,都必须根据实际发生的经济业务进行登记,做到手续齐备,内容完整、反映真实、计算准确、信息反馈及时；

6. 企业及有成本核算的行政、事业单位应根据权责发生制的原则进行会计核算。凡是本期已经实现的收益和已发生的费用，不论款项是否收付，都应作为本期的收益与费用入账；凡是不属于本期的收益与费用，即使款项已在本期收付，都不应作为本期的收益和费用处理；其他单位应根据收付实现制的原则进行会计核算；

7. 单位的收益和费用的计算应遵行配比原则，一个时期内的各项收入与其相关的成本、费用，都必须在同一时期内登记入账，不应脱节，不应提前或延后；

8. 单位所采用的会计核算方法，前后期应一致，不得任意改变。如需要改变的，应报经主管财政部门审批，并在会计报表中加以说明；

9. 填制会计凭证、登记会计账簿和编制会计报表等会计资料字迹必须清晰、工整，不得潦草。具体要求如下：

（1）填制在会计凭证上的汉字和阿拉伯数字，其所占格宽一般应以不超过二分之一至三分之二为原则，不要写满格。凭证最后一行数字与合计之间的空行应从右向左下划斜线注销，以示期间不能加写数字。合计金额数字前面应写人民币符号“＄”；

（2）登记在账簿中的汉字和阿拉伯数字，其所占格宽以不超过格宽的二分之一至三分之二为原则；

（3）填写在会计报表上的阿拉伯数字，以元为单位的，一律填到角分，无角分的，角位和分位可写“00”，或“-”符号，有角无分的，分位应写“0”，不得用符号“-”代替；

（4）汉字大写金额数字，一律用正楷（如：壹、贰、叁、肆、伍、陆、柒、捌、玖、拾、亿、万、仟、佰、元、角、分、零）或行书书写，易于辨认、不易涂改。大写金额数字到元或角为止的，在元或角的后面要写整（或正）字，金额数字到分的，分字后面不必写整（或正）。有的凭证或其他会计资料内大写金额数字前未印有“人民币”字样的，应加写“人民币”字样，并接着写数字，中间不得留有空白。阿拉伯金额数字之间有“0”时，汉字大写金额要写“零”字；

10. 各单位的财产应定期盘存。库存现金按日盘点;银行存款按月核对,财产、物资每年至少要清查1至2次,做到账账相符,账实相符;

11. 单位加盖在账簿上的会计人员名章为长方形扁章,用红色印油;各种戳记,如"承前页"、"过次页"等会计科目章均用蓝色印油(如书写,则用蓝黑墨水);结账、改错划线均用红色墨水;

12. 实施会计电算化的单位,在正式利用计算机替代手工账之前,必须按规定报经上级主管单位批准,否则,单位计算机替代手工记账不予承认,提交的有关会计账表资料上级主管单位可拒绝接受。

第二节 会计科目

第十四条 各单位应按照国家统一会计制度和由部制定的财务会计制度及补充规定(以下简称《会计制度》)设置和使用会计科目,进行会计核算。

为便于编制会计凭证,登记会计账簿,查阅账目,各单位不得随意改变或打乱《会计制度》所规定的会计科目编号;单位有增加的科目,其编号可利用有关科目之间预留的空号。

第十五条 统一规定的会计科目,单位没有相应会计事项的,可以不设。根据业务需要,单位可在会计制度规定的范围内,增减或合并会计科目。

第十六条 明细科目的设置,除《会计制度》已有规定者外,单位可以根据需要自行规定。但不能将总账科目改为明细科目。

第十七条 单位在填制会计凭证时,可以同时填写会计科目全称和会计科目编号,也可以只填写会计科目全称,不填写会计科目编号;不得只填写会计科目编号,不填写会计科目全称。

第三节 会计凭证

第十八条 会计凭证包括原始凭证和记账凭证。

第十九条 原始凭证包括外来和自制的两种,是经济业务发生时取得的书面证明。会计人员对发生的每一项经济业务,都必须取得或填制合法的原始凭证。

原始凭证必须具备以下内容:

凭证的名称;填制凭证日期;填制凭证单位名称或填制人姓名,经办人员的签名或盖章;接受凭证单位名称和经济业务内容、数量、单价和金额。除国家允许用票单位自行确定式样印制的票据(如邮政、电讯、铁路、公路、航空等部门的票据)外,其余的外来原始凭证均应套印有县(市)以上税务机关发票监制章或财政机关票据监制章。自制对内使用的原始凭证,应注明同该项经济业务有关的生产计划、经济合同和预算项目等内容,并连续编号,号码印(或填写)在凭证的右上角;对外使用的原始凭证应按税务机关或财政机关的规定套印票据监制章。

第二十条 原始凭证的签发和填制方法:

1. 从外单位取得的原始凭证,必须盖有填制单位的公章;从个人取得的原始凭证,必须有填制人员的签名或盖章;自制原始凭证必须有经办单位负责人或其指定的人员签名或盖章;对外开出的原始凭证,必须加盖本单位公章。凡填有大写或小写金额的原始凭证,大写与小写金额必须相符;

2. 凡一式几联的原始凭证,应当注明各联的用途,只能有一联作为报销凭证,而且必须用双面复写纸套写,并连续编号。作废时应加盖"作废"戳记,连同存根一起保存,不得销毁;

3. 职工公出借款条必须附在记账凭证之后。公出报销后,凭其报销金额冲抵原借款。报销金额小于原借金额由报销人归还差额时,应另开收据或退还借据副本,不得退还原借据;

4. 单位的某项开支如需与其他单位共用一张原始凭证时,可将支付款项单位开出的"原始凭证分割单"作为外来原始凭证,凭以结算。"原始凭证分割单"亦应具备原始凭证的内容和相应的签发手续;

5. 外来或自制的原始凭证,属于由出纳收入或支付款项的,应由收款人或领款人签名,由出纳人员分别加盖"现金收讫""转账收讫”和“现金付讫”“转账付讫”戳记;属于购入实物的,应同时附有由验收入库人开出的“验收单”,不需入库而直接领用的,必须由经领人签注用途和姓名;需要注销或作废的,由会计人员(出纳除外)加盖“注销”和“作废”戳记。

单位发生销货退回业务时,除填制退货发票外,退款时,必须取得对方的收款收据或汇款银行的凭证,不得以退货发票代替收据。

6. 经过上级批准的经济业务,应将批准文件作为原始凭证附件。如果批准文件需要单独归档,应在凭证上注明批准机关名称、日期和文件字号。

第二十一条 记账凭证包括收款凭证、付款凭证、转账凭证三种。也包括记账凭证汇总表和科目汇总表。企业也可以使用通用记账凭证。

第二十二条 单位应统一使用复式记账凭证,其内容必须具备:填制凭证日期;凭证字号;经济业务内容摘要;会计科目;金额;过账;所附原始凭证张数;填制凭证人员、稽核人员、会计主管人员签名或盖章处。收、付款的记账凭证还应有出纳人员签名或盖章处。

单位如需用自制原始凭证代替记账凭证的,必须具备记账凭证应有的内容,凭证的左上角应印有供填写借贷科目名称和凭证字号的空格。

第二十三条 会计人员应根据审核无误的原始凭证填制记账凭证。

第二十四条 记账凭证(更正、结账和预提费用、待摊费用等记账凭证可以不附原始凭证的除外)所列金额必须与所附原始凭证的金额一致。如遇一张原始凭证发生的经济事项较多,涉及到两张以上记账凭证时,可在原始凭证上注明本记账凭证的金额和所涉及的其他记账凭证的字号及金额等;同时,应在未附原始凭证的其他记账凭证上将原始凭证附入的记账凭证编号注明,以便查找。

第二十五条 记账凭证所附原始凭证中有涉及外单位的支出，应开出“原始凭证分割单”一式两份，一份供对方结算，另一份同有关原始凭证一起附入记账凭证，用以证明相关原始凭证减少填制记账凭证的金额数及其原因，也便于同接受“分割单”单位对账。使用划账通知单的只填一联给对方。

第二十六条 记账凭证所附原始凭证较多，不便于装订的，可采用“特种原始凭证汇总表”，将其数量、金额、事由、付款或收款方式、原始凭证张数、装订保管方式等汇总填列一式二份，一份与原始凭证一同装订作封面，另一份附入有关记账凭证内；面积较小的（如火车票、汽车票等）应通过整理，整齐地粘贴在“附件粘贴单”上；面积超过记账凭证的，应折叠（略小于记账凭证）附入有关记账凭证。

第二十七条 记账凭证中附件张数的计算，一般应以所附原始凭证的自然张数为准。凡是与记账凭证中的经济业务记录有关的每一张证件，都应作为原始凭证的附件。如果记账凭证中附有原始凭证汇总表，应该把所附的原始凭证和原始凭证汇总表的张数一并计入附件张数之内；差旅费和交通费中零散车票，如贴在“附件粘贴单”上，则可作为一张附件计算。

第二十八条 记账凭证应按现金、银行、转账三类凭证逐月按顺序编号。凡一笔经济事项须填制两张以上记账凭证的，记账凭证的编号应加上分号，如 2 号凭证有三张，则应分别写为：$2\frac{1}{3}$；$2\frac{2}{3}$；$2\frac{3}{3}$。

为便于当月的凭证编号不重不漏，收支业务多的单位应使用“凭证销号单”，月终将“凭证销号单”与有关记账一并装订。

第二十九条 为保证会计科目对应关系清楚，填制记账凭证时，在一般情况下，一张记账凭证只能一个科目同一个或几个科目相对应，不得几个科目同时对应；更不得把涉及到不同性质、业务的多张凭证汇集在一起，几个科目与几个科目同时对应。

第三十条 记账凭证上的"制证"、"稽核"、"记账"、"会计主管"等处,有关人员在履行职责后签名或加盖名章,其中制证与稽核人员不应由一人担任。仅有会计、出纳各一人的单位,应相互稽核并签名或加盖名章。

第三十一条 已经登记入账的记账凭证,年内发现填写错误时,应用红字填写一张与原内容相同的记账凭证,在摘要栏注明"注销某月某日某号凭证",同时再用蓝字重新填制一张正确的记账凭证,注明"订正某月某日某号凭证"。如果会计科目没有错误,只是金额错误,也可以将正确数字与错误数字之间的差额,另编一张调整的记账凭证。调增金额用蓝字,调减金额用红字。如发现以前年度的错误,应用蓝字填制一张更正的记账凭证调整账务,不使用红字更正法。

第三十二条 会计人员要严格审核会计凭证,对记载错误,不完整,不符合规定的凭证,应退回补填或更正。对伪造、涂改或经济业务不合法的凭证,应拒绝受理,并及时报告单位领导处理。

第三十三条 从外单位取得的原始凭证如有遗失、被盗等情况,应取得原签发单位证明,并注明原来凭证的号码、签发日期、金额和内容等,由经办单位负责人批准后,才能代作原始凭证。如果确实无法取得证明的,如火车、轮船、飞机票等凭证,应由当事人写出详细情况,出具证明,经单位领导或会计主管批准签字后,代作原始凭证。

第三十四条 各种记账凭证应及时传递,不得积压,登记完毕后,应按照分类和编号顺序保管,并按月装订成册,不得散乱丢失。

记账凭证的传递程序一般为:根据审核无误的原始凭证编制记账凭证,然后交稽核人员审核,再由会计主管审批,审批后,转账凭证交由记账人员记账;收付款凭证,应先交出纳人员办理收付款事宜,然后交记账人员记账,记账后送交有关人员装订保管。

第四节 会 计 账 簿

第三十五条 会计账簿包括总分类账、日记账、明细分类账三种。还包括备查簿、卡片等辅助账。

总分类账为订本式、活页式两种。订本式为直型,活页式为横型。现金日记账和银行存款日记账为订本式,直型;明细分类账和备查簿均为活页式,横型。

第三十六条 账簿由封面、封底、启用表、目录和账页组成。订本式由印刷厂按封面、启用表、目录、账页、封底顺序装订成册;活页式账簿由使用单位按上述顺序装订成册。

会计账簿封面要有填写账簿名称、使用单位和使用年度的标志。启用表应具有填写使用单位名称、账簿名称、账簿编号、账簿页数、启用日期、经管人员、会计负责人、移交人、接交人、监交人、交接日期和粘贴印花税票等内容的栏目。目录应具有账户名称和账户页次两个内容,账页一般应具备如下内容:账簿名称、总页和分页编号、科目或明细户名称、年、月、日、记账凭证的字和号、摘要,以及借方、贷方金额余额栏和"借或贷"、对账符号"√"等内容;记载实物的明细账还应有反映数量增、减、结余情况的内容;专用账簿除应具备上述内容外,还应设置能记载专项业务内容栏目。备查簿和卡片的内容可由单位视具体业务需要而定。

第三十七条 独立核算的单位必须设置总分类账、现金日记账、银行存款日记账和按业务需要设置材料、产品(商品)、固定资产、低值易耗品、包装物等实物明细账和债权债务、费用、工资、在建工程、销售、利润、经费收支等明细账和有关备查簿、卡片。大中型企业的内部机构,实行内部经营承包责任制后,可比照独立核算单位设置会计账簿。

已经批准使用计算机代替手工记账的单位,用机器打印的账页,必须具备上述内容,并应编定页码,定期装订成册。

第三十八条 会计账簿启用时,应在封面上写明账簿名称和使用单位的全称、所属年度、填写启用表,并加盖财务公章,按账户设置情况填写目录。

启用的会计账簿,应从第一页开始顺序编定总页码;如一个账户用到两张以上账页的,还要依次编写分页页码。

第三十九条 单位可根据业务多少的情况,选用记账凭证、科目汇总表和汇总记账凭证记账程序三种程序中的一种。

第四十条 单位应根据审核无误的会计凭证登记账簿,其记账规则如下:

1. 登记账簿时,应将会计凭证日期、编号、业务内容摘要、金额和其他有关资料逐项记入账内。要做到数字准确,摘要清楚,登记及时,字体工整,整齐清洁。登记完毕,要在会计凭证上签名或盖名章。

2. 登记账簿要用蓝黑墨水书写,不得用圆珠笔或铅笔书写。但下列情况可以用红色墨水记账:

(1)按照红字冲账的记账凭证,冲销错误的记录;

(2)在不设借、贷栏的多栏式账页中,登记减少数;

(3)在三栏式账页的"余额"栏前,未印有"借或贷"栏的,在"余额"栏内登记负数余额;

(4)会计制度中规定用红字登记的其他记录。

3. 各种账簿应按页按行顺序连续登记,不得跳行、隔页。发生跳行时,在空行的金额栏内划线注销,并分别在摘要栏内注明"此行空白"字样,还应加盖经办人名章;

凡漏记的账目可以补记,补记时仍填写原记账凭证的日期、编号等,并应在摘要栏内注明"补登记"字样。

4. 有借、贷、余金额栏的账户,单位应按规定时间结出余额,并按余额的实际情况在"借或贷"栏内写明"借"或"贷"字样。如果该账户已结平,则应在"借或贷"栏内写"平"字。

5. 每一账页登记完毕,应将本月初起至本页最后一笔记录止借、贷方发生额之和及本页最后一笔余额情况(包括金额和"借"、"贷"方情况,下同),写在本账页的最后一行的相关栏内,并在摘要栏内注明“过次页”字样，以示结至下一账页连续记录；下一账页的第一行应将上页结转的数字和情况记入相关栏内，并在摘要栏内注明“承前页”字样，以便连续记录。

6. 账簿登记不清晰、不整洁的，不应重抄；登记错误的，不准涂改、挖补、刮擦或用药水清除字迹，应用如下方法更正：

(1)登记账簿时发生错误，应将错误的文字或数字用红笔划一单线注销，并加盖记账人员名章，然后在已注销的部分上方填写正确的文字或数字。

(2)由于记账凭证错误而使账簿记录发生错误的，应按照更正的记账凭证登记账簿，并调整账务。

7. 单位所发生的各项经济业务均应及时登记入账，并应在月终、季终、年终做好结账工作。

第四十一条 单位使用的账簿，除固定资产明细外，一般应在年度终了时更换新账。固定资产明细账继续使用一年后也必须更换。

第五节 会计报表

第四十二条 各单位会计报表的具体格式和编报要求由部统一布置。各级主管单位在不影响部统一汇总的前提下可作补充规定。实行会计电算化单位在不违反现行会计制度的前提下，计算机打印的会计报表可作正式报表上报。

第四十三条 各单位所采用的会计报表大小规格应一致。需要增报说明生产经营等情况的补充报表，其规格不得超过使用的统一会计报表。

第四十四条 各单位应根据正确无误的总分类账和账账相符、账实相符的有关明细账编制会计报表，做到数字真实、计算准确、内容完整、说明清楚、报送及时。任何人不得篡改或授意他人篡改会计报表数字。

第四十五条 各单位编制的会计报表，表与表之间，表内各项目之间，凡有对应关系的数字均应相互一致，本期报表与上期报表的数字之间有勾稽关系的数字,应相互衔接。各个年度会计报表中各项目内容和核算方法如有变动,应在报送年度会计报表时注以文字说明。

第四十六条 会计报表中所规定的补充资料各项目,系会计报表或与会计报表相关的重要内容,各单位都应填列齐全,不得遗漏。

第四十七条 会计报表中需填列的计划数,凡经有审批权力机关正式批准的,应填列批准数;暂未经有批准权力机关批准的,可填列最后上报审批数。

第四十八条 各单位编制的会计报表应经单位负责人、总会计师、财务部门负责人和会计主管人员审阅签名(盖章)后加盖单位公章,才能报出。

单位编制的月、季、年度会计报表均应按表号顺序加具封面进行装订。装订的顺序是:(1)会计报表封面;(2)财务情况说明书及附列资料及编表说明;(3)会计报表;(4)封底。年度终了,应将各月、季的会计报表分别合并装订成册,加具封面。各期的报表均按编报时间先后顺序装订。

第四十九条 各单位已经编制完毕,但尚未报出的会计报表,经审核发现属政策性方面的错误,应按政策规定调整账务后,重新填制;属于技术方面的错误,应根据实际情况,通过调整账务或重新计算或重抄等方面改正后重新填报,待完全改正后报出。对于已经报出的会计报表,应根据错误的原因按前述方法修改,数字错误在两处以内的,除留用表修改外,还应书面通知报送单位修改;错误在两处以上的,应重新填报。年终决算经上报审批后应予改正的错误,应根据决算批复意见,并按照会计制度的规定,进行相应的账务处理后予以调整,调整结果应抄报原报送单位。单位不得随意调整已报出的会计报表。

第六节 会 计 档 案

第五十条 各单位的会计档案包括:会计凭证(含另行装订

的原始凭证）会计账簿、会计报表、财务收支计划或预算和重要的经济合同、移交清册、会计电算化软件开发的全部文档资料等会计资料。会计档案分为：会计凭证、会计账簿、会计报表和其他四大类。

第五十一条 会计凭证应按月整理加具封面、封底装订成册。凭证封面的内容要填写齐全，盖齐名章；装订的顺序是：封面、销号单、记账凭证汇总表、记账凭证（含随附的原始凭证）、抽出凭证登记表、封底。

第五十二条 会计账簿应按本办法第四节有关规定进行整理装订。订本式账簿未用完的空白账页不得取出，要保持原装页数完整无缺；活页式账簿中空白账页可以抽出，某些科目所属明细账页太少不便装订的，可以与同年同类账页的其他科目所属明细账页合并装订，但必须在账簿封面上注明各种明细账的名称、年度，并将各自的用户表、目录附在各自账页的第一页前面。

第五十三条 会计报表的整理方法应按照本办法第五节有关规定办理。

第五十四条 当年编制并经批准的财务收支计划或预算和年度内签订的重要经济合同未附入记账凭证的，以及除会计凭证、会计账簿、会计报表以外的其他需要立卷归档的会计资料，均应整理装订成册立卷归档。卷面或封面上必须注明单位名称、资料名称、所属年度，并编写顺序号；资料数量较多时还应编写目录。

第五十五条 会计档案形成以后，当年的会计档案可由财会部门再保管一年。如单位的经济往来频繁，也可适当延长时间，但最长不得超过二年。期满后，财会部门应造具“会计档案移交清册”，移交给单位的档案部门管理。单位未设档案管理机构的，会计档案由财会部门自行管理。

第五十六条 “会计档案移交清册”应具备的基本内容包括：档案所属年度、类别、名称、册数、编号、规定保管期限、需要说明的问题，以及监交人、移交人、造册人的签章处。

第五十七条 大中型企业应配备专职档案管理人员。暂时无条件配备专职档案管理人员的,应由财会部门指定专人或兼职人员管理会计档案。

第五十八条 大中型企业应建立会计档案库房,配置档案柜等设备。暂无条件建立档案库房的,要设置专用柜存放会计档案。

第五十九条 单位应根据《会计档案管理办法》和《会计人员工作规则》的规定,结合本单位具体情况,制定切实可行的会计档案管理制度,建立会计档案的保管、调阅、销毁登记簿或软件。

第六十条 会计档案的管理应做到制度化、条理化、科学化。做到妥善保管、存放有序、查找方便。

第六十一条 管理会计档案,要严格执行安全和保密制度,不得随意堆放,严防毁损,散失和泄密。

第六十二条 单位的会计档案应积极为本单位提供利用,也可以为外单位提供利用。调阅会计档案时,要严格办理手续。本单位人员调阅,要经会计主管人员同意;外单位人员调阅,要有调阅单位的介绍信,并注明调阅会计档案的内容,经单位领导人和会计主管人员批准后,办理调阅手续;在调阅过程中,只能调阅与介绍信规定内容有关的资料,不得调阅与规定内容无关的资料;档案原件原则上不得借出,也不得拆散卷册;外单位调阅会计档案,需抄录和复制的,由会计主管人员签署意见,报经单位领导批准。特殊情况涉及到较重要的会计资料或需抽调原始凭证的,由单位领导签署意见,报经上级主管单位批准后办理。所有调阅的会计档案,均应进行登记,并限期归还。

第六十三条 单位会计档案保管期满,需要销毁时,应由本单位档案管理部门提出销毁意见,会同财会部门共同鉴定,编造"会计档案销毁清册",经单位领导审查,报经上级主管单位批准后销毁。销毁时,应由档案部门和财会部门共同派员监销,并在销毁清册上签章。

"会计档案销毁清册"应一式三份,分别由单位的档案管理部门、财务部门和上级主管部门各执一份。

第六十四条 保管期满,经批准准备销毁的会计档案中属于未结清的债权债务原始凭证,应单独抽出,另行立卷,由档案部门保管至结清债权债务时为止。

第七节 会计工作交接

第六十五条 会计人员工作调动或因故离职,必须与接替人员办理交接手续,没有办清交接手续的,不得离职。

第六十六条 会计工作交接的内容包括:财会部门的公章、公物、现金和有价证券、支票簿、会计凭证、会计账簿、会计报表和财务会计有关文件、资料等。

财会部门负责人和会计主管调离时,应负责对公章、公物和财务会计文件,会计核算资料逐一进行移交。财会部门负责人和会计主管如兼有其他会计业务工作的,也应进行移交。

出纳人员调离本岗位时,要对库存现金、有价证券、各种发票、收据和银行存、取单据、汇款凭单、印鉴公章以及现金、银行账簿、银行对账单等进行逐项移交。

第六十七条 会计人员在离职前,应将自己所经管的会计工作资料全部整理清楚。未处理完的会计事项应及时落实处理,在离职前确实无法处理完的资料,应说明原因,并注明事项发生的前后情况,经领导批准,可留给下任会计处理。

第六十八条 会计人员在离职前应对所负责填制或保管的会计凭证进行认真整理,已发生应处理的会计事项,应填制记账凭证;负责管理的会计凭证,应按时间和号码顺序进行清理,防止遗漏与丢失。

第六十九条 会计账簿交接前,会计人员应将已发生经济事项的原始凭证填制记账凭证并登记入账;已登记完毕的账簿要结出余额,与总账核对一致并应在各账户的余额后面加盖名章。账簿应按顺序号、种类等进行整理装订,保证完整无缺,债权、债务账户所遗留的事项应附注清楚。

第七十条 会计报表应做到资料齐全,不漏不少。其他会计资料,包括文件、会计核算相关资料、各种空白单据、发票等,应按类整理。各种单据、发票应按编号一一清理,缺少、丢失的单据、发票要责成移交人追回。

第七十一条 财会部门所使用的公物应在移交前与财产登记簿核对清楚。财会部门所使用的公章、印鉴要与经管人和银行核对清楚。

第七十二条 造具移交清册,将应该移交的资料、实物,逐项列出品名、数量、存放地点、遗留问题处理意见等内容,以便接替人员核对。

移交清册还应注明:单位名称、交接日期、交接双方和监交人的职务、姓名及移交清册的页数、需要说明的问题和意见等。填写一式三份,以便交接双方存档留用。

第七十三条 会计人员移交时应做到:现金、有价证券与账面余额相符;会计凭证、账簿、报表和其他会计资料完整无缺;银行存款账户余额与银行对账单核对相符;财产物资的明细账户余额与总账有关账户余额、与实物相符;债权债务明细账户的余额与有关总账账户余额、与债权债务人的债权债务相符。

第七十四条 会计人员交接时分别由下列人员监交:一般会计人员交接,由财务部门负责人或会计主管人员监交;财务部门负责人或会计主管人员交接时,由单位行政领导监交;会计人员在移交过程中,如果有些问题涉及两个单位的,或涉及单位行政领导人的,或上级主管单位认为需要派人监交的,均应由上级主管单位派人会同监交。

第七十五条 本办法规定需要移交的会计工作内容和实际工作需要移交的工作应全部移交,并符合本规定的质量要求,交接双方人员和监交人员均在移交清册上签名或盖名章后,始为移交完毕。移交完毕,移交人员才能离开原工作岗位。

第七十六条 接替人员应认真接管移交的工作,继续办理移交的未了事项,并继续使用移交的账簿,应保持会计记录的完整性,不得自行另立新账。

第七十七条 移交后,如发现原经管的会计业务有违反财会制度和财经纪律等问题，仍由原移交人负责。

第七十八条 会计人员临时离职或因事因病不能到职工作的，财务部门负责人或单位领导必须指定人员接替或代理。

第七十九条 单位撤销时，必须留有必要的会计人员办理清理工作，编制决算。单位注销手续结束前，不得离职。接收单位和移交日期由上级主管部门确定。

第八十条 合并单位的会计交接手续，比照上述规定办理。

第八节 内部财务会计制度

第八十一条 各单位应根据《会计准则》、《财务通则》和由部制订的财务会计制度的要求，结合本单位的特点，制定内部财务会计制度。

第八十二条 各单位内部财务会计制度的内容包括：

1. 资金(基金)筹集管理和核算制度；
2. 货币资金及往来户结算管理和核算制度；
3. 存货管理和核算制度；
4. 固定资产管理和核算制度；
5. 在建工程的管理和核算制度；
6. 无形资产和递延资产及其他资产的管理和核算制度；
7. 对外投资的管理和核算制度；
8. 债务的管理和核算制度；
9. 所有者权益的管理和核算制度；
10. 成本(费用、支出)的管理和核算制度；
11. 营业收入(经费收入)的管理和核算制度；
12. 利润(结余)、税金的管理和核算制度；
13. 会计报表及财务评价制度。

上述内部财务会计制度的形式可以根据单位的规模、管理特点而定，既可以制定一个总的内部财务管理和会计核算制度，也可以按具体会计事项单独制定内部财务会计制度。

第三章　会计基础工作规范化的组织实施

第八十三条　各单位会计基础工作达到本办法规定的，可以向负责考核验收的单位（以下简称考核验收单位）申请考核，由部确认后，可以取得会计基础工作规范化资格；申请考核单位会计基础工作存在下列情形之一的，不得确认为会计基础工作规范化单位：

（一）法律规定应当建账而没有建账，或者虽建账但长期不记账、不对账，造成账目严重混乱的；

（二）会计凭证不真实、不合法、不准确、不完整，情节严重的；

（三）账外设账，情节严重的；

（四）财务报告严重虚假，与有关会计账簿记录不对应，给国家和社会公众利益造成损失的；

（五）申请考核前 2 年内经有关部门检查确认有重大违反财经纪律问题的。

第八十四条　会计基础工作规范化的实施程序为：

（一）自查。各单位应当根据本办法的规定进行自查，找出本单位会计工作中存在的问题和差距，并采取整顿措施整改后才能正式申报。

（二）申报。单位通过自查整改以后，认为达到了规范化标准的，可以向上级主管单位申报，并提交《交通部部属企事业单位会计基础工作规范化考核申报表》（见附件一）和自查总结报告。

自查总结报告的主要内容包括：单位的基本情况、开展会计基础工作规范化工作的主要组织措施、实施步骤、整改效果；

（三）考核。考核工作由具有相应权限的主管单位或由主管单位委托的社会中介机构组织实施。考核单位应当成立考核小组，考核小组成员应当挑选坚持原则、作风正派、业务素质和政策水平较高的人员组成，并明确分工，实行质量责任制。由考核小组对申请考核单位申报的材料进行初审，对具备考核条件的单位组织考核验收。考核验收程序应当符合下列要求：

1. 制定考核计划,明确考核重点。考核小组要认真阅读申请单位提供的资料,全面了解申请单位的会计基础工作情况。在此基础上,深入现场作实地考核,并按《交通部部属企事业单位基础工作规范考核评分表》(见附件二)的规定逐项评分。对实行二级核算或者三级核算的单位进行考核确认时,对其二级核算单位的抽查考核面应达到50%,对三级核算单位的抽查考核面应达到20%;

2. 考核小组应根据考核情况,提出书面考核意见并如实填写《交通部部属企事业单位会计基础工作规范化考核申报表》中有关内容。考核意见的内容包括:申请单位会计基础工作的基本情况;考核中发现的主要问题及改进意见;考核结论;考核小组负责人签章等;

3. 考核小组的考核意见应当书面通知申请单位;

4. 申请单位对考核小组提出的改进意见,应当在限期内整改完毕,并经考核小组复核。

被考核单位在考核前应搜集整理下列材料,将其归类、编定目录页次:

1. 会计人员基本情况表;

2. 会计人员岗位责任制度;

3. 预算或定额管理制度;

4. 内部计划价格制度;

5. 财产物资管理及财产清查制度;

6. 内部财务会计制度;

7. 会计档案管理制度;

8. 当年或上年的财务物价税收大检查纪录或注册会计师审计报告;

9. 会计电算化有关资料;

10. 反映会计基础工作的其他材料。

(四)确认。经考核符合会计基础工作规范化条件的单位,由部财务会计司验发会计基础工作规范化证书。

第八十五条 会计基础工作规范化合格证书由部财务会计司统一印制。

第八十六条 部财务会计司负责部属各单位会计基础工作规范化的组织实施，并成立会计基础工作规范化办公室，负责日常管理和协调工作。各单位要相应成立会计基础工作规范化领导小组和办公室，负责组织本单位会计基础工作规范化的实施。

第八十七条 部属各单位会计基础工作规范化在2000年年底前全部完成，凡是在2000年年底前没有取得会计基础工作规范化证书的单位，以后年度不得参与先进会计工作集体和先进会计工作者评选，不得颁发其会计人员荣誉证书，不得参加高级会计师任职资格评审。

第八十八条 经考核，已经取得会计基础工作规范化证书的单位，由考核验收单位每2年进行一次复查。对会计基础工作明显削弱、达不到本办法规定要求的单位，由考核验收单位责令其在3至6个月内进行整改；在规定期限内整改仍未取得明显成效的，由考核验收单位报部批准，取消其会计基础工作规范化资格，收回会计基础工作规范化证书。

第八十九条 考核验收单位在考核、验收和复查中发现申请考核单位或被检查单位存在本办法第八十三条规定的情形之一者，经为期3至6个月的整改仍未取得明显成效的，对负有直接责任的会计人员，作出或建议调离其岗位，并取消其参加高级会计师任职评审资格。

第九十条 对取得会计基础工作规范化证书、成效显著的单位，由负责组织考核验收的单位给予精神和物质的奖励，表彰奖励成绩突出的有关人员。

第九十一条 考核验收单位应当建立会计基础工作规范化考核业务档案，记载考核验收、验发证书、复查等情况。考核业务档案视同会计档案，并做长期保管。

第四章　附　　则

第九十二条　部属各单位可依据本办法制定具体实施方案，并报部备案。

交通行业行政事业单位定期审计规定

（交通部　交审计发[1998]667号　1998.11.03）

第一章　总　　则

第一条　为了加强对交通行业行政事业单位(以下简称行政事业单位)经济活动的审计监督,促进各单位加强财务管理,合理使用资金,根据《交通行业内部审计工作规定》和有关法规,制定本规定。

第二条　本规定所称行政事业单位是指:

(一)国家财政核拨事业费的单位;

(二)上级部门核拨经费和补助经费的单位;

(三)经费自给的事业单位。

第三条　定期审计是指行政事业单位的审计部门(或专职审计人员,下同)对本单位及附属单位(以下统称为被审计单位)各项经济活动的真实、合法、效益性等进行的审计。定期审计一般分为季度审计和年度审计。

第四条　部审计办在各单位进行定期审计的基础上,对部属一级行政事业单位进行定期审计或组织联审。

未设立审计部门的行政事业单位每年必须委托具有对中央单位审计查证资格的社会审计机构进行定期审计。

第二章　审计内容

第五条　审计内容包括:行政事业单位的内部控制制度、预算、各项收入和支出、各专项基金的收支、资产、负债和净资产等。

公安经费中的特费可不进行审计。

第六条 内部控制制度

(一)是否制定了有关货币资金管理、固定资产管理、对外投资管理、票据管理等方面的内部控制制度;

(二)各项规章制度是否符合国家的有关规定,是否得到认真贯彻执行。

第七条 预算及决算报表

(一)是否编制年度预算,预算的编制及调整,是否按规定的程序报批;

(二)决算报表的编报是否真实、准确、完整、合规、合法,账表是否相符。

第八条 收入

(一)事业性收费的项目、标准和范围是否合规、合法,有无擅自扩大收费范围和提高收费标准等问题;

(二)财政和上级补助收入及取得的事业收入、经营收入等各项收入是否及时全额入账,有无隐瞒、设置账外账和"小金库"现象及虚增收入等问题;

(三)应上交财政或主管部门的收入是否及时、足额上交,有无拖欠、截留等问题。

第九条 支出

(一)各项支出是否严格执行有关财务规章制度规定的开支范围及开支标准,有无擅自扩大开支范围、提高开支标准及虚列支出等问题。

(二)在使用财政补助时,是否按计划控制用款,是否随意改变资金用途。

(三)是否严格执行国家税收政策,正确计提和足额、及时上交各种税费。

第十条 事业结余和经营结余的分配是否符合有关规定。

第十一条 货币资金及有价证券

(一)是否按照国家规定在银行开立账户,有无公款私存和出租、出借或转让银行账户等问题；现金的管理、使用是否符合现金管理的有关规定；

（二）有价证券的购买及其资金来源是否合法，账务处理是否正确，保管是否妥善、安全。

第十二条 往来款项

（一）往来款项是否真实、合法，有无利用往来账隐瞒收入和支出，或直接列收列支等问题；

（二）往来款项是否及时清理，有无长期挂账，尤其是长期被其他单位和个人占用款物等问题；

（三）有无利用往来账，违反规定对外投资，或私自借贷资金及滥发钱物、套取现金等问题。

第十三条 固定资产和库存材料

（一）固定资产和库存材料的管理是否严格执行验收、保管、登记、领用制度，是否进行定期或不定期的清查盘点；

（二）固定资产的分类及增减的审批手续、账务处理是否合规，有无账实不符等问题。

第十四条 对外投资

（一）对外投资是否按规定报经主管部门、国有资产管理部门和财政部门批准或者备案；以实物、无形资产对外投资，是否按国家有关规定进行了资产评估；

（二）对外投资取得的收益和接受的捐赠是否按规定纳入决算，有无隐匿、转移、截留或直接用于福利开支和发放现金等。

第十五条 国有资产有无被外单位或个人无偿占用和流失等问题。

第十六条 专用基金的管理是否先提后用、专款专用；各项专用基金的收支是否合规、合法，账务处理是否正确。

第三章 审计程序

第十七条 各单位审计部门应将定期审计项目列入本单位年

度审计工作计划，报经主管领导批准后实施。

第十八条 审计实施完成后，要写出审计报告，并征求被审计单位的书面意见。审计报告要针对审计查出的问题，根据有关规章制度，提出处理意见和改进建议。

审计部门对审计中查出的属于贪污、行贿受贿和因渎职造成严重损失浪费等问题，报请本单位主管领导，按有关规定处理。

第十九条 根据审计报告和被审计单位的书面意见，拟出审计意见书和审计决定，报本单位主管领导批准后，下达给被审计单位执行。

第二十条 本规定未涉及上述审计程序的其他内容，按《交通行业内部审计工作规定》中的有关规定办理。

第二十一条 审计报告、审计意见书和审计决定应同时抄报交通部审计办。

第四章 附 则

第二十二条 各行政事业单位可结合本单位实际情况，制定具体实施办法。

第二十三条 交通企业所属的事业单位，可以参照本规定办理。

第二十四条 本规定由交通部负责解释。

第二十五条 本规定自发布之日起执行。1987 年交通部下发的《交通部关于对部属事业单位实行定期审计制度的通知》([87]交审字 350 号)同时废止。

交通部科技、教育、人才专项补助经费财务管理办法

（交通部　交财发[1999]11号　1999.01.08）

第一条　为加强交通部科技、教育、人才专项补助经费（以下简称“专项补助经费”）的财务管理，提高资金的使用效益，促进科教兴交战略的顺利实施，根据国家有关财务制度的规定，特制定本办法。

第二条　专项补助经费是指为支持交通科技、教育事业发展，加快培养、造就年青一代学术和技术带头人而设立的专项补助经费。

第三条　本办法适用于用专项补助经费安排的单位。

第四条　专项补助经费的资金来源：

（一）部自有资金。

（二）国、内外单位和个人捐款。

第五条　专项补助经费使用范围如下：

（一）科技专项补助经费主要用于软科学研究、科技成果的推广应用、科技进步奖励、国内外科技交流合作、行业标准化、企业技术进步、科技人才培养、科技扶贫、少量重点研究开发项目的支出。

（二）教育专项补助经费主要用于部直属高校师资培养、科学研究、重点学科建设、重点教材建设、211工程补助、部直属普通高校引进优秀人才的支出。

（三）人才专项补助经费主要用于资助优秀青年专业技术人员从事的科研活动和科技英才奖励支出。

（四）经部领导批准的其他支出。

第六条　专项补助经费的管理。部科教司负责部直属高校师资培养、科学研究等科教项目的管理；部人劳司负责跨世纪人才培

养项目的管理;部财务司负责项目的财务管理工作。

项目承担单位的财务部门归口管理专项补助经费,并负责财务监督。项目具体承担部门应在规定的范围内使用项目补助经费,不得随意扩大开支范围和提高开支标准,并对专项补助经费的使用效益负责。

第七条 专项补助经费的开支范围包括:

(一)人工费:指直接从事专项补助经费项目的工作人员的人工费。

(二)设备费:指开展项目工作必须购置专用仪器、设备的费用。

(三)试验研究费:指开展项目工作进行的试验研究费用。

(四)资料费:指开展项目工作需购买有关资料及复印等费用。

(五)差旅费:指开展项目工作发生的差旅费。

(六)会议费:指为项目工作召开有关会议所发生的会议支出。

(七)其他费用:指以上支出未包括,但项目本身必须要发生的支出。

第八条 项目承担单位应按各类专项补助经费项目管理的具体要求,在申报项目的同时编报项目支出预算(预算的内容应包括人工费、设备费、实验研究费、资料费、差旅费、会议费、其他费用等费用项目)。由项目主管司审核后商部财务司提出专项补助经费的项目计划,经部领导批准后下达。财务司据此办理拨款手续。

第九条 为促进科研成果尽快转化为现实生产力,提高资金的使用效益,对属于应用性的科研项目(包括教育科研项目),其补助经费应逐步采取有偿使用的办法,具体办法由部另行制定。

第十条 对专项补助经费,要按单位不同性质分项目单独进行核算,具体核算要求如下:

科研单位:通过“拨入专款”、“专款支出”科目进行明细核算。

高等学校:通过“上级补助收入”、“教育事业支出”科目进行明细核算。

其他事业单位:通过“拨入专款”、“专款支出”科目进行明细核算。

企业单位:通过“专项应付款”、“专项拨款”、“专项应付款专项拨款支出”科目进行明细核算。

第十一条 项目完成后,各单位要按要求报送经费支出情况,并对项目的主要作用、技术经济效果和社会效益进行分析。对形成的固定资产、无形资产和其他资产,经部批准后,事业单位相应增加“固定基金”和“事业基金？一般基金”;企业单位相应增加资本公积;对核销部分冲销专项补助经费拨款。项目的结余资金,企业单位作为国家投资,在资本公积中反映;事业单位在事业基金中反映。

第十二条 项目单位要切实加强专项补助经费的管理,做好经费的日常财务管理与会计核算工作,年度终了后20日内应按规定向部编报专项补助经费决算(报表格式详见附件),并对专项补助经费的使用情况和经济效益情况写出文字分析材料。

第十三条 对于一个项目有几项资金来源的,在编制财务报表时,可根据该项目本年实际支出数和各项资金来源所占的比例,填报由部专项补助经费负担的部分。

第十四条 因特殊原因需要中途撤消或更改的项目,在项目主管司作出撤消或更改项目的决定后20日内,项目承担单位必须编报项目决算,连同固定资产购置情况一并报送项目主管司和部财务司,剩余的项目经费应全额上缴部(财务司),由项目主管司继续用于安排其他项目。

第十五条 专项补助经费必须专款专用,不得截留或挪用,对违反规定的一经查出除追缴截留或挪用的专项补助经费外,还要追究有关人员的责任。

第十六条 专项补助经费的使用和管理应接受国家财政、审计部门的监督。

第十七条 本办法由交通部财务司负责解释。

第十八条 本办法自1999年1月1日起执行。

交通行业内部审计工作规定

（交通部令2004年第12号　2004.11.19）

第一章　总　　则

第一条　为加强交通行业经济管理，确保资金安全有效使用，提高经济效益，推动交通行业廉政建设，促进交通事业健康发展，根据《中华人民共和国审计法》、《审计署关于内部审计工作的规定》，结合交通行业的实际情况，制定本规定。

第二条　交通行业内部审计，是交通经济监督工作的重要组成部分，是交通主管部门和企事业单位的内部审计机构依法独立监督和评价本单位及所属单位财政收支、财务收支、经济活动的真实、合法和效益，以及为加强内部控制和风险管理、实现经济目标提供保证和咨询服务的行为。

第三条　各级交通主管部门和企事业单位应当按照本规定，建立健全内部审计工作制度。

第四条　内部审计机构在交通主管部门和企事业单位主要负责人或权力机构的直接领导下，依法独立履行内部审计职责。

第五条　内部审计机构应坚持全面审计、突出重点的工作方针，坚持审计、帮助、促进相结合的原则，规范审计行为，防范审计风险。

内部审计人员办理审计事项，应当严格遵守内部审计职业道德规范和内部审计准则，忠于职守，依法审计，客观公正，廉洁自律，保守秘密。

第六条　交通主管部门和企事业单位主要负责人或权力机构应当支持、保护内部审计机构和审计人员依法履行内部审计职责，任何组织和个人不得干预内部审计工作，打击报复内部审计工作人员。

第二章　审计机构与人员

第七条　为切实履行国务院赋予的管理职能，交通部设立内部审计机构，负责交通内部审计工作。

第八条　地方人民政府交通主管部门应强化审计监督，加强审计机构和队伍建设。

第九条　法律、行政法规规定应当设立内部审计机构的交通企事业单位，必须设立独立的、与本单位其他职能部门同级的内部审计机构。

法律、行政法规没有明确规定设立内部审计机构的交通企事业单位，应按照审计职责落实、分管机构明确、审计人员适任的原则并结合本单位的实际工作需要，设置内部审计机构、配备内部审计人员。

第十条　设立内部审计机构的交通主管部门和企事业单位，可根据需要设立审计委员会，配备总审计师。

第十一条　内部审计机构应配备与其承担的审计任务相适应的内部审计人员。

内部审计机构负责人按照干部管理权限的规定任免。所属单位内部审计机构负责人任免前应征求上级主管单位内部审计机构的意见。

内部审计人员应保持相对稳定。

第十二条　内部审计人员应具备良好的政治素质，具有较高的审计、会计业务水平和必要的经济、法律、工程、信息技术等专业知识。

第十三条　内部审计人员实行岗位资格和后续教育制度，本单位应予以支持和保障。

交通主管部门和企事业单位应创造条件，鼓励内部审计人员参加后续教育。

第十四条 内部审计人员专业技术职务资格的取得和聘任，按照国家有关规定执行。

第十五条 内部审计机构履行职责所需的经费,应当列入财务预算,由本单位予以保证。

内部审计人员享受适当岗位补贴,具体标准按照财政部门或比照当地审计机关的有关规定执行。

第三章 审计职责

第十六条 交通部内部审计机构负责管理部属单位的内部审计工作,指导全国交通行业的内部审计工作。

省级及省级以下交通主管部门的内部审计机构负责管理其所属单位(含驻外机构和占控股地位或主导地位的所属单位,下同)的内部审计工作,指导本地区交通行业内部审计工作。

交通企事业单位的内部审计机构负责管理所属单位的内部审计工作。

第十七条 上级内部审计机构根据工作需要,可授权下级内部审计机构办理审计事项,并指导检查审计工作开展情况。下级内部审计机构应按要求及时办理,并接受指导、报告工作。

第十八条 内部审计机构按照本单位主要负责人或权力机构的要求以及财务隶属关系、国有资产监督管理关系,履行下列职责:

(一)对本单位及所属单位(含驻外机构,下同)的财政收支、财务收支、经济活动进行审计;

(二)对本单位及所属单位预算内、预算外资金的管理和使用情况进行审计;

(三)按照干部管理权限,对本单位内设机构及所属单位领导人员的任期经济责任进行审计;

(四)对本单位及所属单位固定资产投资项目进行审计;

（五）对本单位及所属单位经济管理和效益情况进行审计；

（六）对交通规费征收管理和建设资金管理使用情况进行审计或审计调查；

（七）对本单位及所属单位内部控制制度的健全性和有效性以及风险管理进行评审；

（八）对本单位有关经济合同签订、对外投资决策、产业结构调整、国有资产处置、设备更新和技术改造等重要经济活动进行监督；

（九）对本单位经济管理中的重要问题开展审计调查，对国家财经法规和本单位规章制度的执行情况进行检查；

（十）法律、法规规定和本单位主要负责人或权力机构要求办理的其他审计事项。

第十九条 内部审计机构管理所属单位、指导行业内部审计工作的主要职责是：

（一）研究制定内部审计工作发展规划和规章、制度、办法；

（二）检查、督促所属单位、指导本行业按照国家有关规定建立健全内部审计制度，开展内部审计工作；

（三）下达年度审计工作计划，明确工作重点，提出具体工作要求；

（四）组织开展行业性审计和审计调查；

（五）组织内部审计理论研究，培训内部审计人员；

（六）总结、交流内部审计工作经验，表彰、宣传内部审计工作先进单位（集体）和个人；

（七）配合有关部门对打击报复内部审计人员依法履行审计职责的行为进行调查。

第二十条 下级内部审计机构应当向上级内部审计机构报送下列资料：

（一）内部审计工作发展规划、年度审计工作计划及工作总结；

（二）交通审计统计报表；

（三）审计意见书、审计决定及重要的审计报告、审计调查报告；

（四）严重违法、严重损失浪费、贪污贿赂案件的专案审计报告；

（五）本单位内部审计工作制度；

（六）内部审计工作信息、经验材料；

（七）其他有关资料。

第二十一条 内部审计机构应按有关规定，积极开展审计信息化工作。

第二十二条 交通主管部门和企事业单位可以授权内部审计机构对本单位范围内委托社会审计组织审计的事项进行管理，并对其从业资质和审计质量进行检查监督。

第二十三条 内部审计机构应在年度末就审计计划执行情况向本单位主要负责人或权力机构提交总结报告。

第二十四条 内部审计机构应当不断提高内部审计业务质量和技术水平，并依法接受审计机关和上级内部审计机构对审计业务质量的检查和评估。

第四章 审计权限

第二十五条 交通主管部门和企事业单位应当制定相应规定，确保内部审计机构具有履行职责所必需的权限。

第二十六条 内部审计机构的主要权限是：

（一）要求本单位有关部门及所属单位及时报送生产、经营、财务收支计划、预算及其执行情况、决算、会计报表和其他有关文件、资料；

（二）参加本单位生产、经营、财务和经济管理等方面的有关会议，召开与审计事项有关的会议；

（三）参与研究和制定有关的规章制度，起草内部审计制度、办法，由本单位主要负责人或权力机构审定后公布实施；

（四）检查有关生产、经营、财务活动的资料、文件和现场勘察

实物;

(五)检查有关的计算机系统及其电子数据和资料;

(六)对与审计事项有关的问题向有关单位和个人进行调查,并取得证明材料;

(七)对正在进行的严重违法和严重损失浪费的行为,作出临时制止决定;

(八)对可能转移、隐匿、篡改、毁弃的会计凭证、会计账簿、会计报表以及与经济活动有关的资料,经本单位主要负责人或权力机构批准,有权予以暂时封存;

(九)对阻挠、妨碍审计工作及拒绝提供有关资料的,经本单位主要负责人或权力机构批准,可以采取必要的临时措施,并提出追究有关人员责任的建议;

(十)提出纠正、处理违法违规行为的意见以及改进管理、提高效益的建议;

(十一)对违法和造成损失浪费的单位和个人,给予通报批评或提出追究责任的建议;

(十二)对本单位有关部门及所属单位严格遵守财经法规、经济效益显著、贡献突出的集体和个人,可以向本单位主要负责人或权力机构提出表扬和奖励的建议;

(十三)对审计工作中的重大事项,可直接向上级内部审计机构反映。

第二十七条 交通主管部门和企事业单位的主要负责人或权力机构在管理权限范围内,授予内部审计机构必要的处理、处罚权。

第五章 审 计 程 序

第二十八条 内部审计工作的一般程序是:

(一)根据上级部署和本单位的具体情况,拟定年度审计工作计划,报经本单位主要负责人或权力机构批准后实施。

（二）实施审计前，应拟定审计方案，确定审计范围、内容、方式和时间，并提前3天向被审计单位送达审计通知书。

（三）对审计事项，应取得证明材料，记入审计工作记录，写出审计工作底稿；审计工作记录应由相关人员签章认证。

（四）审计终结，提出审计报告，征求被审计单位或有关人员的意见。被审计单位或有关人员应在收到审计报告之日起10个工作日内提交书面意见。在规定时间内未提交书面意见的，视同无异议，但审计组应作出说明。

（五）将审计报告、审计工作底稿、审计工作记录以及被审计单位的书面意见，送审计机构负责人或其授权人员进行复核。复核完毕，拟出审计意见书和审计决定，连同审计报告和被审计单位的书面意见，一并报送本单位主要负责人或权力机构审批。

（六）将经批准的审计意见书和审计决定（或审计报告）送达被审计单位或有关人员；被审计单位必须执行审计决定（或经批准的审计报告），并在规定的期限内以书面形式报告执行结果。

（七）被审计单位或有关人员对审计意见书和审计决定（或经批准的审计报告）如有异议，可向内部审计机构所在单位主要负责人或权力机构提出，该负责人或权力机构应当及时处理；在未作出新的决定之前，原审计意见书和审计决定（或经批准的审计报告）仍然有效。

（八）对采纳审计意见和执行审计决定（或经批准的审计报告）的情况，应进行后续审计。

第二十九条 内部审计机构对办理的审计事项，应建立审计档案，并按档案管理的有关规定办理。

第三十条 交通主管部门和企事业单位的组织（人事）、财务、纪检监察等部门应充分利用内部审计的工作成果。

第六章 奖 惩

第三十一条 对审计工作成绩显著的内部审计机构和忠于职

守、坚持原则、有突出贡献的内部审计人员，以及揭发检举违法行为、保护国有财产的有功人员，所在单位和上级主管部门应给予精神或物质奖励。

对滥用职权、徇私舞弊、玩忽职守、泄露秘密的内部审计人员，由所在单位依照有关规定予以处理；构成犯罪的，移交司法机关追究刑事责任。

第三十二条 被审计单位不配合内部审计工作、拒绝审计或提供资料、提供虚假资料、拒不执行审计结论或报复陷害内部审计人员的，单位主要负责人或权力机构应当及时予以处理；构成犯罪的，移交司法机关追究刑事责任。

第七章 附 则

第三十三条 本规定由交通部负责解释。

第三十四条 本规定自 2005 年 1 月 1 日起施行。1996 年 3 月 6 日发布的《交通行业内部审计工作规定》（交通部令 1996 年第 1 号）同时废止。

交通法制

交通行政执法监督规定

（交通部令1995年第1号　1995.03.20）

第一章　总　则

第一条　为加强交通行政执法和行政执法监督，保障法律、法规、和规范性文件的正确实施，制定本规定。

第二条　各级交通行政管理部门和行政执法人员均应当遵守本规定。

第三条　交通行政执法是指交通行政管理部门依据法律、法规、规章和规范性文件作出具体行政行为的活动。交通行政执法监督是指交通行政管理部门对下级交通行政管理部门的行政行为进行监督和检查的活动。

第四条　交通行政执法和行政执法监督工作遵循有法必依、执法必严、违法必究的原则。

第五条　各级交通行政管理部门的法制工作机构或者法制工作归口部门负责组织、协调执法监督工作。

第二章　行政执法

第六条　法律、法规、规章和规范性文件发布后，负责实施的交通行政管理部门应当及时制订具体实施方案，做好宣传、培训工作。

第七条　交通行政管理部门作出具体行政行为应当符合下列规定：

（一）符合法定的职责权限；

（二）认定事实清楚，证据和规范性文件正确；

（三）适用法律、法规、规章和规范性文件正确；

（四）符合法定程序；

（五）行政执法文书规范；

（六）处理适当。

第八条　交通行政执法人员应当做到：

（一）熟悉有关法律知识和行政执法业务；

（二）忠于职守，秉公执法；

（三）执法时应当佩戴统一的执法标志，仪容整洁，举止文明；

（四）自觉接受监督。

第九条　交通行政执法人员需经专业知识和法律知识的培训，经考核获得交通行政执法资格。交通行政执法资格证书由交通部统一制定样式，各省、自治区、直辖市交通厅（局、委、办）或者交通部直属行政管理部门核发并且负责年度审核工作。

第十条　交通行政执法工作应当做到执法制度公开，执法结果公开，接受执法监督。

第十一条　交通行政执法监督的内容：

（一）法律、法规、规章和规范性文件的实施情况；

（二）规范性文件是否合法；

（三）行政执法主体是否合法；

（四）行政执法程序是否合法；

（五）行政执法文书是否规范；

（六）行政执法中认定事实是否准确；

（七）行政执法中适用法律、法规、规章和规范性文件是否正确；

（八）行政复议工作的开展情况；

（九）其他需要监督检查的事项。

第三章　行政执法监督

第十二条　交通行政执法监督按下列方式进行：

（一）实行法律、法规、规章和规范性文件实施情况报告制度。

法律、法规、规章和规范性文件施行一年后，交通行政管理部门应当向上一级交通行政管理部门报告该项法律、法规、规章和规范性文件的实施情况，包括配套规定的制定、实施效果、存在问题及建议。

（二）实行规范性文件备案审查制度。交通行政管理部门对下一级交通行政管理部门按规定备案的规范性文件进行审查。

（三）实行规范执法工作情况报告制度。交通行政管理部门应当将年度执法工作情况向上一级交通行政管理部门报告。

（四）实行行政执法检查制度。交通行政管理部门应当定期或者不定期地对下级交通行政管理部门执行法律、法规、规章和规范性文件的情况进行检查。

（五）实行行政复议制度。交通行政管理部门应当根据《行政复议条例》规定的职责，受理行政复议案件，纠正下级交通行政管理部门违法和不当的具体行政行为。

（六）实行重大行政处罚决定备案制度。交通行政管理部门作出吊销证照、责令停业整顿、2000 元以上罚款的重大行政处罚决定的，应当及时向上一级交通行政管理部门备案。

（七）实行行政赔偿案件备案制度。交通行政管理部门作出行政赔偿的案件和人民法院判决其作出行政赔偿的案件应当及时向上一级交通行政管理部门备案。

（八）实行错案追究制度。交通行政管理部门应当对下级交通行政管理部门作出的、造成管理相对人严重损害的不当或者违法的具体行政行为进行追究。

（九）交通行政管理部门在职权范围内需要采取的其他方式。

第十三条　交通行政管理部门对执法监督工作中发现的问题按下列规定处理：

（一）对与法律、法规、规章相抵触的规范性文件，责令发布单位撤销或者修改；

（二）对执法行政管理部门之间发生的行政执法争议，由争议双方共同的上级交通行政管理部门协调；

（三）对执法过程中的、法规、规章和规范性文件冲突，属于交通行政管理部门职权范围内的，应当负责审查和处理，无权处理的应当及时向上级交通行政管理部门或者有权处理的行政机关报告；

（四）对下级交通行政管理部门不履行或者不严格履行法定职责的，责令履行或者限期改正；

（五）对下级交通行政管理部门作出的违法和不当的具体行政行为，决定纠正或者责令改正；但公民、法人或者其他组织提起行政复议的，按《行政复议条例》处理；

（六）行政执法主体不合法的，责令予以纠正。

第十四条 各级交通行政管理部门和行政执法人员有义务接受监督检查。

第十五条 任何单位和个人都有权检举、控告交通行政管理部门和行政执法人员的违法行为。受理控告、检举的交通行政管理部门应当及时查处违法行为，并为检举、控告人保密。严禁对检举、控告 人打击报复。

第十六条 交通行政管理部门违反本规定，有下列情形之一的，由其上级交通行政管理部门出具书面意见责令其限期改正。拒不改正的，对于有直接隶属关系的，由上级交通行政管理部门给予其主要负责人和直接责任者批评或者行政处分：

（一）不履行或者不全面履行法律、法规、规章和规范性文件规定的行政管理职责；

（二）不按规定将重大行政处罚决定备案的；

（三）不按期报告法律、法规、规章和规范性文件实施情况的；

（四）不按规定将重大行政处罚决定备案的；

（五）不按规定将行政赔偿案件备案的；

（六）不按规定进行错案追究的；

（七）违反规定乱设站卡、乱收费、乱罚款的；

（八）无故拖延执行行政执法监督决定的；

（九）妨碍行政执法监督检查工作的其他行为。

第十七条 交通行政执法人员违反本规定,有下列情形之一的,上级交通行政管理部门和行政执法监督人员应当纠正其违法行为,可以暂扣其交通行政执法资格证书;情节严重的,可建议其所属部门给予其行政处分或者调离行政法岗位:

(一)执法过程中有违法或者不当行为的;

(二)不履行法定职责,玩忽职守的;

(三)违反职业道德规范的,不文明执法的;

(四)拒不接受执法监督的。

第十八条 各级交通行政管理部门应当加强对现场执法监督工作的领导。各省、自治区、直辖市交通厅(局、委、办)和交通部直属行政管理部门应当在法制(纠风)工作机构的基础上,建立专(兼)职人员组成的执法监督队伍。交通行政执法监督人员从事现场检查时,应当出示交通行政执法监督证件。交通行政执法监督证件由交通部统一制定样式,省级交通主管部门或者交通部直属行政管理部门核发。

第十九条 交通行政管理部门部门或者行政执法人员作出的具体行政行为侵犯公民、法人或者其他组织的合法权益造成损害的,由该交通行政管理部门或者该行政执法人没所在的交通行政管理部门依据有关法律、法规规定进行赔偿。交通行政管理部门赔偿损失后,应当责令有故意或者重大过失的行政执法人员承担部分或者全部赔偿费用。

第四章　附　则

第二十条 各省、自治区、直辖市交通厅(局、委、办)依据本规定制定实施办法。

第二十一条 本规定由交通部负责解释。

第二十二条 本规定自1995年7月1日起施行。

交通行政处罚程序规定

（交通部令 1996 年第 7 号　1996.09.25）

第一章　总　则

第一条　为规范交通行政处罚程序，根据《中华人民共和国行政处罚法》（以下简称行政处罚法）的规定，结合交通实际，制定本规定。

第二条　公民、法人或者其他组织违反交通行政管理秩序，应当给予行政处罚的，由交通管理部门依照行政处罚法和有关法律、法规及本规定的程序实施。

第三条　本规定中交通管理部门是指具有行政处罚权的下列部门或者机构：

（一）县级以上人民政府的交通主管部门；

（二）法律、法规授权的交通管理机构；

（三）县级以上人民政府的交通主管部门依法委托的交通管理机构。

第四条　县级以上人民政府的交通主管部门可以委托依法设置的符合行政处罚法第十九条规定的运输、航道、港口、公路、规费、通信等交通管理机构实施行政处罚。

第二章　行政处罚的管辖

第五条　各级交通管理部门依法可以作出警告、罚款、没收违法所得、没收非法财物、暂扣证照的行政处罚。

县级以上人民政府交通主管部门、交通部直接设置的管理机构、省级人民政府交通主管部门直接设置的管理机构依法可以作出吊销证照、责令停产停业的行政处罚。

省级人民政府交通主管部门直接设置的管理机构的下设机构，根据省级人民政府交通主管部门的决定，依法可以作出吊销证照、责令停产的行政处罚。

港务(航)监督机构行政处罚案件的管辖另行规定。

对涉外、涉台、涉港澳当事人作出行政处罚的权限，法律、法规、规章另有规定的，从其规定。

第六条 对违法行为需给予的行政处罚超出本级交通管理部门的权限时，应将案件及时报送有处罚权的上级交通管理部门调查处理。

第七条 上级交通管理部门可以办理下一级交通管理部门管辖的行政处罚案件；下级交通管理部门对其管辖的交通行政处罚案件，认为需要由上级交通管理部门办理时，可以报请上一级交通管理部门决定。

第三章 行政处罚决定

第八条 交通行政执法人员在实施行政处罚时，应当主动向当事人和案件其他有关人员出示执法身份证件。

第九条 交通行政处罚程序分为简易程序和一般程序。

第一节 简易程序

第十条 违法事实确凿并有法定依据，对公民处以50元以下、对法人或者其他组织处以1000元以下罚款或者警告的行政处罚的，可以当场作出行政处罚决定。

第十一条 执法人员当场作出行政处罚决定前，应当将认定的违法事实、处罚的理由和依据告知当事人。

当事人有权进行陈述和申辩。

执法人员必须充分听取当事人的意见，对当事人提出的事实、理由和证据应当进行复核;当事人提出的事实、理由和证据成立的,应当采纳。

第十二条 执法人员作出当场处罚决定,必须填写统一编号的《交通行政(当场)处罚决定书》(附件一),当场交付当事人,并应当告知当事人不服行政处罚决定可以依法申请行政复议或者提起行政诉讼。

第十三条 执法人员作出当场处罚决定之日起5日内,应当将《交通行政(当场)处罚决定书》副本向所属交通管理部门备案。

第二节 一般程序

第十四条 实施交通行政处罚,除适用简易程序的外,应当适用一般程序。

第十五条 交通管理部门必须对案件情况进行全面、客观、公正地调查,收取证据;必要时,依照法律、法规的规定,可以进行检查。

证据包括书证、物证、视听材料、证人证言、当事人陈述、鉴定结论、勘验笔录和现场笔录。

第十六条 案件调查人员调查、收集证据,应当遵守下列规定:

(一)不得少于两人;

(二)询问证人和当事人,应当个别进行并告知其做伪证的法律责任;制作《询问笔录》(附件二)须经被询问人阅核后,由询问人和被询问人签名或者盖章,被询问人拒绝签名或者盖章,由询问人在询问笔录上注明情况;

(三)对与案件有关的物品或者现场进行勘验检查的,应当通知当事人到场,制作《勘验检查笔录》(附件三),当事人拒不到场的,可请在场的其他人员见证;

(四)对需要采取抽样调查的,应当制作《抽样取证凭证》(附件四),需要妥善保管的应当妥善保管,需要退回的应当退回。

(五)对涉及专门性问题的,应当指派或者聘请有专业知识和技术能力的部门和人员进行鉴定,并制作《鉴定意见书》(附件五)；

(六)证据可能灭失或者以后难以取得的情况下，经交通管理部门负责人批准，可以先行登记保存，制作《证据登记保存清单》(附件六)，并应当在7日内作出处理决定。

第十七条 案件调查人员有下列情况之一的，应当回避，当事人也有权向交通管理部门申请要求回避；

(一)是本案的当事人或者其近亲属；

(二)本人或者其近亲属与本案有利害关系；

(三)与本案当事人有其他关系，可能影响案件的公正处理的。

第十八条 案件调查人员的回避，由交通管理部门负责人决定。

回避决定作出之前，案件调查人员不得擅自停止对案件的调查处理。

第十九条 案件调查人员在初步调查结束后，认为案件事实基本清楚，主要证据齐全，应当制作《交通违法行为调查报告》(附件七)，提出处理意见，报送交通管理部门负责人审查。

第二十条 交通管理部门负责人对《交通违法行为调查报告》审核后，认为应当给予行政处罚的，交通管理部门应当制作《交通违法行为通知书》（附件八），送达当事人，告知拟给予的处罚及事实、理由和依据，并告知当事人可以在收到该通知书之日起三日内进行陈述和申辩，符合听证条件的可以要求组织听证。

当事人逾期未提出陈述、申辩或要求组织听证的，视为放弃上述权利。

第二十一条 当事人进行陈述和申辩的，交通管理部门应当审核当事人的意见并应当将当事人提出的事实、理由或者证据制成笔录。上述事实、理由或者证据成立的，交通管理部门应当采纳。

当事人要求组织听证的，交通管理部门应按本章第三节组织听证。

第二十二条 案件调查完毕后,交通管理部门负责人应当及时审查有关案件调查材料、当事人陈述和申辩材料、听证会笔录和听证会报告书,根据不同情况分别作出如下处理决定:

(一)违法事实清楚,证据确凿充分,依照本规定不需要经过听证程序的案件,根据情节轻重,作出处罚决定;

(二)应当经过听证程序处理的案件,适用本章第三节听证程序后作出处理决定;

(三)案件还需要做进一步调查处理的,责令案件调查人员补充调查;

(四)违法行为轻微,依法可以不予行政处罚的,不予行政处罚;

(五)违法事实不能成立的,不得给予行政处罚;

(六)违法行为已构成犯罪的,应当将案件有关材料移送有管辖权的司法机关处理。

案情复杂或者有重大违法行为需要给予较重行政处罚的,应当集体讨论。

第二十三条 交通管理部门作出行政处罚决定必须制作《交通行政处罚决定书》(附件九)。

第二十四条 《交通行政处罚决定书》应当在宣告后当场交付当事人;当事人不在场的,交通管理部门应当在七日内送达当事人,由受送达人在《交通行政处罚文书送达回证》(附件十)上注明收到日期、签名或者盖章,受送达人在《交通行政处罚文书送达回证》上的签收日期为送达日期。

(一)当事人不在场的,交其同住的成年家属签收,并且在备注栏内写明与当事人的关系;

(二)受送达人已指定代收人,交代收人签收;

(三)受送达人拒绝接收的,送达人应当邀请有关基层组织的代表或者其他人员到场,说明情况,在《交通行政处罚文书送达回证》上写明拒收事由和日期,由送达人、见证人签名或者盖章,把

交通行政处罚文书留在受送达人的住处,即视为送达;

(四)直接送达交通行政处罚文书困难的,可以委托其他交通管理部门代为送达,或者以邮寄、公告的方式送达。

邮寄送达,挂号回执上注明的收件日期为送达日期;公告送达,自发出公告之日起经过60天,即视为送达。

第三节　听 证 程 序

第二十五条　交通管理部门在作出责令停产停业、吊销证照、较大数额罚款的行政处罚之前,当事人要求听证的,案件调查人员应当记录在案。交通管理部门应当组织听证。

本条第一款所指的较大数额,地方交通管理部门按省级人大常委会或者人民政府规定或其授权部门规定的标准执行;交通部直属的交通管理机构按5000元以上执行;港务(航)监督机构按1万元以上执行。

第二十六条　交通管理部门应当在举行听证会的七日前向当事人送达《听证会通知书》(附件十一),告知当事人组织听证的时间、地点、听证会主持人名单及是否申请其回避和可以委托代理人的权利。

第二十七条　除涉及国家秘密、商业秘密或者个人隐私外,听证会公开举行。

第二十八条　听证会由主持人、案件调查人员、当事人或者其委托代理人、证人、书记员参加。

听证会主持人由交通管理部门负责人指定的法制机构工作人员或者其他相应人员担任。

委托代理人出席听证会的,应当提交当事人的委托书。

第二十九条　听证会按以下程序进行:

(一)听证会主持人宣布听证会开始,宣布案由和听证会纪律,宣布和核对听证参加人员名单;

(二)案件调查人员介绍案件的违法事实和调查过程,宣读或者出示案件的证据,说明拟作出的行政处罚的内容及依据;

（三）当事人或者其委托代理人对案件的事实、证据、适用的法律依据及拟作出的行政处罚内容进行质证的申辩；

（四）听证会主持人就案件的有关问题向当事人、案件调查人员、证人询问；

（五）当事人或者其委托代理人做最后陈述；

（六）当事人或者其委托代理人阅读、修改《交通行政处罚案件听证会笔录》（附件十二），并签字或者盖章。

第三十条 当事人或者其委托代理人无正当理由不按时出席听证会或者中途擅自退出听证会的，视为当事人放弃要求听证的权利。

第三十一条 听证主持人应在听证会结束后将听证情况和处理意见制作成《交通行政处罚案件听证会报告书》（附件十三）。

第四章 行政处罚的执行

第三十二条 交通行政处罚决定依法作出后，当事人对行政处罚决定不服申请行政复议或者提起行政诉讼的，除法律另有规定外，行政处罚不停止执行。

第三十三条 作出罚款决定的交通管理部门应当与收缴罚款的机构分离。

除依照本规定第三十四条、第三十五条的规定当场收缴的罚款外，作出行政处罚的交通管理部门及其执法人员不得自行收缴罚款。

第三十四条 依照本规定第十条的规定当场作出行政处罚决定，有下列情形之一的，执法人员可以当场收缴罚款：

（一）依法给予20元以下的罚款；

（二）不当场收缴事后难以执行的。

第三十五条 在边远、水上、交通不便地区，交通管理部门及其执法人员依照本规定第十条、第二十二条的规定作出罚款决定后，当事人向指定的银行缴纳罚款确有困难，经当事人书面提出，交通管理部门及其执法人员可以当场收缴罚款。

第三十六条 交通管理部门及其执法人员当场收缴罚款的,必须向当事人出具省级财政部门统一制发的罚款收据。

行政执法人员当场收缴的罚款,应当自收缴罚款之日起2日内,交至执法人员所属交通管理部门;在水上当场收缴的罚款,应当自抵岸之日起2日内交至所属交通管理部门;交通管理部门应当在2日内将罚款缴付指定的银行。

罚款决定与罚款收缴分离制度的执行,按照国务院制定的具体办法实施。

第三十七条 对需继续行驶的船舶、车辆实施暂扣或者吊销证照的行政处罚,交通管理部门在实施行政处罚的同时,应当发给当事人相应的证明,允许船舶、车辆驶往预定或指定的地点。

第三十八条 对已经生效的处罚决定,当事人拒不履行的,由作出处罚决定的交通管理部门依法强制执行或者申请人民法院强制执行。

第三十九条 下列适用一般程序的交通行政处罚案件结案后,案件调查人员应当填写《交通行政处罚结案报告》(附件十四);

(一)当事人在规定的期限内履行交通管理部门处理决定完毕的;

(二)申请人民法院或者由交通管理部门依法强制执行的案件,已经执行完毕的;

(三)对违法行为依法不予处罚的。

第五章 附 则

第四十条 本规定颁布之前交通部制定的规章与本规定不一致的,按本规定执行。

第四十一条 交通管理部门和执法人员违反本规定的,按照行政处罚法和交通行政执法监督规定的有关规定依法追究法律责任。

第四十二条 交通行政处罚文书由省级交通主管部门和交通部设置的管理机构组织印制；港务(航)监督机构使用的文书，中华人民共和国港务监督局可以参照本规定所附文书样式另行制定。

第四十三条 本规定自1996年10月1日起施行。

交通行政执法证件管理规定

(交通部令1997年第16号　1997.11.26)

第一条　为加强交通行政执法证件管理,规范交通行政执法人员的执法资格,促进交通行政执法队伍建设,制定本规定。

第二条　交通行政执法证件实行全国统一制式、统一管理的制度。交通行政执法证件的制式由交通部制定。

第三条　交通行政执法证件是交通行政执法人员依法从事公路路政、道路运政、交通规费征稽、水路运政、航道行政、船舶检验、港口行政、水上安全监督、交通卫生监督、交通通信等行政执法工作的资质和身份证明。

交通行政执法证件包括《交通行政执法证》和《水上安全监督行政执法证》。

第四条　省级交通行政主管部门是本地区交通行政执法证件的发证机关。

交通部直属及双重领导行政管理机构是本部门交通行政执法证件的发证机关。

第五条　发证机关对符合下列条件的人员颁发交通行政执行证件:

(一)在县级以上交通行政主管部门或其依法委托的交通管理机构、法律法规授权的交通管理机构直接从事具体的交通行政执法工作;

(二)经交通行政执法岗位培训并取得合格证书;

(三)符合《交通行政执法岗位规范》的资质条件。

第六条　县级或地市级交通行政主管部门应当将本地区符合条件的人员登记造册,经逐级审核后,报省级交通行政主管部门审批、颁发《交通行政执法证》;省级交通行政主管部门设立业务管理机构的,由业务管理机构对上述有关人员提出初步审核意见。

省级交通行政主管部门设立的业务管理机构应当对其直属的符合条件的人员登记造册并审核后,报省级交通行政主管部门审批、颁发《交通行政执法证》。

第七条 省级交通行政主管部门应当将本地区符合条件从事水上安全监督行政执法工作的人员登记造册,经中华人民共和国港务监督局审核后,由省级交通行政主管部门颁发《水上安全监督行政执法证》。

第八条 交通部直属海(水)上安全监督局、直属港航监督局应当将本部门符合条件的人员登记造册,经中华人民共和国港务监督局审核后,由交通部直属海(水)上安全监督局、直属港航监督局颁发《水上安全监督行政执法证》。

第九条 长江航务管理局、珠江航务管理局、黑龙江航运管理局所属的管理机构应当将本单位符合条件的人员(水上安全监督人员除外)登记造册,分别报长江航务管理局、珠江航务管理局、黑龙江航运管理局审批、颁发《交通行政执法证》。

第十条 交通部直属及双重领导的港务局对符合条件的人员登记造册,负责审批、颁发本单位的《交通行政执法证》。

第十一条 发证机关的法制工作部门具体负责证件的颁发和管理工作。

对经批准取得交通行政执法资格的人员,发证机关应当将其有关信息输入"交通行政执法证件管理数据库",及时打印、颁发交通行政执法证件和《交通行政执法证件管理卡片》。

《交通行政执法证件管理卡片》由执法人员所在单位保管,随时做好有关记录。

第十二条 交通行政执法人员在执行公务时,应当随身携(佩)戴交通行政执法证件。

第十三条 持证人应当按照其所持交通行政执法证中注明的执法门类在法定职责和辖区范围内从事行政执法工作。

第十四条 持证人应当妥善保管证件,不得损毁、涂改或者转借他人。

第十五条 持证人遗失证件的,应当立即向所在单位报告,由该单位按证件颁发渠道逐级报请发证机关注销。发证机关审核属实,予以注销,同时登报声明作废,并按程序办理补发证件手续。

第十六条 持证人调离交通行政执法岗位的,其所在单位应当收回证件并报发证机关注销。

第十七条 对不按规定使用证件的,由其所在单位给予批评教育;对利用证件牟取私利、从事违法活动的,由发证机关吊销其证件。

第十八条 交通行政执法证件实行年度审验制度。发证机关应当于每年第一季度对持证人上年度以下情况进行审验:

(一)持证人执法工作考核或人事考核结果;

(二)持证人参加岗位培训的情况;

(三)持证人执法违纪或重大执法过失的情况;

(四)持证人受奖励和处分的情况;

(五)发证机关规定的其他情况。

第十九条 发证机关根据年度审验情况分别作出以下处理决定:

(一)对符合年度审验要求的,由发证机关在证件的年度审验栏和《交通行政执法证件管理卡片》上贴示当年的年度审验专用标志,允许持证人继续从事交通行政执法工作;

(二)对没有达到年度审验要求的,不予通过年度审验。没有通过年度审验的,不得从事交通行政执法工作;

(三)对玩忽职守、滥用职权、徇私舞弊造成严重后果的,取消交通行政执法资格,并按有关法律、法规规定办理。

发证机关应当将年度审验的有关信息输入“交通行政执法证件管理数据库”备查。

第二十条 未经发证机关年度审验的交通行政执法证件自行失效。

第二十一条 发证机关负责本地区或本部门“交通行政执法证件管理数据库”的使用和维护，定期向交通部传输或报送交通行政执法证件管理的有关数据、信息。

第二十二条 中华人民共和国港务监督局可根据本规定统一制定全国《水上安全监督行政执法证》的样式、编号和具体管理办法。

第二十三条 本规定由交通部负责解释。

第二十四条 本办法自1998年1月1日起生效。

第二十五条 本办法发布之前各级交通行政主管部门及其所属的管理机构颁发的各种名称的交通行政执法证件一律停止使用。

交通行政复议规定

（交通部令2000年第5号　2000.06.27）

第一条　为防止和纠正违法或者不当的具体行政行为，保护公民、法人和其他组织的合法权益，保障和监督交通行政机关依法行使职权，根据《中华人民共和国行政复议法》（以下简称《行政复议法》），制定本规定。

第二条　公民、法人或者其他组织认为具体行政行为侵犯其合法权益，向交通行政机关申请交通行政复议，交通行政机关受理交通行政复议申请、作出交通行政复议决定，适用《行政复议法》和本规定。

第三条　依照《行政复议法》和本规定履行交通行政复议职责的交通行政机关是交通行政复议机关，交通行政复议机关设置的法制工作机构，具体办理交通行政复议事项，履行《行政复议法》第三条规定的职责。

第四条　对县级以上地方人民政府交通主管部门的具体行政行为不服的，可以向本级人民政府申请行政复议，也可以向其上一级人民政府交通主管部门申请行政复议。

第五条　对县级以上地方人民政府交通主管部门依法设立的交通管理派出机构依照法律、法规或者规章规定，以自己的名义作出的具体行政行为不服的，向设立该派出机构的交通主管部门或者该交通主管部门的本级地方人民政府申请行政复议。

第六条　对县级以上地方人民政府交通主管部门依法设立的交通管理机构，依照法律、法规授权，以自己的名义作出的具体行政行为不服的，向设立该管理机构的交通主管部门申请行政复议。

第七条　对下列具体行政行为不服的，可以向交通部申请行

政复议:

(一)省级人民政府交通主管部门的具体行政行为;

(二)交通部直属海事管理机构的具体行政行为;

(三)长江航务管理局、珠江航务管理局的具体行政行为;

(四)交通部的具体行政行为。

第八条 公民、法人或者其他组织向交通行政复议机关申请交通行政复议,应当自知道该具体行政行为之日起60日内提出行政复议申请,但是法律规定的申请期限超过60日的除外。

因不可抗力或者其他正当理由耽误法定申请期限的,申请人应当在交通行政复议申请书中注明,或者向交通行政复议机关说明,并由交通行政复议机关记录在《交通行政复议申请笔录》中,经交通行政复议机关依法确认的,申请期限自障碍消除之日起继续计算。

第九条 申请人申请交通行政复议,可以书面申请,也可以口头申请。

申请人口头申请的,交通行政复议机关应当当场记录申请人、被申请人的基本情况,行政复议请求,主要事实、理由和时间;申请人应当在行政复议申请笔录上签名或者署印。

第十条 公民、法人或者其他组织向人民法院提起行政诉讼或者向本级人民政府申请行政复议,人民法院或者人民政府已经受理的,不得再向交通行政复议机关申请行政复议。

第十一条 交通行政复议机关收到交通行政复议申请后,应当在五日内进行审查。对符合《行政复议法》规定的行政复议申请,应当决定予以受理,并制作《交通行政复议申请受理通知书》送达申请人、被申请人;对不符合《行政复议法》规定的行政复议申请,决定不予受理,并制作《交通行政复议申请不予受理决定书》送达申请人;对符合《行政复议法》规定,但是不属于本机关受理的行政复议申请,应当告知申请人向有关行政复议机关提出。

除前款规定外,交通行政复议申请自交通行政复议机关设置的法制工作机构收到之日起即为受理。

第十二条 公民、法人或者其他组织依法提出交通行政复议申请，交通行政复议机关无正当理由不予受理的，上级交通行政机关应当制作《责令受理通知书》责令其受理；必要时，上级交通行政机关可以直接受理。

第十三条 交通行政复议原则上采取书面审查的办法，但是申请人提出要求或者交通行政复议机关设置的法制工作机构认为有必要时，可以向有关组织和个人调查情况，听取申请人、被申请人和第三人的意见。

复议人员调查情况、听取意见，应当制作《交通行政复议调查笔录》。

第十四条 交通行政复议机关设置的法制工作机构应当自行政复议申请受理之日起7日内，将交通行政复议申请书副本或者《交通行政复议申请笔录》复印件及《交通行政复议申请受理通知书》送达被申请人。

被申请人应当自收到前款通知之日起10日内向交通行政复议机关提交《交通行政复议答复意见书》，并提交作出具体行政行为的证据、依据和其他有关材料。

第十五条 交通行政复议决定作出前，申请人要求撤回行政复议申请的，经说明理由并由复议机关记录在案，可以撤回。申请人撤回行政复议申请，应当提交撤回交通行政复议的书面申请书或者在《撤回交通行政复议申请笔录》上签名或者署印。

撤回行政复议申请的，交通行政复议终止，交通行政复议机关应当制作《交通行政复议终止通知书》送达申请人、被申请人、第三人。

第十六条 申请人在申请交通行政复议时，对《行政复议法》第七条所列有关规定提出审查申请的，交通行政复议机关对该规定有权处理的，应当在30日内依法处理；无权处理的，应当在7日内制作《规范性文件转送处理函》，按照法定程序转送有权处理的行政机关依法处理。

交通行政复议机关对有关规定进行处理或者转送处理期间，

中止对具体行政行为的审查。中止对具体行政行为审查的,应当制作《交通行政复议中止审查通知书》及时送达申请人、被申请人、第三人。

第十七条 交通行政复议机关在对被申请人作出的具体行政行为审查时,认为其依据不合法,本机关有权处理的,应当在30日内依法处理;无权处理的,应当在7日内按照法定程序转送有权处理的国家机关依法处理。处理期间,中止对具体行政行为的审查。

交通行政复议机关中止对具体行政行为审查的,应当制作《交通行政复议中止审查通知书》送达申请人、被申请人、第三人。

第十八条 交通行政复议机关设置的法制工作机构应当对被申请人作出的具体行政行为进行审查,提出意见,经交通行政复议机关的负责人同意或者集体讨论通过后,按照下列规定作出交通行政复议决定:

(一)具体行政行为认定事实清楚,证据确凿,适用依据正确,程序合法,内容适当的,决定维持;

(二)被申请人不履行法定职责的,责令其在一定期限内履行;

(三)具体行政行为有下列情形之一的,决定撤销、变更或者确认该具体行政行为违法;决定撤销或者确认该具体行政行为违法的,可以责令被申请人在一定期限内重新作出具体行政行为:

1. 主要事实不清、证据不足的;

2. 适用依据错误的;

3. 违反法定程序的;

4. 超越或者滥用职权的;

5. 具体行政行为明显不当的。

(四)被申请人不按照《行政复议法》第二十三条的规定提出书面答复、提交当初作出具体行政行为的证据、依据和其他有关材料的,视为该具体行政行为没有证据、依据,决定撤销该具体行政行为。

交通行政复议机关责令被申请人重新作出具体行政行为的，被申请人不得以同一的事实和理由作出与原具体行政行为相同或者基本相同的具体行政行为。

第十九条 交通行政复议机关作出交通行政复议决定，应当制作《交通行政复议决定书》，加盖交通行政复议机关印章，分别送达申请人、被申请人和第三人；交通行政复议决定书一经送达即发生法律效力。

交通行政复议机关向当事人送达《交通行政复议决定书》及其他交通行政复议文书（除邮寄、公告送达外）应当使用《送达回证》，受送达人应当在送达回证上注明收到日期，并签名或者署印。

第二十条 交通行政复议机关应当自受理交通行政复议申请之日起60日内作出交通行政复议决定；但是法律规定的行政复议期限少于60日的除外。情况复杂，不能在规定期限内作出交通行政复议决定的，经交通行政复议机关的负责人批准，可以适当延长，并告知申请人、被申请人、第三人，但是延长期限最多不超过30日。

交通行政复议机关延长复议期限的，应当制作《延长交通行政复议期限通知书》送达申请人、被申请人、第三人。

第二十一条 被申请人不履行或者无正当理由拖延履行交通行政复议决定的，交通行政复议机关或者有关上级交通行政机关应当责令其限期履行。

第二十二条 交通行政复议机关设置的法制工作机构发现有《行政复议法》第三十八条规定的违法行为的，应当制作《交通行政复议违法行为处理建议书》向有关行政机关提出建议，有关行政机关应当依照《行政复议法》和有关法律、行政法规的规定作出处理。

第二十三条 交通行政复议机关受理交通行政复议申请，不得向申请人收取任何费用。

交通行政复议活动所需经费应当在本机关的行政经费中单独

列支,不得挪作他用。

第二十四条 本规定由交通部负责解释。

第二十五条 本规定自发布之日起施行,1992 年交通部第 39 号令发布的《交通行政复议管理规定》同时废止。

交通行政许可实施程序规定

（交通部令2004年第10号 2004.11.22）

第一条 为保证交通行政许可依法实施，维护交通行政许可各方当事人的合法权益，保障和规范交通行政机关依法实施行政管理，根据《中华人民共和国行政许可法》（以下简称《行政许可法》），制定本规定。

第二条 实施交通行政许可，应当遵守《行政许可法》和有关法律、法规及本规定规定的程序。

本规定所称交通行政许可，是指依据法律、法规、国务院决定、省级地方人民政府规章的设定，由本规定第三条规定的实施机关实施的行政许可。

第三条 交通行政许可由下列机关实施：

（一）交通部、地方人民政府交通主管部门、地方人民政府港口行政管理部门依据法定职权实施交通行政许可；

（二）海事管理机构、航标管理机关、县级以上道路运输管理机构在法律、法规授权范围内实施交通行政许可；

（三）交通部、地方人民政府交通主管部门、地方人民政府港口行政管理部门在其法定职权范围内，可以依据本规定，委托其他行政机关实施行政许可。

第四条 实施交通行政许可，应当遵循公开、公平、公正、便民、高效的原则。

第五条 实施交通行政许可，实施机关应当按照《行政许可法》的有关规定，将下列内容予以公示：

（一）交通行政许可的事项；

（二）交通行政许可的依据；

（三）交通行政许可的实施主体；

（四）受委托行政机关和受委托实施行政许可的内容；

（五）交通行政许可统一受理的机构；

（六）交通行政许可的条件；

（七）交通行政许可的数量；

（八）交通行政许可的程序和实施期限；

（九）依法需要举行听证的交通行政许可事项；

（十）需要申请人提交材料的目录；

（十一）申请书文本式样；

（十二）作出的准予交通行政许可的决定；

（十三）实施交通行政许可依法应当收费的法定项目和收费标准；

（十四）交通行政许可的监督部门和投诉渠道；

（十五）依法需要公示的其他事项。

已实行电子政务的实施机关应当公布网站地址。

第六条 交通行政许可的公示，可以采取下列方式：

（一）在实施机关的办公场所设置公示栏、电子显示屏或者将公示信息资料集中在实施机关的专门场所供公众查阅；

（二）在联合办理、集中办理行政许可的场所公示；

（三）在实施机关的网站上公示；

（四）法律、法规和规章规定的其他方式。

第七条 公民、法人或者其他组织，依法申请交通行政许可的，应当依法向交通行政许可实施机关提出。

申请人申请交通行政许可，应当如实向实施机关提交有关材料和反映真实情况，并对其申请材料实质内容的真实性负责。

第八条 申请人以书面方式提出交通行政许可申请的，应当填写本规定所规定的《交通行政许可申请书》（见附件一）。但是，法律、法规、规章对申请书格式文本已有规定的，从其规定。

依法使用申请书格式文本的，交通行政机关应当免费提供。

申请人可以通过信函、电报、电传、传真、电子数据交换和电子邮件等方式提交交通行政许可申请。

申请人以书面方式提出交通行政许可申请确有困难的,可以口头方式提出申请,交通行政机关应当记录申请人申请事项,并经申请人确认。

第九条 申请人可以委托代理人代为提出交通行政许可申请,但依法应当由申请人到实施机关办公场所提出行政许可申请的除外。

代理人代为提出申请的,应当出具载明委托事项和代理人权限的授权委托书,并出示能证明其身份的证件。

第十条 实施机关收到交通行政许可申请材料后,应当根据下列情况分别作出处理:

(一)申请事项依法不需要取得交通行政许可的,应当即时告知申请人不受理;

(二)申请事项依法不属于本实施机关职权范围的,应当即时作出不予受理的决定,并向申请人出具《交通行政许可申请不予受理决定书》(见附件二),同时告知申请人应当向有关行政机关提出申请;

(三)申请材料可以当场补全或者更正错误的,应当允许申请人当场补全或者更正错误;

(四)申请材料不齐全或者不符合法定形式,申请人当场不能补全或者更正的,应当当场或者在5日内向申请人出具《交通行政许可申请补正通知书》(见附件三),一次性告知申请人需要补正的全部内容;逾期不告知的,自收到申请材料之日起即为受理;

(五)申请事项属于本实施机关职权范围,申请材料齐全,符合法定形式,或者申请人已提交全部补正申请材料的,应当在收到完备的申请材料后受理交通行政许可申请,除当场作出交通行政许可决定的外,应当出具《交通行政许可申请受理通知书》(见附件四)。

《交通行政许可申请不予受理决定书》、《交通行政许可申请补正通知书》、《交通行政许可申请受理通知书》,应当加盖实施机关行政许可专用印章,注明日期。

第十一条 交通行政许可需要实施机关内设的多个机构办理的,该实施机关应当确定一个机构统一受理行政许可申请,并统一送达交通行政许可决定。

实施机关未确定统一受理内设机构的,由最先受理的内设机构作为统一受理内设机构。

第十二条 实施交通行政许可,应当实行责任制度。实施机关应当明确每一项交通行政许可申请的直接负责的主管人员和其他直接责任人员。

第十三条 实施机关受理交通行政许可申请后,应当对申请人提交的申请材料进行审查。

申请人提交的申请材料齐全、符合法定形式,实施机关能够当场作出决定的,应当当场作出交通行政许可决定,并向申请人出具《交通行政许可(当场)决定书》(见附件五)。

依照法律、法规和规章的规定,需要对申请材料的实质内容进行核实的,应当审查申请材料反映的情况是否与法定的行政许可条件相一致。

实施实质审查,应当指派两名以上工作人员进行。可以采用以下方式:

(一)当面询问申请人及申请材料内容有关的相关人员;

(二)根据申请人提交的材料之间的内容相互进行印证;

(三)根据行政机关掌握的有关信息与申请材料进行印证;

(四)请求其他行政机关协助审查申请材料的真实性;

(五)调取查阅有关材料,核实申请材料的真实性;

(六)对有关设备、设施、工具、场地进行实地核查;

(七)依法进行检验、勘验、监测;

(八)听取利害关系人意见;

(九)举行听证;

(十)召开专家评审会议审查申请材料的真实性。

依照法律、行政法规规定,实施交通行政许可应当通过招标、拍卖等公平竞争的方式作出决定的,从其规定。

第十四条 实施机关对交通行政许可申请进行审查时,发现行政许可事项直接关系他人重大利益的,应当告知利害关系人,向该利害关系人送达《交通行政许可征求意见通知书》(见附件六)及相关材料(不包括涉及申请人商业秘密的材料)。

利害关系人有权在接到上述通知之日起5日内提出意见,逾期未提出意见的视为放弃上述权利。

实施机关应当将利害关系人的意见及时反馈给申请人,申请人有权进行陈述和申辩。

实施机关作出行政许可决定应当听取申请人、利害关系人的意见。

第十五条 除当场作出交通行政许可决定外,实施机关应当自受理申请之日起20日内作出交通行政许可决定。20日内不能作出决定的,经实施机关负责人批准,可以延长10日,并应当向申请人送达《延长交通行政许可期限通知书》(见附件七),将延长期限的理由告知申请人。但是,法律、法规另有规定的,从其规定。

实施机关作出行政许可决定,依照法律、法规和规章的规定需要听证、招标、拍卖、检验、检测、检疫、鉴定和专家评审的,所需时间不计算在本条规定的期限内。实施机关应当向申请人送达《交通行政许可期限法定除外时间通知书》(见附件八),将所需时间书面告知申请人。

第十六条 申请人的申请符合法定条件、标准的,实施机关应当依法作出准予行政许可的决定,并出具《交通行政许可决定书》(见附件九)。

依照法律、法规规定实施交通行政许可,应当根据考试成绩、考核结果、检验、检测、检疫结果作出行政许可决定的,从其规定。

第十七条 实施机关依法作出不予行政许可的决定的,应当出具《不予交通行政许可决定书》(见附件十),说明理由,并告知申请人享有依法申请行政复议或者提起行政诉讼的权利。

第十八条 实施机关在作出准予或者不予许可决定后,应当在10日内向申请人送达《交通行政许可决定书》或者《不予交通行政许可决定书》。

《交通行政许可(当场)决定书》、《交通行政许可决定书》、《不予交通行政许可决定书》,应当加盖实施机关印章,注明日期。

第十九条 实施机关作出准予交通行政许可决定的,应当在作出决定之日起10日内,向申请人颁发加盖实施机关印章的下列行政许可证件:

(一)交通行政许可批准文件或者证明文件;

(二)许可证、执照或者其他许可证书;

(三)资格证、资质证或者其他合格证书;

(四)法律、法规、规章规定的其他行政许可证件。

第二十条 法律、法规、规章规定实施交通行政许可应当听证的事项,或者交通行政许可实施机关认为需要听证的其他涉及公共利益的行政许可事项,实施机关应当在作出交通行政许可决定之前,向社会发布《交通行政许可听证公告》(见附件十一),公告期限不少于10日。

第二十一条 交通行政许可直接涉及申请人与他人之间重大利益冲突的,实施机关在作出交通行政许可决定前,应当告知申请人、利害关系人享有要求听证的权利,并出具《交通行政许可告知听证权利书》(见附件十二)。

申请人、利害关系人在被告知听证权利之日起5日内提出听证申请的,实施机关应当在20日内组织听证。

第二十二条 听证按照《行政许可法》第四十八条规定的程序进行。

听证应当制作听证笔录。听证笔录应当包括下列事项:

(一)事由;

(二)举行听证的时间、地点和方式;

(三)听证主持人、记录人等;

(四)申请人姓名或者名称、法定代理人及其委托代理人;

(五)利害关系人姓名或者名称、法定代理人及其委托代

理人;

（六）审查该行政许可申请的工作人员;

（七）审查该行政许可申请的工作人员的审查意见及证据、依据、理由;

（八）申请人、利害关系人的陈述、申辩、质证的内容及提出的证据;

（九）其他需要载明的事项。

听证笔录应当由听证参加人确认无误后签字或者盖章。

第二十三条 交通行政许可实施机关及其工作人员违反本规定的,按照《行政许可法》和《交通行政许可监督检查及责任追究规定》查处。

第二十四条 实施机关应当建立健全交通行政许可档案制度,及时归档、妥善保管交通行政许可档案材料。

第二十五条 实施交通行政许可对交通行政许可文书格式有特殊要求的,其文书格式由交通部另行规定。

第二十六条 本规定自2005年1月1日起施行。

附件一

交通行政许可申请书

申请人(及法定代表人)名称		申请人住址及邮政编码	
申请人联系方式			
委托代理人的姓名及联系方式			
申请的交通行政许可事项及内容			
申请材料目录			
申请日期	年　　月　　日	申请人签字或盖章	

注:1. 本申请书由交通行政许可的实施机关负责免费提供。

2. 申请人应当如实向实施机关提交有关材料和反映情况,并对申请材料实质内容的真实性负责。

附件二

交通行政许可申请不予受理决定书

编号：

________：

你于____年____月____日提出________申请。

经审查，该申请事项不属于本行政机关职权范围，建议向________提出申请。

根据《行政许可法》第三十二条规定，决定对你提出的申请不予受理。

申请人如对本决定不服，可以在收到本决定书之日起60日内向________申请复议，也可以在收到本决定书之日起3个月内直接向人民法院提起行政诉讼。

特此通知。

（印章）

年　月　日

附件三

交通行政许可申请补正通知书

编号：

________________：

你于______年______月______日提出________________申请。

根据《行政许可法》第三十二条第一款第四项的规定，请你对申请材料作如下补正：____。

特此通知。

（印章）

年　　月　　日

附件四

交通行政许可申请受理通知书

编号：

________________：

你于______年______月______日提出________________申请。

经审查，该申请事项属于本机构职责范围，申请材料符合法定的要求和形式，根据《行政许可法》第三十二条的规定，决定予以受理。

（印章）

年　月　日

附件五

交通行政许可(当场)决定书

编号:

________:

你于______年______月______日提出________________申请。

经审查,你提交的申请材料齐全,符合____________规定的形式,根据《行政许可法》第三十四条第二款的规定,决定准予交通行政许可,准予你依法从事下列活动:____

本机关将在作出本决定之日起10日内向你颁发、送达______________________证件。

(印章)

年　月　日

附件六

交通行政许可征求意见通知书

编号：

________：

申请人______于______年______月______日提出__________________________________的申请。经审查，该申请事项可能与你（单位）有直接重大利益关系。根据《中华人民共和国行政许可法》第三十六条的规定，现将该申请事项告知你（单位）。请于接到该通知书之日起3日内提出意见。逾期未提出意见的，视为无意见。

本机关地址：______________________________。

联系人及联系方式：________________________。

特此告知。

附：申请书及必要的相关申请材料（复印件）

（印章）

年　　月　　日

附件七

延长交通行政许可期限通知书

编号：

________________:

你于______年______月______日提出________________申请,已于______年______月______日受理。由于______________________________原因,20 日内不能作出行政许可的决定。根据《中华人民共和国行政许可法》第四十二条的规定,经本行政机关负责人批准,审查期限延长 10 日,将于______年______月______日前作出决定。

特此通知。

(印章)

年　　月　　日

附件八

交通行政许可期限法定除外时间通知书

编号：

________________：

你于______年______月______日提出________________________________申请，已于______年______月______日受理。根据____的规定，需要：

(　　)1. 听证，所需时间为____________________。

(　　)2. 招标，所需时间为____________________。

(　　)3. 拍卖，所需时间为____________________。

(　　)4. 检验，所需时间为____________________。

(　　)5. 检测，所需时间为____________________。

(　　)6. 检疫，所需时间为____________________。

(　　)7. 鉴定，所需时间为____________________。

(　　)8. 专家评审，所需时间为________________。

根据《中华人民共和国行政许可法》第四十五条的规定，上述所需时间不计算在规定的期限内。

特此通知。

（印章）

年　　月　　日

注：根据上述 8 种不同情况，在符合的情形前的括号内划"√"。

附件九

交通行政许可决定书

编号:

________:

你于____年____月____日提出__________申请。

经审查,你提交的申请材料齐全,符合____________________规定的条件、标准,根据《行政许可法》第三十四条第一款、第三十八条第一款的规定,决定准予交通行政许可,准予你依法从事下列活动:____。

本机关将在作出本决定之日起10日内向你颁发、送达____________________证件。

(印章)

年　　月　　日

附件十

不予交通行政许可决定书

编号：

________：

你于____年____月____日提出________________申请。

经审查，你的申请存在________________________问题，不符合________________的规定，根据《行政许可法》第三十八条第二款的规定，决定不予交通行政许可。

申请人如对本决定不服，可以在收到本决定书之日起60日内向________________申请复议，也可以在收到本决定书之日起3个月内直接向人民法院提起行政诉讼。

（印章）

年　月　日

附件十一

交通行政许可听证公告

编号：

____________________________于_____年_____月_____日提出______________________的申请。

经审查，该申请事项属于：

(　　)1. 根据法律、法规、规章规定应当听证的事项；

(　　)2. 本机关认为该申请事项涉及公共利益，需要听证。

根据《中华人民共和国行政许可法》第四十六条的规定，拟举行听证，请要求听证的单位或者个人于_____年_____月_____日前向本机关登记，并提供联系电话、通讯地址、邮政编 码。逾期无人提出听证申请的，本机关将依法作出交通行政许可决定。

本机关地址：______________________。

联系人及联系方式：______________________。

特此公告。

(印章)

年　　月　　日

注：根据上述两种不同情况，在符合的情形前的括号内划“√”。

附件十二

交通行政许可告知听证权利书

编号：

________________：

申请人________________于______年______月______日提出________________的申请。经审查，该申请事项可能与你（单位）有重大利益关系。根据《中华人民共和国行政许可法》第四十七条的规定，现将该申请事项告知你（单位），你（单位）可以要求对此申请举行听证。接到该通知书之日起5日内如未提出听证申请的，视为放弃此权利。

本机关地址：________________。

联系人：________________。

联系方式：________________。

特此告知。

附：申请书及必要的相关申请材料（复印件）

（印章）

年　月　日

交通行政许可监督检查及责任追究规定

（交通部令2004年第11号　2004.11.22）

第一条　为加强交通行政许可实施工作的监督检查，及时纠正和查处交通行政许可实施过程中的违法、违纪行为，保证交通行政机关正确履行行政许可的法定职责，根据《中华人民共和国行政许可法》（以下简称《行政许可法》），制定本规定。

第二条　交通行政许可监督检查及其责任追究，应当遵守《行政许可法》和有关法律、法规及本规定。

第三条　实施交通行政许可监督检查及责任追究，应当遵守合法、公正、公平、及时的原则，坚持有错必纠、违法必究，保障有关法律、法规和规章的正确实施。

第四条　县级以上交通主管部门应当建立健全行政许可监督检查制度和责任追究制度，加强对交通行政许可的监督。

上级交通主管部门应当加强对下级交通主管部门实施行政许可的监督检查，及时纠正交通行政许可实施中的违法违纪行为。

第五条　交通主管部门应当加强对法律、法规授权的交通行政许可实施组织实施交通行政许可的监督检查，督促其及时纠正交通行政许可实施中的违法违纪行为。

第六条　交通主管部门委托其他行政机关实施交通行政许可的，委托机关应当加强对受委托的行政机关实施交通行政许可的行为的监督检查，并对受委托的行政机关实施交通行政许可的后果承担法律责任。

第七条　交通行政许可实施机关应当建立健全内部监督制度，加强对本机关实施行政许可工作人员的内部监督。

第八条　交通主管部门、交通行政许可实施机关的法制工作机构、监察机关按照职责分工具体负责行政许可监督检查责任追究工作。

第九条 交通行政许可实施机关实施行政许可,应当自觉接受社会和公民的监督。

任何单位和个人都有权对交通行政许可实施机关及其工作人员不严格执行有关行政许可的法律、法规、规章以及在实施交通行政许可中的违法违纪行为进行检举、控告。

第十条 交通行政许可实施机关应当建立交通行政许可举报制度,公开举报电话号码、通信地址或者电子邮件信箱。

交通行政许可实施机关收到举报后,应当依据职责及时查处。

第十一条 实施交通行政许可监督检查的主要内容包括:

(一)交通行政许可申请的受理情况;

(二)交通行政许可申请的审查和决定的情况;

(三)交通行政许可实施机关依法履行对被许可人的监督检查职责的情况;

(四)实施交通行政许可过程中的其他相关行为。

第十二条 有下列情形之一的,作出交通行政许可决定的交通行政许可实施机关或者其上级交通主管部门,根据利害关系人的请求或者依据职权,可以撤销交通行政许可:

(一)交通行政机关工作人员滥用职权、玩忽职守作出准予交通行政许可决定的;

(二)超越法定职权作出准予交通行政许可决定的;

(三)违反法定程序作出准予交通行政许可决定的;

(四)对不具备申请资格或者不符合法定条件的申请人准予交通行政许可的;

(五)依法可以撤销交通行政许可的其他情形。

第十三条 交通行政许可实施机关及其工作人员违反《行政许可法》的规定,有下列情形之一的,由交通行政许可实施机关或者其上级交通主管部门或者监察部门责令改正;情节严重的,对直接负责的主管人员和其他直接责任人员依法给予行政处分:

（一）对符合法定条件的交通行政许可申请不予受理的；

（二）不依法公示应当公示的材料的；

（三）在受理、审查、决定交通行政许可过程中，未向申请人、利害关系人履行法定告知义务的；

（四）申请人提交的申请材料不齐全、不符合法定形式，不一次告知申请人必须补正的全部内容的；

（五）未依法说明不受理交通行政许可申请或者不予交通行政许可的理由的；

（六）依法应当举行听证而不举行听证的。

第十四条 交通行政许可实施机关实施交通行政许可，有下列情形之一的，由其上级交通主管部门或者监察部门责令改正，对直接负责的主管人员和其他直接责任人员依法给予行政处分；构成犯罪的，依法追究刑事责任：

（一）对不符合法定条件的申请人准予行政许可或者超越法定职权作出准予交通行政许可决定的；

（二）对符合法定条件的申请人不予交通行政许可或者不在法定期限内作出准予交通行政许可决定的；

（三）依法应当根据招标、拍卖结果或者考试成绩择优作出准予交通行政许可决定，未经招标、拍卖或者考试，或者不根据招标、拍卖结果或者考试成绩择优作出准予交通行政许可决定的。

第十五条 交通行政许可实施机关在实施行政许可的过程中，擅自收费或者超出法定收费项目和收费标准收费的，由其上级交通主管部门或者监察部门责令退还非法收取的费用，对直接负责的主管人员和其他直接责任人员给予行政处分。

第十六条 交通行政许可实施机关及其工作人员，在实施行政许可的过程中，截留、挪用、私分或者变相私分依法收取的费用的，由其上级交通主管部门或者监察部门予以追缴，并对直接负责的主管人员和其他直接责任人员给予行政处分；构成犯罪的应当移交司法机关，依法追究刑事责任。

第十七条 交通行政许可实施机关工作人员办理行政许可、

实施监督检查,索取或者收受他人钱物、谋取不正当利益的,应当直接负责的主管人员和其他直接责任人员给予行政处分;构成犯罪的应当移交司法机关,依法追究刑事责任。

第十八条 交通主管部门不依法履行对被许可人的监督职责或者监督不力,造成严重后果的,由其上级交通主管部门或者监察部门责令改正,对直接负责的主管人员和其他直接责任人员依法给予行政处分;构成犯罪的,依法追究刑事责任。

第十九条 交通行政许可的实施机关及其工作人员违法实施行政许可,给当事人的合法权益造成损害的,应当按照《国家赔偿法》的有关规定给予赔偿,并责令有故意或者重大过失的直接负责的主管人员和其他直接责任人员承担相应的赔偿费用。

第二十条 交通主管部门、交通行政许可实施机关的法制工作机构具体负责对本机关负责实施行政许可的内设机构,下级交通主管部门,法律、法规授权的交通行政许可实施组织,受委托实施交通行政许可的行政机关实施行政许可进行执法监督。

法制工作机构发现交通行政许可实施机关实施交通行政许可违法,应当向法制工作机构所在机关提出意见,经机关负责人同意后,按下列规定作出决定:

(一)依法应当撤销行政许可的,决定撤销;

(二)依法应当责令改正的,决定责令改正。

收到责令改正决定的机关应当在10日内以书面形式向作出责令改正决定的机关报告纠正情况。

第二十一条 监察机关依照有关法律、行政法规规定对交通行政许可实施机关及其工作人员实施监察,作出处理决定。

第二十二条 交通行政许可实施机关及其工作人员拒不接受交通行政许可监督检查,或者拒不执行交通行政许可监督检查决定,由其上级交通主管部门或者监察部门对直接负责的主管人员和其他直接责任人员依法给予行政处分。

第二十三条 本规定自2005年1月1日起施行。

交通法规制定程序规定

(交通部令2006年第11号　2006.11.24)

第一章　总　则

第一条　为规范交通法规制定程序和交通立法行为,保证交通立法质量,根据《中华人民共和国立法法》、《行政法规制定程序条例》和《规章制定程序条例》,制定本规定。

第二条　交通法规的立项、起草、修订、审核、审议、公布、备案、解释和废止,适用本规定。

第三条　本规定所称交通法规,是指交通部起草上报和制定的调整公路、水路交通事项的下列规范性文件:

(一)交通部起草上报国务院审查后提交全国人民代表大会或其常务委员会审议的法律送审稿;

(二)交通部起草上报国务院审议的行政法规送审稿;

(三)交通部及交通部与国务院其他部门联合制定的规章。

第四条　制定交通法规应当遵循下列原则:

(一)交通法规应当贯彻党和国家的路线、方针和政策;

(二)法律送审稿不得与宪法相违背;行政法规送审稿不得与宪法、法律相违背;规章不得同宪法、法律、行政法规、国务院的决定、命令相违背;

(三)交通法规应当促进和保障交通行业健康、可持续发展,体现和维护交通从业者和人民群众的根本利益。

第五条　交通法规的名称应当准确、规范,符合下列规定:

(一)法律称"法";

(二)行政法规称"条例"、"规定"、"办法";

（三）规章称“规定”、“办法”、“规则”、“实施细则”、“实施办法”。

第六条 交通法规应当备而不繁，逻辑严密，结构严谨，条文明确、具体，用语准确、简洁，具有可操作性。

第七条 交通法规根据内容需要，可以分为章、节、条、款、项、目。章、节、条的序号用中文数字依次表述，款不编号，项的序号用中文数字加括号依次表述，目的序号用阿拉伯数字依次表述。

除内容复杂的外，规章一般不分章、节。

第八条 交通法规制定工作由交通部法制工作部门（以下简称法制工作部门）归口管理，具体工作主要包括：

（一）编制和组织实施交通立法规划和年度立法计划；

（二）协调交通法规的起草工作；

（三）负责交通法规送审稿的审核修改和报送工作；

（四）负责配合立法机关开展法律、行政法规草案的审核修改工作；

（五）组织规章的解释、清理、废止工作；

（六）负责交通规章的公布工作；

（七）负责交通规章的备案工作。

交通立法工作经费应当列入财政预算。

第二章 立 项

第九条 法制工作部门应当按照突出重点、统筹兼顾、符合需要、切实可行的原则，于每年年初编制本年度的立法计划。

第十条 交通部各部门根据职责和管理工作的实际情况，认为需要制定、修订交通法规的，应当于计划年度前一年的10月份向法制工作部门提出立项建议。

其他单位、社会团体和个人也可以向交通部法制工作部门提出立法建议。

第十一条 立项建议涉及部内多个部门职责的，可以由有关部联合提出立项建议;对于立项建议有分歧的,由法制工作部门协调提出建议,仍不能达成一致意见的,报部领导决定。

第十二条 下列事项不属于交通法规立项范围:

(一)交通行政机关及所属单位的内部管理事项、工作制度等;

(二)对具体事项的通知、答复、批复等;

(三)技术标准、技术规范等;

(四)有关工资、津贴标准的规定;

(五)需要保密的事项;

(六)依照立法法规定不属于交通法规规定的其他事项。

第十三条 立项建议应当包括以下内容:

(一)交通法规的名称;

(二)拟立项目是新制定还是修订;

(三)立法目的、必要性和所要解决的主要问题;

(四)立法项目的调整对象和调整范围;

(五)拟确立的主要制度;

(六)立法进度安排;

(七)立法项目起草部门和责任人;

(八)发布机关。

立项建议应当由建议部门主要负责人签署。

第十四条 法制工作部门应当根据立法计划的编制原则,从以下方面对立项建议进行汇总研究,拟定交通部年度立法计划:

(一)是否符合交通部近期和年度中心工作要求;

(二)交通法律和行政法规的立项建议是否符合交通法规体系框架的要求;

(三)立法事项是否属于应当通过立法予以规范的范畴;

(四)法规之间是否相互衔接,内容有无重复交叉;

(五)立法时机是否成熟;

(六)立法计划的总体安排是否切实可行。

第十五条 立法计划分为一类立法项目和二类立法项目。

一类立法项目,是指应当在年内完成的立法项目,即法律送审稿、行政法规送审稿在年内上报国务院,规章在年内公布。

二类立法项目,是指年内研究起草,适时报审的立法项目。

第十六条 立法计划应当包括以下内容:

(一)立法项目名称;

(二)立法项目起草部门和责任人;

(三)报部法制工作部门审核时间;

(四)报部务会议审议时间或者上报国务院时间;

(五)其他需要写明的内容。

第十七条 交通部年度立法计划经主管部领导审核后,报交通部部务会议(以下简称部务会议)审议,以交通部文件印发执行。

交通部年度立法计划是开展交通年度立法工作的依据,应当严格执行。各部门应当按照立法计划规定的时间完成起草、修改和审核工作。法制工作部门应当对年度立法计划执行情况进行检查、督促,并定期予以通报。

立法计划在执行过程中需要增加或者减少立法项目的,部内有关部门应当提出变更立法计划的建议并会商法制工作部门,报主管法制工作的部领导和分管其业务的部领导批准后,由法制工作部门对立法计划作出调整。

第三章 起 草

第十八条 交通法规由立法计划规定的起草部门负责组织起草。需与有关部委联合起草的,应当同有关部委协调组织起草工作。

起草交通法规,可以邀请有关组织、专家参加,也可以委托有关组织、专家起草。

第十九条 起草交通法规,应当遵循立法法确定的立法原则,并符合宪法和法律的规定,同时还应当符合下列要求:

（一）体现改革精神，科学规范行政行为，促进政府职能向经济调节、市场监管、社会管理、公共服务转变；

（二）符合精简、统一、效能的原则，简化行政管理手续；

（三）切实保障公民、法人和其他组织的合法权益，在规定其应当履行的义务的同时，应当规定其相应的权利和保障权利实现的途径；

（四）体现行政机关的职权和责任相统一的原则，在赋予行政机关必要职权的同时，应当规定其行使职权的条件、程序和应承担的责任；

（五）体现交通事业发展和交通行业管理工作的客观规律；

（六）规章所规定的事项不得超过交通部的法定职能；

（七）符合立法技术的要求。

第二十条 起草部门应当落实责任人员或者根据需要成立起草小组，制定起草工作方案，并及时向法制工作部门通报起草过程中的有关情况。

第二十一条 法制工作部门可以提早介入交通法规起草工作，及时了解交通法规的起草情况，协助起草部门协调解决起草过程中的问题。

第二十二条 起草交通法规，应当深入调查研究，总结实践经验，广泛征求有关机关、组织和公民的意见。征求意见可以采取书面征求意见、座谈会、论证会、听证会等多种形式。

起草交通法规应当书面征求省级交通主管部门的意见。

第二十三条 需要举行听证会的，应当按照下列程序组织：

（一）听证会应当公开举行，起草部门应当在举行听证会的30日前公布听证会的时间、地点和内容；

（二）通过社会公开报名、邀请等形式确定参加听证会的有关机关、组织和公民；

（三）参加听证会的有关机关、组织和公民对起草的交通法规，有权提问和发表意见；

（四）听证会应当制作笔录，如实记录发言人的主要观点和理由；

（五）起草部门应当认真研究听证会反映的各种意见，并在起草说明中对意见的处理情况和理由予以说明。

第二十四条 起草的交通法规直接涉及公民、法人或者其他组织切身利益，有关机关、组织或者公民对其有重大意见分歧的，起草部门应当向社会公布，征求社会各界的意见，也可以举行听证会。

起草部门应当认真研究社会各界和听证会反映的意见，并在起草说明中对意见的处理情况和理由予以说明。

第二十五条 交通法规涉及重大技术管理问题的，起草部门应当向交通部总工程师征求意见，并在起草说明中对有关意见的处理情况和理由作出说明。

第二十六条 交通法规内容涉及多个部门职责或与其他部门关系紧密的，起草部门应当征求相关部门意见。经充分协商仍不能取得一致意见的，起草部门应当在起草说明中说明情况。

第二十七条 起草部门应当编写起草说明。起草说明应当包括以下内容：

（一）立法目的和必要性；

（二）立法依据；

（三）起草过程；

（四）征求意见的情况、主要意见及处理、协调情况；

（五）对设立和规定行政许可事项的说明；

（六）对确立的主要制度和主要条款的说明；

（七）其他需要说明的内容。

第二十八条 起草部门应当按照立法计划确定的进度安排完成起草工作，形成送审稿，并按时送法制工作部门审核。

送审稿应当由起草部门的主要负责人签署；涉及部内其他部门职责的，应当在送审前送有关部门会签；由几个部门共同起草的送审稿，应当由几个部门主要负责人共同签署。

第二十九条 起草部门将送审稿送法制工作部门审核时，应当一并报送起草说明和其他有关材料。

其他有关材料主要包括汇总的意见、调研报告、听证会笔录、国内外立法资料等。

第四章　审　核

第三十条　送审稿由法制工作部门统一负责审核、修改。

第三十一条　法制工作部门主要从以下方面对送审稿进行审核：

（一）提交的材料是否齐备，是否符合本规定的要求；

（二）是否符合本规定第四条、第十九条的规定；

（三）是否与有关法规衔接、协调；

（四）是否征求了有关方面的意见，并对主要意见提出了处理意见，有关处理意见是否正确、合理；

（五）有关分歧意见是否经过充分协调并提出处理意见，有关处理意见是否正确、合理；

（六）是否符合立法技术的要求；

（七）是否符合实际，具备可操作性；

（八）是否符合本规定的其他有关要求。

第三十二条　送审稿有下列情形之一的，法制工作部门可以退回起草部门：

（一）报送材料不齐备或者不符合规定的；

（二）立法依据不足或者与上位法抵触、矛盾的；

（三）起草部门对存在较大争议的问题未与有关部门协商或者有关部门对规定的主要制度存在较大争议的；

（四）主要内容严重脱离实际或者缺乏可操作性的；

（五）在立法技术上存在较大缺陷，需要作全面调整和修改的；

（六）送审稿不符合本规定第四条、第十九条、第二十八条规定的。

被退回的送审稿经起草部门按照要求完善后，应当按照规定程序重新报送法制工作部门审核。

第三十三条 法制工作部门可以就送审稿涉及的主要问题征求相关部门的意见；涉及国务院其他部委职责或者与之有密切关系的，可以向有关部委征求意见；涉及重大、疑难问题的，应当召开由有关单位、专家参加的座谈会、论证会，听取意见，研究论证。

第三十四条 法制工作部门可以就送审稿涉及的主要问题，深入基层进行实地调查研究，听取基层有关机关、组织和公民的意见。

第三十五条 送审稿直接涉及公民、法人或者其他组织切身利益，有关机关、组织或者公民对其有重大意见分歧，起草部门在起草过程中未向社会公开征求意见，也未举行听证会的，法制工作部门可以将送审稿向社会公开征求意见，也可以举行听证会。

需要举行听证会的，按照本规定第二十三条规定的程序进行。

第三十六条 法制工作部门应当就送审稿中的有关重要法律问题向交通部法律专家咨询委员会征求意见。

法制工作部门应当对专家咨询意见进行全面客观的整理，并提出对专家意见的处理建议。

第三十七条 各相关部门对送审稿中关于管理体制、职责分工、主要管理制度等内容有不同意见的，法制工作部门应当组织相关部门进行协调，力求达成一致意见；不能达成一致意见的，应当将争议的主要问题、各方意见和处理建议报主管部领导决定。

第三十八条 法制工作部门应当认真研究各方意见，在与起草部门协商后，对送审稿进行修改，形成交通法规送审修改稿，并编写审核报告。

第三十九条 交通法规送审修改稿和审核报告由法制工作部门主要负责人签署，并按有关规定送起草部门和相关部门会签，报有关部领导审核。

交通法规送审修改稿经部领导审核同意后，提请部务会议审议。

第五章　审议与公布

第四十条　交通法规送审修改稿由部务会议审议。

部务会议审议送审修改稿时，由法制工作部门主要负责人对送审修改稿作说明。

第四十一条　部务会议审议通过的规章送审修改稿，由部长签署并以交通部令形式公布。

部务会议审议通过的由交通部主办的与国务院其他部委联合制定的规章，由交通部部长与国务院其他部委的领导共同签署，以联合部令形式公布，使用交通部令的序号。

部务会议审议通过的法律、行政法规送审修改稿，由部长签署以交通部文件形式报国务院审查。在全国人大、国务院审核、修改过程中，由法制工作部门会同相关部门做好协调、配合工作。

第四十二条　经部务会议审议未通过的交通法规送审修改稿，由法制工作部门按照部务会议要求，会同有关部门进行修改、完善后，报部领导决定是否再次提交部务会议审定。

第四十三条　公布规章的命令应当载明规章的制定机关、序号、规章名称、通过日期、施行日期、公布日期和签署人等内容。

第四十四条　规章公布后，应当及时在《国务院公报》、《中国交通报》、交通部政府网站上刊登。

在《国务院公报》上刊登的规章文本为标准文本。

第四十五条　规章应当在公布之日起30日后施行，但是涉及国家安全以及公布后不立即施行将有碍规章施行的，可以自公布之日起施行。

第六章　备案、修订、解释和废止

第四十六条　规章应当在公布后30日内，由法制工作部门按照有关规定报送国务院备案。

第四十七条 具有下列情形之一的，交通法规应当予以修订：

（一）与上位法矛盾或者抵触的；

（二）与同位法存在矛盾的；

（三）立法背景发生重大情势变迁，交通法规内容已不适应形势需要的；

（四）其他应当修订的情形。

修订交通法规适用交通法规的制定程序。

第四十八条 规章的解释权属于交通部。规章的解释同规章具有同等效力。

规章有下列情形之一的，应当予以解释：

（一）规章条文本身需要进一步明确具体含义的；

（二）规章制定后出现新的情况，需要明确适用依据的。

第四十九条 规章的解释由原起草部门负责起草，由法制工作部门按照规章审核程序进行审核、修改；或者由法制工作部门起草，征求有关部门的意见。规章的解释报请部务会审议或者经部领导批准后以交通部文件公布。

第五十条 规章有下列情况之一的，应予废止：

（一）规定的事项已执行完毕，或者因情势变迁，无继续施行必要的；

（二）因有关法律、行政法规的废止或者修改，失去立法依据的；

（三）与新颁布的法律、行政法规相违背的；

（四）同一事项已被新公布施行的规章所代替，规章失去存在意义的；

（五）规章规定的施行期限届满的；

（六）应当予以废止的其他情形。

第五十一条 规章的废止由法制工作部门归口管理。

规章的废止可以由部内有关部门、省级交通主管部门向法制工作部门提出，也可以由法制工作部门直接提出。

第五十二条 除第五十条第（五）项规定的情形外，废止规章应当经部务会议审议决定，以部令形式予以公布。

第七章 附 则

第五十三条 规章的清理工作由法制工作部门统一组织实施。

第五十四条 负责起草、制定地方交通法规、政府规章的交通主管部门应当在起草过程中征求交通部的意见。

地方交通法规、政府规章应当自公布之日起30日内，由公布机关同级人民政府交通主管部门法制工作机构向交通部报送十份。

第五十五条 本规定自2007年1月1日起施行。《交通法规制定程序规定》（交通部令1992年第38号）同时废止。

中华人民共和国海上海事行政处罚规定

（交通部令2003年第8号　2003.07.10）

第一章　总　　则

第一条　为规范海上海事行政处罚行为，保护当事人的合法权益，保障和监督海上海事行政管理，维护海上交通秩序，防止船舶污染沿海水域，根据《海上交通安全法》、《海洋环境保护法》、《行政处罚法》及其他有关法律、行政法规，制定本规定。

第二条　在中华人民共和国（简称中国）管辖沿海水域及相关陆域发生的违反海上海事行政管理秩序的行为，适用中国有关法律、行政法规和本规定实施海事行政处罚。

在中国管辖沿海水域及相关陆域外但属于中国籍的海船内发生的违反海上海事行政管理秩序的行为，也适用中国有关法律、行政法规和本规定实施海事行政处罚。

中国籍船员在中国管辖沿海水域及相关陆域外违反海上海事行政管理秩序，并且按照中国有关法律、行政法规应当处以行政处罚的行为，也适用中国有关法律、行政法规和本规定实施海事行政处罚。

第三条　本规定所称沿海水域、船舶、设施、作业，其含义与《海上交通安全法》使用的同一用语的含义相同，但有关法律、行政法规和本规定另有规定的除外。

本规定所称船舶经营人，包括船舶管理人。

本规定所称设施经营人，包括设施管理人。

本规定所称当事人，包括自然人和法人以及其他组织，可以与有海事行政违法行为的船舶所有人、经营人互相替换。

第四条　本规定所称违反海上海事行政管理秩序的行为，简

称海事行政违法行为,包括下列行为:

(一)违反船舶所有人、经营人和船舶安全营运管理秩序;

(二)违反船舶、海上设施检验管理秩序;

(三)违反海上船舶登记管理秩序;

(四)违反海上船员管理秩序;

(五)违反海上航行、停泊和作业管理秩序;

(六)违反海上通航安全保障管理秩序;

(七)违反海上危险货物载运安全监督管理秩序;

(八)违反海难救助管理秩序;

(九)违反海上打捞管理秩序;

(十)违反海上船舶污染沿海水域监督管理秩序;

(十一)违反海上交通事故调查处理秩序;

(十二)其他海事行政违法行为。

第五条 本规定援引的法律、行政法规如下:

(一)《海上交通安全法》,是指《中华人民共和国海上交通安全法》;

(二)《国旗法》,是指《中华人民共和国国旗法》;

(三)《公民出境入境管理法》,是指《中华人民共和国公民出境入境管理法》;

(四)《船舶登记条例》,是指《中华人民共和国船舶登记条例》;

(五)《船舶和海上设施检验条例》,是指《中华人民共和国船舶和海上设施检验条例》;

(六)《航标条例》,是指《中华人民共和国航标条例》;

(七)《海上航行警告和航行通告管理规定》,是指《中华人民共和国海上航行警告和航行通告管理规定》;

(八)《危险化学品安全管理条例》;

(九)《关于外商参与打捞中国沿海水域沉船沉物管理办法》;

(十)《防止拆船污染环境管理条例》;

(十一)《海洋环境保护法》,是指《中华人民共和国海洋环境保护法》;

(十二)《海上交通事故调查处理条例》,是指《中华人民共和国海上交通事故调查处理条例》;

(十三)《行政处罚法》,是指《中华人民共和国行政处罚法》。

第六条 实施海事行政处罚,应当遵循合法、公开、公正,处罚与教育相结合的原则。

第七条 海事行政处罚,由海事管理机构依法实施。

第二章 海上海事行政处罚的种类和适用

第八条 海事行政处罚的种类如下:

(一)警告;

(二)罚款;

(三)撤销船舶检验资格;

(四)吊销船舶国籍证书或临时船舶国籍证书;

(五)没收船舶登记证书;

(六)扣留船员职务证书;

(七)吊销船员职务证书;

(八)吊销海员出境入境证件;

(九)没收违法所得;

(十)没收船舶;

(十一)法律、行政法规规定的其他海事行政处罚。

本条前款所称船员职务证书,包括船员培训合格证、船员服务簿、船员适任证书及其他适任证件。

本条第一款所称的船舶登记证书,包括船舶国籍证书、船舶所有权登记证书、船舶抵押权登记证书、光船租赁登记证书。

第九条 海事管理机构实施海事行政处罚时,应当责令当事人改正或限期改正海事行政违法行为。

第十条 对有两个或两个以上海事行政违法行为的同一当事人,应当分别处以海事行政处罚,合并执行。

对有共同海事行政违法行为的当事人,应当分别处以海事行政处罚。

对当事人的同一个海事行政违法行为,不得处以两次以上罚款的海事行政处罚。

第十一条 海事行政处罚的轻重,应当与海事行政违法行为和承担的海事行政法律责任相适应。

海事违法行为轻微并及时纠正,没有造成危害后果的,不予海事行政处罚。

海事行政违法行为的当事人有《行政处罚法》第二十七条所列情形之一的,应当依法从轻处以海事行政处罚或减轻海事行政处罚。

有海事行政违法行为的中国籍船舶和船员在境外已经受到海事行政处罚的,不得重复给予海事行政处罚。

第十二条 海事行政违法行为的当事人有下列情形之一的,应当从重处以海事行政处罚:

(一)造成较为严重后果或情节恶劣;

(二)一年内因同一海事行政违法行为受过海事行政处罚;

(三)胁迫、诱骗他人实施海事行政违法行为;

(四)伪造、隐匿、销毁海事行政违法行为证据;

(五)拒绝接受或阻挠海事管理机构实施监督管理;

(六)法律、行政法规规定应当从重处以海事行政处罚的其他情形。

第三章 海上海事行政违法行为和行政处罚

第一节 违反船舶所有人、经营人和船舶安全营运管理秩序

第十三条 违反船舶所有人、经营人安全营运管理秩序,有下列行为之一的,对船舶所有人或船舶经营人处以罚款:

(一)未取得船舶所有人、经营人安全营运与防污染管理体系

符合证明从事航行或其他有关活动；

（二）提供虚假材料或以其他不正当手段骗取船舶所有人、经营人安全营运与防污染管理体系符合证明；

（三）伪造、变造船舶所有人、经营人安全营运与防污染管理体系审核的符合证明；

（四）转让、买卖、租借、冒用船舶所有人、经营人安全营运与防污染管理体系审核的符合证明；

（五）使用伪造、变造的船舶所有人、经营人安全营运与防污染管理体系符合证明从事航行或其他有关活动。

本条前款规定罚款的数额，依照下列规定确定：

（一）属于非经营活动中的违法行为的，处以200元以上1000元以下罚款；

（二）属于经营活动中的违法行为，有违法所得的，处以违法所得的3倍以下、最多不超过3万元的罚款；

（三）属于经营活动中的违法行为，无违法所得的，处以300元以上1万元以下罚款。

第十四条 违反船舶安全营运管理秩序，有下列行为之一的，处以罚款、扣留船员职务证书直至吊销船员职务证书：

（一）未取得船舶安全管理证书从事航行或其他有关活动；

（二）提供虚假材料或以其他不正当手段骗取船舶安全管理证书；

（三）伪造、变造船舶安全管理证书；

（四）转让、买卖、租借、冒用船舶安全管理证书；

（五）使用伪造、变造的船舶安全管理证书从事航行或其他有关活动。

本条前款规定罚款的数额、扣留船员职务证书的期限或吊销船员职务证书，依照下列规定确定：

（一）属于非经营活动中的违法行为的，对船舶所有人或船舶经营人处以200元以上1000元以下罚款；对船长处以200元以上1000元以下的罚款，并扣留船员职务证书3个月至6个月。

(二)属于经营活动中的违法行为,有违法所得的,对船舶所有人或船舶经营人处以违法所得的3倍以下、最多不超过3万元的罚款;对船长处以本人违法所得的3倍以下、最多不超过2万元的罚款,并扣留船员职务证书12个月至24个月。

(三)属于经营活动中的违法行为,无违法所得的,对船舶所有人或船舶经营人处以500元以上1万元以下罚款;对船长处以300元以上8000元以下的罚款,并扣留船员职务证书6个月至12个月。

第二节　违反船舶、海上设施检验管理秩序

第十五条　本节所称船舶、海上设施,其含义与《船舶和海上设施检验条例》使用的同一用语的含义相同。

第十六条　违反《海上交通安全法》第四条的规定,船舶和船舶上有关航行安全、防治污染等重要设备无相应的有效的检验证书的,依照《海上交通安全法》第四十四条的规定,处以下列行政处罚:

(一)属于非经营活动中的违法行为的,对船舶所有人或船舶经营人处以300元以上1000元以下罚款;对船长处以200元以上1000元以下的罚款,并扣留船员职务证书3个月至6个月。

(二)属于经营活动中的违法行为,有违法所得的,对船舶所有人或船舶经营人处以违法所得的3倍以下、最多不超过3万元的罚款;对船长处以本人违法所得的3倍以下、最多不超过3万元的罚款,并扣留船员职务证书12个月至24个月直至吊销船员职务证书。

(三)属于经营活动中的违法行为,无违法所得的,对船舶所有人或船舶经营人处以300元以上1万元以下罚款;对船长处以200元以上1万元以下的罚款,并扣留船员职务证书6个月至12个月。

本条前款所称船舶和船舶上有关重要设备无相应的有效的检验证书,包括下列情形:

(一)无相应的检验证书;

(二)持伪造、变造、转让、买卖或租借的检验证书;

(三)所持检验证书与船舶、船舶上有关重要设备的实际情况

不符；

（四）持已经超过有效期限的检验证书；

（五）其他不符合法律、行政法规和规章规定情形的检验证书。

第十七条 违反《海上交通安全法》第十六条规定，大型设施和移动式平台的海上拖带，未经船舶检验机构进行拖航检验，并报海事管理机构核准，依照《海上交通安全法》第四十四条的规定，处以下列行政处罚：

（一）属于非经营活动中的违法行为的，对船舶、设施所有人或经营人处以 300 元以上 1000 元以下罚款；对船长、设施主要负责人处以 200 元以上 1000 元以下罚款，并扣留船员职务证书 3 个月至 6 个月。

（二）属于经营活动中的违法行为，有违法所得的，对船舶、设施所有人或经营人处以违法所得的 3 倍以下、最多不超过 3 万元的罚款；对船长、设施主要负责人处以本人违法所得的 3 倍以下、最多不超过 3 万元的罚款，并扣留船员职务证书 12 个月至 24 个月直至吊销船员职务证书。

（三）属于经营活动中的违法行为，无违法所得的，对船舶、设施所有人或经营人处以 300 元以上 1 万元以下罚款，对船长、设施主要负责人处以 200 元以上 1 万元以下罚款，并扣留船员职务证书 6 个月至 12 个月。

第十八条 违反《海上交通安全法》第十七条规定，船舶的实际状况同船舶检验证书所载不相符合，船舶未按照海事管理机构的要求申请重新检验或采取有效的安全措施，依照《海上交通安全法》第四十四条的规定，处以下列行政处罚：

（一）属于非经营活动中的违法行为的，对船舶所有人或船舶经营人处以 200 元以上 1000 元以下罚款；对船长处以 100 元以上 1000 元以下罚款，并扣留船员职务证书 3 个月至 6 个月。

（二）属于经营活动中的违法行为，有违法所得的，对船舶所有人或船舶经营人处以违法所得的 3 倍以下、最多不超过 3 万元的罚款;对船长处以本人违法所得的3倍以下、最多不超过3万元的罚款,并扣留船员职务证书12个月至24个月直至吊销船员职务证书。

(三)属于经营活动中的违法行为,无违法所得的,对船舶所有人或船舶经营人处以300元以上1万元以下罚款;对船长处以200元以上1万元以下罚款,并扣留船员职务证书6个月至12个月。

第十九条 违反《船舶和海上设施检验条例》的规定,涂改船舶、海上设施、货物集装箱的检验证书、擅自更改船舶载重线,或以欺骗行为获取船舶、海上设施、货物集装箱的检验证书的,依照《船舶和海上设施检验条例》第二十六条的规定,撤销已签发的相应检验证书,并可以责令补办有关手续。

第二十条 违反《船舶和海上设施检验条例》的规定,伪造船舶检验证书,或擅自更改船舶载重线,依照《船舶和海上设施检验条例》第二十七条的规定,处以通报批评,并可以处以相当于相应的检验费1倍至5倍的罚款。

本条前款所称伪造,包括变造、涂改。

第二十一条 船舶检验机构的检验人员违反《船舶和海上设施检验条例》的规定,有下列行为之一的,依照《船舶和海上设施检验条例》第二十八条的规定,分别以滥用职权、徇私舞弊、玩忽职守、严重失职论,撤销其检验资格:

(一)超越职权范围进行船舶、设施检验;

(二)未按规定的检验规范进行船舶、设施检验;

(三)未按规定的检验项目进行船舶、设施检验;

(四)未按规定的检验程序进行船舶、设施检验;

(五)所签发的船舶检验证书或检验报告与船舶、设施的实际情况不符;

(六)未按照有关规定标准收取船舶、设施检验费用。

第三节 违反海上船舶登记管理秩序

第二十二条 本节所称船舶,其含义与《船舶登记条例》使用的同一用语的含义相同。

第二十三条 违反《海上交通安全法》第五条的规定,船舶无船舶国籍证书或使用虚假的船舶国籍证书航行的,依照《海上交通安全法》第四十四条的规定,处以下列行政处罚:

(一)属于非经营活动中的违法行为的,对船舶所有人或船舶经营人处以200元以上1000元以下罚款;对船长处以100元以上1000元以下的罚款,并扣留船员职务证书3个月至6个月。

(二)属于经营活动中的违法行为,有违法所得的,对船舶所有人或船舶经营人处以违法所得的3倍以下、最多不超过3万元的罚款;对船长处以本人违法所得的3倍以下、最多不超过2万元的罚款,并扣留船员职务证书12个月至24个月直至吊销船员职务证书。

(三)属于经营活动中的违法行为,无违法所得的,对船舶所有人或船舶经营人处以300元以上1万元以下罚款;对船长处以200元以上8000元以下的罚款,并扣留船员职务证书6个月至12个月。

第二十四条 违反《船舶登记条例》规定,船舶假冒中国国籍,悬挂中国国旗航行的,依照《船舶登记条例》第四十九条第一款的规定,依法没收船舶。

违反《船舶登记条例》规定,中国籍船舶假冒外国国籍,悬挂外国国旗航行的,适用《船舶登记条例》第四十九条第一款的规定。

第二十五条 违反《船舶登记条例》规定,隐瞒在境内或境外的登记事实,造成双重国籍的,依照《船舶登记条例》第五十条的规定,吊销其船舶国籍证书,并视情节对船舶所有人或船舶经营人处以下列罚款:

(一)500总吨以下的船舶,处2000元以上1万元以下的罚款;

(二)501总吨以上、10000总吨以下的船舶,处以1万元以上5万元以下的罚款;

(三)10001总吨以上的船舶,处以5万元以上20万元以下的罚款。

第二十六条 违反《船舶登记条例》规定，有下列情形之一的，依照《船舶登记条例》第五十一条的规定，可以视情节对船舶处以警告、根据船舶吨位对船舶所有人或船舶经营人处以依照《船舶登记条例》第五十条规定的罚款数额的50%直至没收船舶登记证书：

(一)在办理登记手续时隐瞒真实情况、弄虚作假的；

(二)隐瞒登记事实，造成重复登记的；

(三)伪造、涂改船舶登记证书的。

第二十七条 违反《船舶登记条例》规定，船舶不按照规定办理变更或注销登记的，或使用过期的船舶国籍证书或临时船舶国籍证书的，依照《船舶登记条例》第五十二条的规定，责令其补办有关登记手续；情节严重的，可以根据船舶吨位对船舶所有人或船舶经营人处以《船舶登记条例》第五十条规定的罚款数额的10%。

第二十八条 违反《船舶登记条例》规定，擅自雇用外国籍船员或使用他人业经登记的船舶烟囱标志、公司旗的，依照《船舶登记条例》第五十三条的规定，责令其改正；拒不改正的，可以根据船舶吨位对船舶所有人或船舶经营人处以《船舶登记条例》第五十条规定的罚款数额的10%；情节严重的，并可以吊销其船舶国籍证书或临时船舶国籍证书。

第二十九条 违反《国旗法》和交通部公布的《船舶升挂国旗管理办法》，船舶不按规定悬挂中国国旗，或悬挂的中华人民共和国国旗破损、污损、明显褪色或不合规格，依照《船舶升挂国旗管理办法》第十七条的规定，责令立即改正。

第四节 违反海上船员管理秩序

第三十条 本节所称船员，包括船长、轮机长、驾驶员、轮机员、无线电人员、引航员和水上飞机、潜水器的相应人员以及其他船员。

第三十一条 违反《海上交通安全法》第七条的规定，未取得合格的船员职务证书或未通过船员培训，擅自上船服务的，依照

《海上交通安全法》第四十四条的规定，处以下列数额的罚款：

（一）在非经营性船舶上服务的，处以200元以上1000元以下罚款；

（二）在经营性船舶上服务，有违法所得的，处以本人违法所得的3倍以下、最多不超过3万元的罚款；

（三）在经营性船舶上服务，无违法所得的，处以300元以上1万元以下罚款。

本条前款所称未取得合格的船员职务证书，包括下列情形：

（一）无船员职务证书；

（二）持采取弄虚作假的方式取得的船员职务证书；

（三）持伪造、变造的船员职务证书；

（四）持转让、买卖或租借的船员职务证书；

（五）所服务的船舶的航区、种类和等级以及所任职务超越所持船员职务证书限定的范围；

（六）持已经超过有效期限的船员职务证书；

（七）其他不符合法律、行政法规和规章规定情形的船员职务证书。

对本条第二款第（二）项、第（四）项规定的违法行为，除处以罚款外，并处吊销船员职务证书。

对本条第二款第（五）项规定的违法行为，除处以罚款外，并处扣留船员职务证书3个月至12个月。

第三十二条 违反《海上交通安全法》第八条的规定，设施未按照国家规定配备掌握避碰、信号、通信、消防、救生等专业技能的人员，依照《海上交通安全法》第四十四条的规定，处以下列数额的罚款：

（一）属于非经营活动中的违法行为的，对设施所有人或设施经营人处以200元以上1000元以下罚款；对设施主要负责人和直接责任人员处以100元以上1000元以下罚款。

（二）属于经营活动中的违法行为，有违法所得的，对设施所有人或设施经营人处以违法所得的3倍以下、最多不超过3万元的罚款;对设施主要负责人和直接责任人员处以本人违法所得的3倍以下、最多不超过2万元的罚款。

(三)属于经营活动中的违法行为,无违法所得的,对设施所有人或设施经营人处以300元以上1万元以下罚款;对设施主要负责人和直接责任人员处以200元以上8000元以下罚款。

第三十三条 违反《公民出境入境管理法》的规定,持海员出境入境证件招摇撞骗的,依照《公民出境入境管理法实施细则》第二十二条的规定,将其海员出境入境证件予以吊销或宣布作废。

本条前款规定的持海员出境入境证件招摇撞骗,包括下列行为:

(一)持用弄虚作假、贿赂及其他不正当方式从海事管理机构获取的海员出境入境证件;

(二)持用伪造、变造的海员出境入境证件;

(三)持用采取转让、买卖、租借以及其他非法方式获得他人的海员出境入境证件;

(四)持已经超过有效期限的海员出境入境证件。

第五节 违反海上航行、停泊和作业管理秩序

第三十四条 违反《海上交通安全法》第六条的规定,船舶未按照标准定额配备足以保证船舶安全的合格船员,依照《海上交通安全法》第四十四条的规定,处以下列行政处罚:

(一)属于非经营活动中的违法行为的,对船舶所有人或船舶经营人处以300元以上1000元以下罚款;对船长处以200元以上1000元以下罚款,并可扣留船员职务证书3个月至6个月。

(二)属于经营活动中的违法行为,有违法所得的,对船舶所有人或船舶经营人处以违法所得的3倍以下、最多不超过3万元的罚款;对船长处以本人违法所得的3倍以下、最多不超过2万元的罚款,并可扣留船员职务证书3个月至12个月。

(三)属于经营活动中的违法行为,无违法所得的,对船舶所有人或船舶经营人处以500元以上1万元以下罚款;对船长处以300元以上8000元以下罚款,并可扣留船员职务证书3个月至6个月。

本条第一款所称未按照标准定额配备足以保证船舶安全的合格船员，包括下列情形：

（一）船舶所配船员的数量低于船舶最低安全配员证书规定的定额要求；

（二）船舶所配船员未持有有效的适任证书；

（三）船舶未持有有效的船舶最低安全配员证书。

第三十五条 违反《海上交通安全法》第九条的规定，船舶、设施上的人员不遵守有关海上交通安全的规章制度和操作规程，影响船舶、设施航行、停泊和作业的安全，依照《海上交通安全法》第四十四条的规定，处以下列数额的罚款：

（一）属于非经营活动中的违法行为的，处以100元以上1000元以下罚款；

（二）属于经营活动中的违法行为，有违法所得的，处以本人违法所得的3倍以下、最多不超过3万元的罚款；

（三）属于经营活动中的违法行为，无违法所得的，处以100元以上1万元以下罚款。

本条前款所称不遵守有关海上交通安全的规章制度，包括下列情形：

（一）在船上履行船员职务，不携带有效船员职务证书；

（二）在船上履行船员职务，超越船员职务证书所载职务、职能、航区、航线、等级或主机种类；

（三）在船上履行船员职务，未按照船员值班规则实施值班；

（四）未获得必要的休息上岗操作；

（五）在船上值班期间，体内酒精含量超过规定的标准；

（六）在船上履行船员职务，服食可能影响安全操作的违禁药物；

（七）不遵守有关海上交通安全的规章制度的其他情形。

本条第一款所称不遵守有关海上交通安全操作规程，包括下列情形：

（一）不采用安全速度航行；

（二）不按规定的航路航行；

（三）不遵守避碰规则、雾航规则；

（四）不按规定停泊、倒车、调头、追越、抢头；

（五）不按规定显示信号；

（六）不按规定守听航行通信；

（七）不按规定进行试车、试航、测速、辨校方向；

（八）不按规定检修影响船舶适航性能的设备；

（九）不按规定检修通信设备和消防设备；

（十）不按规定保持船舱良好通风或清洁；

（十一）不按规定使用明火；

（十二）不按规定填写航海日志；

（十三）不按规定保障人员上、下船舶、设施的安全；

（十四）不按照有关海上交通安全操作规程进行其他操作。

第三十六条 违反《海上交通安全法》第九条的规定，船舶、设施上的人员不遵守有关海上交通安全的规章制度和操作规程，影响船舶、设施航行、停泊和作业的安全，造成海上交通事故的，还应依照《海上交通安全法》第四十四条的规定，处以下列行政处罚：

（一）造成特别重大事故的，对全部责任者、主要责任者吊销船员职务证书，对次要责任者扣留船员职务证书 12 个月直至吊销船员职务证书；对相当责任者，扣留船员职务证书 24 个月或吊销船员职务证书。

（二）造成重大事故的，对全部责任者、主要责任者吊销船员职务证书，对次要责任者扣留船员职务证书 12 个月至 24 个月；对相当责任者，扣留船员职务证书 18 个月或吊销船员职务证书。

（三）造成大事故的，对全部责任者、主要责任者扣留船员职务证书 24 个月或吊销船员职务证书，对次要责任者扣留船员职务证书 6 个月；对相当责任者，扣留船员职务证书 12 个月。

（四）造成一般事故的，对全部责任者、主要责任者扣留船员职务证书 12 个月至 24 个月，对次要责任者扣留船员职务证书 3 个月至 6 个月；对相当责任者，扣留船员职务证书 6 个月至 12 个月。

（五）造成小事故的，对全部责任者、主要责任者扣留船员职务证书6个月至12月，对次要责任者扣留船员职务证书3个月；对相当责任者，扣留船员职务证书3个月至6个月。

第三十七条 违反《海上交通安全法》第十条的规定，船舶、设施不遵守有关法律、行政法规和规章，影响其他船舶、设施航行、停泊和作业的安全，依照《海上交通安全法》第四十四条的规定，处以下列数额的罚款：

（一）属于非经营活动中的违法行为的，对船舶或设施所有人、经营人处以200元以上1000元以下罚款；对船长或设施主要负责人和其他直接责任人员处以100元以上1000元以下罚款。

（二）属于经营活动中的违法行为，有违法所得的，对船舶或设施所有人、经营人处以违法所得的3倍以下、最多不超过3万元的罚款；对船长或设施主要负责人和其他直接责任人员处以本人违法所得的3倍以下、最多不超过3万元的罚款。

（三）属于经营活动中的违法行为，无违法所得的，对船舶或设施所有人、经营人处以300元以上1万元以下罚款；对船长或设施主要负责人和其他直接责任人员处以100元以上1万元以下罚款。

本条前款所称船舶、设施不遵守有关法律、行政法规和规章，影响其他船舶、设施航行、停泊和作业的安全，包括下列情形：

（一）不按规定检修、检测影响船舶适航性能的设备；

（二）不按规定检修、检测通信设备和消防设备；

（三）不按规定载运旅客；

（四）不按规定装载货物、车辆；

（五）不符合安全航行限制条件而开航；

（六）不符合安全作业限制条件而作业；

（七）未经批准从事夜航；

（八）强令船员违规操作；

（九）强令船员疲劳上岗操作；

（十）未按船员值班规则安排船员值班；

（十一）超过核定航区航行；

（十二）未按规定的航路行驶；

（十三）不遵守避碰规则、雾航规则；

（十四）不采用安全速度航行；

（十五）不按规定停泊、倒车、掉头、追越、抢头；

（十六）不按规定进行试车、试航、测速、辨校方向；

（十七）不遵守航行、停泊和作业信号规定；

（十八）不遵守强制引航规定；

（十九）不遵守航行通信和无线电通信管理规定；

（二十）不按规定保持船舱良好通风或清洁；

（二十一）不按规定保障人员上、下船舶、设施的安全；

（二十二）不遵守有关明火作业安全操作规程；

（二十三）未按规定拖带，或非拖带船从事拖带作业；

（二十四）违反船舶并靠或过驳有关规定；

（二十五）不按规定填写航海日志；

（二十六）未按规定报告船位、船舶动态；

（二十七）不遵守有关法律、行政法规和规章，影响其他船舶、设施航行、停泊和作业安全的其他情形。

第三十八条　违反《海上交通安全法》第十一条规定，外国籍非军用船舶未经中国海事管理机构批准，进入中国的内水和港口，或进入中国的内水和港口不听从海事管理机构指挥，依照《海上交通安全法》第四十四条的规定，处以警告或下列数额的罚款：

（一）属于非经营活动中的违法行为的，对船舶所有人或船舶经营人处以 200 元以上 1000 元以下罚款；对船长处以 100 元以上 1000 元以下罚款。

（二）属于经营活动中的违法行为，有违法所得的，对船舶所有人或船舶经营人处以违法所得的 3 倍以下、最多不超过 3 万元的罚款；对船长处以本人违法所得的 3 倍以下、最多不超过 2 万元的罚款。

（三）属于经营活动中的违法行为，无违法所得的，对船舶所有人或船舶经营人处以 200 元以上 1 万元以下罚款，对船长处以

100 元以上 1 万元以下罚款。

第三十九条 违反《海上交通安全法》第十三条规定，外国籍船舶进出中国港口或在港内航行、移泊以及靠离港外系泊点、装卸站等，不按规定申请指派引航员引航，或不使用按规定指派的引航员引航的，依照《海上交通安全法》第四十四条的规定，处以警告或下列数额的罚款：

(一)属于非经营活动中的违法行为的，对船舶所有人或船舶经营人处以 200 元以上 1000 元以下罚款；对船长处以 100 元以上 1000 元以下罚款。

(二)属于经营活动中的违法行为，有违法所得的，对船舶所有人或船舶经营人处以违法所得的 3 倍以下、最多不超过 3 万元的罚款；对船长处以本人违法所得的 3 倍以下、最多不超过 2 万元的罚款。

(三)属于经营活动中的违法行为，无违法所得的，对船舶所有人或船舶经营人处以 200 元以上 1 万元以下罚款，对船长处以 100 元以上 1 万元以下罚款。

第四十条 违反《海上交通安全法》第十四条规定，船舶进出港口或通过交通管制区、通航密集区和航行条件受到限制的区域时，不遵守中国政府或海事管理机构公布的特别规定的，依照《海上交通安全法》第四十四条的规定，处以警告或下列行政处罚：

(一)属于非经营活动中的违法行为的，对船舶所有人或船舶经营人处以 500 元以上 1000 元以下罚款；对船长处以 200 元以上 1000 元以下罚款，并可扣留船员职务证书 3 个月至 6 个月。

(二)属于经营活动中的违法行为，有违法所得的，对船舶所有人或船舶经营人处以违法所得的 3 倍以下、最多不超过 3 万元的罚款；对船长处以本人违法所得的 3 倍以下、最多不超过 2 万元的罚款，并可扣留船员职务证书 6 个月至 12 个月。

(三)属于经营活动中的违法行为，无违法所得的，对船舶所有人或船舶经营人处以 1000 元以上 1 万元以下罚款，对船长处以 500 元以上 5000 元以下罚款，并可扣留船员职务证书 3 个月至 6 个月。

第四十一条 违反《海上交通安全法》第十五条规定，未经海事管理机构特别许可，船舶进入或穿越禁航区，依照《海上交通安全法》第四十四条的规定，处以警告或下列行政处罚：

（一）属于非经营活动中的违法行为的，对船舶所有人或船舶经营人处以 200 元以上 1000 元以下罚款；对船长处以 100 元以上 1000 元以下罚款，并扣留船员职务证书 3 个月至 6 个月。

（二）属于经营活动中的违法行为，有违法所得的，对船舶所有人或船舶经营人处以违法所得的 3 倍以下、最多不超过 3 万元的罚款；对船长处以本人违法所得的 3 倍以下、最多不超过 2 万元的罚款，并扣留船员职务证书 6 个月至 12 个月。

（三）属于经营活动中的违法行为，无违法所得的，对船舶所有人或船舶经营人处以 200 元以上 1 万元以下罚款；对船长处以 100 元以上 8000 元以下罚款，并扣留船员职务证书 3 个月至 6 个月。

第四十二条 违反《海上交通安全法》第十二条规定，国际航行船舶进出中国港口，拒不接受海事管理机构的检查，依照《海上交通安全法》第四十四条的规定，处以下列行政处罚：

（一）属于非经营活动中的违法行为的，对船舶所有人或船舶经营人处以 200 元以上 1000 元以下罚款；对船长处以 100 元以上 1000 元以下罚款，并可扣留船员职务证书 3 个月至 6 个月。

（二）属于经营活动中的违法行为，有违法所得的，对船舶所有人或船舶经营人处以违法所得的 3 倍以下、最多不超过 3 万元的罚款；对船长处以本人违法所得的 3 倍以下、最多不超过 2 万元的罚款，并可扣留船员职务证书 12 个月至 24 个月直至吊销船员职务证书。

（三）属于经营活动中的违法行为，无违法所得的，对船舶所有人或船舶经营人处以 200 元以上 1 万元以下罚款；对船长处以 100 元以上 1 万元以下罚款，并可扣留船员职务证书 6 个月至 12 个月。

本条前款所称拒不接受海事管理机构的检查，包括下列情形：

（一）拒绝或阻挠海事管理机构实施安全检查；

（二）中国籍船舶接受海事管理机构实施安全检查时不提交

《船舶安全检查记录簿》。

（三）在接受海事管理机构实施安全检查时弄虚作假；

（四）未按照海事管理机构的安全检查处理意见进行整改。

第四十三条 违反《海上交通安全法》第十二条的规定，中国籍国内航行船舶进出港口，不办理进出港签证，依照《海上交通安全法》第四十四条的规定，处以下列行政处罚：

（一）属于非经营活动中的违法行为的，对船舶所有人或船舶经营人处以200元以上1000元以下罚款；对船长处以100元以上1000元以下罚款，并可扣留船员职务证书3个月至6个月。

（二）属于经营活动中的违法行为，有违法所得的，对船舶所有人或船舶经营人处以违法所得的3倍以下、最多不超过3万元的罚款；对船长处以本人违法所得的3倍以下、最多不超过2万元的罚款，并可扣留船员职务证书12个月至24个月直至吊销船员职务证书。

（三）属于经营活动中的违法行为，无违法所得的，对船舶所有人或船舶经营人处以200元以上1万元以下罚款；对船长处以100元以上8000元以下罚款，并可扣留船员职务证书6个月至12个月。

本条前款所称不办理进出港签证包括下列情形：

（一）拒绝或阻挠海事管理机构办理进出港签证；

（二）办理进出港签证所提交的船舶法定证书、文书不全或不真实；

（三）在办理进出港签证时弄虚作假；

（四）国际航行船舶未按规定办理进出口岸手续。

第六节 违反海上通航安全保障管理秩序

第四十四条 本节所称航标，其含义与《航标条例》使用的同一用语的含义相同。

第四十五条 违反《航标条例》第六条第二款的规定，擅自设置、撤除、移动专用航标或改变专用航标的其他状况的，依照《航标条例》第十九条的规定,责令限期拆除、重新设置、调整专用航标。

第四十六条 有下列行为之一的,依照《航标条例》第二十条的规定,责令限期改正或采取相应的补救措施:

(一)违反《航标条例》第十一条的规定,在航标附近设置有碍航行安全的灯光或音响装置;

(二)违反《航标条例》第十三条的规定,在航标周围构筑建筑物、构筑物或种植植物以及其他影响航标效能的障碍物。

第四十七条 船舶违反《航标条例》第十四条第二款的规定,触碰航标不报告的,依照《航标条例》第二十一条的规定,可以根据情节处以2万元以下的罚款;造成损失的,应当依法赔偿。

第四十八条 违反《航标条例》第十五条、第十六条、第十七条的规定,危害航标及其辅助设施或影响航标工作效能的,依照《航标条例》第二十二条的规定,责令其限期改正,处以警告,可以并处2000元以下的罚款;造成损失的,应当依法赔偿。

第四十九条 违反《海上航行警告和航行通告管理规定》第五条第一款的规定,在中华人民共和国沿海水域从事下列活动,未事先向海事管理机构申请发布海上航行警告、航行通告,依照《海上航行警告和航行通告管理规定》第十七条的规定,责令其停止活动,并可以处2000元以下罚款:

(一)改变航道、航槽;

(二)划定、改动或撤销禁航区、抛泥区、水产养殖区、测速区、水上娱乐区;

(三)设置或撤除公用罗经标、消磁场;

(四)打捞沉船、沉物;

(五)铺设、撤除、检修电缆和管道;

(六)设置、撤除系船浮筒及其他建筑物;

(七)设置、撤除用于海上勘探开发的设施和其安全区;

(八)从事扫海、疏浚、爆破、打桩、拔桩、起重、钻探等作业;

(九)进行使船舶航行能力受到限制的超长、超高、笨重拖带作业；

（十）进行有碍海上航行安全的海洋地质调查、勘探和水文测量；

（十一）进行其他影响海上航行和作业安全的活动。

第五十条 违反《海上航行警告和航行通告管理规定》第五条第一款、第八条规定，海上航行警告、航行通告发布后，申请人未在国家主管机关或区域主管机关核准的时间和区域内进行活动，或需要变更活动时间或改换活动区域的，未按规定重新申请发布海上航行警告、航行通告，依照《海上航行警告和航行通告管理规定》第十七条的规定，责令其停止活动，并可以处 2000 元以下罚款。

第五十一条 违反《海上航行警告和航行通告管理规定》第六条、第七条规定，未在规定的时间内申请发布海上航行警告、航行通告的，依照《海上航行警告和航行通告管理规定》第十八条的规定，可以处以警告，可以并处 800 元以下罚款。

第五十二条 违反《海上航行警告和航行通告管理规定》第十四条规定，未按照规定抄收海岸电台播发的海上航行警告，对船舶、设施的有关责任人员，依照《海上航行警告和航行通告管理规定》第十九条的规定，根据情节，可以处以警告、扣留职务证书或吊销职务证书。

第五十三条 违反《海上航行警告和航行通告管理规定》，造成海上交通事故的，依照《海上航行警告和航行通告管理规定》第二十条，除依法承担民事赔偿责任外，根据情节轻重，处以下列行政处罚：

（一）属于非经营活动中的违法行为的，对船舶、设施所有人或经营人处以 300 元以上 1000 元以下罚款；对船长或设施主要负责人和其他直接责任人员处以 200 元以上 1000 元以下罚款，并可扣留船员职务证书 3 个月至 12 个月。

（二）属于经营活动中的违法行为，有违法所得的，对船舶、设施处以违法所得的 3 倍以下、最多不超过 3 万元的罚款；对船长或设施主要负责人和其他直接责任人员处以本人违法所得的3倍以下、最多不超过2万元的罚款,并可扣留船员职务证书12个月至24个月或吊销船员职务证书。

(三)属于经营活动中的违法行为,无违法所得的,对船舶、设施处以300元以上1万元以下罚款;对船长或设施主要负责人和其他直接责任人员处以200元以上1万元以下罚款,并可扣留船员职务证书6个月至24个月。

第五十四条 违反《海上交通安全法》第二十二条规定,未经海事管理机构批准,在港区、锚地、航道、通航密集区以及海事管理机构公布的航路内设置、构筑设施或进行其他有碍航行安全的活动,除责令其所有人限期搬迁或拆除外,依照《海上交通安全法》第四十四条的规定,处以下列数额的罚款:

(一)属于非经营活动中的违法行为的,处以200元以上1000元以下罚款。

(二)属于经营活动中的违法行为,有违法所得的,处以违法所得的3倍以下、最多不超过3万元的罚款。

(三)属于经营活动中的违法行为,无违法所得的,处以300元以上1万元以下罚款。

第五十五条 违反《海上交通安全法》第二十六条规定,搬迁、拆除设施,打捞清除沉船沉物,处理水下工程善后事项,遗留有碍航行和作业安全的隐患,或在搬迁、拆除设施,打捞清除沉船沉物,处理水下工程善后事项前,其所有人或经营人未按规定设置标志,并将碍航物的名称、形状、尺寸、位置和深度准确地向海事管理机构报告,依照《海上交通安全法》第四十四条的规定,处以下列数额的罚款:

(一)属于非经营活动中的违法行为的,处以200元以上1000元以下罚款。

(二)属于经营活动中的违法行为,有违法所得的,处以违法所得的3倍以下、最多不超过3万元的罚款。

(三)属于经营活动中的违法行为,无违法所得的,处以300

元以上1万元以下罚款。

第七节　违反海上危险货物载运安全监督管理秩序

第五十六条　本节所称危险货物,是指具有爆炸、易燃、毒害、腐蚀、放射性等特性,在运输、装卸和储存过程中,容易造成人身伤亡、财产毁损和环境污染而需要特别防护的货物,包括危险化学品。

第五十七条　违反《危险化学品安全管理条例》的规定,从事危险化学品运输船舶的船员,未经考核合格,取得上岗资格证的,依照《危险化学品安全管理条例》第六十六条的规定,处2万元以上10万元以下的罚款。

第五十八条　违反《危险化学品安全管理条例》的规定,有下列行为之一的,依照《危险化学品安全管理条例》第五十九条的规定,责令立即或限期改正,处2万元以上20万元以下的罚款;逾期未改正的,责令停产停业整顿:

(一)运输危险化学品的船舶及其配载的容器,未按照国家有关规范进行检验合格;

(二)船舶运输危险化学品,使用的包装的材质、型式、规格、方法和单件质量(重量)与所包装的危险化学品的性质和用途不相适应;

(三)船舶运输危险化学品,重复使用的包装物、容器在使用前,不进行检查;

(四)船舶运输危险化学品,使用未经检验合格的包装物、容器包装、盛装、运输。

第五十九条　违反《危险化学品安全管理条例》的规定,船舶运输、装卸危险化学品不符合国家有关法律、法规、规章的规定和国家标准,并按照危险化学品的特性采取必要安全防护措施的,依照《危险化学品安全管理条例》第六十六条的规定,处2万元以上10万元以下的罚款。

本条前款所称不符合国家有关法律、法规、规章的规定和国家标准，并按照危险化学品的特性采取必要安全防护措施，包括下列情形：

（一）装运危险化学品的船舶未按有关规定编制应急预案和配备相应救援设备和器材；

（二）装运危险化学品的船舶进出港口，不依法向海事管理机构办理申报手续；

（三）装运危险化学品的船舶擅自在非停泊危险化学品船舶的锚地、码头或其他水域停泊；

（四）船舶所装运的危险化学品，包装标志不符合有关规定；

（五）船舶装运危险化学品发生泄漏或意外事故，不及时采取措施或不向海事管理机构报告；

（六）其他不符合国家有关危险化学品法律、法规、规章的规定和危险化学品国家标准的情形。

第六十条 违反《海上交通安全法》第三十二条规定，船舶、设施储存、装卸、运输危险化学品以外的危险货物，不具备安全可靠的设备和条件，或者不遵守国家关于危险化学品以外的危险货物管理和运输的规定的，依照《海上交通安全法》第四十四条的规定，处以下列行政处罚：

（一）属于非经营活动中的违法行为的，对船舶、设施所有人或经营人处以300元以上1000元以下罚款；对船长或设施主要负责人和其他直接责任人员处以200元以上1000元以下罚款，并扣留船员职务证书3个月至12个月。

（二）属于经营活动中的违法行为，有违法所得的，对船舶、设施处以违法所得的3倍以下、最多不超过3万元的罚款；对船长或设施主要负责人和其他直接责任人员处以本人违法所得的3倍以下、最多不超过3万元的罚款，并扣留船员职务证书12个月至24个月或吊销船员职务证书。

（三）属于经营活动中的违法行为，无违法所得的，对船舶、设施处以300元以上1万元以下罚款；对船长或设施主要负责人和其他直接责任人员处以200元以上1万元以下罚款，并扣留船员职务证书6个月至24个月。

本条款所称不具备安全可靠的设备和条件,包括下列情形:

(一)装运危险化学品以外的危险货物的船舶,未按有关规定编制应急预案和配备相应救援设备和器材;

(二)装运危险化学品以外的危险货物的船舶及其配载的容器,未按照国家有关规范进行检验合格;

(三)船舶装运危险化学品以外的危险货物,所使用包装的材质、型式、规格、方法和单件质量(重量)与所包装的危险货物的性质和用途不相适应;

(四)船舶装运危险化学品以外的危险货物,包装标志不符合有关规定;

(五)装运危险化学品以外的危险货物的船舶,未按规定配备足够的取得相应的特殊培训合格证书的船员。

本条款所称不遵守国家关于危险化学品以外的危险货物管理和运输的规定,包括下列行为:

(一)使用未经检验合格的包装物、容器包装、盛装、运输;

(二)重复使用的包装物、容器在使用前,不进行检查;

(三)不按规定显示装载危险货物的信号;

(四)未按照危险货物的特性采取必要安全防护措施;

(五)不按照有关规定对载运中的危险货物进行检查;

(六)装运危险货物的船舶擅自在非停泊危险货物船舶的锚地、码头或其他水域停泊;

(七)船舶装运危险货物发生泄漏或意外事故,不及时采取措施或不向海事管理机构报告;

(八)不遵守国家关于危险化学品以外的危险货物管理和运输的规定的其他行为。

第六十一条 违反《海上交通安全法》第三十三条规定,船舶装运危险化学品以外的危险货物进出港口,不向海事管理机构办理申报手续,依照《海上交通安全法》第四十四条的规定,处以下列行政处罚:

（一）属于非经营活动中的违法行为的，对船舶、设施所有人或经营人处以300元以上1000元以下罚款；对船长或设施主要责人和其他直接责任人员处以200元以上1000元以下罚款，并扣留船员职务证书3个月至12个月。

（二）属于经营活动中的违法行为，有违法所得的，对船舶、设施处以违法所得的3倍以下、最多不超过3万元的罚款；对船长或设施主要负责人和其他直接责任人员处以本人违法所得的3倍以下、最多不超过3万元的罚款，并扣留船员职务证书12个月至24个月或吊销船员职务证书。

（三）属于经营活动中的违法行为，无违法所得的，对船舶、设施处以300元以上1万元以下罚款；对船长或设施主要负责人和其他直接责任人员处以200元以上1万元以下罚款，并扣留船员职务证书6个月至24个月。

第八节　违反海难救助管理秩序

第六十二条　违反《海上交通安全法》第三十四条规定，船舶、设施或飞机遇难时，不及时向海事管理机构报告出事时间、地点、受损情况、救助要求以及发生事故的原因的，依照《海上交通安全法》第四十四条规定，处以下列行政处罚：

（一）属于非经营活动中的违法行为的，对船舶、设施处以200元以上1000元以下罚款；对船长、设施主要负责人处以100元以上1000元以下罚款，并可扣留船员职务证书3个月至6个月。

（二）属于经营活动中的违法行为的，对船舶、设施处以200元以上1万元以下罚款；对船长、设施主要负责人处以100元以上8000元以下罚款，并可扣留船员职务证书6个月至12个月。

第六十三条　违反《海上交通安全法》第三十六条规定，事故现场附近的船舶、设施，收到求救信号或发现有人遭遇生命危险时，在不严重危及自身安全的情况下，不救助遇难人员，或不迅速向海事管理机构报告现场情况和本船舶、设施的名称、呼号和位置，依照《海上交通安全法》第四十四条规定，处以下列行政处罚：

（一）属于非经营活动中的违法行为的，对船舶、设施处以200元以上1000元以下罚款；对船长、设施主要负责人处以100元以上1000元以下罚款，并可扣留船员职务证书3个月至6个月。

（二）属于经营活动中的违法行为的，对船舶、设施处以200元以上1万元以下罚款；对船长、设施主要负责人处以100元以上8000元以下罚款，并可扣留船员职务证书6个月至12个月。

第六十四条 违反《海上交通安全法》第三十七条规定，发生海上交通事故的船舶、设施有下列行为之一，依照《海上交通安全法》第四十四条规定，处以警告、罚款，扣留或吊销船员职务证书：

（一）不互通名称、国籍和登记港；

（二）不救助遇难人员；

（三）在不严重危及自身安全的情况下，擅自离开事故现场或逃逸。

本条前款规定罚款的数额、扣留船员职务证书的期限和吊销船员职务证书，依照下列规定确定：

（一）属于非经营活动中的违法行为的，对船舶、设施所有人或经营人处以200元以上1000元以下罚款；对船长、设施主要负责人处以100元以上1000元以下罚款，并可扣留船员职务证书3个月至6个月。

（二）属于经营活动中的违法行为的，对船舶、设施所有人或经营人处以200元以上1万元以下罚款；对船长、设施主要负责人处以100元以上8000元以下罚款，并可扣留船员职务证书6个月至12个月。

第六十五条 违反《海上交通安全法》第三十八条规定，有关单位和在事故现场附近的船舶、设施，不听从海事管理机构统一指挥实施救助，依照《海上交通安全法》第四十四条规定，处以下列行政处罚：

（一）属于非经营活动中的违法行为的，对船舶、设施所有人或经营人处以200元以上1000元以下罚款；对船长、设施主要负责人处以100元以上1000元以下罚款，并可扣留船员职务证书3

个月至6个月。

(二)属于经营活动中的违法行为的,对船舶、设施所有人或经营人处以200元以上1万元以下罚款;对船长、设施主要负责人处以100元以上8000元以下罚款,并可扣留船员职务证书6个月至12个月。

第六十六条 违反《海上交通安全法》第三十九条规定,外国派遣船舶或飞机进入中国领海或领海上空搜寻救助遇难的船舶或人员,未经海事管理机构批准,依照《海上交通安全法》第四十四条规定,处以下列行政处罚:

(一)属于非经营活动中的违法行为的,对船舶所有人或船舶经营人处以300元以上1000元以下罚款;对船长处以200元以上1000元以下罚款。

(二)属于经营活动中的违法行为,有违法所得的,对船舶所有人或船舶经营人处以违法所得的3倍以下、最多不超过3万元的罚款;对船长处以本人违法所得的3倍以下、最多不超过2万元的罚款。

(三)属于经营活动中的违法行为,无违法所得的,对船舶所有人或船舶经营人处以300元以上1万元以下罚款;对船长处以200元以上1万元以下罚款。

第九节 违反海上打捞管理秩序

第六十七条 本节所称外商、沉船沉物、打捞作业,其含义分别与《关于外商参与打捞中国沿海水域沉船沉物管理办法》使用的同一用语的含义相同。

第六十八条 违反《海上交通安全法》第四十条规定,对影响安全航行、航道整治以及有潜在爆炸危险的沉没物、漂浮物,其所有人、经营人不按海事管理机构限定期限打捞清除,依照《海上交通安全法》第四十四条规定,处以下列行政处罚:

(一)属于非经营活动中的违法行为的,对法人或其他组织处以200元以上1000元以下罚款;对自然人处以100元以上1000

元以下罚款。

（二）属于经营活动中的违法行为，有违法所得的，对法人或其他组织处以违法所得的3倍以下、最多不超过3万元的罚款；对自然人处以本人违法所得的3倍以下、最多不超过2万元的罚款。

（三）属于经营活动中的违法行为，无违法所得的，对法人或其他组织处以300元以上1万元以下罚款；对自然人处以200元以上8000元以下罚款。

第六十九条 违反《海上交通安全法》第四十一条规定，未经海事管理机构批准，擅自打捞或拆除沿海水域内的沉船沉物，依照《海上交通安全法》第四十四条规定，处以下列行政处罚：

（一）属于非经营活动中的违法行为的，对法人或其他组织处以200元以上1000元以下罚款；对自然人处以100元以上1000元以下罚款。

（二）属于经营活动中的违法行为，有违法所得的，对法人或其他组织处以违法所得的3倍以下、最多不超过3万元的罚款；对自然人处以本人违法所得的3倍以下、最多不超过2万元的罚款。

（三）属于经营活动中的违法行为，无违法所得的，对法人或其他组织处以300元以上1万元以下罚款；对自然人处以200元以上8000元以下罚款。

第七十条 外商违反《关于外商参与打捞中国沿海水域沉船沉物管理办法》的规定，擅自打捞中国沿海水域沉船沉物的，依照《关于外商参与打捞中国沿海水域沉船沉物管理办法》第二十条的规定，除责令其停止打捞作业，处以警告或1000元以下罚款。

第十节 违反海上船舶污染沿海水域环境监督管理秩序

第七十一条 本节所称水上拆船、海港、船舶，其含义分别与《防止拆船污染环境管理条例》使用的同一用语的含义相同。

本节所称内水、海洋环境污染损害、排放、倾倒，其含义分别与《海洋环境保护法》使用的同一用语的含义相同。

第七十二条 违反《防止拆船污染环境管理条例》规定，有下列情形之一的,依照《防止拆船污染环境管理条例》第十七条的规定,除责令其限期纠正外,还可以根据不同情节,处以1万元以上10万元以下的罚款:

(一)未持有经批准的环境影响报告书(表),擅自设置拆船厂进行拆船的;

(二)发生污染损害事故,不向监督拆船污染的海事管理机构报告也不采取消除或控制污染措施的;

(三)废油船未经洗舱、排污、清舱和测爆即行拆解的;

(四)任意排放或丢弃污染物造成严重污染的。

第七十三条 违反《防止拆船污染环境管理条例》规定,有下列情形之一的,依照《防止拆船污染环境管理条例》第十八条的规定,除责令其限期纠正外,还可以根据不同情节,处以警告或处以1万元以下的罚款:

(一)拒绝或阻挠海事管理机构进行现场检查或在被检查时弄虚作假的;

(二)未按规定要求配备和使用防污设施、设备和器材,造成环境污染的;

(三)发生污染损害事故,虽采取消除或控制污染措施,但不向监督拆船污染的海事管理机构报告的;

(四)拆船单位关闭、搬迁后,原厂址的现场清理不合格的。

第七十四条 违反《海洋环境保护法》有关规定,船舶有下列行为之一的,依照《海洋环境保护法》第七十三条的规定,责令限期改正,并处以罚款:

(一)向沿海水域排放《海洋环境保护法》禁止排放的污染物或其他物质的;

(二)不按照《海洋环境保护法》规定向海洋排放污染物,或超过标准排放污染物的;

(三)未取得海洋倾倒许可证,向海洋倾倒废弃物的;

(四)因发生事故或其他突发性事件,造成海洋环境污染事故,不立即采取处理措施的。

有前款第(一)项、第(三)项行为之一的,处3万元以上20万元以下的罚款;有前款第(二)项、第(四)项行为之一的,处2万元以上10万元以下的罚款。

第七十五条 违反《海洋环境保护法》有关规定,船舶有下列行为之一的,依照《海洋环境保护法》第七十四条的规定,予以警告,或处以罚款:

(一)不按照规定申报,甚至拒报污染物排放有关事项,或在申报时弄虚作假的;

(二)发生事故或其他突发性事件不按照规定报告的;

(三)不按照规定记录倾倒情况,或不按照规定提交倾倒报告的;

(四)拒报或谎报船舶载运污染危害性货物申报事项的。

有前款第(一)项、第(三)项行为之一的,处2万元以下的罚款;有前款第(二)项、第(四)项行为之一的,处5万元以下的罚款。

第七十六条 违反《海洋环境保护法》第十九条第二款的规定,船舶拒绝现场检查,或在被检查时弄虚作假的,依照《海洋环境保护法》第七十五条的规定,予以警告,并处2万元以下的罚款。

第七十七条 违反《海洋环境保护法》规定,船舶在港口区域内造成珊瑚礁、红树林等海洋生态系统及海洋水产资源、海洋保护区破坏的,依照《海洋环境保护法》第七十六条的规定,责令限期改正和采取补救措施,并处1万元以上10万元以下的罚款;有违法所得的,没收其违法所得。

第七十八条 违反《海洋环境保护法》第三十九条第二款的规定,船舶经中华人民共和国管辖沿海水域,转移危险废物的,依照《海洋环境保护法》第七十九条的规定,责令非法运输该危险废物的船舶退出中国管辖沿海水域,并处5万元以上50万元以下的罚款。

第七十九条 违反《海洋环境保护法》规定,有下列行为之一的,依照《海洋环境保护法》第八十八条的规定,予以警告,或处以罚款：

（一）船舶未按规定配备防污设施、器材的；

（二）船舶未持有防污证书、防污文书的；

（三）不按照规定记载涉及污染物排放及操作记录的；

（四）从事水上和港区水域拆船、旧船改装、打捞和其他水上、水下施工作业，造成海洋环境污染损害的；

（五）船舶载运的货物不具备防污适运条件的。

有前款第（一）项、第（五）项行为之一的，处 2 万元以上 10 万元以下的罚款；有前款第（二）项、第（三）项行为的，处 2 万元以下的罚款；有前款第（四）项行为的，处以 5 万元以上 20 万元以下的罚款。

第八十条 违反《海洋环境保护法》规定，船舶不编制溢油应急计划的，依照《海洋环境保护法》第八十九条的规定，予以警告，或责令限期改正。

第八十一条 违反《海洋环境保护法》规定，造成海洋环境污染事故的法人或其他组织，依照《海洋环境保护法》第九十一条的规定，根据所造成的危害和损失处以直接损失的百分之三十的罚款，但罚款数额最高不得超过 30 万元。

第十一节 违反海上交通事故调查处理秩序

第八十二条 本规定所称海上交通事故，其含义与《海上交通事故调查处理条例》使用的同一用语的含义相同。

第八十三条 违反《海上交通事故调查处理条例》规定，有下列行为之一的，依照《海上交通事故调查处理条例》第二十九条的规定，对船员处以警告或 200 元以下罚款；对船舶所有人或经营人处以警告或 5000 元以下罚款：

（一）发生海上交通事故，未按规定的时间向海事管理机构报告或提交《海上交通事故报告书》；

（二）发生海上交通事故，在国外进行诉讼、仲裁或调解，船舶所有人或经营人未按《海上交通事故调查处理条例》第三十二条

规定的时间将判决书、裁决书或调解书的副本或影印件报船籍港的海事管理机构备案;

(三)发生海上交通事故,未按海事管理机构的要求驶往指定地点,或在未发现危及船舶安全的情况下未经海事管理机构同意擅自驶离指定地点;

(四)发生海上交通事故,报告或《海上交通事故报告书》的内容不符合《海上交通事故调查处理条例》第五条、第七条规定的要求,或不真实,影响事故调查或给有关部门造成损失;

(五)发生海上交通事故,不按《海上交通事故调查处理条例》第九条的规定,向当地或船舶第一到达港地的船舶检验机构、公安消防监督机关申请检验、鉴定,并将检验报告副本送交海事管理机构备案,影响事故调查;

(六)拒绝接受事故调查或无理阻挠、干扰海事管理机构进行事故调查的;

(七)在接受事故调查时故意隐瞒事实或提供虚假证明。

第四章　海上海事行政处罚程序

第一节　管　辖

第八十四条　海事行政处罚案件由海事行政违法行为发生地的海事管理机构管辖,法律、行政法规和本规定另有规定的除外。

本条前款所称海事行政违法行为发生地,包括海事行政违法行为的初始发生地、过程经过地、结果发生地。

第八十五条　各级海事局所属的海事处管辖本辖区内的下列海事行政处罚案件:

(一)对自然人处以警告、1000 元以下罚款、扣留船员职务证书 3 个月至 6 个月的海事行政处罚;

(二)对法人或其他组织处以警告、1 万元以下罚款的海事行政处罚。

各级海事局管辖本辖区内的所有海事行政处罚案件。

第八十六条 对海事行政处罚案件管辖发生争议的，报请共同的上一级海事管理机构指定管辖。

下级海事管理机构对其管辖的海事行政处罚案件，认为需要由上级海事管理机构办理的，可以报请上级海事管理机构决定。

第八十七条 海事管理机构对不属其管辖的海事行政处罚案件，应当移送有管辖权的海事管理机构；受移送的海事管理机构如果认为移送不当，应当报请共同的上一级海事管理机构指定管辖。

第八十八条 上级海事管理机构自收到解决海事行政处罚案件管辖争议或报请移送海事行政处罚案件管辖的请示之日起7日内作出管辖决定。

第二节 简易程序

第八十九条 海事行政违法事实确凿，并有法定依据的，对自然人处以警告或处以50元以下罚款，对法人或其他组织处以警告或1000元以下罚款的海事行政处罚的，可以当场作出海事行政处罚决定。

第九十条 海事行政执法人员依法当场作出海事行政处罚决定，应当遵守下列程序：

（一）向当事人出示海事行政执法证件；

（二）告知当事人作出海事行政处罚决定的事实、理由和依据以及当事人依法享有的权利；

（三）听取当事人的意见；

（四）复核当事人提出的事实、理由和证据；

（五）填写预定格式、统一编号的海事行政处罚决定书；

（六）将海事行政处罚决定书当场交付当事人；

（七）当事人在海事行政处罚决定书副本上签字。

第九十一条 海事行政执法人员依法当场作出海事行政处罚决定的，应当在3日内将海事行政处罚决定书副本报所属海事管理机构备案。

第三节　一般程序

第九十二条　除依法可以当场作出的海事行政处罚外，海事管理机构发现自然人、法人或其他组织有依法应当处以海事行政处罚的海事行政违法行为，应当自发现之日起7日内填写海事行政处罚立案呈批表，报本海事管理机构负责人批准，但本规定另有规定的，从其规定。

发生海上交通事故应当处以海事行政处罚的，应当自海上交通事故调查完结之日起7日内填写海事行政处罚立案呈批表，报本海事管理机构负责人批准。

第九十三条　海事管理机构对海事行政处罚案件，应当全面、客观、公正地进行调查，收集有关证据；必要时，可以依法进行检查。

第九十四条　能够证明海事行政处罚案件真实情况的事实，都是证据。

海事行政处罚案件的证据种类如下：

（一）书证；

（二）物证；

（三）视听资料；

（四）证人证言；

（五）当事人的陈述；

（六）鉴定结论；

（七）勘验笔录、现场笔录。

第九十五条　进行海事行政处罚案件的调查或检查，由海事管理机构负责人指定2名以上海事行政执法人员担任调查人员。

调查人员与本案有直接利害关系的，应当回避。

第九十六条　调查人员询问或检查，应当出示海事行政执法证件，并制作询问笔录或检查笔录。

询问笔录或检查笔录经被询问人、被检查人确认无误后，由被询问人、被检查人签名或盖章。拒绝签名或盖章的，调查人员应在笔录上注明情况。

对涉及国家机密、商业秘密和个人隐私的，海事管理机构和调查人员、检查人员应当为其保守秘密。

第九十七条 收集海事行政处罚案件的书证、物证和视听资料，应当是原件、原物。收集原件、原物确有困难的，可由提交证据的自然人、法人或其他组织在复制品、照片等物件上签名或盖章，并注明“与原件（物）相同”字样。

海事管理机构可以使用照相、录音、录像以及法律允许的其他调查手段。

第九十八条 调查人员、检查人员查阅、调取与海事行政处罚案件有关资料，可以对有关内容进行摘录或复制，并注明来源。

第九十九条 调查人员、检查人员对与案件有关物品或场所进行勘验或检查，应当通知当事人到场，制作勘验笔录或检查笔录。当事人不到场或暂时难以确定当事人的，可以请在场的其他人作证。

勘验笔录或检查笔录应当由当事人或证人签名或盖章；拒绝签名或盖章的，调查人员应当在勘验笔录或检查笔录上注明情况。

第一百条 对需要抽样取证的，应当通知当事人到场，并制作抽样取证清单。当事人不到场或暂时难以确定当事人的，可以请在场的其他人作证。

抽样取证清单，应当由调查人员、当事人或证人签名或盖章。

海事管理机构应当妥善保管抽样取证物品；需要退还的，应当及时退还。

第一百零一条 为查明海事行政处罚案件事实需要进行技术鉴定的专门性问题，海事管理机构应当聘请有关技术鉴定机构或具有专门技术的人员进行鉴定，并制作鉴定结论，由技术鉴定机构和人员签名或盖章。

第一百零二条 海事行政处罚案件的证据可能灭失或以后难以取得的，经海事管理机构负责人批准，可以通知当事人或有关人员到场,先行登记保存证据,并制作证据登记保存清单。当事人或有关人员不到场或暂时难以确定当事人、有关人员的,可以请在场的其他人作证。

证据登记保存清单,应当由调查人员、检查人员、当事人或有关人员、证人签名或盖章。拒绝签名、盖章的,调查人员应当在证据登记保存清单上注明情况。

海事管理机构对登记保存的物品,应当在7日内作出下列处理决定:

(一)需要进行技术鉴定的,依照本规定第一百零一条的规定送交鉴定;

(二)对不应当处以海事行政处罚的,应当解除先行登记保存,并将先行登记保存的物品及时退还;

(三)法律、法规、规章规定应当作其他处理的,依法作其他处理。

第一百零三条 海事行政处罚案件调查结束后,应当制作海事行政处罚案件调查报告,连同海事行政违法案件立案呈批表和证据材料,移送本海事管理机构负责法制工作的内设机构进行预审。

第一百零四条 海事管理机构负责法制工作的内设机构预审海事行政处罚案件采取书面形式进行,主要内容包括:

(一)案件是否属于本海事管理机构管辖;

(二)当事人的基本情况是否清楚;

(三)案件事实是否清楚,证据是否确实、充分;

(四)定性是否准确;

(五)适用法律、法规、规章是否准确;

(六)行政处罚是否适当;

(七)办案程序是否合法。

第一百零五条 海事管理机构负责法制工作的内设机构预审完毕后,应当根据下列规定提出书面意见,报本海事管理机构负责人审查:

（一）违法事实清楚，证据确凿、充分，行政处罚适当、办案程序合法，按规定不需要听证或当事人放弃听证的，同意负责行政执法调查的内设机构的意见，建议报批后告知当事人；

（二）违法事实清楚，证据确凿、充分，行政处罚适当、办案程序合法，按规定应当听证的，同意调查人员意见，建议报批后举行听证，并告知当事人；

（三）违法事实清楚，证据确实、充分，但定性不准、适用法律不当、行政处罚不当的，建议调查人员修改；

（四）违法事实不清，证据不足的，建议调查人员补正；

（五）办案程序不合法的，建议调查人员纠正；

（六）不属于本海事管理机构管辖的，建议移送其他有管辖权的机关处理。

第一百零六条 海事管理机构负责人审查完毕后，应当根据《行政处罚法》第三十八条的规定作出行政处罚决定、不予行政处罚决定、举行听证、移送其他有关机关处理的决定。

对自然人罚款或没收非法所得数额超过 1 万元，对法人或其他组织罚款或没收非法所得数额超过 3 万元，以及撤销船舶检验资格、没收船舶、没收或吊销船舶登记证书、吊销船员职务证书、吊销海员出境入境证件的海事行政处罚，海事管理机构的负责人应当集体讨论决定。

第一百零七条 海事管理机构负责人对海事违法行为调查报告审查后，认为应当处以行政处罚的，海事管理机构应当制作海事违法行为通知书送达当事人，告知拟处以的行政处罚的事实、理由和证据，并告知当事人有权在收到该通知书之日起 3 日内进行陈述和申辩，对依法应当听证的告知当事人有权在收到该通知书之日起 3 日内提出听证要求。

第一百零八条 当事人提出陈述和申辩的，海事管理机构应当充分听取，并对当事人提出的事实、理由和证据进行复核；当事人提出的事实、理由或证据成立的，海事管理机构应当采纳。

当事人要求组织听证的，海事管理机构应当按本章第四节的规定组织听证。

当事人逾期未提出陈述、申辩或逾期未要求组织听证的，视为放弃有关权利。

第一百零九条 海事管理机构作出海事行政处罚决定，应当制作海事行政处罚决定书，并加盖本海事管理机构的印章。

第一百一十条 海事行政处罚决定书应当在海事管理机构宣告后当场交付当事人，并将告知情况记入送达回证，由当事人在送达回证上签名或盖章；当事人不在场的，应当在7日内依法采取其他方式送达当事人。

第一百一十一条 海事行政处罚案件应当自立案之日起2个月内办理完毕。因特殊需要，经海事管理机构负责人批准可以延长办案期间，但最长不得延长至3个月。如3个月内仍不能办理完毕，经上一级海事管理机构批准可再延长办案期间，但最长不得延长至6个月。

第四节 听证程序

第一百一十二条 在作出较大数额罚款、吊销证书的海事行政处罚决定之前，海事管理机构应当告知当事人有要求举行听证的权利；当事人要求听证的，海事管理机构应当组织听证。

本条前款所称“较大数额罚款”，是指对自然人处以1万元以上罚款，对法人或其他组织处以10万元以上罚款。由地方海事管理机构处以罚款的，也可以按照省、自治区、直辖市人民代表大会常务委员会或人民政府规定的标准确定“较大数额罚款”。

第一百一十三条 海事行政处罚听证依照《行政处罚法》第四十二条的规定组织。

第一百一十四条 海事管理机构的听证人员包括听证主持人、听证员和书记员。

听证主持人由海事管理机构负责人指定本海事管理机构负责法制工作的机构的非本案调查人员担任。

听证员由海事管理机构负责人指定1至2名本海事管理机构

的非本案调查人员担任，协助听证主持人组织听证。

书记员由海事管理机构负责人指定1名非本案调查人员担任，负责听证笔录的制作和其他事务。

第一百一十五条 当事人委托代理人参加听证会的，应当向海事管理机构提交当事人签署的授权委托书。

第一百一十六条 当事人有正当理由要求延期举行听证的，经海事管理机构批准，可以延期一次。

第一百一十七条 海事行政处罚听证，按以下程序进行：

（一）宣布案由和听证纪律；

（二）核对当事人或其代理人、本案调查人员、证人及其他有关人员是否到场，并核实听证参加人的身份；

（三）宣读并出示海事管理机构负责人签署的听证决定，宣布听证人员名单，告知当事人有申请主持人回避、申辩和质证的权利；

（四）宣布听证开始；

（五）案件调查人员提出当事人违法的事实、证据，说明拟作出行政处罚的建议和法律依据；

（六）当事人或其委托代理人对案件的事实、证据，适用法律，行政处罚裁量等进行申辩和质证；

（七）主持人就案件的有关问题向当事人或其委托代理人、案件调查人员、证人询问；

（八）经主持人允许，当事人、调查人员就案件的有关问题可以向到场的证人发问；

（九）本案调查人员、当事人或其委托代理人按顺序就案件所涉及的事实、各自出示的证据的合法性、真实性及有关的问题进行辩论；

（十）辩论终结，听证主持人可以再就本案的事实、证据及有关问题向当事人或其代理人、本案调查人员征求意见；

（十一）中止听证的，主持人应当时宣布再次进行听证的有关事宜；

（十二）当事人或其委托代理人做最后陈述；

（十三）主持人宣布听证结束，听证笔录交当事人或其委托代理人核对无误后签字或盖章。认为有错误的,有权要求补充或改正。当事人拒绝的,由听证主持人在听证笔录上说明情况。

第一百一十八条 有下列情形之一的,主持人可以决定延期举行听证:

(一)当事人因不可抗拒的事由无法到场的;

(二)当事人临时申请回避的;

(三)其他应当延期的情形。

第一百一十九条 有下列情形之一的,主持人可以宣布中止听证:

(一)证据需要重新鉴定、勘验的;

(二)当事人或其代理人提出新的事实、理由和证据,需要由本案调查人员调查核实的;

(三)作为听证申请人的法人或其他组织突然解散,尚未确定权利、义务承受人的;

(四)当事人因不可抗拒的事由,不能继续参加听证的;

(五)听证过程中,当事人或其代理人违反听证纪律致使听证无法进行的;

(六)其他应当中止听证的情形。

中止听证,应当在听证笔录中写明情况,由主持人签名。

第一百二十条 延期、中止听证的情形消失后,由主持人决定恢复听证并将听证的时间、地点通知听证参加人。

第一百二十一条 有下列情形之一的,应当终止听证:

(一)当事人或其代理人撤回听证要求的;

(二)当事人或其代理人接到参加听证的通知,无正当理由不参加听证的;

(三)当事人或其代理人未经听证主持人允许,中途退出听证的;

(四)其他应当终止听证的情形。

听证终止,应当在听证笔录中写明情况,由主持人签名。

第一百二十二条 听证结束后,主持人应当依据听证情况制作海事行政处罚听证报告书，连同听证笔录报海事管理机构负责人审查后，依照本规定第一百零六条的规定作出决定。

第五节 执行程序

第一百二十三条 有《行政处罚法》第四十七条规定第(一)项、第(二)项规定情形之一，或有《行政处罚法》第四十八条规定的情形的，海事管理机构及其海事行政执法人员可以当场收缴罚款。

罚款以人民币计算，并向当事人出具符合法定要求的罚款收据。

当事人无正当理由逾期不缴纳罚款的，海事管理机构依法每日按罚款数额的3%加处罚款。

第一百二十四条 被处以扣留证书的，当事人应当及时将被扣留证书送交作出处罚决定的海事管理机构。扣留证书期满后，海事管理机构应将所扣证书发还当事人，也可以通知当事人领取被扣证书。

被处以扣留、吊销证书，当事人拒不送交被扣留、被吊销的证书的，海事管理机构应当公告该证书作废。

第一百二十五条 海事管理机构对船员处以海事行政处罚后，应当记入该船员的《船员服务簿》。

第一百二十六条 对当事人处以没收船舶处罚的，海事管理机构应当依法处理所没收的船舶。

第一百二十七条 当事人在法定期限内不申请复议或提起诉讼，又不履行海事行政处罚决定的，海事管理机构依法申请人民法院强制执行。

第一百二十八条 海事行政处罚案件执行完毕后，应当填写海事行政处罚结案表，并将全部案件材料立卷归档，交海事管理机构负责法制工作的内设机构登记并妥善保管。

第六节 监督程序

第一百二十九条 自然人、法人或其他组织对海事管理机构作出的行政处罚有权申诉或检举。

自然人、法人或其他组织的申诉或检举，由海事管理机构负责法制工作的内设机构受理和审查，认为海事行政处罚有下列情形之一的，经海事管理机构负责人同意后，予以改正：

（一）主要事实不清、证据不足的；

（二）适用依据错误的；

（三）违反法定程序的；

（四）超越或滥用职权的；

（五）具体行政行为明显不当的。

第一百三十条 海事管理机构负责法制工作的内设机构发现本海事管理机构作出的海事行政处罚有第一百二十九条第二款规定的情形之一的，应当向海事管理机构负责人提出建议，予以改正。

第一百三十一条 上级海事管理机构发现下级海事管理机构作出的海事行政处罚有第一百二十九条第二款规定的情形之一的，应当责令其改正。

第一百三十二条 海事管理机构和海事行政执法人员违法实施行政处罚的，按照《行政处罚法》有关规定追究法律责任。

第五章 附 则

第一百三十三条 本规定所称以上、以下、以内，包括本数，本规定另有规定的除外。

第一百三十四条 本规定所称日，是指工作日。

本规定所称月，按30日计算。

第一百三十五条 海事管理机构办理海事行政处罚案件，应当使用交通部制订的统一格式的海事行政处罚文书。

第一百三十六条 本规定自2003年9月1日起施行。1998年9月2日交通部令第1998年第7号公布的《中华人民共和国水上安全监督行政处罚规定》同时废止。此前交通部公布的其他有关规章与本规定不一致的，以本规定为准。

中华人民共和国内河海事行政处罚规定

（交通部令2004年第13号　2004.12.07）

第一章　总　　则

第一条　为规范内河海事行政处罚行为，保障和监督海事行政管理，维护内河水上交通秩序，防治船舶污染水域，保护公民、法人和其他组织的合法权益，根据《中华人民共和国行政处罚法》（以下简称《行政处罚法》）、《中华人民共和国内河交通安全管理条例》（以下简称《内河交通安全管理条例》）和其他有关法律、行政法规，制定本规定。

第二条　对在中华人民共和国境内发生的违反内河海事行政管理秩序的行为（以下简称海事行政违法行为）实施海事行政处罚，应当遵守《行政处罚法》、《内河交通安全管理条例》和其他有关法律、行政法规和本规定。

第三条　本规定所称船舶、浮动设施经营人包括船舶、浮动设施管理人。

第四条　本规定所称适任证书或者其他适任证件，包括船员适任证书、培训合格证、船员服务簿及其他适任证件。

本规定所称船舶登记证书，包括船舶国籍证书和船舶所有权、抵押权、光船租赁登记证书。

第五条　本规定所称海事行政违法行为，包括下列行为：

（一）违反船舶、浮动设施所有人、经营人安全管理秩序的行为；

（二）违反船舶、浮动设施检验管理秩序的行为；

（三）违反船舶、浮动设施登记管理秩序的行为；

(四)违反船员管理秩序的行为;

(五)违反航行、停泊和作业管理秩序的行为;

(六)违反危险货物载运安全监督管理秩序的行为;

(七)违反通航安全保障管理秩序的行为;

(八)违反船舶、浮动设施遇险救助管理秩序的行为;

(九)违反内河交通事故调查处理秩序的行为;

(十)违反防治船舶污染水域监督管理秩序的行为。

第六条 实施海事行政处罚,应当遵循合法、公开、公正以及处罚与教育相结合的原则。

第七条 本规定由海事管理机构依法实施。

第二章 内河海事行政处罚的适用

第八条 实施海事行政处罚时,应当责令当事人改正或者限期改正海事行政违法行为。

第九条 对有两个或者两个以上海事行政违法行为的同一当事人,应当分别给予海事行政处罚,合并执行。

对有共同海事行政违法行为的当事人,应当分别给予海事行政处罚。

第十条 实施海事行政处罚,应当与海事行政违法行为的情节以及社会危害程度相适应。

第十一条 海事行政违法行为的当事人有下列情形之一的,应当依照《行政处罚法》第二十七条的规定,从轻或者减轻给予海事行政处罚:

(一)主动消除或者减轻海事行政违法行为危害后果的;

(二)受他人胁迫实施海事行政违法行为的;

(三)配合海事管理机构查处海事行政违法行为有立功表现的;

(四)其他依法从轻或者减轻行政处罚的情形。

海事行政违法行为轻微并及时得到纠正,没有造成危害后果的,不予海事行政处罚。

本条第一款所称依法从轻给予海事行政处罚,是指在法定的海事行政处罚种类、幅度范围内给予较轻的海事行政处罚。

本条第一款所称依法减轻给予海事行政处罚,是指在法定的海事行政处罚种类、幅度最低限以下给予海事行政处罚。

第十二条 海事行政违法行为的当事人有下列情形之一的,应当从重给予海事行政处罚:

(一)海事行政违法行为造成严重后果或者情节恶劣;

(二)一年内因同一海事行政违法行为受过海事行政处罚;

(三)胁迫、诱骗他人实施海事行政违法行为;

(四)法律、行政法规规定应当从重给予海事行政处罚的其他情形。

本条前款所称从重给予海事行政处罚,是指在法定的海事行政处罚种类、幅度范围内给予较重的海事行政处罚。

第十三条 对当事人的同一个海事行政违法行为,不得给予两次以上罚款的海事行政处罚。

当事人未按照海事管理机构规定的期限和要求改正海事行政违法行为的,属于新的海事行政违法行为。

第三章 内河海事行政违法行为和行政处罚

第一节 违反船舶、浮动设施所有人、经营人安全管理秩序

第十四条 船舶、浮动设施的所有人或者经营人违反《内河交通安全管理条例》第六条第(三)项、第七条第(三)项的规定,船舶未按照国务院交通主管部门的规定配备船员擅自航行的,或者浮动设施未按照国务院交通主管部门的规定配备掌握水上交通安全技能的船员擅自作业的,依照《内河交通安全管理条例》第六十五条的规定,责令限期改正,处以1万元以上10万元以下罚款;逾

期不改正的,责令停航或者停止作业。

本条前款所称船舶未按照国务院交通主管部门的规定配备船员擅自航行,包括下列情形:

(一)未按照《船舶最低安全配员证书》的规定配备合格的船员;

(二)未按照《船舶最低安全配员证书》的规定配备足数的船员;

(三)未持有《船舶最低安全配员证书》;

(四)未持有有效的《船舶最低安全配员证书》;

(五)所配备的船员未携带有效船员职务证书;

(六)未按照船员值班规定安排船员值班或者实施值班;

(七)所配备的船员在船值班期间,饮酒影响安全值班;

(八)所配备的船员在船值班期间,服食违禁药物影响安全操作;

(九)船舶未按照国务院交通主管部门的规定配备船员擅自航行的其他情形。

第十五条 船舶、浮动设施的所有人或者经营人违反《内河交通安全管理条例》第十条的规定,指使、强令船员违章操作的,依照《内河交通安全管理条例》第八十条的规定,给予警告,处以1万元以上5万元以下罚款,并可以责令停航或者停止作业。

第十六条 船舶、浮动设施的所有人或者经营人违反《内河交通安全管理条例》第十二条的规定,未按照国家规定取得船舶污染损害责任、沉船打捞责任的保险文书或者财务保证书的,依照《内河交通安全管理条例》第六十七条的规定,责令限期改正;逾期仍不改正的,责令停航,并处以1万元以上10万元以下罚款。

第二节 违反船舶、浮动设施检验管理秩序

第十七条 违反《内河交通安全管理条例》第六条第(一)项、第七条第(一)项的规定,船舶、浮动设施未持有合格的检验证书擅自航行或者作业的,依照《内河交通安全管理条例》第六十四条

的规定，责令停止航行或者作业；拒不停止的，暂扣船舶、浮动设施；情节严重的，予以没收。

本条前款所称未持有合格的检验证书，包括下列情形：

（一）未持有检验证书；

（二）检验证书过期失效；

（三）检验证书损毁、遗失但不按规定补办；

（四）检验证书所载内容与船舶实际状况不相符。

第十八条 违反《船舶和海上设施检验条例》的规定，涂改浮动设施、货物集装箱的检验证书；擅自更改船舶载重线，或者以欺骗行为获取船舶、浮动设施、货物集装箱的检验证书的，依照《船舶和海上设施检验条例》第二十六条的规定，撤销已签发的相应检验证书，并可以责令改正或者补办有关手续。

第十九条 违反《船舶和海上设施检验条例》的规定，擅自更改船舶载重线，依照《船舶和海上设施检验条例》第二十七条的规定，给予通报批评，并可以处以相当于相应的检验费1倍至5倍的罚款。

第二十条 违反《内河交通安全管理条例》第十三条的规定，伪造、变造、买卖、租借、冒用船舶检验证书的，依照《内河交通安全管理条例》第七十九条的规定，没收有关的证书或者证件；有违法所得的，没收违法所得，并处违法所得2倍以上5倍以下的罚款；没有违法所得或者违法所得不足2万元的，处1万元以上5万元以下罚款。

第二十一条 违反《安全生产法》第六十二条的规定，船舶检验机构出具虚假证明的，根据《安全生产法》第七十九条规定，没收违法所得，违法所得在5000元以上的，并处违法所得2倍以上5倍以下的罚款；没有违法所得或者违法所得不足5000元的，单处或者并处5000元以上2万元以下的罚款，并撤销其相应资格。对其直接负责的主管人员和其他直接责任人员处5000元以上5万元以下的罚款。

本条前款所称出具虚假证明，包括下列情形：

（一）未按照规定的条件、程序、项目，执行审图和现场检验，出具错审、漏审和错检、漏检情节严重的证书、检验报告、检验记录；

（二）出具与船舶的实际状况不符的证书、检验报告、检验记录；

（三）擅自降低检验技术标准出具证书、检验报告、检验记录；

（四）擅自扩大资质认可证书认可的范围出具证书、检验报告、检验记录；

（五）采取其他弄虚作假方式出具检验证书、检验报告、检验记录。

第二十二条 船舶检验机构的检验人员违反《船舶和海上设施检验条例》的规定，滥用职权、徇私舞弊、玩忽职守、严重失职，有下列行为之一的，依照《船舶和海上设施检验条例》第二十八条的规定，撤销其检验资格：

（一）超越职权范围进行船舶、设施检验；

（二）擅自降低规范要求进行船舶、设施检验；

（三）未按照规定的检验项目进行船舶、设施检验；

（四）未按照规定的检验程序进行船舶、设施检验；

（五）所签发的船舶检验证书或检验报告与船舶、设施的实际情况不符；

（六）在检验发证过程中有弄虚作假等违法行为。

第三节　违反船舶、浮动设施登记管理秩序

第二十三条 违反《内河交通安全管理条例》第六条第（二）项、第七条第（二）项的规定，船舶、浮动设施未持有合格的登记证书，擅自航行或者作业的，依照《内河交通安全管理条例》第六十四条的规定，责令停止航行或者作业；拒不停止的，暂扣船舶、浮动设施；情节严重的，予以没收。

前款所称未持有合格的登记证书，包括下列情形：

（一）未持有登记证书；

（二）登记证书过期失效；

（三）登记证书损毁、遗失但不按规定补办。

第二十四条 违反《船舶登记条例》规定，假冒中国国籍，悬挂中国国旗航行的，或者中国籍船舶假冒外国国籍，悬挂外国国旗航行的，依照《船舶登记条例》第四十九条的规定，依法没收船舶。

第二十五条 违反《船舶登记条例》规定，隐瞒在境内或者境外的登记事实，造成双重国籍的，依照《船舶登记条例》第五十条的规定，吊销其船舶国籍证书，并视情节对船舶所有人或者船舶经营人处以下列罚款：

（一）500 总吨以下的船舶，处 2000 元以上 1 万元以下的罚款；

（二）501 总吨以上 10000 总吨以下的船舶，处以 1 万元以上 5 万元以下的罚款；

（三）10001 总吨以上的船舶，处以 5 万元以上 20 万元以下的罚款。

第二十六条 违反《内河交通安全管理条例》第十三条的规定，伪造、变造、买卖、租借、冒用船舶登记证书的，依照《内河交通安全管理条例》第七十九条的规定，没收有关的证书或者证件；有违法所得的，没收违法所得，并处违法所得 2 倍以上 5 倍以下的罚款；没有违法所得或者违法所得不足 2 万元的，处 1 万元以上 5 万元以下罚款。

第二十七条 违反《船舶登记条例》规定，有下列情形之一的，依照《船舶登记条例》第五十一条的规定，可以视情节给予警告、根据船舶吨位对船舶所有人或者船舶经营人处以依照本规定第二十五条规定的罚款数额 50% 的罚款直至没收船舶登记证书：

（一）在办理登记手续时隐瞒真实情况或者弄虚作假；

（二）隐瞒登记事实，造成重复登记；

（三）伪造、涂改船舶登记证书。

第二十八条 违反《船舶登记条例》规定，不按照规定办理变更或者注销登记的，或者使用过期的船舶国籍证书或者临时船舶国籍证书的，依照《船舶登记条例》第五十二条的规定，责令其补办有关登记手续；情节严重的，可以根据船舶吨位对船舶所有人或者船舶经营人处以依照本规定第二十五条规定的罚款数额10%的罚款。

第二十九条 违反《船舶登记条例》规定，擅自雇用外国籍船员或者使用他人业经登记的船舶烟囱标志、公司旗的，依照《船舶登记条例》第五十三条的规定，责令其改正，拒不改正的，可以根据船舶吨位对船舶所有人或者船舶经营人处以依照本规定第二十五条规定的罚款数额10%的罚款；情节严重的，并可以吊销其船舶国籍证书或者临时船舶国籍证书。

第四节 违反船员管理秩序

第三十条 违反《内河交通安全管理条例》第九条的规定，未经考试合格并取得适任证书或者其他适任证件的人员擅自从事船舶航行的，依照《内河交通安全管理条例》第六十六条的规定，责令其立即离岗，对直接责任人员处以2000元以上2万元以下罚款，并对聘用单位处1万元以上10万元以下罚款。

本条前款所称未经考试合格并取得适任证书或者其他适任证件，包括下列情形：

（一）未经水上交通安全专业培训并取得相应合格证明；

（二）未持有船员适任证书或者其他适任证件；

（三）持有的船员适任证书或者其他适任证件与其服务的船舶种类、航区、等级、职务不相符；

（四）持有的船员适任证书或者其他适任证件失效；

（五）在客船（客货船、客渡船、客滚船、高速客船）和载运危险货物船舶等特殊种类船舶上任职，未经相应的特殊培训并取得合格证明；

（六）未按照规定持有船员服务簿；

（七）以考试舞弊、欺骗、贿赂等不正当手段取得船员适任证书或者其他适任证件。

第三十一条 违反《内河交通安全管理条例》第十三条的规定,伪造、变造、买卖、租借、冒用船员适任证书或者其他适任证件的,依照《内河交通安全管理条例》第七十九条的规定,没收有关的证书或者证件;有违法所得的,没收违法所得,并处违法所得2倍以上5倍以下的罚款;没有违法所得或者违法所得不足2万元的,处1万元以上5万元以下罚款。

第三十二条 违反《公民出境入境管理法》的规定,持海员出境入境证件招摇撞骗,依照《公民出境入境管理法》第十三条的规定,将其海员出境入境证件予以吊销或者宣布作废。

本条前款所称持海员出境入境证件招摇撞骗,包括下列情形:

(一)持有、使用以欺骗、贿赂及其他不正当手段从海事管理机构取得的海员出境入境证件招摇撞骗;

(二)持有、使用以转让、买卖、租借及其他不正当手段从他人手中取得的海员出境入境证件招摇撞骗;

(三)持有、使用伪造、变造的海员出境入境证件招摇撞骗;

(四)持有、使用已经超过有效期限的海员出境入境证件招摇撞骗。

第五节 违反航行、停泊和作业管理秩序

第三十三条 违反《内河交通安全管理条例》第十四条的规定,应当报废的船舶、浮动设施在内河航行或者作业的,依照《内河交通安全管理条例》第六十三条的规定,责令停航或者停止作业,并予以没收。

本条前款所称应当报废的船舶,是指达到国家强制报废年限或者以废钢船名义购买的船舶。

第三十四条 违反《内河交通安全管理条例》第六条第(四)项的规定,船舶、浮动设施未配备必要的航行资料,擅自航行或者作业的,依照《内河交通安全管理条例》第六十四条的规定,责令停止航行或者作业;拒不停止的,暂扣船舶、浮动设施;情节严重的,予以没收。

本条前款所称未配备必要的航行资料，还包括下列情形：

（一）未取得有效船舶所有人、经营人安全营运与防污染管理体系符合证明和船舶安全管理证书；

（二）船舶所有人、经营人隐瞒事实或者提供虚假证据性资料的，或者以其他不正当手段骗取船舶安全管理证书；

（三）伪造、变造船舶所有人、经营人安全营运与防污染管理体系审核的符合证明或者船舶安全管理证书；

（四）转让、买卖、租借、冒用船舶所有人、经营人安全营运与防污染管理体系审核的符合证明或者船舶安全管理证书；

（五）使用伪造、变造的船舶所有人、经营人安全营运与防污染管理体系符合证明或者船舶安全管理证书；

（六）未按照规定申请审核安全营运与防污染管理体系符合证明或者船舶安全管理证书。

第三十五条 违反《内河交通安全管理条例》第十四条、第十八条、第十九条、第二十条、第二十二条的规定，船舶在内河航行有下列行为之一的，依照《内河交通安全管理条例》第六十八条的规定，责令改正，处5000元以上5万元以下罚款；情节严重的，禁止船舶进出港口或者责令停航，并可以对责任船员给予暂扣适任证书或者其他适任证件3个月至6个月的处罚：

（一）未按照规定悬挂国旗，标明船名、船籍港、载重线；

（二）未按照规定向海事管理机构办理船舶进出港签证；

（三）未按照规定申请引航；

（四）擅自进出港口，强行通过交通管制区、通航密集区、航行条件受到限制区域或者禁航区；

（五）载运或者拖带超重、超长、超高、半潜的物体，未申请或者未按照核定的航路、时间航行。

本条前款第（二）项所称未按照规定向海事管理机构办理船舶进出港签证，包括以下情形：

（一）国内航行船舶未办理船舶进出港签证；

（二）国际航行船舶或者外国籍船舶未办理进出口岸手续；

（三）使用伪造、变造、买卖、租借、转让的船舶签证簿或者签证簿缺页或者交替使用两本以上船舶签证簿；

（四）办理进出港签证或者进出口岸手续时，未如实填报船舶载客、配员、货物装载等情况，或者未如实提供其他有关航行安全的情况；

（五）未按照规定提交《船舶安全检查记录簿》。

第三十六条 违反《内河交通安全管理条例》的有关规定，船舶在内河航行、停泊或者作业，不遵守航行、避让和信号显示规则，依照《内河交通安全管理条例》第八十一条的规定，对违法船舶处1000元以上1万元以下罚款；情节严重的，对责任船员给予暂扣适任证书或者其他适任证件3个月至6个月直至吊销适任证书或者其他适任证件的处罚。

本条前款所称不遵守航行、避让和信号显示规则，包括以下情形：

（一）未采用安全航速航行；

（二）未按照规定的航路或者航行规则航行；

（三）未按照规定倒车、掉头、追越；

（四）未按照规定显示号灯、号型或者鸣放声号；

（五）未按照规定擅自夜航；

（六）在规定必须报告船位的地点，未报告船位；

（七）在禁止横穿航道的航段，穿越航道；

（八）在限制航速的区域和汛期高水位期间未按照海事管理机构规定的航速航行；

（九）不遵守海事管理机构发布的在能见度不良时航行规定；

（十）不遵守海事管理机构发布的有关航行、避让和信号规则规定；

（十一）不遵守海事管理机构发布的航行通告、航行警告规定；

（十二）船舶装卸、载运危险货物或者空舱内有可燃气体时，未按规定悬挂或者显示信号；

（十三）未在规定的甚高频通信频道上守听；

（十四）未按照规定进行无线电遇险设备测试；

（十五）船舶停泊未按照规定留足值班人员；

（十六）不遵守航行、避让和信号显示规则的其他情形。

第三十七条 违反《内河交通安全管理条例》第八条、第二十一条的规定，船舶不具备安全技术条件从事货物、旅客运输，或者超载运输货物、超定额运输旅客，依照《内河交通安全管理条例》第八十二条的规定，责令改正，处2万元以上10万元以下罚款，并可以对责任船员给予暂扣适任证书或者其他适任证件6个月以上直至吊销适任证书或者其他适任证件的处罚，并对超载运输的船舶强制卸载，因卸载而发生的卸货费、存货费、旅客安置费和船舶监管费由船舶所有人或者经营人承担。

本条前款所称船舶不具备安全技术条件从事货物、旅客运输，包括以下情形：

（一）不遵守船舶、设施的配载和系固安全技术规范；

（二）遇有不符合安全开航条件的情况而冒险开航；

（三）超过核定航区航行；

（四）未按照规定拖带或者非拖船从事拖带作业；

（五）未经核准从事大型设施或者移动式平台的水上拖带；

（六）未持有《乘客定额证书》；

（七）未按照规定保障人员上、下船舶、设施安全；

（八）未按照《船舶安全检查通知书》或者《港口国监督检查报告》的处理意见纠正缺陷；

（九）船舶不具备安全技术条件从事货物、旅客运输的其他情形。

本条第一款所称超载运输货物、超定额运输旅客，包括以下情形：

（一）超核定载重线载运货物；

（二）集装箱船装载超过核定箱数；

（三）滚装船装载超出检验证书核定的车辆数量；

（四）未经核准乘客定额载客航行；

（五）超乘客定额载运旅客。

第三十八条 违反《内河交通安全管理条例》第二十八条的规定，在内河通航水域进行有关作业，不按照规定备案的，依照《内河交通安全管理条例》第七十条的规定，责令改正，处5000元以上5万元以下罚款。

本条前款所称有关作业，包括以下作业：

（一）气象观测、测量、地质调查；

（二）航道日常养护；

（三）大面积清除水面垃圾；

（四）可能影响内河通航水域交通安全的其他行为。

本条第二款第（四）项所称可能影响内河通航水域交通安全的其他行为，包括下列行为：

（一）检修影响船舶适航性能设备；

（二）检修通信设备和消防、救生设备；

（三）使用明火作业；

（四）在非锚地、非停泊区进行编、解队作业；

（五）未按照规定进行试车、试航。

第六节 违反危险货物载运安全监督管理秩序

第三十九条 违反《内河交通安全管理条例》第三十条第二款和《危险化学品安全管理条例》第四十条第一款的规定，在内河运输剧毒化学品和国家禁止运输的其他危险化学品，依照《危险化学品安全管理条例》第六十六条规定，对违法船舶处以2万元以上10万元以下罚款。

第四十条 违反《内河交通安全管理条例》第三十二条、第三十四条的规定，从事危险货物作业，有下列情形之一的，依照《内河交通安全管理条例》第七十一条的规定，责令停止作业或者航行，对负有责任的主管人员或者其他直接责任人员处2万元以上10万元以下的罚款；属于船员的，并给予暂扣适任证书或者其他适任证件6

个月以上直至吊销适任证书或者其他适任证件的处罚：

（一）从事危险货物运输的船舶，未编制危险货物事故应急预案或者未配备相应的应急救援设备和器材的；

（二）船舶载运危险货物进出港或者装卸、过驳危险货物未经海事管理机构同意的。

第四十一条 违反《危险化学品安全管理条例》第三十七条的规定，从事危险化学品运输船舶的船员，未经考核合格并取得上岗资格证的，依照《危险化学品安全管理条例》第六十六条的规定，处以2万元以上10万元以下的罚款。

第四十二条 违反《内河交通安全管理条例》第三十一条、《危险化学品安全管理条例》第四十条第三款的规定，运输危险化学品的船舶及其装载容器未按照国家有关船舶检验规范检验合格的，依照《危险化学品安全管理条例》第五十九条的规定，责令立即或者限期改正，处2万元以上20万元以下的罚款；逾期未改正的，责令停航整顿。

第四十三条 违反《危险化学品安全管理条例》第二十条第二款的规定，船舶载运危险化学品的包装与所包装的危险化学品的性质和用途不相适应的，依照《危险化学品安全管理条例》第五十九条的规定，责令立即或者限期改正，处2万元以上20万元以下的罚款；逾期未改正的，责令停航整顿。

第四十四条 违反《内河交通安全管理条例》和《危险化学品安全管理条例》第四十二条的规定，船舶配载和运输危险货物不符合国家有关法律、法规、规章的规定和国家标准，并按照危险化学品的特性采取必要安全防护措施，依照《危险化学品安全管理条例》第六十六条的规定，对违法船舶处以2万元以上10万元以下的罚款。

本条前款所称不符合国家有关法律、法规、规章的规定和国家标准，并按照危险化学品的特性采取必要安全防护措施，包括下列情形：

（一）船舶未按照规定进行危险货物积载和隔离；

（二）船舶载运不符合规定的集装箱危险货物；

（三）装载危险货物的集装箱进出口或者中转未持有《集装箱装箱证明书》或者等效的证明文件；

（四）船舶装载危险货物违反限量、衬垫、紧固规定；

（五）船舶擅自装运未经评估核定危害性的新化学品；

（六）使用不符合要求的船舶装卸设备、机具装卸危险货物，或者违反安全操作规程进行作业，或者影响装卸作业安全的设备出现故障、存在缺陷，不及时纠正而继续进行装卸作业；

（七）船舶装卸危险货物时，未经批准，在装卸作业现场进行明火作业；

（八）船舶在装卸爆炸品、闪点23°C以下的易燃液体，或者散化、液化气体船在装卸易燃易爆货物过程中，检修或者使用雷达、无线电发射机和易产生火花的工（机）具拷铲，或者进行加油、允许他船并靠加水作业；

（九）装载易燃液体、挥发性易燃易爆散装化学品和液化气体的船舶在修理前不按规定通风测爆；

（十）液货船未经许可进行驱气或者洗舱作业；

（十一）液货船在装卸作业时不按规定采取安全措施；

（十二）在液货船上随身携带易燃物品或者在甲板上放置、使用聚焦物品；

（十三）在禁止吸烟、明火的船舶处所吸烟或者使用明火；

（十四）在装卸、载运易燃易爆货物或者空舱内仍有可燃气体的船舶作业现场穿带钉的鞋靴或者穿着、更换化纤服装；

（十五）在海事管理机构公布的水域以外擅自从事过驳作业；

（十六）在进行液货船水上过驳作业时违反安全与防污染管理规定，或者违反安全操作规程；

（十七）船舶进行供油作业时，不按规定填写《供受油作业安全检查表》，或者不按照《供受油作业安全检查表》采取安全和防污染措施；

（十八）船舶载运危险货物，向海事管理机构申报时隐瞒、谎报危险货物性质或者提交涂改、伪造、变造的危险货物单证；

（十九）在航行、装卸或者停泊时，未按规定显示信号。

第七节 违反通航安全保障管理秩序

第四十五条 违反《内河交通安全管理条例》第二十五条的规定，在内河通航水域或者岸线上进行有关作业或者活动，未经批准的，依照《内河交通安全管理条例》第七十条的规定，责令改正，处5000元以上5万元以下罚款。

本条前款所称有关作业或者活动，包括下列作业或者活动：

（一）勘探、采掘、爆破；

（二）构筑、设置、维修、拆除水上水下构筑物或者设施；

（三）架设桥梁、索道；

（四）铺设、检修、拆除水上水下电缆或者管道；

（五）设置系船浮筒、浮趸、缆桩等设施；

（六）进行航道建设，航道、码头前沿水域疏浚；

（七）举行大型群众性活动、体育比赛。

本条第一款所称未经批准，包括下列情形：

（一）未向海事管理机构提出作业申请或者在申请没有批准之前擅自施工作业；

（二）超出批准时限进行施工作业；

（三）未按照批准的施工作业内容、方式、要求进行施工作业；

（四）超出批准的施工作业区范围进行施工作业；

（五）未落实作业申请中的有关安全措施进行施工作业。

第四十六条 违反《内河交通安全管理条例》第二十九条的规定，在内河通航水域进行可能影响通航安全的作业或者活动，未按照规定设置标志、显示信号的，依照《内河交通安全管理条例》第七十条的规定，处5000元以上5万元以下罚款。

本条前款所称可能影响通航安全的作业或者活动，包括《内河交通安全管理条例》第二十五条、第二十八条规定的作业或者活动。

第八节 违反船舶、浮动设施遇险救助管理秩序

第四十七条 违反《内河交通安全管理条例》第四十六条、第四十七条的规定，遇险后未履行报告义务，或者不积极施救的，依照《内河交通安全管理条例》第七十六条的规定，对船舶、浮动设施或者责任人员给予警告，并对责任船员给予暂扣适任证书或者其他适任证件3个月至6个月直至吊销适任证书或者其他适任证件的处罚。

本条前款所称遇险后未履行报告义务，包括下列情形：

（一）船舶、浮动设施遇险后，未按照规定迅速向遇险地海事管理机构以及船舶、浮动设施所有人、经营人报告；

（二）船舶、浮动设施遇险后，未按照规定报告遇险的时间、地点、遇险状况、遇险原因、救助要求；

（三）发现其他船舶、浮动设施遇险，或者收到求救信号，船舶、浮动设施上的船员或者其他人员未将有关情况及时向遇险地海事管理机构报告。

本条第一款所称不积极施救，包括下列情形：

（一）船舶、浮动设施遇险后，不积极采取一切有效措施进行自救；

（二）船舶、浮动设施发生碰撞等事故后，在不危及自身安全的情况下，不积极救助遇险他方；

（三）附近船舶、浮动设施遇险，或者收到求救信号后，船舶、浮动设施上的船员或者其他人员未尽力救助遇险人员。

第四十八条 违反《内河交通安全管理条例》第四十九条第二款的规定，遇险现场和附近的船舶、船员不服从海事管理机构的统一调度和指挥的，依照《内河交通安全管理条例》第七十八条的规定，对船舶、浮动设施或者责任人员给予警告，并对责任船员给予暂扣适任证书或者其他适任证件3个月至6个月直至吊销适任证书或者其他适任证件的处罚。

第四十九条 违反《内河交通安全管理条例》第四十六条的

规定，船舶、浮动设施发生水上交通事故后逃逸的，依照《内河交通安全管理条例》第八十三条的规定，对责任船员给予吊销适任证书或者其他适任证件的处罚；证书或者证件被吊销后，5年内不得重新从业。

第九节　违反内河交通事故调查处理秩序

第五十条　违反《内河交通安全管理条例》第五十条、第五十二条的规定，船舶、浮动设施发生水上交通事故，阻碍、妨碍内河交通事故调查取证，或者谎报、匿报、毁灭证据的，依照《内河交通安全管理条例》第八十四条的规定，给予警告，并对直接责任人员处1000元以上1万元以下的罚款；属于船员的，并给予暂扣适任证书或者其他适任证件12个月以上直至吊销适任证书或者其他适任证件的处罚。

本条前款所称阻碍、妨碍内河交通事故调查取证，包括下列情形：

（一）未按照规定立即报告事故，影响调查工作进行；

（二）事故报告内容不真实，不符合规定要求，影响调查工作进行；

（三）事故发生后，未做好现场保护，影响事故调查进行；

（四）在未出现危及船舶安全的情况下，未经海事管理机构的同意擅自驶离指定地点；

（五）未按照海事管理机构的要求驶往指定地点影响事故调查工作；

（六）拒绝接受事故调查或者阻碍、妨碍进行事故调查取证；

（七）因水上交通事故致使船舶、设施发生损害，未按照规定进行检验或者鉴定，或者不向海事管理机构提交检验或者鉴定报告副本，影响事故调查；

（八）其他阻碍、妨碍内河交通事故调查取证的情形。

本条第一款所称谎报、匿报、毁灭证据，包括下列情形：

（一）隐瞒事实或者提供虚假证明、证词；

（二）故意涂改航海日志等法定文书、文件；

（三）其他谎报、匿报、毁灭证据的情形。

第五十一条 违反《内河交通安全管理条例》的有关规定，船舶、浮动设施造成内河交通事故的，除依法承担相应的法律责任外，依照《内河交通安全管理条例》第七十七条的规定，对责任船员给予下列处罚：

（一）造成特大事故的，对负有全部责任的船员或者主要责任船员吊销适任证书或者其他适任证件，对次要责任船员暂扣适任证书或者其他适任证件12个月至24个月；责任相当的，对责任船员暂扣适任证书或者其他适任证件24个月或者吊销适任证书或者其他适任证件。

（二）造成重大事故的，对负有全部责任的船员或者负主要责任的船员暂扣适任证书或者其他适任证件12个月至24个月或者吊销适任证书或者其他适任证件；对负次要责任的船员暂扣适任证书或者其他适任证件9个月至18个月；责任相当的，对责任船员暂扣适任证书或者其他适任证件12个月至24个月或者吊销适任证书或者其他适任证件。

（三）造成大事故的，对负有全部责任的船员暂扣适任证书或者其他适任证件12个月至24个月；对负主要责任的船员暂扣适任证书或者其他适任证件9个月至18个月；对负次要责任的船员暂扣适任证书或者其他适任证件6个月至12个月；责任相当的，对责任船员暂扣适任证书或者其他适任证件9个月至18个月。

（四）造成一般事故的，对负有全部责任的船员暂扣适任证书或者其他适任证件9个月至18个月；对负主要责任的船员暂扣适任证书或者其他适任证件6个月至12个月；对负次要责任的船员暂扣适任证书或者其他适任证件6个月；责任相当的，对责任船员暂扣适任证书或者其他适任证件6个月至12个月。

第十节 违反防治船舶污染水域监督管理秩序

第五十二条 本节中所称水污染、污染物、有毒污染物、油类与《水污染防治法》中的同一用语的含义相同。

第五十三条 违反《水污染防治法》第二十九条、第三十一条的规定，船舶向水体排放剧毒废液，或者向水体排放、倾倒含有汞、镉、砷、铬、氰化物、黄磷等可溶性剧毒废渣的，依照《水污染防治法》第四十六条、《水污染防治法实施细则》第三十九条第(一)项的规定，可以对船舶给予警告或者处以10万元以下的罚款。

第五十四条 违反《水污染防治法》第二十九条、第三十四条的规定，船舶向水体排放、倾倒放射性固体废弃物、油类、酸液、碱液或者含有高、中放射性物质的废水的，依照《水污染防治法》第四十六条、《水污染防治法实施细则》第三十九条第(二)项的规定，可以对船舶处以5万元以下的罚款。

第五十五条 违反《水污染防治法》第三十条、第四十条第二款的规定，船舶在水体清洗装贮过油类、有毒污染物的容器，或者向水体排放残油、废油的，依照《水污染防治法》第四十六条和《水污染防治法实施细则》第三十九条第(三)项的规定，根据不同情节，可以给予船舶警告或者处以1万元以下罚款。

第五十六条 违反《水污染防治法》第四十条第三款的规定，船舶向水体倾倒船舶垃圾的，依照《水污染防治法》第四十六条和《水污染防治法实施细则》第三十九条第(五)项的规定，根据不同情节，可以给予船舶警告或者处以2000元以下罚款。

第五十七条 违反《水污染防治法》的规定，船舶造成水污染事故的，依照《水污染防治法》第五十三条和《水污染防治法实施细则》第四十三条的规定，根据所造成的危害和损失，处以直接损失的20%的罚款，但最高不得超过20万元；造成重大经济损失的，处以直接损失的30%的罚款，但最高不得超过100万元。

第五十八条 违反《水污染防治法》第二十五条的规定，拒绝海事管理机构现场检查，或者弄虚作假的，依照《水污染防治法》第四十六条和《水污染防治法实施细则》第三十八条第(二)项的规定，可以处1万元以下的罚款。

第五十九条 违反《大气污染防治法》第三十二条第二款的

规定,制造污染物排放超过规定排放标准的船舶,依照《大气污染防治法》第五十三条的规定,责令停止违法行为,没收违法所得,并可以处违法所得一倍以下的罚款;对无法达到规定的污染物排放标准的船舶,没收销毁。

第六十条 违反《大气污染防治法》第三十五条第二款的规定,未取得海事管理机构的委托,对机动船舶进行排气污染检测,或者在检测中弄虚作假的,依照《大气污染防治法》第五十五条的规定,责令停止违法行为,限期改正,可以处5万元以下罚款;情节严重的,取消其承担机动船舶年检的资格。

第六十一条 违反《大气污染防治法》第三十六条、第三十七条第二款、第四十二条有关规定,船舶有下列行为之一的,依照《大气污染防治法》第五十六条的规定,由海事管理机构责令停止违法行为,限期改正,并可以处5万元以下罚款:

(一)船舶未采取有效污染防治措施,向大气排放粉尘、恶臭气体或者其他含有有毒物质的气体;

(二)船舶未经当地环境保护行政主管部门批准,向大气排放转炉气、电石气、电炉法黄磷尾气、有机烃类尾气;

(三)船舶未采取密闭措施或者其他防护措施,运输、装卸或者贮存能够散发有毒有害气体或者粉尘物质。

第六十二条 违反《大气污染防治法》的有关规定,对拒绝、阻挠海事管理机构进行有关大气污染的现场检查,或者在被检查时弄虚作假的,依照《大气污染防治法》第四十六条的规定,根据不同情节,责令停止违法行为,限期改正,给予警告或者处5万元以下罚款。

第六十三条 违反《环境噪声污染防治法》第三十四条的规定,船舶在城市市区的内河航道航行时,未按照规定使用声响装置的,依照《环境噪声污染防治法》第五十七条的规定,对其给予警告或者处以1万元以下的罚款。

第六十四条 违反《环境噪声污染防治法》第二十一条的规定,拒绝、阻挠海事管理机构进行有关环境噪声污染环境的现场检查,或者在被检查时弄虚作假的,依照《环境噪声污染防治法》第五十五条的规定,根据不同情节,给予警告或者处以1万元以下的罚款。

第六十五条 拆船单位违反《防止拆船污染环境管理条例》的规定,有下列情形之一的,依照《防止拆船污染环境管理条例》第十七条的规定,除责令限期纠正外,还可以根据不同情节,处以1万元以上10万元以下的罚款:

(一)未持有经批准的环境影响报告书(表),擅自在综合港港区水域内和水上设置拆船厂进行拆船的;

(二)废油船未经洗舱、排污、清舱和测爆即进行拆解的;

(三)任意排放或者丢弃污染物造成严重污染的;

(四)发生污染事故,不向海事管理机构报告,也不采取消除或者控制污染措施的。

第六十六条 拆船单位违反《防止拆船污染环境管理条例》第七条、第十条、第十五条、第十六条的规定,有下列行为之一的,依照《防止拆船污染环境管理条例》第十八条的规定,除责令其限期纠正外,还可以根据不同情节,处以1万元以下的罚款:

(一)拒绝或者阻挠海事管理机构进行拆船现场检查或者在被检查时弄虚作假的;

(二)未按照规定要求配备和使用防污设施、设备和器材,造成水域污染的;

(三)发生污染事故,虽采取消除或者控制污染措施,但不向海事管理机构报告的;

(四)拆船单位关闭、搬迁后,原厂址的现场清理不合格的。

第四章 附 则

第六十七条 办理海事行政处罚案件,应当使用交通部制订的统一格式的海事行政处罚文书。

第六十八条　内河海事行政处罚程序，适用《海上海事行政处罚规定》中有关程序的规定。

第六十九条　本规定自2005年1月1日起施行。此前交通部公布的其他有关规章与本规定不一致的，以本规定为准。

中华人民共和国海事行政许可条件规定

（交通部令2006年第1号　2006.01.09）

第一章　总　　则

第一条　为依法实施海事行政许可，维护海事行政许可各方当事人的合法权益，根据《中华人民共和国行政许可法》和有关海事管理的法律、行政法规以及中华人民共和国缔结或者加入的有关国际海事公约，制定本规定。

第二条　申请及审查、决定海事行政许可所依照的海事行政许可条件，应当遵守本规定。

本规定所称海事行政许可，是指依据有关水上交通安全、防污染等海事管理的法律、行政法规、国务院决定的设定，由海事管理机构实施或者由交通部实施、海事管理机构具体办理的行政许可。

第三条　海事管理机构在审查、决定海事行政许可时，不得擅自增加、减少或者变更海事行政许可条件。不符合本规定相应条件的，不得做出准予的海事行政许可决定。

第四条　海事行政许可条件应当按照《交通行政许可实施程序规定》予以公示。申请人要求对海事行政许可条件予以说明的，海事管理机构应当予以说明。

第五条　国家海事管理机构应当根据海事行政许可条件，统一明确申请人应当提交的材料。有关海事管理机构应当将材料目录予以公示。

申请人申请海事行政许可时，应当按照规定提交申请书和相关的材料，并对所提交材料的真实性和有效性负责。

申请变更海事行政许可、延续海事行政许可期限的，申请人可以仅就发生变更的事项或者情况提交相关的材料;已提交过的材料情况未发生变化的可以不再提交。

第二章　海事行政许可条件

第一节　通 航 管 理

第六条　通航水域岸线安全使用许可的条件:

(一)涉及使用岸线的工程、作业、活动已完成可行性研究;

(二)已经岸线安全使用的技术评估,符合水上交通安全的技术规范和要求;

(三)对影响水上交通安全的因素,已制定足以消除影响的措施。

第七条　通航水域水上水下施工作业许可的条件:

(一)施工作业已依法办理了其他相关手续;

(二)施工作业的单位、人员、船舶、设施符合安全航行、停泊和作业的要求;

(三)已制定施工作业或者活动的方案,包括起止时间、地点和范围、进度安排等;

(四)对安全和防污染有重大影响的,已通过通航安全和环境影响技术评估;

(五)已建立安全、防污染的责任制,并已制定符合水上交通安全和防污染要求的保障措施和相应的应急预案。

第八条　在港口水域内进行采掘、爆破等活动的许可条件:

(一)已取得港口主管部门同意;

(二)已按照国家规定取得爆破作业许可;

(三)作业单位、人员、设施符合安全作业要求;

(四)已制定采掘、爆破作业方案,包括起止时间、地点和范围、进度安排等;

(五)已建立安全、防污染的责任制,并已制定符合水上交通安全和防污染要求的保障措施和相应的应急预案。

第九条 通航水域内沉船沉物打捞作业审批的条件：

（一）参与打捞的单位、人员具备相应的能力；

（二）已依法签订沉船沉物打捞协议；

（三）从事打捞作业的船舶、设施符合安全航行、停泊和作业的要求；

（四）已制定打捞作业计划和方案，包括打捞的起止时间、地点和范围、进度安排等；

（五）对安全和防污染有重大影响的，已通过通航安全和环境影响技术评估；

（六）已建立相应的安全和防污染责任制，并已制订符合水上交通安全和防污染要求的措施和应急预案。

第十条 通航水域禁航区、航道（路）、交通管制区、锚地和安全作业区划定审批的条件：

（一）就划定水域的需求，有明确的事实和必要的理由；

（二）符合附近军用或者重要民用目标的保护要求；

（三）对水上交通安全和防污染有重大影响的，已通过通航安全和环境影响技术评估；

（四）用于设置航道（路）和锚地的水域已进行勘测或者测量，水域的底质、水文、气象等要素满足通航安全的要求；

（五）符合水上交通安全与防污染要求，并已制定安全、防污染措施。

第十一条 船舶进入或者穿越禁航区许可的条件：

（一）有因人命安全、防污染、保安等特殊需要进入和穿越禁航区的明确事实和必要理由；

（二）禁航区的安全和防污染条件适合船舶进入或者穿越；

（三）船舶满足禁航区水上交通安全和防污染的特殊要求，并已制定保障安全、防治污染和保护禁航区的措施和应急预案；

（四）进入或者穿越军事禁航区的，已经军事主管部门同意。

第十二条 水上拖带大型设施和移动式平台许可的条件：

（一）确有拖带的需求和必要的理由；

（二）拖轮适航、适拖，船员适任；

（三）海上拖带已经拖航检验，在内河拖带超重、超长、超高、超宽、半潜物体的，已通过相应的安全技术评估；

（四）已制订拖带计划和方案，有明确的拖带预计起止时间和地点及航经的水域；

（五）满足水上交通安全和防污染要求，并已制定相应的保障措施和应急预案。

第十三条 外国籍船舶或飞机入境从事海上搜救审批的条件：

（一）入境是出于海上人命搜寻救助的目的；

（二）有明确的搜救计划、方案，包括时间、地点、范围以及投入搜救的船舶与飞机的基本情况；

（三）派遣的搜救飞机和船舶如为军用的，已经军事主管部门批准。

第十四条 航标管理机关以外的单位设置、撤除沿海航标审批的条件：

（一）拟设置、撤除的航标属于依法由公民、法人或者其他组织自行设置的专用航标；

（二）航标的设置、撤除符合航行安全、经济、便利等要求；

（三）航标及其配布符合国家有关技术规范和标准；

（四）航标设计、施工方案，已经专门的技术评估或者专家论证；

（五）申请设置航标的，已制定航标维护方案，方案中确定的维护单位已建立航标维护质量保证体系；

（六）申请设置航标的，拟设置航标类型属于已经公布的航标类别，并通过技术经济论证。

本条所称航标设置包括航标新设、位置移动和其他状况改变。

第二节　船舶管理

第十五条　外国籍船舶进入非对外开放水域许可的条件：

（一）外国籍船舶临时进入非对外开放水域已经当地口岸检查机关、军事主管部门、地方人民政府同意；

（二）拟临时对外开放水域适合外国籍船舶进入，具备船舶航行、停泊、作业的安全、防污染和保安条件；

（三）船舶状况满足拟进入水域的水上交通安全、防污染和保安要求；

（四）船舶已制定保障水上交通安全、防治污染和保安的措施以及应急预案。

第十六条　船舶进出港口许可的条件：

国际航行船舶进口岸审批的条件：

（一）船舶具有齐备、有效的证书、文书与资料；

（二）船舶配员符合最低安全配员的要求，船员具备适任资格；

（三）船舶状况符合航行、停泊、作业的安全、防污染和保安等要求，并已制定各项安全、防污染和保安措施与应急预案。需要护航的，已经向海事管理机构申请；

（四）船舶拟进入、通过的水域为对国际航行船舶开放水域，停靠的码头、泊位、港外装卸点满足安全、防污染和保安要求；

（五）载运货物的船舶，符合安全积载和系固的要求，并且没有国家禁止入境的货物或者物品；载运危险货物船舶按规定已办理船舶载运危险货物申报手续；

（六）核动力船舶或者其他特定的船舶，符合我国法律、行政法规、规章的相关规定。

国际航行船舶出口岸审批的条件：

（一）船舶具有齐备、有效的证书、文书与资料；

（二）船舶配员符合最低安全配员的要求，船员具备适任资格；

（三）船舶状况符合航行、停泊、作业的安全、防污染和保安等要求，并已制定各项安全、防污染和保安措施与应急预案，需要护航的，已经向海事管理机构申请；

（四）载运危险货物的船舶，已办妥适装许可，载运情况符合船舶载运危险货物的安全、防污染和保安管理要求；

（五）船舶船旗国或者港口国对船舶的安全检查情况和缺陷纠正情况符合规定的要求，对海事管理机构的警示，已经采取有效的措施；

（六）已依法缴纳税、费和其他应当在开航前交付的费用，或者已提供适当的担保；

（七）违反海事行政管理的行为已经依法予以处理；

（八）禁止船舶航行的司法或者行政强制措施已经依法解除；

（九）核动力船舶或者其他特定的船舶，符合我国法律、行政法规、规章的相关规定；

（十）已经其他口岸检查机关同意。

国内航行船舶进港签证的条件：

（一）船舶具有齐备、有效的证书、文书与资料；

（二）船舶配员符合最低安全配员的要求，船员具备适任资格；

（三）船舶状况符合航行、停泊、作业的安全和防污染等要求，并已制定各项安全和防污染措施与应急预案，需要护航的，已经向海事管理机构申请；

（四）船舶拟进入、通过的水域和停靠的码头、泊位均满足安全和防污染的要求；

（五）载运货物的船舶，符合安全积载和系固的要求，载运危险货物船舶按规定已办理船舶载运危险货物申报手续；

（六）核动力船舶或者其他特定种类的船舶，符合我国法律、行政法规、规章的相关规定。

国内航行船舶出港签证的条件：

（一）船舶具有齐备、有效的证书、文书与资料；

（二）船舶配员符合最低安全配员的要求，船员具备适任资格；

（三）船舶状况符合航行、停泊、作业的安全和防污染等要求，并已制定各项安全和防污染措施与应急预案，需要护航的，已经向海事管理机构申请；

（四）载运危险货物的船舶，已办妥适装许可，载运情况符合船舶载运危险货物的安全和防污染的管理要求；

（五）船舶的安全检查情况和缺陷纠正情况符合规定的要求，对海事管理机构的安全警示，已经采取有效的措施；

（六）已依法缴纳税、费和其他应当在开航前交付的费用，或者已提供适当的担保；

（七）违反海事行政管理的行为已经依法予以处理；

（八）禁止船舶航行的司法或者行政强制措施已经依法解除；

（九）核动力船舶或者其他特定种类的船舶，符合我国法律、行政法规、规章的相关规定。

第十七条 船舶国籍证书核发的条件：

船舶国籍证书签发的条件：

（一）船舶系中华人民共和国公民、法人、政府或者其他组织合法拥有或者经营、管理，企业法人拥有的船舶，中方的资本比例符合《船舶登记条例》的规定；

（二）船舶具备相应的适航技术条件，并经船舶检验机构检验合格；

（三）船舶不具有造成双重国籍或者两个及以上船籍港的情形；

（四）船舶已取得经海事管理机构核定的船名；

（五）船舶已依法办理船舶所有权登记；

（六）船舶国籍的登记人为船舶所有人。

船舶临时国籍证书签发的条件：

（一）申请签发临时国籍证书的船舶属于下列情形之一：

1. 向境外出售的船舶，或者由境外公民、法人、其他组织在中华人民共和国境内订造的新船，属于境外到岸交船的；

2. 中华人民共和国公民、法人、政府或其他组织从境外购买或者订造的船舶，属于境外离岸交船的；

3. 中华人民共和国公民、法人、政府或者其他组织以光船条件租赁的境外登记的船舶；

4. 需要办理临时国籍登记的境内新造船舶。

（二）已取得船舶所有权或者签订了生效的光船租赁合同。

（三）船舶国籍的登记人为船舶所有人或者以光船租赁形式经营境外登记船舶的承租人。

（四）船舶具备相应的适航技术条件，并经船舶检验机构检验合格。

（五）船舶不具有造成双重国籍或者两个及以上船籍港的情形。

（六）船舶已取得经海事管理机构核定的船名。

第十八条 国际船舶保安证书核发的条件：

船舶保安计划批准的条件：

（一）船舶已通过船舶保安评估；

（二）船舶保安计划由船公司或者规定的保安组织编制；

（三）船舶保安计划符合相应的编制规范和船舶的保安要求；

（四）已对船舶保安评估发现的缺陷予以纠正或者作出妥善的安排。

国际船舶保安证书的条件：

（一）船舶具备有效的船舶国籍证书和《连续概要记录》；

（二）船舶按照规定标注了永久识别号，并按规定配备了满足《1974 年国际人命安全公约》要求的船舶保安报警系统；

（三）船舶按照规定配备了合格的船舶保安员；

（四）船舶具有经批准的《船舶保安计划》；

（五）船舶已通过保安核验。

临时国际船舶保安证书的条件：

（一）符合下列情形之一：

1. 船舶在交船时或者在投入营运、重新投入营运之前，尚未取得《国际船舶保安证书》；

2. 船舶的国籍从非中国籍变更为中国籍；

3. 船舶由以前未经营过这类船舶的公民、法人或者其他组织承担了经营责任。

（二）船舶已通过船舶保安评估。

（三）船上配有符合要求且已提交审核、报批并已付诸实施的《船舶保安计划》副本。

（四）船舶按照规定标注了永久识别号，并按规定配备了满足《1974 年国际人命安全公约》要求的船舶保安报警系统。

（五）公司保安员对船舶保安核验工作已作计划与安排，并承诺船舶将在 6 个月内通过保安核验。

（六）船舶已配备符合保安要求的船舶保安员。

（七）船长、船舶保安员和承担具体保安职责的其他船舶人员熟悉保安职责和责任、熟悉《船舶保安计划》的有关规定。

第十九条 船舶安全与防污染证书文书核发的条件：

高速客船操作安全证书签发的条件：

（一）船舶已在海事管理机构办理国籍登记；

（二）船舶航行的水域符合高速客船的安全航行要求；

（三）经认可的船舶检验机构检验，船舶具备高速客船安全与防污染的技术条件，并按规定具备相应的证书、文书与资料；

（四）船舶已制定了相应的安全、防污染保障措施和应急预案；航行国际或者境外港口的，符合船舶保安要求；

（五）船员已按照交通部的规定经高速客船特殊培训。

油污损害民事责任保险或其他财务保证证书签发的条件：

（一）其所持的油污保险或其他财务保证证书，为中华人民共和国海事局公布具有相应赔偿能力的金融机构或者互助性保险机构办理；

（二）保额满足其所承担的责任限额。

第三节　防治船舶污染和船载危险货物管理

第二十条　防止船舶污染港区水域作业许可的条件：

船舶、码头、设施使用化学消油剂的许可条件：

（一）申请使用的化学消油剂已经过专业机构的型式认可；

（二）符合规定的使用范围和规范的使用方法；

（三）申请使用的剂量与消油的数量相当，与防止水域环境污染的要求相符；

（四）有防止水域污染和保障安全的措施或应急预案。

船舶在沿海港口使用焚烧炉的许可条件：

（一）港口不具备相应污染物接收处理能力；

（二）船舶贮存设备不能满足下一航次的需要；

（三）焚烧炉已经专业机构的型式认可并检验合格；

（四）焚烧物为本船舶产生的船舶垃圾或残油；

（五）符合安全与防污染的有关要求；

（六）已制定防止水域污染和保障安全的措施或应急预案。

船舶在港区水域洗舱、清舱、驱气的许可条件：

（一）已制定符合安全与防污染要求的作业方案、保障措施和应急计划；

（二）使用的设备适用于相应用途并经检验合格；

（三）作业人员经过相应的安全和防污染培训；

（四）作业单位具有相应的能力；

（五）船舶驱气作业水域符合相应的水上交通安全、防污染条件；

（六）对作业产生的污染物处理方案符合防止水域污染的有关规定。

船舶在港区水域排放压载水、洗舱水、残油、含油污水的许可条件：

（一）排入接收船舶或接收设施的，接收船舶或接收设施具有相应的接收处理能力，从事污染危害物接收作业的人员已经过相应培训；

（二）排入水域的，符合相应的排放标准；

（三）来自疫区的压载水、洗舱水已经过检验检疫部门的处理，不造成水域污染；

（四）已制定相应作业的安全、防污染措施和应急反应预案；

（五）对洗舱水、残油、油污水等污染危害物的处理方案符合防止水域污染的有关规定。

沿海港口船舶舷外拷铲及油漆作业的许可条件：

（一）已制定相应的安全与防污染措施；

（二）船舶未进行危险货物装卸作业；

（三）进行拷铲作业的船舶未装载危险货物。

冲洗沾有污染物、有毒有害物质的甲板的许可条件：

（一）甲板上沾有的污染物、有毒有害物质已进行充分回收处理；

（二）排放入水的冲洗物符合排放标准；

（三）排放的水域不是海事管理机构公布的保护水域或者禁止排放水域；

（四）已制订相应的防污染措施和应急预案。

船舶水上拆解、海上修造船舶作业的许可条件：

（一）拆船、修造船作业地点符合防止污染的有关规定，并通过专业机构的评估；

（二）作业方案及保障措施符合水上交通安全与防污染的要求；

（三）拆船、船舶修造单位已按规定制定溢油污染应急计划和配备相应的设备和器材；

（四）需要测爆的，持有有效的测爆证书；

（五）拆船申请人已依法办理废钢船的所有权登记；

（六）船舶残油、污油水、生活污水、垃圾、货物残余物、臭氧消耗型物质等可在拆船前清除的船舶污染物已清除完毕。

第二十一条 船舶载运危险货物的适装许可的条件：

（一）船舶持有齐备、有效的证书、文书与资料；

（二）申报的危险货物符合船舶的适装要求，且不属于国家规定禁止通过水路运输的货物；

（三）船舶的设施、装备满足载运危险货物的要求，船舶的装载符合载运危险货物安全、防止污染和保安的管理规定和技术规范。

（四）拟进行危险货物装卸作业的港口、码头、泊位，具备危险货物作业的法定资质，符合危险货物作业的安全和防污染要求；

（五）需要办理货物进出口手续的已按有关规定办理。

第二十二条 船舶液体危险货物水上过驳作业许可的条件：

（一）拟进行过驳作业的船舶或者浮动设施满足水上交通安全与防污染的要求；

（二）拟作业的货物适合过驳；

（三）参加过驳的人员经过相应的培训；

（四）作业水域及其底质和周边环境适宜过驳作业的正常进行；

（五）过驳作业对水域环境、资源以及附近的军事目标、重要民用目标不构成威胁；

（六）已制定过驳作业方案、保障措施和应急预案，并符合水上交通安全与防污染的要求。

第四节 船 员 管 理

第二十三条 船员适任证书核发的条件：

船员服务簿签发的条件：

（一）满足规定的年龄要求；

（二）经体检符合交通部公布的船员体检标准；

（三）已完成规定的船员基本安全培训，并通过海事管理机构的考试或者考核；

船员专业、特殊培训合格证签发的条件：

（一）已按规定取得船员服务簿；

（二）经体检符合交通部公布的船员体检标准；

（三）具备规定的文化程度；

（四）已完成相应的专业、特殊培训，并按规定通过海事管理机构的考试、考核。

船员任职资格证书签发的条件：

（一）已按规定取得船员服务簿；

（二）满足规定的年龄要求，经体检符合交通部公布的船员体检标准；

（三）具备规定的专业学历（内河船员具备相应的文化程度）或者按照交通部的规定经过相应船员职务的适任培训；

（四）通过相应的专业、特殊培训；

（五）满足规定的服务资历，适任状况和安全记录良好；

（六）已通过规定的适任考试和评估，并已完成规定的船上培训或见（实）习。

船员特免证明签发的条件：

（一）当事船员所服务的船舶在中华人民共和国境外；

（二）当事船员拟任的职位，现任船员因病或者其他不可抗力不能继续履行职务；

（三）当事船员具备其拟任职位较低一级职位的任职资格，拟任船长职位的，为船上负责航行值班的船员中任职资格最高者；

（四）不属于专职无线电人员的职位；

（五）同一艘船舶持有特免证明的船员，不超过规定的比例。

海船船员内河航线行驶资格证明签发的条件：

（一）持有有效的海船船长或者驾驶员任职资格证书；

（二）在其所持海船船员任职资格证书对应等级的船舶航行申考航线上的见习资历不少于 6 个月或 10 个单航次；

（三）通过规定的适任考试和评估，船舶仅航行于适用海上航行规则的内河航区的，可以免予考试和评估。

第二十四条 外国籍船员在中国籍船舶上任职审批的条件：

（一）持有中国政府承认的、由《1978年海员培训、发证和值班标准国际公约》缔约国签发的船员任职资格证书；

（二）符合《1978年海员培训、发证和值班标准国际公约》和交通部有关船员适任资格和培训的要求；

（三）经体检符合交通部公布的船员体检标准；

（四）具备相应的专业学历或者按照交通部的规定经过相应的适任培训；

（五）服务资历、适任表现和安全记录符合交通部的规定；

（六）船员用人单位有明确的需求和必要的理由；

（七）符合交通部关于在中国籍船舶上任用外国籍船员的规定。

已经持有有效的中华人民共和国船员适任证书的外国籍船员拟在中国籍船上任职的，仅需符合本条第一款第（五）至（七）项规定的条件。

第二十五条 海员出入境证书核发的条件：

中华人民共和国海员证签发的条件：

（一）年满18周岁并享有中华人民共和国国籍的公民；

（二）已依法取得中华人民共和国船员服务簿；

（三）经体检符合交通部公布的船员体检标准；

（四）已取得国际航行船舶的船员适任资格；

（五）有确定的海员出境任务；

（六）无海员证管理规定中禁止或者限制办理海员证的情形；

（七）无法律、行政法规规定的禁止公民出境的情形。

海员出境证明签发的条件：

（一）已依法取得中华人民共和国海员证，并且证书的有效期距届满之日不少于6个月；

（二）已合法获得赴境外船舶担任船员职务的确定任务，具有船员所在单位的派遣文书、境外代理机构的担保文书或者其他相关证明。

第五节　其他海事行政管理

第二十六条　航运公司安全营运与防污染能力符合证明核发的条件：

公司《船舶安全营运与防污染管理体系符合证明》签发的条件：

（一）具有法人资格；

（二）已建立船舶安全营运与防污染管理体系；

（三）管理体系已在岸上和每一种类代表船上运行3个月；

（四）已通过专门机构对公司船舶安全营运与防污染能力和管理体系的评估；

（五）申请人如为拥有或者经营、管理外国籍船舶的中国法人，还应当满足下列条件：

1. 公司的主要营业所在中国大陆，或者其法定代表人及主要高级管理人员为中国公民；

2. 相关船舶满足交通部关于船龄限制的要求；

3. 海事管理机构已收到船旗国政府主管机关的委托。

公司《临时符合证明》签发的条件：

（一）具有法人资格；

（二）公司成立后尚未经营或者管理船舶，或者在公司持有的《船舶安全营运与防污染管理体系符合证明》上增加船舶种类；

（三）已建立船舶安全营运与防污染管理体系；

（四）公司已作出计划安排在6个月内实施运行船舶安全营运与防污染管理体系；

（五）已通过专门机构对公司的船舶安全营运与防污染能力和管理体系的评估。

船舶《安全管理证书》签发的条件：

（一）船舶已取得适用于该船舶种类的《船舶安全营运与防污染管理体系符合证明》副本；

（二）船舶已配备所属公司制定的适用于本船的船舶安全营

运与防污染管理体系文件;

(三)船舶安全营运与防污染管理体系已在本船运行至少3个月;

(四)已通过专门机构对船上安全营运与防污染管理能力的评估。

船舶《临时安全管理证书》签发的条件:

(一)当事船舶刚加入公司船舶安全营运与防污染管理体系;

(二)船舶已取得适用于该船舶种类的《船舶安全营运与防污染管理体系符合证明》的副本或者《临时符合证明》的副本;

(三)船舶已配备所属公司制定的适用于本船的船舶安全营运与防污染管理体系文件;

(四)已通过专门机构对船上安全营运与防污染能力的评估。

第二十七条 设立验船机构审批的条件:

(一)具有与拟从事的船舶检验业务相适应的检验场所、设备、仪器、资料;

(二)具备相应的验船能力和相应的责任能力;

(三)有与拟从事的船舶检验业务相适应的执业验船人员;

(四)具有相应的检验章程、检验工作制度和保证船舶检验质量的管理体系;

(五)拟从事的船舶检验业务范围符合交通部的规定;

(六)需要设立分支机构的,设置方案和管理制度符合船舶检验管理的要求。

第三章 附 则

第二十八条 按照规定需要由专门的机构或者人员办理海事行政许可申请手续的,办理申请手续的专门机构应当向海事管理机构备案,人员应当经过相应的培训。

第二十九条 海事管理机构及其工作人员违反本规定的,按照《行政许可法》和《交通行政许可监督检查及责任追究规定》追究相应法律责任。

第三十条 本规定自2006年4月1日起施行。交通部以前发布的有关海事行政许可条件的规定与本规定不一致的，自本规定生效之日起，按照本规定执行。

综　　合

交通部工业产品质量监督抽查试行办法

（交通部　(88)交企字77号　1988.01.30）

总　　则

一、为了加强对交通工业产品的质量监督，促使企业贯彻执行产品标准，提高产品质量，防止劣质产品危害国家和消费者利益，根据国务院发布的《工业产品质量监督试行办法》与《工业产品质量责任条例》，特制订本办法。

二、本办法的抽查范围仅限于交通系统企业生产的工业产品。

三、建立交通部工业产品质量监督抽查制度，由交通部组织有关单位对产品质量进行抽查，并发布交通部监督抽查公报。

四、抽查的依据是产品的国家标准，部颁（专业）标准，地方标准或企业内控标准，以及国家有关规定中的重要性能和安全指标。对被抽查产品要进行综合评定，标准和有关规定中缺乏综合评定要求的，由产品质量检验测试中心提出意见报部确定。

五、抽查不得事先通知被查企业，由承检单位直接到销售部门、用户仓库或生产企业的近期产品中按规定（即承检单位公布的抽样规定）提取样品。

被抽取的样品，由生产企业无偿提供，在厂外抽取的样品由生产企业如数无偿补给，样品检验后，退还生产企业。

六、年度抽查产品计划由各省（自治区、直辖市、计划单列市）交通厅（局）（以下简称省（市）厅（局））选定向部提出，由部汇总下达执行，其抽查产品目录，定期公布实施（抽查产品目录将与交通部工业产品生产许可证、产品评优等日常监督工作统一商定）。

承检单位的职责和任务

七、承检单位应具备同检测任务相适应的仪器设备和管理制度等条件,并由熟悉产品标准、抽样方法、懂得生产工艺、熟练掌握检测仪器、设备的人员进行工作。

八、承检单位对抽样和检测要有详细记录,检测数据和产品综合评定要准确无误,检测原始数据要妥善保存备查。

九、承检单位在检测结束后,15 天内将检测结果,综合评定意见和抽检工作总结报交通部,抄送被检单位所在的交通厅(局)并将检测结果通知有关受检企业。

十、承检单位在检验结束后,将监督抽查检测费用决算表报部。

问 题 处 理

十一、对抽查不合格产品的生产企业,分别由各省(市)交通厅(局)组织有关单位查明情况,落实整改措施,并将整改情况报部。产品不合格企业经整改后,向省(市)交通厅(局)提出复查验收申请,对产品的复检由省(市)厅(局)负责组织,省(市)厅(局)检测有困难的可请原承检单位复检,检测费用一律由申请复检企业支付。

十二、对复查验收合格的企业,由部通过适当场合或通过新闻单位予以说明或报导。

对复查验收仍不合格的生产企业的处理可根据产品不合格程度,结合该企业质量保证体系和日常质量管理情况进行。处罚措施包括:

(1)限期对该产品的生产进行整改(一般为半年),在整改期间停发厂长和直接责任者的奖金。

(2)对一贯不重视质量管理,而又不认真整改的厂长除给予本条(1)项处罚外,企业主管部门要按国家有关规定给予行政处分,直至撤销其职务。

(3)获得部优质称号的产品抽查不合格时,暂停使用优质称号,收回证书,予以通报。

(4)对不具备生产条件或产品质量问题严重,经限期整顿无效者,责令企业停止该产品的生产,对颁有生产许可证的,建议由发证部门收回生产许可证。

(5)限期整顿无效,产品仍达不到质量标准的企业不能升级。

十三、产品抽查不合格的企业,在接到检测结果通知后,厂长要向全厂职工通报情况,检查存在问题,查清有关人员质量责任,对不合格的产品要进行清理,不准出厂,对已出厂的应由生产企业负责对用户实行包修、包换、包退。

工作纪律

十四、参与抽查的单位和人员对抽查厂家名单和有关检测数据要严守秘密,不徇私情,杜绝一切行贿受贿行为,如有违犯,主管部门要追究有关人员的责任,作出严肃处理。

十五、生产企业和经销单位要积极配合抽查工作,不能以任何理由和形式设置障碍。对影响抽查工作正常进行的单位和个人,要追究责任。生产企业抗拒抽样的,按不合格论处,并予通报批评。

十六、生产企业和经销单位不得以抽查结果作为商品广告的依据,用户不得以抽查结果取消订货合同。

附　则

十七、本办法由交通部负责解释。

部属单位小型和限额以下固定资产投资建设项目管理办法

(交通部(90)交工字76号　1990.02.13)

第一章　总　　则

第一条　为了加强小型和限超以下固定资产投资建设项目的管理工作,发挥投资效益,制定本办法。

第二条　除港口、内河航道、公路建设大、中型项目按有关规定执行外,其余小型基建项目和限超以下技术改造项目(以下统简称建设项目),均按此办法执行。

第三条　建设项目必须严格遵守国家有关基本建设的规定,维护计划的严肃性,严禁搞计划外项目。对搞计划外项目的,有关部门应及时制止,停止拨款、拨料,并追究有关领导和当事人的责任。

第四条　建设项目按投资规模划分为三类:

(一)生产性及教学、科研、安全、救捞等用房建设项目投资在1000万元以上(含1000万元)。

非生产性建设项目投资在500万元以上(含500万元)。

(二)生产性及教学、科研、安全、救捞等用房建设项目投资在300万元至1000万元(含300万元,不含1000万元)。

非生产性建设项目投资在100万元至500万元(含100万元,不含500万元)。

(三)生产性及教学、科研、安全、救捞等用房建设项目投资在300万元(不含300万元)以下。

非生产性建设项目投资在100万元(不含100万元)以下。

第五条 第一、二类建设项目必须具备批准的设计任务书,第三类建设项目可依据部下达的年度计划或批准的设计任务书。

第六条 建设项目一般应按下列程序执行:

(一)根据批准的设计任务书(或部下达的年度计划)进行初步设计。

(二)根据批准的初步设计进行施工图设计,编制招标文件。

(三)与上级主管部门签订建设项目投资包干合同。

(四)组织招标、评标和定标工作。

(五)向部工程管理司报送申请开工报告。

(六)与承包厂商签订工程施工承包合同和设备采购合同。

(七)工程实施及组织(或委托)监理。

(八)验收及交付使用,并进行总结。

选用定型设计及投资在30万元以下非定型设计的建设项目,其初步设计和施工图设计阶段可合并为一个阶段进行。

第二章 初步设计的审批

第七条 报送初步设计文件必须完整、齐全,内容必须包括:

(一)设计说明;

(二)设计图纸;

(三)主要设备和材料表;

(四)总用水量、用电量;

(五)主要工程量;

(六)工程概算(包括征地拆迁、主要设备及外部水、电、暖、路等工程投资费用);

(七)三材用量。

初步设计完成后,项目建设单位应首先进行初审,在报送初步设计文件(报送四份)的同时,将初审意见一并报送。

第八条 审批权限的划分:

(一)部工程管理司负责审批第一类建设项目。

（二）中国远洋运输总公司、中国汽车运输总公司、交通部长江航务管理局、交通部黑龙江航运管理局、交通部长江轮船总公司、交通部上海海运管理局、交通部广州海运管理局、中国港湾建设总公司，中国公路建设总公司、秦皇岛港务局负责审批所属二级单位的第二类建设项目（需要报部者除外），并报部工程管理司核备。公司（局）本部的第二类建设项目报部工程管理司审批。其他单位的第二类建设项目由部工程管理司审批。

（三）部属一级企业负责审批第三类建设项目（需要报部审批者除外），并报部工程管理司核备。

（四）教育、安监、救捞、卫生、规划等单位建设项目的初步设计，在报部工程管理司的同时，抄报主管司（局），按部工程管理司与有关司（局）商定的分工办理审批手续。

科研单位建设项目的初步设计。在报部工程管理司的同时，抄报交通部科学研究院和部科技司，按部工程管理司与交科院商定的分工办理审批手续。

（五）以地方管理为主的港口的审批权限按港口体制改革时的协议执行。

第九条 初步设计必须按基建程序报批，对已批准的初步设计不得任意修改。重大的设计修改和概算调整、应由建设单位会同设计单位报原审批单位审批。

第十条 建设项目的设计由建设单位委托经资格认证的勘察设计单位承担。设计方案必须进行多方案比选。为了提高设计技术水平，节约工程投资，增加经济效益，可进行设计方案招标。其具体办法按1986年7月5日国家计委（1986）1085号《关于加强工程设计招标工作的通知》执行。

第十一条 审查初步设计应以批准的设计任务书为依据，不得任意改变建设内容，扩大建设规模和提高标准。初步设计应技术相对先进，可靠、适用、经济合理，效益较高，符合国家有关技术规范和标准。总概算原则上不得超过设计任务书的投资控制额，如超出投资控制额或经审查认为有必要修改设计任务书时，应重报设计任务书。

第三章　施工图设计的审定与招标

第十二条　施工图应由设计单位负责根据批准的初步设计进行编制,做到适合国情,技术相对先进,计算正确,工程量准确,结构合理,详图清晰,预算准确合理,作为招标和施工的依据。

第十三条　施工图由建设单位负责审定但不能改变已批准的初步设计标准和规模,施工图预算不能超过已批准的概算。

第十四条　建设项目实行投资包干责任制。由建设单位与其上级主管部门按1984年9月29日国家计委、城乡建设环境保护部、劳动人事部、中国人民建设银行计基(1984)2008号《关于印发基本建设项目投资包干责任制办法的通知》签订投资包干合同。

第十五条　建设项目应按1984年11月20日国家计委、城乡建设环境保护部计施(1984)2410号《关于印发建设工程招标投标暂行规定的通知》或省(自治区)、市颁发的招标投标办法实行招标、投标。

第十六条　凡利用外资或留成外汇由国外采购设备、材料,均应进行国际招标(经批准不招标者除外)。其招标文件应经部工程管理司审查;评标报告报工程管理司审批定标。其出国团组的审批手续,由部工程管理司归口办理。

第十七条　建设项目开工前,建设单位必须向部工程管理司报送申请开工报告,待批准后,方可开工。

第十八条　申请开工必须具备的条件:

(一)已与上级主管部门签订了投资包干合同。

(二)征地拆迁已办妥,现场已具备三通一平(路、水、电通,施工场地平)或四通一平(路、水、电、通讯通,施工场地平)。

(三)已经选定了施工单位。

(四)已经组织建立或委托了施工质量监理或监督。

第四章　施工阶段管理

第十九条　建设项目开工前，一般由施工单位做出施工组织设计或施工方案，报建设单位及现场施工监理审查同意。

第二十条　施工中应严格执行质量监理或监督。隐蔽工程必须经工程监理人员签字验收。在工程监理中发现施工质量不合格时，均应遵照有关质量监理或监督条例或规定进行处理。

第二十一条　施工中如发生重大安全、质量事故，或甲乙方发生争议需进行仲裁时，均应及时报告部工程管理司。

第二十二条　在施工阶段如需使用材料设备差价、预备费则应由建设单位报原初步设计审批单位批准（包干合同一次包死者除外）。

第二十三条　建设项目实施计划必须严格按部下达的年度计划执行，遇有特殊情况必须改变时，应预先征得部计划司、工程管理司和有关主管部门的同意。

第二十四条　基建投资完成情况月报（交统基 8 表），按资金来源分的固定资产投资及财务拨款月报（交统基 9 表）上报部计划司的同时，应抄报工程管理司及主管司（局）。

第二十五条　一、三季度应将工程进展情况，存在问题及处理结果按（89）工基字 134 号《关于请按时报送小型基建项目有关资料的通知》写成书面简报，报部工程管理司。

第二十六条　每半年应进行工作小结，将工程形象进度，没有完成计划的原因，准备采取的措施，以及存在问题，处理意见等按（89）工基字 134 号《关于请按时报送小型基建项目有关资料的通知》写成书面报告，报部工程管理司并抄报主管司（局）。

第二十七条　工程完工后，建设单位应及时向部工程管理司提出申请竣工验收报告，除由部工程管理司主持验收者外，其余建设项目验收后，应报部工程管理司备案。

第二十八条　参加验收单位应包括设计、施工、使用单位及当地环保、消防、建行等有关部门,并在工程验收证书上签字。

第二十九条 验收时,应资料齐全,验收文件及时归档。

第三十条 验收文件应包括:

(一)竣工图纸;

(二)工程决算;

(三)重大工程事故处理文件;

(四)中间验收及质量监督、监理文件;

(五)隐蔽工程验收文件;

(六)材料检验及试验报告;

(七)工程验收证书(验收证书格式见附件)。

第三十一条 建设项目投产使用一年后,建设单位应会同设计,施工部门进行回访,及时总结经验教训。

第五章 附 则

第三十二条 本办法由交通部负责解释。

第三十三条 本办法自 1990 年 3 月 1 日起试行。

附件

工程验收证书

××工程验收小组

年　　月　　日

工程名称			
工程地点			
建设依据			
建设规模			
开工日期		竣工日期	
工程概算		工程决算	
工程建设主要内容			
建设完成情况说明			
质量评定			
验收鉴定意见			

<table>
<tr><th colspan="2">工程交接单位</th><th>签　字</th></tr>
<tr><td>建设单位</td><td></td><td></td></tr>
<tr><td rowspan="3">设计单位</td><td></td><td></td></tr>
<tr><td></td><td></td></tr>
<tr><td></td><td></td></tr>
<tr><td rowspan="3">施工单位</td><td></td><td></td></tr>
<tr><td></td><td></td></tr>
<tr><td></td><td></td></tr>
<tr><td>使用单位</td><td></td><td></td></tr>
</table>

水上安全监督系统
总体布局规划编制办法(试行)

(交通部　(90)交计字162号　1990.03.14)

第一条　为加强水上安全监督系统的建设,健全水上安全监督系统建设的宏观管理机制,提高社会经济效益和投资效益,使水上安全监督系统的建设做到程序化、规范化、工作方法科学化,特制订本办法。

第二条　水上安全监督系统总体布局规划是水运建设前期工作的重要内容,也是制订水上安全监督系统建设规划、计划和选择建设项目的主要依据。

第三条　水上安全监督系统总体布局规划的主要任务是:在充分调查研究、必要的勘察测量和科学的定量分析基础上,综合评价水上运输的现状和未来发展趋势,分析水上船舶交通情况和交通事故,以及航行条件的现状、发展态势和变化特征。并根据海上,内河和港区不同水域的交通特点,确定监督、航标测量、通信、防污和其他水上安全监督设施的总体布局、等级、功能和要求,以及相应的管理手段和措施,制订水上安全监督的近期和远期目标及分期实施的建设序列。

第四条　制定水上安全监督系统总体布局规划必须贯彻党和国家确定的社会经济发展的战略目标、战略方针和各项政策;树立全局观念,使水上安全监督系统总体布局服从于社会经济和水上运输发展的总体战略布局;实事求是,讲究科学,讲求经济效益,从国情和所辖水域的特点出发,既要按照我国所接受的国际公约的要求承担国际义务和吸收国外先进经验技术,又要按照国情量力而行,做出切实可行的安排。严格执行有关的法规、条例和规定,执行水运工程的有关技术标准和规范，以准确的数据为基础，具备必要的钻探、测量资料，并通过多方案比较，选择最佳方案。

第五条 水上安全监督系统总体布局规划报告的主要内容包括：所辖水域的范围和特点，船舶交通的现状，现有设施、管理和人员情况，存在的主要问题；预测水上船舶交通和交通事故的发展趋势及特点，提出水上安全监督管理的目标；监督、航标、测量、通信、防污染及其他水上安全监督设施的总体布局、等级、功能和要求，相应的管理手段和措施，分步实施的建设序列和建设重点；实施总体布局规划须解决的主要问题和措施意见；反映总体布局规划方案的有关图纸。（详见附件：水上安全监督系统总体布局规划文本格式及内容要求）。

第六条 水上安全监督系统总体布局规划要以水运发展战略布局为依据，在认真做好交通船舶情况及事故调查的基础上，采用国内外行之有效的规划方法，做好发展预测、方案论证和效益评估工作；要重视数据采集的可靠性，做到定性、定量分析相结合；要运用多种计算方法，进行多方案比选，使论证和规划方案建立在可靠的基础上；要把设施建设与加强管理结合起来。

第七条 水上安全监督系统总体布局规划的编制，由各海上安全监督局或内河港航监督局负责组织。局级单位可委托持有甲级设计证书的水运规划设计单位承担，副局级以下单位也可委托持有乙级设计证书的相应单位承担。海区航标测量的总体布局规划，按现行体制分别由天津、上海、广州海上安全监督局组织并委托相应资格的规划设计单位承担。

第八条 水上安全监督系统总体布局规划编就后，应由有关海上安全监督局或港航监督局先行预审，报交通部审批。审批后的总体布局规划，不经审批机关批准不得随意修改，凡属港口安监部分，应纳入所在港口的总体布局规划。执行中如因特殊原因确需修改时，必须经过科学论证，由原规划编制单位提出修改的论证报告，再由原审批机关审查批准。

第九条 水上安全监督系统总体布局规划由三部分文件组

成，即规划报告、图表和主要附件。规划报告的外形尺寸按十六开(210mm×297mm)本装帧，图表与规划报告合并装订。上报文件封皮为浅蓝色，审批后的文件封皮为湖蓝色。

第十条 本办法适用于交通部直属各海上安全监督局和港航监督局。地方港航监督部门可参照执行。

第十一条 本办法由交通部负责解释。

第十二条 本办法自1990年4月1日起执行。

附件

水上安全监督系统总体布局规划文本格式及内容要求

I. 封面格式

××水上安全监督系统

总体布局规划

（编制单位）

年　　月

II. 扉页格式

××水上安全监督系统总体布局规划

编制单位	（盖章）
单位负责人	（签章）
总工程师	（签章）
项目负责人	（签章）
主要专业负责人	（职务或职称）
参加单位	（盖章）
参加人员	（职务或职称）
主办人	（职务或职称）

III. 目录

目　录

Ⅳ.文本格式及内容要求

前　言

1.水上安全监督管理的发展概述。

2.编制规划依据(包括主要参考文件)。

3.规划目标、原则和方法。

4.规划期限。

5.主要结论。

第一章　辖区地理位置、自然条件及现状

第一节　辖区地理位置

辖区地理位置与范围(附图)。

第二节　自然条件

在充分调查研究和必要的勘察工作基础上,全面概述辖区内气象、水文、地质、地貌、地震等基本情况。

第三节　现状

概述辖区内港区、航道、锚地、坝区、桥区等重要水域的位置及自然条件;现有水上安全监督、航标、测量、通信、防污设施、管理以及人员情况;目前存在的主要问题。

第二章　辖区水域交通情况

第一节　船舶交通情况

分析辖区内现有航行船舶类型,说明辖区内重点区域的船舶交通密度、流量、流向。

第二节　水上交通事故情况

对辖区内发生的水上交通事故,按种类、等级、发生水域、原因和损失程度进行统计分析;确定水上交通事故多发区域;测算辖区重点区域船舶航行危险度。

第三节　通航条件

分析辖区内水上干线航路、港区航道的通航条件及船舶航志要求和现有导、助航设施与测绘能力的技术保障程度。

第三章　辖区水域交通预测

根据社会经济发展的特点和趋势,港航部门的发展规划以及

通航条件的变迁,通过多种方法预测船舶交通发展特点以及水上交通事故发生的可能性与变化特征(以详细报告作为附件)。

第四章 水上安全监督系统总体布局规划

第一节 规划原则

根据辖区特点和发展要求,按照一人多能,一船多用,一站多职,远近兼顾,综合治理的原则,提出本辖区总体布局规划的具体原则。

第二节 规划目标

根据水上安监系统地位、功能和作用,明确近期和远期建设目标。

第三节 总体布局方案

根据所辖水域自然条件和船舶交通状况,提出监督、航标、测量、通信、防污和其他辅助设施的布局方案(以多方案论证报告作为附件)。

第四节 规划的分期实施

根据规划期不同阶段船舶交通发展水平,按每 5 年作为一个阶段提出实施方案、制订出相互衔接的建设序列,明确每一阶段的建设重点。

第五章 规划的综合评价

综合评价规划实施后可达到的安全保障作用,社会经济效益,技术水平以及对环境保护的影响等。

第六章 实施规划须采取的政策与措施

实施规划需解决的有关资金、设备、人员、重大技术、管理体制、管理方法等问题和需要上级机关协调解决的重大问题,并提出相应的对策与措施。

附 图

分现状图与规划图两类。

1. 现状图××张:

辖区范围图、船舶交通形势现状图、港口现状平面图。

2. 规划图××张:

水上安全监督系统总体布局规划图。

附 件

1. 船舶交通和水上交通事故预测报告

2. 总体布局规划多方案论证报告

交通行业能源利用监测管理暂行规定

（交通部 (90)交体字391号 1990.07.18）

第一章 总 则

第一条 为加强节能管理，促进节能降耗，提高经济效益，根据国务院《节约能源管理暂行条例》、国家计委《节约能源监测管理暂行规定》和交通部《交通行业节能管理实施条例》，制定本规定。

第二条 本规定适用于交通行业各级企业、事业单位。

第二章 机构与职责

第三条 交通部设“交通部水运行业能源利用监测中心”和“交通部汽车运输行业能源利用监测中心”（下称监测中心），分别负责管理水运系统、汽车运输系统直属单位的能源监测工作、负责监测站的建站管理，指导本行业的能源利用监测工作，接受“全国节能监测管理中心”的技术和业务指导。

第四条 各省、自治区、直辖市交通厅（局）可根据具体情况批准组建本地区水运系统和汽车运输系统的能源利用监测站（下称地方监测站）。

第五条 直属、双重领导企业经上级主管部门批准可设立能源监测站（下称企业监测站）。企业监测站对其所属基层单位的能源利用进行监测。

第六条 监测中心的主要职责是；

（一）组织制定本行业能源利用监测技术规范、标准；

（二）负责直属、双重领导企业的能源利用监测；

（三）负责地方监测站、企业监测站的建站审查、认定工作；

（四）指导地方监测站、企业监测站开展能源利用监测工作。如有必要，也可对地方企业实施节能监测；

（五）开展本行业能源利用监测技术研究、情报交流、技术培训和咨询工作；

（六）对地方监测站、企业监测站监测人员进行考核、审定、认证和技术指导；

（七）向交通部能源主管部门及"全国节能监测管理中心"汇报监测工作，并提出有关建议。

第七条 地方监测站的主要职责是：

（一）协助本地区节能主管部门制订本行业的能源利用监测计划；

（二）对本地区所属企业实施能源利用监测；

（三）负责搜集、整理、储存本地区本行业能源利用监测数据和资料；

（四）对地方企业中的能源利用自检工作进行技术指导和监督；

（五）定期向本地区节能主管部门和监测中心报告能源利用监测工作并提出有关建议。

第三章 监测内容及程序

第八条 能源利用监测的主要内容是：

（一）检测、评价合理用油状况；

（二）检测、评价合理用电状况；

（三）检测、评价合理用热状况；

（四）对企业或企业的主要用能设备进行能量平衡的监测和评价；

（五）对节能技术、节能装置（产品）的节能效果进行鉴定认证；

（六）协助技术监督部门对供能质量进行监督、检测；

（七）接受企业委托对企业申报节能管理升（定）级技术数据

进行测查;

(八)监督企业对国家已公布淘汰的高耗能机电产品进行技术更新和技术改造。

第九条 能源利用监测机构进行监测时,必须严格执行监测技术规程和有关技术标准。

第十条 能源利用监测分定期监测和不定期监测。定期监测须按计划进行,并提前1至3个月通知被监测单位。能源利用监测中心(站)对用能单位的能源利用情况,也可随时进行监测。

第十一条 被监测单位应向监测中心(站)提供与监测有关的技术文件和资料,并根据监测中心(站)的具体要求做好准备,提供必要的工作条件。

第十二条 监测中心(站)在监测工作结束后,应向被监测单位及其主管部门提出监测报告和处理意见,并抄报同级节能主管部门。

第十三条 对初次监测不合格者,监测中心(站)要及时通知被监测单位,并限期整改,整改后进行复测。如复测仍不合格者,可再次限期整改并复测;第二次复测不合格者,不能参加当年度节能企业升(定)级评选,已获得的节能等级应降级或取消称号。

第十四条 被监测单位对监测处理意见有异议时,在接到处理通知书后15天内可向上级节能主管部门申诉。上级节能主管部门应组织复测、复审,并在一个月内做出处理结论。

第四章 监测机构的管理

第十五条 监测中心须由国家技术监督局认证审定合格后,由交通部批准发给证书,才能施行其职能。

第十六条 地方监测站、企业监测站须经监测中心进行技术审查认可合格发给“监测许可证”后,方可实施监测。

第十七条 各监测站的监测专业人员须经监测中心考核,合格后发给“节能监测员证书”。监测人员凭证工作,无证工作提供的监测数据无效。

第十八条 监测人员在执行任务时应严格遵守纪律和操作规程，保证监测的准确性。

第十九条 优秀的能源利用监测技术规范、标准、方法和报告，可参与科研成果评比。能源利用监测资料和文件，涉及机密的，应严格按照有关保密制度处理。

第二十条 能源利用监测机构从事监测时，可按收费标准收取测试仪器设备折旧、材料、劳务等费用。收费标准须经监测中心（站）的上级节能主管部门会同物价部门批准实行。

第二十一条 本规定由交通部负责解释。

第二十二条 本规定自1990年9月1日起实行。

汽车、船舶节能产品公布规则

(交通部　交体发[1992]191号　1992.03.20)

第一条　为提高车、船能源利用率,应用、推广确有节能效果的车、船用节能产品(下称节能产品),防止和制止假冒伪劣节能产品,根据国务院《节约能源管理暂行规定》,国家计委《节约能源监测管理暂行规定》和交通部《交通行业能源利用监测管理暂行规定》,制定本规则。

第二条　本规则适用于:

(一)在用汽车、船舶节能产品的质量控制、检测和公布;

(二)节能船型、节能车型的认定、监测和公布。

第三条　交通部能源管理办公室(下称交通部能源办)负责组织实施本规则。

第四条　"交通部汽车运输行业能源利用监测中心"、"交通部水运行业能源利用监测中心"及其"武汉工作站"和交通部指定的其他监测机构(下称监测机构)是节能产品检验、试验、监测的实施单位。

第五条　监测机构依照有关国家标准、行业标准、技术标准、技术要求及《在用汽车节能产品试验评定方法》、《船舶用节能产品评定方法》,对节能产品的质量、节能效果进行检测,对节能产品生产企业的技术文件、管理水平、质量保证体系进行审查评定。

第六条　生产企业要求公布节能产品,应向交通部能源办提出申请,并附下列文件:

(一)产品证书、检测试验报告;

1. 产品(技术)鉴定证书;

2. 监测机构对被检产品所做的节能《检测报告》；

3. 节能产品装车、装船、装机（装卸机械）的可靠性（生产性）试验报告；

4. 其他应提供的检验、试验报告。

（二）技术文件：

1. 产品的技术文件和图样；

2. 企业生产工艺和全面质量管理文件；

3. 产品标准；

4. 标准化审查报告；

5. 生产工艺文件资料；

6. 试制总结报告；

7. 产品使用说明书。

第七条 交通部能源办受理申请后，应组织专家小组对产品技术文件及检测、试验和监测结果进行评审。

第八条 对评审合格的节能产品，交通部能源办应自企业申请之日起60日内向申请企业颁发该产品的“公布证书”，并分批向社会公布。

第九条 对经评审不合格的节能产品，交通部能源办应自企业申请之日起60日内书面通知申请企业，不予公布。

第十条 申请方提出保密要求的，有关单位应予保密。

第十一条 取得证书的节能产品可以应用于在用汽车、船舶，并作为交通部节能优选推广项目的候选产品。

第十二条 取得证书的产品若改变设计、标准、工艺、技术参数、牌号、型号应重新办理申请公布手续。

第十三条 取得证书的产品转由其他企业生产、转入企业需另行办理申请公布手续。

第十四条 取得证书的产品须按GB 2828—87《逐批检查计数抽样程序及程序表》进行抽样检测。检测结果纳入产品的“公布”档案，检测不合格的产品限期进行整顿，再行抽样检测，检测仍不合格者将撤消其证书，并予以公布。

第十五条　对伪造、涂改、转借、转让证书或检测报告的，将依法追究当事人的责任。

第十六条　申请公布应按规定交纳手续费。

第十七条　本规则由交通部负责解释。

第十八条　本规则自1992年6月1日起施行。

部属单位小型及限额以下固定资产投资建设项目初步设计文件编制和审批办法

（交通部　交基发[1994]854号　1994.09.01）

第一章　总　　则

第一条　为了加强部属单位小型和限额以下基建项目的初步设计文件编制和审批的管理，保证初步设计质量，特制定本办法。

第二条　本办法适用于部属教育、科研、安监、救捞、卫生系统和运输、建设总公司等使用非经营基金、专用资金、自筹资金的建设项目。运输和建设总公司使用经营基金的建设项目参照本办法执行。

第三条　初步设计工作是基本建设程序中的重要阶段之一。在编制设计文件中必须贯彻执行国家有关工程建设的政策和法令，应符合国家现行的工程建设标准和设计规范，并遵守设计工作程序。

第四条　初步设计工作必须由经过资格认证，获得相应工程勘察设计证书的勘察设计单位承担。

第五条　初步设计必须以批准的工可报告（或年度计划）为依据。不得任意修改、变更建设内容、扩大建设规模和提高建设标准。初步设计工程总概算原则上不得突破已批准的工可报告书（或年度计划）的投资控制额。

第六条　初步设计应积极采用可靠的先进技术。对有特殊要求的工程，应有切实有效的技术措施。

第七条 初步设计应满足消防、环保、劳保抗震等要求。

第八条 初步设计文件应完整、齐全，应包含以下内容：

一、设计说明书(工程总说明和各专业说明)。

二、设计图纸。

三、主要设备、材料表。

四、总用水量、总耗电量表。

五、工程总概算表(包括征地拆迁、政策性收费、设备及外部水、电、暖、道路及构筑物等工程投资费用)。

六、主要工程量及三材用量。

第九条 初步设计文件应达到以下要求：

一、初步设计应进行两个以上的方案比选、技术论证和技术经济分析比较，并提出推荐方案。

二、车间、试验室、机房等需要有工艺设计的建设项目，应包括完整的工艺设计篇章和图纸。

三、单项建设项目水、电、暖、道路、绿化等外部配套设施的设计与投资应齐全，保证项目竣工后能交付使用。

四、确定占地面积。

五、确定工程总造价。

六、主要设备规格性能和材料品种及数量明确。

七、可据此进行施工图设计和施工准备工作。

第二章 初步设计文件的内容和深度要求

第十条 土建工程

一、设计总说明书

(一)设计说明书由设计总说明和各专业的说明书组成。

(二)初步设计总说明应对整个土建工程设计作总体方面的文字叙述。一般包括以下内容：

1. 工程设计的主要依据(批准的工可报告文号有关的内容摘录)。

2. 建设单位委托书。

3. 工程所在地区的位置、气象、地理环境、水文地质、地震烈度等自然条件、水、电、气、燃料等能源情况，交通运输条件，有关用地、环保、消防、抗震、劳动安全的要求和根据；有关的使用要求和生产工程资料。

4. 工程设计的指导思想和设计特点，设计采用的定额、指标和标准。

5. 工程设计的规模和范围。

6. 各项指标（包括总用地面积、总建筑面积、总建筑占地面积，工程总概算）。

7. 存在问题。

（三）总平面布置说明。

（四）主要技术经济指标和工程量。

二、设计图纸

（一）区域位置图（本图视工程规模情况可与总平面布置图合并）。

（二）总平面布置图。

（三）管道综合平面图。

（四）建筑平、立、剖面图。

（五）给、排水管道总平面图。

（六）供电总平面图。

（七）暖、通管道总平面图。

（八）其他有关的图纸。

（九）设计图纸的内容和范围均应满足有关规定。

三、建筑

（一）设计说明书应包含以下内容：

1. 根据城市要求并按使用性质和生产类别等阐述建筑物对噪声控制、采光、通风、日照、温湿度、净化等或其他特殊要求。

2. 简要说明经方案比选后确定的设计方案特点。

3. 根据使用功能和生产工艺要求所确定的建筑平面布置、层数和层高，对室内和其他环境条件所采取技术措施。所采用的装修标准。

4. 建筑物的立面造型及其与周围环境空间的关系。

5. 在节能、人防、三废治理等方面采取的技术措施。

6. 建筑的组成、建筑面积、使用面积、平面系数和其他建筑技术指标的说明以及必要的建筑特征表。

7. 对分期建设或有扩建计划的工程，说明分期建设内容，和对以后续建或扩建的处理原则和意见。

8. 需提请在设计审批时解决或确定的问题。

(二)大型民用建筑工程或其他重要工程，在方案过程中，根据需要应绘制透视图、鸟瞰图或制造模型。

四、结构

(一)设计说明书应包含以下内容：

1. 重点阐述结构设计主要内容的方案比较和确定：

①结构选型；②地基处理及基础型式；③伸缩缝、沉降缝和抗震缝的设置；④为满足特殊使用要求的结构处理；⑤新技术、新结构、新材料的采用；⑥主要结构材料的选用；⑦特殊构造、标准图集的采用等。

2. 需提请在设计审批时解决或确定的主要问题。

(二)在初步设计阶段，结构专业一般是以说明书作为对外交付的文件(特殊情况除外)，少数需要概略图表示的，可提供有关资料，由建筑专业在建筑图上表示。

五、给水排水

(一)设计说明书应包含以下内容：

1. 设计依据和设计范围。

2. 室外给水：

①水源；②用水量(如自建水源，应说明水质、水量、取水方式，取水点位置，输水管线、管材、接口、敷设方式和安全保证措施，净化水处理工艺流程，采用的各种构筑物的设计数据、型式和占地面积)；③给水系统应说明供水方式中的生活、生产、消防系统的

组合情况;分质分压供水的必要性和可能性;主干管管径、管材、敷设方式及接口材料;正常供水、消防供水时压力要求以及当水量、水压不足时,所采取的措施;主要设备选择的依据;并说明调节设施容量、高度;④如系扩建工程,应对现有给水系统写出简介和必要说明;⑤节能措施。如采用循环供水和重复使用给水时应加以说明。

3. 室外排水:

①现有排水系统简介,排水能力及扩建发展的可能性。排入城市或其他外部管沟及明渠时,应加以阐述;②说明生活、生产污水来源及各系统的排放量,说明各类生产污水成分;③说明雨水排水采用的计算公式和各种数据;④排水系统中应说明生产、生活污水、雨水排放系统、排入条件部门的要求。

4. 室内给、排水:

①建筑物对水量、水质、水压和消防的要求,列出总用水量表;②说明采用给水系统方式和水池、水箱的设备选型等;③说明采用消防措施、供水方式以及控制方法;④热水及开水的供应方式和供应系统及有关说明;⑤说明生活和生产污水量排放条件、排放方式是否符合环保要求及其处理措施,并提供有关数据;⑥屋面雨水排放方式和采用的数据及计算公式。

5. 需提请在设计审批时解决或确定的主要问题。

(二)主要设备、材料表。

六、电气

(一)设计说明书应包含以下内容:

1. 设计依据和设计范围。

2. 供电设计:

①供电电源及电压、供电来源与设计工程的关系(方位、距离)、供电可靠性程度等及其他需要说明的问题;②说明和电负荷性质、负荷等级、工作班制、总电力供应主要指标等;③叙述供电系统型式、正常电源与备用电源的切换、变压器低压侧之间的联络方式及容量,对供电安全所采取的措施等;④叙述变、配电所的总电

力负荷分配情况及计算结果，给出总设备容量等；⑤继电保护与计量；⑥控制与信号；⑦功率因数补偿方法；⑧全区供电线路和户外照明；⑨过电压及接地保护的基本原则。

3. 电力设计：

①电源、电压和配电系统；②环境特征和配电设备的选择；③说明导线选择和线路敷设方式；④接地和接零、说明防止触电危险所采取的安全措施。

4. 电气照明设计：

①说明照明电源、电压、容量、照度选择及配电系统型式；②说明光源和照明灯具的选择；③导线的选择及线路敷设方式；④工作、事故、检修证明控制原则及事故照明电源切换方式等；⑤需要避雷设计的工程应有避雷的有关说明。

(二)主要设备、材料表。

七、采暖通风

(一)设计说明书应包含以下内容：

1. 设计依据、设计范围。

2. 采暖：

①简述采暖系统的形式及组成，管道敷设方式；②采暖媒质及采暖入口的确定；③采暖耗热量的计算；④采暖设备和管道保温材料的选择；⑤说明采暖节能措施。

3. 通风与除尘：

①叙述除尘、局部通风、防排烟全面送排风、自然通风等方案、系统划分及组成，选择的补充方法，补风量及气流组织形式，各系统风量、耗热量、耗水量的确定；②通风及除尘系统的设备选择。

4. 空气调节及制冷：

①系统风量、冷量、热量的确定，气流组织的选择；②空调及冷冻设备的选择；③空调、制冷及自动控制方案比选；系统划分及组成确定；④保温及防腐材料的确定、防潮、防水的措施。

5. 列出本专业主要的设计指标汇总表。

6. 需提请在设计审批时解决或确定的主要问题。

(二)主要设备、材料表。

第十一条　修船厂工程

一、设计说明书

(一)设计依据与设计原则:

1. 已批准的工程可报告的批准文号及有关的文字摘录;

2. 工程可行性研究报告及审查意见;

3. 建设单位委托书。

(二)生产纲领:

1. 修理船型;

2. 船舶性质及吨位;

3. 年产量;

4. 年生产总值。

(三)工厂规模(建设规模、车间组成、人员编制等。如果是老厂改、扩建,则应对现有状况加以说明)。

(四)厂址概况:

1. 地理位置、交通概况;

2. 厂区地形、地貌;

3. 厂区所处河段的河床、河势或海岸演变和分析;

4. 工程地质情况;

5. 水文、气象、设计地震烈度;

6. 厂址现状及选址概况说明。

(五)厂区平面布置说明。

(六)厂内、外运输量、运输方式及运输组织。

(七)工厂管理、生活及辅助设施的组成和数量,住宅区人数,建筑面积及占地面积。

(八)根据生产纲领,分析全厂工时消耗量及物料消耗量。

(九)水工工艺:

1. 设计代表船型;

2. 修船船台、船坞、码头等修理周期;

3. 设计水位及高程资料等。

（十）车间工艺：

1. 各车间任务、面积；

2. 设备选型；

3. 工艺原则及工艺流程说明、车间工艺布置等。

（十一）土建工程。

（十二）公用工程（包括供氧站、乙炔站、空压站、锅炉房、运输动力管理系统等项目的原则、工艺、类别和协作范围）。

（十三）供电及照明。

（十四）给、排水。

（十五）消防。

（十六）通信：

1. 有线通信；

2. 无线通信；

3. 调度电话；

4. 厂内广播系统；

5. 工业电视监视系统。

（十七）采暖、通风。

（十八）环境保护：

1. 环境现状；

2. 工程对环境的影响。

（十九）节能：

1. 能源消耗预测；

2. 节能分析和措施；

3. 环保措施。

（二十）劳动保护。

（二十一）工厂主要技术经济指标，国民经济效益评价，财务效益评价。

（二十二）存在问题。

二、设计图纸

（一）总平面布置图。

(二)厂区总平面图。

(三)生活区规划平面图。

(四)船台、滑道、船坞、码头及其他升船设施工艺布置图。

(五)各车间、站、房、室工艺布置图。

(六)水工建筑平、立、剖面及基础图。

(七)土建工程的平、立、剖面图及基础设计方案。

(八)全厂动力、照明布置图。

(九)动力供应包括各站、房平面布置图。

(十)动力管线布置图。

(十一)给、排水管道平面布置图及系统图,消防设施布置图、给、排水工程建筑物平面布置图、工艺图。

(十二)通信系统布置图。

三、主要设备、材料表

第十二条　码头工程

一、设计说明书

(一)设计依据与设计原则:

1. 已批准的工程可报告批准文号及有关的文字摘录;

2. 工程可行性研究报告及审查意见;

3. 建设单位委托书。

(二)设计条件:

1. 自然条件:

①码头地理位置;②码头所在地区河床、河势或海岸演变和分析;③工程地质分析;④水文;⑤气象;⑥地震基本烈度。

2. 泊位等级,按有关规定选择合理的船型、列出其尺度。

(三)总平面布置说明:

1. 码头布置与相邻单位的关系;

2. 在工程可行性报告的基础上进一步确认或明确码头应与有关用地、交通、环保、消防、防汛等要求相适应;

3. 水域布置(码头及护岸等建筑物等级、设计水位,施工水位,泊稳条件、高程资料、掉头区尺度及锚地位置和面积等);

4. 陆域布置。

(四)水工建筑物:

1. 设计水位、设计波浪要素、抗震设计烈度及采用的土壤物理力学指标;

2. 船舶撞击力,系缆力、波浪力等外力;

3. 结构型式(结构选型,施工方法和顺序);

4. 结构计算:

①荷载计算和组合;②主要结构计算原则、方法和结果;③沉降计算;④稳定计算方法和结果;⑤基础处理;⑥特殊结构处理;⑦抗震计算及抗震措施;⑧试验结果和建议。

(五)陆域形成和道路:

1. 陆域形成的原则、填挖方平衡情况,填料来源和对填料的要求,填筑的方法,地基和填筑场地加固处理方案说明;

2. 道路基础处理方案说明及面层结构的确定。

(六)码头附属土建工程。

(七)供电及照明。

(八)给、排水。

(九)通信:

1. 有线通信;

2. 无线通信。

(十)消防。

(十一)环境保护:

1. 环境现状;

2. 工程对环境的影响;

3. 环保措施。

(十二)存在问题。

二、设计图纸

(一)码头位置图。

(二)码头平面布置图、港池、掉头水域、航道平面布置图。

(三)岩面等高线图或地质剖面图。

(四)风、浪玫瑰图及流场图,水域等深线图。

(五)码头剖面图和立面图。

(六)码头基础处理图。

(七)陆域形成平面位置图、高程图。

(八)道路基础平面布置图、基础结构及基础处理图。

(九)码头附属土建工程平、立、剖面图。

(十)高、低压动力、照明布置图。

(十一)给、排水管道平面图,消防设施布置图。

(十二)给、排水工程建筑物平面布置图、工艺图。

(十三)通信系统布置图。

三、主要设备、材料表

第十三条　通信、导航工程

一、设计说明书

(一)设计依据与设计原则。

1. 已批准的工可报告的批准文号及有关的文字摘录。

2. 研究报告和审查意见。

3. 建设单位委托书。

4. 建设目的建设内容和建设规模。

(二)设计条件:

1. 工程所在地区地形、地貌、气象、水文等自然条件。

2. 业务量统计资料。

(三)通信系统方案设计说明:

1. 通信制式:①通信方式;②频率配置;③设备制式。

2. 进网方式。

3. 中继方式。

4. 信令要求(附信令表)。

5. 网络组织。

6. 电路分配。

7. 路由。

8. 天线型式。

9. 监控系统。

10. 电路计算。

11. 传输设计。

12. 质量指标论证。

(四)导航雷达系统方案说明:

1. 船舶密度。

2. 航行安全及交通管理要求。

3. 雷达天线、最大覆盖监视范围及最小盲区半径。

4. 检测能力。

5. 工作频率。

6. 其他需要说明的问题。

(五)工艺设计原则:

1. 通信机房、导航雷达机房的工艺流程布置和要求。

2. 工艺对土建的要求。

3. 工艺对环境、电源的要求。

(六)设备选型:

1. 容量计算。

2. 对设备的要求。

3. 设备选择及有关说明。

(七)供电系统:

1. 用电类别、耗电负荷。

2. 输电线路设计,交、直流供电方式、电源设备和主要材料选用及计算要求。

3. 地阻要求、地线型式和地线材料等。

(八)通信、导航站台的站址选择和建筑结构形式:

1. 总平面布置说明。

2. 土建工程各专业有关说明。

3. 抗震设防要求。

(九)施工条件及方法,对施工进度和质量的要求,以及需要特殊关注问题。

（十）存在问题。

二、设计图纸

（一）工程区域位置；

（二）网络组织图；

（三）站区平面位置图；

（四）天线与设备配合图；

（五）导航雷达工艺设计图；

（六）监控系统图；

（七）通信范围及方位图；

（八）通信系统结构图；

（九）中继方式图；

（十）电路分配图；

（十一）路电图；

（十二）主要建筑平、立、剖面图及基础设计方案；

（十三）机房设备布置图；

（十四）供电及照明设计图；

（十五）地线系统图；

（十六）给、排水平面及系统图；

（十七）暖、通平面及系统图。

三、主要设备及材料

第十四条　航标工程

一、设计说明书

（一）设计依据与设计原则：

1. 已批准的工程可报告的批准文号及有关的文字摘录。

2. 工程可行性研究报告及审查意见。

3. 建设单位委托书。

4. 建设目的和特殊要求。

（二）设计条件：

1. 河道、海岸基本情况：①河道、海岸概况②航道及航运现状和发展趋势）。

2. 河道沿岸、海岸地形、地貌、地质情况。

3. 水下电缆(管道)及其他碍航物情况。

4. 气象、水文资料说明。

5. 周围环境。

(三)航标的布置与设计说明:

1. 航标布设依据。

2. 航道等级、设标范围。

3. 航标配布原则和配布类别(①配布原则;②浅滩航道、淤砂航道、急湾(急流)段、跨河建筑物的航标配布;③信号台的配布)。

4. 航标设计(①航标选型;②平面布置(水上、陆上))。

5. 灯器及能源选择:(①灯器及能源选择依据;②灯器设计;③电路设计及计算成果等)。

(四)灯塔总平面布置说明。

(五)灯塔土建设计说明(①塔身高度、塔身直径(周长);②结构型式、地基处理及基础型式;③特殊要求和处理)。

(六)灯塔附属生产、生活区土建工程各专业设计说明。

(七)工程区域道路、给排水、暖通、电气、照明、及构筑物设计说明。

(八)施工条件、方法、进度、质量、安全等。

(九)存在问题。

二、设计图纸

(一)航标配布图。

(二)航标型式及外形尺寸图表。

(三)标志船的设计图。

(四)灯器电路图。

(五)区域总平面布置图。

(六)灯塔平、立、剖面图及地基设计方案。

(七)各类设备专业管道平面综合布置图。

(八)构筑物图。

三、主要设备及材料

第十五条　技术经济与概算

一、工程设计概算是控制和确定工程造价的依据。设计概算经批准后,就成为编制固定资产投资计划,签订建设项目承包合同和贷款合同的依据,也是控制基本建设投资和施工图预算以及考核设计经济合理性的依据。

二、设计概算是初步设计文件的重要组成部分,设计概算必须完整地反映工程初步设计的内容,严格执行国家有关的方针、政策和规定,实事求是地根据工程所在地的建设条件(包括自然条件,施工条件等可能影响造价的各种因素),正确地按有关的依据性资料进行编制。不得"高估冒算"和故意压低工程造价。

三、设计概算包括以下内容:

(一)概算编制说明:

1. 说明工程概况及其建设规模和建设范围,明确总概算所包括的工程项目和费用。

2. 说明编制依据和方法,编制时所采用的定额、价格和取费标准等。

3. 投资分析和费用构成分析等。

4. 其他有关问题的说明。

(二)总概算:

总概算是确定一个工程(新建、改建、扩建)项目的全部建设费用的总文件,包括从筹建到竣工验收交付使用的全部建设费用。总概算的项目分为两个部分:

1. 工程项目费用。

2. 其他项目费用。

(三)单项工程综合概算。

(四)单位工程概算。

(五)主要材料表。

(注:本章中第二、三、四、五条内涉及建筑、结构、给排水、电气、暖通等内容按第一条相应规定执行)。

第三章　初步设计文件的质量要求和审批

第十六条　设计文件的质量要求

(一)设计单位应对初步设计的质量全面负责。

(二)设计文件应正确贯彻党和国家的方针、政策,符合国家和部颁现行技术规范、标准和规定。

(三)设计文件应达到本办法第二章所要求的内容和深度。

(四)文字说明全面完整、清楚端正、简明扼要、语法通顺。

(五)设计图纸齐全、比例合适、图面清晰、字体标准、无"错、漏、缺、碰"。设计、制图、校审和其他签名齐全、有效。

(六)设计文件要加盖设计单位的公章和行政、技术总负责人的印章,并附参加设计工作人员名册及设计证书等级编号。

(七)设计要不断创新并使用经过鉴定和推广的新技术、新材料。

第十七条　初步设计文件的审批

(一)设计文件的审批权限和范围应按交通部关于〔(90)交工字76号〕《部属单位小型和限额以下固定资产投资建设项目管理办法》中第一章第四条、第二章第八条的有关规定执行。

(二)设计文件出版齐全后,由设计单位将全套文件和工程地质勘察报告报送项目建设单位。

(三)设计文件应先由建设单位进行认真的初审,并在上报设计文件时附有初审意见或修改建议。

(四)设计审查,应首先对设计单位的资质进行审查。

(五)可根据需要和具体情况邀请工程建设所在地的城建、规划、国土、建设单位、建设银行、环保消防、卫生检疫、电力、自来水、劳动安全、通信、海监等部门以及有关专家参加初步设计审查。

(六)审查初步设计,应以已批准的工可报告(或年度计划)为依据,总概算超过批准的工可报告(或年度计划)投资控制数的10%或必须修改工可报告时,应向原审批单位重报工可报告(或年度计划)。

(七)审批初步设计时,设计单位应负责解释工程情况和设计中的问题。

(八)初步设计审批文件,必须对建设规模、建设标准、主体结构及基础型式、占地面积、总投资、三材用量等有明确批复,并附有概算表及主要设备规格性能表等附件。

(九)对于已批准的初步设计的总平面布置,建设规模和建设标准,主要建筑物结构等不得任意修改。必须修改时,应由设计单位修改并经建设单位初审后报设计原批准单位审批。

(十)对于不符合要求的初步设计文件,审批单位不予审查。

第四章 附 则

第十八条 本办法由交通部基建管理司负责解释。

第十九条 本办法自 1995 年 1 月 1 日起执行。

交通女职工劳动保护实施办法

（交通部　交人劳发[1995]419号　1995.05.12）

第一条　为了切实搞好女职工劳动保护，根据国务院颁布的《女职工劳动保护规定》，结合交通系统实际情况，制定本办法。

第二条　本办法适用于交通系统各企业、行政、事业单位的女职工。

第三条　各单位必须严格执行国家有关女职工劳动保护的法规和交通部的有关规定，并确定负责女职工劳动保护的工作机构或专兼职人员，加强管理和监督。

第四条　凡适合妇女从事劳动（国家规定的不适合妇女的工种或者岗位除外）的单位，不得以性别为由拒绝录用女职工，或者提高录用标准。

第五条　在女职工怀孕期、产期、哺乳期工资按国家规定发放，不得影响工资调整及有关福利待遇，不得因此停薪或提前解除劳动合同（如合同期已满，必须延续到孕期、产假和哺乳期满），不得以女职工上述生理特点为由，将其转为待聘、编余人员或辞退。

第六条　禁止安排女职工从事国家规定的第四级体力劳动强度的劳动以及其他女职工禁忌从事的劳动。

第七条　月经期保健

（一）宣传普及月经卫生知识。

（二）在同一工作场所、女职工在100人以上有条件的单位，应逐步建立女职工卫生室，健全相应的制度。女职工在100人以下的有条件的单位，应逐步设置简易的温水箱、消毒箱及冲洗器。暂时不具备条件的单位，要积极创造条件，建立女职工卫生室或采取相应的措施。对流动、分散、野外工作的女职工应发放单人自用冲洗器。

（三）从事下列劳动的女职工，在月经期内暂时调整工作或给予1至2天的休假，并按出勤计算；

1. 国家规定的第三级体力劳动强度的劳动；

2.《高处作业级》标准中第二级（含二级）以上的作业；

3. 食品冷冻库及冷水、低温（低于5℃）等作业；

4. 野外流动作业、长久站立、行走、蹲位作业。

（四）患有重度痛经及月经量过多者经合同医院或妇幼保健机构确诊证明，月经期间可适当给予1至2天的休假。

（五）女职工月经卫生费每月不低于4元钱。

第八条 孕期保健：

（一）对已孕女职工建立孕产妇系统保健卡，建卡率要求达95%以上，怀孕3个月开始填写保健卡，按卫生部门的要求定期进行产前检查，检查率要求达90%以上。对高危孕妇，所在单位应配合医院严密观察和监护，使高危孕妇管理率达到100%。

（二）对妊娠的女职工，所在单位不得安排其从事国家规定的第三级体力劳动强度的劳动和孕妇禁忌从事的劳动，不得在正常劳动日以外延长劳动时间；对不能适应原劳动的，应根据合同医院证明，予以减轻劳动量或安排其他劳动。从事野外勘测工作及施工作业、公路养护、高等级公路收费、汽车司乘、港口装卸作业、轮船餐服、施工班组工作的女职工怀孕满5个月，应安排其他适当工作。

（三）女职工较多的单位应建立孕妇休息室。对妊娠满7个月以上（含7个月）的女职工，应在劳动时间内安排1至2小时工间休息或适当减轻工作，并不得安排从事夜班劳动。

（四）怀孕的女职工，在劳动时间内进行产前检查，应当算做劳动时间。对生产一线的女职工，要相应地减少生产定额，以保证产前检查时间。

（五）孕妇孕期及分娩时在合同医院发生的检查费、接生费、手术费、住院费、药费由原医疗经费渠道开支或按《企业职工生育保险试行办法》执行。

第九条 产期保健

(一)女职工产假(怀孕 7 个月以上)为 90 天,其中产前 15 天,难产增加 15 天。符合计划生育政策的多胞胎生育,每多生育一个婴儿,增加产假 15 天,当地政府有规定并优于本办法的,也可执行当地政府的规定。教师正值寒、暑假期间生育的,可按地方政府计划生育有关规定执行。女职工在产假期间,不影响其原有福利待遇。

(二)女职工怀孕不满 4 个月流产的,应根据医院证明,给予产假 15 天至 30 天;怀孕 4 个月以上 7 个月以下流产时,给予产假 42 天,怀孕 7 个月以上的按正常产休假,以上产假期间工资照发。对有过两次以上自然流产史,现又无子女的女职工,应调离有可能直接或间接导致流产的作业岗位。

第十条 哺乳期保健

(一)有不满 1 周岁婴儿的女职工,需亲自哺乳的,其所在单位应当在每班劳动时间内给予其两次哺乳(含人工喂养)时间,每次 30 分钟。女职工每班劳动时间内的两次哺乳时间,可以合并使用。哺乳时间和在本单位内哺乳往返途中的时间,算做劳动时间。

哺乳期满时,正值炎热季节(7 至 8 月份),可根据当地气候条件延长 1 至 2 个月。对双胞胎或婴儿虽满周岁,因疾病、体弱经医务部门证明,哺乳时间可以适当延长,但最多不超过 6 个月。

(二)女职工在哺乳期内,所在单位不得安排其从事国家规定的第三级体力劳动强度的劳动和哺乳期禁忌从事的劳动,不得延长其劳动时间及从事夜班劳动。有条件的单位,应建立哺乳室。室内有洗手设施,乳母不得穿工作服进入哺乳室。

第十一条 产后保健

(一)女职工产假期满,恢复工作时,允许有 1 至 2 周时间逐渐恢复原定额工作量。

(二)女职工产假期满后是否办理离岗休假,根据工作情况和本人自愿的原则,依照当地计划生育政策,由有关部门批准执行。

在批准休假期间内，工资不得低于75%，工龄连续计算。

女职工较多的单位，应按国家有关规定，以自办或联办的形式，逐步建立有专人管理的托儿所、幼儿园。

第十二条 对女职工较多的单位在新建、改建、扩建工程中，要按照《工业企业设计的卫生标准》的规定，将孕妇的休息室、婴儿哺乳室、女工卫生室（冲洗室）等女职工劳动保护设施列入基建规划，做到同时设计、同时施工、同时投入生产和使用。

要重视一线女职工的厕所建设，应为蹲式；女职工浴室要符合卫生条件，采取淋浴式。

第十三条 对女职工每一至两年进行一次妇科疾病及乳腺疾病的普查，建立健康档案，对患者积极给予治疗。经合同医院证明，患更年期综合症的女职工，不适合现岗位工作的，可以照顾安排适当工作。

第十四条 女职工劳动保护的权益受到侵害时，有权向所在单位的主管部门或者当地劳动部门提出申诉，受理申诉的部门应当自收到申诉书之日起30日内作出处理决定。属于劳动争议的，依照《劳动法》规定办理。女职工对处理决定不服的，可以在收到处理决定书之日起，15日内向人民法院起诉。

第十五条 对违反本办法侵害女职工劳动保护权益的单位负责人及其直接责任人员，其所在单位的主管部门，应当根据情节轻重，进行批评教育或给予行政处分，并责令该单位给予被侵害女职工合理的经济补偿；构成犯罪的，由司法机关依法追究刑事责任。

第十六条 各单位对本办法的执行情况，由劳动人事部门检查落实，工会、卫生、劳动保护部门对本办法的执行情况进行监督。

第十七条 女职工违反国家有关计划生育规定的，其劳动保护应按照国家有关计划生育规定办理，不适用本办法。

第十八条 本办法由交通部负责解释。

第十九条 本办法自1995年7月1日起实施。

全国在用车船节能产品(技术)推广应用管理办法

(交通部　交体法发[1995]753号　1995.08.14)

第一条　为贯彻落实国务院《节约能源管理暂行条例》,根据《汽车、船舶节能产品公布规则》,进一步做好在用车、船节能产品(技术)的归口管理和推广应用工作,促进交通运输全行业节能降耗,特制定本办法。

第二条　在用车、船节能产品(技术)是指以降低行驶车、船能源消耗为直接目的的应用产品(技术)。

第三条　交通部能源管理办公室是全国在用车、船节能产品(技术)检测鉴定、监测监督、公布认证、推广应用的归口管理部门,负责组织本办法的实施。

第四条　各省、自治区、直辖市交通厅(局)节能主管部门为该地区在用车、船节能产品(技术)推广应用归口管理部门。

第五条　交通部认证授权的汽车运输行业能源利用监测中心、水运行业能源利用监测中心及其监测站为节能产品(技术)的质量检测部门。

第六条　符合下列条件之一的,可在全国范围内推广使用:

(1)国家计委、国家经贸委、交通部联合推广的在用车、船节能产品(技术)。

(2)获得国家《汽车、船舶节能产品公布规则》公布认证的节能产品。

(3)国务院各部委鉴定公布的,经交通部汽车运输、水运行业能源利用监测中心检测鉴定认可的车、船节能产品(技术)。

第七条　符合下列条件之一的,可在地区范围内推广使用:

(1)本地区计委、经贸委和交通厅(局)联合推广的在用车、船节能产品(技术)。

(2)符合本办法第六条规定的节能产品(技术)。

(3)本地区有关厅局鉴定公布的,须经交通部汽车运输、水运行业能源利用监测中心或能源利用监测站检测鉴定确有效果的车、船节能产品(技术)。

第八条 交通部负责指导全国在用车、船节能技术进步工作。不定期公布获得“汽车、船舶节能产品公布证”的节能产品(技术)。

第九条 交通部不定期会同国家计委、国家经贸委等有关部门联合开展全国重点在用车、船节能产品(技术)的评审,公布和技术交流活动。

第十条 各级政府和行业节能主管部门应支持和帮助节能产品(技术)生产企业提高产品质量,降低生产成本,督促在用车、船应用节能技术,进行技术改造。

第十一条 汽车运输、水运行业能源利用监测中心应依照《汽车、船舶节能产品公布规则》对已公布的在用车、船节能技术(产品)实行质量抽查、监控,对不合格的产品、信誉不端的生产企业及时上报。交通部对复测节能效果不符合标准的,又坚持不改进、不纠正的企业,撤销和不核发公布证书,并向社会通报。

第十二条 各省、自治区、直辖市交通行业管理部门依照《汽车、船舶节能产品公布规则》可对本地区推广应用的在用车、船节能产品(技术)实施产品质量监控。

第十三条 改型、增容、技术转移的在用车、船节能产品,应按公布程序的要求,重新申请认证公布。对于转产、停产的在用车、船节能产品,应及时报交通部。

第十四条 对伪造、涂改、转借、转让“公布证书”和“检测报告”的,将依法追究单位或当事人的责任,并向社会通报。

第十五条 积极支持和鼓励在有条件的地区建立节能产品(技术)推广应用基金。

第十六条 交通部负责全国车船节能产品质量监测体系的建

设，并会同国家计委、国家经贸委等有关部门不定期进行在用车、船节能产品（技术）推广应用和经验交流，对推广应用节能产品（技术）成绩显著的单位、生产厂家和用户将予以表彰奖励。

第十七条 港口、交通工程机械和工程船舶节能产品（技术）的推广应用可参照本办法执行。

第十八条 本办法由交通部负责解释。

第十九条 本办法自1995年10月15日起施行。

交通部直属航运支持保障系统非经营性船舶购置计划管理办法(试行)

(交通部　交计发[1995]1153号　1995.12.04)

第一章　总　　则

第一条　"交通部直属航运支持保障系统非经营性船舶"船舶种类多、技术要求高、建设周期长、一次性投资大,为加强前期工作、年度购置、建造和资金安排等计划管理工作,特制定本办法。

第二条　"交通部直属航运支持保障系统非经营性船舶"是特指交通部沿海海(水)监局、长江与黑龙江省港监局、长江与黑龙江航道局、海上救助打捞局等为行使国家行政职能使用的船舶。这些船舶是保证航道畅通,航标正常设置、维护,港口、航道测量,维护港口水域水上交通秩序,水上巡逻,救生救助打捞的重要设施。

第三条　交通部直属航运支持保障系统非经营性船舶的购置原则上由国家投资建造。

第四条　交通部直属航运支持保障系统非经营性船舶购置计划管理工作的主管机关为交通部计划管理部门。

第五条　船舶购置必须是已纳入交通部五年船舶发展计划中的船型,其基本原则是:先确定五年计划,后确定年度计划;先安排设计,后安排建造;先签订造船合同,后批准开工;先单船初建,后批量建造。

第六条　用船单位应系统地积累船舶技术资料,建立完整的技术档案,按照资料的性质和重要程度,分类管理,妥善保存,每年三月份以前向部报送船舶基础资料报表(交通部计划司计运字

〔1992〕109号文附件一交业计5表),并将新建、报废、转卖、调出船舶予以注明。

第二章 前期工作

第七条“交通部直属航运支持保障系统”各单位应根据国民经济发展预测,水运客、货运量发展水平、港口吞吐量和航道发展规划,结合船舶正常更新,确定自身业务发展规模,编制五年船舶发展建议计划,按要求上报部计划管理部门并抄送有关司局。

第八条 部计划管理部门在编制五年船舶发展计划时,根据“统筹规划、综合平衡、远近结合、需要与可能结合”的原则,在与各单位交换意见后,会同有关的业务司局初审,报部批准后正式实施。

第九条 经批准的五年船舶发展计划是安排年度船舶购置计划的依据。

第十条 列入五年船舶发展计划的船型,凡属新型船舶,应做技术经济论证,在对国内外同类船舶发展现状充分调研基础上,根据业务特点提出新型船舶设计任务书,报部计划管理部门会同有关的业务司局审批。

第十一条 船舶设计既要考虑国内外科学技术的发展,使船舶具有一定的先进性,又要从实际出发,充分考虑我国国情,做到“安全可靠、实用先进、经济合理、维修方便。”

第十二条 船舶设计任务书应包括以下主要内容:

(一)项目名称;

(二)船舶用途;

(三)船舶航区;

(四)船舶应满足的规范和应取得的船级;

(五)船舶限定的主尺度;

(六)船舶主要技术经济性能要求;

(七)在何种限定条件下的航速和工程技术指标;

（八）主机种类、主要机电通导设备要求；

（九）特殊施工设备要求，工程技术参数；

（十）船员及定员、舱室标准；

（十一）适航性；

（十二）其他应予明确的要求。

第十三条 审批新型船舶设计任务书，应当根据国家制订的船舶技术政策、能源政策，力求简化和统一，要符合标准化、通用化和系列化的要求。

第十四条 船舶设计任务书批准后，用船单位即可组织开展设计工作。设计工作按方案设计、技术设计、施工设计三阶段或按初步设计与详细设计两阶段进行。

第十五条 设计单位由用船单位选择委托。船舶设计合同及所有附件向部计划管理部门报备。单船估价 500 万元以上船舶（或设计费用 30 万元以上）的设计合同要得到部计划管理部门的确认。设计合同应包括以下主要内容：

（一）项目名称；

（二）设计依据和要求；

（三）船舶主要要素和技术指标；

（四）每个设计阶段达到的深度及阶段完成时间；

（五）设计文件清单、图纸发送单位与数量；

（六）技术情报和资料的保密；

（七）技术成果的归属与分享；

（八）设计单位与船舶承造厂的配建要求；

（九）设计费及支付办法；

（十）违约金和设计失误赔偿金的计算方法；

（十一）争议的解决办法；

（十二）名词和术语解释；

（十三）其他应予明确的问题。

第十六条 凡预估造价在 500 万元（含 500 万元）以上的船舶，方案与技术设计审查需有部有关的业务司局及计划管理部门人员参加;方案或技术设计审查意见需经部计划管理部门批准后,方可进行下阶段工作。

凡预估造价在500万元以下的,部有关的业务司局及计划管理部门人员视情况参加方案或技术设计审查。方案与技术设计审查意见作为下一阶段设计工作的技术依据。

第十七条 凡预估造价在100万元(含100万元)以下的小型船舶和非机动船,其设计任务书的审批和设计工作,由用船单位掌握,有关资料报部备案。

第十八条 采用母型船进行重大修改设计的,比如:修改主尺度、更换主机、改变用途、主要施工机具改型等,需将修改设计方案报部计划管理部门审批。经批复后方可开展前期工作。

第十九条 列入部前期工作计划的船舶,其设计费用在船舶建造费用中列支。

设计合同费用应包括各阶段的审查费用。

第二十条 设计费用的确定(含方案、技术、施工三个设计阶段),取预估船价的3%~6%,船舶造价高,取下限;技术难度低,取下限;工程船、科研船可适当偏高。也可采取定额方式确定设计费用,但设计费用的总额不得超过船价的6%。

船舶造价一般按500万元以下、500~999万元、1000~2999万元、3000万元以上划档,相应的设计费为船价的6%、5%、4%和3%。

第二十一条 船舶设计费和建造费为船舶总投资。

第三章 船舶购置年度计划

第二十二条 根据年度资金计划落实情况和船舶前期工作情况,分轻重缓急安排年度船舶购置计划。

第二十三条 列入年度购置计划的船舶,必须具备下列条件:

(一)审报船型是五年船舶发展计划中的船型;

(二)新船型已经完成技术设计,设计单位完成船检部门指认修改的部分,并具有船检审查认可的书面证明或签章。

(三)修改设计达到上款相同进度;

(四)用船单位与建造厂签订的有效合同。

第二十四条 具备上述条件后,各单位以正式文件(附船舶建造合同)报部计划管理部门和主管司(局)。

第二十五条 用船单位与建造厂签订的有效合同的生效,以交通部批准下达计划为准,各用船单位不得擅自让船厂开工,否则,引起的一切费用纠纷由批准开工单位负责。

第二十六条 船舶购置资金,专款专用,不得挪用。由于特殊原因船舶建造达不到原计划进度,应不晚于每年10月中旬将年度调整计划报部。

第二十七条 对批量船舶的首制船必须高度重视,设计阶段的审查会议,要有3个以上使用该类船舶单位及船检部门的专家参加;建设阶段,要有详细的试车试航(工程作业)大纲;交船以后,经过三个月(或主机运行300小时)以上运行,由用船单位组织专家对其技术性能是否达到原设计要求予以鉴定,并提出改进意见。在此基础上,方可安排后续船舶。

第二十八条 批量船舶首制船的技术评估,应当具备如下内容:

(一)组织与会专家考察实船航行或作业;

(二)提供设计、建造、实船测试资料和用户使用3份报告;

(三)讨论并形成专家鉴定意见和纪要。

第二十九条 船价中包含首制船的技术评估费用。

第四章 船舶建造

第三十条 船舶主要机电设备的选用,凡国内已经生产或引进专利在国内生产,并经过国家鉴定或实船使用证明质量已经过关、性能稳定、安全可靠、维修管理方便、配件易于解决、价格合理,应优先选用;对那些没有经过鉴定、质量不过关、性能不稳定、尚处于试验阶段的新产品，一般不装船使用。

第三十一条 船用设备进口要严格控制，对于进口设备价格（含进口关税、增值税）与国内同类产品大致相同的，可酌情选用；属于确需进口的设备，进口设备清单报部计划管理部门商有关的业务司局审查后批复。

第三十二条 船舶舱室布置装修、生活设施，要实用经济，不要追求高标准，反对豪华奢侈。

第三十三条 船舶建造合同签订前，用船单位应要求承造船厂提供详细报价资料，以便于商务谈判的顺利进行。报价资料仅有几大项而缺少细目的、船价留有缺口的，不能签订正式建造合同。

第三十四条 船舶建造合同必须每页小签，凡文字有改动的地方也须小签；合同的主签人必须是单位法人，如代签必须有法定代表人正式书面委托书。

第三十五条 船舶建造合同应当使用交通部编制的《交通部直属航运支持保障系统非经营性资金船舶建造合同样本》（详见附件）。合同具体条款可以根据每艘船的具体情况进行修改或增删。

第三十六条 船舶建造合同，应包括下列主要内容：

（一）合同双方法定代表人、开户银行、账号；

（二）船舶建造内容、数量、质量和依据，在依据中应列明主要设计说明书、主要图纸和供货厂商表（附设计单位设计图号）；

（三）船舶概述与船级，包括船舶结构、用途、航区、主尺度及主要技术指标，主要机电设备型号，取得何种船舶证书。

（四）何种限定条件下的航速、燃油消耗量和工程技术指标；

（五）设备与材料供应方式；

（六）合同价格及付款办法；

（七）施工设计或施工工艺图纸审查、认可和船舶监造；

（八）质量保证；

（九）试航（工程作业）与验收；

（十）争议的解决；

（十一）交船时间、地点和优惠期；

（十二）违约责任；

（十三）双方约定的其他条款。

第三十七条 在履行合同期间，根据情况变化双方签订的有效协议，作为合同不可分割的部分。

第三十八条 船舶建造合同的违约规定，包括航速、燃油消耗量、工程技术指标、船舶质量和交船期（优惠期以外）。上述四方面视船舶具体情况确定，也可根据情况增加违约项目。违约罚金必须定量约束，并累进计算。

第三十九条 用船单位应当给予承造船厂在交船时间上的优惠期，优惠期时间一般为 15 天、30 天、45 天三档。选择哪一档作为优惠期视船舶大小、技术复杂程度由双方商定。

第四十条 船舶建造合同除进口设备外，合同价格一般为封闭价；当合同约定第一期付款在合同生效时，则付款期数不得少于五期；当合同约定第一期付款在船舶开工时，则付款期数不得少于四期。无论采用何种付款办法，第一、二期款的总额不得超过合同总价的 50%，尾款不少于 10%。

第四十一条 船舶建造期间，更改主要设备型号和修改设计，必须经过原批准单位审查并送船检部门审查认可后方能进行，并由责任一方承担由此产生的经济损失。由此影响交船时间和船价的增减，应在补充合同中明确。

第四十二条 船舶建造过程中，遇到不可抗力影响或船检规范修改并要求本船遵守时，承造船厂必须出具有效法定证明。由此引起的不能如期交船和经济损失，由合同双方商议并签订补充协议，报请各自主管部门备案。

第四十三条 用船单位要指定监造组首席代表并明确授权范围。监造组的主要职责是：

（一）监督船舶建造合同的执行，签认工程进度；

（二）根据图纸和技术文件的要求，监督检查船舶建造质量；参加各阶段的验收，督促船厂消除由于施工质量不良而产生的缺陷；

（三）配合厂方解决施工中的技术问题，提出解决方案；

（四）按季写出船舶监造工作情况报告，上报用船单位和部计划管理部门及有关的业务司局；

（五）其他有关业务。

第四十四条 监造组成员要严格按《监造人员实用工作手册》进行工作。

第四十五条 监造组首席代表在整个建造期间不宜更换，如必须更换时，新任人员应了解前任人员的工作，不得擅自推翻前任人员的决定。如发现不妥处，应及时报告单位主管领导。

第四十六条 用船单位应根据船舶进度适时派遣接船员到厂，其中主要船员须不迟于系泊试验前一个月到厂。当承造船厂做试航（工程作业）试验有困难时，用船单位可派船员协助，但安全等事宜仍由船厂负责。

第四十七条 新建船舶必须符合中国船舶检验局（ZC）或中国船级社（CCS）的有关规范、规则，并取得船舶检验部门颁发的各项证书；进口设备已取得 ZC 签发的船用产品证书。

第五章 附 则

第四十八条 船舶建造厂的选择，打破行业界线，鼓励公平竞争，以质量可靠、重合同、守信誉、价格合理为原则。

第四十九条 较大型船舶的建造鼓励招标选厂。在进行招标选厂工作时，发送给各投标厂的技术文件必须一致。

第五十条 如发现有下列情况之一的，将对用船单位提出严肃批评，情况严重的，将取消计划，所造成的一切损失由用船单位负责。

（一）挪用资金，以至影响船舶建造正常进行的；

（二）在设计、建造阶段采用不正当手段提高设计、建造费用的；

(三)在建造过程中有意降低标准以得到经济好处的;

(四)将船上设备挪用上岸的;

(五)采用招标方式时各投标单位所得技术文件不一致的。

第五十一条 本办法只适用于国内造船。

第五十二条 本办法解释由交通部负责。

第五十三条 本办法自1996年1月1日起试行。

长江干流桥区航标设置及维护管理规定

（交通部　交基发[1996]489号　1996.03.14）

第一条　为加强长江桥区航标设置和维护的管理，保障跨越长江干流桥梁和船舶航行的安全，特制定本规定。

第二条　本规定适用于长江干流已建、在建桥梁的桥区航标的设置、维护管理。本规定所称桥区航标，是指在建设跨越长江干流桥梁及其建成以后，为保障桥梁自身和船舶安全，而设置的航行标志。

第三条　长江航道局负责长江干流桥区航标的设置和维护管理。

第四条　桥区航标应按国家标准GB 5863—93《内河助航标志》、GB 5864—93《内河助航标志的主要外形尺寸》和《内河航道维护技术规范》的有关规定进行设置，其有关经费纳入桥梁工程总概算。

第五条　在桥梁开工前，桥梁建设单位应与长江航道局商定施工期的桥区航标设置方案，并负责建设，承担相应的维护管理经费。

第六条　设在桥上的桥涵标、桥柱灯等设施由桥梁建设或管理单位负责维护管理。

第七条　对于正在建设的桥梁所设置在水上的桥区航标，在桥梁竣工后，由桥梁建设单位移交长江航道局统一维护管理，其维护费由桥梁管理单位和航道管理部门各负担维护费用的一半。

第八条　桥区航标的管理部门应建立夜间值班制度，以加强对航标的监测，发现或获悉航标流失、灯光失常，应立即赴现场恢复；当遇不可抗拒的灾害或异常情况不能及时恢复时，应采取临时安全措施，并向航道管理部门报告，以便及时通报有关部门。

第九条 已建成桥梁的桥区水上航标的维护费用，按照国家经贸委《关于跨越长江桥梁桥区航标维护管理费用问题的复函》（国经贸运〔1995〕204号）执行。

第十条 因在特殊河段建设桥梁，经论证需要增设的航标及其他设施，可由航道管理部门与桥梁建设单位协商确定，并由桥梁建设单位承担建设费用。

第十一条 长江干流其他跨河建筑物需设置助航标志时，参照本规定执行。

第十二条 各省、自治区、直辖市交通主管部门可参照本规定，制定本地区桥区航标管理办法。

第十三条 本规定由交通部负责解释。

第十四条 本规定自1996年9月1日起施行。

交通部防静电个人防护用品使用管理规定

（交通部 交人劳发[1997]517号 1997.08.25）

第一条 为贯彻“安全第一，预防为主”的方针，加强港航企业防静电个人劳动防护用品的管理，预防因人体静电危害引起的燃烧爆炸事故和人身伤亡事故，根据国家、交通部有关规定和标准，结合港航企业生产实际，制定本规定。

第二条 本规定适用于交通港航企业各类易燃易爆作业场所的现场人员防静电安全管理。

各类易燃易爆作业场所包括：

（一）油船（化工品船、液化气船）的舱甲板（舱口、量油口、观察孔、透气口）、输油管和货油舱、货油泵舱、污油水舱、压载舱等。

（二）油码头（化工品码头、液化气码头）的生产区域，包括码头前沿、输送管道、泵站、汽车（火车）装卸站、油罐车和储罐区等。

（三）散粮筒仓。

（四）危险品（化工品）库、场、站、燃料供应船和加油站。

（五）其他需防静电危害的作业场所。

第三条 进入规定易燃易爆作业场所的人员（包括现场作业、管理人员、安全检查人员和临时参观的人员等），必须穿着防静电个人防护用品。包括防静电工作服、鞋、帽、手套等系列用品。

第四条 各单位配备的防静电个人防护用品，必须符合JT 2017—90、GB 12014—89、GB 4385—84的有关技术要求。

第五条 防静电工作服的使用要求：

（一）穿用前，应对防静电服的外观进行检查，在确认无破损和无影响防静电性能的情况后，方可使用。

（二）穿用防静电工作服必须上、下装同时穿着，必须与防静电工作鞋配套使用。

（三）禁止在易燃易爆场所穿脱。

（四）禁止在防静电工作服上附加或佩戴任何金属物件。

（五）严禁在高电压和强磁场区域使用。

（六）洗涤时应使用中性或弱碱性洗涤剂，禁止使用硬板刷洗刷。

第六条 防静电工作鞋的使用要求：

（一）穿用防静电胶底鞋时，所处地面的电阻应不大于1.0×108Ω。

（二）在穿用过程中，鞋的底部不得沾有绝缘性的杂质。

（三）在穿用过程中，应避免同时穿着绝缘性强或毛制的厚袜子以及绝缘性鞋垫等。

（四）对于维护动力设备或处理高压电气设备、有触电危险的工作人员，禁止穿用防静电工作鞋。

第七条 在油舱检尺和油舱、油罐维修等危险性较高的作业过程中，作业人员手工作业必须戴防静电手套。

第八条 企业必须实行防静电个人防护用品的配套使用管理，按生产现场色彩管理要求，为作业人员配发安全色（橙色）防静电服，并根据生产实际，推广使用连体防静电工作服。

第九条 各单位对防静电个人防护用品实行特种劳动防护用品监督管理。劳动保护部门应对防静电面料的选择、服装用品的质量严格把关。必须选购由省级以上劳动部门颁发生产许可证厂家的产品，购买时要查验和确认产品检验报告，产品必需标明生产日期。

第十条 各单位应按产品质量要求，选择防静电性能、耐用性和服用性好的产品，严禁选用纯化纤、涤纶或纯棉工作服替代防静电工作服。

第十一条 防静电个人防护用品的发放和保管：

（一）防静电服使用期限一般不超过两年，具体发放标准由各企业根据本单位生产实际情况自行制定。

（二）根据不同地区，可以春秋装或夏装相互交替发放。

（三）正常发放应以旧换新，超过规定期限的，禁止使用。

（四）发放时应查看服装的强度和外观质量。

（五）用品库房保管应处于在空气干燥、常温条件下。保管期两年以上的，应在抽检合格后再予发放。

（六）库房管理人员应定期检查用品外观质量及保管条件变化情况。

第十二条 各单位，尤其是防静电个人防护用品使用量大的企业，必须加强用品的跟踪管理，建章立制，做好用品质量的抽样检测工作，发现异常情况，及时整改。

第十三条 各单位使用的防静电工作服应配有交通部规定的防静电标志（见附件）。

第十四条 各单位劳动保护部门要认真履行职责，加强对防静电个人劳动防护用品的管理，有关部门要积极配合，切实做好工作。

第十五条 对违反规定而导致生产和人身伤亡事故的，必须按“三不放过”原则和国家有关规定严肃查处。

第十六条 各单位可根据本规定，结合本单位生产的实际情况，制定实施细则。

第十七条 本规定由交通部人事劳动司负责解释。

第十八条 本规定自发布之日起施行。

交通行业实施节约能源法细则

（交通部　交体法发[2000]306号　2000.06.16）

第一章　总　　则

第一条　为推进交通行业节约能源，提高能源利用率和经济效益，保护环境，保障交通持续发展，根据《中华人民共和国节约能源法》（以下简称《节能法》），结合交通行业实际，制定本细则。

第二条　本细则适用于中华人民共和国境内公路、水路交通行业用能及节能监督管理。

本细则所称能源，是指煤炭、原油、成品油、液化石油气、天然气、电力、焦炭、煤气、热力、生物质能和其他直接或者通过加工、转换而取得有用能的各种资源。

本细则所称节能，是指加强用能管理，采取技术上可行、经济上合理以及环境和社会可以承受的措施，减少从能源生产到消费各个环节中的损失和浪费，更加有效、合理地利用能源。

第三条　各级交通主管部门应当强化节能管理，合理调整公路、水路交通运输结构、装备结构和能源消费结构，推进节能技术进步，降低单位产品能耗和产值能耗，提高能源利用率，促进交通行业向节能型方向发展。

第四条　交通行业用能应当遵循合理、节约、高效的原则，遵守有关节能的法律、行政法规、规章、技术标准及本细则。

第五条　任何单位和个人都有节约能源的义务，有权对浪费能源的行为进行举报。

第六条　交通部在自己的职责范围内，依法负责全国交通行业节能监督管理工作。

县级以上地方人民政府交通主管部门在自己的职责范围内，依法负责本行政区域交通节能监督管理工作。

第二章 节能管理

第七条 县级以上交通主管部门应加强节能工作领导，建立能源管理机制，每年部署、协调、监督、检查节能工作。

第八条 交通部根据国家产业政策和节能技术政策，制定交通行业节能技术政策、措施和标准，保障交通行业合理利用能源。

第九条 县级以上交通主管部门应采取有效措施，鼓励、支持交通节能科学技术的研究、开发和推广。

第十条 交通行业固定资产投资和技术改造项目工程的可行性研究报告，应当包括合理用能的专题论证。

年能耗量在2000吨标准煤以上的工程项目为交通重点能耗工程项目，应当经交通行业能源利用监测机构进行节能评估，取得其出具的“交通工程可行性研究节能评估报告”后，方可按有关规定报批。未达到交通部规定的交通行业固定资产投资和技术改造项目工程节能要求的，交通行业能源利用监测机构不得出具“交通工程可行性研究节能评估报告”，审批机关不得批准。

第十一条 交通行业固定资产投资和技术改造项目工程的设计、施工应当采用合理用能的先进工艺和设备，其耗能应当符合用能标准和节能规范。达不到合理用能标准和节能技术规范要求的项目，不得批准建设，不得验收。

第十二条 交通部会同有关部门对用于交通行业的节能产品实行行业监督。用于交通行业的节能产品应经交通行业能源利用监测机构进行检测，取得其出具的“交通行业节能产品检测报告”，并按有关规定取得交通部能源机构颁发的“汽车船舶节能产品(技术)公布证书”后，方可在交通行业推广使用。

第十三条 交通部和省级交通主管部门对交通重点用能单位实行分级监督管理，对重点用能单位的单位产品能耗实行限额核定和考核制度。

交通重点用能单位是指年综合能源消费量在5000吨标准煤以上(含5000吨)的用能单位。

超过核定的单位产品能耗限额使用能源,情节严重的,依法责令限期治理。

第十四条 交通部会同有关部门定期公布交通重点用能单位名单,并发布交通重点用能单位能源利用状况公报。

第十五条 交通用能单位应当接受县级以上交通主管部门对其能源利用状况进行监督检查,如实提供有关情况和资料。

第十六条 建立以交通行业能源利用监测机构和交通行业有关协会为依托的节能监测、技术服务体系。

交通行业能源利用监测机构应当具备国家规定的资质条件,并经考核取得“交通行业能源利用监测许可证”后,方可实施交通行业的能源利用监测。交通行业能源利用监测、评估必须客观、公正。

交通行业有关协会在交通主管部门的指导下,协助政府有关部门做好行业节能技术政策、标准的研究和制订;为企业提供用能设备的节能技术咨询等服务工作。

第三章 合理使用能源

第十七条 交通用能单位应当加强能源管理,建立和完善节能考核制度,根据生产过程中运量、运力、施工作业等多种因素变化情况及时调整生产计划,保持生产的高效、节能。

第十八条 交通用能单位应当加强生产调度指挥,建立和完善岗位责任制和能源消耗定额管理制度,提高车辆实载率和船舶载重量利用率以及港口机械、施工机械的使用效率。

第十九条 交通用能单位应当按照国家有关计量的法律、法规和有关规定,加强能源计量管理,配备准确可靠的能源计量器具,对耗能设备实行严格的计量管理。

第二十条 交通重点用能单位应当建立能源消耗成本管理制度和能源利用状况报告制度,在每年1月底前向交通部、省级交通主管部门报送上一年度的能源利用状况报告。

交通能源利用状况应当包括以下内容:

(一)能源购入和消耗量;

(二)节能量;

(三)单位产品能耗或产值能耗;

(四)用能效率和节能效益分析;

(五)节能措施;

(六)法律、法规、规章规定的其他需要报告的情况。

第二十一条 禁止购置、使用国家公布淘汰的用能产品和设备,不得将淘汰的用能产品、设备转让或租借给他人使用。

第二十二条 交通重点用能单位应当定期对用能设备进行技术评定,对于技术落后的老旧及高耗能设备,提出报废、改造计划。

第二十三条 交通用能单位应当组织能源管理人员、设备操作人员以及其他有关人员参加节能培训,未经培训的人员不得在能源管理岗位和耗能设备操作岗位上工作。

交通行业节能培训工作,由交通部认可的有关机构负责具体实施。

第二十四条 交通用能单位应当建立能源使用责任制,对节能工作取得成绩的集体、个人给予奖励。奖金从用能单位综合奖中按节能价值量合理比例提取。

第二十五条 交通重点用能单位和其他交通用能单位应当建立和完善节能管理体制,设立能源管理岗位,明确岗位的任务和职责。

能源管理人员应具有节能专业知识和3年以上实践经验,并具有工程师以上技术职称。

第二十六条 交通重点用能单位聘任能源管理人员应及时向县级以上交通主管部门和有关部门备案。

第二十七条 交通用能单位应当建立能源消耗统计和能源利用状况分析制度，并按规定向县级以上交通主管部门和有关部门报送有关统计数据和资料。

第四章 节能技术进步措施

第二十八条 县级以上交通主管部门鼓励、支持开发先进节能技术，会同有关部门确定交通行业开发先进节能技术的重点和方向，建立和完善交通节能技术服务体系。

第二十九条 交通部和省级交通主管部门负责实施重大节能科研项目、节能示范工程，提出节能推广项目，引导交通行业采用先进的节能技术、工艺、设备和材料。

第三十条 交通重点用能单位应当在更新改造等项资金中提取适当比例的资金，用于节能技术项目和节能示范推广项目及可再生能源利用项目。

第三十一条 县级以上交通主管部门鼓励以下节能技术的研究、开发和推广应用：

（一）道路运输方面的节能技术：

1. 调整车辆构成，增加柴油车、大吨位车辆的运输比重，大力发展集装箱半挂、分体（甩挂）运输，提高车辆运输效率。加速淘汰能耗高的老旧车辆。

2. 研究公路条件改善与汽车节约能源的关系，为公路规划建设提供节约能源的依据。

3. 研究制定运输车辆油耗法规和装载限额，对空驶和装载低于限额的车辆予以限制。

4. 加强公路客、货运站布局体系的研究，重点是大、中、小公路客、货运站的分布与配套；研究全国性汽车运输信息计算机管理系统，提高运输车辆实载率。

5. 开展天然气、液化石油气及醇类等汽车代用燃料的实用化进程研究和使用技术研究。

6. 进行车辆行驶的减阻、减磨技术研究与开发。

(二)水运方面的节能技术：

1. 淘汰高耗能的老旧船和水泥船、港口设备、水运工程施工机械，提高装备的整体技术水平。

2. 加强船型优化，利用综合节能技术推广先进的运输方法，发展大吨位海洋运输船，提高船舶的平均吨位，在内河等主要航线发展节能型船舶和分节驳顶推船队为主力的水上高效运输，提高综合运输效益。

3. 发展海峡、海湾和陆岛之间客货混装运输及商品车辆集装单元化运输。

4. 推广行之有效的船舶主机与增压器优化调整技术、最佳纵倾技术和船体防污、除污等技术。

(三)港口、航道、救捞、航务工程、公路工程等方面的节能技术：

1. 加速对耗能高的老旧设备的更新，改造落后的生产工艺，合理配备装卸机械、施工机械和工属具，使工艺流程合理化。

2. 高航道技术等级，改善航行条件，规范行驶路线，加速船舶周转，提高能源使用效率。

3. 积极采用"四新"节能技术(新技术、新工艺、新设备、新材料)，实施集中供热和绿色照明工程。

第五章 法律责任

第三十二条 使用国家明令淘汰用能设备的，将淘汰的用能设备转让他人使用的，或者有其他节能违法行为的，按《节能法》的有关规定处理。

第三十三条 虚报、假报、迟报、拒报或不按规定报送能源统计数据的，视情节轻重，按《中华人民共和国统计法》处理。

第三十四条 节能工作管理人员滥用职权、玩忽职守、徇私舞弊的，依法给予行政处分，构成犯罪的，依法追究刑事责任。

第六章　附　　则

第三十五条　本细则由交通部负责解释。

第三十六条　本细则自发布之日起施行。1986 年 8 月 20 日交通部发布的《交通行业节能管理实施条例》同时废止。

交通建设项目环境保护管理办法

（交通部令 2003 年第 5 号　2003.05.13）

第一章　总　　则

第一条　为加强交通建设项目环境保护管理，预防交通建设项目对环境造成不良影响，促进交通事业可持续发展，根据《中华人民共和国环境影响评价法》、《建设项目环境保护管理条例》，结合交通建设实际，制定本办法。

第二条　本办法所称“交通建设项目”，是指在中华人民共和国境内建设的对环境有影响的公路、水运工程建设项目。

第三条　交通部依照有关法律、行政法规和本办法对交通建设项目环境保护实施管理。交通部设置的交通环境保护机构具体负责全国交通建设项目环境保护的管理工作。

县级以上地方人民政府交通主管部门依照有关法律、行政法规和本办法对本行政区域内交通建设项目环境保护实施管理。省、自治区、直辖市人民政府交通主管部门可设置交通环境保护机构具体负责本行政区域内交通建设项目环境保护管理工作。

第四条　县级以上人民政府交通主管部门应当将交通建设项目环境保护工作纳入本部门的工作计划，采取有利于交通建设项目环境保护的经济、技术政策和措施，使交通建设项目环境保护工作同交通建设相协调。

第五条　交通建设项目环境影响评价应当避免与交通建设规划的环境影响评价相重复，已经进行了环境影响评价的交通建设规划所包含的具体交通建设项目，其环境影响评价内容可以简化。

第六条 对交通建设项目环境保护工作成绩显著的单位和个人,县级以上人民政府交通主管部门或者其交通环境保护机构予以表彰和奖励。

第二章 环境影响评价程序

第七条 县级以上人民政府交通主管部门应当按照国家规定的环境影响评价制度和建设项目环境保护分类管理名录,对交通建设项目的环境保护实行分类管理。

未按照国家规定进行环境影响评价的交通建设项目,县级以上人民政府交通主管部门不予审批工程可行性研究报告和初步设计。

第八条 建设单位应当在交通建设项目可行性研究阶段报批建设项目环境影响报告书、环境影响报告表或者环境影响登记表。经交通环境保护机构审核,并经有审批权的环境保护行政主管部门同意,可在初步设计完成前报批建设项目环境影响报告书或者环境影响报告表。

按照国家有关规定,不需要进行可行性研究的交通建设项目,建设单位应当在交通建设项目开工前报批建设项目环境影响报告书、环境影响报告表或者环境影响登记表。

第九条 交通建设项目环境影响报告书、环境影响报告表或者环境影响登记表的内容和格式,应当符合国家有关规定及技术规范的要求。

涉及水土保持的交通建设项目,环境影响报告书或者环境影响报告表必须有水土保持方案。

第十条 根据《中华人民共和国环境影响评价法》第二十二条第一款和《建设项目环境保护管理条例》第十条的规定,需报环境保护行政主管部门审批的交通建设项目,其环境影响报告书、环境影响报告表或者环境影响登记表,必须事先经同级交通主管部门预审。

第十一条 交通主管部门应当自收到建设项目环境影响报告书之日起30日内、环境影响报告表15日内、环境影响登记表10日内,提出同意或者不同意的预审意见,按有关规定报有审批权的环境保护行政主管部门审批。

第十二条 交通建设项目环境影响报告书、环境影响报告表或者环境影响登记表经批准后,建设项目的性质、规模、地点、采用的施工工艺发生重大变动或者超过5年后开工建设的,应当重新办理报批手续。

第十三条 建设单位向县级以上人民政府交通主管部门申请交通建设项目环境影响评价预审,应当按规定提交有明确的建设项目环境影响评价结论的建设项目环境影响报告书、环境影响报告表或者环境影响登记表;按规定应当提交环境影响报告书的,还应当附具有关单位、专家和公众的意见及对有关意见采纳或者不采纳的说明。

第十四条 交通建设项目环境影响评价工作,由建设单位自主选择熟悉交通建设项目施工工艺、污染排放和生态损害及其防治对策,具备交通建设项目工程分析能力,依法取得相应的资格证书,并向交通主管部门办理备案手续的机构承担。

县级以上人民政府交通主管部门不得为建设单位指定任何机构进行交通建设项目环境影响评价。

第十五条 交通建设项目环境影响评价机构应当按照国家有关规定和资格证书确定的等级、评价范围,从事交通建设项目环境影响评价服务,并对评价结论负责。

第三章 环境保护设施

第十六条 交通建设项目需要配套建设的环境保护工程,必须与主体工程同时设计、同时施工、同时投入使用。

第十七条 交通建设项目的初步设计,应当按照交通行业环境保护设计规范及其他有关技术规范的要求,编制环境保护篇章,并依据经批准的建设项目环境影响报告书或者环境影响报告表,在环境保护篇章中落实防治环境污染和生态破坏的措施以及环境工程投资概算。

第十八条 省级以上人民政府交通主管部门按规定组织交通建设项目的初步设计审查,应当有交通环境保护机构参加。

交通建设项目初步设计的环境保护篇章不符合规定要求的,不得通过初步设计审查。

第十九条 交通建设项目的主体工程完工后,需要进行试运营的,其配套建设的环境保护设施必须与主体工程同时投入试运营。

第二十条 交通建设项目竣工后,建设单位应当向审批该建设项目环境影响报告书、环境影响报告表或者环境影响登记表的环境行政主管部门申请环境保护设施竣工验收,同时报县级以上人民政府交通主管部门。

省级以上人民政府交通主管部门按规定组织交通建设项目的竣工验收,应当有交通环境保护机构参加。

第二十一条 交通建设项目需要配套建设的环境保护设施经验收合格后,该建设项目方可正式投入生产或者使用。

第二十二条 交通建设项目的后评估文件应当有环境保护篇章。重大交通建设项目应当进行专项环境后评估,评估费用在建设项目工作经费中列支。

第四章 罚 则

第二十三条 违反本办法有关规定,交通环境保护机构可以建议环境保护行政主管部门依法给予行政处罚。

第二十四条 县级以上人民政府交通主管部门及其交通环境保护机构的工作人员违反本办法及其他国家有关规定,滥用职权、玩忽职守、徇私舞弊,依法给予行政处分。

第五章　附　　则

第二十五条　本办法由交通部负责解释。

第二十六条　本办法自 2003 年 6 月 1 日起施行。交通部 1990 年 6 月 16 日发布的《交通建设项目环境保护管理办法》同时废止。

突发公共卫生事件交通应急规定

（卫生部、交通部令2004年第2号　2004.03.04）

第一章　总　　则

第一条　为了有效预防、及时控制和消除突发公共卫生事件的危害，防止重大传染病疫情通过车辆、船舶及其乘运人员、货物传播流行，保障旅客身体健康与生命安全，保证突发公共卫生事件应急物资及时运输，维护正常的社会秩序，根据《中华人民共和国传染病防治法》、《中华人民共和国传染病防治法实施办法》、《突发公共卫生事件应急条例》、《国内交通卫生检疫条例》的有关规定，制定本规定。

第二条　本规定所称突发公共卫生事件（以下简称突发事件），是指突然发生，造成或者可能造成社会公众健康严重损害的重大传染病疫情、群体性不明原因疾病、重大食物和职业中毒以及其他严重影响公众健康的事件。本规定所称重大传染病疫情，是指根据《突发公共卫生事件应急条例》有关规定确定的传染病疫情。

本规定所称交通卫生检疫，是指根据《国内交通卫生检疫条例》对车船、港站、乘运人员和货物等实施的卫生检验、紧急卫生处理、紧急控制、临时隔离、医学检查和留验以及其他应急卫生防范、控制、处置措施。

本规定所称检疫传染病病人、疑似检疫传染病病人，是指国务院确定并公布的检疫传染病的病人、疑似传染病病人。

本规定所称车船，是指从事道路运输、水路运输活动的客车、货车、客船（包括客渡船）和货船。

本规定所称港站，是指提供停靠车船、上下旅客、装卸货物的场所，包括汽车客运站、货运站、港口客运站、货运码头、港口堆场和仓库等。

本规定所称乘运人员，是指车船上的所有人员，包括车辆驾驶人员和乘务人员、船员、旅客等。

第三条 突发事件交通应急工作，应当遵循预防为主、常备不懈的方针，贯彻统一领导、分级负责、反应及时、措施果断、依靠科学、加强合作的原则，在确保控制重大传染病病源传播和蔓延的前提下，做到交通不中断、客流不中断、货流不中断。

第四条 交通部根据职责，依法负责全国突发事件交通应急工作。

县级以上地方人民政府交通行政主管部门在本部门的职责范围内，依法负责本行政区域内的突发事件交通应急工作。

突发事件发生后，县级以上地方人民政府交通行政主管部门设立突发事件应急处理指挥部，负责对突发事件交通应急处理工作的领导和指挥。

县级以上人民政府交通行政主管部门履行突发事件交通应急职责，应当与同级人民政府卫生行政主管部门密切配合，协调行动。

第五条 县级以上人民政府交通行政主管部门应当建立和完善突发事件交通防范和应急责任制，保证突发事件交通应急工作的顺利进行。

第六条 任何单位和个人有权对县级以上人民政府交通行政主管部门不履行突发事件交通应急处理职责，或者不按照规定履行职责的行为向其上级人民政府交通行政主管部门举报。

对报告在车船、港站发生的突发事件或者举报突发事件交通应急渎职行为有功的单位和个人，县级以上人民政府交通行政主管部门应当予以奖励。

第二章　预防和应急准备

第七条 县级以上人民政府交通行政主管部门应当结合本行

政区域或者管辖范围的交通实际情况，制定突发事件交通应急预案。道路运输经营者、水路运输经营者应当按照有关规定，建立卫生责任制度，制定各自的突发事件应急预案。

第八条　制定突发事件交通应急预案，应当以突发事件的类别和快速反应的要求为依据，并征求同级人民政府卫生行政主管部门的意见。

为防范和处理重大传染病疫情突发事件制定的突发事件交通应急预案，应当包括以下主要内容：

（一）突发事件交通应急处理指挥部的组成和相关机构的职责；

（二）突发事件有关车船、港站重大传染病病人、疑似重大传染病病人和可能感染重大传染病病人的应急处理方案；

（三）突发事件有关污染车船、港站和污染物的应急处理方案；

（四）突发事件有关人员群体、防疫人员和救护人员的运输方案；

（五）突发事件有关药品、医疗救护设备器械等紧急物资的运输方案；

（六）突发事件有关车船、港站、道路、航道、船闸的应急维护和应急管理方案；

（七）突发事件有关交通应急信息的收集、分析、报告、通报、宣传方案；

（八）突发事件有关应急物资、运力储备与调度方案；

（九）突发事件交通应急处理执行机构及其任务；

（十）突发事件交通应急处理人员的组织和培训方案；

（十一）突发事件交通应急处理工作的检查监督方案；

（十二）突发事件交通应急处理其他有关工作方案。

为防范和处理其他突发事件制定的突发事件交通应急预案，应当包括本条前款除第（二）项、第（三）项和第（八）项规定以外的内容，并包括突发事件交通应急设施、设备以及其他有关物资的储备与调度方案。

突发事件交通应急预案应当根据突发事件的变化和实施中出现的问题及时进行修订、补充。

第九条 县级以上人民政府交通行政主管部门应当根据突发事件交通应急工作预案的要求，保证突发事件交通应急运力和有关物资储备。

第十条 道路运输经营者、水路运输经营者应当按照国家有关规定，使客车、客船、客运站保持良好的卫生状况，消除车船、港站的病媒昆虫和鼠类以及其他染疫动物的危害。

第十一条 县级以上人民政府交通行政主管部门应当开展突发事件交通应急知识的宣传教育，增强道路、水路运输从业人员和旅客对突发事件的防范意识和应对能力。

第十二条 在车船、港站发生突发事件，县级以上人民政府交通行政主管部门应当协助同级人民政府卫生行政主管部门组织专家对突发事件进行综合评估，初步判断突发事件的类型，按照有关规定向省级以上人民政府提出是否启动突发事件应急预案的建议。

第十三条 国务院或者省级人民政府决定突发事件应急预案启动后，突发事件发生地的县级以上人民政府交通行政主管部门应当根据突发事件的类别，立即启动相应的突发事件交通应急预案，并向社会公布有关突发事件交通应急预案。

第三章　应急信息报告

第十四条 县级以上人民政府交通行政主管部门应当建立突发事件交通应急值班制度、应急报告制度和应急举报制度，公布统一的突发事件报告、举报电话，保证突发事件交通应急信息畅通。

第十五条 县级以上人民政府交通行政主管部门应当按有关规定向上级人民政府交通行政主管部门报告下列有关突发事件的情况：

（一）突发事件的实际发生情况；

（二）预防、控制和处理突发事件的情况；

（三）运输突发事件紧急物资的情况；

（四）保障交通畅通的情况；

（五）突发事件应急的其他有关情况。

道路运输经营者、水路运输经营者应当按有关规定向所在地县级人民政府交通行政主管部门和卫生行政主管部门报告有关突发事件的预防、控制、处理和紧急物资运输的有关情况。

第十六条 县级以上人民政府交通行政主管部门接到有关突发事件的报告后，应当在接到报告后1小时内向上级人民政府交通行政主管部门和同级人民政府卫生行政主管部门报告，根据卫生行政主管部门的要求，立即采取有关预防和控制措施，并协助同级人民政府卫生行政主管部门组织有关人员对报告事项调查核实、确证，采取必要的控制措施。

突发事件发生地的县级以上人民政府交通行政主管部门应当在首次初步调查结束后2小时内，向上一级人民政府交通行政主管部门报告突发事件的有关调查情况。

上级人民政府交通行政主管部门接到下级人民政府交通行政主管部门有关突发事件的报告后1小时内，向本交通行政主管部门的上一级人民政府交通行政主管部门报告。

突发事件发生地的县级以上地方人民政府交通行政主管部门，应当及时向毗邻和其他有关县级以上人民政府交通行政主管部门通报突发事件的有关情况。

第十七条 任何单位和个人不得隐瞒、缓报、谎报或者授意他人隐瞒、缓报、谎报有关突发事件和突发事件交通应急情况。

第四章 疫情应急处理

第十八条 重大传染病疫情发生后，县级以上人民政府交通行政主管部门应当按照省级人民政府依法确定的检疫传染病疫区以及对出入检疫传染病疫区的交通工具及其乘运人员、物资实施交通应急处理的决定，和同级人民政府卫生行政主管部门在客运站、客运渡口、路口等设立交通卫生检疫站或者留验站，依法实施交通卫生检疫。

第十九条 重大传染病疫情发生后,县级以上人民政府交通行政主管部门应当及时将县级以上人民政府卫生行政主管部门通报的有关疫情通知有关道路运输经营者、水路运输经营者。县级以上人民政府交通行政主管部门应当及时会同同级人民政府卫生行政主管部门对道路运输经营者、水路运输经营者以及乘运人员进行相应的卫生防疫基本知识的宣传教育。

第二十条 重大传染病疫情发生后,道路运输经营者、水路运输经营者对车船、港站、货物应当按规定进行消毒或者进行其他必要的卫生处理,并经县级以上地方人民政府卫生行政主管部门疾病预防控制机构检疫合格,领取《交通卫生检疫合格证》后,方可投入营运或者进行运输。

《交通卫生检疫合格证》的印制、发放和使用,按照交通部与卫生部等国务院有关行政主管部门联合发布的《国内交通卫生检疫条例实施方案》的有关规定执行。

第二十一条 重大传染病疫情发生后,道路旅客运输经营者、水路旅客运输经营者应当组织对驾驶人员、乘务人员和船员进行健康检查,发现有检疫症状的,不得安排上车、上船。

第二十二条 重大传染病疫情发生后,道路运输经营者、水路运输经营者应当在车船、港站以及其他经营场所的显著位置张贴有关传染病预防和控制的宣传材料,并提醒旅客不得乘坐未取得《交通卫生检疫合格证》和道路旅客运输经营资格或者水路旅客运输经营资格的车辆、船舶,不得携带或者托运染疫行李和货物。

重大传染病疫情发生后,客车、客船应当在依法批准并符合突发事件交通应急预案要求的客运站、客运渡口上下旅客。

第二十三条 重大传染病疫情发生后,旅客购买车票、船票,应当事先填写交通部会同有关部门统一制定的《旅客健康申报卡》。旅客填写确有困难的,由港站工作人员帮助填写。

客运站出售客票时,应当对《旅客健康申报卡》所有事项进行核实。没有按规定填写《旅客健康申报卡》的旅客,客运站不得售票。

途中需要上下旅客的,客车、客船应当进入中转客运站,从始发客运站乘坐车船的旅客,不得再次被要求填写《旅客健康申报卡》。

第二十四条 重大传染病疫情发生后,旅客乘坐车船,应当接受交通卫生检疫,如被初验为检疫传染病病人或者疑似检疫传染病病人、可能感染检疫传染病病人以及国务院卫生行政主管部门规定需要采取应急控制措施的传染病病人、疑似传染病病人及其密切接触者,还应当接受留验站或者卫生行政主管部门疾病预防控制机构对其实施临时隔离、医学检查或者其他应急医学措施。

客运站应当认真查验《旅客健康申报卡》和客票。对不填报《旅客健康申报卡》的旅客,应当拒绝其乘坐客车、客船,并说明理由。

第二十五条 重大传染病疫情发生后,客运站应按车次或者航班将《旅客健康申报卡》交给旅客所乘坐车船的驾驶员或者船长、乘务员。

到达终点客运站后,驾驶员、船长或者乘务员应当将《旅客健康申报卡》交终点客运站,由终点客运站保存。

在中转客运站下车船的旅客,由该车船的驾驶员、船长或者乘务员将下车船旅客的《旅客健康申报卡》交中转客运站保存。

第二十六条 车船上发现检疫传染病病人或者疑似检疫传染病病人、可能感染检疫传染病病人以及国务院卫生行政主管部门规定需要采取应急控制措施的传染病病人、疑似传染病病人及其密切接触者时,驾驶员或者船长应当组织有关人员依法采取下列临时措施:

(一)以最快的方式通知前方停靠点,并向车船的所有人或者经营人和始发客运站报告;

(二)对检疫传染病病人、疑似检疫传染病病人、可能感染检疫传染病病人以及国务院卫生行政主管部门确定的其他重大传染病病人、疑似重大传染病病人、可能感染重大传染病病人及与其密切接触者实施紧急卫生处理和临时隔离;

(三)封闭已被污染或者可能被污染的区域,禁止向外排放污物;

(四)将车船迅速驶向指定的停靠点,并将《旅客健康申报卡》、乘运人员名单移交当地县级以上地方人民政府交通行政主管部门；

（五）对承运过检疫传染病病人、疑似检疫传染病病人、可能感染检疫传染病病人以及国务院卫生行政主管部门确定的其他重大传染病病人、疑似重大传染病病人、可能感染重大传染病病人及与其密切接触者的车船和可能被污染的停靠场所实施卫生处理。

车船的前方停靠点、车船的所有人或者经营人以及始发客运站接到有关报告后，应当立即向当地县级以上地方人民政府交通行政主管部门、卫生行政主管部门报告。

县级以上地方人民政府交通行政主管部门接到报告后，应当立即和同级人民政府卫生行政主管部门组织有关人员到达现场，采取相应的交通卫生检疫措施。

第二十七条 县级以上人民政府交通行政主管部门发现正在行驶的车船载有检疫传染病病人或者疑似检疫传染病病人、可能感染检疫传染病病人以及国务院卫生行政主管部门规定需要采取应急控制措施的传染病病人、疑似传染病病人及其密切接触者，应当立即通知该客车、客船的所有人或者经营人，并通报该车船行驶路线相关的县级人民政府交通行政主管部门。

第二十八条 对拒绝交通卫生检疫可能传播检疫传染病的车船、港站和其他停靠场所、乘运人员、运输货物，县级以上地方人民政府交通行政主管部门协助卫生行政主管部门，依法采取强制消毒或者其他必要的交通卫生检疫措施。

第二十九条 重大传染病疫情发生后，县级以上人民政府交通行政主管部门发现车船近期曾经载运过检疫传染病病人或者疑似检疫传染病病人、可能感染检疫传染病病人以及国务院卫生行政主管部门规定需要采取应急控制措施的传染病病人、疑似传染病病人及其密切接触者，应当立即将有关《旅客健康申报卡》送交卫生行政主管部门或者其指定的疾病预防控制机构。

第三十条 参加重大传染病疫情交通应急处理的工作人员，应当按照有关突发事件交通应急预案的要求，采取卫生防护措施，并在专业卫生人员的指导下进行工作。

第五章　交通应急保障

第三十一条　突发事件交通应急预案启动后，县级以上人民政府交通行政主管部门应当加强对车船、港站、道路、航道、船闸、渡口的维护、检修，保证其经常处于良好的技术状态。

除因阻断检疫传染病传播途径需要或者其他法定事由并依照法定程序可以中断交通外，任何单位和个人不得以任何方式中断交通。

县级以上人民政府交通行政主管部门发现交通中断或者紧急运输受阻，应当迅速报告上一级人民政府交通行政主管部门和当地人民政府，并采取措施恢复交通。如难以迅速恢复交通，应当提请当地人民政府予以解决，或者提请上一级人民政府交通行政主管部门协助解决。

第三十二条　在非检疫传染病疫区运行的车辆上发现检疫传染病病人、疑似检疫传染病病人、可能感染检疫传染病病人以及国务院卫生行政主管部门规定需要采取应急控制措施的传染病病人、疑似传染病病人及其密切接触者，由县级以上人民政府交通行政主管部门协助同级人民政府卫生行政主管部门依法决定对该车辆及其乘运人员、货物实施交通卫生检疫。

在非检疫传染病疫区运行船舶上发现检疫传染病病人、疑似检疫传染病病人、可能感染检疫传染病病人以及国务院卫生行政主管部门规定需要采取应急控制措施的传染病病人、疑似传染病病人及其密切接触者，由海事管理机构协助同级人民政府卫生行政主管部门依法对该船舶及其乘运人员、货物实施交通卫生检疫。

在非传染病疫区跨省、自治区、直辖市运行的船舶上发现检疫传染病病人、疑似检疫传染病病人、可能感染检疫传染病病人以及国务院卫生行政主管部门规定需要采取应急控制措施的传染病病人、疑似传染病病人及其密切接触者，交通部会同卫生部依法决定对该船舶实施交通卫生检疫，命令该船舶不得停靠或者通过港站。但是，因实施卫生检疫导致中断干线交通，报国务院决定。

第六章 紧急运输

第三十三条 突发事件发生后，县级以上地方人民政府交通行政主管部门应当采取措施保证突发事件应急处理所需运输的人员群体、防疫人员、医护人员以及突发事件应急处理所需的救治消毒药品、医疗救护设备器械等紧急物资及时运输。

第三十四条 依法负责处理突发事件的防疫人员、医护人员凭县级以上人民政府卫生行政主管部门出具的有关证明以及本人有效身份证件，可以优先购买客票；道路运输经营者、水路运输经营者应当保证其购得最近一次通往目的地的客票。

第三十五条 根据县级以上人民政府突发事件应急处理指挥部的命令，县级以上人民政府交通行政主管部门应当协助紧急调用有关人员、车船以及相关设施、设备。

被调用的单位和个人必须确保完成有关人员和紧急物资运输任务，不得延误和拒绝。

第三十六条 承担突发事件应急处理所需紧急运输的车船，应当使用《紧急运输通行证》。其中，跨省运送紧急物资的，应当使用交通部统一印制的《紧急运输通行证》；省内运送紧急物资的，可以使用省级交通行政主管部门统一印制的《紧急运输通行证》。使用《紧急运输通行证》的车船，按国家有关规定免交车辆通行费、船舶过闸费，并优先通行。

《紧急运输通行证》应当按照交通部的有关规定印制、发放和使用。

第三十七条 承担重大传染病疫情应急处理紧急运输任务的道路运输经营者、水路运输经营者应当遵守下列规定：

（一）车船在装卸货物前后根据需要进行清洗、消毒或者进行其他卫生处理；

（二）有关运输人员事前应当接受健康检查和有关防护知识培训，配备相应的安全防护用具；

（三）保证驾驶员休息充足，不得疲劳驾驶；

（四）进入疫区前，应当采取严格的防护措施；驶离疫区后，应当立即对车船和随行人员进行消毒或者采取其他必要卫生处理措施；

（五）紧急运输任务完成后，交回《紧急运输通行证》，对运输人员应当进行健康检查，并安排休息观察。

第三十八条　重大传染病疫情发生后，引航人员、理货人员上船引航、理货，应当事先体检，采取相应的有效防护措施，上船时应当主动出示健康合格证。

第七章　检 查 监 督

第三十九条　县级以上人民政府交通行政主管部门应当加强对本行政区域内突发事件交通应急工作的指导和督察；上级人民政府交通行政主管部门对突发事件交通应急处理工作进行指导和督察，下级人民政府交通行政主管部门应当予以配合。

第四十条　县级以上地方人民政府交通行政主管部门的工作人员依法协助或者实施交通卫生检疫，应当携带证件，佩戴标志，热情服务，秉公执法，任何单位和个人应当予以配合，不得阻挠。

第四十一条　县级以上人民政府交通行政主管部门应当加强对《交通卫生检疫合格证》、《旅客健康申报卡》使用情况的监督检查；对已按规定使用《交通卫生检疫合格证》、《旅客健康申报卡》的车船，应当立即放行。

任何单位和个人不得擅自印制、伪造、变造、租借、转让《交通卫生检疫合格证》、《紧急运输通行证》。

任何单位和个人不得使用擅自印制、伪造、变造、租借、转让的《交通卫生检疫合格证》、《紧急运输通行证》。

第八章　法 律 责 任

第四十二条　县级以上地方人民政府交通行政主管部门违反

本规定,有下列行为之一的,对其主要负责人依法给予行政处分:

(一)未依照本规定履行报告职责,对突发事件隐瞒、缓报、谎报或者授意他人隐瞒、缓报、谎报的;

(二)未依照本规定,组织完成突发事件应急处理所需要的紧急物资的运输的;

(三)对上级人民政府交通行政主管部门进行有关调查不予配合,或者采取其他方式阻碍、干涉调查的。

县级以上人民政府交通行政主管部门违反有关规定,造成传染病传播、流行或者对社会公众健康造成其他严重危害后果的,对主要负责人、负有责任的主管人员和其他责任人员依法给予开除的行政处分;构成犯罪的,依法追究刑事责任。

第四十三条 县级以上人民政府交通行政主管部门违反本规定,有下列行为之一,由上级人民政府交通行政主管部门责令改正、通报批评、给予警告;对主要负责人、负有责任的主管人员和其他责任人员依法给予降级、撤职的行政处分:

(一)在突发事件调查、控制工作中玩忽职守、失职、渎职的;

(二)拒不履行突发事件交通应急处理职责的。

第四十四条 道路运输经营者、水路运输经营者违反本规定,对在车船上发现的检疫传染病病人、疑似检疫传染病病人,未按有关规定采取相应措施的,由县级以上地方人民政府卫生行政主管部门责令改正,给予警告,并处1000元以上5000元以下的罚款。

第四十五条 检疫传染病病人、疑似检疫传染病病人以及与其密切接触者隐瞒真实情况、逃避交通卫生检疫的,由县级以上地方人民政府卫生行政主管部门责令限期改正,给予警告,可以并处1000元以下的罚款;拒绝接受交通卫生检疫和必要的卫生处理的,给予警告,并处1000元以上5000元以下的罚款。

第四十六条 突发事件发生后,未取得相应的运输经营资格,擅自从事道路运输、水路运输;或者有其他违反有关道路运输、水路运输管理规定行为的,依照有关道路运输、水路运输管理法规、规章的规定从重给予行政处罚。

第九章　附　则

第四十七条　群体性不明原因疾病交通应急方案，参照重大传染病交通应急方案执行。

第四十八条　本规定自2004年5月1日起施行。

附　　则

关于废止47件交通规章的决定

（交通部令2007年第9号　2007.11.14）

现决定废止下列47件交通规章：

序号	发布机关	规章名称	发布文号	发布日期	联合发文部委的意见
1	交通部	关于海区测绘工作的若干规定	(83)交水监字712号	1983年4月11日	
2	交通部	港口油区安全生产管理规则	(83)交水监字860号	1983年4月12日	
3	交通部 财政部	对外开放港口港务监督人员服装供应办法、着装年限规定	(83)交水监字2465号	1983年12月27日	财政部同意废止
4	交通部国家经贸委	企业专用码头建设和管理试行办法	(84)交海字17号	1984年1月9日	国家发展和改革委员会同意废止
5	交通部	中华人民共和国磁罗经校正师(员)考核发证办法(试行)	(84)交水监字1900号	1984年10月11日	
6	交通部	海洋运输危险货物包装检查暂行规定	(84)交海字2518号	1984年12月22日	

续上表

序号	发布机关	规章名称	发布文号	发布日期	联合发文部委的意见
7	交通部	交通部部属高等学校水上运输类专业毕业生分配办法	(86)交政字923号	1986年12月1日	
8	交通部	交通部港口散粮筒仓防火防爆安全管理规程(试行)	(87)交函海字7号	1987年1月7日	
9	交通部	交通部关于乡镇运输船舶设计、修造和检验的暂行规定	(87)交船检字709号	1987年10月2日	
10	交通部	交通运输企业燃油节约奖实施办法	(87)交企字805号	1987年11月5日	
11	交通部 财政部 国家物价局	贷款修建高等级公路和大型公路桥梁、隧道收取车辆通行费规定	(88)交公路字28号	1988年1月5日	国家发展和改革委员会、财政部同意废止
12	交通部	全国水运行业能源利用监测实施办法(试行)	(88)交企字620号	1988年10月18日	
13	交通部	长江干线在航船舶安全检查暂行规定	(89)交安监字361号	1989年6月30日	

续上表

序号	发布机关	规章名称	发布文号	发布日期	联合发文部委的意见
14	交通部	海上安全监督局航标测量财务管理、会计核算暂行规定	(89)交财字648号	1989年11月13日	
15	交通部	运输船舶机务管理指标(体系)考核办法(试行)	(89)交运字700号	1989年12月13日	
16	交通部	出租汽车旅游汽车客运管理规定	(89)交运字709号	1989年12月18日	
17	交通部	港口建筑设备维修设计管理办法	(90)交工字49号	1990年2月2日	
18	交通部	内河航运工程合资项目建设管理办法(试行)	(90)交工字379号	1990年7月9日	
19	交通部	油船作业安全技术要求	(90)交运字517号	1990年9月21日	
20	交通部	汽车运输业车辆综合性能检测站管理办法	交通部令1991年第29号	1991年4月23日	
21	交通部国家物价局	中华人民共和国交通部国内航线海上救助打捞收费办法	(91)交财字859号	1991年12月14日	国家发展和改革委员会同意废止

续上表

序号	发布机关	规章名称	发布文号	发布日期	联合发文部委的意见
22	交通部国家物价局	中华人民共和国交通部国际航线海上救助打捞收费办法	(91)交财字859号	1991年12月14日	国家发展和改革委员会同意废止
23	交通部	交通档案管理办法	交办发[1992]89号	1992年1月9日	
24	交通部	交通部监察工作规定	交监察发[1992]23号	1992年1月16日	
25	交通部	公路运输企业责任行车事故统计报告办法	交安监发[1992]64号	1992年1月25日	
26	交通部	中华人民共和国验船师考试、考核任职规则	交船检发[1992]986号	1992年11月2日	
27	交通部国家经济体制改革委员会国务院经济贸易办公室	全民所有制交通企业转换经营机制实施办法	交体发[1993]18号	1993年1月8日	国家发展和改革委员会、商务部同意废止
28	交通部	道路运输服务业户开业技术经济条件(试行)	交运发[1993]1384号	1993年12月26日	
29	交通部	道路运输货物装卸业户开业技术经济条件(试行)	交运发[1993]1384号	1993年12月26日	

续上表

序号	发布机关	规章名称	发布文号	发布日期	联合发文部委的意见
30	交通部	交通部高等院校实习船财务管理办法	交财发[1995]583 号	1995 年 7 月 11 日	
31	交通部	交通部先进工程质量监督站和优秀工程质量监督人员评选办法(试行)	交基发[1995]1145 号	1995 年 11 月 30 日	
32	交通部	集装箱汽车运输规则	交公路发[1995]1283 号	1995 年 12 月 29 日	
33	交通部	道路货物运输服务业管理办法	交公路发[1996]109 号	1996 年 1 月 26 日	
34	交通部	海(水)上安全监督局(港务监督部分)财务管理和会计核算试行办法	交财发[1996]723 号	1996 年 8 月 13 日	
35	交通部	交通部救捞单位成本费用核算办法	交财发[1996]819 号	1996 年 9 月 20 日	
36	交通部	水运工程建设市场管理办法	交通部令 1997 年第 1 号	1997 年 2 月 21 日	
37	交通部	渤海湾海上客运市场管理规定	交水发[1997]352 号	1997 年 6 月 16 日	
38	交通部	公路工程施工招标资格预审办法	交公路发[1997]451 号	1997 年 8 月 1 日	

续上表

序号	发布机关	规章名称	发布文号	发布日期	联合发文部委的意见
39	交通部	交通部公路工程优秀勘察奖、优秀设计奖和优质工程奖评审办法	交公路发[1997]501号	1997年8月18日	
40	交通部	交通汽车运输企业安全生产管理办法	交公路发[1997]540号	1997年9月2日	
41	交通部	公路工程节能管理规定(试行)	交体法发[1997]840号	1997年12月24日	
42	交通部	关于降低中国籍船舶在国外滞留率的若干规定	交安监发[1998]68号	1998年2月12日	
43	交通部国家计委	汽车租赁业管理暂行规定	交通部、国家计划委员会令1998年第4号	1998年2月26日	国家发展和改革委员会同意废止
44	交通部	道路运输行政处罚规定	交通部令1998年第3号发布,经交通部令2001年第5号修正	1998年3月9日	
45	交通部	关于制发统计报表和发布统计资料的暂行规定	交规划发[1999]23号	1999年1月14日	
46	交通部	沿海港口建设工程概算预算编制规定	交水发[1999]133号	1999年3月24日	
47	交通部	因公临时随船人员申办海员证管理规定	交海发[1999]704号	1999年12月21日	